鞍钢年鉴

ANGANG NIANJIAN

2023

鞍钢史志编纂委员会　编

冶金工业出版社

图书在版编目（CIP）数据

鞍钢年鉴．2023 / 鞍钢史志编纂委员会编．-- 北京 ：冶金工业出版社，2025．4．-- ISBN 978-7-5240-0170-6

Ⅰ．F426．31-54

中国国家版本馆 CIP 数据核字第 2025EV2779 号

鞍钢年鉴 2023

出版发行	冶金工业出版社	**电　　话**	(010)64027926
地　　址	北京市东城区嵩祝院北巷 39 号	**邮　　编**	100009
网　　址	www.mip1953.com	**电子信箱**	service@mip1953.com

责任编辑　张熙莹　美术编辑　彭子赫　版式设计　郑小利

责任校对　石　静　责任印制　范天娇

北京捷迅佳彩印刷有限公司印刷

2025 年 4 月第 1 版，2025 年 4 月第 1 次印刷

889mm×1194mm　1/16；24.25 印张；14 彩页；785 千字；383 页

定价 100.00 元

投稿电话　(010)64027932　投稿信箱　tougao@cnmip.com.cn

营销中心电话　(010)64044283

冶金工业出版社天猫旗舰店　yjgycbs.tmall.com

（本书如有印装质量问题，本社营销中心负责退换）

鞍钢史志编纂委员会

主　　任　闫立兵

副 主 任　杨　立　聂振勇

委　　员　(以姓氏笔画为序)

王相宇　白旭强　刘　杰　刘　明

刘丰强　杜　民　李顺健　张景凡

费　鹏　贾文军　黄福军　董德新

编辑部

主　　编　吴先明

副 主 编　吴　峥　傅　纯

总 编 辑　秦永春

副总编辑　赵　艳

摄　　影　张明杰　田世群　等

编 辑 说 明

《鞍钢年鉴》是鞍钢主办的逐年全面记载鞍钢发展变化的大型综合性资料工具书。2023《鞍钢年鉴》是鞍钢连续编纂出版的第 39 部年鉴，也是鞍钢集团成立后的第 10 部年鉴（包含鞍山钢铁、攀钢、本钢及各板块）。该年鉴将本着“科学、精干、实用”的编纂宗旨，全面、客观、准确地记述 2022 年鞍钢集团以习近平新时代中国特色社会主义思想为指导，全面贯彻党的十九大、十九届历次全会和党的二十大精神，深入学习贯彻习近平总书记重要讲话和重要指示批示精神，坚决贯彻落实党中央、国务院决策部署，把党的领导贯穿改革发展始终，坚定不移走“改革+市场”发展之路，在规划发展、改革改造、科技进步、企业管理、党建及精神文明建设等方面的新发展、新变化和新成就。

本年鉴采用分类编辑法，按部类、分目、条目 3 个层次编排。共设特辑，专文，大事记，概况，机构与人事，规划发展，财务、资本运营与审计管理，人力资源管理，管理创新，科技创新，安全、环保与节能，法律事务，综合管理，企业文化与公共关系，党群工作，鞍山钢铁集团有限公司，攀钢集团有限公司，本钢集团有限公司，单位简介，荣誉，附录 21 个部类。全书计 78.5 万字，配有彩色及黑白图片 62 张。

本年鉴刊用的稿件、资料由鞍钢集团有限公司各主管部门及所属单位提供并审核。统计资料由鞍钢集团有限公司财务部提供。人事、荣誉资料由鞍钢集团有限公司人力资源部、鞍钢集团有限公司工会等提供。所引数据均以 2022 年 12 月末为限。

▲ 2022 年 1 月 12 日，鞍钢召开党史学习教育总结会议，全面总结鞍钢党史学习教育成效和做法经验，推进建立常态化长效化制度机制，巩固拓展党史学习教育成果

▲ 2022 年 1 月 15 日，中共鞍钢集团二届五次全委（扩大）会议召开，鞍钢集团党委书记、董事长谭成旭主持会议并代表鞍钢集团党委常委会作《奋进新征程 展现新作为 加快建设高质量发展新鞍钢》工作报告

◀ 2022年1月16日，鞍钢集团有限公司第二届第一次职工代表大会召开

▶ 2022年1月15日，鞍钢集团召开2021年度总结表彰大会，表彰为鞍钢集团改革发展作出突出贡献的先进集体和先进个人

▲ 2022 年 2 月 10 日，鞍钢集团党委召开 2022 年党风廉政建设和反腐败工作会议暨警示教育大会

▲ 2022 年 12 月 29 日，中共鞍钢集团二届六次全委（扩大）会议召开

▲ 2022 年 12 月 29 日，鞍钢集团有限公司第二届第二次职工代表大会召开

▼▶ 2022 年 12 月 29 日，鞍钢集团召开 2022 年度总结表彰大会，表彰为鞍钢集团改革发展作出突出贡献的先进集体和先进个人

▲ 2022 年 12 月 9 日，鞍钢集团召开钒钛产业发展大会，推动钒钛产业大发展，奋力打造“第三极”排头兵

▲ 2022 年 6 月 22 日，鞍钢集团科学技术协会第一次代表大会召开，标志着鞍钢集团科协正式成立

▲ 2022年9月13日，在国务院国资委召开的中央企业合规管理工作推进会上，鞍钢集团总经理、党委副书记戴志浩以视频形式代表鞍钢集团作题为《聚焦“三项行动” 强化合规管理 护航鞍钢高质量发展新征程》交流发言

▲ 2022 年 8 月 3 日，2022 年《财富》世界 500 强排行榜揭晓，鞍钢集团第 9 次入围并以 2021 年 594.48 亿美元的营业收入排名榜单第 217 位，较上一年跃升 183 位，成为榜单中上升速度最快的企业，创历史最好排名

▲ 2022 年，国企改革三年行动实现高质量圆满收官。鞍钢集团获评中央企业改革三年行动重点任务考核 A 级企业、央企排名第 9 位，三项制度改革评估为一级（A 类）、央企排名第 10 位

▲ 2022 年 8 月 20 日，鞍本重组满一年，590 项整合融合任务全面完成，67 项快赢项目累计创效 26.17 亿元，实现从规模体量到质量效益的全面提升，鞍本重组整合融合成效显著，构建了中国钢铁产业新格局。鞍本重组是国企改革三年行动标志性案例

▲ 2022 年 12 月 6 日，鞍钢矿业公司、鞍钢集团与 8 家国有战略投资者签署增资协议及股东协议，成功引入权益资金 67.1 亿元，这是鞍钢矿业公司历史上首次引入外部股东

▲ 2022年9月27日，鞍钢集团氢冶金项目开工仪式在鞍钢鲅鱼圈钢铁基地举行，该项目是全球首套绿氢零碳流化床高效炼铁新技术示范项目

▲ 2022年11月16日，全国最大的单体地下铁矿山——鞍钢西鞍山铁矿项目正式开工建设

▲ 作为“华龙一号”示范工程福清核电 5 号机组核电用钢 15MnNi 的唯一供应商，鞍钢集团助力我国打破国外核电技术垄断

▲ 鞍钢耐蚀钢独家供货的全球首艘双燃料 30 万吨级大型 VLCC 原油运输船

▲ 鞍钢集团生产的超高强海工钢独家供货“蓝鲸一号”超深水钻井平台，实现国产化替代

▲ 鞍钢桥梁用钢广泛应用于沪通长江大桥、南京长江大桥、九江长江大桥、港珠澳大桥等重点工程

▲ 鞍钢集团为中国 70% 的高铁提供钢轨，处于领先地位的高铁道岔轨全部替代进口，转向架用钢应用于“复兴号”动车组，填补国内空白，为中国高铁建设提供有力支撑

worldsteel ASSOCIATION

致：鞍钢集团有限公司

发自：世界钢铁协会

贺信

世界钢铁协会年度“Steelie”颁奖典礼于 2022 年 10 月 17 在比利时布鲁塞尔举行，祝贺鞍钢集团有限公司脱颖而出，获得世界钢铁协会首次颁发的年度大奖**“低碳生产卓越成就奖”**。该奖项是世界钢铁协会于 2022 年开始首次设立的年度大奖，主要表彰会员公司在低碳生产过程中取得的成就。近年来，鞍钢集团坚定不移践行绿色低碳发展之路，发布了碳中和宣言和低碳冶金路线图，提出了低碳发展愿景、“三个使命”和“五大路径”，在布局前沿引领技术和改善生态环境方面积极作为。此次获奖表明，鞍钢集团在绿色低碳转型发展领域已经迈出坚定步伐，正在用实际行动推动和引领全球钢铁行业的绿色低碳发展。

世界钢铁协会北京代表处

2022 年 10 月 18 日

◀ 2022 年 10 月 17 日，世界钢铁协会公布第十三届“Steelie”奖获奖名单，鞍钢集团“基于低碱高硅球团的低碳排放高炉炉料解决方案及其应用”获得低碳生产卓越成就奖，鞍钢集团成为唯一获奖的中国企业

▲ 2022 年，鞍钢集团自主建成全球最大的集成烧结、球团、焦化、高炉工序，融合生产操作、设备监测、指挥决策及工业大数据平台的“铁前一体化智慧炼铁中心”

▲ 2022 年 2 月，鞍钢集团北京研究院成功研制出 Ti60 高温钛合金，首个工业级铸锭重达 3 吨。该产品填补了鞍钢集团在该合金研发和制备领域的空白

▲ 2022 年 8 月，攀钢鸿舰公司依靠自主研发能力设计转化并制造的 B750-20 辊窄钛带轧机轧制的 0.1 毫米 ×500 毫米宽幅钛箔材，经过第三方检测机构认定，其性能指标达到国家标准《钛及钛合金带、箔材》（GB/T 3622—2012），标志着该项技术居行业领先水平

红旗汽车成功试冲全球首例热镀锌低密度钢零件，引领创新制造里程碑。——红旗&鞍钢

▲ 2022 年 11 月，全球首发的 590 兆帕级低密度高成形性冷轧高强汽车钢在鞍钢集团下线，并在中国一汽集团冲压出汽车左 / 右侧围前柱上侧内板等复杂零部件，标志着鞍钢集团在低密度汽车钢研发领域达到国际领先水平

▲ 2022 年 4 月，100 吨厚度仅为 0.2 毫米的 SUS304 不锈钢在本钢丹东不锈钢公司成功下线，标志着鞍钢本钢重组以来，本钢在生产高附加值不锈钢冷轧产品上取得了新突破

▲ 2022年5月20日，鞍钢集团董事长、党委书记谭成旭会见来访的国网辽宁省电力有限公司董事长、党委书记董天仁一行

▲ 2022年7月5日，鞍钢集团与建信金融资产投资有限公司、中国建设银行辽宁省分行签订三方合作框架协议

▲ 2022 年 7 月 12—15 日，鞍钢集团董事长、党委书记谭成旭率队赴广东走访鞍钢集团重点客户，与比亚迪、中集集团、招商局集团、广汽集团、广船国际、中船黄埔文冲等企业负责人举行高层会谈

▲ 2022 年 11 月，鞍钢集团参加第五届中国国际进口博览会，先后与西门子、SMS GROUP、施耐德电气等 9 家知名成套设备及备品备件供应商进行现场签约

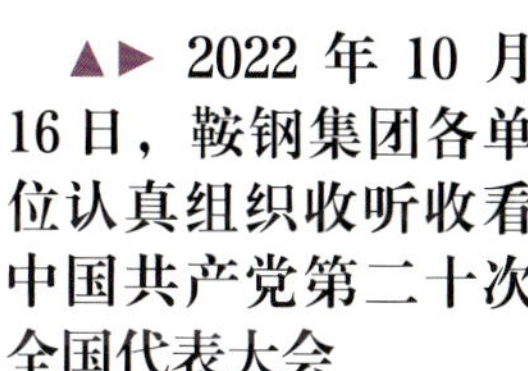
▲▶ 2022 年 10 月 16 日，鞍钢集团各单位认真组织收听收看中国共产党第二十次全国代表大会

▲ 2022 年 6 月 29 日，鞍钢集团党委召开“喜迎二十大、建功新鞍钢”座谈会，庆祝中国共产党成立 101 周年

▲ 2022 年 10 月 12 日，以“共和国钢铁工业长子”鞍钢为原型、反映新中国钢铁工业艰辛成长历程的影片《钢铁意志》总票房突破 6900 万元

目　录

第一部分　特　辑

第二部分　专　文

第三部分　大事记

第四部分　概　况

第五部分　机构与人事

第六部分　规划发展

第七部分　财务、资本运营与审计管理

第八部分　人力资源管理

第九部分　管理创新

第十部分　科技创新

第十一部分　安全、环保与节能

第十二部分　法律事务

第十三部分　综合管理

第十四部分　企业文化与公共关系

第十五部分　党群工作

第十六部分　鞍山钢铁集团有限公司

·所属单位简介·

第十七部分　攀钢集团有限公司

·概　述·

·所属单位简介·

第十八部分　本钢集团有限公司

· 概　述 ·

· 主要生产单位简介 ·

第十九部分　单位简介

· 板块公司 ·

· 直属机构 ·

第二十部分　荣　誉

第二十一部分　附　录

第一部分

特　辑

▶ 特　辑
专　文
大事记
概　况
机构与人事
规划发展
财务、资本运营与审计管理
人力资源管理
管理创新
科技创新
安全、环保与节能
法律事务
综合管理
企业文化与公共关系
党群工作
鞍山钢铁集团有限公司
攀钢集团有限公司
本钢集团有限公司
单位简介
荣　誉
附　录

认真学习贯彻落实习近平总书记重要指示批示精神 加快建设高质量发展新鞍钢取得新成果

2022年，鞍钢党委深入学习贯彻落实习近平总书记重要指示批示精神，在系统学习、完善机制上下功夫，在狠抓落实、解决问题上求实效，深刻领悟“两个确立”的决定性意义，切实增强“四个意识”、坚定“四个自信”、做到“两个维护”。坚持用习近平总书记重要指示批示精神武装头脑、指导实践，推动各项工作取得新成效，取得“四个标志性成果”：首次实现“双A”目标，鞍钢在中央企业负责人经营业绩考核中首次获评“A”，鞍钢党委在中央企业党建工作责任制考核评价中再次获评“A”；实现鞍本整合融合“1+1>2”，是国企改革三年行动标志性案例；实现“铁资源开发计划”重要项目、国内最大单体地下铁矿山西鞍山铁矿开工建设，助力保障钢铁产业链供应链稳定；引进67.1亿元权益资金，顺利完成矿业引战工作，为进一步提升资产证券化率奠定了坚实基础。鞍钢位居《财富》世界500强第217位，比上年跃升183位，创历史最好排名；位居中国企业500强第69位，比上年跃升42位。新鞍钢驶上高质量发展快车道，对外影响力和美誉度持续提升，广大职工对企业未来发展更加充满信心。

一是贯彻落实习近平总书记关于做强做优做大国有资本和国有企业重要指示批示精神，做强做优做大迈出坚实步伐。牢记“国之大者”，推进新鞍钢“十四五”战略落地，巩固“南有宝武、北有鞍钢”钢铁产业新格局，鞍本重组后粗钢产量在辽宁省占比58.6%，在东北三省一区占比33.5%，使国内排名前十位的钢企产业集中度提高到41.5%，为构建我国钢铁产业新格局与推动高质量发展贡献了鞍钢力量。聚焦“要素管控+管理移植”“战略引领+资源协同”两条主线，实施全方位、全系统、全流程鞍本整合融合，实现协同创效26.17亿元，开创了我国特大型国有钢铁企业重组改革的新模式。本钢生产经营生态发生显著变化，资产负债率下降3.1个百分点，融资利率最低下浮37%，融资保证金余额降低88.7%，财务费用同比下降50.5%。国务院领导、国务院国资委领导和辽宁省委、省政府领导分别作出批示，充分肯定鞍本整合融合成效。

二是贯彻落实习近平总书记关于保障我国产业链供应链安全的重要指示批示精神，世界级铁矿资源开发企业建设取得明显进展。成立鞍钢资源有限公司，着力打造世界级铁矿资源开发企业。全年铁精矿产量同比增长5.55%，再创历史最好水平，持续保持国内第一，位居世界第五。鞍钢18个项目列入“铁资源开发计划”，6个项目已开工，其中，西鞍山铁矿项目六大类40多个要件办理时间刷新了国内新建矿山项目最快纪录，建成后将成为年产铁精矿千万吨级的技术领先，绿色、智能、无废、无扰动世界一流地下铁矿山，充分体现了鞍钢在提升战略资源保障能力上的责任与担当。计划2025年铁精矿产量比2020年增长20%，2030年实现翻一番，成为维护钢铁产业链供应链安全的“稳定器”“压舱石”。

三是贯彻落实习近平总书记关于深化国有企业改革的重要指示批示精神，深化改革取得扎实成效。鞍钢获评国企改革三年行动重点任务考核A级和三项制度改革考核A级，分别在央企排名第9和第10。三项制度改革和任期制契约化管理经验入选中国大连高级经理学院教学案例。打破“铁交椅”，管理人员竞争上岗率76.2%，退出占比9.4%，实施了末等调整和不胜任退出的企业占比74.8%，在央企中处于较高水平。钢铁、矿业等核心主业管理岗位占比压减至9%。打破“铁饭碗”，进入赋能中心人数占比达到12.2%，是计划目标的2.4倍；主业实物劳动生产率同比提升18.4%。打破“大锅饭”，浮动工资占比达到76%，在央企中处于较高水平。提高夜班津贴，促进收入向基层一线倾斜。

四是贯彻落实习近平总书记关于勇当原创技术策源地和碳达峰碳中和的重要指示批示精神，创新绿色发展取得明显成效。履行高水平科技自立自强使命担当，关键核心技术攻关一期任务按期高质量完成。研发经费投入强度提升到3.88%。一批关键技术和产品取得新突破，全球首套绿氢零碳流化床高效炼铁新技术示范项目在鲅鱼圈分公司开工建设；特厚高强度核电安全壳用钢、热轧抗氧化免涂层热成形钢、低屈强比高韧性纵向变厚度（LP）桥梁钢等产品全球首发；高强耐磨过共析钢轨突破国外技术壁垒；成功开发国内宽幅最大的0.1毫米厚度“手撕钛”产品；获世界钢铁协会第13届“Steelie”低碳生产卓越成就奖，成为唯一获奖中国企业。数字鞍钢建设赋能转型升级，新放行项目总投资19亿元，累计41条产线完成智能化改造建设。召开第三届数字鞍钢现场推进会，攀钢“5G+”矿山远程穿孔采掘及无人运输等30个项目获评国家部委、行业协会试点示范。加快推进重点节能项目实施，二次能源发电比例达到56%，同比提高5个百分点。完成超低排放改造项目320项，二氧化硫、氮氧化物、烟（粉）尘、化学需氧量、氨氮排放量同比分别下降14%、10%、12%、30%、14%，废水排放量同比降低12%。矿山生态修复三年规划顺利完成，累计完成绿化复垦面积3700余公顷，有效增加生态碳汇。鞍钢定点帮扶工作连续两年被中央农村工作领导小组评价为“好”。

五是贯彻落实习近平总书记关于坚持党的领导加强党的建设重要指示批示精神，党建引领保障作用充分发挥。始终把坚持党的领导，加强党的建设作为鞍钢的“根”和“魂”。拓展党史学习教育成果，推动党史学习教育常态化长效化。深入学习宣传贯彻党的二十大精神，在突出“七个聚焦”、推进“六学六讲六抓”上下功夫，推动党的二十大精神在鞍钢一贯到底、落实落地。开展“喜迎二十大、建功新鞍钢”主题实践活动，实施“十、百、千、万”四大工程，党建与生产经营深度融合务实有效。坚持好干部标准和国有企业领导人员“20字”要求，把17名具有斗争精神、工作实绩突出的干部及时选配到二级正职岗位锻炼，对未完成契约底线和综合考核评价为不称职的12名管理人员全部予以免职或降职。推动“摇篮计划”提档升级，二级正职中50岁以下占比达到39.4%，二级班子中45岁左右达到22.6%，三级班子中40岁左右达到21.5%，全面完成中组部配备要求。中组部反馈鞍钢2021年度选人用人工作总体评价、从严管理监督干部情况评价为“好”的比例实现两个100%，选人用人“个人说了算”和“任人唯亲、拉帮结派”的问题连续两年实现评价为零。构建大宣传工作格局，新媒体指数创历史新高，进入中国企业500强指数榜前20位，居国内同行业首位。全力推进新时代“鞍钢宪法”理论与实践创新研究，深度总结提炼形成新时代“鞍钢宪法”新内涵，让“鞍钢宪法”始终成为鞍钢最响亮的名片。加强党风廉政建设和反腐败工作，开展工程建设领域“清廉工程”专项整治和备品备件采购及管理专项治理，立案490件，处分407人。检举控告、问题线索数量同比降低48%、37%，政治生态持续向好。

（鞍钢集团有限公司办公室）

鞍钢集团党委深入学习宣传贯彻党的二十大精神

鞍钢集团党委把深入学习宣传贯彻党的二十大精神作为首要政治任务，在坚持知行合一、突出问题导向上下功夫，在推进“六学六讲六抓”上下功夫，切实把广大党员干部职工思想统一到党的二十大精神上来，把力量凝聚到党的二十大确定的各项任务上来，推动党的二十大精神在鞍钢落实落细、入脑入心、走深走实。

一、认真学习宣传党的二十大精神，用大会精神统一思想、统一意志、统一行动

（一）突出“六学”，学出坚定信念学出绝对忠诚

以“学”为先，形成“全员覆盖学、全面系统学、完整把握学、研讨交流学、深入调研学、骨干引领学”六学模式，构建起全覆盖、多层次、立体化的学习联动工作格局。组织广大党员干部职工通过多种方式收听收看大会直播，聆听和学习习近平总书记所作的工作报告。党委班子成员先学一步、学深一

层，召开党委常委（扩大）会议，党的二十大代表，党委书记、董事长谭成旭传达学习党的二十大精神，并对学习宣传贯彻落实作出全面安排部署。举办学习宣传贯彻党的二十大精神研修班暨党委理论学习中心组集体学习联学会，通过专家辅导、上下联学、座谈研讨、成果交流等特色学习方式，深入开展交流研讨。全集团2300多名领导干部参加集体联学，各级党委中心组形成学习体会文章1700余篇，其中130多篇在《鞍钢日报》理论版、新媒体平台分享。编辑《学习贯彻党的二十大精神知识问答手册》，发至7万多名党员。开展5期“学思践悟二十大 砥砺奋进新征程”网络答题知识竞赛，充分调动全员学习积极性和主动性。

（二）突出“六讲”，讲出思想感悟讲出理论深度

以“讲”为要，通过“参会代表生动讲、领导人员带头讲、专家辅导深入讲、团队成员专题讲、先进典型带动讲、支部书记经常讲”六讲模式，采取“面对面”和“键对键”结合的方式，让职工听得懂、能领会、可落实。党的二十大代表谭成旭、李超、梁恩荣，列席人员郭明义直接从会场到现场，宣讲30多场，听众超过3.8万人。谭成旭代表在学习宣传贯彻党的二十大精神研修班上，结合鞍钢实际重点宣讲提高“政治三力”和“三个务必”两方面内容；李超代表走进基层班组、走近一线职工、走到团员青年和党校教职工身边宣讲；梁恩荣代表多次开展宣讲，把党的二十大精神带到攀钢机关部门、厂矿车间干部职工身边，带到攀枝花市机关学校、事业单位群众中间。各级领导人员深入基层、深入一线、深入职工开展宣讲1950多场。发挥《鞍钢日报》等宣传阵地作用，开设“二十大代表风采”“深入学习贯彻二十大精神”“二十大代表走进鞍钢党校”“一句话学习二十大”等专栏，刊发学习动态、理论文章、经验成果等370多篇，让党的二十大精神“飞入寻常百姓家”。

（三）突出“六抓”，抓出特色亮点抓出培训成效

以“训”为重，通过“抓开新局做好总体培训、抓关键点做好深度培训、抓全覆盖做好全员培训、抓需求端做好精准培训、抓领头雁做好重点培训、抓新载体做好网络培训”，精准解读、精准施教。聚焦战略规划、深化改革、科技创新等热点难点问题，采取“走出去+请进来”方式，组织内外部培训资源实施专题培训；实施“一把手”政治能力提升计划，选调“一把手”赴中央党校参加为期一周的专题培训；依托“学习强国”“鞍钢e学”等网络平台，每日推送权威解读、理论文章，每月编发学习资料包，每季度组织知识问答，促进学习培训常态化、大众化。对领导人员、党支部书记、技术技能领军人才、党外人士4类重点群体，开展差异化、分众化培训。围绕“五个牢牢把握、九个深刻领会、七个聚焦”，结合集团总部部门及子企业学习需求，确定17门课程，构建“总论+分论+鞍钢、理论+实践、线上+线下、自主开发+外部引进”相结合的分层分类培训模式。

二、坚持理论联系实际，推动党的二十大精神在鞍钢落实落细、取得实效

（一）贯彻落实党的二十大关于“推动国有资本和国有企业做强做优做大”的决策部署，做强做优做大迈出坚实步伐

牢记“国之大者”，推进新鞍钢“十四五”战略落地，鞍本重组后粗钢产量在辽宁省占比58.6%，在东北三省一区占比33.5%，使国内排名前十位的钢企产业集中度提高到41.5%，为构建我国钢铁产业新格局与推动高质量发展贡献了鞍钢力量，得到国务院领导及辽宁省委、省政府充分肯定。着力打造世界级铁矿资源开发企业，成立鞍钢资源有限公司，完成矿业引战工作，铁精矿产量再创历史最好水平，持续保持国内第一，位居世界第五。鞍钢18个项目列入“铁资源开发计划”，其中国内最大单体地下铁矿山西鞍山铁矿等6个项目开工建设，充分体现了鞍钢在提升战略资源保障能力上的责任与担当。

（二）贯彻落实党的二十大关于“深化国资国企改革”的决策部署，国企改革三年行动高质量收官

全面完成国企改革三年行动改革任务举措。106户“应建企业”实现董事会建设、外部董事占多数“两个100%”，公司治理体系更加完善。“双百行动”24项改革任务全部完成。三项制度改革克难攻坚，打破了“铁交椅”“铁饭碗”“大锅饭”，管理人员竞争上岗率76.2%，退出占比9.4%，实施了末等调整和不胜任退出的企业占比74.8%，浮动工资占比达到76%，在央企中处于较高水平。主业实物劳动生

产率同比提升 18.4%。鞍钢获评国企改革三年行动重点任务考核 A 级和三项制度改革考核 A 级，分别在央企排名第 9 和第 10。

（三）贯彻落实党的二十大关于“加快实施创新驱动发展战略”的决策部署，科技创新国家队作用凸显

履行高水平科技自立自强使命担当，关键核心技术攻关一期任务按期高质量完成。研发经费投入强度提升到 3.77%。一批关键技术和产品取得新突破，全球首套绿氢零碳流化床高效炼铁新技术示范项目在鲅鱼圈分公司开工建设；特厚高强度核电安全壳用钢、热轧抗氧化免涂层热成形钢、低屈强比高韧性纵向变厚度（LP）桥梁钢等产品全球首发；高强耐磨过共析钢轨突破国外技术壁垒；成功开发国内宽幅最大的 0.1 毫米厚度“手撕钛”产品；获世界钢铁协会第 13 届“Steelie”低碳生产卓越成就奖，鞍钢成为唯一获奖中国企业。荣获行业和省部级科技奖 37 项，获第 23 届中国专利优秀奖。主导制（修）订发布 2 项国际标准，获中国标准创新贡献奖。

（四）贯彻落实党的二十大关于“推动绿色发展，促进人与自然和谐共生”的决策部署，绿色发展取得明显成效

加快推进重点节能项目实施，二次能源发电比例达到 56%，同比提高 5 个百分点。全面推进超低排放改造，放行资金 213 亿元，完成改造项目 320 项，西昌钢钒率先完成全流程超低排放改造，打造绿色低碳发展标杆示范。污染防治成果显著，二氧化硫、氮氧化物、烟（粉）尘、化学需氧量、氨氮排放量同比分别下降 14%、10%、12%、30%、14%，废水排放量同比降低 12%。矿山生态修复三年规划顺利完成，累计完成绿化复垦面积 3700 余公顷，有效增加生态碳汇。

（五）贯彻落实党的二十大关于“坚定不移全面从严治党”的决策部署，党建引领保障作用充分发挥

始终把坚持党的领导，加强党的建设作为鞍钢的“根”和“魂”，拓展党史学习教育成果，推动党史学习教育常态化长效化。开展“喜迎二十大、建功新鞍钢”主题实践活动，实施“十、百、千、万”四大工程，党建与生产经营深度融合务实有效。坚持好干部标准和国有企业领导人员“20 字”要求，推动“摇篮计划”提档升级，中组部反馈鞍钢 2021 年度选人用人工作总体评价、从严管理监督干部情况评价为“好”的比例实现两个 100%，选人用人“个人说了算”和“任人唯亲、拉帮结派”的问题连续两年实现评价为零。构建大宣传工作格局，新媒体指数创历史新高，进入中国企业 500 强指数榜前 20 位，居国内同行业首位。加强党风廉政建设和反腐败工作，立案 482 件，处分 370 人。检举控告、问题线索数量同比降低 48%、39%，政治生态持续向好。

（鞍钢集团有限公司党委宣传部）

鞍钢集团首次实现“双 A”目标

2022 年 7 月 17 日，国务院国资委发布 2021 年度中央企业负责人经营业绩考核结果，鞍钢集团首次荣获 A 级企业，在 48 家获评 A 级企业的中央企业中列 22 位。

翻阅 2021 年鞍钢集团交出的答卷，新鞍钢高质量发展的业绩格外亮眼——鞍钢集团以习近平新时代中国特色社会主义思想为指导，坚决贯彻党中央、国务院决策部署，把党的领导贯穿改革发展始终，科学研判市场，坚持高目标引领，坚定不移走“改革+市场”发展之路，全年营业收入、经营利润首次突破 3000 亿元、300 亿元，经营效益创历史最好水平，“十四五”取得开门红；鞍本重组顺利完成并完成债转股和混改；鞍钢集团党委在国务院国资委 2020 年度中央企业党建工作责任制考核评价中首次晋级“A”，实现了“三个历史性突破”，2021 年成为鞍钢集团发展史上的重要里程碑，外界对鞍钢集团良好预期大幅度提升，广大职工对鞍钢集团未来发展充满信心。

2021年是“十四五”开局之年，也是新鞍钢建设的元年。鞍钢集团在立足新发展阶段、贯彻新发展理念、构建新发展格局中谋划企业发展，制定了“十四五”发展战略和规划，确定了“7531”战略目标和钢铁、矿业“双核”发展战略，战略目标和战略路径更加精准清晰；握指成拳“2+4”重点工作成效显著；创新动能持续激发，服务国家战略，关键核心技术攻关任务全部完成；三项制度改革取得突破，国企改革三年行动扎实推进，内生动力显著增强；高效应对疫情，慎终如始严格常态化疫情防控，取得阶段性胜利，鞍钢集团境内外职工实现“零”感染，以实际行动书写了新时代新鞍钢职工的钢铁意志和家国情怀。

奋进新征程，建功新时代。2022年，鞍钢集团坚持以习近平新时代中国特色社会主义思想为指导，坚决贯彻党中央、国务院决策部署，立足新发展阶段，完整、准确、全面贯彻新发展理念，服务构建新发展格局，加快建设高质量发展新鞍钢，以优异成绩迎接党的二十大胜利召开。

（摇篮鞍钢）

“7531”战略稳步推进

鞍钢集团牢记“国之大者”，以聚焦“践行新发展理念、推动高质量发展”为主线，坚持“创新+改革”双轮驱动，加快“双核+第三极”战略布局，推进新鞍钢“十四五”战略落地，持续做强做优做大。2022年，实现营业收入再次突破3000亿元，利润率达行业平均水平1.6倍，十年来首次连续三年跑赢大盘，年均利润超百亿元，“三千亿营收、百亿利润”的新鞍钢初步建成，高质量发展新鞍钢建设取得阶段性成效。

一是巩固“南有宝武、北有鞍钢”钢铁产业新格局，鞍本整合融合成效显著。2022年，鞍钢粗钢产量5564万吨，钢材产量5236万吨，较“十三五”末分别增长45.7%、47.6%，实现粗钢产能6300万吨，钢铁产业营业收入增长57%，尤其是鞍本整合融合取得实质性进展，规模效益进一步显现，行业地位、影响力大幅提升。

鞍本重组后，鞍钢粗钢产量在辽宁省占比58.6%，在东北三省一区占比33.5%，使国内排名前十位的钢企产业集中度提高到41.5%，为构建我国钢铁产业新格局与推动高质量发展贡献了鞍钢力量。同时，聚焦“要素管控+管理移植”“战略引领+资源协同”两条主线，实施全方位、全系统、全流程整合融合，整合一年590项任务全面完成，实现协同创效26.17亿元，开创了我国特大型国有钢铁企业重组改革的新模式。

二是推进矿业发展再上台阶，提前完成5000万吨级铁精矿目标。充分发挥矿产资源优势，成立鞍钢资源有限公司，着力打造世界级铁矿资源开发企业。积极发挥资本推动作用，引进67.1亿元权益资金，为进一步提升资产证券化率奠定了坚实基础。大力推进生产柔性化、管控智能化、矿山绿色化等“六化”发展，加快实施“三个一批”项目，2022年，铁精矿产量达到5260万吨，提前完成5000万吨战略目标，持续保持国内第一，位居世界第五。落实国家资源战略，推动“铁资源开发计划”项目实施。鞍钢18个项目列入“铁资源开发计划”，6个项目已开工，其中，西鞍山铁矿项目六大类40多个要件办理时间刷新了国内新建矿山项目最快纪录，建成后将成为年产铁精矿千万吨级的技术领先，绿色、智能、无废、无扰动世界一流地下铁矿山，充分体现了鞍钢在提升战略资源保障能力上的责任与担当。计划2025年铁精矿产量比2020年增长50%，2030年实现翻一番，成为维护钢铁产业链供应链安全的“稳定器”“压舱石”。

三是构建新的增长引擎，培育打造“第三极”见行见效。2022 年鞍钢集团立足当前，着眼长远，从跨周期调节战略角度出发，主动调整产业结构，明确提出构建“双核+第三极”新发展格局。“第三极”核心思路是“依托主业、发展产业、培育企业”，重点锚定新材料、现代供应链、新能源、节能环保等领域培育一批新的增长引擎，打造具有一定平抑主业周期性波动风险的新的产业集群。3 月 31 日，谭成旭董事长主持召开“第三极”规划启动大会，发布“第三极”总体发展规划。12 月 9 日，集团公司召开钒钛产业大会，明确提出将钒钛产业打造成“第三极”排头兵。

2022 年底，“第三极”产业集群打造初见成效，“第三极”产业集群合计贡献利润 50 亿元，“稳定器”和“增长极”功能初步显现。新材料、节能环保、现代供应链等优势产业利润率提升至行业平均水平及以上。

（鞍钢集团有限公司战略规划部）

改革三年行动高质量收官

鞍钢深入贯彻习近平总书记关于国资国企改革发展的重要指示批示精神，落实国企改革三年行动部署，把“效益有改善、员工有获得感、企业发展可持续”作为检验改革成效的重要标尺，119 项任务、194 项举措全面完成、高质量收官，在国务院国资委考核中连续获评 A 级。鞍钢矿业、工程技术公司、积微物联获评“双百优秀企业”，成都材料院获评“科改示范”标杆。鞍钢改革案例入选国务院国资委《引领示范：国企改革三年行动综合典型案例集》。

坚定做强做优做大钢铁主业，打造央地重组改革典范，鞍本整合融合实现了“1+1>2”。“六措并举”综合施策，顺利完成鞍本重组整合，粗钢产量在辽宁省占比 58.6%，在东北三省一区占比 33.5%，使国内排名前十位的钢企产业集中度提高到 41.5%，为构建我国钢铁产业新格局与推动高质量发展贡献了鞍钢力量。聚焦“要素管控+管理移植”“战略引领+资源协同”两条主线，高质量推动鞍本实质性整合融合，590 项任务全面完成，开创了我国特大型国有钢铁企业重组改革新模式，推动本钢发生了历史性的“三大变化”：一是本钢生产经营生态发生了显著变化，利润创十年来历史最好水平，资产负债率比重组前下降 14.2%，财务费用同比下降 50.5%，实现从规模体量到质量效益的全面提升。二是企业焕发了崭新生机与活力，打出“1+2+N”系统性改革政策“组合拳”，重构市场化管控和市场化运营“两个体系”，法人压减比例超过 1/3，总部编制压减 41.2%。“两制一契”层层落实，135 名年轻干部走上了领导岗位，占比 27.7%，企业活力动力充分激发。三是重组整合协同效应充分凸显，鞍钢 38 项信息系统全面覆盖本钢，鞍本管理体系实现统一。建立运行鞍本采购、销售、物流、金融、科研等协同机制，构建研发创新体系，实施三批次 27 项科研协同项目。持续放大“1+1>2”的聚合效能，协同创效 26.17 亿元。

牢记“国之大者”，坚决扛起维护产业链供应链安全使命，“双核+第三极”格局初步形成。坚决扛起维护国家“五大安全”政治使命，服务构建“双循环”发展格局，稳步推动战略目标扎实落地，“双核+第三极”产业发展格局初步构建。一是加快推进矿业大发展，当好维护产业链安全“压舱石”。把矿产资源发展上升为集团战略，围绕打造世界级规模、世界级成本、世界级产品，争创成本管控、体制机制、创新能力、生态环境、智能制造“五个一流”，加快建设世界级铁矿资源企业，铁精矿产量同比增长 5.7%，2022 年产量持续保持国内第一，上升至世界第五。鞍钢 18 个项目列入“铁资源开发计划”，国内最大的单体地下铁矿山西鞍山铁矿等 6 个项目已正式开工建设，计划 2030 年铁精矿产量比 2020 年翻一番。二是积极培育打造“第三极”，当好钒钛产业高质量发展“排头兵”。将大力发展钒钛产业作为提升国家战略资源保障能力的"战略工程"、推动我国钒钛产业高质量发展的"强链工程"、加快建设一流企业的"重点工程"，高质量编制并推动《钒钛产业发展实施规划》，持续推进钛金属现代产业链链长申报工作，打造世界一流钒钛新材料企业，在主动服务国家战略中展现更大作为。2022 年，钒钛板块实现利润 34.63 亿元，同比提高 5.1%。

扭住三项制度改革"牛鼻子"，健全完善市场化经营机制，企业活力动力深度激发。以"契约化""合同化""价值化"为抓手，让"三能"实现制度化常态化，企业活力动力全面迸发。一是突出业绩决定位置，做实"契约化"。全面推行"两制一契"，推行中层管理人员聘期制的企业达到 100%。按照"三个不低于"建立摸高机制，996 名经营层"一人一表"确定年度和任期目标，向上建立"摸高"机制，向下明确 8 种退出底线，2021 年触发契约底线的 5 家单位经营班子，全体免职并扣罚全部年度绩效薪酬；2022 年未完成契约底线和综合考核评价为不称职的 12 名管理人员，全部予以免职或降职。"揭指标竞聘、带契约上岗"，管理人员竞争上岗率 76.2%，退出占比 9.4%。二是突出效率决定用工，做细"合同化"。推行"双合同"管理，完善以劳动合同管理为核心、以岗位合同管理为基础的市场化用工制度，员工市场化退出率达到 1.2%。推行竞争上岗长效机制，坚持不看身份看本领，不看资历看能力，打破原有干部工人身份界限，近三年来，1000 多名操作人员竞聘到管理技术岗位。锚定劳动生产率平均每年提升不低于 10%目标，优化措施，创新"共享用工"等灵活用工模式，主业实物劳动生产率同比提升 18.4%。三是突出效益决定薪酬，做精"价值化"。深化薪酬分配改革，通过高目标叠加强激励，子企业负责人年度薪酬差距达到 4 倍以上；加大收入分配向高级管理、高技术、高技能、市场营销和"苦脏累险"等岗位"五倾斜"力度，科研人员最高收入增幅达 50%，首席技师最高收入增幅达 27%，市场营销和"苦脏累险"岗位人员收入增长率高于平均增幅 7 个百分点。推行薪酬分配高中低赛道"赛马"，高、低赛道薪酬差异最高达 37%，浮动工资占比达到 76%，80%在岗职工收入同比增长 10%以上。

（鞍钢集团有限公司管理与信息化部）

鞍本整合融合"1+1>2"

2021 年 4 月 15 日，在党中央、国务院的亲切关怀下，在国务院国资委及辽宁省委、省政府的坚强领导和大力支持下，鞍本重组工作启动。当年 10 月 15 日，新本钢正式揭牌，短短 180 天，重组进程顺利完成。

鞍本重组后，鞍钢改革发展取得历史性突破。2021 年，鞍钢营业收入、经营利润首次分别突破 3000 亿元、300 亿元关口。2022 年 1 月至 9 月，实现销售利润率 3.46%，比同行业高 1.55 个百分点，持续三年跑赢大盘。在中央企业负责人经营业绩考核中首次获评"A"；在中央企业党建工作责任制考核评价中连续两年获评"A"；在国企改革三年行动重点任务考核、三项制度改革评估中均获评"A"，其中改革三年行动考核结果在央企中列第九位。《财富》世界 500 强排名 217 位，跃升 183 位。

鞍本重组，给企业带来四个新变化，开创鞍钢集团高质量发展新局面。

服务构建新发展格局取得新进展。重组后，鞍钢粗钢产能位居国内第二、世界第三，粗钢产量在辽宁省占比 58.6%，在东北三省一区占比 33.5%，并带动全国钢铁产业集中度达到 42%，形成"南有宝武、北有鞍钢"的钢铁产业新格局。同时，鞍钢铁精矿产量位居国内第一、世界第五，继去年铁精矿产量创历史最好水平，持续保持国内第一后，2022 年 1 月至 9 月，鞍钢铁精矿产量再创历史同期最好水平。此外，2022 年 11 月，总投资 229 亿元、年产铁精矿 1000 万吨、国内最大单体地下铁矿山西鞍山铁矿也实现开工建设。保障钢铁产业链供应链安全的“稳定器”“压舱石”更为坚实。

本钢生产经营生态发生显著变化。重组完成当年，本钢实现营业收入907.89亿元，同比增长47.29%；利润创10年来最好水平，实现销售利润率6.84%，比行业高1.76个百分点；全员劳动生产率同比提升34.8%；资产负债率比重组前下降11.12个百分点。2022年前9个月，本钢资产负债率比年初再下降3.54个百分点；基于对本钢改革发展成效的充分认同和良好预期，金融财务费用比上年同期下降45.61%；主业劳动生产率同比提升19.64%。本钢在行业、社会和客户中的形象显著提升，得到了各方认可，为高质量发展夯实了基础，赢得了先机和主动。

企业焕发崭新生机与活力。本钢以争做东北国企改革标杆为导向，坚定不移走“改革+市场”发展之路，打出“1+2+N”系统性改革政策“组合拳”，重构市场化管控和市场化运营“两个体系”。法人压减比例超过1/3，企业“瘦身健体”；总部编制压减41.2%，管理提档升级；170项核心权限逐级下放，“听得见炮声的人”有了更大话语权；“两制一契”层层落实，“双跑赢、三区间”压实各级责任，企业活力动力充分激发，市场竞争力日益增强，改革红利充分释放。

员工的获得感幸福感显著增强。坚持把“效益有改善、员工有获得感、企业发展可持续”作为检验改革成效的重要标尺，本钢改革风清气正，职工收获满满，想干事能干事干成事的干部职工有了新平台、新赛道，135名年轻干部走上了领导岗位，占比27.7%；优化副总监及以上人员118人，一级经理、二级经理人员779人，营造了公平、公正、公开的竞争生态。践行“企业增效、员工增收”的改革承诺，累计为职工发放超利共享奖4.7亿元，一系列为职工办实事项目列入惠民清单，持续增强的员工获得感幸福感转化为推动企业高质量发展的凝聚力向心力，干部职工的精神面貌焕然一新。

（《辽宁日报》）

“铁资源开发计划”重要项目、国内最大单体地下铁矿山西鞍山铁矿开工建设，助力保障钢铁产业链供应链稳定

11月16日，全国最大的单体地下铁矿山——鞍钢西鞍山铁矿项目正式开工建设。该项目总投资229亿元，建成投产后将成为一座年产铁精矿千万吨级的技术领先，绿色、智能、无废、无扰动世界一流地下铁矿山。

西鞍山铁矿项目是鞍钢贯彻落实党的二十大精神，牢记“国之大者”，加快建设世界一流企业，打造高质量发展新鞍钢的重大举措。这对于更好利用国内国际两个市场、两种资源，积极服务和融入新发展格局，加快推进“铁资源开发计划”，增强铁矿资源供应保障能力，推动行业生态朝着更加开放、包容、普惠、平衡、共赢的方向发展，共同促进钢铁行业的繁荣与发展，助力新时代辽宁、东北全面振兴全方位振兴具有重大意义。

铁矿石是钢铁工业的“粮食”，经济建设和社会发展的重要物质基础。稳定健康的原料供给，是钢铁工业高质量发展的重要保障。鞍钢是我国拥有完整产业链、最具资源优势的钢铁企业，始终坚持合作共赢理念，着眼上下游发展需求，注重加大在技术和商业模式等方面的创新和合作力度，通过实施以战略为主导的系统创新，形成以贫铁矿高效利用为核心的技术系列，制定48项铁矿行业的国家和行业标准，铁精矿产量始终位居国内第一，为我国钢铁业发展提供重要的原料供应保障。进入新时代，为完整准确全面贯彻新发展理念、服务构建新发展格局，鞍钢确定了“7531”的战略目标，把矿产资源事业发展上升为集团“双核”战略，对铁矿资源开发利用进行系统规划。加快推进以西鞍山铁矿为代表的一批资

源禀赋较优、规模较大、具有长期成本竞争力的优质铁矿项目建设，努力打造世界一流资源开发企业。

西鞍山铁矿是目前国内尚未开发的资源储量大、禀赋好的单体地下铁矿山。该项目坚持以开放汇聚创新资源，将采用目前世界上采矿领域技术先进、效率高、产能释放快、安全性强的“大直径深孔空场嗣后充填法”采矿工艺，聚焦绿色与智能技术深度融合，通过采用地下废石和选矿尾砂进行充填，有效保证地下岩体稳定，确保周边环境不受破坏；充分运用智能化工艺技术，逐步实现井下固定安装设备的远程操作、现场无人值守，远程故障诊断和技术服务，为全球贫铁矿资源绿色高效开发提供整体解决方案。

打造世界一流地下铁矿山。西鞍山铁矿项目瞄准世界先进水平，聚焦“世界级规模、世界级成本和世界级产品”，以打造一流的成本管控、一流的体制机制、一流的创新能力、一流的生态环境、一流的智能制造为实践路径，以先进的技术带动管理模式和体制机制创新，推动主要采选工艺指标、技术经济指标达到世界一流矿山水平。

打造生态文明示范区。西鞍山铁矿项目坚持“生态优先、绿色发展”，以打造矿山行业一流生态环境为目标，将矿产资源开发与环境保护协调发展，从工艺源头保护西鞍山地表的地形地貌，做到污染防治源头化、资源利用无废化、能源消耗低碳化、矿区环境和谐化，实现资源开发和生态环境的和谐统一，为矿业和矿业城市的可持续发展树立典范。

提高铁矿资源开发利用水平。西鞍山铁矿项目依托绝对资源优势，坚持创新驱动发展战略，超前布局前沿技术和提升核心竞争力的关键技术，把握深部开采、智能采矿、高效选矿和绿色开发等研发方向，在国内铁矿山首次采用千米竖井硬岩全断面掘进机施工工艺掘进胶带斜井、斜坡道与辅助井，开创国内外关键技术与装备研究与应用先例。围绕绿色、生态、智能、低碳、无废、高效，开展采选矿新理论、新技术、新装备研究及推广应用，提高铁矿资源开发利用水平，带动鞍山和本溪区域贫铁矿资源实现大规模开发。

打造矿山智能制造典型场景。西鞍山铁矿项目聚焦智能制造发展战略，把握以智能制造为核心技术的新一轮工业革命机遇，将大数据、人工智能、移动互联网、云计算、5G 等新一代信息技术与大工业生产相融合，以智能制造全域赋能、创新驱动，实现生产装备智能化、生产过程自动化、生产管控一体化和产业链协同网络化，全面提升管理和本质安全水平，打造无人工厂、黑灯工厂，为智造强国、数字中国作出新贡献。

打造“央地合作”新标杆。西鞍山铁矿项目实施中，建立起央地合作的良好机制，推动鞍钢和鞍山市“双鞍”深度融合。鞍山市以建设国家级综合性钢铁产业基地为依托，着力建设高标准矿山产业园区，高质量构建现代钢铁产业体系，不仅增加地方财政收入、带动地方就业，还将带动上下游协同发展，促进产业链创新链深度融合，推动地方经济社会高质量发展、区域协调发展向更高水平迈进。

（《中国日报》）

数字鞍钢建设谱写新篇章

2022 年，鞍钢集团围绕“产业数字化、数字产业化、数据价值化”三条路径，以“智慧指数”评价体系为统领，聚焦“智慧管理、智慧运营、智能制造”三个重点，攻坚“数字产业化、数据资产化、网信安全智能化”三个领域，健全支撑保障体系，以业务、数据为双驱动引擎，快速推进数字鞍钢建设，打造数据生态。全集团新放行项目 87 项，总投资 19 亿元，上线投运 42 项；列入年度台账的 35 个重点项目全部达到预期目标。

数字鞍钢推进体系作用充分发挥。一是发布数字鞍钢智慧指数评价体系。完成钢铁产业、数字产业两个领域首轮评测，客观衡量各产线、工厂、基地的数字化转型整体水平与进步幅度，深入查找问题不足，提出整改完善建议，锻长板、补短板。二是数字鞍钢标准体系进一步完善。加入电气电子工程师学会标准协会，参与编制3项标准获批发布。自主编制的钢铁、矿山、钒钛产业智能工厂建设3项企业标准通过鞍钢内部专家评审。三是全面发挥典型应用示范引领作用。数字鞍钢建设成果亮相全球工业互联网大会，中共中央政治局委员张国清在鞍钢展台进行了“5G+智慧炼钢”操作，对鞍钢智能制造建设成效给予称赞；成功举办钢铁产业智能制造主题论坛、第三届“数字鞍钢·数字生态”现场推进会，发布“基于5G云化PLC工业控制系统”等3项创新成果。四是数字化人才队伍建设持续加强。成功举办首期“数字化人才培养”培训班，围绕数字化“领军人才”和“业务精英”两个方向，为集团培养数字化管理复合型和技术复合型人才，首批“数字化领军”参训学员45人，培训后已回原岗位全面支撑本单位数字化建设。

产业数字化建设稳步推进。一是集团层级管理系统更加健全。完成集团OA办公系统升级改造，按计划向攀钢、矿业覆盖推广；全面预算管理系统、物料代码管理平台上线运行；司库系统、人力资源系统改造等项目按计划推进。二是钢铁产业一体化经营与制造管理系统顺利向本钢移植。识别并消除差异153项，管理职责调整25项，调整制度111项，完成488类业务流程优化，板材基地已按计划建成，北营基地2023年3月底前建成。三是智能制造建设取得新突破。累计完成41条产线智能化改造，鲅鱼圈、西昌钢钒智能制造示范基地初步建成；鞍钢矿业建成智慧运营中心，探索打造“矿群”管理生产新模式；本钢积极推进无人行车、工业机器人等成熟场景应用，取得成效。30个项目获评试点示范，获政府专项资金5601万元。

数字产业化发展逐步发力。一是数字产品持续升级优化。鞍信等数字产业公司自主研发的智慧能源管控、无人行车、质计量无人值守等解决方案在集团内部成功推广。二是数字技术平台建设持续强化。精钢工业互联网平台完成与工业互联网标识解析国家节点对接；海星工业互联网平台入选工信部新一代信息技术与制造业融合发展试点示范。三是推进“产学研”等创新主体间深层互动。《鞍钢技术》期刊首次出版“钢铁工业数字化转型”专刊和论文集，共收录论文81篇；星云智联依托四川省行业型数字化转型促进中心、企业技术中心建设，加强与产业链上下游企业及重点高校的深度交流与优势专业合作，开展各类技术交流活动38次，形成重点战略合作项目10余个。

数据价值化迈出关键步伐。一是制定集团监管指标库，承接落实国务院国资委印发的国资监管指标体系，结合集团战略管控定位，梳理集团监管指标2770个，涵盖党建、资本运营、预算、人力资源等15个主题，全集团统一指标定义与各项属性，保证数出一源，实现一源多用。二是建立集团主数据管理体系，制定通用基础、组织机构、员工、客户供应商、会计科目、银行、物料等核心数据标准，建成鞍钢集团主数据管理系统，并借助统一的系统平台在全集团范围内实现对上述核心数据的统一规范管理。三是试点开展数据价值挖掘工作，集团层面基于数据湖平台，启动监管指标的数据入湖与治理工作，鞍山钢铁、攀钢、矿业公司等子企业启动数据治理，重点聚焦“生产、质量、设备、能源”等主题领域深挖数据价值，取得成效。

网络安全防线持续巩固。一是网络安全主动防御能力整体提升，全年未发生重大网络安全事件。在党的十九届六中全会、党的二十大、冬奥会等重保期间经受住了考验。全年主动监测各类网络攻击告警156万次，下发10期网信安全通报，37期预警周报，处理一般网信安全事件881起，国家“网鼎杯”网络安全大赛进入半决赛。二是圆满完成国家专项行动任务。参加公安部组织的“HW2022”网络攻防实战演习，集团主要领导亲自部署，网信领导小组办公室组建专业防守团队，针对各类网络攻击及时作出应对，顺利完成了防守工作，受到公安部通报表扬。三是制定自主可控工作方案。统筹发展和安全，以关键核心技术、产品和服务的自主可控为主线，成立自主可控专项工作小组，制定总体实施方案，明确了分类分级分阶段的总体和具体目标，细化了任务时间表和路线图，为各项工作有序推进提供了基础支撑。

（鞍钢集团有限公司管理与信息化部）

绿色低碳工作开创新局面

2022年，鞍钢集团以习近平新时代中国特色社会主义思想为指导，深入践行习近平生态文明思想，全面贯彻落实党的十九大、十九届历次全会和党的二十大精神，按照党中央、国务院决策部署，以绿色作为高质量发展的鲜明“底色”，协同推进降碳、减污、扩绿、增长。鞍钢集团围绕能耗双控和碳排放双控管理、超低排放改造、矿山生态修复、科技创新等重点工作，凝心聚力、多措并举，持续开创生态文明建设新局面。

一、主要节能减排指标完成情况

2022年，鞍钢集团实现重大环境污染事件为零的目标，同时主要节能减排指标水平持续提升，吨钢综合能耗同比降低1.49%；吨钢耗新水同比降低5.35%；万元产值综合能耗（可比价，2020年基期）累计同比降低1.82%；二氧化硫、氮氧化物、烟（粉）尘排放量分别同比降低14.36%、9.55%、12%；化学需氧量、氨氮排放量分别同比降低29.70%、14.12%，实现历史最好水平。

二、节能减排重点工作

（一）提高政治站位，贯彻落实习近平生态文明思想

鞍钢集团深入学习贯彻习近平总书记重要讲话精神及党中央、国务院决策部署，把学习贯彻习近平总书记关于生态文明建设方面的重要指示批示精神作为一项重要政治任务，在集团公司党委常委会“第一议题”上传达学习和专题研讨，并形成工作台账，明措施、定节点、抓落实，将学习成果切实转化到实际工作，出实招、见实效。

（二）强化顶层设计，以上率下统筹规划部署

鞍钢集团坚定不移贯彻落实国家战略部署，强化顶层设计，系统谋划，统筹推进节能、环保、“双碳”相关工作。一是规划引领。在中央企业中率先编制完成《鞍钢集团有限公司碳达峰行动方案》，成为首家上报国务院国资委社会责任局的中央企业，得到了国务院国资委社会责任局和行业内专家的高度认可。二是统筹部署。下发《鞍钢集团有限公司2022年环保节能双碳工作要点》，提出了2022年对子企业的考核指标及目标值，统筹部署全年工作，明确重点工作方向、主要举措和保障措施，要求各子企业做好工作承接与安排部署，形成工作清单，认真抓好落实，全力推进。

（三）突出项目引领，有效提升“双控”能力

鞍钢集团通过先进技术推广和节能项目推进，有效提升能耗和碳排放“双控”能力。一是推广先进技术应用。制定发布《鞍钢集团先进节能减碳技术清单（2022年版）》，为子企业新建和改建项目中应用先进节能减碳技术提供指导。二是实施高效发电项目。本钢180兆瓦CCPP和攀钢钒100兆瓦（一期）余热余能发电项目分别于3月和9月建成投运，两个项目可实现每年增加发电量9.8亿千瓦时，预计减碳76万吨。三是实施能源集控项目。大力推动能源集控项目的实施，鞍山钢铁本部能源集控中心项目建成投运，有效提升了能源利用效率和人力资源效率，可降低吨钢综合能耗3.9%，提升人力资源效率25%。四是开发清洁能源项目。充分利用矿山排土场、尾矿库等土地空间资源推动光伏发电项目，完成鞍钢矿业黑牛庄54兆瓦光伏供齐选项目的建设。鲅鱼圈焦炉煤气制LNG（液化天然气）联产氢气项目开工建设，预计年产LNG（液化天然气）12.5万吨、氢气2400万立方米。

（四）聚焦超低排放，推进污染防治向纵深发展

鞍钢集团以区域环境气净天蓝为目标，坚持精准治污、科学治污、依法治污，切实推进污染防治向

纵深发展。一是加快实施超低排放改造。截至 2022 年底，累计放行改造资金 199 亿元，完成改造项目 320 项，正在实施项目 140 项，二氧化硫、氮氧化物排放量同比均下降 10%左右，西昌钢钒示范基地率先完成超低排放改造并向中钢协提报公示申请。二是推进废水减量。组织鞍山钢铁、本钢、攀钢等钢铁基地制定废水减量化实施方案，通过源头控制、分类治理、末端回用等综合举措实现主厂区非汛期废水零排放。三是推进资源节约集约。以减量化、资源化和再利用为原则，提高铁素资源和大宗固体废弃物利用效率，开展废油泥、废活性炭、废催化剂、废油桶等危废内部处置研究，危废合规处置率达到 100%。

（五）推进科技创新，提升绿色低碳发展能力

鞍钢集团通过开展前沿低碳冶金技术研究、绿色低碳基础研究、绿色低碳产品研发，提升绿色低碳发展能力。一是积极布局氢冶金前沿技术。2022 年 9 月，全球首套具有完全自主知识产权的绿氢零碳流化床高效炼铁新技术示范项目在鲅鱼圈分公司开工建设。二是开展钢铁产品全生命周期评价研究。开展产品全生命周期评价研究，鞍山钢铁完成超低碳钢、烘烤硬化钢、低合金钢、双相钢四类典型汽车钢产品“从摇篮到大门”的生命周期碳足迹评价。三是研发绿色低碳产品。积极研发高强度、高耐蚀、高效能绿色低碳产品，助力全产业链绿色低碳转型。

（六）推动矿山复垦，开创矿山生态修复新局面

鞍钢集团牢固树立绿水青山就是金山银山理念，按照“边开采、边治理、能绿尽绿”的原则，持续推动矿山复垦，稳步提升生态碳汇能力。推进鞍钢矿业、本钢、攀钢放行矿山绿化复垦面积 630 余公顷，放行复垦资金 17000 余万元，完成矿山绿化复垦面积 430 余公顷。截至 2022 年底，鞍钢集团累计完成矿山复垦面积 3800 余公顷，复垦率达到 91.6%，矿山生态修复“三年行动规划”顺利收官，矿山生态环境得到极大改善。

（七）强化宣传引领，擦亮绿色鞍钢品牌形象

鞍钢集团通过典型案例宣传、重大活动宣讲、行业示范引领等途径向外界展现绿色低碳发展成果，擦亮绿色鞍钢品牌形象。一是典型案例宣传。组织开展 2022 年全国节能宣传周和全国低碳日活动，并录制典型案例视频，在中央广播电视总台央视网等新闻媒体播出。二是重大活动宣讲。受邀在六五环境日国家主场活动共建清洁美丽世界辽宁论坛、2022 年钢铁工业绿色低碳发展论坛、钢铁行业能效标杆三年行动方案现场启动会等重大活动上做典型发言。三是行业示范引领。鞍钢股份鲅鱼圈分公司、本钢板材、本钢北营和西昌钢钒 4 家单位被授予“双碳最佳实践能效标杆示范厂”称号，充分发挥鞍钢集团的示范引领作用，助力钢铁行业绿色低碳转型。

（鞍钢集团有限公司安全环保部）

全面抓实党建　持续强“根”铸“魂”

2022 年，鞍钢集团党委以习近平新时代中国特色社会主义思想为指导，认真学习贯彻党的十九大、十九届历次全会和党的二十大精神，坚决落实党中央、国务院决策部署，锚定加快建设世界一流企业目标，坚持和加强党的全面领导，取得“四个标志性成果”：一是首次实现“双 A”目标，鞍钢在中央企业负责人经营业绩考核中首次获评“A”，鞍钢党委在中央企业党建工作责任制考核评价中再次获评“A”；二是实现了鞍本整合融合“1+1>2”，成为国企改革三年行动标志性案例；三是实现了“铁资源开发计划”重要项目、国内最大单体地下铁矿山西鞍山铁矿开工建设，助力保障钢铁产业链供应链稳定；四是引进 67.1 亿元权益资金，顺利完成矿业引战工作，为进一步提升资产证券化率奠定了坚实基础。全年实现营业收入3360.86亿元，上缴税金167.25亿元，利润总额80.03亿元，净利润57.81亿元，十年来首次连续三年跑赢大盘，对外影响力和美誉度持续提升，广大职工对企业未来发展更加充满信心。

一、坚持高举旗帜、凝心铸魂，打造“两个维护”先锋阵地

（一）推动习近平新时代中国特色社会主义思想入脑入心

建立“上下联动共同学、调研成果交流学、研判形势超前学、开创未来贯通学”的理论武装四学机制，署名文章《心系“国之大者” 塑造发展新优势》在《红旗文稿》刊发。扎实开展“建功新时代、喜迎二十大”习近平总书记重要指示批示精神再学习再落实再提升主题活动，再学习再领会习近平总书记对鞍钢“凤凰涅槃、浴火重生”重要要求，常委会“第一议题”传达学习习近平总书记最新重要讲话和重要指示批示精神41次，建立党史学习教育常态化长效化机制。

（二）推动学习宣传贯彻党的二十大精神走深走实

3名党员当选党的二十大代表，充分体现了党中央对鞍钢的厚爱和信任。党的二十大召开后，及时召开集团党委常委扩大会，党的二十大代表、党委书记、董事长谭成旭带头传达学习党的二十大精神，党委班子成员分别到基层宣讲党的二十大精神。制定《关于认真学习宣传贯彻党的二十大精神的通知》，实施“六学六讲六抓”工作举措，举办学习宣传贯彻党的二十大精神研修班，推进党的二十大精神直达基层、直通一线、走进职工。

（三）推动加强党的领导和完善公司治理相融共促

贯彻落实“两个一以贯之”，集团及所属各级重要子企业党委会前置研究讨论事项清单、董事会决策事项清单、总经理办公会决策事项清单完成率达100%。前置研究讨论“西鞍山铁矿联合采选项目”等22项重大经营管理事项，推动科学决策、民主决策、依法决策相统一。规范董事会建设，106户企业实现董事会建设、外部董事占多数两个100%，做到应建尽建。

（四）推动新鞍钢“十四五”战略贯彻落地

召开鞍钢二届五次全委会研究部署年度工作，聚焦重点任务攻坚。一是鞍本整合融合成效显著。鞍本重组后粗钢产量在辽宁省占比58.6%，在东北三省一区占比33.5%，使国内排名前十位的钢企产业集中度提高到41.5%。国务委员王勇作出重要批示，充分肯定鞍本整合融合成效。张玉卓书记指出，鞍本重组协同效应明显增强。二是钢铁+矿业“双核”战略加速落实。充分发挥矿产资源优势，成立鞍钢资源有限公司，着力打造世界级铁矿资源开发企业，铁精矿产量同比增长5.55%，再创历史最好水平，持续保持国内第一。三是国企改革三年行动全面收官。119项改革任务、194项改革举措全面完成，鞍钢改革工作获评国务院国资委2021年度中央企业改革三年行动重点任务考核A级，获评中央企业三项制度改革考核A级。四是科技创新国家队作用不断强化。推进钒钛、矿山等三个策源地建设，研发机构一体化协同机制初步形成，关键核心技术攻关一期任务高质量完成，特厚高强度核电安全壳用钢等产品全球首发。41条产线完成智能化改造，成功亮相全球工业互联网大会，5G智慧炼钢场景广受好评，30个项目获评国家部委、行业协会试点示范。五是央企社会责任高效履行。捐赠2000万元驰援四川抗震救灾，2021年度乡村振兴工作被评为“好”。

二、坚持强基固本、锻造队伍，筑牢“国之大者”组织保障

（一）突出基层导向增强政治功能和组织功能

一是强化组织建设。深入实施党支部三大工程，创建辽宁省党支部标准化建设示范点7个，评选鞍钢党支部工作示范基地10个、“样板”党支部54个。《强基固本筑堡垒、推动党支部建设全面进步全面过硬》经验做法在中组部《党建研究》刊发。二是强化教育管理。构建“15351”党内教育培训体系，举办党委专职副书记履职能力提升研修班，实施“万名党员进党校”培训工程，培训党员6.17万名。《雷锋在鞍钢》荣获中组部第十六届全国党员教育电视片优秀作品二等奖。三是强化深度融合。开展“喜迎二十大、建功新鞍钢”主题实践活动，实施“十、百、千、万”四大工程，召开基层党建与生产

经营深度融合研讨会，编发《基层党建创新案例选编》，推进党建工作与生产经营深度融合。在疫情防控中充分发挥基层组织“哨点”作用，授予鲅鱼圈分公司党委“抗疫保产先进集体”称号。

（二）突出实绩实效选贤任能

一是考准考实政治素质。坚持新时代好干部标准和国企领导人员“20字”要求，建立政治体检清单，坚持“凡提必考”。在中央党校举办“一把手”政治能力提升班，在中国大连高级经理学院举办中高级研修班，着力提升党员干部政治能力。二是激励干部担当作为。选优配强领导班子，扩大选用视野，从外部引进2人、市场化选聘职业经理人1人作为集团直管领导人员。落实推进领导干部能上能下规定，对未完成契约底线的11名班子成员予以免职或降职，揭指标竞聘、带契约上岗成为常态。三是从严抓实监督管理。持续强化“一把手”和领导班子监督，对8家单位开展选人用人“一报告两评议”工作。中组部对鞍钢2021年度“一报告两评议”中“选人用人总体评价”“从严管理监督干部评价”为“好”的比例达到100%。

（三）突出后继有人选拔培养年轻干部

推动“摇篮计划”提档升级，分级分类建立年轻干部人才库，坚持全周期跟踪培养，形成“一人一卡”个性化培养方案，选派19名年轻干部参加中组部调训，对集团“70、80、90”班学员进行调整，交流比例达41.5%。举办年轻干部“赛马”座谈会4次，近距离了解年轻干部的综合素质、日常表现和工作业绩。建立年轻干部轮值助理制度、选拔优秀年轻干部到总部挂职锻炼，促进年轻干部业务能力和综合素质双提升。二级正职中50岁以下占比达到39.4%，二级班子中45岁左右达到22.6%，三级班子中40岁左右达到21.5%，完成中组部配备要求。

（四）突出人尽其才建强人才队伍

一是健全人才培养引进体系。贯彻落实中央人才工作会议精神，召开鞍钢人才工作会议，编制鞍钢“十四五”人才发展规划。坚持自主培养与外部引进并举、毕业生引进与成熟人才引进双向驱动，下放引进权限、简化流程，引进各类人才434人，同比增长8%。二是深化人才发展机制改革。构建“三要素、四维度”岗位管理体系，完善10个人才等级序列，搭建H型职业发展通道，各序列在聘人才8788人，同比提升4.8%。突出价值、能力、贡献导向，推行人才成长积分制，建立技术和技能人才双向贯通评价机制，培养具有工程师、技师证书的“双师”人才809名。三是大力实施人才重点工程。持续推进“英才计划”“工匠计划”，出台技能人才“新十项措施”，建成技能大师工作站117个，培育海外高层次人才引进计划专家1人、国家百千万人才工程专家2人。

三、坚持宣传引领、文化塑造，凝聚改革发展思想共识

（一）新闻宣传有声有色

构建上下互通、横向互动、内外联动、齐抓共管的大宣传工作格局，在省级以上媒体累计刊发报道18897篇。举办首次新闻媒体沟通会，探索“现场+云采访+直播+互动”新模式，全网累计转发1697条次，阅读量超过300万。传承“鞍钢宪法”和红色基因，联合辽宁省委宣传部等拍摄电影《钢铁意志》并首次在中央党校展映，组织老英雄孟泰女儿孟庆珍、老专家王延绵、全国劳模林学斌等走进辽宁《开学第一课》直播间，讲述鞍钢铭记长子担当、矢志报国奉献的故事。

（二）企业文化见行见效

坚持一脉相承、与时俱进，形成新时代“鞍钢宪法”理论与实践创新研究报告。开展“同一个鞍钢、同一个梦想”网上主题展，集中展现鞍钢73年来的光辉历程、发展成就、美好愿景。举办“喜迎二十大、建功新鞍钢”大型主题快闪，全网观看量突破450万。精神文明建设成果丰硕，郭明义爱心团队鞍钢股份炼焦总厂分队获评全国学雷锋志愿服务“四个100”先进典型最佳志愿服务组织。深入挖掘鞍钢优秀科研工作者先进事迹，严玲获评辽宁“时代楷模”，入选2022年第三季度“中国好人榜”。

（三）思想政治工作扎实有效

制定关于新时代加强和改进思想政治工作的指导意见，提升思想政治工作的科学化、规范化水平。

印发年度形势任务教育安排意见，引导广大职工认清形势、凝聚力量。召开3次党委常委会研究落实意识形态工作，构建网络舆论引导和舆情管控网格化工作体系，建立四级网评员队伍，加强舆情分析研判，牢牢掌握意识形态工作领导权。

四、坚持正风肃纪、从严治党，营造风清气正政治生态

（一）党风廉政建设和反腐败工作全面深化

组织党员领导干部集中观看《零容忍》《蜕变人生》警示教育片，深入学习研讨《中央企业靠企吃企案件警示录》，深刻汲取违纪违法者的血泪教训。开展“重温两书、坚守初心”党性教育、“赓续红色血脉、建设廉洁文化”主题读书等活动，推动“廉洁好声音”传到基层、响在厂矿。深化“靠钢吃钢”专项治理，开展工程建设领域“清廉工程”专项整治和备品备件采购及管理专项治理，推动将263家企业、53个自然人纳入“黑名单”“灰名单”。保持惩治腐败高压态势，全集团立案490件、处分407人，形成强烈震慑。检举控告、问题线索数量同比降低48%、37%，政治生态持续向好。鞍钢“室企地”联合办案经验在中央纪委国家监委网站及《中国纪检监察报》头版头条刊发。

（二）政治监督和作风建设全面加强

提升政治监督效果，细化14个“重点查”、66项“具体看”监督清单，以“4+”模式推动政治监督具体化常态化。将监督工作与“三新一高”、国务院国资委“两增一控三提高”目标相结合，组织全集团开展专项监督1029项，发现问题1697个，提出改进建议880条。坚持“风腐”一体纠治，查处违反中央八项规定精神问题116件。

（三）巡视整改成果全面巩固

对3家单位开展常规巡视、提级巡视，完成5年巡视全覆盖目标任务。对6家二级党委开展处理历史遗留问题专项巡视。对集团总部和7家二级企业开展巡视整改“回头看”，推动问题真改实改彻底改。以钉钉子精神推动中央巡视反馈问题整改落实，中央巡视整改措施完成率达到96.3%。

五、坚持以人为本、共建共享，汇聚干事创业强大合力

（一）广泛汇聚统战力量

印发统一战线工作管理办法，举办党外代表人士学习贯彻党的十九届六中全会精神专题培训班和党的二十大精神宣讲报告会，强化对统战成员的政治思想引领。深化与党外人士联谊交友，开展“爱鞍钢、献良策、做贡献”主题活动，1名无党派人士的研究成果荣获世界钢协第13届“Steelie”低碳生产卓越成就奖。

（二）充分发挥工会作用

大力弘扬劳模精神、劳动精神、工匠精神，开展“建功‘十四五’、奋进新征程”主题劳动竞赛，选树132名劳动模范，2名职工获全国五一劳动奖章、1个集体获全国工人先锋号。建立常态化长效化服务职工制度机制，扎实开展“我为群众办实事”实践活动，完成10个方面101个项目，着力解决职工急难愁盼问题。加大走访慰问力度，累计走访慰问困难职工2.9万人次，发放救助金1991万元、医疗救济金1748.3万元。

（三）引领青年建功立业

召开鞍钢庆祝中国共产主义青年团成立100周年大会，评选表彰第一届鞍钢青年五四奖章。组织开展“青年大学习”实践活动，推动实施青年精神素养提升工程和“青马工程”，开展数字化创新大赛、青年安全生产示范岗等创新创效活动，提升青年政治素养和创新意识。建立党建带团建工作联系点，《以党组织“三带一健全”、提升团组织“三力一度”》经验做法在《中国共青团》杂志等刊发，46个青年集体和个人获省级及以上表彰。

（鞍钢集团有限公司党委组织部）

第二部分

专　文

认真学习贯彻党的二十大精神
加快建设高质量发展新鞍钢

鞍钢集团有限公司党委书记、董事长　谭成旭

2022年，是党和国家历史上极为重要的一年，也是鞍钢改革发展极具挑战、极不平凡的一年。鞍钢集团以习近平新时代中国特色社会主义思想为指导，全面贯彻落实党的十九大、十九届历次全会和党的二十大精神，贯彻落实习近平总书记重要讲话和重要指示批示精神，坚决落实党中央、国务院决策部署，把党的领导贯穿改革发展始终，加快建设高质量发展新鞍钢，取得“四个标志性成果”：一是首次实现“双A”目标，鞍钢在中央企业负责人经营业绩考核中首次获评“A”，鞍钢党委在中央企业党建工作责任制考核评价中再次获评“A”；二是实现了鞍本整合融合“1+1>2”，是国企改革三年行动标志性案例；三是实现了“铁资源开发计划”重要项目、国内最大单体地下铁矿山西鞍山铁矿开工建设，助力保障钢铁产业链供应链稳定；四是引进67.1亿元权益资金，顺利完成矿业引战工作，为进一步提升资产证券化率奠定了坚实基础。全年实现营业收入3361亿元，利润总额80亿元，十年来首次连续三年跑赢大盘。位居《财富》世界500强第217位，比上年跃升183位，创历史最好排名。国务委员王勇充分肯定鞍钢改革发展成效，并勉励鞍钢在加快建设世界一流钢铁企业上取得更大成绩。

“7531”战略稳步推进，“双核+第三极”格局初步构建。巩固“南有宝武、北有鞍钢”钢铁产业新格局，鞍本整合融合成效显著。鞍本重组后粗钢产量在辽宁省占比58.6%，在东北三省一区占比33.5%，使国内排名前十位的钢企产业集中度提高到42.8%，为构建我国钢铁产业新格局与推动高质量发展贡献了鞍钢力量。聚焦“要素管控+管理移植”“战略引领+资源协同”两条主线，实施全方位、全系统、全流程整合融合，整合一年590项任务全面完成，实现协同创效26.17亿元，开创了我国特大型国有钢铁企业重组改革的新模式。本钢生产经营生态发生显著变化，资产负债率比2022年初下降3.1个百分点；基于对改革发展成效的充分认同，金融机构对本钢融资利率最低下浮37%，融资保证金余额比年初降低88.7%，财务费用同比下降50.5%，实现从规模体量到质量效益的全面提升，本钢经受住了严峻市场考验。国务院领导、国务院国资委领导和辽宁省委省政府领导分别作出批示，充分肯定鞍本整合融合成效。巩固优势产业核心地位，推进矿业发展再上台阶。充分发挥矿产资源优势，成立鞍钢资源有限公司，着力打造世界级铁矿资源开发企业。积极发挥资本推动作用，引进67.1亿元权益资金，为进一步提升资产证券化率奠定了坚实基础。鞍钢18个项目列入“铁资源开发计划”，6个项目已开工，其中西鞍山铁矿项目六大类40多个要件办理时间刷新了国内新建矿山项目最快纪录，建成后将成为年产铁精矿千万吨级的技术领先，绿色、智能、无废、无扰动世界一流地下铁矿山，充分体现了鞍钢在提升战略资源保障能力上的责任与担当。构建新的增长引擎，培育打造“第三极”见行见效。召开钒钛产业发展大会，确定把钒钛产业培育打造成为“第三极”排头兵，聚焦建设世界一流钒钛新材料企业目标，推动钒钛产业全方位提升、跨越式发展，在主动服务国家战略中展现更大作为。

三年行动高质量收官，改革效能不断释放。全面完成国企改革三年行动改革任务举措。106户“应建企业”实现董事会建设、外部董事占多数“两个100%”，34户子企业实现差异化落实董事会“六项职权”，公司治理体系更加完善。“一企一策”推进亏损企业治理，集团亏损企业户数同比减少33户、降幅58.92%；本钢超额完成“亏损户数减少1/2、亏损额减少1/3”的年度治理任务。“双百行动”24项改革任务全部完成，工程技术有限公司获评“双百标杆企业”，积微物联、鞍钢矿业获评“双百优秀企业”。三项制度改革克难攻坚，年度6项重点任务47个关键环节全面完成。落实“两制一契”，推行中层管理人员聘期制的企业达到100%，管理人员竞争上岗率76.2%，退出占比9.4%，在央企中处于较

高水平。严格“双合同”管理，进入赋能中心人数占比达到12.2%，是计划目标的2.4倍；主业实物劳动生产率同比提升18.4%；劳务供应商压减、主营岗位劳务置换等全部完成任务目标。浮动工资占比达到76%，在央企中处于较高水平。推进中长期激励机制，10家符合条件的科技型企业全部实施了股权或分红激励。鞍钢获评中央企业改革三年行动重点任务考核A级，在央企排名第9；获评中央企业三项制度改革考核A级，在央企排名第10。鞍钢三项制度改革和任期制契约化管理经验做法入选中国大连高级经理学院教学案例。

创新能力不断提升，科技创新国家队作用凸显。履行高水平科技自立自强使命担当，关键核心技术攻关一期任务按期高质量完成，1个突出贡献团队和3个突出贡献个人获表彰。聚焦重点领域，推进原创技术策源地建设。成立鞍钢科学技术协会，与辽宁材料实验室共建产业技术创新中心，与伯明翰大学成立联合研究中心，组建11个联合研发技术团队，研发体系效能不断提升。全年研发经费投入强度达到3.88%。一批关键技术和产品取得新突破，全球首套绿氢零碳流化床高效炼铁新技术示范项目在鲅鱼圈分公司开工建设；特厚高强度核电安全壳用钢等产品全球首发；高强耐磨过共析钢轨突破国外技术壁垒；成功开发国内宽幅最大的0.1毫米厚度“手撕钛”产品；“基于低碱高硅球团的低碳排放高炉炉料解决方案及其应用”获世界钢铁协会第13届“Steelie”低碳生产卓越成就奖，鞍钢成为唯一获奖中国企业。荣获行业和省部级科技奖37项，获第23届中国专利优秀奖。主导制修订发布2项国际标准，获中国标准创新贡献奖。加快数字鞍钢建设，召开第三届数字鞍钢现场推进会，累计41条产线完成智能化改造建设，鞍山钢铁入选工信部大数据分析与集成应用重点实验室成员单位，攀钢“5G+”矿山远程穿孔采掘及无人运输等30个项目获评国家部委、行业协会试点示范，发布3项智能制造行业标准。

以迎接宣贯党的二十大为主线，党建引领保障作用充分发挥。推动迎接党的二十大重点工作方案和任务分解清单层层落实，扎实开展习近平总书记重要指示批示精神再学习再落实再提升主题活动，推动“稳增长、防风险、促改革、强党建”各项工作落实，3名党员当选党的二十大代表。把抓好学习宣贯党的二十大精神作为首要政治任务，推动党的二十大精神在鞍钢一贯到底、落实落地。创建辽宁省党支部标准化建设示范点7个，以点带面推动党支部建设全面进步全面过硬。开展“喜迎二十大、建功新鞍钢”主题实践活动，实施“十、百、千、万”四大工程，党建与生产经营深度融合务实有效。坚持好干部标准和国有企业领导人员“20字”要求，对13名新任职的“一把手”开展业务“赛马”；对未完成契约底线和综合考核评价为不称职的12名管理人员，全部予以免职或降职。推动“摇篮计划”提档升级，二级正职中50岁以下占比达到39.4%，二级班子中45岁左右达到22.6%，三级班子中40岁左右达到21.5%，全面完成中组部配备要求。中组部反馈鞍钢2021年度选人用人工作总体评价、从严管理监督干部情况评价为“好”的比例实现两个100%。新媒体指数创历史新高，进入中国企业500强指数榜前20位，居国内同行业首位。党风廉政建设和反腐败工作更加深入，开展工程建设领域“清廉工程”专项整治和备品备件采购及管理专项治理，开展“重温两书、坚守初心”党性教育和读书警示教育，推动“廉洁好声音”传到基层、响在厂矿。检举控告、问题线索数量同比降低48%、37%，政治生态持续向好。弘扬劳模精神、劳动精神、工匠精神，2名职工获全国五一劳动奖章、1个集体获全国工人先锋号。完成10个方面“我为群众办实事”重点民生项目，职工获得感幸福感明显增强。

真抓实干　开创新局
以优异成绩迎接党的二十大胜利召开

——在中共鞍钢二届五次全委（扩大）会议上的讲话

鞍钢集团有限公司党委书记、董事长　谭成旭

2022 年 1 月 15 日

同志们：

经过大家共同努力，二届五次全委（扩大）会议圆满完成了各项议程，达到了预期效果。会议期间，大家认真审议工作报告并深入讨论，一致认为，过去的一年意义非凡，实现了“三个历史性突破”，具有里程碑意义，取得了“十四五”开门红；2022 年机遇与挑战并存，目标更清晰，任务更明确，形成了加快建设高质量发展新鞍钢的共识。能否推动目标任务落地生根，关键靠真抓实干。下面，我讲四点意见。

第一，聚焦战略目标，真抓实干开新局。

习近平总书记在党的十九届六中全会第二次全体会议上强调，在新的起点上，全党必须保持战略定力、锚定战略目标。一个企业的发展首先要找准目标定位，这样才能更有方向感、责任感和进取心。当前，鞍钢的战略目标已经确立，就是实现“7531”战略目标，成为钢铁行业高质量发展排头兵，建设具有全球竞争力的世界一流企业。围绕实现这一目标，我们提出“大力推进‘双核’战略，培育打造‘第三极’，构建产业发展新格局”，这是基于市场形势变化、落实高质量发展要求作出的战略谋划。要进一步推进钢铁产业整合融合，加快实现 7000 万吨级粗钢目标，勇当钢铁行业排头兵。要加快推进“三个一批”项目，实现矿业大发展，保障产业链供应链安全，使矿业成为集团利润增长的“稳定器”和防范钢铁市场周期性波动风险的“压舱石”。要加快发展钒钛、战略性新兴产业、产业金融、现代供应链等产业，培育打造“第三极”。特别是要跟上时代步伐，加快数字鞍钢建设，用人工智能等新一代信息技术赋能增效。大家务必扛起责任，真抓实干，确保完成各项目标任务。

第二，聚焦建设“新鞍钢”，真抓实干开新局。

习近平总书记强调，新时代新阶段的发展必须贯彻新发展理念，必须是高质量发展。理念是行动的先导，发展理念是否对头，从根本上决定着发展成效乃至成败。我们完整、准确、全面贯彻新发展理念，着力打造高质量发展新鞍钢。经过不懈努力，实现了“十四五”高起点开门红，“新鞍钢”成为广大干部职工朗朗上口的“新名片”。为系统诠释“新鞍钢”内涵，我们进行了广泛深入的研讨，集聚大家的智慧，形成了涵盖六个维度的“新鞍钢”内涵。其中，“长子鞍钢”聚焦红色传承，是发展引领和保证；“品牌鞍钢”聚焦一流企业，是发展方向和基础；“创新鞍钢”聚焦改革创新，是发展动力；“数字鞍钢”聚焦智慧赋能，是发展新动能；“绿色鞍钢”聚焦低碳环保，是发展方式；“共享鞍钢”聚焦以人为本，是发展根本目的。“新鞍钢”内涵体现了贯彻落实习近平总书记重要指示批示精神和党中央国务院决策部署，体现了鞍钢把握新发展阶段、贯彻新发展理念、服务构建新发展格局，也体现了广大干部职工的美好憧憬和热切期盼，大家务必要深刻把握，融会贯通，在实际工作中抓好落实。

第三，聚焦重点工作，真抓实干开新局。

习近平总书记在省部级主要领导干部学习贯彻党的十九届六中全会精神专题研讨班上强调，面对复杂形势、复杂矛盾、繁重任务，没有主次，不加区别，眉毛胡子一把抓，是做不好工作的。从前年举全

集团之力攻坚“两项改革”，到去年握指成拳推进“2+4”重点工作，集团抓住主要矛盾和矛盾的主要方面，以重点突破带动整体推进，班子成员以上率下，带头领任务、担责任，每人主抓 1~2 项重点任务，工作成效显著。16 家二级企业（不含本钢）79 名领导班子成员，确立重点工作 125 项，细化分解阶段目标 493 项，已按计划完成 489 项，完成率 99.2%，形成一级抓一级、层层抓落实的工作局面。今年我们持续加力，确定“实现五个新突破，聚焦五个重点”任务，其中，“五个新突破”是总体谋划，“五个重点”是“牛鼻子”，要坚持整体推进和重点突破相统一。五项重点工作责任分工已经明确，志浩同志主抓科技创新，宝卿同志主抓三项制度改革，义栋同志主抓数字鞍钢建设和专业化整合，谢峰同志主抓全面预算管理。我和志浩同志统筹全面工作。二三级子企业主要领导、分管领导也要继续按照这种方式，每名领导干部今年都要聚焦 1~2 项重点工作。去年我到各子企业调研时发现，一些本企业多年的重点难点问题并没有列入相关领导的主抓工作中，出现难点、堵点、重大问题的空白。各子企业要对主要领导和分管领导承担的重点工作进行系统研究，主要领导要亲自统筹，确立相关子企业的工作重点，真正抓住主要矛盾和矛盾的主要方面。2 月底前把重点工作分工报集团办公室，全年将进行督查督办。要以开局即是决战、起步就是冲刺的奋斗姿态，抓紧抓实抓细，尽早开局破题，确保年底交出满意答卷。

第四，聚焦作风建设，真抓实干开新局。

习近平总书记强调，唯有主动迎战、坚决斗争才有生路出路。斗争是冲着问题去的，既要有敢于斗争的勇气，更要有善于斗争的本领。去年，我们开展形式主义、官僚主义专项整治，确定 124 项为基层减负清单任务；子企业考核指标精简 33%；查处安全生产等工作中的形式主义、官僚主义问题 136 个，推进工作作风实现了“三个转变”，领导干部工作破局能力、斗争本领不断增强。新征程上，越往后越是难啃的“硬骨头”，必须以昂扬的斗志冲着问题去，以解决问题的实际成效诠释对党的忠诚。比如，我们的盈利基础还很不稳固，从销售利润率来看，本钢、攀钢 10 月、11 月均未跑赢大盘；鞍山钢铁 11 月未跑赢大盘。比如，我们的主要技术经济指标处于钢铁同行重点企业中下游水平，部分工序加工成本处于行业中下游水平，说明我们大而不强，大而不优。各级领导干部要牢记“两个务必”，增强忧患意识，直面问题不绕道，压实责任不悬空，敢于斗争、敢于胜利，以钉钉子精神抓落实，清单化、项目化、节点化推进工作。组织部门要着重选拔具有斗争精神的干部，把埋头苦干、真抓实干、敢于斗争、有斗争本领、有突出业绩的干部选出来、用起来，用正确用人导向促实干、保落实、重业绩、开新局。

最后，再强调一下当前几项重点工作。一要科学精准抓好疫情防控工作，细化落实各项防控措施。二要压实各级安全稳定责任，牢牢守住安全红线、稳定底线，防范各类风险。三要开展好节日期间走访慰问等活动，做深做实清欠工作，保障农民工工资及时足额支付。四要高质量做好今年起步工作，确保实现一季度开门红。

共建共享　携手奋进
加快建设高质量发展新鞍钢

——在鞍钢二届一次职代会上的讲话

鞍钢集团有限公司党委书记、董事长　谭成旭

2022 年 1 月 16 日

同志们：

经过大家共同努力，鞍钢二届一次职代会圆满完成各项议程。会议期间，各位代表认真审议志浩总

经理代表鞍钢集团作的工作报告，提出了很多好的意见和建议，我们将认真研究采纳并抓好落实。过去的一年，鞍钢集团经营发展和党的建设取得了骄人业绩，说明我们的工作思路和目标是正确的，采取的措施是坚决有力的，鞍钢职工队伍是一支团结奋进、敢打胜仗、能打硬仗的过硬队伍，这是我们最大的优势，也是最大的底气！在此，我代表鞍钢集团党委，向在座的同志们，并通过你们向全体干部职工及家属，致以衷心的感谢和崇高的敬意！

在全委会上，我重点讲真抓实干；表彰会上，重点讲创先争优；这里，我重点讲共建共享。

第一，坚持民主决策、科学决策，不断发展全过程人民民主。

习近平总书记强调，践行以人民为中心的发展思想，发展全过程人民民主，维护社会公平正义。新修订的《工会法》规定，工会依照法律规定通过职工代表大会或者其他形式，组织职工参与本单位的民主选举、民主协商、民主决策、民主管理和民主监督。鞍钢集团始终把民主决策、科学决策作为推动企业改革发展的重要保证，充分发挥职代会民主管理主渠道作用，积极引导职工参与民主决策，广泛听取职工意见建议。比如，在三项制度改革中，我们制定了《关于加强劳动合同和岗位合同管理 全面推行用工市场化的指导意见》，提交集团职代会讨论，全票表决通过，既体现了我们落实民主决策程序的要求，又体现了职工参与民主管理的积极性，这是改革得以顺利实施的有效保证。比如，在鞍本重组过程中，本钢召开四次职代会，对重组和三项制度改革依法履行民主程序，全票通过《本钢三项制度改革实施方案》，体现了广大职工对重组改革的支持和拥护，助力鞍本重组各项工作顺利推进。应该说，通过践行全过程人民民主，更好地凝聚了广大职工智慧与力量，有力促进了鞍钢高质量发展。当前，鞍钢改革发展进入了新阶段，各单位要积极探索职工参与管理的有效方式，拓宽民主管理渠道，充分了解和及时反馈职工对改革发展的意见建议，保障职工的知情权、参与权、表达权、监督权，不断夯实鞍钢高质量发展的群众基础。

第二，紧紧依靠职工群众，凝聚深化改革共识与力量。

习近平总书记强调，人民是历史的创造者，是真正的英雄。职工群众是鞍钢改革发展的主体。鞍钢集团始终坚持全心全意依靠工人阶级根本方针，大力弘扬“鞍钢宪法”精神，探索“两参一改三结合”新的时代内涵，依靠职工推动企业改革发展。去年以来，我们大力推广以“授权+同利”为核心的市场化改革经验，放权赋能，与职工同利同行，充分激发了蕴含在基层职工群众中的活力动力，为集团效率效益双提升提供了有力支撑。比如：冷轧厂彩涂分厂赋予班组长独立“组队”、绩效分配等权力，实施降本奖励分成机制，全面激发了班组职工创效潜力。2021 年实现盈利 9300 万元，同比增利 1. 1 亿元，扭转了自 2003 年投产以来长期亏损状态，成为“微观产线”改革样板。比如：鞍钢联众推行薪资总额承包制，下放薪资分配权、自主用工权等权力，一举实现扭亏为盈，今年实现报表利润总额 3. 58 亿元，甩掉了特困企业的帽子，成效非常显著也非常不容易。矿业东烧厂、攀钢鸿舰公司等单位依靠“授权+同利”改革，也都取得了显著成效。实践证明：职工群众中蕴藏着无穷的智慧和力量，只要始终相信职工，紧紧依靠职工，充分调动广大职工的积极性、主动性、创造性，就能凝聚起众志成城改革发展的强大合力。今年，国务院国资委党委提出，“两利四率”指标要努力实现“两增一控三提高”要求。完成这些任务要依靠大家的智慧和力量。我们要进一步统一思想、凝聚共识，牢记“两个务必”，增强忧患意识，保持清醒头脑，坚定实现既定目标不动摇，坚定市场化改革方向不动摇，团结动员广大职工群众，依靠改革激活力增动力，加快市场化改革步伐，打造更多充满生机活力的市场主体，共同创造改革发展新业绩。

第三，贯彻以人民为中心的发展思想，打造共享鞍钢。

习近平总书记强调，只有把实现好、维护好、发展好最广大人民根本利益作为出发点和落脚点，改革发展才能大有作为。我们坚持发展为了职工、发展依靠职工，发展成果由职工共享，把“效益有改善、职工有获得感、企业发展可持续”作为检验改革成效的重要标尺，把学党史、悟思想成果转化为办实事、开新局成效，不断满足职工对美好生活的向往。大力推进“我为群众办实事”实践活动，集团领导班子带头实施 10 项民生实事计划，推动基层完成民生实事好事 2800 多件，为职工投保重病商业保险，提高职工健康体检费用标准，增加困难职工子女金秋助学金额，为人才公寓单身职工安装空调和热水器，着力解决职工的烦心事、难心事。鞍山钢铁为全体职工投保企业救助责任险980万元，雪中送炭，已有70名职工获得救助款560万元，解除了后顾之忧。把收入增长作为最大的民生实事，突出工资效益强相关，83%以上在岗职工收入增幅超过10%。在中央企业党史学习教育第四指导组进行的随机测评中，鞍钢“我为群众办实事”实践活动评价为“好”的占比为100%，职工的获得感幸福感、满意度显著提升。今年，要重点推进“新十项”重点民生实事项目落地，这些项目更加体现站位高、范围广、内容实，既涵盖加快绿色低碳发展、建设智慧工厂、力戒形式主义、修缮一线场所等项目，也包括丰富职工文体生活、帮扶重病职工、关心职工健康等项目，突出服务职工群众的常态化、制度化。各级党委要切实把好事办好、办实、办到职工心坎上，全力构建职工与企业利益共同体、命运共同体，共建共享，朝着高质量发展新鞍钢建设目标奋勇前进，以优异成绩迎接党的二十大胜利召开！

坚定不移推进新时代人才强企战略
为建设高质量发展新鞍钢提供坚强人才保证

——在鞍钢集团党委人才工作会议上的讲话

鞍钢集团有限公司党委书记、董事长　谭成旭

2022年8月

同志们：

去年9月，党中央召开人才工作会议，习近平总书记出席会议并发表重要讲话，站在统筹“两个大局”的战略高度，科学回答了新时代人才工作的一系列重大理论和实践问题，为做好新时代人才工作提供了根本遵循。今年5月，国务院国资委党委召开中央企业人才工作会议，围绕进一步落实中央人才工作会议精神，总结工作、明确目标、部署任务。为深入学习贯彻习近平总书记关于做好新时代人才工作的重要思想，贯彻落实中央人才工作会议和中央企业人才工作会议精神，今天，鞍钢集团党委在这里召开人才工作会议，就做好新时代鞍钢集团人才工作作出安排部署。刚才，克建同志作了《鞍钢集团党委人才工作报告》、志浩同志解读了《鞍钢集团“十四五”人才发展规划》《关于进一步加强和改进鞍钢集团技能人才工作的指导意见》，4家子企业进行了书面交流，希望大家认真学习，相互借鉴，抓好落实。

下面，我讲三点意见。

一、深入学习贯彻习近平总书记关于做好新时代人才工作的重要思想，明确新时代鞍钢集团人才工作的目标任务

习近平总书记强调，做好新时代人才工作，要坚持四个面向，深入实施新时代人才强国战略，全方位培养、引进、用好人才，加快建设世界重要人才中心和创新高地，为2035年基本实现社会主义现代化提供人才支撑，为2050年全面建成社会主义现代化强国打好人才基础。我们必须进一步提高政治站位，从党和国家事业发展全局出发，充分认识做好鞍钢集团人才工作的重要性和紧迫性，明确新时代鞍钢集团人才工作的目标任务。

（一）强化思想引领，深刻领会习近平总书记关于做好新时代人才工作的重要思想

在中央人才工作会议上，习近平总书记深刻阐述了新时代人才工作新理念新战略新措施，提出了

“八个坚持”，即坚持党对人才工作的全面领导，坚持人才引领发展的战略地位，坚持面向世界科技前沿、面向经济主战场、面向国家重大需求、面向人民生命健康，坚持全方位培养用好人才，坚持深化人才发展体制机制改革，坚持聚天下英才而用之，坚持营造识才爱才敬才用才的环境，坚持弘扬科学家精神。“八个坚持”深化了我们党对人才工作的规律性认识，是习近平新时代中国特色社会主义思想的重要组成部分。我们必须始终把习近平总书记关于做好新时代人才工作的重要思想作为根本遵循，把“八个坚持”贯穿于鞍钢集团人才工作生动实践，并作为坚定拥护“两个确立”、坚决做到“两个维护”的具体体现。

（二）把准战略定位，不断增强做好新时代人才工作的责任感和使命感

今年1月，党中央、国务院印发《关于加强和改进新时代人才工作的意见》，全面贯彻习近平总书记关于做好新时代人才工作的重要思想，对深入实施新时代人才强国战略作出重大部署，其中，对国有企业明确提出了加快培养造就一流科技领军人才和创新团队、打造卓越工程师队伍、强化承载科技创新人才主体地位等重点任务。郝鹏书记在中央企业人才工作会议上强调，国资央企作为中国特色社会主义的顶梁柱，作为国家战略科技力量，肩负着践行国家意志、服务国家战略的重大使命。我们必须全面贯彻党中央、国务院决策部署，聚焦“7531”战略目标和“双核”战略，强化责任担当，在推动人才队伍建设中当好先锋队，在深化人才发展体制机制改革中当好排头兵，在造就一流科技领军人才和创新团队中当好主力军，成为建设新时代人才强国的骨干中坚。

（三）明确目标任务，充分发挥新时代人才工作对新鞍钢建设的支撑和推动作用

习近平总书记强调，坚持人才引领发展的战略地位，必须把人才资源开发放在最优先位置。这一重要论述，把人才的重要地位提高到战略高度。近年来，鞍钢集团抢抓历史机遇，主动担当作为，粗钢产能达到“国内第二、世界第三”，形成了“南有宝武、北有鞍钢”的钢铁产业新格局，站上了新的发展起点。同时，我们必须看到，鞍钢集团与世界一流企业相比，最突出的差距是创新能力的差距，最根本的差距是人才的差距，面临着顶尖科技人才不足、体制机制改革不彻底、创新创业平台不多、人才吸引力不强、人才政策精准度不高等问题。我们必须深刻认识新问题新形势新挑战，强化人才引领发展的战略地位，做好宏观谋划和顶层设计，补短板、强弱项、填空白，用一流业绩、一流成果、一流人才推动新鞍钢高质量发展。

当前和今后一个时期，鞍钢集团人才工作总要求是：深入贯彻习近平总书记关于做好新时代人才工作的重要思想，贯彻落实党中央、国务院关于新时代人才工作的决策部署，坚持党对人才工作的全面领导，加强人才工作的政治引领，深入实施人才强企战略，以科技人才队伍建设为重点，坚持创新生态、创新平台、创新人才“三维立体”推动，构建激励、支持、保障、关怀、关心“五位一体”服务体系，千方百计成就人才，把各方面优秀人才集聚到新鞍钢高质量发展的实践中来，更好支撑国家高水平科技自立自强。

总目标是：到2025年，人才发展体制机制改革取得突破性进展，形成梯次合理的科技创新人才队伍，适应“双核+第三极”产业新格局的高层次人才数量明显增长，新材料、数字化、“双碳”等战略性新兴产业人才基本得到满足，人才队伍结构更加优化。到2030年，科技创新人才自主培养体系和能力全面提升，对顶尖人才的吸引力明显增强，拥有一批在重点领域掌握关键核心技术的领军人才和高水平创新团队，形成鞍钢集团的人才竞争比较优势。

二、坚持全方位培养引进用好人才，以更大力度更实措施推进新时代人才强企战略

深入实施新时代人才强企战略是一项长期而艰巨的任务，要紧紧围绕鞍钢集团人才工作总要求、总目标，突出抓好“五项重点工作”。

（一）以激发活力为核心，持续深化人才发展体制机制改革

习近平总书记强调，要创新人才工作政策、体制机制、方式方法，积极营造拴心留才的良好环境。坚持用改革激发活力，为人才发展营造良好生态。

一是向用人主体授权赋能。人才怎样用好，用人单位最有发言权。通过“科改示范企业”（成都材料院、本钢自动化公司）调研，仍存在授权放权力度不够、决策作用发挥不力、选人用人机制不活等问题。要向用人主体充分授权，真授权、授到位，推行责权清单制度，以“授权清单+负面清单+容错清单”方式，发挥用人主体在科技创新创效、人才培养使用中的积极作用。对不真正授权、用不好授权、履责不到位的，要按照有关规定追究责任。

二是为科技人才松绑减负。长期以来，我们习惯于管住人、把住事，忽视了搞好服务和支持。要建立以信任为基础的人才使用机制，落实“揭榜挂帅”“赛马”“军令状”等制度，赋予项目负责人更大自主权，确保重点攻关项目取得成效。针对科研人员会议多、填表多、杂事多等问题，要建立保障科研人员专心科研机制，推行“无会日”、科研助理、经费包干等制度，把他们从“跑”审批、“办”杂事中解放出来，静心做学问、搞科研。

三是对人才评价破立并举。坚决破除“唯论文、唯职称、唯学历、唯奖项”现象，不能简单以头衔、称号来评价人才，确定待遇。突出创新价值、能力、贡献导向，坚持“干什么、评什么”，把学术领域影响力、研发成果原创性、成果转化效益等作为评价指标；按照“谁用人、谁评价”原则，增加科技领军人才、项目负责人的话语权，推行人才成长积分制，形成有利于科技人才潜心研究和创新的评价体系，发挥好“指挥棒”作用。

（二）以平台建设为抓手，搭建人才创新创造舞台

习近平总书记强调，加快建设世界重要人才中心和创新高地，为人才提供国际一流的创新平台。对于人才来讲，不仅需要灵活的政策、良好的环境，更需要创新创造的舞台，形成人才雁阵格局。

一是加快建设国家级创新平台。坚持服从服务国家战略布局，结合“3+N”地区人才高地建设定位，以更高标准推进北京研究院、成都材料院等建设，更好地利用地区优势搞科研。抢抓重组机遇，争创国家重点实验室，加快高速重轨研究中心、钒钛产业创新中心等建设，为人才发展提供一流水平创新平台。

二是加快打造区域创新平台。拥有大平台，才能引来高端人才和团队，才能设立大项目、取得大成果。聚焦钢铁、矿产资源、钒钛产业链研发需求，打造鞍钢“1+3+N”研发创新体系，重点推进实施研发机构一体化运作，组建领军团队和协同团队，努力建设具有行业影响力的创新平台，成为科技创新和产业化发展的人才基地。

三是培育壮大科技型企业。科技型企业是创新主体，是吸引和凝聚专业技术人才的重要平台。目前，鞍钢集团科技型企业数量较少，要以培育“第三极”产业集群、推进专业化整合为契机，壮大科技型企业群体，发挥其承载创新人才的作用。各级党委要落实国企改革三年行动部署要求，充分发挥“科改示范企业”的“种子”“头雁”和“尖兵”作用，支持鼓励“科改示范企业”加大改革创新力度，形成“强大推力、内生动力、系统合力、政策引力”，更快出业绩、出成果、出人才。

（三）以培养用好为重点，打造优秀科技人才队伍

习近平总书记强调，必须坚定人才培养自信，造就一流科技领军人才和创新团队，培养具有国际竞争力的青年科技人才后备军。要抓好自主培养这一长远之计、根本之举，全力构建系统性的人才培养体系。

一是突出顶尖人才培养。以院士后备人才作为顶尖人才的重点培养对象，由集团党委直接掌握，子企业要“一人一策”定制培养措施和保障方案，锚定目标、布局谋划，集中优势力量和优质资源重点支持，让他们牵头国家项目和攻关任务，带动建设一批高水平创新团队。对培养产生院士的子企业，集团将给予不少于500万元的奖励。

二是加快卓越工程师培养。持续推进“英才计划”培养工程，以科研课题和技术攻关项目为载体，强化实践锻炼培养。注重在科研任务领衔者中发现人才，完善定期遴选机制，扩大人才规模。深化校企合作，开展知识更新工程，支持到高校硕士点、博士点深造，将企业特定的研究课题作为学业重要内容。加大人才“走出去”力度，支持到国外院校和机构学习，着力培养精于实操、具有良好素养的卓越工程师队伍。

三是强化青年科技人才培养。完善优秀青年人才全链条培养机制，坚持源头培养，实施选调培养计划，遴选知名高校毕业生到鞍钢工作，进行重点培养。推行名师育才、导师制等方式，发挥专家工作室、博士后工作站、院士工作站等作用，对能力突出的，及时纳入重点培养对象，有计划安排参加重大科研任务，助力他们登上大平台、进入大团队、研究大项目。

（四）以灵活引进为手段，着力集聚急需紧缺人才

习近平总书记强调，要坚持聚天下英才而用之，这是做好人才工作的基本要求。引进是壮大人才队伍、改善人才结构的重要途径，要坚持需求导向，注重实效。

一是加大高端人才引进力度。聚焦难点技术问题，围绕“双核+第三极”人才需求，各子企业制定高端人才引进计划，灵活采取猎头荐才、学术交流和项目合作等方式，更加精准地引进高端人才，在引才和入选“计划”数量上取得更大进步。

二是拓宽人才引进渠道。坚持“高校毕业生+成熟人才”双轮驱动，充分发挥鞍钢集团国资央企优势，以急需紧缺特殊人才和前沿领域高端人才为重点，积极主动引进成熟人才，提高引进质量和数量。要善于借助外力，利用好中智公司等社会人才交流平台，研究制定内部员工推荐人才奖励制度，形成举贤用才的生动局面。

三是创新引才方式方法。借鉴“人才飞地”模式，利用北京研究院、成都材料院等区位优势，打破引才用才条条框框，打造集团直属人才高地。要探索建立人才落户中心城市、服务支持生产基地的人才协同机制，破解引才困难局面。建立鞍钢集团公益奖学金、爱心助学金，与重点高校共建大学生实习实践基地，扩大知名度和影响力，增强吸引力。

（五）以价值贡献为导向，健全完善人才激励保障体系

习近平总书记强调，要构建充分体现知识、技术等创新要素价值的收益分配机制，让事业激励人才，让人才成就事业。要健全完善人才激励保障体系，打破“天花板”，让作出贡献的人才“名利双收”。

一是强化推动政策落实。集团公司已经出台一系列人才激励政策，但部分单位仍存在“不想用、不会用、不敢用”问题。各级党委要加大宣贯落实力度，广泛开展培训解读，要做到上下政策通达，防止“沙滩流水不到头”，使所有企业都熟悉政策、掌握政策，让更多符合条件的企业享受政策。

二是强化精准性和有效性。激励的目的是调动各类人才的积极性，但不能搞平均主义，不撒胡椒面，要重在奖励真正作出创造性贡献的科技人员。要保证中长期激励等分配政策向关键人才、青年骨干人才倾斜，首席专家年度薪酬不低于集团领导班子平均水平；一级、二级专家等科研骨干薪酬不低于市场75分位值。对开展关键技术攻关、承担国家重大科技任务的团队和科技人才等可以实行工资总额单列，对研究开发费用实行利润加回。

三是强化事业和精神激励。要完善研发、技术序列晋升和聘任制度，提高覆盖面、减少晋升台阶、加快晋升速度，让优秀人才有舞台、有奔头。深入挖掘和宣传优秀科技人才典型，选树优秀领军人才、创新团队、青年人才和杰出工匠，增强人才的荣誉感。

四是强化人才保障机制。完善吸引留住人才制度，充分利用好属地政府的各项引才政策。对引进的高校毕业生，各子企业可按市场化原则提高安家费标准；对社会成熟人才，可采取协议工资制、项目工资制，在住房、配偶就业等方面给予保障；对急需紧缺的顶尖人才，建立一人一议、一事一议的支持机制，给予更大力度保障。

三、加强党的领导，为做好新时代人才工作提供坚强保证

习近平总书记强调，要坚持党对人才工作的全面领导，这是做好人才工作的根本保证。鞍钢集团党委已经成立人才工作领导小组，各级党委也要抓紧成立，统筹做好人才工作。

一是压实工作责任。各级党委要定期研究人才工作，发挥好人才工作领导小组作用，及时解决重大

问题，督导落地重点任务；党委书记要亲自抓，履行好第一责任人职责；专职副书记要具体抓，担负起直接责任；组织人事部门要发挥牵头抓总作用，协同科技、战略、宣传及工会、科协等部门和组织，在规划制定、政策统筹、服务保障、督促落实上下功夫，把该管的管好、该做的做到、该放的放开。

二是突出工作重点。把做好思想政治工作作为党建工作和人才工作的重要内容，大力弘扬“鞍钢宪法”精神和劳模精神、工匠精神，引导广大人才坚定理想信念，爱党爱国，爱党报国，敬业奉献。要落实和完善领导干部联系服务专家制度，切实解决各类人才在工作、生活中面临的困难，有感情地做好人才工作。

三是做实基础工作。配强配优人才工作力量，深入开展人才政策和方法研究，健全人才资源统计和动态监测机制，强化对人才工作任务落实情况的监督考核。集团公司党委将把人才引进、重点工程推进、体制机制改革等情况纳入党建工作责任制考核和领导班子综合考评，推动各项任务落地见效。

需要强调的是，在加强科技人才队伍建设的同时，要统筹推进经营管理人才、技能人才队伍建设。

同志们，站在新鞍钢发展的新起点，让我们以习近平总书记关于做好新时代人才工作的重要思想为指引，乘风破浪、勇毅前行，不断开创鞍钢集团人才工作新局面，为建设高质量发展新鞍钢、服务国家高水平科技自立自强提供坚强的人才支撑，以实际行动迎接党的二十大胜利召开。

鞍钢集团：以党建引领推动改革关键作用充分发挥

坚持党的领导、加强党的建设是国有企业的“根”和“魂”。党的十八大以来，习近平总书记就国有企业改革发展和党的建设发表了一系列重要论述，为国有企业坚持党的领导推动改革发展指明了方向。鞍钢集团有限公司党委，坚持不懈用习近平新时代中国特色社会主义思想凝心铸魂，坚持好、运用好贯穿其中的立场观点方法，把坚持党的领导、加强党的建设作为改革发展的根本，不断探索党建与改革深度融合的方法路径，走出了新时代老国企改革发展的新路子。

坚定不移落实“两个一以贯之”，是充分发挥改革关键作用的根本保证。党的二十大报告指出，高质量发展是全面建设社会主义现代化国家的首要任务。构建高水平社会主义市场经济体制，完善中国特色现代企业制度，是国有企业改革的必由之路。作为国家治理体系的重要组成部分，国有企业必须全面落实“两个一以贯之”，把加强党的领导和完善公司治理、全面深化改革统一起来，发挥出国有企业独特优势。

将党的领导融入公司治理，实现“优势融合”。把党的领导融入公司治理是政治优势与治理优势的有机融合。鞍钢党委在完善公司治理中加强党的领导，完善党委工作制度，健全公司治理制度体系，全面实现“党建入章程、程序进制度、责任到岗位”，厘清了党委会前置研究清单、董事会决策清单、总经理办公会决策清单“三个清单”，形成了党委总揽全局、协调各方的运行机制。构建分级管控法人治理结构，实施适应职能转变放、结合市场需求放、设定边界条件放、清晰职责范围放、突出差异化特征放、满足监管要求放“六维放权”，将党的领导制度优势转化为公司治理效能。

发挥党委把方向作用，推动“双核战略”。从坚决落实党中央重大决策部署高度把好把准战略方向，是发挥党委领导作用的重要内容。鞍钢党委牢记“国之大者”，聚焦战略抓引领，服务构建新发展格局，高标准编制鞍钢“十四五”“7531”（7000 万吨粗钢、5000 万吨铁精矿、3000 亿元级营业收入、百亿元级利润）战略和钢铁、矿业“双核”战略，在建设现代化产业体系中巩固优势产业领先地位。2021 年，粗钢产能达到 6300 万吨、铁精矿产量 4900 万吨，形成“南有宝武、北有鞍钢”钢铁产业新格局，筑牢确保钢铁产业链供应链安全的坚强“基石”，营业收入、经营利润首次突破 3000 亿元、300 亿元关口，战略谋划和战略实施有效统一。

发挥党建引领作用，形成“动能转化”。发挥党委领导核心作用，推动党建与改革深度融合，是国有企业改革发展的强大动力。鞍钢党委坚持改革发展从党建入手，党委全面领导厂办大集体改革和退休人员社会化管理、鞍本重组、国企改革三年行动等，构建了坚持党的全面领导、建强组织体系、选优配强干部、加强思想政治工作、强化共建共治共享理念的“五位一体”党建工作体系，真正成为引领发展“主心骨”、攻坚克难“急先锋”、职工群众“贴心人”。通过党建引领改革，“老企业”焕发新活力，鞍钢经营效益2020年、2021年连续两年实现历史性突破。2022年以来，鞍本重组整合融合、“双核”战略、国企改革三年行动均取得显著成效，位居2022年《财富》世界500强第217位。鞍钢党委连续两年获评中央企业党建工作责任制考核评价A档。鞍钢集团在国务院国资委2021年度中央企业负责人经营业绩考核中获评A级企业，历史性地实现了党建、经营“双A”目标。

持之以恒把组织优势转化为发展优势，是充分发挥改革关键作用的重要保障。党的全面领导、党的全部工作要靠党的组织体系去实现。国有企业改革进入深水区，更需要建强组织体系，释放组织优势，打造生机勃勃、实力强劲的现代企业。

坚持发挥基层能动作用，让基层党组织成为改革发展“主心骨”。构建上下贯通、执行有力的组织体系，是推动党建与改革深度融合的坚实保障。鞍钢党委以建强组织体系为重点，坚持党建与改革同部署、同检查、同考核，形成了“压实责任—量化考核—反馈整改”党建工作闭环，基层组织力进一步提升，党支部战斗堡垒作用得到充分发挥。在厂办大集体改革中织密组织体系，筑牢了改革“压舱石”；在实施以“授权+同利”为核心的市场化改革中，把改革的主战场作为发挥组织力的主阵地，对三级企业朝阳钢铁实施“穿透式”放权，让“拉车扛活的人”有更大话语权，让“听得见炮声的人”有更大决策权，各级党组织书记带头当好改革政策宣讲员、落实决策战斗员、转变观念指导员，推动市场化改革落地见效。2021年，朝阳钢铁实现销售收入利润率12.6%，达到行业平均水平2.5倍，职工工资增幅超过10%，兑现了超额利润收益共享的改革承诺。朝阳钢铁从“困难企业”蜕变为“行业排头”，入选国务院国资委“公司治理示范企业”。

坚持发挥先锋领航作用，让广大党员成为攻坚克难“急先锋”。打造素质优良、能打善战的党员队伍是企业改革的坚强支撑。鞍钢党委聚焦改革发展任务，深入开展“守初心强党性、担使命当先锋”“喜迎二十大、建功新鞍钢”等主题实践活动，大力实施共产党员工程、党员责任区及先锋岗创建，实现了“关键任务有党员引领、关键问题有党员攻关、关键节点有党员盯守、关键时刻有党员冲锋”，有力促进了重大改革任务取得新突破。在鞍本重组中，100余名各层级、各专业党员夜以继日奋战在重组改革第一线，确保了重组顺利完成，实现了平台、标准、语言、行为“四个统一”，重组整合协同效应充分凸显，本钢发展质量和效益大幅提升。在2021年本钢利润创10年来最好水平的基础上，2022年上半年，本钢实现利润总额20.42亿元；销售利润率达到行业平均水平的1.6倍；资产负债率比重组前下降14.11个百分点。鞍本重组被评价为“三年行动标志性案例”，是辽宁和鞍钢开展党史学习教育的一项重大成果。

牢牢把握思想政治工作“制胜法宝”，是充分发挥改革关键作用的有力抓手。思想政治工作是国有企业的传家宝，是一切工作的生命线。国有企业改革越深入越需要牢牢把握思想政治工作这个“制胜法宝”，坚持用党的创新理论统一思想、统一意志、统一行动，以得人心、暖人心、稳人心的工作实效凝聚改革发展的强大合力。

把解决思想问题同解决实际问题相结合，打造破局解题“金钥匙”。历史遗留问题是国企改革的“老大难”，破局的“金钥匙”就是思想先行，直击“顽疾”。鞍钢厂办大集体改革和退休人员社会化管理涉及37万人，是难啃的“硬骨头”，鞍钢党委下好改革思想工作“先手棋”，构建加强党的领导、思想工作、培训、宣传、维稳“五位一体”保障体系，组建近600人引导员队伍，回应职工关切。同时，妥善解决“老有所养、病有所医”问题，兑现“在岗职工有岗位、不在岗职工有机会、特殊群体有保障”的改革承诺，得到了职工的理解和支持，268名企业职工代表全票通过安置方案，15万人签订和解协议，22万名退休人员移交地方社区，攻克了长期没有解决的历史难题，办成了事关长远的大事要事，鞍钢以崭新形象迈入“十四五”。

（《学习时报》）

第三部分

大事记

2022年鞍钢大事记

1月

6日　鞍钢集团领导班子以“大力弘扬伟大建党精神，坚持和发展党的百年奋斗历史经验，坚定历史自信，践行时代使命，厚植为民情怀，勇于担当作为，团结带领人民群众走好新的赶考之路”为主题召开党史学习教育专题民主生活会。中央企业党史学习教育第四指导组副组长王学军到会指导并作点评讲话。

12日　鞍钢召开党史学习教育总结会议，全面总结鞍钢党史学习教育成效和做法经验，推进建立常态化长效化制度机制，巩固拓展党史学习教育成果。

15日　中共鞍钢二届五次全委（扩大）会议召开，鞍钢集团党委书记、董事长谭成旭主持会议并代表鞍钢集团党委常委会作《奋进新征程 展现新作为 加快建设高质量发展新鞍钢》工作报告。会议强调，要以习近平新时代中国特色社会主义思想为指导，深入贯彻落实习近平总书记关于国有企业改革发展和党的建设重要论述，全面贯彻落实党的十九大和十九届历次全会精神，坚持党的全面领导，完整、准确、全面贯彻新发展理念，服务构建新发展格局，在历史大势中勇担“国之大者”，在时代坐标上擘画美好未来，奋进新征程，展现新作为，加快建设高质量发展新鞍钢，以优异成绩迎接党的二十大胜利召开。

△ 鞍钢集团有限公司工会第二届第一次会员代表大会召开，鞍钢集团有限公司工会第一届委员会向大会作工作报告，回顾2014年以来工会工作成绩，对今后5年工会工作作出部署。

△ 鞍钢集团召开2021年度总结表彰大会，表彰为鞍钢集团改革发展作出突出贡献的先进集体和先进个人。

16日　鞍钢集团有限公司第二届第一次职代会召开，戴志浩代表鞍钢集团有限公司向大会作题为《奋进新征程 展现新作为 加快建设高质量发展新鞍钢》的行政工作报告。会议号召，广大职工要更加紧密地团结在以习近平同志为核心的党中央周围，以习近平新时代中国特色社会主义思想为指导，完整、准确、全面贯彻新发展理念，服务构建新发展格局，牢记“两个务必”，踔厉奋发、笃行不怠、勇毅前行，奋进新征程，展现新作为，加快建设高质量发展新鞍钢，不断增强竞争力、创新力、控制力、影响力、抗风险能力，以优异成绩迎接党的二十大胜利召开。

18日　辽宁省总工会党组成员、副主席刘笑丹一行到鞍钢矿业齐大山铁矿走访慰问全国五一劳动奖章获得者、辽宁省特级劳动模范、“当代雷锋”郭明义。

本月　攀钢钛材公司镁电解生产工序6台多极性镁电解槽全线投用，攀钢成为全球唯一一家同时拥有流水线镁电解工艺及多极性镁电解工艺的海绵钛生产企业。

△ 攀钢“钒铁产品”获评工信部第六批制造业“单项冠军产品”。

△ 鞍钢实验室样品加工智能锯切技术实现国内领先。

2月

10日　鞍钢集团党委召开2022年党风廉政建设和反腐败工作会议暨警示教育大会。

16日　国家矿山安全监察局调研督导组一行到鞍调研督导并召开非煤矿山安全生产工作座谈会。

△ 鞍钢集团董事长、党委书记谭成旭率队走访中国铁路沈阳局集团，与中国铁路沈阳局集团党委书记、董事长张千里，总经理王辉会谈。

△ 鞍钢集团召开“合规管理强化年”工作启动会，鞍钢集团党委书记、董事长谭成旭，国务院国资委政策法规局局长林庆苗出席会议并讲话。

18 日 鞍钢集团董事长、党委书记谭成旭率队走访大连海关，与大连海关关长居峰会谈。

21—22 日 鞍钢集团党委举办以“深入学习贯彻党的十九届六中全会精神，重温习近平总书记对鞍钢的重要指示精神，以史为鉴、开创未来，建设高质量发展新鞍钢”为主题的专题读书班。

24 日 鞍钢集团召开专业化整合工作启动会议。

本月 鞍钢集团在工信部立项的国家工业强基项目——“极地船用低温极端环境用钢实施方案”项目通过辽宁省工信厅验收评价。该项目形成了耐低温、高强度、高断裂韧性钢的全流程生产工艺解决方案；开发出以最大钢级 FH690、最大厚度 120 毫米为代表的系列极地低温造船及海工用钢，X70、X80 级别极地低温管线用钢等多项产品，成功替代进口，实现国内外首发；创新的极寒环境用钢产品关键技术达到国际领先水平，填补国内空白。依托该项目完成的“第三代超大输量管线用钢板关键技术开发及产业化应用”等 2 项成果，被辽宁省金属学会评价为国际领先水平。

△ 中国思想政治工作研究会、中国冶金职工思想政治工作研究会、辽宁省思想政治工作研究会公布 2021 年度思想政治工作研究成果获奖名单，鞍钢集团共有 15 项思想政治工作研究成果榜上有名。

△ 本钢热轧抗氧化免涂层热成形钢 CF-PHS1500 全球首发。

△ 鞍钢集团编制《核电站用双相不锈钢钢板》国家标准通过中国钢标准化技术委员会的审定，意味着鞍钢集团核电用钢实现由核电用碳素钢、低合金钢、合金钢标准向不锈钢标准的跨越。

△ 首部《中国劳模工匠箴言》正式出版发行，“走在时间前面的人”王崇伦、“当代雷锋”郭明义、“时代楷模”李超、全国劳动模范罗佳全和李连才等鞍钢集团 5 位劳模和工匠的先进事迹及奋斗箴言收录其内。

△ 鞍钢集团北京研究院成功研制出 Ti60 高温钛合金，首个工业级铸锭重达 3 吨。该产品填补了鞍钢集团在该合金研发和制备领域的空白。

3 月

6 日 全国人大代表，鞍钢集团董事长、党委书记谭成旭在参加十三届全国人大五次会议辽宁代表团分组审议审查时发言，表示更好发挥央企“顶梁柱”“压舱石”作用，为东北辽宁全面振兴全方位振兴作出新贡献。

10 日 鞍钢集团召开安全生产提升年行动动员启动会议。

15 日 鞍钢股份有限公司凭借在核电用钢领域取得的业绩和技术创新能力成为“国和一号”产业链联盟中唯一一家钢铁企业。

21 日 由攀钢自制的攀西地区首台全钛压力容器——氨气冷却器在攀钢鸿舰公司出厂并交付用户，标志着攀钢钛及钛合金焊接技术在化工领域的应用取得实质性突破。

22 日 在毛主席批示“鞍钢宪法”62 周年之际，鞍钢集团召开科技创新重点攻坚工作启动会，贯彻落实习近平总书记关于科技创新的重要论述，弘扬鞍钢光荣创新传统，全面部署推进科技创新重点攻坚工作，从体制机制上提升科技创新体系化能力和水平。

31 日 鞍钢集团召开“第三极”规划启动会，加快构建“双核+第三极”产业发展新格局，助力“7531”战略目标落地落实。

△ 鞍钢矿业公司 2022 年第一期 2 亿元中期票据在银行间市场发行，期限 3 年，票面利率 3.38%。这是我国铁矿行业首单绿色债券，也是鞍钢集团首单绿色债券，募集资金将全部用于环保设施及技术提质改造。

本月 中国科协公布第七届中国科协青年人才托举工程入选名单，鞍钢集团钒钛（钢铁）研究院成都材料院特钢技术研究所特种材料热处理应用技术项目团队经理张军博士入选。

△ 工信部公布 2021 年度绿色制造名单，鞍钢众元产业微细铝粉公司入选，获得国家级绿色工厂荣誉称号，并成为年度鞍山市唯一获得该荣誉的企业。

△ 鞍钢集团党委向各级党组织和广大党员干部发出“动员令”，以快制快，以变应变，坚决打胜疫情防控歼灭战。

△ 鞍钢彩涂板成功中标北京大兴国际机场货运区工程项目。

△ 鞍钢管线钢成功中标国家管网“西三线”重大管线工程，合同订单量 6.7 万吨，为国家管网该次招标分批下单数量中最大的一单。

△ 由攀钢完成的“电控柜用高表面质量高性能热镀铝锌板涂镀层关键工艺技术研究及应用”项目科研成果，荣获2021年度中国腐蚀与防护学会科学技术一等奖。该成果实现工业化应用，产品替代进口。

4月

1日　鞍钢集团召开疫情防控暨安委会（扩大）会议，采取更加有力措施，实现安全生产，全面打赢疫情防控阻击战。

15日　鞍钢集团首次新闻媒体沟通会在鞍钢会展中心召开。会上，发布了鞍钢集团一季度生产经营业绩和鞍本重组整合融合半年来最新进展。新闻媒体沟通会首次采取“线下+线上”联动方式，通过鞍钢集团微信视频号、官方抖音等新媒体平台进行同步直播，在线观看人次突破2.5万，点赞量近20万。

27日　由中华全国总工会主办，以“技能强国，创新有我”为主题的首届大国工匠创新交流大会在北京开幕，鞍钢集团10项职工创新成果在大会上亮相。

28日　鞍钢集团召开经营活动分析会，传达国务院国资委领导对鞍本重组取得明显成效报告的批示，总结评价2021年及2022年一季度生产经营情况，安排部署下一步重点工作。

△ 在中华全国总工会召开的2022年庆祝“五一”国际劳动节暨全国五一劳动奖和全国工人先锋号表彰大会上，鞍钢股份线材厂2号线生产作业区生产丁班轧钢主操作工芦革、鞍钢矿业齐大山选矿厂一选作业区班长谷安成荣获全国五一劳动奖章，本钢板材冷轧总厂一冷酸轧作业区机械点检班组荣获全国工人先锋号称号。

本月　100吨厚度仅为0.2毫米的SUS304不锈钢在本钢丹东不锈钢公司成功下线，标志着鞍钢本钢重组以来，本钢在生产高附加值不锈钢冷轧产品上取得了新突破。

△ 国务院国资委公布最新“科改示范企业”名单，鞍钢集团钒钛（钢铁）研究院成都先进金属材料产业技术研究院股份有限公司和本钢集团信息自动化有限责任公司位列其中。

5月

11日　攀钢、南京理工大学、中科院金属所、江苏智仁景行新材料研究院战略项目合作协议签约仪式在攀钢举行。

△ 中国文明网公布2021年度全国学雷锋志愿服务“四个100”先进典型名单，“郭明义爱心团队”鞍钢股份炼焦总厂分队获得最佳志愿服务组织称号。

12日　鞍钢集团召开庆祝中国共产主义青年团成立100周年暨第一届鞍钢青年五四奖章表彰会。

20日　鞍钢集团董事长、党委书记谭成旭会见到访的国网辽宁省电力有限公司董事长、党委书记董天仁一行，并共同出席鞍山钢铁、鞍钢矿业公司与国网辽宁电力战略合作框架协议签约仪式。

23日　全国政协常委、辽宁省政协副主席李晓安一行就工业互联网大数据应用等相关工作到鞍钢集团实地调研。

25日　鞍钢党校召开建校60周年庆祝会。

30日　鞍钢工程发展重机公司厂史馆入选全国首批科学家精神教育基地名单。

本月　第一届鞍钢青年五四奖章评选结果揭晓，马宝瑞等10名青年荣获第一届鞍钢青年五四奖章，王阿惠等10名青年荣获第一届鞍钢青年五四奖章提名奖。

△ 本钢成功生产冷轧抗氧化免涂层热压成型钢，填补了该领域生产技术空白。

△ 由鞍钢集团钒钛（钢铁）研究院成都材料院参与申报的国家重点研发计划项目“高品质TiAl合金粉末制备及3D打印关键技术”成功获得立项。

△ 辽宁省发布2021年专利数量排行榜，鞍钢股份在企业类中，以273件发明专利授权量和1818件有效发明专利拥有量夺得两个第一名。

6月

1日　鞍钢集团召开安全生产专项整治“百

日清零行动”政策解读会议。

2 日 鞍钢集团党委在鞍钢股份鲅鱼圈钢铁分公司举行“抗疫保产先进集体”授牌仪式，鞍钢集团党委书记、董事长谭成旭为鞍钢股份鲅鱼圈钢铁分公司党委颁授“抗疫保产先进集体”牌匾和奖牌并讲话。

13 日 新疆维吾尔自治区党委书记马兴瑞在乌鲁木齐会见鞍钢集团党委书记、董事长谭成旭一行。双方表示，要加强沟通协同，全面推进乡村振兴。

△ 鞍钢集团与哈尔滨工业大学在会展中心举办技术交流会。

14—15 日 鞍钢集团党委书记、董事长谭成旭率队赴新疆塔县调研，实地考察鞍钢集团定点帮扶项目推进情况，看望慰问脱贫户和鞍钢集团帮扶干部。

21 日 鞍钢集团董事长、党委书记谭成旭，总经理、党委副书记戴志浩会见中国工程院院士、大连理工大学校长郭东明一行。

22 日 鞍钢集团科学技术协会第一次代表大会召开，标志着鞍钢集团科协正式成立。

24—25 日 鞍钢集团总经理、党委副书记戴志浩率队到贵州省盘州市考察调研鞍钢集团定点帮扶项目。

29 日 鞍钢集团党委召开“喜迎二十大、建功新鞍钢”座谈会，庆祝中国共产党成立 101 周年。

本月 攀钢获钢铁行业首笔科创贷，规模为 5000 万元，体现监管部门和金融机构对攀钢科技创新的认可。

△ 鞍钢集团党委正式启动为期一年的青年精神素养提升工程。

△ 由攀钢牵头制定的国家标准 GB/T 41497—2022《钒铁　钒、硅、磷、锰、铝、铁含量的测定　波长色散 X 射线荧光光谱法》正式发布。

7 月

1 日 工信部公布工业大数据分析与集成应用重点实验室工作组成员单位名单，鞍钢股份入选数据治理、工业智能、数字化供应链、数字孪生四个工作组成员单位，入选数量位列第一，标志着该公司数字化建设水平比肩全国工业大数据建设优势单位，成为工业大数据开发与应用领域位居前列的企业。

5 日 鞍钢集团与建信金融资产投资有限公司、中国建设银行辽宁省分行签订三方合作框架协议。

9 日 由鞍钢集团党委宣传部主办，鞍钢集团团委、鞍钢集团新闻传媒中心、鞍钢博物馆协办的鞍钢集团首次大型快闪“喜迎二十大、建功新鞍钢”在鞍钢博物馆摄制并在鞍钢集团全媒体平台发布。

12 日 鞍钢集团董事长、党委书记谭成旭会见中国农业银行党委委员、副行长崔勇一行，共同见证鞍钢集团与农银金融资产投资有限公司、中国农业银行辽宁省分行签署三方合作框架协议。

△ 鞍钢集团总经理、党委副书记戴志浩会见中国邮储银行党委委员、副行长徐学明一行。

△ 辽宁省副省长姜有为一行先后到鞍钢矿业大孤山铁矿、鞍钢矿山生态园调研。

12—15 日 鞍钢集团董事长、党委书记谭成旭率队赴广东走访鞍钢集团重点客户，与比亚迪、中集集团、招商局集团、广汽集团、广船国际、中船黄埔文冲等企业负责人举行高层会谈。

14 日 鞍钢集团党委常委、总会计师谢峰，鞍钢集团党委常委、纪委书记闫立兵会见中国信保党委委员、中央纪委国家监委驻中国信保纪检监察组组长李景龙一行。

17 日 国务院国资委发布 2021 年度中央企业负责人经营业绩考核结果，鞍钢集团首次荣获 A 级企业，在 48 家获评 A 级企业的中央企业中列 22 位。

18 日 鞍钢集团与交银金融资产投资有限公司、交通银行辽宁省分行在上海签署三方合作框架协议。

18—19 日 中国钢铁工业协会副会长骆铁军到鞍钢集团调研。

19 日 鞍钢集团党委书记、董事长谭成旭在“国资 e 学”首批《强国担当 · 中央企业通识课》上做讲座。

20 日 全国总工会宣传教育部部长张晓辉，辽宁省总工会党组成员、经费审查委员会主任张健一行到鞍钢集团调研。

20—21 日 鞍钢集团董事长、党委书记谭成旭率队赴山东走访鞍钢集团重点客户，与海信集团、国核设备等企业负责人举行高层会谈。

25日 鞍钢集团总经理、党委副书记戴志浩会见人民日报社辽宁分社社长刘成友一行。

27日 《人民日报》头版头条刊发题为《传统产业改造升级 新兴产业加快发展》的新闻报道。新闻报道中“产业数字化转型取得新成效”部分突出介绍了以“精钢云”为代表的“数字鞍钢”建设成果。

28日 “当代雷锋”郭明义作为东北三省唯一的退役军人代表，受邀参加在北京举行的“老兵永远跟党走——老兵宣讲”启动仪式暨“传承红色基因，强国复兴有我”巡回宣讲首场报告会，并现场作《学习雷锋好榜样 服务人民忠于党》宣讲报告。

本月 国务院国有企业改革领导小组发布“学先进、抓落实、促改革”专项工作第三批改革典型经验推广名单，鞍钢矿业公司“服务国家战略 深化变革创新 加快打造世界级铁矿资源企业”的经验做法入选。

△ 攀钢数智化采购系统正式上线投运。

△ 由鞍钢矿业公司牵头完成的“金属露天矿智能开采基础关键技术与应用研究”项目顺利通过中国冶金矿山企业协会科技成果评审，项目整体达到国际先进水平，部分技术国际领先。

△ 第二十三届中国专利奖评审结果公布，鞍钢集团申报的专利“一种利用化工废弃物制备高强度炼铁用焦炭的方法”荣获中国专利奖优秀奖。

△ 由鞍钢股份整船供货的全球最大24000TEU（标准集装箱）集装箱船“EVER ALOT”和“EVER APEX”相继交付。其中首船“EVER ALOT”舱口围等关键部位采用鞍钢股份最大厚度95毫米止裂钢，为国内首次应用，标志着鞍钢实现“中国创造”的新跨越。

△ 攀钢在国内率先成功实现“转炉—连铸—轧制”钛合金化耐磨钢浇注技术的应用，填补了国内生产高钛钢技术空白。

△ 2022中国产业区块链企业100强及分析报告正式发布，鞍钢集团位列中国产业区块链企业100强第39名，在钢铁行业中位列第2名。

△ 由鞍山钢铁、攀钢、本钢、鞍钢矿业公司、鞍钢工程发展公司、鞍钢众元产业公司、鞍钢联众等7家单位，共105个创新工作室组成的鞍钢集团创新工作室联盟正式成立。

8月

2日 鞍钢集团在本钢举办法治鞍钢学习与创新论坛。

△ 鞍钢集团党委举办“鞍钢青年精神素养提升第一课”，鞍钢集团党委书记、董事长谭成旭以《壮志气 硬骨气 强底气 为建设高质量发展新鞍钢贡献青春智慧和力量》为题作讲座。

3日 2022年《财富》世界500强排行榜揭晓，鞍钢集团第9次入围并以2021年594.48亿美元的营业收入排名榜单第217位，较2021年跃升183位，成为榜单中上升速度最快的企业，创历史最好排名。

△ 鞍钢集团党委召开人才工作会议，会上解读了《鞍钢集团有限公司“十四五”人才发展规划》《关于进一步加强和改进鞍钢集团技能人才工作的指导意见》，明确了鞍钢集团人才工作总要求和总目标。

△ 鞍钢集团召开上半年经营活动分析会，总结上半年生产经营工作，分析研判当前市场形势，研究部署下半年重点任务。

4—5日 鞍钢集团董事长、党委书记谭成旭率队走访山西焦煤集团并出席山西焦煤战略客户合作峰会。

9日 鞍钢集团董事长、党委书记谭成旭，鞍钢集团总经理、党委副书记戴志浩会见到访的中国矿产资源集团董事长、党组书记姚林，中国矿产资源集团总经理、党组副书记郭斌一行。

△ 截至9日，由鞍钢集团工程技术有限公司自主设计并总承包建设的鞍钢股份智慧炼铁中心已实现入驻使用并稳定运行4个月，标志着全球最大的集成烧结、球团、焦化、高炉工序，融合生产操控、设备监测、指挥决策及工业大数据平台的“铁前一体化智慧炼铁中心”由鞍钢集团率先实现技术突破并建成应用。

11日 鞍钢集团董事长、党委书记谭成旭会见招商局集团客人，与该集团副总经理冯波鸣会谈。

△ 鞍钢集团第三届“数字鞍钢·数字生态”现场推进会在鲅鱼圈钢铁基地召开，发布《鞍钢

集团有限公司数字钢铁及数字产业“智慧指数”评价体系》，启动鞍钢股份鲅鱼圈分公司智慧铁水运输系统。

19 日　在“鞍钢高端建筑钢材——东北建筑钢构产业交流峰会”上，鞍钢股份向客户展示鞍钢高端彩涂产品、行业钢结构发展、集成建筑新技术及应用等最新成果。

20 日　一支规格为 208 毫米×1078 毫米×8000 毫米、重 8.1 吨的 TA1 钛锭，从攀钢钛材公司高端钛及钛合金生产线电子束冷床炉（EB 炉）顺利出炉，标志着攀钢高端钛及钛合金生产线项目取得突破性进展。

25 日　鞍钢集团与中国兵器工业集团签署战略合作框架协议。

29 日　鞍钢集团党委召开合规委员会会议，审议通过《鞍钢集团合规管理建设及运行评价指标体系》及配套文件《鞍钢集团合规管理体系评价工作指南》。

本月　中国政研会 2021 年度优秀研究成果名单公布，鞍钢矿业公司党委研究的“新时代分众化思想政治工作体系的研究与实践”课题和鞍钢集团党委研究的“用活红色资源 传承红色基因 打造红色鞍钢”课题，分别荣获中国政研会 2021 年度一类、三类优秀研究成果，分别位列一类研究成果第三、三类研究成果第一。这是鞍钢集团思想政治工作研究课题在中国政研会一类优秀研究成果评比中历史最好排名，也是鞍钢集团首次两项课题同时获评中国政研会优秀研究成果。

△ 攀钢四川鸿舰公司依靠自主设计转化并制造的 B750-20 辊窄钛带轧机轧制的 0.1 毫米×500 毫米宽幅钛箔材，性能指标达到钛及钛合金带箔材国家标准，标志着该项技术居行业领先水平。

△ 鞍钢集团负责的首个国家科技重大专项课题“高强度安全壳板研制”课题通过综合绩效评价，首创超厚超宽高强度反应堆安全壳用钢，形成配套的集成制造及应用技术，达到国际领先水平并建立起我国自有标准。

△ 鞍钢矿业公司“智慧采选工业互联网平台”实践案例荣获 2022 年（第四届）全球工业互联网大会工业互联网融合创新应用典型案例，在 12 个获奖案例中名列榜首，是铁矿行业唯一入选案例。

△ 鞍钢集团 8 项工法获评 2021 年度辽宁省工程建设工法。

△ 由攀钢独家供货钢轨的全国首条双流制市郊铁路重庆市江跳线正式开通运营。

△ 鞍钢彩涂板成功中标全球 50 强机场——重庆江北国际机场扩建工程。

△ 鞍钢股份中厚板事业部技术质量部总监陈军平、鞍钢集团钢铁研究院海工用钢研究所赵坦获第十二届中国金属学会冶金青年科技奖。

9 月

6 日　“2022 中国企业 500 强”榜单发布，鞍钢集团排名第 69 位，较上年跃升 42 位。在同时发布的“2022 中国制造业企业 500 强”“2022 中国跨国公司 100 大及跨国指数”“2022 中国大企业创新 100 强”“2022 中国战略性新兴产业领军企业 100 强”榜单中，鞍钢集团分别列第 20 位、第 74 位、第 50 位和第 38 位。

13 日　在国务院国资委召开中央企业合规管理工作推进会上，鞍钢集团总经理、党委副书记戴志浩以视频形式代表鞍钢集团作题为《聚焦“三项行动”强化合规管理 护航鞍钢高质量发展新征程》交流发言。

23 日　由鞍山市精神文明办、鞍钢集团党委宣传部主办的“与党同心 与模范同行”主题实践活动——道德模范、“中国好人”进企业暨“喜迎二十大 美德润人心”“双鞍”典型交流活动在鞍钢博物馆举行。

27 日　鞍钢集团氢冶金项目开工仪式在鞍钢鲅鱼圈钢铁基地举行，该项目是全球首套绿氢零碳流化床高效炼铁新技术示范项目。

△ 辽宁省职工思想政治教育基地命名揭牌仪式在鞍钢博物馆举行，鞍钢博物馆成为第一批辽宁省职工思想政治教育基地。

本月　鞍钢博物馆入选国家首批工业文化专题实践教学基地名单。

△ 我国首条设计时速 350 千米的跨海高铁——福州至厦门高速铁路全线铺轨贯通，鞍钢集团攀钢为该线路提供了全部高速道岔钢轨及 U71Mn 余热淬火钢轨。

△ 2022 年第 16 期《红旗文稿》刊发鞍钢集团党委署名文章《心系“国之大者”塑造发展新

优势》，并在该期刊封面作重点推介。这是鞍钢集团党委首次在《红旗文稿》刊发署名文章。

△ 由国家文物局评选的 2022 年度“弘扬中华优秀传统文化、培育社会主义核心价值观”主题展览项目公布，鞍钢博物馆“一切为了新中国——解密鞍钢红色档案”特展项目被重点推介。

△ 鞍钢集团本钢牵头申报的“高强度高淬透性热轧抗氧化免涂层热成形钢”技术，在 2022 世界新能源汽车大会上获评“全球新能源汽车前沿技术”，并向全球发布。

△ 由鞍钢集团钢铁研究院研发，鞍钢股份中厚板事业部生产的低屈强比高韧性纵向变厚度 Q345qD-LP01 桥梁用钢板实现全球首发，并成功应用于上海至武汉国家高速公路无为至岳西段（G42S）桥梁工程。

10 月

8 日　鞍钢集团与伯明翰大学签署合作协议，成立鞍钢集团-伯明翰大学联合研发中心，这是鞍钢集团第一个海外研发中心。

11 日　以“共和国钢铁工业长子”鞍钢为原型、反映新中国钢铁工业艰辛成长历程的影片《钢铁意志》总票房突破 6800 万元。

17 日　世界钢铁协会公布第十三届“Steelie”奖获奖名单，鞍钢集团“基于低碱高硅球团的低碳排放高炉炉料解决方案及其应用”获得低碳生产卓越成就奖，鞍钢集团成为唯一获奖中国企业。

本月　梅赛德斯-奔驰首台国产重卡 Actros 车型在北京 · 福田戴姆勒汽车工厂正式下线，该车型整个白车身由鞍钢集团本钢主力供货。

11 月

2 日　鞍钢集团与中国东方、鞍钢财务公司与中国东方旗下的大连银行股份有限公司分别签署战略合作协议。

6 日　在第五届中国国际进口博览会上，鞍钢集团交易分团先后与西门子、SMS GROUP、施耐德电气等 9 家国际知名成套设备及备品备件供应商进行现场签约。

7 日　鞍钢集团参展 2022 全球工业互联网大会，系统展示鞍钢集团智慧管理、智慧运营、智能制造等建设成果。

8 日　在 2022 全球工业互联网大会上，由鞍钢集团主办、华为技术有限公司承办的“智能制造 智赢未来”钢铁产业智能制造主题论坛成功举办。鞍钢集团在论坛上发布了“基于 5G 云化 PLC 工业控制系统”“数字钢铁白皮书”“基于工业互联网的智慧矿山解决方案”三项智能制造创新成果。

13 日　中国钢铁工业协会党委书记、执行会长何文波一行到鞍钢集团巡回办公。

14 日　攀钢矿业公司超细粒级钛铁矿高效回收示范线项目提前联动带负荷试车，并一次性成功，解决了超细粒级钛铁矿工业回收世界性难题。

16 日　全国最大的单体地下铁矿山——鞍钢西鞍山铁矿项目正式开工建设。

△ 鞍钢集团钢铁研究院海工用钢研究所船舶用钢研究室主任、海洋装备用金属材料及其应用国家重点实验室学科带头人严玲获鞍山“时代楷模”称号。

△ 鞍钢中集（营口）新能源科技有限公司焦炉煤气制 LNG（液化天然气）联产氢气项目在鞍钢股份鲅鱼圈钢铁分公司厂区内开工建设。

17—18 日　鞍钢集团举办学习宣传贯彻党的二十大精神研修班暨党委理论学习中心组第 9 次集体学习联学会。

19 日　上海市委、市政府向鞍钢集团发来感谢信，感谢鞍钢集团胸怀大局、主动担当，对第五届中国国际进口博览会各项筹办工作给予的大力支持和密切配合，为进博会成功举办作出了重要贡献。

24—26 日　由攀枝花市人民政府主办，攀钢等联合承办的“2022 中国 · 攀西钒钛论坛”在攀枝花市举行。

本月　由攀钢自主研制的第五代 PG5 过共析钢轨顺利通过巴西某重载铁路闪光焊接认证测试，这是我国自主研制的首款过共析钢轨在国际高端钢轨市场推广应用中取得的新突破。

△ 鞍钢铸钢有限公司成功自主研发生产出因瓦合金 ANi36，标志着我国首次采用电渣板坯工艺研发生产因瓦合金获得成功。

△ 由鞍钢集团自主研发的世界首套单绕组螺

旋电磁搅拌装置完成中试试验并在大尺寸方坯、圆坯上成功进行生产应用。

△ 全球首发的 590 兆帕级低密度高成型性冷轧高强汽车钢在鞍钢集团下线，并在中国一汽集团冲压出汽车左/右侧围前柱上侧内板等复杂零部件。标志着鞍钢集团在低密度汽车钢研发领域达到国际领先水平。

△ 鞍钢集团新闻传媒中心一批集体、个人及精品力作分别在中组部第十六届全国党员教育电视片典型事迹片、第五届中央企业优秀故事创作展示活动、辽宁省好新闻、鞍山市“新闻贡献奖”评选中获奖。

△ 鞍钢红色钢铁之旅工业旅游基地入选国家工业旅游示范基地，成为辽宁省第一批国家工业旅游示范基地。

△ 本钢首次生产 FD 级别镀锌汽车外板获得成功。

△ 德邻陆港供应链服务有限公司入选“2022 年中国互联网综合实力百强企业”，成为辽宁省唯一入选企业。

△ 由鞍钢股份生产的厚度为 130 毫米的特厚核电安全壳用钢板实现全球首发，率先在“国和一号”示范项目上应用，并为海阳 3 号核电机组独家供货核反应堆安全壳整体装备用钢。

12 月

6 日 鞍钢矿业公司、鞍钢集团与 8 家国有战略投资者签署增资协议及股东协议，成功引入权益资金 67. 1 亿元，这是鞍钢矿业公司历史上首次引入外部股东。

9 日 鞍钢集团召开钒钛产业发展大会，推动钒钛产业大发展，奋力打造“第三极”排头兵。

△ 由鞍钢集团攀钢代表中国牵头修订的 ISO 5451: 2022 Ferrovanadium—Specification and conditions of delivery《钒铁　规格和交货条件》国际标准获得批准发布。

12 日 辽宁省钢铁产业产学研创新联盟年度工作会议在本钢召开。

14 日 新华社辽宁分社党组书记、社长曹智一行到鞍钢集团采访调研。

29 日 中共鞍钢集团二届六次全委（扩大）会议召开，鞍钢集团党委书记、董事长谭成旭主持会议并代表鞍钢集团党委常委会作题为《全面贯彻落实党的二十大精神　奋力谱写建设世界一流企业新篇章》的工作报告。会议强调，要以习近平新时代中国特色社会主义思想为指导，全面贯彻落实党的二十大精神，贯彻落实习近平总书记关于国有企业改革发展和党的建设重要论述，坚持和加强党的全面领导，完整、准确、全面贯彻新发展理念，服务构建新发展格局，牢记“三个务必”，增强忧患意识，坚持底线思维，保持战略定力，加快推动新鞍钢新发展，实现质的有效提升和量的合理增长，奋力谱写建设世界一流企业新篇章，为全面建设社会主义现代化国家、全面推进中华民族伟大复兴贡献鞍钢力量。

△ 鞍钢集团有限公司第二届第二次职工代表大会召开。会议号召，鞍钢集团广大职工要更加紧密地团结在以习近平同志为核心的党中央周围，牢牢把握全面贯彻落实党的二十大精神这条主线，坚持不懈用习近平新时代中国特色社会主义思想凝心铸魂，坚定信心、埋头苦干，磨砺自强、再辟新程，在世界一流企业创建中奋勇前进，为全面建设社会主义现代化国家、全面推进中华民族伟大复兴贡献鞍钢力量。

△ 鞍钢集团召开 2022 年度总结表彰大会，表彰为鞍钢集团改革发展作出突出贡献的先进集体和先进个人。

本月 首台国产 F 级 50 兆瓦重型燃气轮机在四川德阳发运交付，标志着我国在重型燃气轮机领域实现了零的突破。该重型燃气轮机核心部件的叶片钢为鞍钢集团生产。

△ 鞍钢集团经济发展研究院的“大型国有企业战略规划与实施闭环体系研究”荣获中央企业智库联盟 2021 年度重点课题（独立研究类）优秀课题成果一等奖，并被收入《中央企业改革发展研究：中央企业智库联盟研究成果集》。

△ 在 2022 年辽宁省创新方法大赛上，鞍钢集团有 14 个创新项目获奖，其中，一等奖 2 个、二等奖 8 个、三等奖 4 个。

△ 鞍钢集团党委发布“新时代鞍钢宪法新内涵”，即强化政治担当、加强党的领导、依靠职工群众、坚持“两参一改三结合”（干部参加一线实践，职工参加现代治理，改革与建设世界一流企业不相适应的规章制度，管理人员、生产人员

与技术人员三结合）、推进改革创新。

△ 攀长特连轧厂步进电加热炉完成热调试，国内最大的步进电加热炉正式落户攀钢。

△ 工信部、中国工业经济联合会联合发布“第七批制造业单项冠军企业（产品）名单”，鞍钢集团攀钢钒钛股份的“钒氮合金产品”获评“制造业单项冠军产品”。

△ 2022 年辽宁省劳模创新工作室、职工创新工作室、创新工作室联盟名单出炉，鞍钢集团 6 个创新工作室和 3 个创新工作室联盟榜上有名。

△ 新材指数发布 2022 世界钢铁企业技术竞争力分级评价排名，鞍钢集团以总分 87.44 分位列榜单第 5 名，较 2021 年上升一名，首次进入“A+”行列，其中，企业专利竞争力以 97.6 分首次排名榜首，进入“A+”行列，两项排名均创入榜以来最好成绩。

第四部分

概　况

总 述

截至2022年末，鞍钢集团共有在职员工164003人，在岗员工137766人。主体生产设备中烧结机23台、焦炉44座、高炉28座、转炉46座、连铸机44台、板材轧机48套、棒线材轧机13套、管材轧机6套、型材轧机8套。拥有热轧板、冷轧板、镀锌板、彩涂板、冷轧硅钢、重轨、无缝钢管、型材、建材、特钢（不锈钢）等完整的产品系列，是全球第一的产钒企业和我国产业链最为完整的钛加工企业。产品广泛应用于铁路、建筑、汽车、机械、造船、家电、集装箱、石油石化、航空航天等数十个行业。

2022年，鞍钢集团坚持以习近平新时代中国特色社会主义思想为指导，全面贯彻党的十九大、十九届历次全会和党的二十大精神，深入学习贯彻习近平总书记重要讲话和重要指示批示精神，坚决落实党中央、国务院决策部署，把党的领导贯穿改革发展始终，加快建设高质量发展新鞍钢，各项工作取得新成效。

新鞍钢“十四五”战略有效落地。牢记“国之大者”，持续做强做优做大，“7531”战略稳步推进，“双核+第三极”格局初步构建。鞍本重组整合成为国企改革三年行动标志性案例，使国内排名前十位的钢企产业集中度提高到42.8%，为构建我国钢铁产业新格局与推动高质量发展贡献了鞍钢力量。鞍本整合一年590项任务全面完成，实现协同创效26.17亿元。成立鞍钢资源有限公司，大力推进“六化”发展，加快实施“三个一批”项目，铁精矿产量再创历史最好水平，持续保持国内第一，位居世界第五。鞍钢18个项目列入“铁资源开发计划”，6个项目已开工。顺利完成矿业引战工作，为进一步提升资产证券化率奠定了坚实基础。确定把钒钛产业培育打造成为“第三极”排头兵，聚焦建设世界一流钒钛新材料企业目标，着力推动钒钛产业全方位提升、跨越式发展，在主动服务国家战略中展现更大作为。鞍钢全年实现营业收入3361亿元，利润总额80亿元，十年来首次连续三年跑赢大盘，在中央企业负责人经营业绩考核中首次获评“A”。

改革发展活力不断激发。全面完成国企改革三年行动改革任务举措。三项制度改革克难攻坚，落实“两制一契”，管理人员竞争上岗率76.2%，退出占比9.4%，在央企中处于较高水平。严格“双合同”管理，进入赋能中心人数占比达到12.2%，是计划目标的2.4倍；主业实物劳动生产率同比提升18.4%。浮动工资占比达到76%，在央企中处于较高水平。“一企一策”推进亏损企业治理，集团亏损企业户数同比减少33户、降幅58.92%。“双百行动”24项改革任务全部完成。健全市场化经营机制、混合所有制改革等工作均取得积极成效。获评中央企业改革三年行动重点任务考核A级，在央企排名第9；获评中央企业三项制度改革考核A级，在央企排名第10。

科技支撑作用明显增强。关键核心技术攻关一期任务按期高质量完成，1个突出贡献团队和3个突出贡献个人获表彰。成立鞍钢科学技术协会，与辽宁材料实验室共建产业技术创新中心，组建11个联合研发技术团队，研发体系效能不断提升。全年研发经费投入强度提升到3.88%。一批关键技术和产品取得新突破，全球首套绿氢零碳流化床高效炼铁新技术示范项目在鲅鱼圈分公司开工建设；特厚高强度核电安全壳用钢、热轧抗氧化免涂层热成形钢、LP变厚钢板等产品全球首发；高强耐磨过共析钢轨突破国外技术壁垒；成功开发国内宽幅最大的0.1毫米厚度“手撕钛”产品；获世界钢铁协会第13届“Steelie”低碳生产卓越成就奖，鞍钢成为唯一获奖中国企业。数字鞍钢建设赋能转型升级，累计41条产线完成智能化改造建设，成功亮相全球工业互联网大会，5G智慧炼钢场景广受好评。鲅鱼圈分公司、西昌钢钒等钢铁智能制造示范基地初步建成，30个项目获评国家部委、行业协会试点示范。

央企社会责任高效履行。鞍钢定点帮扶工作连续两年被中央农村工作领导小组评价为“好”。全年投入无偿帮扶资金4301万元，同比增长2.2%；消费帮扶7366万元，同比增长29.4%，主要指标均达到或超过上年水平。绿色低碳转型切实推进，二次能源发电比例达到56%，同比提高5个百分点。推进超低排放改造，累计放行资金213亿元，完成改造项目320项。污染防治攻坚成果显著，二氧化硫、氮氧化物、烟（粉）尘、化学需氧量、氨氮排放量同比分别下降14%、10%、12%、30%、14%，废水排放量同比降低12%。矿山生态修复三年规划顺利完成，累计完成绿化复垦面积3700余公顷。

党的建设持续加强。坚持用习近平新时代中国特色社会主义思想凝心铸魂，扎实开展习近平总书记重要指示批示精神再学习再落实再提升主题活动，确保习近平总书记重要指示批示精神在鞍钢不折不扣落到实处。开展“喜迎二十大、建功新鞍钢”主题实践活动，以优异成绩迎接党的二十大胜利召开。党的二十大召开后，把抓好学习宣贯党的二十大精神作为首要政治任务，推动党的二十大精神在鞍钢一贯到底、落实落地。推动加强党的领导和完善公司治理相融共促，集团及所属各级重要子企业党委会前置研究讨论事项清单、董事会决策事项清单、总经理办公会决策事项清单完成率达100%。实施“十、百、千、万”四大工程，党建与生产经营深度融合务实有效。大力培养选拔优秀年轻干部，全面完成中组部配备要求。163项中央巡视整改措施完成率达到96.3%，同比提高1.2个百分点。开展工程建设领域“清廉工程”专项整治和备品备件采购及管理专项治理，立案490件，处分407人。鞍钢党委在中央企业党建工作责任制考核评价中再次获评“A”。

（鞍钢集团有限公司办公室　张　浩）

第五部分

机构与人事

2022年鞍钢集团有限公司组织机构表

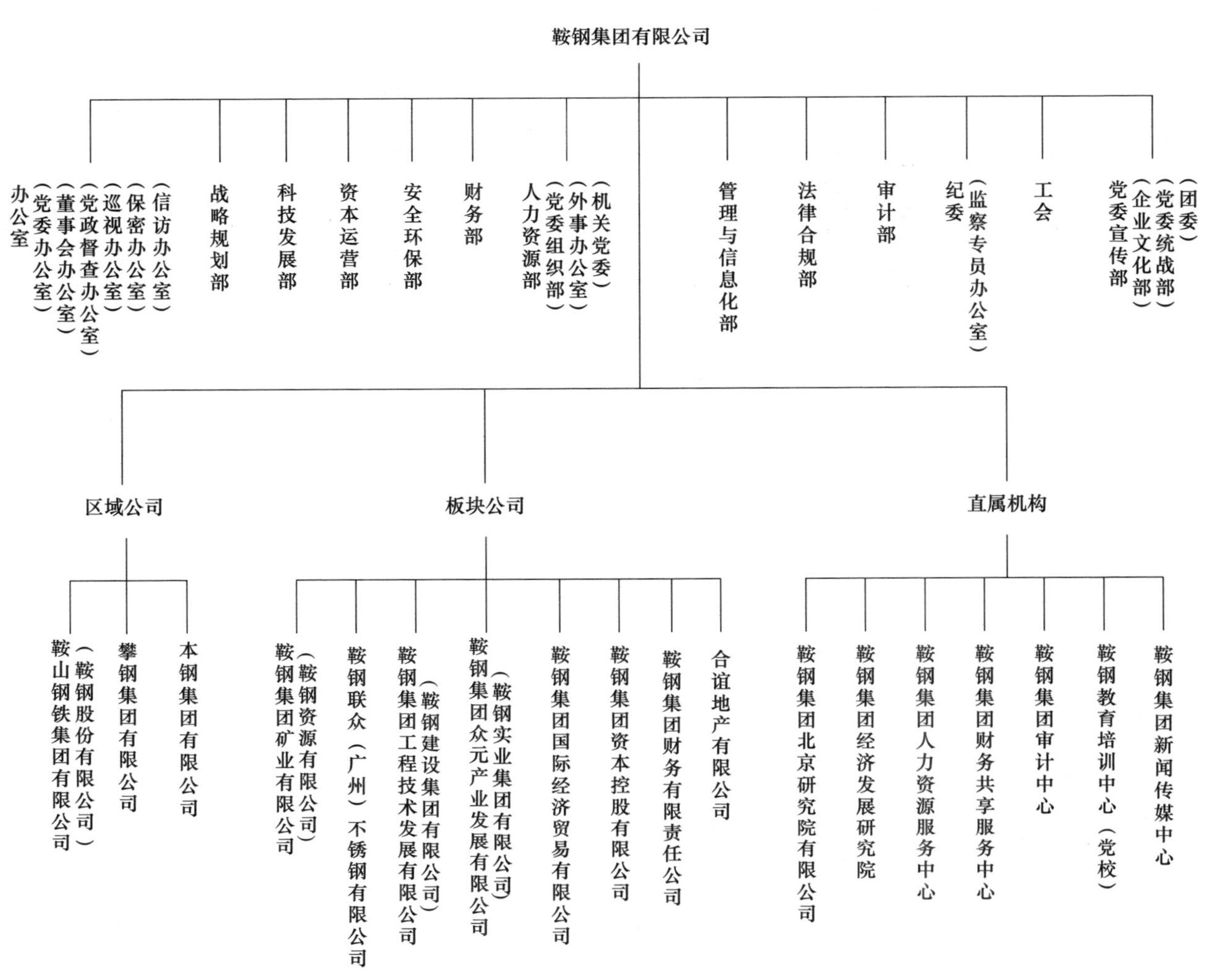

（鞍钢集团有限公司管理与信息化部）

中共鞍钢集团有限公司委员会

委　　员　(按姓氏笔画为序)
王义栋　计　岩　龙　强
申长纯　刘宝山　闫立兵
孙光辉　李　镇　杨　槐
张三健　陈　勇
邵安林(7月11日止)
林大庆
栗宝卿(7月20日止)
徐世帅　郭明义
景奉儒(3月22日止)
谢　峰　谢玉先　蔡恒君
谭成旭　戴志浩

常　　委　谭成旭　戴志浩
栗宝卿(7月20日止)
王义栋
景奉儒(3月22日止)
邵安林(7月11日止)
谢　峰　闫立兵
李　镇(3月22日任)
徐世帅(12月1日任)

书　　记　谭成旭

副 书 记　戴志浩
栗宝卿(7月20日止)

鞍钢集团有限公司董事会

董　　事　谭成旭　戴志浩
栗宝卿(8月2日止)
刘　杰(职工董事)
张国发(外部董事)
顾惠忠(外部董事)
李连华(外部董事，1月7日止)
王文军(外部董事)
王　豹(外部董事)
吕　波(外部董事，1月29日任)

董 事 长　谭成旭

董事会秘书　龙　强(9月15日止)
谭克建(9月15日任)

鞍钢集团有限公司经理层

总 经 理　戴志浩

副总经理　王义栋
景奉儒(5月12日止)
邵安林(9月15日止)
李　镇(5月12日任)

总会计师　谢　峰

鞍钢集团有限公司总经理助理级领导

总法律顾问　计　岩

总工程师　林大庆

董事会秘书　龙　强(9月15日止)
谭克建(9月15日任)

总经理助理　都兴开(8月1日止)

中共鞍钢集团有限公司纪律检查委员会

委　　员　王　琳　王伟任　王春明

王保军　王殿贺　刘　明

刘德勇　李　波

李　锐（2月22日止）

李士涛　冷　松　张文彤

张政乐　陈列希　闫立兵

都兴开　殷　勤　黄福军

景玉峰

常　　委　闫立兵　黄福军　刘德勇

李　锐（2月22日止）

张政乐　殷　勤

书　　记　闫立兵

副 书 记　黄福军　刘德勇

鞍钢集团有限公司总部各部门

办公室/党委办公室/董事会办公室/党政督查办公室/巡视办公室/保密办公室/信访办公室（合署办公）

主　　任　刘炳宇（5月19日止）

杨　立（5月19日任）

党政督查办公室/巡视办公室副主任

王春明

办公室/党委办公室副主任

吴洪志（2月22日止）

王　欣

李　锐（2月22日任）

信访办公室副主任

周希春

战略规划部/地企合作协调办公室（合署办公）

战略规划部总经理

张红军（2月22日任，12月9日止）

费　鹏（12月9日任）

战略规划部副总经理

李东伟　林　垚

杨　旭（2月22日止）

张　华（4月21日任）

山　泽（挂职，11月17日止）

地企合作协调办公室主任

李东伟

科技发展部/专项办（合署办公）

科技发展部总经理

刘丰强

科技发展部副总经理

陈　新

专项办主任　陈　新

资本运营部

总　经　理　贾文军

副 总 经 理　杨建伟（5月19日止）

吕亚明（职业经理人，12月9日任）

安全环保部

鞍钢集团安全总监

白旭强

安全环保部总经理

白旭强

安全环保部副总经理

杨大立（12月9日任）

财务部

总　经　理　金　彬（10月26日止）

张景凡（10月26日任）

副总经理　李景东

人力资源部/党委组织部/外事办（合署办公）

人力资源部总经理

谭克建（8月1日止）

李顺健（8月1日任）

人力资源部副总经理　李学佳

党委组织部部长

谭克建（8月1日止）

李顺健（8月1日任）

党委组织部副部长　陈金华　李学佳

外事办主任　谭克建（8月1日止）

李顺健（8月1日任）

管理与信息化部

总　经　理　李顺健（8月1日止）

杜　民（8月1日任）

副总经理　刘　强　蔡恒君

审计部

鞍钢集团总审计师

张万斌（7月22日止）

金　彬（10月26日任）

审计部总经理

张万斌（7月22日止）

董德新（主持工作，7月22日任）

审计部副总经理

李　根（1月5日任）

法律合规部

总　经　理　刘　明

工会

主　　席　刘　杰

副　主　席　吴洪志（1月5日任）

党委宣传部/企业文化部/党委统战部/团委（合署办公）

党委宣传部/企业文化部/党委统战部部长

谢玉先（2月22日止）

聂振勇（2月22日任）

党委宣传部/企业文化部/党委统战部副部长

王相宇

团委书记　王相宇

机关党委（与人力资源部、党委组织部合署办公）

书　　记　栗宝卿（7月20日止）

副　书　记　陈金华

机关纪委

书　　记　陈金华

机关工会

主　　席　陈金华

鞍钢集团有限公司各直属机构

经济发展研究院

院　　长　林　垚

副 院 长　贾凤泳　梁　军

人力资源服务中心

主　　任　李学佳

副 主 任　吕文福（2 月 22 日止）
崔晓光
张娜斯（2 月 22 日任）

财务共享服务中心

主　　任　李景东

副 主 任　郑良文
刘国兴（10 月 26 日止）
倪树枫（10 月 26 日任）

审计中心

主　　任　张万斌（1 月 5 日止）
李　根（1 月 5 日任）

常务副主任　尚志东（1 月 5 日止）

副 主 任　陈东升（6 月 20 日任）

鞍钢党校/教育培训中心

校　　长　栗宝卿（7 月 20 日止）

第一副校长　杜学华

副 校 长　孙晓胜　李国志　赵　越

党委书记　杜学华

党委副书记　张　沛

纪委书记　张　沛

工会主席　张　沛

主　　任　杜学华

副 主 任　孙晓胜　李国志　赵　越

新闻传媒中心

主　　任　曹德飞（2 月 22 日任）

副 主 任　王　欣（2 月 22 日任）

鞍钢集团有限公司所属子公司、直属单位

鞍山钢铁集团有限公司

党委常委　王义栋
徐世帅（12 月 9 日止）
张红军（2 月 22 日止，12 月 9 日任）
衣晨光
李忠武（2 月 22 日止）
孟劲松　申长纯　王保军
张　鹏
杨　旭（2 月 22 日任，9 月 16 日止）
田　勇（9 月 16 日任）

党委书记　王义栋

党委副书记　徐世帅（12 月 9 日止）
张红军（12 月 9 日任）
衣晨光

纪委书记　申长纯

工会主席　衣晨光

董　　事　王义栋
徐世帅（12月9日止）
张红军（12月9日任）
张　鹏　肖江山　孙玉平
徐克汉　于宝新　刘卫民
衣晨光（职工代表）
董 事 长　王义栋
监　　事　孙晓辉（4月24日止）
吴　军（4月24日任）
杨正文（职工代表）
监事会主席　申长纯
总 经 理　徐世帅（3月17日任，12月9日止）
张红军（12月9日任）

鞍钢股份有限公司

党委常委　王义栋
徐世帅（12月9日止）
张红军（2月22日止，12月9日任）
衣晨光
李忠武（2月22日止）
孟劲松　申长纯　王保军
张　鹏
杨　旭（2月22日任，9月16日止）
田　勇（9月16日任）
党委书记　王义栋
党委副书记　徐世帅（12月9日止）
张红军（12月9日任）
衣晨光
纪委书记　申长纯
工会主席　衣晨光
董　　事　王义栋
徐世帅（1月6日任，12月29日止）
李忠武（3月25日止）
王保军
杨　旭（5月26日任，10月11日止）
田　勇（12月19日任）
冯长利　汪建华　王旺林
朱克实
董 事 长　王义栋
监　　事　申长纯　刘　明
杨正文（职工代表）
监事会主席　申长纯
总 经 理　徐世帅（12月29日止）
张红军（12月29日任）
副总经理　李忠武（3月25日止）
孟劲松　王保军
张红军（3月25日止）
张　鹏
杨　旭（3月25日任，10月11日止）
田　勇（10月11日任）
总会计师　王保军

攀钢集团有限公司

党委常委　李　镇　谢俊勇　杨　槐
陈列希（2月22日止）
杨秀亮　王衍平
谢玉先（2月22日任）
谢琪春
王殿贺（12月9日止）
王从庆
杜斯宏（12月9日任）
党委书记　李　镇

党委副书记 谢俊勇 杨 槐

纪委书记 陈列希（2月22日止）

谢玉先（2月22日任）

工会主席 杨 槐

董 事 李 镇 谢俊勇 杨秀亮

褚乃立 白 刚 孙玉平

于宝新 李治都

杨 槐（职工代表）

董事长 李 镇

监 事 陈列希（2月22日止）

谢玉先（2月22日任）

徐克汉

肖明雄（职工代表）

监事会主席 陈列希（2月22日止）

谢玉先（2月22日任）

总经理 谢俊勇

副总经理 杨秀亮 王衍平 谢琪春

王殿贺（12月9日止）

王从庆

杜斯宏（12月9日任）

总会计师 王从庆

本钢集团有限公司

党委常委 杨 维 王 军

赵忠民（4月21日止）

王殿贺（12月9日任）

杨成广（10月26日止）

曹爱民（4月21日止）

高 烈（12月9日止）

张彦宾（4月21日止）

张景凡（10月26日止）

王代先（挂职，6月5日止）

曹宇辉

王战维（10月26日任）

亢建民（5月19日任，12月9日止）

韩永德（6月20日任）

齐 振（10月26日任）

霍 刚（10月26日任）

徐家富（12月9日任）

党委书记 杨 维

党委副书记 王 军

赵忠民（4月21日止）

高 烈（4月21日任，12月9日止）

王殿贺（12月9日任）

纪委书记 曹宇辉

工会主席 张彦宾（4月21日止）

董 事 杨 维 计 岩 王 军

赵忠民（4月21日止）

高 烈（4月21日任，12月9日止）

王殿贺（12月9日任）

于宝新

张彦宾（职工代表）

董事长 杨 维

监 事 邢晓东 褚乃立

陶玉民（职工代表）

监事会主席 邢晓东

总经理 王 军

副总经理 杨成广（10月26日止）

曹爱民（4月21日止）

高 烈（4月21日止）

王代先（挂职，6月5日止）

亢建民（5月19日任，12月9日止）

韩永德（6月20日任）

齐　振（10月26日任）
霍　刚（10月26日任）
徐家富（12月9日任）
总会计师 张景凡（10月26日止）
王战维（10月26日任）

鞍钢集团矿业有限公司

党委书记 刘文胜
党委副书记 刘炳宇（5月19日任）
唐学飞（4月21日止）
赵忠民（4月21日任）
纪委书记 余雅彬
工会主席 唐学飞（4月21日止）
赵忠民（4月21日任）
董事 邵安林（5月19日止）
刘文胜
刘炳宇（5月19日任）
阳春平（4月21日止）
王战维（4月21日任，10月26日止）
于　淼（10月26日任）
孙晓辉（4月24日止）
陈志迅　徐克汉　李治都
谭宇海
刘卫民（4月24日任）
唐学飞（职工代表，4月21日止）
赵忠民（职工代表，4月21日任）
董事长 邵安林（5月19日止）
刘文胜（5月19日任）
监事 余雅彬
王立功（9月28日止）
朱传银（9月28日任）
翟文相（职工代表）
监事会主席 余雅彬
总经理 刘文胜（5月19日止）
刘炳宇（5月19日任）
副总经理 何方威（12月9日止）
翟文相（2月22日止）
朱长江
于　淼（10月26日任）
阳春平（4月21日止）
王战维（4月21日任，10月26日止）
刘政东（2月22日任）
丛峰武（12月9日任）
总会计师 阳春平（4月21日止）
王战维（4月21日任，10月26日止）
于　淼（10月26日任）

鞍钢资源有限公司

党委筹建组组长 刘文胜（9月16日任）
党委筹建组副组长 刘炳宇（9月16日任）
赵忠民（9月16日任）
纪委筹建组组长 余雅彬（9月16日任）
工会筹建组组长 赵忠民（9月16日任）
执行董事 刘文胜（9月16日任）
监事 余雅彬（9月16日任）
总经理 刘文胜（9月16日任）
总会计师 王战维（9月16日任，10月26日止）
于　淼（10月26日任）

鞍钢联众（广州）不锈钢有限公司

党委书记 洪树利
党委副书记 费　鹏（2月22日止）

王　斌

纪委书记　王　斌

工会主席　王　斌

董　　事　洪树利

费　鹏（2 月 22 日止）

王　斌

田　勇（4 月 12 日任）

陈志迅（4 月 24 日止）

吴　军（4 月 24 日任）

苏裕昆　李必贤　郭中起

董 事 长　洪树利

监　　事　叶煌财

总 经 理　费　鹏（2 月 22 日止）

副总经理　田　勇

鞍钢集团工程技术发展有限公司

党委书记　于　洋

党委副书记　平守国（4 月 21 日止）

唐学飞（4 月 21 日任）

王　英

纪委书记　于显利

工会主席　王　英

董　　事　于　洋

平守国（4 月 21 日止）

唐学飞（4 月 21 日任）

陈　涛（2 月 22 日止）

董雁鸣（2 月 22 日任）

斯邦俊　陈志迅　刘卫民

孙玉平（4 月 24 日止）

朱传银（4 月 24 日任）

王立功（9 月 28 日止）

肖江山（9 月 28 日任）

王　英（职工代表）

董 事 长　于　洋

监　　事　于显利　于宝新

王洪武（职工代表）

监事会主席　于显利

总 经 理　平守国（4 月 21 日止）

唐学飞（4 月 21 日任）

副总经理　陈　涛（2 月 22 日止）

周敬忠

董雁鸣（2 月 22 日任）

总会计师　于　淼（10 月 26 日止）

刘国兴（10 月 26 日任）

鞍钢建设集团有限公司

党委书记　于　洋（8 月 8 日任）

党委副书记　唐学飞（8 月 8 日任）

王　英（8 月 8 日任）

纪委书记　于显利（8 月 8 日任）

工会主席　王　英（8 月 8 日任）

董　　事　于　洋（8 月 8 日任）

唐学飞（8 月 8 日任）

董雁鸣（8 月 8 日任）

斯邦俊　陈志迅

刘卫民（8 月 17 日任）

朱传银（8 月 17 日任）

王　英（职工代表）

董 事 长　于　洋（8 月 8 日任）

监　　事　于显利（8 月 8 日任）

于宝新（8 月 17 日任）

王洪武（职工代表）

监事会主席 于显利（8月8日任）

总 经 理 唐学飞（8月8日任）

副总经理 周敬忠（8月8日任）

董雁鸣（8月8日任）

总会计师 于 淼（10月26日止）

刘国兴（10月26日任）

鞍钢集团众元产业发展有限公司

党委书记 于 峰

党委副书记 平守国（4月21日任）

张 波

纪委书记 冷 松

工会主席 张 波

董 事 于 峰

平守国（4月21日任）

聂常生

王立功（9月28日止）

褚乃立 斯邦俊

孙晓辉（4月24日止）

谭宇海

朱传银（4月24日任）

吴 军（9月28日任）

张 波（职工代表）

董 事 长 于 峰

监 事 冷 松 白 刚

姜忠辉（职工代表）

监事会主席 冷 松

总 经 理 平守国（4月21日任）

副总经理 姜云峰 聂常生

王新鹏（12月9日止）

张安洋（12月9日任）

总会计师 姜云峰

鞍钢实业集团有限公司

执行董事 于 峰

监 事 冷 松

总 经 理 平守国（4月21日任）

鞍钢集团国际经济贸易有限公司

党委书记 张三健

党委副书记 王铁楠

王伟任（12月9日止）

张永帅（12月9日任）

纪委书记 王伟任

张永帅（12月9日任）

工会主席 王伟任（12月9日止）

张永帅（12月9日任）

董 事 张三健 王铁楠 陈文龙

白 刚 肖江山 陈志迅

徐克汉

王立功（9月28日止）

李治都（9月28日任）

金祥赴（职工代表）

董 事 长 张三健

监 事 王伟任（12月9日止）

张永帅（12月9日任）

褚乃立

夏洪宇（职工代表，4月25日止）

张 奥（职工代表，11月17日任）

监事会主席 王伟任（12月9日止）

张永帅（12月9日任）

总 经 理 王铁楠

副总经理 金祥赴 陈文龙

总会计师 李 革

鞍钢集团资本控股有限公司

党委书记　李之奇（9月30日任）
党委副书记　龚　金（9月30日任）
　　杨建伟（9月30日任）
纪委书记　杨建伟（9月30日任）
工会筹建组组长　杨建伟（5月19日任）
董　事　都兴开（8月1日止）
　　李之奇（8月8日任）
　　龚　金
　　王保军（7月11日任）
　　孙玉平　桂浩明
　　滕建辉（7月11日止）
　　朱烨辛（7月11日止）
　　林嘉伟（7月11日任）
　　曲明辉（职工代表，8月31日止）
　　杨志刚（职工代表，8月31日任）
董事长　都兴开（8月1日止）
　　李之奇（8月8日任）
监　事　宋英韬（7月11日止）
　　杨建伟（7月11日任）
　　褚乃立
　　黄勇军（职工代表，8月31日止）
　　郭书言（职工代表，8月31日任）
监事会主席　宋英韬（7月11日止）
　　杨建伟（7月11日任）
总经理　龚　金（9月16日任）
副总经理　龚　金（9月16日止）
　　王　斌
　　曲明辉（7月11日任）
风控总监　曲明辉（7月11日止）

鞍钢集团财务有限责任公司

党委书记　李之奇
党委副书记　宋英韬
纪委书记　宋英韬
工会主席　宋英韬
董　事　谢　峰　李之奇
　　都兴开（8月1日止）
　　张万斌（10月26日止）
　　张景凡　王保军
　　董　炜（职工代表）
董事长　谢　峰
监　事　宋英韬　肖江山
　　赵立刚（职工代表）
监事会主席　宋英韬
总经理　李之奇
副总经理　董　炜（6月20日止）
　　王战维（4月21日止）
　　曹爱民（4月21日任）
　　王连凤（6月20日任）

合谊地产有限公司

董　事　林大庆（7月11日任）
　　斯邦俊　于宝新　谭宇海
　　孙晓辉（4月24日止）
　　吴　军（4月24日任）
　　余　晨（职工代表）
董事长　林大庆（7月11日任）
监　事　陈志迅　李治都
　　宋雪峰（职工代表）
监事会主席　陈志迅

鞍钢集团北京研究院有限公司

党委书记 刘　军（2月22日止）
党委副书记 路景宏
纪委书记 路景宏
工会主席 路景宏
董　　事 戴志浩
刘　军（4月28日止）
孟劲松　杨秀亮　李治都
唐学飞（4月28日止）
路景宏（职工代表）
董事长 戴志浩
监　　事 谭宇海　林　染
张兴虎（职工代表）
监事会主席 谭宇海
总经理 刘　军（4月28日止）
副总经理 王军生　王俊山
院　　长 刘　军（4月28日止）
副院长 王军生　王俊山

（鞍钢集团有限公司党委组织部
周　克）

2022年鞍钢集团有限公司直管干部任免名单

姓　名	任　免　职　务	任免日期
张万斌	建议不再担任鞍钢集团有限公司审计中心主任职务	2022.01.05
尚志东	建议不再担任鞍钢集团有限公司审计中心常务副主任职务	2022.01.05
李　根	建议任鞍钢集团有限公司审计部副总经理，鞍钢集团有限公司审计中心主任	2022.01.05
吴洪志	建议任鞍钢集团有限公司工会副主席，通用鞍钢医院管理有限公司监事会主席	2022.01.05
李忠武	免去鞍山钢铁集团有限公司党委常委、党委委员，鞍钢股份有限公司党委常委、党委委员职务，建议不再担任鞍钢股份有限公司董事、副总经理职务，在鞍山钢铁集团有限公司从事专项工作	2022.02.22
杨　旭	任鞍山钢铁集团有限公司党委常委，鞍钢股份有限公司党委常委，建议任鞍钢股份有限公司董事、副总经理，建议不再担任鞍钢集团有限公司战略规划部副总经理职务	2022.02.22
陈列希	免去攀钢集团有限公司党委常委、党委委员、纪委书记职务，建议不再担任攀钢集团有限公司监事会主席、监事职务，在攀钢集团有限公司从事专项工作	2022.02.22
谢玉先	任攀钢集团有限公司党委常委、纪委书记，建议任攀钢集团有限公司监事会主席，免去鞍钢集团有限公司党委宣传部（党委统战部）部长职务，建议不再担任鞍钢集团有限公司企业文化部部长职务	2022.02.22
聂振勇	任鞍钢集团有限公司党委宣传部（党委统战部）部长，建议任鞍钢集团有限公司企业文化部部长，免去鞍钢日报社党委书记、党委委员职务，建议不再担任鞍钢日报社总编辑职务	2022.02.22
曹德飞	建议任鞍钢集团新闻传媒中心主任	2022.02.22
翟文相	建议不再担任鞍钢集团矿业有限公司副总经理职务，在鞍钢集团矿业有限公司从事专项工作	2022.02.22
刘政东	建议任鞍钢集团矿业有限公司副总经理	2022.02.22
陈　涛	建议不再担任鞍钢集团工程技术发展有限公司董事、副总经理职务，在鞍钢集团工程技术发展有限公司从事专项工作	2022.02.22
董雁鸣	建议任鞍钢集团工程技术发展有限公司董事、副总经理	2022.02.22
费　鹏	免去鞍钢联众（广州）不锈钢有限公司党委副书记、党委委员职务，建议不再担任鞍钢联众（广州）不锈钢有限公司董事、总经理职务（保留二级正）	2022.02.22
田　勇	建议暂时负责鞍钢联众（广州）不锈钢有限公司生产经营全面工作	2022.02.22
王　欣	建议任鞍钢集团新闻传媒中心副主任，免去鞍钢日报社党委副书记、党委委员、纪委书记、工会主席职务	2022.02.22
王金侠	建议不再担任鞍钢日报社副总编辑职务	2022.02.22
吕文福	建议不再担任鞍钢集团有限公司人力资源服务中心副主任职务，在鞍钢集团有限公司人力资源服务中心从事专项工作	2022.02.22
张娜斯	建议任鞍钢集团有限公司人力资源服务中心副主任	2022.02.22
刘　军	免去鞍钢集团北京研究院有限公司党委书记、党委委员职务，建议不再担任鞍钢集团北京研究院有限公司董事、总经理（院长）职务，在鞍钢集团北京研究院有限公司从事专项工作	2022.02.22
王军生	建议暂时负责鞍钢集团北京研究院有限公司党政全面工作	2022.02.22
张红军	建议任鞍钢集团有限公司战略规划部总经理，免去鞍山钢铁集团有限公司党委常委、党委委员，鞍钢股份有限公司党委常委、党委委员职务，建议不再担任鞍钢股份有限公司副总经理职务	2022.02.22
吴洪志	免去鞍钢集团有限公司党委办公室副主任职务，建议不再担任鞍钢集团有限公司办公室副主任职务	2022.02.22

续表

姓　名	任　免　职　务	任免日期
李　锐	任鞍钢集团有限公司党委办公室副主任，建议任鞍钢集团有限公司办公室副主任，免去鞍钢集团有限公司纪委常委职务	2022. 02. 22
孙晓辉	建议不再担任鞍钢集团有限公司董事会办公室专职董事、监事职务，到龄退休	2022. 02. 22
徐世帅	建议任鞍山钢铁集团有限公司总经理	2022. 03. 17
都兴开	任鞍钢集团资本控股有限公司党委筹建组组长	2022. 04. 12
龚　金	任鞍钢集团资本控股有限公司党委筹建组副组长	2022. 04. 12
曲明辉	任鞍钢集团资本控股有限公司党委筹建组成员	2022. 04. 12
王　斌	任鞍钢集团资本控股有限公司党委筹建组成员	2022. 04. 12
田　勇	建议任鞍钢联众（广州）不锈钢有限公司董事	2022. 04. 12
朱传银	建议任鞍钢集团有限公司董事会办公室专职董事、监事	2022. 04. 12
吴　军	建议任鞍钢集团有限公司董事会办公室专职董事、监事	2022. 04. 12
陈文龙	推荐为贵州省六盘水市委常委、副市长挂职人选（挂职时间 2 年）	2022. 04. 12
平守国	任鞍钢集团众元产业发展有限公司党委副书记，建议任鞍钢集团众元产业发展有限公司董事、总经理，鞍钢实业集团有限公司总经理，通用鞍钢医院管理有限公司董事，免去鞍钢集团工程技术发展有限公司党委副书记、党委委员职务，建议不再担任鞍钢集团工程技术发展有限公司董事、总经理职务	2022. 04. 21
唐学飞	任鞍钢集团工程技术发展有限公司党委副书记，建议任鞍钢集团工程技术发展有限公司董事、总经理，免去鞍钢集团矿业有限公司党委副书记、党委委员职务，建议不再担任鞍钢集团矿业有限公司工会主席、职工董事职务	2022. 04. 21
赵忠民	任鞍钢集团矿业有限公司党委副书记，建议任鞍钢集团矿业有限公司工会主席、职工董事，免去本钢集团有限公司党委副书记、党委常委、党委委员职务，建议不再担任本钢集团有限公司董事职务	2022. 04. 21
高　烈	任本钢集团有限公司党委副书记，建议任本钢集团有限公司董事，不再担任本钢集团有限公司副总经理职务	2022. 04. 21
阳春平	建议不再担任鞍钢集团矿业有限公司董事、副总经理、总会计师职务	2022. 04. 21
王战维	建议任鞍钢集团矿业有限公司董事、副总经理、总会计师，不再担任鞍钢集团财务有限责任公司副总经理职务	2022. 04. 21
曹爱民	建议任鞍钢集团财务有限责任公司副总经理，免去本钢集团有限公司党委常委、党委委员职务，建议不再担任本钢集团有限公司副总经理职务	2022. 04. 21
张　华	建议任鞍钢集团有限公司战略规划部副总经理	2022. 04. 21
张彦宾	免去本钢集团有限公司党委常委职务	2022. 04. 21
邵安林	建议不再兼任鞍钢集团矿业有限公司董事长、董事职务	2022. 05. 19
刘文胜	建议任鞍钢集团矿业有限公司董事长，不再担任鞍钢集团矿业有限公司总经理职务	2022. 05. 19
刘炳宇	任鞍钢集团矿业有限公司党委副书记，建议任鞍钢集团矿业有限公司董事、总经理，免去鞍钢集团有限公司党委办公室（党政督查办公室、巡视办公室、保密办公室、信访办公室）主任职务，建议不再担任鞍钢集团有限公司办公室（董事会办公室）主任职务	2022. 05. 19
杨　立	任鞍钢集团有限公司党委办公室（党政督查办公室、巡视办公室、保密办公室、信访办公室）主任，建议任鞍钢集团有限公司办公室（董事会办公室）主任	2022. 05. 19
亢建民	任本钢集团有限公司党委常委，建议任本钢集团有限公司副总经理	2022. 05. 19
杨建伟	任鞍钢集团资本控股有限公司党委筹建组副组长、纪委筹建组组长，建议任鞍钢集团资本控股有限公司工会筹建组组长，不再担任鞍钢集团有限公司资本运营部副总经理职务	2022. 05. 19
韩永德	任本钢集团有限公司党委常委，建议任本钢集团有限公司副总经理	2022. 06. 20
董　炜	建议不再担任鞍钢集团财务有限责任公司副总经理职务，在鞍钢集团财务有限责任公司从事专项工作	2022. 06. 20
王连凤	建议任鞍钢集团财务有限责任公司副总经理	2022. 06. 20

续表

姓　名	任　免　职　务	任免日期
陈东升	建议任鞍钢集团有限公司审计中心副主任	2022. 06. 20
孙文田	任鞍钢集团有限公司党委巡视办公室专职巡视员，建议不再担任鞍钢集团有限公司董事会办公室专职董事、监事职务	2022. 06. 20
王立功	建议不再担任鞍钢集团有限公司董事会办公室专职董事、监事职务，到龄退休	2022. 06. 20
林大庆	建议兼任合谊地产有限公司董事长	2022. 07. 11
曲明辉	建议任鞍钢集团资本控股有限公司副总经理，不再担任鞍钢集团资本控股有限公司风控总监职务	2022. 07. 11
滕建辉	建议不再担任鞍钢集团资本控股有限公司董事职务	2022. 07. 11
朱烨辛	建议不再担任鞍钢集团资本控股有限公司董事职务	2022. 07. 11
王保军	建议任鞍钢集团资本控股有限公司董事	2022. 07. 11
林嘉伟	建议任鞍钢集团资本控股有限公司董事	2022. 07. 11
宋英韬	建议不再担任鞍钢集团资本控股有限公司监事会主席、监事职务	2022. 07. 11
杨建伟	建议任鞍钢集团资本控股有限公司监事会主席	2022. 07. 11
张万斌	任鞍钢集团有限公司党委巡视办公室专职巡视员，建议不再担任鞍钢集团有限公司总审计师、审计部总经理职务	2022. 07. 22
董德新	建议任鞍钢集团有限公司审计部副总经理（主持工作）	2022. 07. 22
龙　强	建议不再担任鞍钢集团有限公司董事会秘书职务，到龄退休	2022. 08. 01
谭克建	建议任鞍钢集团有限公司董事会秘书，免去鞍钢集团有限公司党委组织部部长职务，建议不再担任鞍钢集团有限公司人力资源部总经理兼外事办主任职务	2022. 08. 01
李顺健	任鞍钢集团有限公司党委组织部部长，建议任鞍钢集团有限公司人力资源部总经理兼外事办主任，不再担任鞍钢集团有限公司管理与信息化部总经理职务	2022. 08. 01
杜　民	建议任鞍钢集团有限公司管理与信息化部总经理	2022. 08. 01
都兴开	免去鞍钢集团资本控股有限公司党委筹建组组长职务，建议不再担任鞍钢集团有限公司总经理助理，鞍钢集团资本控股有限公司董事长、董事，鞍钢集团财务有限责任公司董事职务	2022. 08. 01
于　洋	任鞍钢建设集团有限公司党委书记，建议任鞍钢建设集团有限公司董事长	2022. 08. 08
唐学飞	任鞍钢建设集团有限公司党委副书记，建议任鞍钢建设集团有限公司董事、总经理	2022. 08. 08
王　英	任鞍钢建设集团有限公司党委副书记，建议任鞍钢建设集团有限公司工会主席	2022. 08. 08
于显利	任鞍钢建设集团有限公司党委委员、纪委书记，建议任鞍钢建设集团有限公司监事会主席	2022. 08. 08
于　淼	建议任鞍钢建设集团有限公司总会计师	2022. 08. 08
周敬忠	建议任鞍钢建设集团有限公司副总经理	2022. 08. 08
董雁鸣	建议任鞍钢建设集团有限公司董事、副总经理	2022. 08. 08
李之奇	任鞍钢集团资本控股有限公司党委筹建组组长，建议任鞍钢集团资本控股有限公司董事长	2022. 08. 08
孙凤先	任鞍钢集团有限公司党委巡视办公室专职巡视员	2022. 08. 08
计　岩	建议兼任鞍钢集团有限公司首席合规官	2022. 09. 16
杨　旭	免去鞍山钢铁集团有限公司党委常委、党委委员，鞍钢股份有限公司党委常委、党委委员职务，建议不再担任鞍钢股份有限公司董事、副总经理职务	2022. 09. 16
田　勇	任鞍山钢铁集团有限公司党委常委，鞍钢股份有限公司党委常委，建议任鞍钢股份有限公司董事、副总经理	2022. 09. 16
龚　金	建议任鞍钢集团资本控股有限公司总经理，不再担任鞍钢集团资本控股有限公司副总经理职务	2022. 09. 16
刘文胜	任鞍钢资源有限公司党委筹建组组长，建议任鞍钢资源有限公司执行董事、总经理	2022. 09. 16
刘炳宇	任鞍钢资源有限公司党委筹建组副组长	2022. 09. 16
赵忠民	任鞍钢资源有限公司党委筹建组副组长，建议任鞍钢资源有限公司工会筹建组组长	2022. 09. 16
何方威	任鞍钢资源有限公司党委筹建组成员	2022. 09. 16

续表

姓　名	任　免　职　务	任免日期
余雅彬	任鞍钢资源有限公司党委筹建组成员、纪委筹建组组长，建议任鞍钢资源有限公司监事	2022. 09. 16
朱长江	任鞍钢资源有限公司党委筹建组成员	2022. 09. 16
王战维	任鞍钢资源有限公司党委筹建组成员，建议任鞍钢资源有限公司总会计师	2022. 09. 16
刘政东	任鞍钢资源有限公司党委筹建组成员	2022. 09. 16
金　彬	建议任鞍钢集团有限公司总审计师，不再担任鞍钢集团有限公司财务部总经理职务	2022. 10. 26
张景凡	建议任鞍钢集团有限公司财务部总经理，免去本钢集团有限公司党委常委、党委委员职务，建议不再担任本钢集团有限公司总会计师职务	2022. 10. 26
王战维	任本钢集团有限公司党委常委，建议任本钢集团有限公司总会计师，不再担任鞍钢集团矿业有限公司董事、副总经理、总会计师，鞍钢资源有限公司总会计师职务	2022. 10. 26
齐　振	任本钢集团有限公司党委常委，建议任本钢集团有限公司副总经理	2022. 10. 26
霍　刚	任本钢集团有限公司党委常委，建议任本钢集团有限公司副总经理	2022. 10. 26
于　森	任鞍钢资源有限公司党委筹建组成员，建议任鞍钢集团矿业有限公司董事、副总经理、总会计师，鞍钢资源有限公司总会计师，不再担任鞍钢集团工程技术发展有限公司/鞍钢建设集团有限公司总会计师职务	2022. 10. 26
刘国兴	建议任鞍钢集团工程技术发展有限公司/鞍钢建设集团有限公司总会计师，不再担任鞍钢集团有限公司财务共享服务中心副主任职务	2022. 10. 26
倪树枫	建议任鞍钢集团有限公司财务共享服务中心副主任	2022. 10. 26
张万斌	免去鞍钢集团有限公司党委巡视办公室专职巡视员职务，建议不再担任鞍钢集团财务有限责任公司董事职务，到龄退休	2022. 10. 26
杨成广	免去本钢集团有限公司党委常委、党委委员职务，建议不再担任本钢集团有限公司副总经理职务，在本钢集团有限公司从事专项工作	2022. 10. 26
徐世帅	不再兼任鞍山钢铁集团有限公司党委副书记、党委常委、党委委员，鞍钢股份有限公司党委副书记、党委常委、党委委员职务，建议不再兼任鞍山钢铁集团有限公司董事、总经理，鞍钢股份有限公司董事、总经理职务	2022. 12. 09
张红军	任鞍山钢铁集团有限公司党委副书记，鞍钢股份有限公司党委副书记，建议任鞍山钢铁集团有限公司董事、总经理，鞍钢股份有限公司董事、总经理，不再担任鞍钢集团有限公司战略规划部总经理职务	2022. 12. 09
费　鹏	建议任鞍钢集团有限公司战略规划部总经理	2022. 12. 09
杜斯宏	任攀钢集团有限公司党委常委，建议任攀钢集团有限公司副总经理	2022. 12. 09
高　烈	免去本钢集团有限公司党委副书记、党委常委、党委委员职务，建议不再担任本钢集团有限公司董事职务	2022. 12. 09
亢建民	免去本钢集团有限公司党委常委、党委委员职务，建议不再担任本钢集团有限公司副总经理职务	2022. 12. 09
徐家富	任本钢集团有限公司党委常委，建议任本钢集团有限公司副总经理	2022. 12. 09
何方威	建议不再担任鞍钢集团矿业有限公司副总经理职务，在鞍钢集团矿业有限公司从事专项工作	2022. 12. 09
丛峰武	任鞍钢资源有限公司党委筹建组成员，建议任鞍钢集团矿业有限公司副总经理	2022. 12. 09
王新鹏	建议不再担任鞍钢集团众元产业有限公司副总经理职务，在鞍钢集团众元产业有限公司从事专项工作	2022. 12. 09
张安洋	建议任鞍钢集团众元产业发展有限公司副总经理	2022. 12. 09
杨大立	建议任鞍钢集团有限公司安全环保部副总经理	2022. 12. 09
王殿贺	任本钢集团有限公司党委副书记，建议任本钢集团有限公司董事，免去攀钢集团有限公司党委常委、党委委员职务，建议不再担任攀钢集团有限公司副总经理职务	2022. 12. 09
王伟任	免去鞍钢集团国际经济贸易有限公司党委副书记、党委委员、纪委书记、工会主席职务，建议不再担任鞍钢集团国际经济贸易有限公司监事会主席、监事职务，在鞍钢集团国际经济贸易有限公司从事专项工作	2022. 12. 09

续表

姓　名	任　免　职　务	任免日期
张永帅	任鞍钢集团国际经济贸易有限公司党委副书记、纪委书记，建议任鞍钢集团国际经济贸易有限公司工会主席、监事会主席	2022. 12. 09
褚乃立	建议不再担任鞍钢集团有限公司董事会办公室专职董事、监事职务，到龄退休	2022. 12. 09
吕亚明	建议任鞍钢集团有限公司资本运营部副总经理（职业经理人，试用期 6 个月）	2022. 12. 09

（鞍钢集团有限公司党委组织部　周　克）

2022年鞍钢取得高级专业技术职称任职资格人员名单

正高级工程师

刘丰强　白喜峰　赵学博　高占先　王晓楠
阎东宇　隋　轶　柴　帅　李志斌　梁　琪
钟　彬　傅　博　侯家平　张　帅　林　利
胡绍伟　常桂华　赵东明　杨生田　周　鹏
于海岐　李靖年　王丽晖　张丽莉　丛峰武
李绍春　刘文胜　许广明　郭　客　姜山红
陈　宇　王　岭　于丰浩　王远志　王　弢
刘佳伟　曲泰安　白　雪　贾凤泳　顾　颜

正高级知识产权师

张　颖

高级工程师

王　强　王渐灵　李亚娜　陈　兵　马俊尧
吴晓东　丛志宇　徐海涛　葛文明　宁生龙
王志江　王政强　周庆鑫　马小军　杨　军
范天山　郭天胜　李　勇　张其峰　程学科
张　雷　高　波　陶功捷　白炳楠　刘　威
付乾坤　沈　强　赵　耕　袁雪松　郭　琪
刘思洋　孙文东　杜文青　赵　伟　郭　凌
康　超　吴　萌　胡奉雅　金　星　廖德勇
安绘竹　徐　曦　李　莉　张宏亮　欧阳鑫
李　岩　冯丹竹　梁　笑　钱　峰　李德军
张维维　于明光　吴官印　王　亮　崔金林
魏春满　程　宇　李伟伟　龚继兵　方恩俊
尹宏军　陈　晨　马　宁　李海峰　邢维义
王福有　田永久　赵自鑫　宁　腾　崔亚锋
付青才　刘金超　何立鑫　赵国明　曹春玉
关凤志　吴长丹　王　维　逯建斌　张福义
荀　涛　盖俊鹏　柴青平　楚长青　孙景新
沈　峰　冷　冲　英培壮　宋长春　赵　奎
孙亚鑫　张瀚斗　袁立宾　张科明　李向前
杨会利　路　明　胡　健　张振江　张宝金
刘伟新　张忠政　岳　鹏　张　健　杨成财
支连山　佟胜奇　林晓刚　吕国品　卢玉明
陈宏宇　张晓淼　沈占功　刘振生　庚大鹏
李丽苹　王荣壮　张成新　刘　征　田忠源
林显吉　李　琳　张新丰　刘东涛　刘　智
张立根　许松梅　陈　洋　吴胜田　王　勇
顾云峰　丁　智　俞　翔　王殿海　金勇成
付经舟　吴　波

高级经济师

杨　亮　张丹丹　李　昌　张　宁　白雪岭
孙　娜　李旭颖

高级政工师

陈国一　牟　昊　王剑峰　关贵威　韩学敏
唐　磊　时宪东　刘　婷　王晓双　王停玥
王洪武　张维维　赵　越　张　戬

高级会计师

孙彦涛　卢学柱　赵　鹤　任　丹　刘慧怡
刘晓东　张铁钢　阚艳丽　陈明瑜

副教授

徐　丽　金　哲　李　洋

副研究员

秦子然

高级审计师

陈东升　吴　琼

高级教师

胡　英　庞丽梅　王　健　刘　晔

（鞍钢集团有限公司人力资源服务中心　祁东宁）

第六部分

规划发展

·发展战略与规划·

【战略规划管理】 鞍钢集团切实提高政治站位，深入贯彻习近平新时代中国特色社会主义思想和党的十九大及十九届历次全会精神，以习近平总书记“凤凰涅槃、浴火重生”重要要求作为前进方向和根本遵循，立足“发挥国有经济战略支撑作用”战略定位。按照国务院国资委对“十四五”规划“保持规划严肃性和稳定性，确保一张蓝图干到底”的要求，鞍钢2022—2024年滚动规划编制过程中延续了“十四五”规划的编制方法。承接集团定位、战略目标，分析2021年规划实施情况，对标梳理长短板，结合国家、行业政策导向、形势发展变化及企业发展现状，统筹谋划2022—2024年滚动规划。完善发展战略和规划路径，按年度分解规划重点任务；落实投资保障作用，统筹投资需求与能力，确定投资规模，狠抓投资计划完成率。通过系列调整，对各项规划指标进一步优化，夯实2022年，展望2023年、2024年，重点聚焦提升规模、利润率和降低资产负债率三大主线，确保重大项目落地，完成产业布局调整，提高发展质量和效益，严控债务风险，全面提升国有经济“五力”，为保障“十四五”规划目标的实现提供了有力支撑。

培育打造“第三极”见行见效，进一步带动鞍钢集团产业结构不断优化。鞍钢集团钒产业已成为行业卓越品牌、中国钒产业的引领者和组织者、全球钒产业的领军企业，鞍钢集团钛产业作为国家战略的支撑者，已逐步成为国内最具竞争力的钛基础材料产业基地；在碳材料、现代供应链及节能环保等产业领域培育出化学科技有限公司、德邻陆港现代供应链有限公司、绿源科技有限公司等一批具有品牌影响力的优势企业。

“十四五”规划经过一年多的推进落实，主要阶段性目标基本达成，鞍钢实现了“十四五”开门红，外界对鞍钢良好预期不断增强，事实证明鞍钢规划方向明确、战略策略得当，“新鞍钢”“7531”战略目标有望提前完成。

（鞍钢集团有限公司战略规划部
杨斌颖　屈凌凡）

·战略合作·

【战略合作框架协议签署】 鞍钢持续遵循优势互补、强强联合基本原则，以共同提升企业核心竞争力和品牌影响力为根本目的，全方位开展战略合作交流，深入推动合作双方信息、资源共享，充分释放合作协同效应，助力合作双方高质量发展。

2022年3月31日，鞍钢与中国大唐集团有限公司签署战略合作框架协议。双方同意在供应链、新能源资源开发、科技创新、碳资产、金融、国际业务等领域加强合作，共同提高核心竞争力。

2022年8月18日，鞍钢与大连海关签署战略合作备忘录。充分发挥海关职能优势和中央企业龙头作用，双方约定做好20项相互支持的重点工作，维护钢铁行业产业链供应链安全稳定，推动国有企业做大做优做强，促进辽宁高水平开放、高质量发展。

2022年8月25日，鞍钢与中国兵器工业集团有限公司签署战略合作协议。双方约定在基础产品及服务相互配套、特种材料协同研发、贸易物流、国际化经营、产融领域等方面加强战略合作，推动国防军工企业与钢铁企业的强强联合。

2022年9月20日，鞍钢与中粮集团有限公司续签战略合作框架协议。双方约定在产品采购、包装材料、员工福利和会员体系、多维度金融、工程建设项目等方面深化合作。

2022年11月30日，鞍钢与辽宁省环保集团有限责任公司签署战略合作框架协议。双方约定在环保工程、环保咨询、固废与危废处置、污水处理、金融、工程设计施工、供应链等领域开展深入合作，实现协同发展、互利共赢。

（鞍钢集团有限公司战略规划部　陈　玲）

·产业投资管理·

【制定投资管理实施细则】 制定投资管理实施细则，细化全过程监管要求。为进一步规范投资管理，发挥投资对战略规划落实、落地的关键作用，切实防范投资风险，以高质量投资推动鞍钢集团高质量发展，制定并印发了《鞍钢集团有限公司投资管理规定实施细则》。一是进一步细化了年度投资计划监督管理内容，制定投资计划报送工作流程，明确时间节点，强化责任落实；二是加强投资全过程监管，重点在项目决策、计划执行、项目实施、项目评价等方面细化标准，规范内容，抓好落实；三是充分利用信息系统监管投资活动，建立运转有效的内部协调机制，确保投资数据和信息互联互通、及时准确。鞍钢集团严格落实《鞍钢集团有限公司投资管理规定》及相关管理制度，做到年度投资计划、项目审批、备案及评价全过程规范管理。

【科学制定三年投资规划】 科学制定三年投资规划，避免短期行为。明确“四个坚持”投资规划编制原则，即坚持战略指引、坚持“三个导向”（问题导向、目标导向、结果导向）、坚持重点突破、坚持量力而行，全面落实鞍钢集团中长期（滚动）发展战略和规划、专项子规划（信息化规划、“双碳”规划等）和子企业规划重大投资需求，充分发挥投资对规划目标实现的促进作用，合理平衡规划期投资需求与投资能力，统筹未来三年重点投资项目及规模，科学编制鞍钢集团2022—2024年投资专项规划，明确规划目标、总体定位、重点项目等内容。从投资规划、年度投资计划和重点投资项目三个层面促进战略规划“全面平稳落地”，实现三年投资规划与年度投资计划联动，投资规划中的“支持”类项目必须按时间节点纳入年度投资计划，用计划保规划，用规划保重点，避免“一年考虑一年”的短期行为，充分提高投资有效性。

【高质量编制投资计划】 编制2022年投资计划，建立管理新秩序。一是建立以“十四五”规划利润为基准，投资预算与利润预算联动的2022年投资安排“基准版”，落实了投资能力测算流程，夯实了投资需求，初步实现了投资预算与利润预算联动的模块化、模式化、模型化。二是以“折旧+摊销”为基础，综合考虑资产负债率、净利润预测、资本运作、永续债偿还等因素，科学确定投资规模，满足负债管理要求。三是突出主体投资责任，即投资需求与投资能力、投资预算与利润预算直接挂钩，将项目划分为“支持、排队、限制”三类，“支持”类优先安排，“排队”类依据排队情况有序实施，“限制”类“一事一议”。四是确保投资计划有缓冲有弹性，即通过建立A/B版和预留一定额度投资计划的管理模式，有效适应经营形势不及预期或超预期向好的变化。

【强化投资全生命周期管理】 强化投资全生命周期管理，实现“三保、三严控”。印发《〈鞍钢集团投资管理提升工作方案〉推进实施方案》，用系统化、流程化思维，对投资管理业务链进行了系统、全面地梳理和优化，细化对“新三个一批”、“小路条”前期准备、关键要素项目审核等机制的具体工作要求，清晰责任，确保工作措施落地执行，促进“三保、三严控”目标的实现，不断完善投资全生命周期管理。“预放行”2022年投资计划，确保项目按计划合规推进。加强投资计划执行管理，明确工作目标，制定资金支付计划，有效落实月度通报、季度考核机制，2022年全年累计完成投资188.42亿元，占投资计划控制目标99.83%。建立适应形势变化的“投资计划季度规模控制”管理新模式，通过审慎项目放行和严控资金支付，有效防范现金流风险。

（鞍钢集团有限公司战略规划部　黄诗茗）

【定点帮扶】 鞍钢始终坚持以习近平新时代中国特色社会主义思想为指导，深入学习贯彻习近平总书记关于“三农”工作的重要论述和定点帮扶工作的重要指示批示精神，始终把定点帮扶作为重大政治任务，保持接续帮扶政策总体稳定，帮扶力度不减，巩固拓展脱贫攻坚成果，全面推进乡村振兴。

2022年，鞍钢全面完成中央单位定点帮扶任务。两位主要领导实现定点帮扶县调研全覆盖；全年拨付中央单位定点帮扶县无偿帮扶资金2819.93万元，同比增长3%；派驻帮扶干部15名，其中第一书记2人；消费帮扶6247万元，同比增长16%；引进帮扶企业5家；引进有偿帮扶资金8561万元，同比增长694%；累计培训人员2817人（其中基层干部1041人、乡村振兴带头人214人、技术人员1562人）；招用脱贫人口5人，帮助脱贫人口转移就业405人；采购盘州煤炭55.4亿元，同比增长38.8%。塔县帕米尔高原特色牦牛产业链初具规模，盘州“一县一业”刺梨产业融合发展，“刺梨王刺梨原液”被正式纳入“全国特质农品”名录，刺梨产业典型经验做法被国务院国资委《中央企业社会责任援扶工作专刊》

收录推广。塔县波斯特班迪尔村先后被评为新疆维吾尔自治区脱贫攻坚示范村、新疆维吾尔自治区美丽庭院示范村、新疆维吾尔自治区时代文明新村；三角田村、花甲山村分别被评为六盘水市、盘州市乡村振兴示范试点。

持续抓好辽宁省和四川省对口帮扶工作。2022 年拨付对口帮扶资金 1481 万元，同比增长 0.9%，聚焦产业与民生，实施帮扶项目 33 个；引进外部资金 1000 万元，盘活当地闲置资产，建设食品生产加工企业，增加集体经济收入；坚持帮扶人才不减，派出区域帮扶干部 49 人，同比增加 16 人，其中驻村第一书记 42 人；坚持消费帮扶不减，全年购买辽宁地区特色农产品 1119 万元，同比增长 265%。

（鞍钢集团有限公司战略规划部　陈　玲）

·海外规划与投资管理·

【国际化经营】 2022 年，鞍钢集团围绕“完善海外矿产资源保障、拓展海外钢铁产业基地、优化国际贸易网络”三条主线，有序推动国际化经营迈上新台阶。资源保障方面：关注“铁资源开发计划”海外权益矿开发情况，收集南美 V 铁矿项目、澳大利亚邦矿及中信泰富 SINO 铁矿项目资料；产业链延伸方面：探索在东南亚地区建设钢加中心、海外仓等可行性；国际贸易方面：制定鞍本海外营销发展的基本原则，分步实施清算注销现有本钢境外企业。

截至 2022 年 12 月 31 日，鞍钢集团境外企业总计 29 家，主营业务涉及国际贸易、矿产资源开发、钢材深加工及投资服务等领域。本年度清理境外无效企业 3 家，分别为鞍钢西班牙有限公司、鞍钢集团巴西有限公司、鞍钢集团工程技术发展有限公司印尼工程代表处。鞍钢集团境外重点投资项目为卡拉拉矿业有限公司，位于澳大利亚西澳地区。2022 年，卡拉拉矿业有限公司持续优化生产工艺、强化设备功能管理，全年生产 731.6 万吨铁精矿，完成目标产量。

（鞍钢集团有限公司战略规划部　赵毓伟）

第七部分

财务、资本运营与审计管理

·预算与统计管理·

【锚定一流财务预算管理目标，制定加强预算管理工作方案】 鞍钢集团结合国务院国资委《关于中央企业加快建设世界一流财务管理体系的指导意见》和《关于进一步深化中央企业全面预算管理工作的通知》精神，按照“立足当前、面向未来、统筹谋划、全方位深化”的工作思路，围绕“管理颗粒精细化、管理视角多维化”，实现集团对各级企业财务管控的“远程投放”和“标准化复制”工作目标，制定了《鞍钢集团加强全面预算管理工作实施方案》，提出了构建和完善“4+1”全面预算管理模式。确定了9项重点任务和13个工作节点。清晰了鞍钢集团加强全面预算管理工作路径，为子企业开展工作指明了方向，各子企业按照集团的统一部署，全力推进相关工作，预算管理在各单位的作用得到显著增强。

【聚焦全面预算管理，完善制度体系建设】 为落实《鞍钢集团加强全面预算管理工作实施方案》，实现国务院国资委提出的加快建设世界一流财务管理体系目标，财务部重点做好全面预算管理制度顶层建设，重新修订《鞍钢集团公司全面预算管理办法》，重点对预算审批流程、编制原则、编制内容、编制方法和信息化等五个方面进行修订完善。在编制原则中，提出了全面预算、战略引导、价值导向、对标提升和稳健发展等五项编制原则；在编制内容中，增加了销售利润预算，完善产品成本预算、期间费用预算和人工成本、设备维修等其他专项预算；在编制方法和信息化方面，不但增加了历史数据、行业对标要求，还结合数字鞍钢发展规划，提出了预算管理要与信息化手段相结合的工作要求，以进一步完善预算编制体系、优化预算编制和分析模型、建立覆盖企业全部管理链条和业务内容的预算管理信息系统，实现财务预算管控“远程投放”和“标准化复制”。

【加强预算过程管控，全力助力预算目标实现】 按照“年度预算总控、季度滚动平衡、月份预算执行”的原则，加强预算过程控制管理，组织制定季度滚动计划和月度执行计划，指导各单位生产经营工作。加强预算执行情况的过程监控，每月通过上、中、下旬三次预测及时掌握月份利润和主要产品产量预算执行情况。年初，财务部及时制定并下发了一季度“开门红”工作计划和上半年稳增长利润目标，为全年实现生产经营稳定创造了条件。

【深入开展多维度对标分析，积极发挥吹哨人作用】 充分挖掘行业反馈的信息资料，仔细查找企业运营差距，增加对标分析维度和分析的及时性，开展了主要技术经济指标对标，主要产品销售价格和主要采购原料成本对标，主要产品制造成本和可比工序加工成本对标等，及时揭示了鞍钢部分主要子企业今年以来出现的炼铁技术经济指标劣化、价格优势逐步丧失、原料采购成本高企、行业排名后退、主要工序加工制造成本差于行业平均水平等问题，促进子企业更加重视炼铁生产环节的生产组织，完善内部考核办法等，促进子企业及时加强管理、提升运行质量。

【以实现一流财务管理为目标，推进全面预算信息系统建设】 全面预算管理是一项复杂的综合管理系统，涉及企业的全部经营业务。在经过前期深入调研基础上，结合鞍钢管理实际，创新提出了以“全面化、科学化、规范化、智慧化和可视化”，即“五化”为目标的预算系统建设方案，设计了预算基础、预算编制、预算执行、预算分析和预算提升五个基本模块。预算系统建设积极克服疫情带来的不利影响，创新工作方式，充分利用线上办公，推进项目实施。目前集团已经完成了预算编制体系设计工作，预算平台已经上线，建立了包括470家编制单位，体系覆盖四大类、17个细类，共计136个预算模板、950个预算指标的鞍钢预算编制体系，有2500名用户参与预算编制工作。设计了按管理维度和产品维度层层钻取查看的以利润总额（净利润）为起点的指标分析体系，月度预算已经实现线上填报。4家试点单位中，重机公司和绿源科技已完成项目评审，齐矿已具备评审条件，鲅鱼圈分公司正克服疫情及宝信系统拖期带来的影响，加快项目推进。

【落实推进冲A工作，及时跟踪业绩考评结果】 针对2022年度业绩考核保A工作，财务部每月及时跟踪鞍钢及中央企业的运行动态，分析各类指标对鞍钢冲A的影响，测算冲A的各项指标最低要求，对2022年各项工作进行策划。及时提示和督促相关部门和子企业加强相关工作，并与国务院国资委主管部门做好沟通，力争鞍钢能在2022年度再次进入国务院国资委A级企业。

【以市场为准绳，加强企业内部关联交易管理】 为保障各单位之间关联交易的有序进行，组织各子企业预测鞍钢集团、本钢板材、攀钢钒钛之间的2022年度关联交易事项和额度，指导子企业制定2022—2024年度原材料、采购等关联交易协议，已分别提交股东大会批准通过，确保关联交易事项合规运行，为鞍钢集团生产经营的稳定运行提供保障。按月制定下发矿产品等重要关联交易价格。指导鞍钢矿业制定外销矿产品定价模式。

（鞍钢集团有限公司财务部　赵　鑫）

·会计管理·

【统一鞍本会计政策、会计估计】 根据鞍本重组工作推进计划、《企业会计准则第33号合并财务报表》第二十七条规定“母公司应当统一子公司所采用的会计政策”，国务院国资委年度决算文件规定“各中央企业要统一集团内同行业子企业会计政策和会计估计，对新兼并重组的子企业要及时做好会计政策和会计估计衔接”。2021年10月鞍本重组完成，鞍钢逐步推进鞍钢、本钢重大会计政策、会计估计一致。2021年统一资产减值等会计政策及会计估计后，2022年本钢履行内部审批程序，将投资性房地产核算模式由成本模式计量变更为与鞍钢投资性房地产计量模式一致——公允价值计量；折旧政策统一采用鞍钢现行固定资产折旧政策。至此，本钢与鞍钢重大会计政策与会计估计实现统一。

【统一矿山维简费】 因历史原因，鞍钢下属三家矿山企业采掘工序折旧政策存在一定差异，鞍钢矿业集团有限公司和本钢矿业有限公司按国家相关部门规定，以产矿量和吨矿标准计提矿山维简费，攀钢矿业有限公司则是按直线法计提固定资产折旧，不计提矿山维简费。

2015年财政部下发《关于不再规定冶金矿山维持简单生产费用标准的通知》（财办资〔2015〕8号）中规定，冶金矿山企业可根据生产经营情况自主确定是否提取维简费及提取的标准。目前，国内24家上市冶金矿山企业中仅中铝和西部黄金2家仍在计提矿山维简费。为统一矿山企业折旧政策，鞍钢拟借鉴目前同类多数企业做法，自2022年1月1日起，取消鞍钢矿业、本钢矿业矿山维简费政策，矿山企业采掘工序固定资产统一执行年限法折旧政策。

【矿山企业调整采掘工序设备折旧年限】 因矿山采掘行业的特殊性，矿山采掘相关设备使用寿命受到自然禀赋、地质条件等诸多客观因素的制约，同时受开采方式、运距高差等因素影响，不同地域、不同矿区采矿设备磨损程度和使用寿命存在较大差异。为真实反映企业资产状况和损益情况，2022年鞍钢在取消矿山维简费后，自2022年1月1日起，参照同行业采场设备折旧年限平均水平，对矿山采掘工序相关设备折旧年限做适当调整。

矿山采掘工序相关设备折旧年限调整表

资产类别	目前折旧年限/年	调整后折旧年限/年
传导设备	24	15~24
机械设备	24	15~24
动力设备	17	15~17
运输设备	12	10~12

鞍钢所属各矿山企业综合本企业实际，在规定的年限范围内选择本企业采矿工序设备折旧年限，对同类型、同条件的采矿工序设备，要求采用相同年限计提折旧。选择完成后报集团备案，且一经确认，不得随意变更。

（鞍钢集团有限公司财务部　渠雪荣）

【精心组织，应享尽享优惠政策】 为落实党中央、国务院关于增值税期末留抵退税工作部署，支持小微企业及制造业发展，财政部、国家税务总局联合发布了《关于进一步加大增值税期末留抵退税政策实施力度的公告》（财政部 税务总局公告2022年第14号）、国家税务总局发布了《关于进一步加大增值税期末留抵退税政策实施力度有关征管事项的公告》（国家税务总局公告2022年第4号）。按照集团主要领导指示，财务部梳理了相关政策及要点，形成政策提示清单，为进一步推进各单位对增值税期末留抵退税政策的利用，提出具体工作要求，统筹谋划，应享尽享，经集团上下共同努力，2022年，鞍钢集团累计享受增值税留抵退税优惠政策29.06亿元。

【强化税务管理，组织建设推广鞍钢集团纳税管理系统】 为实现税务管理工作流程、政策解读、计税规则等事项的统一，进一步提升数据精准度，深挖税务数据价值，强化定期分析机制，财务部组织建设鞍钢集团纳税管理系统并在全集团范围内推广，2022 年已实现鞍攀两地税控设备集中管理，通过纳税系统与业务系统、共享平台对接，实现增值税销项自动开票、进行自动勾选认证。

（鞍钢集团有限公司财务部　王金莹）

【构建鞍钢世界一流财务管理体系】 2022 年初，国务院国资委发布《关于中央企业加快建设世界一流财务管理体系的指导意见》（以下简称《指导意见》），对“十四五”及未来一段时期中央企业财务工作提出了全面细致的要求。财务部牵头组织资本运营部、财务共享中心等认真落实《指导意见》精神，充分调研、全面梳理现状，以问题为导向，认真对照《指导意见》提出的世界一流财务管理体系内涵，研究形成符合鞍钢实际的建设方案，方案围绕加快构建世界一流财务管理体系这个目标，从强化核算报告、资金管理、成本管控、税务管理、资本运作五项职能为抓手和切口，完善全面预算、合规风控、财务数字化、财务管理能力评价、财务人才队伍建设五大体系，支撑财务管理职能落地、实现财务管理体系有效运行，推进财务管理转型升级。

【搭建财务管理能力评价体系】 贯彻落实谭成旭董事长指示精神，以构建与新鞍钢高质量发展战略和多元产业业务特点相适应，与鞍钢财务管理规划和管理现状相匹配的财务管理能力评价体系，促进企业财务管理能力渐进改善、持续提升为目标，组织资本运营部、财务共享中心等单位，按照导向性、系统性、适用性、重要性原则科学设计评价指标，设计了日常财务管理和专项财务工作两大类，71 项评价指标；突出重点，动态管理，明确评价体系、评价标准和工作任务；以财务工作评价倒逼管理能力提升，为建设世界一流财务管理体系提供有力支撑。

【积极推进财务信息化智能化建设】 2022 年，鞍钢在加快推进财务管理信息化数字化智能化建设领域接续发力，以“全面化、科学化、规范化、智慧化、可视化”为目标，全力推进全面预算管理信息系统平台（一期）建设；加快建设具备“一核两基四中心五能力”的数智化司库管理体系，实现对资金等金融资源“看得见、管得住、调得动、用得好”；深化鞍本整合融合，将鞍钢财务共享系统、纳税管理系统向本钢单位推广覆盖；以财务专业化整合为契机，加快推进共享业务上收，为构建战略财务、业务财务、共享财务“三位一体”财务管理体系，推动鞍钢世界一流财务管理体系建设提供了有力支撑。

（鞍钢集团有限公司财务部　孙彦涛）

·资金与资本管理·

【以鞍本重组为契机，大力整合优化金融业务】 鞍钢贯彻党中央、国务院关于金融服务实体经济战略部署，立足“三个一批”专项行动，整合控股金融企业，优化国有资本布局。在鞍本重组的改革背景下，鞍钢针对金融业务制定《鞍本产业金融整合方案》，以“清单化”方式推进。首月、季度、半年计划有序实施，以鞍钢财务公司全面承接本钢财务公司业务，实现账户集中、资金结算、资金预算系统全覆盖。积极与海关总署协商，成功承接海关关税保函试点资格。2022 年 6 月 29 日，本钢财务公司解散报告获得银保监会批复，金融机构许可证注销。9 月 30 日完成工商注销，提前 9 个月完成鞍本财务公司整合。实施线上保理业务模式“硬移植”，6000 万元存量保理业务稳妥消化，2 亿元新业务有序衔接，本钢保理业务全面融入鞍钢管控格局，保理公司整合注销半年内完成。组织专业团队与 1500 家融资租赁业务供应商逐一沟通，60 亿元、5414 笔存量直租业务平稳清理，5200 万元保函解除，没有出现一笔风险事件，本钢租赁公司 1 年内注销业务资质。2022 年末，鞍钢控股金融企业全部整合完毕，金融业务专业化集中管理优势凸显，风险防范能力进一步增强，服务主业效果持续提高。

（鞍钢集团有限公司资本运营部　杨　盛）

【贯彻落实鞍钢矿业引战落地，资本运作启新程】 为维护国家产业链供应链安全稳定，落实集团“双核”发展战略，鞍钢全力推进鞍钢矿业资产证券化项目，分为引战和重组上市两个阶段实施，通过资本运作加快推进资源产业发展，打造中国最大的铁矿石企业。2022 年 12 月 6 日，鞍钢矿业、鞍钢集团与 8 家国有战略投资者签署增资协议及股东协议，成功引入权益资金 67.1 亿元。这是鞍钢矿业公司历史上首次引入外部股东，打响了新鞍钢资本市场的“第一枪”，标志着鞍钢集团在推进矿产资源整合、实现更高水平更高层次发展上迈出重要步伐。项目得到北京产权交易所“2022年度金交易奖”，获得新华社、《光明日报》及《中国证券报》等多家媒体的关注与肯定。

（鞍钢集团有限公司资本运营部　李　岩）

【坚持底线思维，化解汇率风险】 积极应对美元升值影响，结合国际、国内两个市场，综合研判利率形势。开展美元负债敞口摸底调研，制定风险应对措施，提升风险综合应对能力。鞍钢集团美元敞口由4月末的美元负债16.39亿美元，优化为12月末美元资产敞口4.5亿美元，减少因美元升值造成的汇兑损失约7.24亿元人民币，实现了汇率波动风险长期可承受、可控在控。

（鞍钢集团有限公司资本运营部　郑国朕）

·审计工作·

【总体工作情况】 2022年，鞍钢集团严格按照国务院国资委《关于深化中央企业内部审计监督工作的实施意见》要求，全面贯彻落实党中央、国务院、国务院国资委、审计署有关审计工作部署，聚焦国家重大政策措施落实，聚焦重点管理领域和重大风险环节，聚焦问题整改难点和长效机制建设，进一步创新审计管理，强化审计监督，落实审计整改，有效发挥内部审计提升管理、改善运营、防范风险和创造价值的作用，进一步完善审计监督体系，突出审计工作重点，发挥审计监督作用，持续提升审计监督效能。

2022年，全集团计划开展审计项目187项，两级内审机构严格执行内部审计年度工作计划，全年实际完成审计项目201项，完成率为107.50%。其中，经营管理审计45项、专项管理审计41项、工程投资审计38项、经济责任审计56项、其他审计21项，发现和披露各类问题1505个，提出审计建议974条，反映违法违规问题金额0.11亿元、损失浪费金额1.41亿元、潜盈金额1.07亿元、潜亏金额5.20亿元，促进增收节支2.97亿元，向纪检监察部门移交案件线索11件。

【经济责任审计】 2022年，围绕国家重大政策和集团重点工作落实、会计信息质量、内部控制与风险管理、资金资产资源管理等，坚持聚焦经济责任，以揭示问题、防范风险、严肃追责为总基调，客观评价经济责任履行情况和企业经营发展状况，促进领导人员履职尽责和企业合规经营。鞍钢集团两级内审机构共开展经济责任审计项目56项。其中集团层面组织实施17项，揭示问题116个，涉及问题金额13.79亿元。

【经营管理审计】 2022年，围绕企业“两利四率”、提质增效、大额资金、招标采购，以及金融高风险业务、新产品开发应用、主营产品销售业务、审计问题整改等重点管理领域开展经营管理审计，揭示影响企业运行质量与绩效关键因素，查找管理漏洞和风险隐患，提出建设性审计建议，促进企业改善运营、防范风险、增加效益。鞍钢集团两级内审机构共开展经营管理类审计项目45项，其中集团层面组织实施8项，揭示问题66个，促进增收节支金额0.88亿元。

【专项管理审计】 2022年，围绕国家重大政策措施落实、国企改革三年行动、亏损企业专项治理、重大经济事项决策、民营企业账款拖欠清理、三项制度改革及两金压控、两非剥离、两资处置、安全环保等重点内容开展专项审计揭示专营领域或专项管理中存在的问题，促进国家重大政策措施、企业改革发展战略落实落地。鞍钢集团全年两级内审机构共开展专项管理类审计项目41项，其中集团层面组织实施13项，揭示问题116个，促进增收节支金额1.57亿元。

【工程投资审计】 2022年，围绕工程规范管理、责任履行情况、工程结算、功能考核及工程项目的成本效益等方面存在的问题，促进企业提质增效，提高投资管理水平。鞍钢集团两级内审机构共开展工程投资类审计38项，其中集团层面9项，审计投资额215.44亿元，揭示问题100个，促进增收节支金额0.98亿元；两级内审机构共开展投资项目后评价15项，其中集团层面开展1项。针对后评价发现的有关项目立项、投资决策、经营管理、提质增效、风险防控等方面问题，督促跟踪建设单位限期整改，促进企业完善投资决策机制、提升决策管理水平。

【审计整改工作】 截至2022年底，2016年以来审计署（含国监会）审计共发现问题184个，已完成问题整改175个，持续整改问题9个，整改完成率为95.11%。鞍钢集团两级内审机构审计发现的1505个问题，2022年发现的问题到期整改完成率为 93.19%，阶段整改完成率为 100%。通过整改挽回损失 4.51 亿元，建立健全制度 182 项，处理相关责任人 431 人次。

【违规追责工作】 2022 年结合国务院国资委工作要求，高标准制定《鞍钢集团 2022 年违规经营投资责任追究工作方案》年度工作方案，经鞍钢集团党委常委会前置审议、董事会审议通过后印发实施。鞍钢集团全年受理并查办问题线索共 10 件，其中集团层面 2 件。2022 年受理问题线索 8 件，上年结转问题线索 2 件。已完成核查 8 件，正在查办 1 件，初步核实后移交纪委 1 件。本年度因造成国有资产损失或其他严重不良后果合计追责 45 人次。

【内控评价工作】 2022 年，按照国务院国资委和集团董事会工作要求，综合考虑审计、巡视及其他监督检查发现的问题，认真开展年度内部控制评价，积极推进内控缺陷整改。2021 年度内控评价共发现一般缺陷 280 项，截至 2022 年底，已完成整改 260 项，正在整改 20 项。组织开展内控体系有效性自查自纠，采取子企业交叉互评、集团监督评价的方式，持续推进内部控制体系优化。

（鞍钢集团有限公司审计部　刘　音）

第八部分

人力资源管理

·领导人员管理·

【全面贯彻落实领导人员选拔任用制度】 1. 坚持党管干部原则，把好干部标准落到实处。坚决贯彻落实习近平总书记提出的新时期好干部标准和国有企业领导人员“20字”要求，把政治标准放在首位。2022年，鞍钢集团党委共集中调整领导人员14次，调整任用121人次，其中提拔任职28人，进一步使用10人。

2. 持续改进领导人员选拔任用工作，优化班子整体功能，聚焦“双核+第三极”战略规划等重大任务，选配17名斗争精神强、斗争本领过硬、经过重大斗争考验、工作业绩突出的干部担任重要子企业和总部部门正职，成为推动鞍钢高质量发展的中坚力量。统筹考虑专业、经历和年龄等因素，对25家直管单位班子进行优化调整，班子年龄结构进一步优化，专业匹配度和团队互补性进一步增强。

【开展直管领导班子和领导人员年度考核评价工作】 1. 强化年度综合考核评价工作，按照《鞍钢集团直管领导班子和领导人员综合考核评价办法（试行）》规定的程序和要求，运用多维度测评、定量考核与定性评价和分析研判等方法，对30个子企业、直属单位和集团总部部门的领导班子及131名直管领导人员进行综合考核评价，形成2021年度考核评价报告。印发《2021年度鞍钢集团契约化考核及直管领导班子和领导人员综合考核评价结果的通报》，对4个优秀班子、3个优秀部室和18名优秀领导人员进行命名表彰，对2名“基本称职”领导人员进行通报，形成能者上、优者奖、庸者下、劣者汰的用人导向。

2. 为深入学习贯彻党的二十大精神，结合鞍钢领导人员管理实际需要，修订《鞍钢集团直管领导班子和领导人员综合考核评价办法（试行）》，优化考评指标构成及权重，完善考评方式，形成科学合理的多维度综合考核评价机制。

【深化干部人事制度改革】 1. 健全干部管理制度体系。印发《子企业选聘经理层成员操作指引》，推进试点子企业落实董事会对经理层成员选聘权，2名子企业经理层成员由本单位党委和董事会提名产生，提升了企业自主经营决策能力，激发经理层干事创业活力。印发《鞍钢集团总部员工综合考核评价及薪酬分配管理办法》，切实解决总部部门岗位绩效考核即时激励作用不强、同层级岗位间收入拉不开差距等问题。印发《竞争性选拔工作流程操作指引》，进一步完善市场化用人机制，确保选拔过程严谨规范。

2. 持续扩大选人用人视野。2022年首次面向社会公开招聘2个鞍钢总部部门副职岗位，成功以市场化方式引进职业经理人1名；对总部部门空缺的41个岗位全部开展竞争性选拔，其中从总部外产生人选占比达到63.4%；鞍钢各级企业管理人员竞争上岗率达到76.4%，高于央企平均水平21.1个百分点；从地方引进2名政治成熟、业务过硬的干部进入直管领导班子；集团总部与基层交流57人，2022年各单位交流到总部36人，占总部人数比例达到19.1%。

3. 拓宽干部“下”的渠道。紧扣鞍钢“五个新突破、五个重点”任务，严格“两制一契”管理，建立指标摸高机制和差异化考核体系，刚性执行退出底线。2022年，对4名评价为基本称职和改革攻坚能力不强、工作不在状态的直管干部进行提醒谈话；对未完成契约底线和综合考核评价为不称职的12名管理人员，全部予以免职或降职；鞍钢各级企业管理人员末等调整、不胜任退出559人，占比7.2%，干部能上能下有关做法入选国务院国资委《“能上能下”微案例》。

【加强年轻干部培养选拔】 1. 健全统筹协调的发现储备机制。与财务、审计、法律、安全等专业部门联动，建立“子企业优中选优、专业部门精准审核、组织部门全程把关”的联合发现储备机制，形成紧缺专业人才资源库4个，目前在库300余人。进一步推动“摇篮计划”提档升级，以集团“70、80、90后”年轻干部储备库为基础，统筹子企业年轻干部培养体系，结合未来3~5年干部配备需要，动态更新人才储备库，目前在库1000余人。

2. 夯实全程跟踪的教育培养机制。全面开展优秀年轻干部政治素质和综合能力提升培训，择优选派45名领导人员到中央党校参加“一把手”政治能力提升专题培训，选派115名优秀年轻干部参加中国大连高级经理学院综合素质提升培训，着力提升政治能力和治企兴企能力。建立师带徒制度，为2名直管二级企业副职择优选定业务精、能力强、管理经验丰富的部门正职作为业务导师并签订师徒协议，切实解决新任职年轻干部经验不足、本领恐慌等问题。推行年轻干部轮值助理制度，在集团总部和子企业设置15个轮值助理岗位，让年轻干部在关键岗位练好扛重活、打硬仗的本领，破解年轻干部能上不能下的难题，让干得好的能上，干得不好的能下。

3. 完善用当其时的选拔任用机制。截至2022年底，鞍钢二级正职中50岁及以下占比达到39.4%，其中45岁左右达到15.2%；二级班子成员中45岁左右占比达到22.6%；三级班子成员中40岁左右占比达到21.5%，较去年分别提升9.4个百分点、1.8个百分点、1.8个百分点和0.8个百分点，全面完成中组部配备指标要求。有2名政治素质好、岗位历练扎实、综合能力突出的优秀年轻干部被中组部提拔到集团副职领导岗位。

【进一步夯实领导人员管理和监督工作】 1. 从严抓好政治监督。印发《鞍钢集团政治监督工作方案》，围绕疫情防控、安全生产等重点任务开展监督检查，发现问题1506个，提出改进建议813条。全面落实加强对“一把手”和领导班子监督责任清单，建立纪检、巡视、审计联合监督体系。2022年，对7名集团部门和子企业负责人开展经济责任审计，对41名“一把手”开展专项审计，累计发现问题236项，处理处分3人。聚焦企业经营绩效改善、“三个一批”项目建设等企业改革发展中的重点任务，开展专项监督339项，发现问题388个，查处形式主义、官僚主义问题20件，处理处分20人。

2. 认真开展日常监督。严格执行个人有关事项报告制度，2022年鞍钢直管干部重点查核结果一致率首次达到100%，随机抽查结果一致率连续两年达到100%，《鞍钢集团从“四个聚焦”发力持续提高个人事项报告质量》的工作经验在中组部《干部监督工作通讯》上刊发。严格开展选人用人监督，对8家子企业开展“一报告两评议”工作；完成鞍钢联众和本钢矿业选人用人专项检查，发现并反馈10个方面28项问题；对鞍钢国贸、财务公司等4家单位开展选人用人专项检查“回头看”并反馈问题10项。查核33名直管干部经商办企业信息，2名规范对象全部退出经商办企业行为。

【扎实做好扶贫、帮扶和驻村人员选派与管理工作】 1. 扎实做好援派干部工作。将选派政治素质好、工作作风实、综合能力强的优秀干部作为做好开展定点帮扶工作的重要举措。2022年，共选派挂职干部70人（含期满返回8人），其中三级副职级及以上人员9人，一级、二级经理人员45人，业务助理16人。挂职干部中，挂任市委常委、副市长2人，县委常委、副县长2人，驻村第一书记46人（含4人兼驻村工作队长），扶贫工作队员7人；40岁以下年轻干部34人，占比达到48.6%。

2. 加强援派干部管理工作。落实《鞍钢集团援派干部管理办法（试行）》，严格执行请销假、工作报告制度，加强考核评价和日常管理，落实援派干部薪酬福利待遇、生活补助和通信补贴，为援派干部办理人身意外伤害保险，每年组织援派干部开展健康体检，实现援派干部干部管理的制度化和规范化。对援派干部人数较多的受援地，组建工作组，建立定期例会制度，加强日常沟通协调，推动帮扶工作有效开展。强化考核结果运用，开展定点帮扶工作以来，援派干部提拔任职、进一步使用21人。

（鞍钢集团有限公司党委组织部　刘生杰）

·人力资源管理·

【人力资源管理】 1. 人力资源规划。围绕落实集团“十四五”战略规划和“7531”目标，制定《鞍钢集团有限公司“十四五”人才发展规划》，合理规划用工总量、制定劳动效率提升目标和加强人才队伍建设等措施，对今后一段时期鞍钢集团人才工作做出总体部署。

2. 人才引进工作。深入实施人才强企战略，坚持“校园招聘+社会引进”双轮驱动，实行更加积极有效的人才引进政策，利用第三方人才服务平台，加大对高端人才、成熟人才、优秀毕业生引进力度。各子企业按照市场化标准，结合地域、行业等因素，制定本企业引才办法，提高引才待遇竞争力，提升对人才的吸引力。2022年引进高校毕业生410人，实现高校毕业生签约完成率100%，其中硕士及以上高校毕业生223人，占本科及以上比例59.3%；引进成熟人才23人，其中高端人才8人。

3. 用工管理工作。按照深化三项制度改革总体安排，持续推进用工市场化，充分发挥“两个合同”“赋能中心”作用，进一步健全完善凭能力上岗、按贡献分配的激励约束机制，岗位合同签订率达到100%。制定《鞍钢集团共享用工管理指导意见（试行)》，创新“共享用工”等灵活用工模式。加大市场化退出力度，持续治理不规范劳动关系，让“懒人、闲人”无处藏身，在岗员工的活力、动力显著提升，用工环境明显改善。

4. 人力资源优化。落实鞍钢集团“十四五”人才发展规划，锚定劳动生产率平均每年提升不低于10%的目标，克服限产、新冠疫情等不利因素影响，指导各子企业制定劳动效率提升工作方案，明确用工总量和人力资源优化措施。2022年鞍钢集团全员劳动生产率41.14万元/(人·年)，钢铁主业实物劳动生产率973.9吨/(人·年)。

5. 退役军人工作。2022年7月，鞍钢集团党委组织部下发《关于“八一”期间开展走访慰问建国前老战士、军转干部活动的通知》，组织各单位开展新中国成立前老战士、军转干部等人员走访慰问工作。经统计汇总，各单位走访慰问了1866名新中国成立前老战士、军转干部等人员，发放慰问品及慰问金总价值36.3万元。

【人才队伍建设】 1. 进一步加强党管人才工作。(1) 坚持党管人才原则，将人才工作作为重点内容定期研究推动，建立由集团党委组织部主管，总部各职能部门分工负责，集团、子企业、三级企业党委分级管理的管控模式。(2) 召开鞍钢集团党委人才工作会议，聚焦人才工作现状和下步工作重点，明确了完善党管人才工作格局是根本、优化人才发展体制机制是关键、建设高水平人才高地是重点、全方位培养引进用好人才是核心、充分激发创新活力和动力是推动、营造尊重人才风尚是保证的人才工作思路。

2. 推进实施重点人才培养工程。(1) 推进实施“鞍钢英才计划”，按照领军、拔尖、骨干三个层次，建立专业领域人才库，以科研课题和技术攻关项目为载体，强化实践锻炼，培养卓越工程师。截至2022年12月，入库人才达908人，入库人才获得市级及以上荣誉或奖励占比达到65%。(2) 实施“院士培养工程”，优选科研基础强、培养潜力大的优秀人才作为院士后备人才重点培养，集中优势力量和优质资源进行重点支持。截至2022年12月末，已选拔9人作为院士后备人才重点培养，并根据院士后备人才的专业领域及其能力提升需求，实行一人一方案，制定详细培养计划和任务清单，2022年已立项的21项课题均取得较好进展。

3. 大力弘扬“工匠精神”，加强技能人才培养。(1) 贯彻执行《关于加强和改进鞍钢集团技能人才工作的指导意见》，推进职业技能提升行动，技能人才队伍等级结构得到有效优化，2022年高级工及以上人员占比达到51%。(2) 强化技能人才培养阵地建设，2022年新建市级技能大师工作站6个、子企业级12个。强化典型选树，2022年获评全国技术能手3人，入选“大国工匠”培养支持计划2人。

4. 深化人才发展体制机制改革。(1) 印发《关于推行鞍钢集团人才成长积分制的意见》，建立以创新价值、能力、贡献为导向，有利于科技人才潜心研究和创新的评价体系，将人才评价标准化、精准化、客观化。(2) 建立以信任为基础的人才使用机制，完善和落实重大科技项目立项“揭榜挂帅”“赛马”等制度，赋予项目负责人更大自主权，确保重点攻关项目取得成效。(3) 推行科研助理、“无会日”等制度，为科技人才松绑减负，解决兼职多、会议多、填表多问题。

【职工培训工作】 1. 健全完善培训管理体系。(1) 针对培训突出问题，对标先进企业，搭建“1354”教育培训管理体系，建立起集团党委领导，组织部门归口管理，职能部门分工负责，各级企业分级实施的培训管控模式。(2) 制定《教育培训体系优化指导意见》，配套出台《教育经费管理办法》《内训师队伍建设方案》《能力模型管理办法》等制度文件，夯实培训管理基础。(3) 构建“覆盖全员、分层分类”的能力素质和课程体系，为实现“培养有标准、培训有课程、学习有平台”目标，建立员工能力模型212套，明确能力标准和应知应会知识，配套开发71门课程、25万道题库和在线考试系统，搭建技能提升一体化平台。(4) 强化内训师选拔培养，构建以干部专家、劳模工匠为主体的227名内训师队伍，组织开展专项培训，提升开发、授课等专业水平。

2. 重点培训项目办出特色水平。扎实推进集团重点项目，全力打造精品班次。(1) 首次举办中央党校政治能力提升班，遴选总部部门、子企业45名“一把手”参加培训，切实提升领导干部“政治三力”，学员普遍感受政治素养得到较大提升。(2) 落实党委“摇篮计划”，按照源头培养、跟踪培养、全程培养要求，系统化、梯次化培训优秀年轻干部332人，创新开展能力测评，针对战略思维、系统思维等方面短板弱项，委托中国大连高级经理学院精准施训，学员视野和能力得到显著提升。(3) 落实人才工作会议精神，联合延安干部学院对47名技术技能领军人才开展政治能力提升培训，增强科技人才爱国爱企情怀，坚定科技自立自强信心和决心。

3. 落实重大决策部署务求实效。全面落实党和国家重大决策部署，开展集中轮训工作。(1) 贯彻落实党的十九届六中全会精神，系统开展课程设计，共计轮训4961人，实现领导人员、支部书记、党外人士代表培训全覆盖。(2) 深入开展党的二十大精神轮训工作，按照统一思想、提高站位、把握要点、掌握精髓、需求导向、指导实践要求，精准开展训前调研，统筹设计培训方案，差异化设计课程体系，邀请中央党校等高端师资专题辅导，组织鞍钢党校优秀师资集体备课，切实提升培训质量，做到学思用贯通，知信行统一。

4. 专业职能项目提升能力素质。围绕促进“五个突破、五个重点”工作落实，针对性开展专业能力培训。全年举办培训项目29个，培训4.5万人次。(1) 为提升领导人员财务监控、风险防范和会计信息运用能力，与上海国家会计学院联办财务能力提升班，分类选调700多名二、三级班子成员参训。(2) 为推进数字鞍钢建设，举办数字化领军人才培训班，选调48人参训，全面解读国家政策和数字化转型路径，分享先进企业数智化建设经验。(3) 为提升公文写作和办理水平，设计“六讲六考”培训方案，通过“高校教授讲理论、内部‘写手’谈经验、外部专家提高度”等方式，培训集团总部和子企业班子成员247人。(4) 推动职能部门发挥主体作用，举办精益管理、科技创新、“双碳”、合规、保密等专项职能培训，提升专业能力水平。

【三项制度改革】 1. 强化组织领导，提高政治站位。国企改革三年行动以来，鞍钢集团深入贯彻党的二十大精神，落实中央企业负责人会议部署，对照国企改革三年行动任务要求和《中央企业深化劳动、人事、分配三项制度改革评估办法》有关规定，连续三年将三项制度改革作为集团重点工作，成立由集团主要领导任组长的三项制度改革领导小组，持续深化三项制度改革，加快构建市场化运营机制，推动三项制度改革制度化、长效化。

2. 聚焦难点堵点，强化政策指导。(1) 下发《三项制度改革工作要点》和《重点任务清单》，针对重点任务和难点痛点制定改革目标、路径和措施，提供制度支撑，务求改革能落地、有实效。2022年部署的6项重点任务、47个关键环节均已全部完成。(2) 坚持市场化改革方向，构建了以“两制一契”“两个合同”“五个倾斜”为主要抓手的“225”市场化改革举措，持续完善以“1+12+2”为主体的三项制度改革制度体系，累计形成制度文件百余份。

3. 注重推动落实，强化机制运行。(1) 坚持定期调度机制，召开3次全集团范围的调度会(千人以上参会)，选取典型单位介绍改革经验，通报改革进展，部署下步工作。(2) 坚持调研督导机制，持续深入基层，挖掘改革经验，查找问题不足，开展两轮大规模调研，深入50余家基层单位。坚持评估牵引机制，实行“月度跟踪、季度评估、年度考核”，对制度体系、改革举措、改革成效等动态开展评估，建立考核评估红黑榜，鼓励先进，鞭策后进。(3) 坚持典型引领机制，2022年共计发布改革简报14期，15家企业介绍经验；形成2个改革案例汇编，共计29个典型单位、63个典型案例；形成1部宣传报道集，各类宣传报道共计179篇，其中中央主流媒体报道31篇，内部媒体宣传报道148篇。

4. 三项制度改革取得较大成效。(1) 干部人事改革取得新突破，连续两年实现任期制契约化覆盖率100%；管理人员竞争上岗率达76.65%，实施企业户数占比76.6%；管理人员退出比例达12.47%，实施企业户数占比69.4%。(2) 劳动用工改革取得新进展，在岗职工同比减少1.6万人，减少比例10.7%，劳动效率稳步提升；持续推进用工市场化机制，市场化退出2337人，占比1.38%；探索推行协力用工与合同制用工在岗位设置、人员配备、人工成本等方面的一体化管理，初步建立全口径岗位管理体系。(3) 薪酬分配改革取得新成效，强化即时激励，子企业工资效益匹配度平均为94%；合理拉大收入差距，管理人员收入差距倍数达2.23倍，同比2020年提升0.71倍，管理人员浮动工资占比78.57%；推进科技型企业实施分红激励，鞍钢自动化公司、本钢信息自动化公司等10家符合条件的科技型企业全部实施股权或分红激励，实现了激励全覆盖。

5. 受到上级部委和外界的充分肯定。(1) 改革项目入选国务院国资委“三个标杆”项目名单，改革经验材料5次被国务院国资委专刊发表。(2) 三项制度改革和任期制契约化管理经验做法入选中国大连高级经理学院教学案例。(3) 改革成果荣获国家级管理创新成果一等奖、辽宁省管理创新成果一等奖、冶金企业管理现代化创新成果一等奖等多项荣誉。

（鞍钢集团有限公司人力资源部　江松林）

·岗位绩效与薪酬福利管理·

【薪酬福利管理】 1. 健全工资总额管理机制。(1) 深入贯彻落实中央关于做好跨周期调节和在高质量发展中促进共同富裕的要求，按照“行业对标，体现进步”原则，对鞍山钢铁、攀钢、本钢强化“跑赢大盘”考核，确保在疫情和市场价格双重影响下，有效调动企业和职工积极性。(2) 通过实行结构化预算及压减管理人员工资总额，倒逼子企业压缩管理人员数量，控制管理人员收入不合理增长，2022年度管理人员工资总额压减比例达到5.9%。同时，将压减的管理人员工资总额用于提高倒班人员夜班津贴标准，通过两年调整后，预计生产四三制倒班人员夜班津贴分别占总收入15%左右，初步实现对存量工资总额的结构性优化，体现收入分配向一线苦脏累险岗位倾斜。

2. 完善企业负责人薪酬管理机制。(1) 建立子企业负责人月度“跑赢大盘”考核评价机制，考核结果直接与鞍山钢铁、攀钢、本钢负责人月度预发薪酬挂钩，切实激发子企业负责人追求效益最大化的内生动力。(2) 按照国务院国资委要求，完善子企业负责人薪酬制度，增加年度经营业绩考核不合格、任期经营业绩考核不合格扣除全部效益年薪、任期激励的新规定。

3. 夯实全员岗位绩效管理。(1) 坚持“授权+同利”主线，在集团范围内全面推广“e考核”等信息化岗位绩效管理模式，实施效果不断凸显。(2) 持续固化改革成果，经过广泛征集、子企业筛选、专家组评审，先后编制《鞍钢集团岗位绩效管理案例汇编》2.0版和3.0版，印发各单位学习借鉴。(3) 进一步强化对即时激励实施情况的月度监控，每月对各子企业工资总额预算执行方案进行预审，对发现的问题及时纠正，实现薪酬分配与绩效考核结果强相关，职工薪酬与企业效益同频共振。

4. 健全多元多层激励机制。(1) 印发《正向激励政策工具操作指引》，在工资总额管理、绩效管理、即时激励和中长期激励等四个方面梳理出22条具体举措，为推进实施正向激励提供充足的政策供给，并为下一步有针对性地指导工作奠定基础。(2) 推进科技型企业实施分红激励，完成对鞍钢自动化公司项目收益分红、本钢信息自动化公司岗位分红激励方案的审核、批复，在推进本钢科技型企业中长期激励“破冰”的同时，集团公司符合条件的10家科技型企业已全部实施股权或分红激励，提前完成国企改革三年行动任务。

5. 加强疫情期间待遇保障管理。印发《关于做好疫情加剧期间劳动组织及职工工资待遇保障工作的通知》，按照疫情加剧期间严格执行各项疫情防控措施要求，结合保产保供工作需要，践行人民至上思想，在灵活劳动组织、稳定劳动关系、保障薪酬待遇等方面对劳动组织及工资待遇政策梳理和明确，为各单位有效应对疫情影响提供政策支撑。

【年金管理】 截至2022年底，新增加账户数1007个，共办理企业年金待遇支付账户数4426个，其中一次性支付账户数1441个，分期支付账户数2985个，共支付企业年金待遇3.43亿元，企业年金缴费共6.36亿元，其中个人账户中企业缴费3.34亿元，个人缴费1.86亿元，企业公共账户缴费1.16亿元。企业年金总资产净值达50.70亿元，累计收益率75.1%，累计年化收益率6.5%。

（鞍钢集团有限公司人力资源部　李　洋）

·外事管理·

【密切关注疫情动态，切实抓好外事工作】 按照国家相关部委通知要求及疫情防控动态情况，严控出访团组，严格外事出访事前、事中、事后全过程监管。2022 年，共审核审批因公出国（境）任务 39 批 42 人次；办理因公证照 11 本，签证申请 3 人次；办理出境证明 10 个团组，11 人次；办理境外护照换发申请 1 人次；办理港澳通行证 2 本，办理签注、签转手续 8 人次。根据外交部《关于进一步做好当前邀请外国人来华管理工作的通知》和集团外事办《关于规范复工复产外国人来华工作管理的通知》要求，从严把握邀请来华工作及复工复产配合工作，出具邀请函 23 份，邀请来华 37 人次。

（鞍钢集团有限公司人力资源部　许艳丽）

第九部分

管理创新

·综　　述·

【综述】 2022 年，鞍钢集团坚持以习近平新时代中国特色社会主义思想为指导，深入贯彻党中央、国务院决策部署，全面落实中共鞍钢二届五次全委会各项工作安排，紧密围绕“双核”发展战略和“7531”战略目标，聚焦“全面深化改革、专业化整合、数字鞍钢建设、精益管理”等重点攻坚，取得积极成效，为新鞍钢高质量发展提供有力支撑。

构建形成产业发展新格局。贯彻新发展理念，深化供给侧结构性改革，“六措并举”顺利完成鞍本重组，粗钢产能达到 6300 万吨，位居国内第二、世界第三，形成“南有宝武、北有鞍钢”钢铁产业新格局。加快推进矿业大发展，集聚优势资源打造世界级铁矿资源开发企业，国内最大的单体地下矿西鞍山铁矿建设等 18 个项目列入国家“铁资源开发计划”，铁精矿产量持续保持国内第一，位居世界第五，成为维护钢铁产业链供应链安全的“稳定器”“压舱石”。

精益管理水平持续提升。完善精准量化考核体系。构建“双跑赢、三区间”指标评价体系，建立“摸高”机制，374 家单位 996 名经营层“一人一表”确定年度和任期目标；紧盯契约质量，开展 2 轮穿透式督促整改，抽查单位比例达 76%。鞍钢任期制契约化管理入选中国大连高级经理学院网络培训教学案例。抓好对标一流管理提升。鞍钢 103 项对标指标完成率 100%，培育创建内部标杆 41 个，刊发 13 期工作动态，总结推广经验做法。管理创新实现新突破。2022 年，公司荣获冶金企业管理创新成果 13 项，其中，一等奖 3 项、二等奖 4 项、三等奖 6 项，创历史最好水平。提升采购管理水平。完成集团采购物料编码规则与标准制定，实现全集团采购物料编码统一。建立首批煤炭类、电铲备件、合金废钢类、进口矿石设备备件类等 5 个协同采购专项组，强化协同降本。开展采购专项检查整改，发现采购问题 5071 项，全部闭环处理。将 596 家围串标和涉嫌违法违规供应商拉入黑名单。

数字鞍钢建设稳步推进。年度工作台账 35 项重点任务全部按计划完成。数字鞍钢推进体系进一步健全。发布智慧指数评价体系，成功亮相全球工业互联网大会，举办钢铁产业智能制造主题论坛，发布 3 项创新成果。数字鞍钢标准体系更加完善。参与编制的 1 项智能制造国际标准、2 项中钢协团体标准正式发布。数字鞍钢建设成效凸显。全面预算系统主体功能上线运行，钢铁产业一体化经营与制造管理系统向本钢移植，累计 41 条产线完成智能化改造建设，30 项成果获评试点示范，获政府专项资金 5601 万元。数字鞍钢做法及成效获国务院国资委、工信部好评。

（鞍钢集团有限公司管理与信息化部　马振翰）

·体制改革与创新管理·

【体制改革与创新管理】 2022 年，鞍钢深入学习贯彻习近平总书记关于国有企业改革发展和党的建设重要论述，坚持把“效益有改善、员工有获得感、企业发展可持续”作为检验改革成效的重要标尺，深入实施国企改革三年行动，依靠改革激发活力动力，助力鞍钢高质量发展。

【国企改革三年行动高质量圆满收官】 建立“党委负责制、工作专班制、任务清单制、督导评估制”的工作机制，高站位谋划、高标准设计、高效率开局、高质量落实。截至 2022 年底，鞍钢国企改革三年行动 119 项任务、194 项举措 100%完成，实现高质量圆满收官。现代企业制度持续完善。集团及所属各级重要子企业党委会前置研究讨论清单、董事会决策清单、总经理办公会决策清单完成率达 100%；所属 106 户“应建企业”实现了董事会建设、外部董事占多数“两个 100%”，34 户子企业差异化落实董事会 6 项职权，各级企业均建立了董事会向经理层授权管理办法。市场化经营机制不断健全。全集团 374 家单位 996 名经理层成员“一人一表”确定年度和任期目标，向上建立“摸高”机制，向下明确 8 种退出底线，契约化考核 100%覆盖；构建“人人担指标，人人争绩效”的岗位绩效体系，层层分解任务、层层量化指标，厂矿、作业区、班组、岗位 4 类指标有效衔接，考核结果与收入、岗位进退“双挂钩”；推行薪酬分配高中低赛道“赛马”，高、低赛道薪酬差异最高达 37%，干好干坏一个样的

“大锅饭”变为多劳多得“责任田”。鞍本整合融合效能加速释放。重组整合一年590项任务全面完成，聚焦“要素管控+管理移植”“战略引领+资源协同”两条主线，治理体系、授权体系、制度体系“三位一体”全面覆盖，“国资监管、集团监督、管控共享”三类38项信息系统在本钢全域覆盖移植，采购、销售、物流等业务领域高效协同并持续深化，重组以来实现协同创效26.17亿元，持续放大“1+1>2”聚合效能。鞍钢的一系列重大改革举措和成效得到了国务院国资委的充分肯定。工程技术公司获评“双百标杆企业”，矿业公司、积微物联获评“双百优秀企业”。3项改革案例入选《国企改革三年行动案例集》，三项制度改革、任期制契约化管理入选中国大连高级经理学院网络培训教学案例，鞍钢矿业入选国企改革三年行动“学抓促”典型，鞍本重组改革被国务院国资委列为国企改革三年行动标志性案例。

（鞍钢集团有限公司管理与信息化部
李　博）

·体系管理·

【体系管理】 2022年，鞍钢集团严格贯彻国务院国资委各项工作部署，认真落实国务院国资委领导在历次推进会议讲话精神，与集团年度重点工作部署有机融合，坚持改革、创新、管理“三管齐下”，以精益管理为着力点，加强过程管控，强化典型引路，夯实高质量发展新鞍钢建设管理基础。

【着力精益管理，加快对标提升行动工作收官】 一是压实工作责任，基本完成国务院国资委目标任务。锚定国务院国资委对标提升行动工作要求，倒排工期，挂图作战，抓好专项考核指标的过程管控。截至2022年末，鞍钢对标提升行动工作清单103项对标指标，全部完成既定的任务目标，工作清单完成率达到100%。2021年度专项考核中，鞍钢得分96.57，排名第36。二是抓住核心指标，引领对标工作取得扎实成效。以对标提升核心指标的跟踪督导为工作主线，深挖驱动因素，开展重点攻关，以点带面引领对标工作迈上新台阶。三是创建“三个标杆”，着力培育标杆和尖兵。朝阳钢铁、西昌钒制品2家企业、人力资源1个项目入选国务院国资委行动名单。开展内部21家标杆企业、16个标杆项目、4个标杆模式的创建工作。四是以精益管理为着力点，提升集团整体管理水平。落实集团加强精益管理工作要求，在组织内外部专家反复研讨的基础上，印发《鞍钢集团推进精益管理实施方案》（鞍钢政发〔2022〕20号）。

【统筹推进规章制度立改废释，动态完善规章制度体系】 组织各部门全面贯彻党中央、国务院最新政策文件精神，以及集团全委（扩大）会议和职代会工作部署，组织各部门针对新业务、新变化、新问题，聚焦关键业务、重点领域、重要环节，组织印发实施《鞍钢集团2022年度制度立项计划及无效废止制度清单》（鞍钢管信发〔2022〕2号），全面更新完善集团规章制度体系。截至2022年末，集团层面规章制度包含管理制度217项，其中，基本管理制度47项，专业管理制度153项，工作规范17项，涵盖16项管理职能、45个业务模块。

【加强重大创新项目立项，推动管理创新实现新突破】 一是开展重大创新项目立项。贯彻谭成旭董事长关于加大管理创新力度、加强重点创新项目立项管理有关指示精神，组织印发《鞍钢集团2022年度重大管理创新项目名单》（鞍钢政发〔2022〕17号），其中，集团重点培育项目（A类）15项，子企业重点培育项目（B类）26项。二是开展内部成果评审。2022年，各部门、子企业共申报管理成果71项。经过初评、终评，推荐获奖成果37项，其中，一等奖5项、二等奖9项、三等奖23项。三是行业协会和国家级管理成果实现新突破。2022年，鞍钢集团荣获国家级管理创新成果奖4项，其中，一等奖1项、二等奖3项；荣获冶金企业管理创新成果13项，其中，推荐一等奖3项、二等奖4项、三等奖6项，创历史最好水平。

（鞍钢集团有限公司管理与信息化部
马振翰）

·绩效管理·

【绩效考核】 深入贯彻落实习近平总书记重要指

示批示精神和党中央决策部署，落实集团“7531”战略目标和“双核+第三极”发展战略，以一流标准引领创造一流业绩，实现“跑赢大盘、跑赢行业”，推动新鞍钢高质量发展。

1. 突出“双跑赢”，优化考核体系。全面承接国务院国资委“两利四率”考核指标，构建完善“4+N+1”KPI指标体系和“双跑赢”“三区间”指标评价体系。以经济效益稳增长为目标，加大“净利润”考核权重；以跑赢大盘战胜市场为目标，将“跑赢大盘”考核权重提升至60%，对钢铁主业实行月度“销售利润率”与行业对标评价；以提升行业引领为目标，建立“摸高”机制，按照“三个不低于”原则确定目标值，利润最高加码50%，国有资本保值增值率最高加码8%。坚持高目标引领，充分发挥考核分配引领作用，推动经济效益快速增长，鞍钢被评为2021年度中央企业考核分配工作先进单位。

2. 深化实效评估，提升契约质量。聚焦关键环节，开展实效评估，提升契约质量。按照国务院国资委印发的《经理层成员任期制和契约化管理契约文本操作要点》，在“严格契约底线、刚性考核退出、副职个性化考核、目标挑战性、定性指标量化评价”等关键点上严格审核把关，针对存在的共性问题对照整改，确保目标设置经得起经营结果检验。完成各级企业经营层契约指标再审核验收，374家单位996名经营层成员实现“一人一表”“一人一底线”，契约化考核100%覆盖。国务院国资委对鞍钢推行经理层任期制和契约化管理工作措施到位、抽查中全部合格予以表扬，将鞍钢列为标杆企业，委托中国大连高级经理学院录制网络课程，向全央企推广交流。

3. 强化即时激励，实行月度“跑赢大盘”考核评价。为提升子企业对原燃料涨价、限产限电、市场剧烈波动等严峻形势的应对水平，增强忧患意识，有效激发追求效益最大化的内生动力，对钢铁企业实行月度“跑赢大盘”评价。即将“销售利润率”与行业对标评价，依据对标评价结果，对子企业负责人按月给予专项激励或考核；按月实施的专项激励或考核月清月结，不予累计计算，在兑现子企业负责人年度薪酬时，已领取收入仍按预发薪酬标准扣除。

（鞍钢集团有限公司管理与信息化部
杨汝艾）

·采购管理·

【采购管理】 鞍钢采购工作严格贯彻落实国务院国资委采购集约化、规范化、协同化、数字化、法治化的要求，兼顾采购效率与采购规范平衡、采购成本与采购质量平衡，强化供应商准入管理，提升采购数字化与招标智慧化管理能力，围绕采购领域存在的突出问题，从完善采购机制、强化流程管理、推进采购协同、严格采购监管等方面入手，全面提升采购管理工作水平。

1. 开展中央企业采购对标，提升集团采购管理水平。按照国务院国资委《关于开展2022年采购管理对标评估工作的通知》精神，依据对标在采购体制机制、流程与运行、供应商管理、信息化与大数据应用等4方面的要求，对照36项评价要素内容，全面评价集团自身采购管理情况，查找管理短板，明确管理提升方向，在2022年第六评估组10家中央企业中取得了第3名的历史最好成绩。

2. 稳步推动集团采购物料编码统一，夯实基础管理工作。组织开展了采购物料编码统一工作，成立了鞍钢集团采购物料编码专家组，完成了采购物料编码规则与标准制定工作，集团采购物料编码系统完成建设并上线运行。按照“统一标准，同类引用，自主编制，指导监督”原则，由集团采购物料编码规则与标准专家组指导各子企业物料编码工作组，按照集团采购物料编码规则与标准，开展编码重构工作，完成近70万条编码编制，实现了鞍钢集团采购物料编码统一。

3. 持续推进招标智慧化与分析监管平台升级。鞍钢集团招标智慧化与分析监管平台业务功能和智慧招标、分析监管功能已经上线，在系统中固化采购制度规范和168个招标采购风险管控点，强化招标事前事中干预管控和事后监管，提升招标采购法制化、规范化管理能力。借助互联网、物联网、大数据等先进技术，构建智能数据分析、智能业务监督、智能寻源和评标的智慧化招标平台系统，加强招标采购历史数据和沉睡数据的分析应用，建立可视化界面，提升招标系统数据分析与价值创造能力。

4. 全面推进集团集中协同采购，发挥规模效应。集团发布了《第一期协同采购目录清单》，建立了煤炭类、电铲备件、通用类设备备件资材、合金废钢类、进口矿石设备备件类、生活物资 6 个协同采购专项组，进一步拓展了协同采购适用范围，构建了协同采购组织机构，明确协同采购职责分工，充分发挥集团集中协同采购的规模优势，进一步降低采购成本。

5. 持续开展采购专项检查，强化管控效能。为贯彻国务院国资委进一步加强招标采购领域风险防控工作要求，落实谭成旭董事长关于进一步加强采购管控的指示精神，集团管理与信息化部联合纪委与审计部门，开展了 4 期采购专项检查和采购招投标领域风险防范“八合一”的“全级次、全方位、全领域”检查整改工作，针对 9 方面、40 项内容，通过对招标数据信息抽取筛查、招标项目穿透分析、投标中标信息多维度比对、与采购单位交流等方式，围绕采购依法合规性、采购效率效益、供应商管理、验收管理、价格管理、采购结果合理性等进行检查，发布了 4 期专项检查通报，挖掘了 5071 项采购问题，处理了 596 家围串标或涉嫌违法违规供应商，提出了 11 项专项整改要求。另外，对原《鞍钢集团公司招标竞价管理办法》进行了修订发布，从突出规范性、操作性、实效性入手，对 72 个方面内容进行细化完善，为集团招标采购工作规范运行提供了细化的制度支撑。

2022 年鞍钢集团上网采购率 100%，电子招标率 100%，供应商评价率 100%，采购质量管控覆盖率 100%。

（鞍钢集团有限公司管理与信息化部
王又翊）

· 信息化管理 ·

【信息化规划管理】 聚焦“产业数字化、数字产业化、数据价值化”，新放行项目总投资 19 亿元，累计 41 条产线完成智能化改造建设。

1. 发挥数字鞍钢推进体系作用。发布数字鞍钢智慧指数评价体系，完成数字钢铁、数字产业领域首轮评测，客观衡量各产线、工厂、基地的数字化转型整体水平与进步幅度，深入查找问题不足，提出整改完善建议，锻长板、补短板。成功举办第三届“数字鞍钢 · 数字生态”现场推进会，分享鲅鱼圈智慧透明工厂典型应用场景与建设经验，强化标杆示范引领作用。数字鞍钢标准体系进一步完善，参与编制的 1 项智能物流国际标准和 2 项中钢协智能制造团体标准获批发布，自主编制的钢铁、矿山、钒钛产业智能工厂建设 3 项企业标准发布。举办首期“数字化人才培养”培训班，为集团培养数字化管理复合型和技术复合型人才。国资监管、集团管控系统更加健全，集团 OA 办公系统完成升级改造，全面预算管理系统、物料代码管理平台上线运行，司库系统、人力资源系统改造等项目有序推进。

2. 产业数字化升级成效显著。成功亮相全球工业互联网大会，发布 3 项创新成果，5G 智慧炼钢场景广受好评。钢铁产业一体化经营与制造管理系统成功移植本钢，鲅鱼圈分公司、西昌钢钒等钢铁智能制造示范基地初步建成，鞍钢矿业建成数智管控中心，本钢积极推进无人行车、工业机器人等成熟场景应用。鞍山钢铁入选工信部大数据分析与集成应用重点实验室成员单位，攀钢“5G+”矿山远程穿孔采掘及无人运输等 30 个项目获评国家部委、行业协会试点示范，发布 3 项智能制造行业标准。

3. 数字产业化发展逐步发力。鞍信等数字化产业公司自主研发的智慧能源管控、无人行车、质计量无人值守等解决方案在集团内部成功推广。精钢工业互联网平台完成与工业互联网标识解析国家节点对接。《鞍钢技术》期刊首次出版“钢铁工业数字化转型”专刊和论文集，共收录论文 81 篇，积极推动钢铁企业数字化转型建设。

4. 数据价值化挖掘全面启动。完成大数据体系建设情况调研，全面摸清鞍钢集团大数据体系基础。建设集团层级大数据服务平台，构建数据采集、存储、使用、加工、治理、共享和应用分析全生命周期管控服务能力。启动集团监管指标数据入湖、治理及分析展示工作，深挖数据价值。

（鞍钢集团有限公司管理与信息化部
孙为平）

【信息化推进管理】 落实中央网信办、国务院国资委、公安部、工信部网络安全工作部署和要求，统筹安排鞍钢集团网络和信息系统安全整体工作，统一部署网络安全预警态势感知平台、终端安全准入管理平台、互联网收敛及防病毒软件等集团级网络安全防护手段，与国资国企网络安全在线监管平台保持实时联动，保证信息系统安全、持续、稳定运行，集团公司较大及以上安全事件为零。

1. 网络安全体系持续优化完善。持续优化完善“管理+技术+运维”三位一体管理体系，针对国家数据安全法、正版化等要求，完成了网信安全、保密制度的修订并发布，从管理上完善承接了国家各项要求；组织完成 11 个子企业互联网出入口统一收敛至国务院国资委在线监管平台，有效降低了暴露风险；推进全集团终端准入平台统一部署，实现终端精准防护；实现态势感知平台集团全覆盖，常态化实时监测、预警集团重点区域网络安全状态，从技术手段提升整体防护水平；组织内外部专家对 6 个重点子企业进行了“自查+检查+评估”的网信安全专项检查，以查促管，以查促改，促进各单位网络安全运维精细化。

2. 网络安全主动防御能力整体提升。组织完成冬残奥会、党的十九届六中全会、党的二十大期间网络安全重保，激活零报告机制，确保了国家重要时期鞍钢集团的网信安全；参加公安部、辽宁省、鞍山市分别组织的攻防实战演习，通过了公安部首次实战演习的大考，整体主动防御能力得到了检验并提升；推进集团网信领域 IPv6 支持度改造，预防地址不足风险；健全信息通报和应急机制，主动监测各类网络攻击告警 156 万次，下发 10 期网信安全通报，37 期预警周报。自动态清零行动以来，连续呈大幅下降趋势。选拔及组织网安技术人员参加国家“网鼎杯”网络安全大赛，并取得进入半决赛的历史最好成绩。

（鞍钢集团有限公司管理与信息化部
梁会霞）

第十部分

科技创新

·科技创新管理·

【综述】 2022年，举世瞩目的党的二十大胜利召开，全面建设社会主义现代化国家新征程迈出坚实步伐，鞍钢集团以习近平新时代中国特色社会主义思想为指导，深入贯彻落实习近平总书记关于科技创新的重要指示批示精神，认真履行高水平科技自立自强使命担当，把科技创新作为加快建设世界一流企业的重要支撑，持续增强科技创新活力、合力和实力，不断塑造发展新动能新优势。在原创技术策源地、关键核心技术攻关、科技创新体制机制完善、开放协同创新、科技成果管理等方面推进各项工作并取得积极进展。核心技术竞争力显著增强。

【科技创新体制机制建设】 2022年，鞍钢集团研发经费投入强度达到3.88%；印发《研发机构一体化运作工作方案》和《研发机构一体化运作指导意见》，着力打造鞍钢"1+3+N"研发创新体系，聚焦钢铁、钒钛、矿产资源三大核心产业链布局研发资源，围绕关键共性技术协同研发，组建了11个联合研发技术负责人团队，制定实施2023年协同研发项目，研发机构一体化运作机制基本形成。深入推进"科改示范行动"，成都材料院"科改示范企业"专项评估结果为良好类第4名，总排名和良好类排名均比上一年度评估有较大进步，本钢信息自动化公司新入围"科改示范企业"。

【鞍钢集团项目管理】 2022年，承担"十四五"国家重点研发计划"复杂工况下冶金领域关键部件表面工程技术与应用"等多项国家项目或课题；围绕关键核心技术攻关、原创技术策源地建设、低碳冶金技术、基础研究等方面新立一批集团重大科研项目；修订《鞍钢集团有限公司科研项目管理办法》。

【协同创新】 2022年，按照"连续投入、持续研究、成果共享、效益分享"的原则推进产学研合作。与重庆大学续签战略合作协议；与中国钢研、大连理工大学、哈尔滨工业大学建立技术需求—科技成果常态化对接机制；与中科院大连化物所、中科院过程所、上海大学联合建设的绿氢零碳流化床氢能冶金示范项目开工建设。

（鞍钢集团有限公司科技发展部　李黎明）

·知识产权管理·

【科技成果】 科技成果获奖情况。"基于低碱高硅球团的低碳排放高炉炉料解决方案及其应用"1项成果获得世界钢铁协会第13届低碳生产卓越成就奖；"攀西钒资源绿色高效利用关键技术与应用"等10项牵头成果获得2022年度冶金科学技术奖，其中，一等奖1项、二等奖3项、三等奖6项（另"露天开采低碳生态化设计及无人智能采矿关键技术与应用"等3项成果作为参与单位获奖）；"第三代超大输量管线用钢板关键技术开发及产业化应用"等25项牵头成果获得2021年度省级科技进步奖；"鞍钢极寒环境高强韧易焊接海洋装备用钢"和"鞍钢系列高性能建筑结构用钢板"2项产品获得2022年度中国钢铁工业产品开发市场开拓奖。

组织开展2022年度鞍钢集团有限公司科学技术奖评审工作，评选出"Al/Ni核壳金属燃料研制"等3项成果一等奖；"鞍钢吉帕级汽车钢及部件服役性能、新能源车身轻量化关键技术集成与创新"等9项成果二等奖；"鞍钢冷轧涂镀产品质量控制和表征用标准体系的研究与应用"等18项成果三等奖；"热轧厂轧机轧辊轴承座稳定性提升的研究"1项成果一线工人奖。

2022年度鞍钢集团有限公司获冶金科学技术奖情况

一等奖1项	
攀西钒资源绿色高效利用关键技术与应用	攀钢集团攀枝花钢铁研究院有限公司、攀钢集团成都钢钒有限公司、攀钢集团钒钛资源股份有限公司、攀钢集团工程技术有限公司、重庆大学、武汉科技大学、成都先进金属材料产业技术研究院股份有限公司、钒钛资源综合利用国家重点实验室

续表

二等奖 3 项	
大断面连铸坯生产百米长尺重载钢轨关键技术研究	攀钢集团攀枝花钢铁研究院有限公司、攀钢集团攀枝花钢钒有限公司、北京科技大学、中国重型机械研究院股份公司、中冶南方连铸技术工程有限责任公司、攀钢集团研究院有限公司、成都先进金属材料产业技术研究院股份有限公司
全系列建筑结构用高性能钢板研发及重大工程应用	鞍钢股份有限公司、钢铁研究总院有限公司、清华大学、北京科技大学、浙江东南网架股份有限公司
钢铁联合企业数字化网络化能源管控系统开发与应用	鞍钢股份有限公司、鞍钢集团自动化有限公司、东北大学
三等奖 6 项	
选铁尾矿中超粗及超细钛铁矿强化回收工艺及装备产业化研究	攀钢集团矿业有限公司
基于先进制造系统的高强度焦炭均质化生产关键技术开发及应用	鞍钢集团北京研究院有限公司、鞍钢股份有限公司、北京科技大学、冶金工业信息标准研究院
全浮力顶渣精准驱除技术创新及系统集成	鞍钢股份有限公司
钛及钛合金带卷热连轧高效轧制共性技术研究及应用	攀钢集团攀枝花钢钒有限公司、攀钢集团研究院有限公司、成都先进金属材料产业技术研究院股份有限公司
钢铁产品化学成分测定新方法的研究与应用	鞍钢股份有限公司、钢研纳克检测技术股份有限公司、冶金工业信息标准研究院
热轧带钢宽度高精度关键技术的开发与应用	鞍钢股份有限公司

2022 年度鞍钢集团有限公司获冶金科学技术奖情况（作为参加单位）

一等奖 1 项	
露天开采低碳生态化设计及无人智能采矿关键技术与应用	东北大学、西安建筑科技大学、本溪钢铁（集团）矿业有限责任公司、洛阳栾川钼业集团股份有限公司、成远矿业开发股份有限公司、河北钢铁集团矿山设计有限公司、河北钢铁集团司家营研山铁矿有限公司
二等奖 2 项	
大型带钢冷连轧机整辊无线智能板形测控系统的研制与应用	燕山大学、鞍山钢铁集团有限公司
钢铁材料环境腐蚀评价技术体系创新与工程应用	北京科技大学、武汉材料保护研究所有限公司、中关村材料试验技术联盟、青岛钢研纳克检测防护技术有限公司、首钢集团有限公司、鞍钢股份有限公司、南京钢铁股份有限公司

2022 年度鞍钢集团有限公司科学技术奖情况

一等奖 3 项	
Al/Ni 核壳金属燃料研制	鞍钢集团众元产业发展有限公司、鞍钢实业微细铝粉有限公司
大型原油船用钢耐腐蚀机制及关键应用技术研究	鞍钢集团钢铁研究院、中厚板事业部、炼钢总厂、质检计量中心
高品质汽车用热镀锌双相钢系列化产品研发及经济生产技术集成	本钢板材股份有限公司
二等奖 9 项	
鞍钢吉帕级汽车钢及部件服役性能、新能源车身轻量化关键技术集成与创新	鞍钢集团钢铁研究院、鞍钢神钢冷轧高强汽车钢板有限公司、鞍钢股份汽车钢营销（服务）中心、鞍钢股份冷轧厂
钢铁物流标准技术研发与应用	鞍山钢铁集团有限公司、鞍钢金属结构有限公司、中车齐齐哈尔车辆有限公司、大连中车铁龙集装化技术装备研发有限公司

续表

二等奖9项	
基于提钒—炼钢流程优化的转炉绿色洁净化工艺技术研究	攀钢集团攀枝花钢铁研究院有限公司、成都先进金属材料产业技术研究院股份有限公司、钢铁研究总院有限公司、攀钢集团攀枝花钢钒有限公司、攀钢集团西昌钢钒有限公司
大型深凹露天矿隐伏空区的精准探测及协同处理技术与应用	鞍钢集团矿业有限公司齐大山分公司
基于智能、绿色、低耗的超厚料层烧结关键技术开发	鞍钢集团钢铁研究院、鞍钢股份有限公司鲅鱼圈分公司炼铁部、鞍钢股份有限公司鲅鱼圈分公司制造管理部、辽宁科技大学
熔盐氯化副产废盐资源化工艺技术开发与应用示范	攀钢集团攀枝花钢铁研究院有限公司、攀钢集团矿业有限公司海绵钛分公司、攀枝花攀钢集团设计研究院有限公司、成都先进金属材料产业技术研究院股份有限公司
介稳诱导高浓度连续沉钒技术及应用	攀钢集团钒钛资源股份有限公司、攀钢集团研究院有限公司、攀钢集团攀枝花钢铁研究院有限公司、成都先进金属材料产业技术研究院股份有限公司
基于炼焦煤综合评价的配煤优化技术构建与应用	鞍钢集团钢铁研究院、鞍钢股份有限公司炼焦总厂、鞍钢集团北京研究院、鞍钢股份鲅鱼圈分公司炼焦部、鞍钢绿色资源科技有限公司
新型高耐蚀锌铝合金镀层工艺技术研究及应用	攀钢集团攀枝花钢钒有限公司、攀钢集团攀枝花钢铁研究院有限公司、成都先进金属材料产业技术研究院股份有限公司、攀钢集团研究院有限公司
三等奖18项	
鞍钢冷轧涂镀产品质量控制和表征用标准体系的研究与应用	鞍钢集团钢铁研究院、鞍钢股份有限公司冷轧厂、鞍钢股份有限公司质检计量中心、鞍钢股份有限公司制造管理部、鞍钢股份有限公司市场营销中心
精钢工业互联网平台的研发与应用	鞍钢集团自动化有限公司
齐大山铁矿粗粒分选降本增效关键技术与应用	鞍钢集团矿业有限公司齐大山分公司
精细配煤炼焦技术及焦炭质量预测模型开发与应用	攀钢集团攀枝花钢铁研究院有限公司、攀钢集团西昌钢钒有限公司、成都先进金属材料产业技术研究院股份有限公司、重庆大学
鞍钢连铸过程数值—物理耦合模拟技术开发及应用	鞍钢集团北京研究院有限公司、鞍钢集团钢铁研究院、上海大学、鞍钢集团朝阳钢铁有限公司炼钢厂
鞍钢高炉炉缸侵蚀状态高精度预判及三维可视化监控模型开发与应用	鞍钢集团钢铁研究院、鞍钢股份有限公司炼铁总厂
承受交变载荷高合金热强铸钢裂纹修复技术研究	攀钢集团工程技术有限公司
基于性能定制化的780兆帕级双相钢汽车板系列产品开发及应用	攀钢集团攀枝花钢铁研究院有限公司、攀钢集团西昌钢钒有限公司、成都先进金属材料产业技术研究院股份有限公司
不锈钢复合板全流程制备技术集成及应用	鞍钢股份有限公司、鞍钢建设集团有限公司
大型重载货运汽车整车轻量化关键技术研究与应用	攀钢集团攀枝花钢铁研究院有限公司、攀钢集团西昌钢钒有限公司、攀钢集团攀枝花钢钒有限公司
冶金企业智能化配电网	鞍钢集团工程技术有限公司、鞍钢股份有限公司鲅鱼圈钢铁分公司
吉帕级极薄规格超高强带钢热轧工艺技术研究	攀钢集团西昌钢钒有限公司、攀钢集团攀枝花钢铁研究院有限公司、成都先进金属材料产业技术研究院股份有限公司
高品质热流道系统用钢关键制造技术开发及应用	鞍钢集团钢铁研究院、鞍钢股份有限公司中厚板事业部
鞍钢新建180兆瓦CCPP项目	鞍钢集团工程技术有限公司
高边坡大型钒钛磁铁矿山采运排系统技术优化研究及产业化	攀钢集团矿业有限公司、长沙矿山研究院有限责任公司、攀枝花攀钢集团设计研究院有限公司
基于大数据分析的球磨机运行工艺优化及关键零部件的协同设计与制造	鞍钢集团矿业有限公司大孤山球团厂、北京科技大学

续表

三等奖18项	
一种新型高效充填崩落采矿方法的研究	鞍钢集团矿业弓长岭有限公司井采分公司
焦化废水零稀释零排放集成创新技术及应用	本溪北营钢铁（集团）股份有限公司、本钢集团有限公司技术中心、辽宁科技大学、无锡工源环境科技股份有限公司
一线工人奖1项	
热轧厂轧机轧辊轴承座稳定性提升的研究	本钢板材股份有限公司

（鞍钢集团有限公司科技发展部　鄂秋乐）

【专利和专有技术】 2022年，鞍钢集团获得专利申请受理2603件，其中，发明专利1693件，发明专利占比65%，PCT国际专利申请20件；获得专利授权1843件，其中，发明专利818件，发明专利占比44.3%；完成专有技术认定363项。截至2022年底累计拥有有效专利11277件，其中有效发明专利6196件，发明专利占比56.3%；有效海外专利143件；万名员工有效专利数834件。累计拥有有效专有技术2318件。在国务院国资委中央企业专利评价年度排名位列第19位。2022年新材指数（SteelRanking）发布全球钢企技术竞争力分级评价排名，鞍钢集团位列第5名，首次进入A+行列，专利技术能力排名位居榜首，鞍山钢铁、攀钢公司连续三年被评为中国最具专利创新力钢铁企业。利用IncoPat专利数据库开展日本制铁、中国宝武、韩国浦项等10家国内外钢铁企业专利预警分析和热成形汽车钢核心技术专利导航。

2022年鞍钢集团各子企业专利完成情况表

序号	子企业	申请受理量/件		授权量/件		拥有有效专利数量/件	
		总量	发明	总量	发明	总量	发明
1	鞍山钢铁集团有限公司	669	447	613	291	3810	2294
2	攀钢集团有限公司	1172	848	664	402	5002	3071
3	本钢集团有限公司	437	230	209	43	644	166
4	矿业有限公司	163	79	142	48	1301	450
5	工程技术发展有限公司	51	19	142	3	315	117
6	众元产业发展有限公司	32	13	34	7	129	51
7	北京研究院	68	57	27	17	57	40
8	鞍钢联众	11	6	12	7	19	7
合　计		2603	1693	1843	818	11277	6196

鞍山钢铁策划重点技术领域专利布局保护，形成9个专利集群；围绕“氢能炼铁工艺”等开展4项专利导航项目；评选年度优秀专有技术21项；“一种利用化工废弃物制备高强度炼铁用焦炭的方法”专利获第23届中国专利优秀奖。攀钢制定《攀钢“十四五”知识产权及科技成果工作的指导意见》；获得海外专利授权10件，累计拥有有效海外专利135件，搭建完成专利预警信息化平台，推送预警简报6期，开展专利导航项目6项。本钢获得专利申请受理437件，同比增长82.8%；获得专利授权209件，同比增长39.5%；首次认定备案专有技术65件，完成导航项目3项，各项指标大幅度提高；完成7件产品专利在“国家专利密集型产品备案认定试点平台”登记备案。众元产业水处理公司取得知识产权管理体系（GB/T 29490）贯标认证，并获评辽宁省知识产权优势企业；铝粉公司1件专利获辽宁省专利奖。北京研究院PCT专利申请6件。

（鞍钢集团有限公司科技发展部　胡筱旋）

· 国际标准化管理 ·

【国际标准情况】 2022年鞍钢集团主导新发布国际标准2项。一是由鞍山发蓝股份公司主导制定的ISO 24259：2022《包装用钢带》国际标准正式发布。该标准作为我国包装领域第一个ISO国际标准，填补了我国在该领域的空白，标志着我国在包装领域的国际标准化工作取得重大突破。二是由攀钢主导修订的ISO 5451：2022《钒铁　规格和交货条件》国际标准正式发布。该标准的发布标志着我国在铁合金领域影响力和话语权的增强，推动中国标准的海外应用。新立项及参与制（修）订国际标准4项，其中由鞍钢股份主导制定的ISO 11772《热轧纵向变厚度钢板》于2022年3月17日正式立项，通过该国际标准的制定，将进一步推动具有我国特色的产品进入国际市场，促进我国热轧纵向变厚度钢板产品向更高水平发展。攀钢主导制定的ISO 22055：2019《铁路道岔用钢轨》获2022年中国标准创新贡献奖。截至2022年底，鞍钢集团累计制（修）订发布国际标准18项，其中主导6项，参与12项。

【鞍钢集团科协成立】 2022年6月22日，鞍钢集团科学技术协会（以下简称“鞍钢集团科协”）第一次代表大会召开，标志着鞍钢集团科协正式成立。鞍钢集团科协是鞍钢集团党委领导下的科技工作者的群众组织，是鞍钢集团党政联系科技工作者的桥梁和纽带，是鞍钢集团科技进步的重要力量。该协会的成立对于鞍钢集团打造有温度、可信赖的科技工作者之家，进一步汇聚创新力量、激发创新活力、壮大创新队伍，加快打造原创技术策源地，勇当高水平科技自立自强国家队具有重大意义。中国科协党组书记、分管日常工作副主席、书记处第一书记、中国工程院院士张玉卓和国务院国资委党委委员、副主任谭作钧作视频讲话。中国工程院院士、大连理工大学校长、辽宁省科协主席郭东明出席会议并讲话。辽宁省科协党组书记、副主席张春英宣读关于同意成立鞍钢集团科协的批复文件。

（鞍钢集团有限公司科技发展部　张　倩）

第十一部分

安全、环保与节能

·安全管理·

【综述】 2022年，鞍钢集团认真贯彻习近平总书记关于安全生产的系列重要论述和国务院安全生产15条硬措施，坚定践行“两个至上”理念，严格落实谭成旭董事长“两个第一”要求，聚焦风险防控，创新管理，开发“云安智联”监管平台，创建安全专家工作机制；问题导向，强化安全履职落实，深入开展隐患排查；强化斗争精神，狠抓鞍本专业整合融合和关键时段、重点安全专项整治，细规划、强推进，严落实。

【践行“两个至上”，以上率下示范引领】 集团公司以习近平总书记关于安全生产的系列重要论述为指导，领导班子带头学习习近平总书记重要指示批示精神，观看《生命重于泰山》等电视专题片。积极参加国务院安委会、国务院国资委安全工作会议，坚定践行“两个至上”，严格落实党和国家安全生产方针政策和部署。集团公司主要领导亲自组织审定安全工作要点，对全年工作把关定向；始终将“安全第一、防疫第一”作为工作原则，为全公司安全防疫工作指明方向；9次组织开展安全专题学习、4次主持集团公司安全防火委员会会议，研究解决安全生产问题；谭成旭董事长、戴志浩总经理与领导班子成员30余次深入基层现场、关键要害部位、重大危险源区域开展安全调研、“四不两直”检查等，为子企业树立工作典范。在集团公司的坚强领导和示范引领下，7家子企业领导班子组织专题学习47次，三级单位组织学习1900余次，各子企业主要领导检查指导243次，“安全发展”理念在绝大部分单位已凝聚成为思想共识。

【系统谋篇布局，统筹安排规划引路】 新年伊始，集团安环部准确把握国务院安委会、国务院国资委工作部署的精神要义，严格落实公司主要领导指示要求，紧盯安全履职率低、隐患排查整治效果差等薄弱环节，广泛调研、系统谋划，以隐患排查整治为主线、以安全专家团队为支撑、以“云安智联”监管平台为抓手、以安全激励机制为促进，制定下发年度工作要点，将全年工作细化分解为“强化四个意识，树牢安全发展理念；组建内部专家团队，推进工作精准落实”等6个方面、“推进安全信息系统升级，打造动态有效监管平台”等18项重点工作、“子企业领导每季度上一次安全讲台”等54项具体任务，实施清单式管理，按照既定时间和节点推进工作开展，在集团公司各部门的大力支持下，54项任务已全部按计划完成。

【强化激励约束，精准奖励严格考核】 一是将子企业工亡、相关方死亡和千人负伤率三项安全指标全部纳入7家子企业契约化经营考核体系，将子企业领导班子的收入与安全绩效挂钩，进一步压实子企业领导安全责任。二是严格贯彻落实“有为重奖，及时奖励”要求，构建集团公司“年度签状、季度兑现、即时奖励”机制，与7家子企业签订年度安全生产目标责任状，按季度兑现，实现及时激励，有效激发了广大干部职工安全生产积极性。三是与纪委、党政督查办高效协同，对8起事故的调查报告进行联合审核，提出审核整改意见24条，问责各级管理人员57人（党纪处分5人、行政处理52人），考核罚款150余万元，严格落实“四不放过”原则，坚决摒弃形式主义、官僚主义。

【坚持问题导向，创新管理补齐短板】 针对基层单位隐患排查能力差、整改效率低的问题，创新隐患排查机制。一是首次打破年龄、身份界限，从在职和退休的专业技术人员中，遴选专家50余人，在央企率先建立一支安全专家团队，指导隐患排查工作开展。二是编制重大隐患排查指导细则，对“钢8条”“粉6条”等标准开展全面解读培训，全力破解基层管理人员隐患“不会查”“不会改”的管理瓶颈。三是遵循“减存量、控增量、动态清零”总原则，全面开展隐患排查整改，组织各子企业年初开展一次全员、全维度隐患排查，摸清底数，作为存量隐患；将每月动态检查发现的隐患作为增量隐患，通过增量隐患与存量隐患之间的比率衡量子企业隐患排查工作质量，督促子企业减存量、控增量，努力向动态清零目标迈进。在安全专家团队和监管平台的交互推动下，指导基层单位及时排查治理事故隐患，不断提升风险防范能力。四是锚定重大隐患整治，组织专家团队对126家重点单位开展两轮9批次评价诊断，发现重大、较大隐患437项，全部采取有效管控防范措施。

【发扬斗争精神，攻坚克难务求实效】 针对本钢安全基础管理薄弱的实际情况，安环部以“四入手、四统一”为抓手，强力推动鞍本专业融合，组织专家团队先后7次到本钢及其基层单位进行调研、指导和交流，对本钢60余家（次）单位开展现场评价、检查服务，从制度植入、培训交流、管理诊断、现场评价入手，着力推进管理、思想、作风、标准上的快速融合。组织本钢修订制度33项，完善相关条款893条，新增制度9项，培训各级管理人员290余人；对15家主要生产单位开展安全管理服务诊断，提出整改意见和建议9类80项；对北营公司进行现场评价，发现金属冶炼、消防、电气和煤气等5个方面事故隐患243项，其中重大隐患35项，全面落实整改。2022年，本钢实现重伤及以上事故为零，发生轻伤事故4起，较上年减少84.6%，创本钢历史最好水平。

【压实安全责任，强化监管正确履责】 针对管理人员安全履职落实跟踪难、监管考核难的痛点，安环部自主开发“云安智联”监管平台，集成了安全履职、隐患排查、重大风险监管等8个方面管理，构建安全监管一张网。一是运用大数据将各级管理人员安全职责转化成具体工作指标，形成安全履职清单，让各级管理者清楚自己该干什么，实现管理可视化。二是依托“云安智联”平台，让监管人员可以超越时间和空间的限制，实时、穿透式监管子企业安全管理状态和管理者安全履职情况，实现监管高效化。三是依据特定算法，综合评价子企业安全管理8个模块、16项指标完成情况，自动生成评价报告，实现预警自动化。“云安智联”平台为强化安全监管、压实安全责任和推进隐患排查整改高质量开展提供有效支撑。

【聚焦关键时段，营造安全稳定环境】 2022年，我们国家大事喜事多，先后举办冬奥会、冬残奥会，召开全国两会和党的二十大，安全工作压力巨大。特别是进入9月，集团公司紧密围绕防风险、保安全、迎党的二十大这条工作主线，6次组织召开专题会议，统筹研判，牢牢抓住关键领域、重点行业和重大风险点，制定下发“十要”“九项排查”“六个防范”“三个非必要”和事故“日零报告”工作部署。对鞍山钢铁、攀钢、本钢和鞍钢矿业的重大危险源、皮带、火炸药、铁路道口、消防重点单位、审计发现问题整改情况，以及“十一”、党的二十大期间重点工程施工情况组织专项监督检查，检查危险化学品重大危险源、重大风险204处；检查地面站、火工品库房47个；检查铁路道口852处，增设、更换铁路道口警示标牌358块；检查通勤车辆718台，涉及通勤员工4万余人；发现并完成整改各类隐患3220项，实现了包括党的二十大在内的关键重点时段事故为零。

【锚定重大风险，自动化换人机械化减人】 一是大力推动机械化减人、自动化换人项目实施，组织7家子企业投资3.4亿元，完成改造项目33项，替换、减少高风险岗位作业人员212人。二是加强重大风险动态监控，集团公司9座尾矿库全部完成在线监测系统升级，建立分析预警模型，并与短消息平台结合，确保发生异常时能够及时预警。12个采场建立边坡安全监测系统，全天候监测采场变形区和高陡边坡区安全状况，动态掌握边坡滑坡体运动态势。三是减少重大危险源区域人员。结合智慧鞍钢建设，集团公司有39处重大危险源通过远程集控的方式，将值守人员从危险区域撤出，实现重大危险源危害半径内日常运行无人化，降低员工在高风险环境暴露概率和暴露时间，提高现场本质化安全水平。

【严格贯彻党中央、国务院决策部署，开展安全专项整治】 一是吸取马钢、包钢和上海外高桥除尘器倒塌、火灾事故教训，开展环保设施专项整治，检查环保设备设施2114套，整改事故隐患682项。二是吸取长沙自建房事故教训，开展自建房安全专项整治，排查房屋、厂房32645栋（处），整改事故隐患972项。三是开展安全生产“百日清零行动”，组织“钢8条”“粉6条”培训两场，培训各级管理者182人次；整改事故隐患3622项。四是开展安全教育培训“走过场”专项整治，组织安全专家对7家子企业、129家基层单位进行监督抽查，发现整改各类问题440项，督导子企业进一步完善安全培训管理。五是贯彻落实国务院国资委部署，开展矿山领域安全专项整治督导检查；组织、指导矿山企业通过基层单位自查、子企业督查、专家核查的方式，分专业、分工序开展专项整治，共排查整改事故隐患527项。与中国宝武开展交叉互检，遴选安全专家16名，组成2个检查组，对宝武资源板块4家矿山企业进行安全督查，发现各类问题87项，圆满完成国务院国资委交办工作任务。六是开展“安全生产月”活动，组织《安全生产法》宣贯，线上培训各级管理人员530余人；在厂区内张贴、悬挂安全标语、横幅、漫画、电子屏、宣传版等8300余幅；举办员工安全技能培训4080余场，发放事故案例汇编46000余册，组织应急演练2650余次，有效提升广大职工“我要安全、我会安全、我能安全”意识和能力。

【深刻吸取“12·01”事故教训，全面开展安全大检查】 “12·01”事故发生后，鞍钢集团主要领导第一时间赶赴事故现场指挥救援，并成立了以主要领导为组长的救援指挥领导小组，全力做好事故救援保障。组织召开全公司安全生产紧急会议，深刻吸取事故教训，全面开展安全大检查。主要领导亲自带队到鞍钢股份炼铁总厂、本钢板材炼铁厂、北营炼铁厂、鞍钢矿业东鞍山烧结厂、众元产业资源再生分公司等单位现场督导检查。各子企业迅速开展环保设备设施自检自查，检查环保设备设施2100余台（套），发现隐患344项，全部落实整改措施。集团公司安环部召集脱硫塔设计单位、产权单位和运维单位共同研讨当前炼铁总厂脱硫塔积灰问题原因症结，探究解决办法；组织专家对鞍山钢铁、鞍钢矿业脱硫脱硝设备进行专业服务检查，帮助基层单位排查整改事故隐患，多管齐下，合力扭转安全生产被动局面。

【精准施策，以快制快科学防疫】 面对年初以来疫情的反复延宕和多区域、多基地遭受多轮冲击的严峻形势。一是深入剖析鲅鱼圈抗疫实践，创新“最小网格化”疫情防控管理方法，广泛推广并取得良好成效。二是每日连线疫区子企业，结合各区域疫情态势提出23个方面45条措施，实现差异化场景下靶向施策，指导协助6基地赢得11轮、12万余人次住厂保产行动胜利。三是紧盯跨城际物流、公寓、供应链等重点单位、重点环节，开展风险人员返岗排查36000余人次，有效管控住疫情传播风险。四是组织各层级防疫检查400余次，考核处理500余人次，罚款70余万元，及时堵塞管理漏洞。五是召开疫情防控会议30余次，下发指导性文件、会议纪要20余份，疫情防控动态40余期，层层压实防疫责任。六是针对集团总部人员流动轨迹复杂的情况，团结各部门分工协作，各司其职，共筑坚实疫情防线，实现集团总部零感染。

【坚持底线思维，突出重点超前防范】 全面落实国务院国资委《关于进一步做好近期防汛减灾工作的紧急通知》部署，立足于防大汛、抗大洪、抢大险、救大灾，抢先抓早制定工作安排。一是开展汛前预防检查。督导全公司9座尾矿库按时完成汛前调洪验算，指导鞍钢矿业公司5座排土场和鞍山钢铁玉石水库建立在线位移监测系统，开展防汛演练190余场，检测防雷点位8608个，排查整改各类隐患619项，确保重要设施运行指标满足防汛安全要求。二是开展汛中督导检查。集团防汛办及安全专家团队深入15家露天铁矿、2家井下矿、13处排土场和厂区防洪泵站等重点关键部位，开展多轮多频次汛中检查，现场指导基层单位防汛工作开展，督办鞍钢矿业公司西果园尾矿库按一等库重新整库，为全公司经受住10余次暴雨洗礼奠定坚实基础。三是开展汛后评价。系统分析今年防汛工作中存在的问题和不足，组织开发“云安智联”汛情预警模块，与全国气象信息网对接，构建了集团公司督导、二级公司监察、三级单位监管的三级防汛管理体系，大幅提升防汛信息化水平。

（鞍钢集团有限公司安全环保部 安 亮）

·环保与节能减排·

【综述】 2022年，鞍钢集团以习近平新时代中国特色社会主义思想为指导，深入践行习近平生态文明思想，全面贯彻落实党的十九大、十九届历次全会和党的二十大精神，按照党中央、国务院决策部署，以绿色作为高质量发展的鲜明“底色”，协同推进降碳、减污、扩绿、增长。鞍钢集团围绕能耗双控和碳排放双控管理、超低排放改造、矿山生态修复、科技创新等重点工作，凝心聚力、多措并举，持续开创生态文明建设新局面。

【主要节能减排指标完成情况】 2022年，鞍钢集团实现重大环境污染事件为零的目标，同时主要节能减排指标水平持续提升，吨钢综合能耗同比降低1.49%；吨钢耗新水同比降低5.35%；万元产值综合能耗（可比价，2020年基期）累计同比降低1.82%；二氧化硫、氮氧化物、烟（粉）尘排放量分别同比降低14.36%、9.55%、12%；化学需氧量、氨氮排放量分别同比降低29.70%、14.12%，实现历史最好水平。

【获得的主要荣誉】 鞍钢集团“基于低碱高硅球团的低碳排放高炉炉料解决方案及其应用”获世界钢铁协会第13届“Steelie”低碳生产卓越成就奖；鞍钢集团本钢板材“汽车用热轧高强度钢”获评工信部发布的2022年度“国家绿色设计产品”；鞍钢集团西昌钢钒被中国钢铁工业协会授予“2022年度中国钢铁工业清洁生产环境友好企业”荣誉称号；鞍钢矿业齐大山公司获得2022年度辽宁省“绿色工厂”荣誉称号；鞍山钢铁鲅鱼圈分公司、本钢板材、本钢北营钢铁和西昌钢钒4家单位被中国钢铁工业协会授予“双碳最佳实践能效标杆示范厂”荣誉称号；在2022年度中国钢铁工业协会举办的“全国重点大型耗能钢铁生产设备节能降耗对标竞赛”中，鞍钢股份炼铁总厂3号3200立方米高炉、炼钢总厂D号180吨转炉分别获得“优胜炉”称号；鞍钢股份鲅鱼圈分公司N号260吨转炉、本钢板材5号2600立方米高炉、本钢北营2号2850立方米高炉、西昌钢钒一烧360平方米烧结机、攀钢钒二烧360平方米烧结机分别获得“创先炉”称号；鞍钢废钢资源（鞍山）有限公司入围中国企业联合会、中国企业家协会联合发布的“2022企业绿色低碳发展优秀实践案例”；攀钢新白马矿业有限公司、攀枝花东方钛业有限公司获得“省级节水型企业和省级节水型工业园区”荣誉称号。

【节能减排重点工作】 1. 提高政治站位，贯彻落实习近平生态文明思想。鞍钢集团深入学习贯彻习近平总书记重要讲话精神及党中央、国务院决策部署，推进生态环境保护工作向纵深开展。一是高度重视，提高认识。在鞍钢集团党委常委会上学习解读国务院《“十四五”生态环境保护规划》，提升“红线”意识和系统思维，助力鞍钢生态环境建设再上新台阶。二是认真学习，内化于心。认真学习习近平总书记关于生态文明建设、推动绿色发展的重要讲话和重要指示批示精神，全面提升生态文明建设政治自觉、行动自觉。三是贯彻落实，外化于行。鞍钢集团坚持把学习贯彻习近平总书记关于生态文明建设方面的重要指示批示精神作为一项重要政治任务，在集团公司党委常委会“第一议题”上传达学习和专题研讨，并形成工作台账，明措施、定节点、抓落实，将学习成果切实转化到实际工作当中，出实招、见实效。

2. 强化顶层设计，以上率下统筹规划部署。鞍钢集团坚定不移贯彻落实国家战略部署，强化顶层设计，系统谋划，统筹推进节能、环保、“双碳”相关工作。一是规划引领。在中央企业中率先编制完成《鞍钢集团有限公司碳达峰行动方案》，成为首家上报国务院国资委社会责任局的中央企业，得到了国务院国资委社会责任局和行业内专家的高度认可。以“不冒进、不抢跑、先立后破、系统谋划”为总原则，确定了“双碳”工作的具体目标、时间节点、主要举措和重点实施项目，积极稳妥推进碳达峰碳中和工作。二是统筹部署。下发《鞍钢集团有限公司2022年环保节能双碳工作要点》，提出了2022年对子企业的考核指标及目标值，统筹部署全年工作，明确重点工作方向、主要举措和保障措施，要求各子企业做好工作承接与安排部署，形成工作清单，认真抓好落实，全力推进。三是强化考评。将节约能源与生态环境保护指标纳入子企业负责人经营业绩考核指标评价体系和集团公司年度专项考核细则，通过考评手段推动各级领导、工作人员履职担当。

3. 突出项目引领，有效提升“双控”能力。鞍钢集团通过先进技术推广和节能项目推进，有效提升能耗和碳排放“双控”能力。一是推广先进技术应用。制定发布《鞍钢集团先进节能减碳技术清单（2022年版）》，为子企业新建和改建项目中应用先进节能减碳技术提供指导，提高能源资源利用效率。二是实施高效发电项目。本钢180兆瓦CCPP和攀钢钒100兆瓦（一期）余热余能发电项目分别于3月和9月建成投运，两个项目可实现每年增加发电量9.8亿千瓦时，预计减碳76万吨。三是实施能源集控项目。大力推动能源集控项目的实施，鞍山钢铁鞍山区域能源集控中心项目建成投运，实现了能源系统实时数据分析、用量预警、预测调配，有效提升了能源利用效率和人力资源效率，可降低吨钢综合能耗3.9%，减排二氧化碳5.2%，提升人力资源效率25%。四是开发清洁能源项目。充分利用矿山排土场、尾矿库等土地空间资源推动光伏发电项目，完成鞍钢矿业黑牛庄54兆瓦光伏供齐选项目的建设。成立绿电产业专班，下发了绿电发展指引，推动集团内部绿电资源开发，同步探索集团外部权益绿电资源储备。布局储能产业，形成2000立方米/年全钒液流电池电解液生产能力。鲅鱼圈焦炉煤气制 LNG（液化天然气）联产氢气项目开工建设，预计年产 LNG（液化天然气）12.5 万吨、氢气 2400 万立方米。

4. 聚焦超低排放，推进污染防治向纵深发展。鞍钢集团以区域环境气净天蓝为目标，坚持精准治污、科学治污、依法治污，切实推进污染防治向纵深发展。一是加快实施超低排放改造。发扬斗争精神，加快推动各基地按要求、按计划完成超低排放改造。截至 2022 年底，累计放行改造资金 199 亿元，完成改造项目 320 项，正在实施项目 140 项，二氧化硫、氮氧化物排放量同比均下降 10%左右，西昌钢钒示范基地率先完成超低排放改造并向中钢协提报公示申请。二是推进废水减量。坚定主厂区生产废水近“零”排放目标，组织鞍山钢铁、本钢、攀钢等钢铁基地制定废水减量化实施方案，通过源头控制、分类治理、末端回用等综合举措实现主厂区非汛期废水零排放。三是推进资源节约集约。以减量化、资源化和再利用为原则，提高铁素资源和大宗固体废弃物利用效率，开展废油泥、废活性炭、废催化剂、废油桶等危废内部处置研究，危废合规处置率达到 100%。四是防范化解重大风险。系统梳理，建立环保风险台账，逐级落实管控措施，组建专家团队全面开展环保帮扶，制定问题清单和整改计划，推动子企业通过立行立改、限期整改和超低排放协同改造相结合落实整改，及时找差距、补短板。

5. 推进科技创新，提升绿色低碳发展能力。鞍钢集团通过开展前沿低碳冶金技术研究、绿色低碳基础研究、绿色低碳产品研发，提升绿色低碳发展能力。一是积极布局氢冶金前沿技术。2022 年 9 月，全球首套具有完全自主知识产权的绿氢零碳流化床高效炼铁新技术示范项目在鞍钢股份鲅鱼圈分公司开工建设，该装置设计年产能 1 万吨直接还原铁，标志着鞍钢绿色低碳转型发展迈上新台阶。二是开展钢铁产品全生命周期评价研究。为提升客户黏性，满足日益增多的下游客户对 LCA 的需求，同时为摸清产品碳足迹，优化工序碳排放，提升产品绿色竞争力，对汽车钢和核电用钢等钢铁产品全生命周期评价方法体系进行研究，开展产品全生命周期评价，鞍山钢铁完成超低碳钢、烘烤硬化钢、低合金钢、双相钢四类典型汽车钢产品“从摇篮到大门”的生命周期碳足迹评价。三是研发绿色低碳产品。积极研发高强度、高耐蚀、高效能绿色低碳产品，推进新一代耐蚀钢替代高污染镀锌铁塔钢研发，开发绿色、节约型桥梁用钢产品，实现免涂装高性能耐候桥梁钢规模化应用，助力全产业链绿色低碳转型。

6. 推动矿山复垦，开创矿山生态修复新局面。鞍钢集团牢固树立绿水青山就是金山银山理念，按照“边开采、边治理、能绿尽绿”的原则，持续推动矿山复垦，稳步提升生态碳汇能力。根据《鞍钢集团有限公司 2022 年环保节能双碳工作要点》工作要求，组织鞍钢矿业、本钢、攀钢 3 家子企业制定年度矿山绿化复垦工作计划，推进 3 家子企业放行矿山绿化复垦面积 630 余公顷，放行复垦资金 1.7 亿余元，完成矿山绿化复垦面积 430 余公顷，包括攀钢实施完成马家田尾矿库、白马 I 号排土场、巴关河渣场等生态修复 191 公顷，本钢矿业生态复垦工程 211 公顷和员工春植、秋植 30 公顷，同时积极推进鞍钢矿业完成 208 公顷生态修复主体工程。截至 2022 年底，鞍钢集团累计完成矿山复垦面积 3800 余公顷，复垦率达到 91.6%，矿山生态修复“三年行动规划”顺利收官，矿山生态环境得到极大改善。

7. 强化宣传引领，擦亮绿色鞍钢品牌形象。鞍钢集团通过典型案例宣传、重大活动宣讲、行业示范引领等途径向外界展现绿色低碳发展成果，擦亮绿色鞍钢品牌形象。一是典型案例宣传。以节能宣传周、六五环境日为契机，结合生产实际，分别围绕“绿色低碳，节能先行”和“落实‘双碳’行动，共建美丽家园”主题，组织开展 2022 年全国节能宣传周和全国低碳日活动，并录制典型案例视频，在中央广播电视总台央视网、国务院国资委视频号“国资小新”等新闻媒体播出，拍摄的生态文明建设成就图片被辽宁省政府录用，在六五环境日国家主场活动现场展示，充分展示了鞍钢集团的绿色低碳发展成就。二是重大活动宣讲。积极参与国家、行业重要节能低碳活动和会议，分别受邀在六五环境日国家主场活动共建清洁美丽世界辽宁论坛、2022 年钢铁工业绿色低碳发展论坛、钢铁行业能效标杆三年行动方案现场启动会等重大活动上做典型发言，彰显了鞍钢集团在绿色低碳领域的综合实力。三是行业示范引领。2022 年 12 月 9 日，在钢铁行业能效标杆三年行动方案现场启动会上，鞍钢股份鲅鱼圈分公司、本钢板材、本钢北营和西昌钢钒 4 家单位被授予“双碳最佳实践能效标杆示范厂”称号，全国仅有 21 家企业申报成功，充分发挥鞍钢集团的示范引领作用，助力钢铁行业绿色低碳转型。四是媒体宣传推介。2022 年 11 月，《鞍钢：践行生态文明思想 打造绿色矿山典范》在国务院国资委社会责任局社会责任环保低碳专刊第二期刊发，供中央企业内部宣传学习；《让绿色成为高质量发展新鞍钢的鲜亮底色——党的十八大以来鞍钢集团全力推进生态文明建设工作综述》《绘就生态新画卷 谱写绿色新篇章——鞍钢集团全力推进绿色低碳发展工作综述》在《鞍钢日报》和“摇篮鞍钢”刊发，充分展示鞍钢集团在党中央坚强领导下生态文明建设取得的重大成就。

（鞍钢集团有限公司安全环保部　曲余玲）

第十二部分

法律事务

· 法治工作 ·

【加强法治工作总体部署】 落实《关于进一步深化法治鞍钢建设的实施方案》，制定《鞍钢集团2022年法治工作要点》，按照国务院国资委“健全五个体系、提升五种能力”的整体部署，紧紧围绕鞍钢集团“十四五”战略规划和国企改革三年行动重点任务，围绕构建纵向以法务管理、风控管理、合规管理为支柱，横向以信息化建设为链条的“三纵一横”法治鞍钢建设工作体系，形成《2022年法治鞍钢建设重点工作清单》，明确了7个方面、12项具体事项及38项工作标的，落实责任人及时间节点。

（鞍钢集团有限公司法律合规部　刘　明）

【强化重大项目法律保障】 深度参与包括鞍钢矿业公司和鞍山钢铁能源业务、鞍山钢铁与本钢技术中心、财务共享中心等多项专业化整合，全力做好216项目法律保障，全程跟踪指导203项目依法合规操作，做好项目方案论证、操作路径分析、重大疑难问题专项论证，出具法律分析意见，为依法合规推进重大项目提供有力法律支撑。

（鞍钢集团有限公司法律合规部　张政乐）

【推进厂办大集体非存续企业后续处置】 与鞍山市中级人民法院工作专班无缝高效对接，按照“试点先行、分类处置、分批处理”原则，加快推进鞍钢厂办大集体关闭企业处置工作。在完成8户试点关闭集体企业破产清算工作基础上，召开工作启动会，全面启动厂办大集体关闭企业集中处置工作。

（鞍钢集团有限公司法律合规部　王　娟）

【持续深化三项法律合规审核】 在集团总部和各子企业层面实现规章制度、经济合同、重要决策三项合法合规审核率100%的基础上，推动合法合规审核向重要单位企业和其他各级经营实体延伸，严把合法合规审核关口，不断提升审核质量，有效防范法律风险。2022年，集团层面累计法律审核规章制度、经济合同、重要决策300余项。

（鞍钢集团有限公司法律合规部　王晓婷）

【加强法律案件管理】 完善“统一管理、分类指导、分级负责”的案件管理机制，以“查问题、夯基础、强督导、提能力、树典型”为抓手，摸清案件管理现存问题，规范案件管理流程，指导处置重大案件，建立典型案例库，分享法律知识与应对经验，推动企业堵塞管理漏洞，提升管理能力和水平。2022年，通过诉讼全集团避免、挽回损失6.1亿元。

（鞍钢集团有限公司法律合规部　潘冠弛）

【推进法律合规管理信息化系统建设】 通过与国家电网等先进企业对标学习，创新系统设计思路。围绕合同全生命周期管理，将合同文本、风险提示、履约计划等嵌入系统，做到文本统一审核、风险主动推送、采纳自动统计、记录全面留痕。对接“企信保”等外部数据库，利用智能化建模，实现风险在线识别、即时预警、主动截停。目前，集团总部合同模块、案件模块已经上线运行，子企业合同、案件模块上线试运行。

（鞍钢集团有限公司法律合规部
迟　森　汪　洋）

· 合规管理 ·

【坚持核心功能，着力加强合规体系建设】 一是全面推进“强化年”各项工作，印发《鞍钢集团合规管理强化年工作方案》，深入开展合规管理“三项行动”，推动合规体系逐级延伸，体系建设向全层级覆盖。二是不断增强重点问题清查治理能力。制定印发《关于开展经营业务合规管理问题专项治理工作的通知》，科学编制合规管理“三张清单”，开展经营业务违法违规问题专项治理、经营业务合规、企业名称字号、民企挂靠国资、打击假冒国企及境外合规等五项专项排查。三是系统组织逐级推进合规管理评价。围绕合规管理组织体系、制度体系、运行体系、保障体系四个方面，立足建设指标、运行指标、结果指标三个维度，明确71项评价指标，构建具有鞍钢特色的合规管理评价指标体系。四是优化完善境外企业合规管理体系。制定《鞍钢集团境外经营合规管理办法》，加强境外企业和境外业务的合规管理，系统规范集团、子企业在境外贸易、境外投资、境外工程建设及其他境外经营活动的合规要求。

（鞍钢集团有限公司法律合规部　王振东）

· 风险内控 ·

【开展年度重大风险辨识评估】 围绕“十四五”规划，结合 2022 年鞍钢生产经营和改革发展实际，组织各级企业广泛、持续收集与本企业相关的内外部风险信息，开展重大风险辨识评估。针对涉及重大风险的具体项目、具体事件及风险监控指标，系统梳理风险辨识要素，筛选查找关键问题，辨识评估出战略风险、安全与节能环保风险、财务及资金风险、改革与稳定风险、国际化经营风险、法律合规风险、网络与信息安全风险等 7 项重大风险，细化 23 项防控要点，落实风险防控主责部门。

【有效运行风险季度监测机制】 组织集团各部门、子企业密切跟踪年初评估的重大风险变化情况，及时发现和应对重大风险隐患和风险事件，每季度形成《季度风险监测报告》，集团和二级子企业已实现季度重大风险监测全覆盖，重大风险可控在控。

【健全完善重大风险信息报送机制】 结合国务院国资委最新要求，修订完善集团《重大经营风险事件报告工作规则》，建立运行重大经营风险事件报告工作机制。及时排查报告鞍钢建设在手恒大票据逾期兑付风险事件有关情况，通过组织鞍钢建设发起诉讼、合同变更等方式，及时应对恒大票据兑付风险，尽最大努力挽回损失。

【强化“2+N”内控检查整改】 法律合规部会同审计部成立联合检查组，聘请具有国资央企工作经验的第三方专业机构，聚焦国务院国资委抽查评价问题“回头看”，以及选取国务院国资委未抽查的 8 家子企业进行“补课”，采用“资料审查”加“进场检查”的模式，历时 3 个月，系统开展了新一轮子企业内控体系有效性检查工作，主动服务、问诊把脉。检查揭示问题 180 项，国务院国资委抽查评价问题整改完成率 92%，对于尚未完成整改项，全面制定整改措施，明确整改时限。

（鞍钢集团有限公司法律合规部
朱　赫　李玉东）

第十三部分

综合管理

·董事会工作·

【综述】 2022年，鞍钢董事会坚持以习近平新时代中国特色社会主义思想为指引，深入贯彻落实党的十九大、十九届历次全会和党的二十大精神，进一步完善中国特色现代企业制度，健全完善多元公司治理机制，推动高质量发展新鞍钢建设取得显著成效。一是首次实现“双A”目标，鞍钢在中央企业负责人经营业绩考核中首次获评“A”，鞍钢党委在中央企业党建工作责任制考核评价中再次获评“A”；二是鞍本整合融合实现“1+1>2”，是国企改革三年行动标志性案例；三是“铁资源开发计划”重要项目、国内最大单体地下铁矿山西鞍山铁矿开工建设；四是矿业引战工作顺利完成。

【突出贯彻落实，推进制度优势转化为治理效能】 一是全面贯彻落实党的二十大精神，推动加快建设世界一流企业。2022年，董事会将深入学习贯彻党的二十大精神落实到董事会具体工作中，通过召开由股东代表、董事和领导班子成员共同参加的务虚研讨会，认真学习党的二十大报告关于深化国资国企改革，完善中国特色现代企业制度，加快建设世界一流企业等重要论述，围绕鞍钢加快建设世界一流企业深入研讨，为打造高质量发展新鞍钢奠定了坚实的基础。

二是全面贯彻落实多元化改革要求，推动股东会规范有效运作。落实《关于股权多元化中央企业股东会工作规则》，制定《鞍钢集团股东会议事规则》，经2022年度定期股东会批准。全年共召开股东会2次，审议议题7项。加强向国务院国资委汇报沟通，鞍钢股东会、董事会建设等做法在国务院国资委座谈会上交流经验，在《国企改革动态》刊发公司治理经验材料2篇。深化与股东合作，在国务院国资委推动下，联合五矿、中钢完成了海南冶矿联参股股权委托中国诚通管理，解决困扰多年的参股股权处置难问题。

三是全面贯彻落实科技是第一生产力要求，推动发挥科技创新国家队作用。董事会积极推动履行高水平科技自立自强使命担当，关键核心技术攻关一期任务按期高质量完成，全年研发经费投入强度达到3.88%。一批关键技术和产品取得新突破，全球首套绿氢零碳流化床高效炼铁新技术示范项目在鲅鱼圈分公司开工建设；“基于低碱高硅球团的低碳排放高炉炉料解决方案及其应用”获世界钢铁协会第13届“Steelie”低碳生产卓越成就奖，鞍钢成为唯一获奖中国企业。

四是全面贯彻落实国家资源保障战略，推动矿业发展再上台阶。董事会积极推动发挥矿产资源优势，审议批准成立鞍钢资源有限公司，积极发挥资本推动作用，引进67.1亿元权益资金，为进一步提升资产证券化率奠定了坚实基础。全年铁精矿产量同比增长5.55%，全年产量再创历史最好水平，持续保持国内第一、世界第五。矿业板块全年实现利润77.5亿元，效益贡献度达82.1%。西鞍山铁矿项目开工建设，建成后将成为年产铁精矿千万吨级技术领先、绿色、智能、无废、无扰动的世界一流地下铁矿山。

五是全面贯彻落实三年行动工作部署，推动改革效能不断释放。完成子企业董事会应建尽建、外部董事占多数“两个100%”，重要子企业差异化落实董事会“六项职权”等，公司治理体系更加完善。“一企一策”推进亏损企业治理，集团亏损企业户数同比减少32户、降幅54.2%。鞍钢改革工作获评2021年度中央企业改革三年行动重点任务考核A级，在央企排名第九；获评2021年度中央企业三项制度改革考核A级，在央企排名第十。

六是全面贯彻落实绿色低碳转型，推动生态环保取得明显成效。董事会认真履行监督职能，积极推动加快推进重点节能项目实施，鞍山钢铁本部能源集控中心、本钢板材180兆瓦CCPP和攀钢钒100兆瓦（一期）余热余能发电机组建成投运，二次能源发电比例达到56%，同比提高5个百分点。全面推进超低排放改造，累计放行资金213亿元，完成改造项目320项，西昌钢钒率先完成全流程超低排放改造。

七是全面贯彻落实对标世界一流，推动企业基础管理优化提升。董事会积极推动强化对标世界一流工作，103项对标一流管理提升指标全面完成，完成国务院国资委目标任务。建立完善“4+1”全面预算管理模式，全面预算管理信息系统主体功能上线运行。稳步推进定额管理体系建设，深挖产业链各环节降本潜力，为实现全年经营目标奠定了坚实基础。

【突出功能定位，董事会决策主体作用有效发挥】 一是充分发挥定战略作用，确保企业战略稳定性、前瞻性和执行力。始终保持战略定力。高质量编制《鞍钢集团2022—2024年发展战略和规划》。将原三大事业调整为钢、矿“双核+第三极”产业结构，钒钛为“第三极”排头兵；调整产量、营业收入和利润总额，保证指标先进性；根据战略目标的重要性和高质量发展要求，将战略目标“7531”中“1”明确为“百亿级利润”。围绕大局谋划发展。推动制定建设世界一流企业实施方案，加快推进并取得了阶段性成效。打造世界一流的科技创新能力，按期高质量完成6项关键核心技术攻关任务，在海洋装备、核电、航空、高端粉末等领域的先进高端材料攻关取得重大突破；打造世界一流的核心竞争力，聚焦主责主业深入推进战略性重组，形成“南有宝武、北有鞍钢”的钢铁产业新格局，不断增强矿产资源保障能力，打造钒钛资源综合利用原创技术策源地、钛金属现代产业链链长；打造世界一流的治理能力，深化授权体系建设，集团审批事项减少24.4%，逐级打造活力迸发的市场主体；打造世界一流的影响力，建立了差异化品牌战略，完善了品牌架构体系，鞍钢品牌的知名度、美誉度不断提升。着力推进战略落地。推动鞍本整合融合取得显著成效，一年任务全面完成，既定三年627项工作标的已完成590项，完成率达到94.1%，实现协同创效26.17亿元，开创了我国特大型国有钢铁企业重组改革的新模式。刘鹤副总理、王勇国务委员作出批示，充分肯定鞍本整合融合成效。

二是充分发挥作决策作用，确保实现科学决策、民主决策和依法决策。决策制度有效健全。编发《鞍钢集团公司治理制度汇编》，组织修订《鞍钢集团治理主体（董事会授权）决策事项清单》，进一步厘清了股东会、党委会、董事会、经理层等治理主体权责边界，确保了公司治理决策链条的有序衔接。决策质量显著提升。各位董事围绕西鞍山铁矿采选联合项目深入研究，提前听取项目方案汇报，认真审核可研报告等决策支撑要件，提出完善意见，确保了项目规范高效通过董事会审议批准。西鞍山铁矿采选联合项目环评、采矿权、用地、核准、能评和安评等主要要件办理仅用12个月，比正常流程时间缩短29个月。决策事项有效落实。健全决定事项落实机制，全年共下发落实董事会决定事项通知4期，落实决定事项33项；落实建立创新激励长效机制建议，对研发、工程技术等关键人才实施中长期激励，已对340人次累计奖励5125万元；落实市场化改革建议，对本钢所属北营公司实施“授权+同利”，激发了各级管理人员和广大职工活力动力，经营效益取得历史性突破，2022年一举结束了连续10多年的亏损历史；落实稳增长建议，及时制定10项工作措施，加大成本压降力度，从10月开始扭转了三季度亏损的不利局面，连续实现单月盈利。

三是充分发挥防风险作用，确保实现依法经营、合规管理和风险可控。深入贯彻国务院国资委关于法治央企建设的各项要求，全面推进法治鞍钢建设。加强法治工作总体部署，制定《鞍钢集团2022年法治工作要点》，构建纵向以法务管理、风控管理、合规管理为支柱，横向以信息化建设为链条的“三纵一横”法治鞍钢建设工作体系。高度关注行业市场变化，加强预研预判，张国发董事、顾惠忠董事、吕波董事、王文军董事先后在董事会上多次提示要积极关注市场变化，及时防范2022年钢铁市场下行风险，采取有效措施，争取在市场变化中赢得主动权。鞍钢集团认真落实各位董事意见建议，加强形势研判，及时调整经营策略，全面加强财务风险管理，“两金”管控取得较好效果，助力集团有效应对了今年二、三季度钢铁价格大幅度下滑的风险。截至2022年12月末，“两金”余额较年初下降100.6亿元，降幅15.8%，完成国务院国资委管控要求，成效优于行业、好于宝武（11月末对标），资产负债率比年初下降1.29个百分点，跑赢钢铁行业大盘。落实国务院国资委“合规管理强化年”部署安排，制定《鞍钢集团合规管理强化年工作方案》，构建了“1+3+4+N”合规管理总体格局，实现合规体系全级次覆盖。完善内控评价制度，修订《鞍钢集团内部控制评价管理办法》，编制《鞍钢集团2022年度内控评价工作方案》。

四是充分发挥监督作用，确保出资人各项要求及董事会决策有效落实。明确董事会的监督职责，在董事会下设监督委员会，与审计与风险委员会合署；建立健全跟踪落实及后评价制度，监督董事会决议和决定事项的执行和落实，及时发现问题并督促整改到位等监督职责。强化监督职责有效落实，在定期董事会上认真听取改革三年行动各项措施落实情况工作报告，监督国家资源保障战略在鞍钢有效落实，鞍钢矿产资源公司顺利组建，18 个项目入选“铁资源开发计划”，6 个项目已开工。董事会审议通过的 28 项决议全部得到有效落实，完成率达到 100%。推动鞍钢统筹“出资人监督、业务履职监督、专责监督”三大监督资源，构建信息共享、整体联动的大监督体系。

【突出规范高效，董事会自身建设能力显著增强】 一是落实第一责任人责任，积极推进董事会建设。董事长积极落实董事会规范运行第一责任人责任，重视传达学习，认真履行党的二十大代表职责，深入组织学习贯彻党的二十大精神；重视整改提升，强化国务院国资委董事会年度评价意见整改工作；重视执行落实，组织制定董事会决定事项落实方案；重视务虚研讨，连续三年高质量召开董事会务虚会；重视沟通交流，加强与外部董事在董事会之外的沟通；重视保障落实，充分发挥集团党委保落实作用，听取“五项重点任务”落实情况。

二是董事会运行规范有效性明显提升。会议管理不断加强。全年共召开董事会 9 次，审议议题 28 项，听取汇报 13 项，充分发挥了董事会决策主体作用。专门委员会作用充分发挥。全年共召开专门委员会 10 次，审议议题 17 项、听取汇报 3 项。董事敬业勤勉、履职尽责。全年董事应出席董事会会议 77 人次，实际出席 73 人次；应出席专门委员会会议 49 人次，实际出席 44 人次。各位外部董事高度关注鞍钢各项重点工作，充分发挥了“智囊团”作用。张国发董事认真履行召集人职责，积极与董事长沟通，列席党委常委会了解前置研究西鞍山铁矿项目情况。顾惠忠董事充分发挥财务管理和企业经营管理经验优势，持续关注并加强工作调研与指导，有效提升了鞍钢全面预算管理及风险防范水平。王文军董事充分发挥中国诚通优势，推动鞍钢所属海南冶矿联参股股权委托管理。王豹董事注重分析当前经济形势和钢铁行业市场形势变化，促进了鞍钢科学研判市场发展趋势并及时调整经营策略。吕波董事认真代表国务院国资委履行出资人决策和监督职责，推动鞍钢集团积极落实国务院国资委工作提示单内容，针对“12·01”脱硫塔坍塌事故，建议鞍钢设立安全警示日。

三是外部董事履职支撑工作扎实有效。切实加强决策保障。邀请外部董事参加集团重要会议，2022 年经理层向董事会报告授权事项执行情况 4 次，报告行权落实事项 69 项，回复中国诚通、中国国新股权董事问询事项 30 余项。认真协调开展调研。安排外部董事到本钢及攀钢所属单位等现场调研，全面听取子企业当前生产经营情况，并有针对性地提出工作意见和建议；到先进制造业企业中航工业成飞集团现场调研和对标交流，加强了鞍钢与行业标杆企业深度交流合作，促进了对标找差、补齐短板。全面做好信息支撑，全年共报送国务院国资委通报、国企改革三年行动简报、钢协会长专递等 5 期，《董事信息参考》4 期，《鞍钢董事会信息》50 期，党委常委会和总经理办公会会议纪要 42 份，鞍钢集团公文 84 份，财务指标报表 36 份，保证外部董事全面掌握鞍钢动态情况，为科学决策提供了有力支撑。

四是国务院国资委年度评价意见有效落实整改。制定下发《落实国资委关于 2021 年度鞍钢集团董事会评价意见的工作方案》（鞍钢政发〔2021〕41 号），共五方面 25 项具体措施。截至 2022 年底，已全面完成各项整改任务。其中通过全面加强负债率管控，压降负债率超 70% 子企业户数，全年共完成压降 48 户。全年融资担保规模较年初下降 470 亿元，完成了进度目标。以国务院国资委 2022 年衍生业务专项检查为契机，落实审计检查问题整改工作，截至 2022 年 12 月 31 日，鞍钢集团商品类套保业务不超实货经营规模的 90%，满足国务院国资委监管要求。

【突出运行质量，推进各级董事会有效发挥作用】 一是加强调度指导，统筹推进子企业董事会建设。2022 年，2 次组织召开子企业董秘、董办主任和派出专职董事参加的调度推进会，通报子企业改革三年行动公司治理重点任务完成情况，以及子企业董事会 2021 年度评价情况；集团总部部门解读国务院国资委财务监管重点，分析审计中发现的关于董事会建设方面问题，讲解法律合规与风险防控方面需要关注事项；攀钢集团、鞍钢矿业和鞍钢众元三家子企业，围绕提升董事会建设水平交流工作经验。集团董秘重点传达国务院国资委关于中央企业董事会建设的最新要求，并结合目前子企业董事会建设存在的问题，安排下一步整改措施。

二是健全制度机制，夯实子企业董事会运行基础。重新修订《鞍钢集团子企业董事会和专职董事评价办法》《鞍钢集团子企业专职董监事薪酬管理办法》，促进子企业董事会规范运作、专职董事履职尽责。推动子企业健全以公司章程为核心的董事会运行制度体系，完善治理主体议事规则，细化具体化党委前置清单及治理主体决策事项清单。2022 年各子企业均召开了董事会务虚会，开展了重要投资决策项目后评价，有力促进了企业战略发展，提升了投资决策把控水平。注重完善子企业董事会工作机构，推动子企业完成董事会秘书调整配置，实现兼职董事会秘书由子企业领导班子成员兼任。

三是推动配齐建强，提升子企业董事会运作水平。纳入应建范围的 106 户子企业，全部建立董事会并实现外部董事占多数。完善专职、兼职和独立董事相结合的外部董事队伍，建立集团公司和子企业两级派出机制，共有派出专职董事 64 人。完成了专职董事 2021 年度评价工作，评价结果与年度薪酬兑现挂钩，有效发挥了激励约束作用。推动 27 户重要子企业及 7 户具备条件的非重要子企业，共计 34 户子企业制定了落权实施方案并完善了配套制度，促进了子企业落实市场主体地位。纳入应建范围的子企业，全部完成董事会授权管理办法及授权决策事项清单的制定工作。推进本钢加强多元治理体系建设，构建了有别于国有独资企业的治理型管控模式，成为多元治理的样板企业，为鞍钢进一步对外兼并重组提供了示范案例。

（鞍钢集团有限公司董事会办公室
高洋洋）

·“控股不控权”专项整治工作·

【综述】 2022 年，鞍钢集团深入开展专项整治工作，顺利完成了自查和整改工作，取得明显成效，全面完成 27 户控股企业共涉及 30 项“控股不控权”问题的专项整治工作。

【提高政治站位，加强组织领导，统筹推进各项工作】 鞍钢集团高度重视专项整治工作，董事长、总经理亲自组织推动，确保了各项工作措施顺利实施。

1. 加强组织领导，明确整改措施。4 月 11 日，鞍钢集团制定下发《“控股不控权”问题专项整治工作方案》，成立以集团党委书记、董事长和总经理为组长，以集团班子成员为副组长，总部有关职能部门和各子企业为成员单位的专项整治工作小组。5 月 31 日，总经理主持召开工作小组成员单位会议，针对排查发现的问题和初步整改情况，确定了完善治理结构和治理机制、依法实施有效管控、切实提升控股企业治理能力和管控水平的工作思路，并细化分解为完善股权结构、评估公司章程、制定权责清单、加强派出人员日常管理等 30 项具体整改措施。6 月 10 日，集团董事会秘书主持召开专项整治工作推进会，强调控股企业必须通过规范法人治理履行出资人权利，将专项整治作为董事会建设的重点工作加以推进，常态化将专项整治作为完善公司治理的一项基础性工作抓实抓好。7 月 26 日，总经理主持召开工作小组成员单位专题会议，听取集团董办及重点子企业专项整治推进情况汇报，并从强化督促落实、做好巩固提升、健全长效机制等四个方面做出工作部署。

2. 加强培训指导，全面摸清底数。为确保子企业准确把握国务院国资委及鞍钢集团的工作要求，集团董办于 4 月 6 日以视频形式召开专项整治工作培训会，为总部有关职能部门和子企业负责专项整治工作的有关人员详细解读了国务院国资委的文件精神及鞍钢集团工作方案的要求，并就如何加快推进各项工作措施落地见效作出安排。4 月 25 日，收到国务院国资委《“控股不控权”问题专项整治有关问题解读》后，集团董办及时转发至工作小组成员单位贯彻落实，并要求子企业严格对照国务院国资委改革局的解读要求，深入排查问题，系统梳理分析，确保全覆盖、无死角，真实反映控股企业存在的问题，推进了专项整治工作取得阶段性成效。6 月 6 日提前将鞍钢集团的《“控股不控权”问题自查工作报告》《“控股不控权”问题情况表》《“大股东对等”企业专项统计表》上报了国务院国资委。

3. 注重审检结合，推进整改落实。贯彻落实 6 月 9 日国务院国资委改革局举办的第十五期国企改革讲堂中《关于“控股不控权”问题专项整治进展情况通报》，集团董办立即组织工作小组成员单位认真学习借鉴典型案例及国务院国资委的要求，积极推进审查工作。在认真研究分析子企业自查报告的基础上，工作小组成员单位开展了第一次集中审查指导，并有针对性地指导制定整改计划和措施。6月18日集团董办印发《关于加快推进“控股不控权”整改落实工作的通知》，开展了第二次集中审查指导，重点检查子企业工作推进情况，对整治任务进行细化和分解，形成详细的整治工作计划分解清单。8月重点指导子企业对整改措施进行再细化、再分解情况，加大整改力度，确保按要求全面完成。

4. 注重协同配合，发挥整体合力。工作小组成员单位积极协同、密切合作，认真对照国务院国资委发布的“控股不控权”问题特征，将符合条件的表内、表外企业均纳入自查范围，确保了全覆盖、无死角。针对自查中发现的27户控股企业涉及的30项“控股不控权”问题特征，集团董办牵头抓总，制定整改措施，统筹组织推进，各成员单位各负其责，按照各自的职责分工，分别对整改措施和成效进行审核把关。各子企业增强工作协同性和互补性，主动配合，互相支持，共同推进。

5. 加强交流分享，共同整改提高。为有效推进“控股不控权”问题专项整治工作，集团董办及时发布国务院国资委改革局8月4日“董秘开讲”系列视频培训暨第二十一期国企改革讲堂中关于专项整治工作的梳理分析和典型案例，通报各子企业排查整治工作进展情况和成功经验。通过交流经验和做法，推动各子企业之间相互学习、互通有无，加快推进整改落实。在“钢钢好”智慧交流平台上建立“控股不控权”问题专项整治工作群，发布通知，反馈意见，答疑解惑，交流互动，指导各子企业深入开展专项整治工作。加强与兄弟企业沟通，相互交流在推进专项整治工作中遇到的重点和难点问题，相互借鉴经验和做法，取长补短，相互促进，共同提高。

【坚持问题导向，立查立改，不断提升整治工作实效】 坚持问题导向抓整治、强化督导抓落实，在巩固排查阶段取得成效的基础上，推进强化整治措施有效落地。

1. 坚持立查立改，提升整治成效。一是加强股东权责管理。对排查范围内的控股企业，各子企业重新审查股权协议，认真研究公司章程内容，针对排查出的27户存在“控股不控权”问题特征的控股企业，经与其他股东协商共修改6户企业公司章程，新增或修订章程条款42条，推进了党的领导有效融入公司治理，明确细化与否决权有关的事项具体范围和条件，确保国有股东具有足够话语权、控制权。二是规范董事会高效运行。鞍钢集团制定了《子企业董事会工作规则》，在加强全资子企业董事会管理的同时，注重对控股企业董事会建设的监管，推动了控股企业深化现代企业制度建设，有效发挥了董事会的决策主体作用，真正落实企业的市场主体地位，实现控股企业董事会从“有没有”向“好不好”转变，推动了董事会定战略、作决策、防风险功能作用有效发挥，强化了董事会监督职责，确保了控股企业董事会规范高效运行。三是完善重大事项决策权责清单。对现有控股企业合规性和时效性进行认真排查、全面梳理和系统分析，完善了重大事项决策的权责清单，明晰党委（党支部）“定”和“议”具体事项，健全了“三重一大”决策系统，使各治理主体行权履职有章可循、有法可依，做到既不缺位也不越位、既不相互替代也不各自为政，促进形成权责法定、权责透明、协调运转、有效制衡的公司治理机制。四是强化决策机制保障。按照国务院国资委加快处置“两非、两资”的统一部署及专项整治工作要求，对股东会、董事会长期无法召开的、出现治理机制失灵、陷入治理僵局的，以及经营不善、长期亏损非正常经营的9户企业，经投资企业董事会或总经理专题会科学论证，列入法人企业压减范围，制定了工作目标并加快推进整改，已全部完成清理退出。对持续经营、盈利的企业，通过股东会、董事会决策会议召开、规范表决条件等重要条款的科学性、合理性制定，强化了决策机制保障，坚决杜绝小股东拥有重大事项否决权。五是加强关键人员管理。着力加强关键人员队伍建设，促进履职能力全面提升，党委（党支部）书记、董事长“一肩挑”后，实现了管党治党与董事会建设主体责任的有机统一。通过集团内外部培训，增强关键人员履职能力；选择具有不同专长和经验的高水平董事，构建了综合素质高、从结构上满足履职要求的董事会。目前各级企业已逐渐更换兼职董事，做到董事应派尽派；落实董事任期机制，定期对董事人员进行轮换，建立健全董事工作报告等机制，实现了科学行权履职。对经理层成员实施“两契一制”管理与考核评价，对不胜任者坚决调整，切实维护企业合法权益。六是积极参与主要业务运行。通过不断健全制度、规范程序，形成了系统完备的主要业务运行制度体系和工作机制，为控股企业运营提供了重要制度保障，明确了禁止违规利用关联交易事项。

2. 建立健全审查督导机制，强化督促落实。一是层层压实专项整治工作责任。鞍钢集团按照“谁投资、谁管理”的原则，层层压实整治工作责任，在“党建入章”，党组织隶属国有大股东党组织，党支部书记、董事长“一肩挑”，决策保障等相关制度建立，股东会、董事会长期无法正常召开等方面，总部有关部门加强对口业务指导，层层压实，确保按期完成专项整治工作。二是建立动态整治工作台账，实施销号管理。推动各子企业建立问题整改工作台账，明确整改任务和工作措施、责任领导和责任部门，并根据完成时限倒排工期，确定关键节点及工作标的，同时建立了定期和不定期相结合的汇报机制，每月定期将整治工作进展情况上报工作小组办公室，遇到问题随时与集团董办沟通解决，实行挂图作战，销号管理、边查边改、立行立改，督促落实，确保按时完成专项整治工作任务。三是建立专题工作会议机制和责任追究制度。定期召开工作小组专题会议，听取问题整改工作情况汇报，研究下一步整改工作任务，督促各子企业细化工作措施，加快推进整改措施落实，对于完成效果好的，总结经验做好宣传，发挥示范引领效应，对于未按计划完成或出现问题的，进行通报批评，并追究责任。确保了10月底前完成整改主体工作任务。

3. 建立健全长效机制，持续做好巩固提升。针对排查发现的共性突出问题，举一反三，把专项整治作为完善公司治理的一项基础性工作抓实抓好。一是持续跟踪发现问题，及时纠偏整改，遏制增量，既重视整改问题“治标”，更重视完善治理“治本”。二是进一步评估公司章程、优化管控制度体系、强化内部管控等方面有效措施，健全公司治理机制。三是完善董事任期机制，定期对董事进行轮换，建立健全董事工作报告等机制，做到董事应派尽派，董事会会议应参尽参，充分体现出资人意志。

【总结经验、固化成果，持续做好整改提升】 1. 坚持提高站位，统筹推进实施。这是做好专项整治工作的核心。通过此次排查整改，深刻体会到加强有效管控，不仅是落实国务院国资委的要求，也是切实提升治理能力的内在需要，必须把“控股不控权”问题作为完善公司治理工作的重要抓手和契机，站在维护国有股东合法权益、实现企业高质量发展的高度，增强责任意识，加强工作领导，统筹推进实施。

2. 坚持查审结合，夯实整改基础。这是做好专项整治工作的基础。结合实际将国务院国资委排查阶段细分为子企业自检自查和集团集中审查两个阶段，通过“查”“审”结合，找准了专项整治工作的重点。特别是在集团审查阶段，更加注重工作指导和支撑，使各子企业的整治工作更具针对性，更加突出重点，满足了强化整改阶段各项工作的需要。

3. 坚持整治先行，务求取得实效。这是做好专项整治工作的关键。坚持做到排查与整改工作同步推进、相互促进、有效衔接。在自检阶段及时完成了管控制度、加强党的领导、决策机制保障、关键人员管理、财务资金管控、主要业务运行等方面问题的整治工作，大大提高了工作效率，确保整改目标任务按要求全面完成。

4. 坚持标本兼治，健全长效机制。这是做好专项整治工作的内在要求。强化整治是前提，健全长效机制是保障，实现标本兼治是根本。因此，鞍钢集团更加注重通过健全长效机制来实现标本兼治，并将今后的工作重点放在加强控股企业党的领导、完善法人治理结构上来，切实提升控股企业治理效能。

·参股企业管理·

【加强组织领导，统筹推进各项措施有效落地】 2022年按照国务院国资委关于加强参股经营投资监管工作要求，鞍钢集团全面深入推进自查整改工作，取得明显成效。鞍钢集团高度重视参股管理工作，集团总经理亲自组织推动，分管副总经理组织实施，确保了各项整改措施的有效落实。

1. 提高站位，落实监管主体责任。一是强化整改责任担当。3月9日，鞍钢集团印发《关于进一步加强参股管理工作有关事项的通知》，成立以集团总经理为组长，分管资本、财务工作的副总经理为副组长，总部有关部门和各子企业为成员单位的自查整改工作小组，明确了相关职责，全力推进参股管理工作。总经理多次主持召开专题会议，听取汇报并通过了《鞍钢集团加快推进C类参股企业处置工作方案》。集团董办作为归口管理部门既抓工作部署的落实，也抓督促指导工作，形成了工作闭环，对各单位层层压实责任，层层压力传导，对子企业漏报瞒报“零容忍”。二是强化整改工作统筹。总部有关部门加强检查指导，子企业加强贯彻执行落实。充分发挥总部职能部门作用，有力推动了全面深化参股自查整改工作。2022年以来，集团董事会秘书多次率队到本钢调研自查整改工作，指导本钢摸清底数，以问题为导向制定整改工作方案。各部门形成合力，一体化推动子企业的各项整改措施落地见效。三是增强风险管控意识。进一步强化风险管控意识、合规意识，深刻认识当前开展自查整改的重要性、紧迫性。鞍钢集团建立健全了以风险管理为导向、合规管理监督为重点的规范有效的内控体系，坚决防止国有资产流失。10月30日，鞍钢集团将参股经营投资作为内部管控的重要内容，形成专项审计报告，强化了审计监督。同时，对子企业负责人开展任期经济责任审计，将其任期内企业参股投资、与参股企业关联交易等有关事项列入重点审计内容。

2. 聚焦存量，加大自查整改力度。一是按时保质高效完成整改任务。按照集团自查整改工作方案，各子企业针对发现的问题，研究制定有效措施，推进各项整改工作，建立整改工作台账，每月定期报送集团董办。工作小组成员单位检查督导，挂图作战，销号管理，明确责任人和完成时限，靠前推进整改工作，发现问题及时沟通督导，确保取得实效。5月21日，将《参股管理问题整改工作台账》上报国务院国资委。10月18日，将前期存量的5户低效无效参股股权形成《关于无偿划转5家参股股权的请示》上报国务院国资委批准。10月21日，召开参股的海南冶金矿山联合有限公司委托其处置优化协调会，各方就股权处置合作协议初步达成一致意见。二是顺利完成新一轮自查问题整改工作。在2021年11月4日开展新一轮自查中发现2户参股企业存在使用鞍钢系名称字号、未办理产权登记、长期不分红等问题，今年已全部整改完毕，依法取消了使用名称字号、办理国有股权产权登记，并通过北交所挂牌转让，完成工商登记变更，顺利完成了整改工作任务。三是本钢自查整改工作顺利推进。鞍钢正式重组本钢后，积极推进本钢开展自查整改工作，摸清了底数，实施了ABC分类监管，取得积极进展。2022年通过注销、更名方式完成6户企业违规使用本钢字号问题；实现10户B类企业清零；通过注销、财务核销、转债权方式完成15户C类企业处置退出工作，取得积极成效。

3. 严控增量，加强参股源头管理。一是坚持聚焦主责主业。2020年以来，对新增参股投资，严格履行审批程序，鞍钢集团总经理专题会研究审议通过，实施“5+X”联审机制，充分论证必要性，严控非主业投资，杜绝通过参股方式开展投资负面清单规定的禁止类业务。二是严格筛选参股合作方。重点防范利用参股投资为特定关系人谋利等问题，杜绝“人情投资”。切实做好尽职调查，严格履行决策程序，选择核心竞争力强、战略匹配度高、协同发展空间大、资质信息好的参股合作方。三是加强管理人员选派。对新增参股投资，全部派出董监事或重要岗位人员，参与企业公司治理或经营管理，实现有效管控。投资协议明确重大投融资决策、章程制定修订、分红比例、退出路径等重点事项，防止产生新的低效无效投资及退出难等问题。

4. 巩固提升，建立健全长效机制。一是完善监管制度。贯彻国务院国资委加强参股经营投资监管的要求，对现有的参股经营投资相关监管制度的合规性和时效性进行认真排查、全面梳理和系统分析，形成完善的“1+M+N”监管制度体系，做到有章可循、依法决策、合规监督，以制度促进规范管理，以规范管理促进监管能力不断提升。二是加强动态管理。每年对参股企业盈利水平、分红能力、增值潜力及与主业关联度等进行综合分析，形成参股企业监管报告。根据参股经营投资质量评估等情况，对参股股权实施ABC管控，并合理运用增持、减持或退出等方式加强价值管理，不断提高国有资本配置效率。7月25日，鞍钢集团将《关于开展国有参股管理书面调研有关情况的报告》上报国务院国资委。三是注重推广应用。2020年3月以来，鞍钢参股企业分级分类监管的做法在国务院国资委2022年第13

期《国有企业改革动态》上刊发。《国有大型集团参股企业分级分类监管体系构建与运行》获第二十届（2021 年）冶金企业管理现代化创新成果一等奖、第二十八届（2021 年）全国企业管理现代化创新成果二等奖。

5. 加强交流，提高整改工作水平。一是加强相互交流学习。为有效推进参股自查整改工作，集团董办及时通报国务院国资委改革局局长在中央企业加强参股管理工作推进会上的讲话精神，通报各子企业自查整改工作进展情况，累计刊发自查整改工作简报 18 期，交流经验和做法，推动各子企业之间相互学习、互通有无，加快推进整改措施落实见效。二是搭建相互沟通平台。集团董办在“钢钢好”智慧交流平台上建立参股自查整改工作群，发布通知，反馈意见，答疑解惑，交流互动，指导各子企业深入开展自查整改工作。加强与各中央企业沟通，相互交流在推进自查整改工作中遇到的重点和难点问题，相互借鉴经验和做法，取长补短，相互促进，共同提高。

【坚持结果导向，有效提升监管能力和水平】 通过强化参股经营投资监管，参股投资企业的运营质量有效增强。2022 年全年实收分红 5.11 亿元，创历史最好水平。

1. 推进立行立改，注重整改成效。2022 年自查中累计发现的 302 个问题，涉及的参股企业 105 户，已完成整改 297 个，涉及参股企业 99 户。一是加强股东权责管理。共修改 55 户参股企业章程，新增或修改条款 508 个。加强股东信息管理，通过到工商管理部门现场调取，或通过天眼查、滴水信用等企业信息查询系统，查清了参股企业的股东构成及持股比例等基本信息。二是加强党的建设。鞍钢集团将国有企业持股比例合计超过 50%的参股企业，明确了党组织在企业法人治理结构中法人地位，将党建工作总体要求全部纳入了企业章程。参股其他类型的企业，按照关于加强和改进非公有制企业党的建设有关规定，推进党的组织和工作全覆盖。三是加强财务管控。参股企业收回逾期超过 1 年应收账款金额；督促参股企业及时分红，向 3 户盈利且长期不分红的企业提出分红要求，实现增加分红 3292.5 万元；定期或不定期获取参股企业财务信息，掌握财务状况和经营成果等。四是加强无形资产管理。鞍钢近年来多次开展“小法人清理”“使用鞍钢系名称字号排查清理”等专项整治工作，有效整治了违规使用鞍钢系名称字号问题。自查中共发现 27 户使用鞍钢系字号，目前已全部整改收回，停止授权无偿使用。五是加强派出人员管理。完成新增参股企业或因职务变动派出人员调整，实现了应调尽调、应派尽派。向参股企业新派人员的户数为 42 户，董监事及重要岗位 81 人；调整参股企业派出人员的户数为 20 户，董监事及重要岗位 36 人。六是加强产权管理。补充完善参股国有产权登记 12 项，确保参股产权登记及时性、准确性和完成性。七是加强内部监督管理。实现参股经营投资内部监督工作常态化，2022 年共开展涉及参股企业的审计 11 项。加强档案管理，将参股经营投资相关资料作为建成后参股管理应用平台上传的重要内容，将参股投资项目相关资料归档情况纳入 2022 年度档案检查内容。

2. 推进制度建设，夯实监管基础。集团层已完成监管制度的完善工作，共形成相关制度 14 项，健全了制度体系，夯实了监管基础。为了更好地执行和落实监管制度，有效开展监管工作，编印了《鞍钢集团参股经营投资相关监管制度汇编》。

3. 推进体系建设，加强全面监管。鞍钢高度重视参股经营投资监管工作，集团董办负责牵头抓总，初步建立了横向上加强监管、纵向上加强评价的监管体系，“只投不管”或监管不到位问题得到有效规范，实现了新增低效无效参股投资为零。一是加强决策审核。严控投资方向，确保始终符合鞍钢集团发展战略，纵向延伸产业链，横向扩展产业面，严格控制不熟悉或不擅长领域的参股投资。注重投资收益，将确保分红作为合资合作最基本条件，对分红期望必须符合鞍钢集团关于投资回报的要求，同时依法行使股东的监督权，积极督促参股企业按照约定进行分红。健全退出机制，将退出保障作为参股投资决策审核的重要因素，确保能够做到“全身而退”，有效规避和隔离风险。二是横向加强管理。按照谁投资、谁监管的原则，推动投资主体切实履行股东权责，确保投资、监管、收益等权利和义务相统一。有效发挥董事会办公室和专职董监事在大监督体系中的作用，认真履行出资人监督职责，完成了 2022 年前两季度参股经营投资监管向鞍钢集团党委报告工作。各子企业董事会加强参股经营投资决策管理和运行监控，每半年听取一次工作汇报，确保科学决策和有效监督。三是纵向加强评价。按照下管一级、逐层负责的原则，建立有效的评价机制。总部职能部门根据职责分工开展各子企业的评价工作，上级企业推动下级企业做好监管工作，并纳入各级经营层年度绩效评价，切实提高监管的穿透力。

4. 推进履职管理，当好积极股东。将加强派出人员管理作为当好积极股东的重要抓手，重点是加强派出专职董监事管理，确保忠实行使决策权，认真履行监督权，监督子企业有效开展参股经营投资监管工作。加强行权管理。修订派出专职董监事履职管理办法，重新界定了专职董监事行权的方式、流程及权限。加强任职管理。2022年末专职董监事共完成33人次任职调整。加强报告管理。实行专职董监事月度工作报告、季度专项报告和年度履职报告，并作为日常和年度评价重要内容。加强培训管理。定期开展业务能力提升培训，2022年末共开展培训320余人次。加强监督管理。专职董监事每月调研不得少于5天，每季度必须到任职企业的参股投资企业调研一次，监督股东会、董事会决策执行情况，督促投资主体行使股东权利。加强评价管理。修订派出专职董监事评价办法，完成了2022年度专职董监事履职评价，并将评价结果与年度薪酬兑现挂钩。

5. 推进分类监管，健全长效机制。按照ABC分类监管的原则，推进整改措施有效落地，不断提升监管能力和收益水平。加强A类参股企业分红监管，通过充分行使股东的知情权、决策权、监督权，督促参股企业或合资方依照协议和章程约定分红，持续提升投资回报。加强B类参股企业运营跟踪，定期分析研判经营状况和发展态势，实施动态管理，确保实现清零。加强C类参股企业处置退出工作，明确退出标准，创新退出方法，依法合规推进。将参股管理工作完成情况纳入2022年专项考核，同时作为集团所有新增参股投资项目的前提条件。

【坚持问题导向，持续推进参股企业监管工作】
1. 进一步完善管理制度。按照国务院国资委参股监管要求，结合企业实际，重新修订鞍钢集团境内合资企业监督管理办法，将规范企业参股投资管理、参股股权经营管理、参股股权退出管理、监督问责等要求在制度层面予以固化，防范出现只投不管、产权不清晰、股东权利责任不对等等问题，特别是在制度中要明确规定参股比例的最低标准，以及参股股权退出管理。

2. 强化信息化管控力度。将参股投资决策、参股股权经营管理等重点内容纳入信息系统管控，通过信息化、智能化手段实现动态实时监控，提升鞍钢集团参股管理工作能力。同时建议打通国务院国资委与中央企业监管信息系统，实现无缝对接，提高监管效率水平。

3. 加强派出人员履职管理。扩大专职董监事队伍，减少兼职企业数量，加大业务培训力度，搭建交流学习平台，股东会、董事会应参尽参，定期或不定期提交重大决策事项报告，督促盈利企业实现分红，有效参与参股企业管理，进一步规范派出人员履职管理。

（鞍钢集团有限公司办公室　阎　强）

·资产管理·

【资产管理】　截至2022年12月31日，集团总部共有新增固定资产86项，其中77项归属管理用具，9项归属传导用具，资产原值总计440.91万元。以上固定资产主要分布在总部办公楼、会展中心、数据中心、新轧钢办公楼等处。

2020—2022年新增固定资产情况

年　度	新增固定资产项目数量/项	新增固定资产原值/万元
2020年	16	260.26
2021年	23	40.08
2022年	47	140.57
总　计	86	440.91

集团总部固定资产盘点与处置小组（由集团办公室、管理与信息化部、财务部、战略规划部抽调相关人员组成），每年对总部所属固定资产进行例行盘点，各部门配合进行。经清查盘点，集团总部固定资产账目与实物相符，各类固定资产都处于使用状态，不存在减值迹象。

（鞍钢集团有限公司办公室　付玉强）

·保密与国家安全管理·

【保密管理】　2022年，鞍钢连续第三年在国务院国资委组织开展的中央企业保密工作对标管理中被评为“标杆企业”。根据工作需要及时调整国家安全人民防线建设小组和保密委组成，完善工作规则，明确委员述职规则，增强委员履职意识和履职能力。党委书记谭成旭同志带头履行国安保密工作领导责任，多次就国安保密工作作批示、提要求，并监督落实；根据集团机构改革和相关单位领导人员变动情况，及时与5名新任职单位主要负责人签订《国安保密责任书》。强化制度建设，组织相关部门修订《鞍钢集团国家秘密涉密人员管理办法》《鞍钢集团网络和信息系统安全管理办法》；指导业务职能部门在财务管理、采购管理、信息化管理等制度文件制（修）订中明确保密要求。首次邀请辽宁省国家安全厅对总部机关管理人员进行总体国家安全观教育。2022年共培训各类人员6600余人次。

【国家安全人民防线建设】 召开鞍钢集团国安小组（保密委）会议，谭成旭董事长就如何做好国安保密工作提出具体要求。按照国家安全机关的要求和部署，聚焦“4·15”“11·1”和保密宣传月等重要时间节点，在集团范围内组织开展观看警示教育片、参观国安教育基地、组织保密知识竞赛等形式多样的国安保密宣教活动，普及国安保密知识，增强国安保密意识。

（鞍钢集团有限公司办公室　段永波）

·信访管理·

【综述】 2022年，在鞍钢集团党委的坚强领导下，鞍钢集团信访维稳工作坚持以党的二十大精神为指引，深入学习贯彻习近平总书记关于加强和改进人民信访工作的重要思想，认真贯彻落实国务院国资委和鞍钢集团党委信访维稳工作部署，突出重点，压实责任，创造性地开展工作，化解了大量信访矛盾，几年来持续向好的信访维稳形势得到进一步巩固。

【千方百计化解职工信访诉求，信访总量持续下降】 一是畅通信访渠道。严格执行信访工作人员专责接访、会同业务部门联合接访、领导干部下访接访等制度，整合来访、来信、电话、网络等多个渠道诉求信息，进行分析研判、分类处置，做到第一时间受理、最短时间办结。二是压实各级化解责任。对信访部门，严格落实首接首办责任制，实行“谁首次接待谁负责办理”。对各子企业，落实督导督办工作制度，对群体性或复杂敏感问题，及时下发督办通知。对涉及业务部门多、管理职责交叉的信访问题，组织相关部门会商联办就地化解，防止初访变重访、新案变积案。

【建立完善工作制度，信访工作机制更加健全有效】 一是坚持党委领导下的信访会议制度。鞍钢集团党委定期召开党委书记专题会、信访联席会议及年度信访工作会议，研究部署信访工作，解决信访突出问题。在党的二十大等国家重大政治活动期间，每周听取信访工作汇报，并提出工作要求，确保了重要时间节点信访维稳工作目标实现。信访部门实行日排查、周调度研判和月总结会议制度。通过各级会议制度的落实，形成了上下各负其责、横向部门联动、各方齐抓共管的信访工作格局。二是建立完善领导包案和信访问题督导工作制度。制定了《鞍钢集团有限公司各级领导干部包区域包案督导信访矛盾化解工作方案》，成立了化解信访问题指导督导工作领导小组，对9个子企业及所属14个三级单位领导包案包区域、积案化解、涉稳信息排查等工作进行联合督导，确保了各项阶段性任务目标完成。三是进一步完善台账式管理、销号式落实工作机制。不断完善和动态更新重点群体和重点人信息台账，实行网格化管理，以销号为目标逐级落实单元网格责任。建立了“1+2+9”的台账体系，实现了与属地公安系统涉稳信息台账无缝对接，为推动案件化解提供了信息支撑。

【深入学习贯彻《信访工作条例》，依法依规信访氛围更加浓厚】 一是举办培训集中学。把学习《信访工作条例》（以下简称《条例》）纳入各级党委理论学习中心组学习内容，举办了9期专题辅导班，邀请中国政法大学教授解读《条例》，对900多名领导人员及信访干部进行集中培训。二是参与竞赛引导学。利用“鞍钢e学”平台举办《条例》知识问答竞赛，开展了“网络正能量”微视频创作大赛，有3件微视频作品被国务院国资委推荐到国家信访局。积极参与国务院国资委举办的“学习贯彻二十大 以赛促用学《条例》”主题知识竞赛，荣获竞赛优秀组织单位。三是做好承接应用学。对照《条例》规定，对现有信访工作制度逐条进行梳理、修订、完善，确保了各项制度、流程与《条例》规定有效衔接。

【全力做好重要时间节点信访安全保障工作，实现了“五个确保”工作目标】 一是加强信访安全保障工作组织领导。对北京冬奥会、冬残奥会、全国两会、党的二十大等不同重要时间节点信访保障工作，分别制定了《信访维稳工作保障方案》，成立工作领导小组，明确目标任务和责任分工，为做好信访维稳工作提供了组织保障。二是严格落实信访安全保障工作措施。深入开展风险点排查，严格执行“零报告”制度，对收集到的重要涉稳信息进行综合分析评估，逐一制定稳控措施，确保将风险隐患解决在萌芽状态。三是强化信访突发事件应急处置。与属地公安、街道社区建立了稳控联动机制，成立了稳控劝返工作小组，构筑了企业所在地、车站和北京三道稳控防线，实现了“五个确保”工作目标。

【全力打好治理重复信访、化解信访积案专项攻坚战，信访积案得到有效化解】 一是高位推动，周密部署。鞍钢集团党委把化解信访积案专项工作作为贯彻落实习近平总书记关于加强和改进人民信访工作重要思想的具体措施，制定了切实可行的工作方案，明确了工作目标、工作原则和工作步骤，坚决确保积案化解目标完成。二是压实责任，加强指导。建立了单位责任领导、信访部门、政策部门、街道社区“四位一体”的包保责任体系，逐级压实化解责任。信访部门采取“面对面”调研、发函提示、上门督办、约谈提醒等措施加大工作指导和督办，并及时协调属地政府给予政策支持，形成了上下联动、内外配合的工作合力。三是多措并举，精准施策。采取对生活困难的，给予帮扶解困；对政策理解偏差或历史成因难以核实的，加强政策宣讲和人文关怀；对缠访闹访诉求无理的，坚决依法依规予以处置等措施，确保了国务院国资委交办的15件信访积案全部得到化解，实现了“清仓见底”工作目标。

【围绕改革攻坚化解稳定风险，为鞍钢发展提供坚实保障】 各子企业紧紧围绕三年改革攻坚，精心设计改革方案，配套做实维稳预案，做到改革与稳定工作同步推进、维稳责任同步落实，鞍钢集团三项制度改革、鞍本重组、相关子企业深化改革等系列改革项目按计划圆满完成。同时，千方百计妥善处置和化解“两项改革”后续收尾及历史遗留问题，退休人员社会化涉及的12个群体中有9个群体持续稳定，大集体改制后续收尾工作及重点群体稳控均稳步推进，总体稳定趋势得到巩固。

（鞍山钢铁集团有限公司办公室　常铁军）

· 档案管理 ·

【综述】 2022年，鞍钢集团档案工作依据《鞍钢集团有限公司档案工作发展“十四五”规划》安排，有序推进数字档案馆（室）建设，不断加强档案资源体系建设，逐步实现向档案数字化转型、向档案信息整合服务转型，档案管理水平稳步提升。

【入选全国企业集团数字档案馆（室）建设第一批试点单位】 2022年，鞍钢集团申报全国企业集团数字档案馆（室）建设第一批试点单位并成功入选。其中，中央企业20家。一是存量档案数字化工作有序推进，鞍钢集团档案处（馆）完成室存5.1万卷、213万件档案的数字化工作。同时启动鞍钢集团公司18家二级基层单位存量档案数字化工作。截至2022年年底，全集团已完成扫描1161万页图像（折合A4）、录入177万条目录。二是增量档案电子化率不断提升。鞍钢集团档案管理系统先后实现与鞍钢集团财务共享服务平台、鞍钢集团外事管理系统、鞍钢股份智慧运营（股份ERP）系统等8个管理系统对接，归档电子档案1.4太字节。档案系统不断完善，已满足鞍钢集团档案管理系统向本钢覆盖及ERP系统电子文件归档需求，并实现工程项目档案线上验收及网上利用档案。

【跟踪重大事件，丰富档案资源体系建设】 一是按职能审批归档范围，完成了本钢等69个下属单位的审核工作。通过规范制定归档范围，2022年仅文书档案比2021年增加归档2.5万件。二是监督指导鞍钢集团149个单位完成党史学习教育文件材料归档工作，累计归档8966件。三是指导攀钢、本钢等10个单位对照参股企业清单和划转清单，按照事前论证、事中管控、投资退出、项目评价4个阶段查缺补漏，补充归档4314卷/件。四是以《鞍钢日报》和“摇篮鞍钢”等媒体信息为线索，跟踪谭成旭董事长参加全国两会上的发言及93个单位重要事件477项，收集材料629份。

【档案双随机检查工作稳步推进】 2022年，分别对鞍钢集团国贸公司、鞍钢集团教育培训中心（党校）2个单位的档案工作体制机制、制度标准规范等6个方面进行全面检查，及时下发检查情况通报，要求限期整改。同时各子企业对所属单位开展检查。鞍山钢铁对所属28家单位开展了档案工作全面检查，共检查出问题118项。攀钢对所属4家单位开展存量档案数字化工作专项检查、指导。本钢对所属10家单位开展科研、产品、重点工程项目档案归档情况等专项检查。鞍钢工程发展公司对所属12家单位开展档案制度执行情况专项检查。鞍钢矿业公司对所属6家单位开展了档案工作全面检查。鞍钢众元产业发展有限公司对所属5家单位开展了档案工作全面检查。

【开展档案编研工作，赓续红色血脉】 利用鞍山钢铁档案馆红色资源丰富的优势，选取46份鞍钢珍藏的红色历史档案，举办“一切为了新中国——解密鞍钢红色档案”特展，还原鞍钢从1948年至1960年走过的奋斗历程。特展入选2022年全国“弘扬中华优秀传统文化、培育社会主义核心价值观”主题展览20个重点推介榜单。同时完成《鞍钢集团抗击新冠肺炎疫情文件材料汇编》《鞍钢集团扶贫档案材料汇编》《鞍钢集团红色档案资源目录信息汇编》《鞍钢公司老领导人事档案转出信息汇编》《鞍山钢铁资质证书汇编》等专题编研工作。

（鞍山钢铁集团有限公司行政服务中心
档案管理室　于安妮）

第十四部分

企业文化与公共关系

·企业文化·

【企业文化】 与辽宁省委宣传部联合摄制以鞍钢为题材的电影《钢铁意志》，作为鞍钢重要文化作品，电影展现了鞍钢钢铁长子担当、家国情怀和红色基因、英模文化。电影成功在中央党校展映；上映两个月内，相关报道达到 1.9 万条；组织老英雄孟泰的女儿孟庆珍、老专家王延绵、全国劳模林学斌等走进由辽宁省委文明办、辽宁电视台等制作的辽宁《开学第一课》直播间，讲述几代鞍钢人铭记长子担当、矢志报国奉献的故事，全网观看量达到 3168 万人次，生动传播了鞍钢红色文化。开展“同一个鞍钢 同一个梦想”网上主题展，从“长子鞍钢、品牌鞍钢、创新鞍钢、数字鞍钢、绿色鞍钢、共享鞍钢”6 个专题，集中展示鞍钢开工 73 年来的光辉历程、发展成就、美好愿景。建立了企业文化建设评价标准体系，形成以集团核心理念为引领的 6 个方面、21 项评价内容、36 项具体标准的企业文化建设具体内容，量化评价指标，建立了企业文化建设考核评价机制。制定鞍钢博物馆管理职能，明确鞍钢博物馆在鞍钢文物和工业遗产管理等工作中的职责，确保鞍钢历史文化、工业遗产得到有效保护和利用。举办了“跟着郭明义学雷锋”进本钢活动，成立了郭明义爱心团队本钢分队及首批 10 个基层分队。

（鞍钢集团有限公司党委宣传部　佟　力）

·公共关系·

【公共关系】 2022 年，鞍钢集团党委宣传部深化大宣传工作格局建设，扩大媒体朋友圈，构建起媒体生态圈。加强与中央媒体、地方媒体、行业媒体、市场化媒体等各类媒体（新媒体）沟通合作，构建起与媒体深度合作、良性互动、相互支持的生态圈。已与人民网、新华社、新华网、中央广播电视总台、央视频及《人民日报》《经济日报》《光明日报》《中国日报》《工人日报》《中国工业报》《中国冶金报》《中国矿业报》《辽宁日报》《四川日报》和辽宁电视台、四川电视台等 50 多家主流媒体建立良好关系，为扩大鞍钢宣传渠道、增加鞍钢媒体曝光度提供了有力支撑。

（鞍钢集团有限公司党委宣传部　吴先明）

第十五部分

党群工作

· 党建管理 ·

【党内统计】 截至2022年底，鞍钢集团共有各级党委256个，党总支168个，党支部2409个，党小组5600个；有党员74928名，其中，在岗职工党员70270名，离退休职工党员1000名，居家休息职工党员2816名，其他方面党员817名。2022年，新发展党员911名，有入党申请人5404名，入党积极分子2138名。专职党务工作人员1591名。

【学习宣传贯彻党的二十大精神】 1. 坚持不懈用习近平新时代中国特色社会主义思想凝心铸魂。通过"线上+线下"相结合的方式，分批分期有序推进党员领导干部、党支部书记党的十九届六中全会、党的二十大精神等专题轮训，用党的创新理论武装头脑、指导实践、推动工作。

2. 高质量完成党的二十大代表推荐提名工作。鞍钢集团党委高度重视，第一时间制定《推荐提名鞍钢集团出席党的二十大代表候选人初步人选工作方案》，召开直管单位党委副书记、组织部长会议作出专题部署，各级党组织普遍发扬党内民主，严格按程序办事，自下而上推荐提名，多种形式舆论宣传和组织发动。谭成旭、李超、梁恩荣等3名同志，分别在辽宁省党代表会议和四川省第十二次党代会上当选党的二十大代表，充分体现党中央对鞍钢的厚爱和信任。

3. 深入学习宣传贯彻党的二十大精神。贯穿全年开展"喜迎二十大、建功新鞍钢"主题实践活动，实施"十、百、千、万"四大工程，印发《"喜迎二十大、建功新鞍钢"主题实践活动成果集》，召开"喜迎二十大、建功新鞍钢"座谈会、基层党建与生产经营深度融合研讨会，27家单位交流经验，推动"五项重点"任务落地落实。充分发挥基层党组织在疫情防控中的战斗堡垒和党员先锋模范作用，党员干部职工"逆行"出征、舍小家为大家，战疫情、保安全、稳生产，授予鲅鱼圈分公司党委"抗疫保产先进集体"称号。

【压实党建责任】 贯彻落实《中国共产党国有企业基层组织工作条例（试行）》精神，贯彻落实新时代党的建设总要求和新时代党的组织路线，强化使命意识和责任担当，推动各级党委发挥把方向、管大局、保落实的领导作用。2022年，鞍钢党委在国务院国资委2021年度党建工作责任制考核评价中再次获评"A"。

1. 明确重点任务。制定鞍钢集团党委2022年党建工作要点，明确全面从严治党年度重点工作任务清单，向中办、中组部及国务院国资委党委报送鞍钢集团2021年度党建工作报告，督促13个直管单位党委向鞍钢集团党委报送年度党建工作报告。

2. 抓实责任考核。严格落实党建责任制考核办法，优化考评体系，从严开展党组织书记述职评议考核和党建工作责任制考评，在全面开展党组织书记述职评议考核的基础上，试点推行基层党委书记"1+1"联动提级述职评议新模式，注重考评党委围绕发展抓党建、抓好党建促发展取得的实绩，推动党建责任制与经营绩效等各项考核评价有机衔接，打通基层党建"最后一公里"。

3. 从严组织生活。听取领导班子成员抓党建工作情况报告，抓实领导班子成员到党建联系点调研、讲党课，高标准、高质量召开党委领导班子党史学习教育专题民主生活会，从严督导基层党组织开好民主生活会和组织生活会。

【严格换届选举】 认真学习贯彻《中国共产党基层组织选举工作条例》，增强基层党组织政治功能，推动基层党组织换届选举工作规范有序开展。

1. 高度重视，加强领导。（1）印发《关于做好2022年基层党组织换届选举工作的通知》，部署换届选举有关工作，切实把基层党组织换届选举工作作为加强基层党的建设的重要举措。（2）指导本钢、资本控股、矿业等单位党委完成换届及两委委员补选工作，选优配强基层党组织班子，激发基层党组织活力，进一步提升凝聚力和战斗力。

2. 严密组织，精心指导。（1）严格落实"四同步、四对接"，结合公司三项制度改革，靠前谋划指导，结合各单位实际，优化基层党组织设置。（2）建立换届台账，掌握第一手信息，加强具体工作指导和培训，让基层党组织书记和党务干部准确掌握政策要求和选举工作流程，不断提高基层党组织选举质量，确保各级党组织规范运转有效运转。

3. 严格程序，保障权利。（1）各级党委广泛宣传换届选举工作的目的和意义，组织党员认真学习《中国共产党章程》《中国共产党基层组织选举工作条例》等党内法规，切实把思想认识统一到换届选举要求上来。（2）各级党组织在程序上严格执行《基层党组织换届选举组织工作流程》《直管单位党委换届选举工作“两请示、一报告”审批流程》制度，注重确保组织程序的严谨性和合法性，确保党员权利的充分行使，保障广大党员意愿的充分表达。

【加强党支部建设】 贯彻落实《中国共产党支部工作条例（试行）》精神，落实党要管党、全面从严治党要求，不断增强党支部政治功能和组织功能。

1. 抓实三大工程。党委常委会专题研究部署党支部建设工作，深入实施“强基固本”“晋位升级”“示范引领”三大工程，创建辽宁省党支部标准化建设示范点7个，评选党支部工作示范基地10个、“样板”党支部54个，推动党支部建设全面进步全面过硬。

2. 系统总结经验。（1）深入95个基层党委、党支部调研，系统总结五年来全公司党支部建设情况，推行党支部建设“12351”工作机制，即，突出“一条主线”，坚持以学习贯彻习近平新时代中国特色社会主义思想为主线，迎接学习宣传贯彻党的二十大精神；强化“两个功能”，强化党支部的政治功能和组织功能，推动党支部建设与中心工作深度融合；实施“三大工程”，实施党支部“强基固本”“晋位升级”“示范引领”三大工程，不断扩大先进党支部增量、提升中间党支部水平、推动后进党支部晋位升级；做到“五个过硬”，健全“上下贯通、执行有力”的组织体系，做到政治过硬、组织过硬、班子过硬、队伍过硬、作用过硬；实现“一个目标”，推动党支部建设全面进步全面过硬，在高质量发展新鞍钢建设中筑牢战斗堡垒。（2）《强基固本筑堡垒、推动党支部建设全面进步全面过硬》经验做法在中组部《党建研究》刊发。

3. 健全制度体系。（1）注重制度的指导性、实效性，及时修订印发《关于进一步加强基层党建工作的实施意见》《民主评议党员民主评议党支部工作实施细则》《加强新时代离退休干部党建工作的实施意见》，进一步健全完善党建工作制度体系。（2）常态化落实“四同步”“四对接”，围绕鞍本整合融合，开展党建工作思路、党建制度执行、党内活动载体建设等专题培训，做好对本钢、资本控股等单位的重点指导。

【抓实党员教育管理】 贯彻落实《中国共产党党员教育管理工作条例》精神，激发党组织生机活力，进一步提高党员队伍建设质量。

1. 建队伍起作用。（1）围绕“双核”战略、三项制度改革、数字鞍钢建设等重点任务，深入开展共产党员工程，命名集团级党员责任区、党员先锋岗各100个，党员先锋模范作用充分发挥。（2）连续开展11届“钢花奖”党员教育电视片评选，《雷锋在鞍钢》荣获第十六届全国党员教育电视片观摩交流活动优秀作品二等奖，连续4届在中组部评选活动中获奖。

2. 深融合重实效。（1）开展“喜迎二十大、建功新鞍钢”主题实践活动，实施“十、百、千、万”四大工程，扎实开展“我为群众办实事”，既关注“大民生”，又关注“小民生”，实施10个方面重点民生项目计划，用心用情用力解决职工群众急难愁盼问题。（2）注重基层党建创新，编发《基层党建创新案例选编》。《中央企业全心全意依靠职工办企业实践研究——以共和国“钢铁长子”鞍钢为例》等14篇党建课题成果在中央企业、辽宁省政研会获奖。

3. 抓培训提能力。（1）举办党委专职副书记履职能力提升研修班，建立“学前测试+结业考试”双考评估机制，135名专职党委副书记按期结业。（2）开展两批次新任职党支部书记培训，对培训合格的颁发“基层党支部书记上岗培训合格证”，切实提高新任职党支部书记履职能力。（3）实施“万名党员进党校”培训工程，设置“共性+个性”课程体系，开展培训189期，6.17万名党员进入党校课堂。

（鞍钢集团有限公司党委组织部　杨　松）

· 宣传工作 ·

【加强政治理论学习】 理论武装工作重实重效。下发《2022年鞍钢集团有限公司党委理论学习中心组学习安排》，明确学习要求、划出学习重点。全年高质量组织开展党委理论学习中心组集体学习9次，各子企业党委中心组组织学习122次。鞍钢党委建立“每日跟踪、专人盯办、及时会商”

的工作机制，在习近平总书记发表最新重要讲话、作出重要指示批示和党中央召开重大会议、出台重要文件后，第一时间拟订学习计划并印发自学资料。认真组织习近平总书记关于国企改革发展和党的建设的重要论述、习近平总书记关于安全生产的重要论述等10余个专题的学习，不断提高各级领导班子政治判断力、政治领悟力、政治执行力。系统梳理理论文章、学习重点等，利用党建网“学习在线”栏目、信息共享服务平台等发布学习内容216篇，为各级党委中心组和广大党员加强学习提供支撑。鞍钢党委开展列席旁听14次，提出整改建议29条，促进成果转化，形成“学习理论、指导实践、复盘问题、总结提升”的闭环管理，使学习更好地服务改革发展大局。鞍钢党委署名文章《心系“国之大者”塑造发展新优势》，在《求是》杂志主管主办的《红旗文稿》刊发，并在封面作重点推介。谭成旭董事长“强国担当·中央企业通识课”，在“国资e学”平台第一批推出，有120万人观看。鞍钢思想政治工作经验《找出最大公约数 画好最大同心圆 在企业重组整合中扎实做好思想政治工作》、新闻舆论工作经验《探索新闻发布新路径新模式 掌握舆论引导主动权主导权》在国务院国资委会议上交流。宣传工作经验在国务院国资委《宣传工作》刊发三篇。

深入学习贯彻党的二十大精神。党的二十大召开之前，鞍钢党委高度重视、超前部署，组建了由党委宣传部、党委办公室、党委组织部、党校、经研院、新闻传媒中心等有关部门和单位组成的学习宣传贯彻党的二十大精神骨干研究小组，多次召开专题研讨会，精心研究集团总体方案。党的二十大召开期间，组织全集团272个党委、77640名党员收听收看党的二十大盛况，学习领会会议精神，畅谈交流感悟体会。党的二十大胜利闭幕后，第一时间召开鞍钢党委常委会，及时传达学习大会精神，安排部署贯彻落实工作；印发自学通知，督促全面深入学习。鞍钢党委结合前期研究小组工作成果，制定印发《鞍钢集团有限公司党委关于认真学习宣传贯彻党的二十大精神的通知》，明确“六学六讲六抓”等具有鞍钢特色的措施，举办学习宣传贯彻党的二十大精神研修班，通过专家辅导、上下联学、座谈研讨、成果交流等特色学习方式，高质量高标准推进党的二十大精神走深走实走心。

【深入开展思想政治课题研究工作】 鞍钢党委制定《关于新时代加强和改进思想政治工作的指导意见》，积极开展思想政治工作示范点创建工作。加强思想政治工作研究，申报中国政研会两项课题，《新时代分众化思想政治工作体系的研究与实践》《用活红色资源 传承红色基因 打造红色鞍钢》分别荣获中国思想政治工作研究会2021年度一类、三类优秀研究成果。这是鞍钢集团思想政治工作研究课题在中国政研会一类优秀研究成果评比中历史最好排名，也是鞍钢集团首次两项课题同时获评中国政研会优秀研究成果。申报中国冶金思想政治工作研究会课题13项，由鞍钢党委报送的《新时代国企党委中心组理论武装“3+4+2”模式的创新与实践》打分最高，是2022年度评审论文的最高分。本钢《“四个聚焦”抓思政强化“四力”促发展——新时代思想政治工作面临的形势和任务研究》，鞍钢矿业鞍千矿业公司党委《构建新时代“四二五”职工思想工作实践体系的研究与应用》同获一等奖；攀钢钒党委、攀钢党委、鞍钢矿业、本钢北营、鞍钢股份炼铁总厂党委参评的5项研究成果被评为二等奖；鞍钢股份市场营销中心党委、攀钢国贸党委、本钢矿业、本钢建设、鞍钢矿业弓长岭选矿厂党委参评的5项研究成果被评为三等奖。这是鞍钢集团思想政治工作研究成果在行业获奖数量最多、排名最好的一次。

（鞍钢集团有限公司党委宣传部　李　勇）

【宣传工作】 2022年，鞍钢集团聚焦学习宣传贯彻党的二十大精神主线，紧紧围绕中心工作，统筹内宣外宣、线上线下，讲好新鞍钢故事。全年在《人民日报》、新华社等主流媒体刊发新闻报道32824篇次，同比提升12%；全网阅读量突破3.2亿人次，创历史新高。采取“现场+云采访+直播+互动”模式召开新闻发布会，主动引导舆论，受到社会各界广泛关注与好评，直播在线收看人数突破3万，点赞量、评论量突破20万；《人民日报》、新华社等中央省市媒体共刊发原创稿件48篇，全网累计转发1697条次，阅读量超过300万人次。举办“喜迎二十大、建功新鞍钢”大型主题快闪活动，人民网、学习强国、央视频APP、光明网等各大主流媒体纷纷转载，成为集团首个100万+现象级作品，观看量超2000万次。拍摄制作《飞越鞍钢》系列宣传片，被《新闻联播》“大美辽宁”、《航拍中国》“辽宁篇”等多次采用。完成电影《钢铁意志》联合摄制。《钢铁意志》在中央党校播映，受到师生一致好评。主动担负辽宁卫视《开学第一课》第二大部分《担当》主题的策划撰稿，老中青三代人精彩讲述鞍钢故事，全网观看量达3168万次。鞍钢宣传工作经验在国务院国资委《宣传工作》刊发三篇。鞍钢新媒体指数进入中国企业指数榜前20位。

（鞍钢集团有限公司党委宣传部　马明铭）

·纪检监察工作·

【召开鞍钢集团2022年度党风廉政建设和反腐败工作会议】 2022年2月11日，鞍钢集团党委召开2022年党风廉政建设和反腐败工作会议暨警示教育大会，鞍钢集团党委书记、董事长谭成旭出席会议并讲话，全面总结鞍钢集团2021年党风廉政建设和反腐败工作，安排部署2022年工作任务。鞍钢集团党委副书记、总经理戴志浩传达十九届中央纪委六次全会、国务院国资委党风廉政建设和反腐败工作会议暨警示教育大会精神。鞍钢集团党委副书记栗宝卿主持会议。国家监委驻鞍钢监察专员，鞍钢集团党委常委、纪委书记闫立兵通报典型案件并提出工作要求，要毫不偏离紧扣鞍钢集团高质量发展强化政治监督，充分发挥监督保障执行、促进完善发展作用；毫不动摇与损害企业、职工利益的行为作斗争，构筑新鞍钢高质量发展安全屏障；毫不松劲在压减权力任性空间上守正创新，将全面从严治党制度优势转化为治理效能；毫不放松做细做实查办案件“后半篇文章”，着力铲除腐败滋生土壤；毫不懈怠抓好纪检干部队伍建设，推动纪检工作高质量发展。谭成旭在讲话中对2021年鞍钢集团党风廉政建设和反腐败工作取得的明显成效给予充分肯定。谭成旭强调，2022年将召开党的二十大，做好党风廉政建设和反腐败工作意义重大，要全面贯彻落实党中央决策部署，坚定不移把鞍钢集团党风廉政建设和反腐败工作向纵深推进。要强化政治建设，在学习贯彻习近平新时代中国特色社会主义思想上取得新进步；强化政治监督，在推动党中央决策部署贯彻落实上作出新贡献；强化国企反腐，在一体推进不敢腐、不能腐、不想腐上达到新高度；强化作风建设，在纠“四风”树新风上开创新局面；强化巡视巡察，在高质量全覆盖上取得新成效；强化监督协同，在推动党的制度优势转化为治理效能上实现新突破。

【以有力的政治监督保障党中央决策部署落实落地】 锚定“钢铁长子”使命责任，持续推进政治监督具体化精准化常态化。

1. 在具体化上下功夫。紧扣迎接和学习宣传贯彻党的二十大精神，聚焦“三新一高”和鞍钢党委年度重点工作，建立《14个“重点查”、66项“具体看”监督清单》，13家二级企业党委、10家基层单位党委开展监督检查工作，发现并督促整改问题68项。监督推动各级党委学习宣传贯彻党的二十大精神，印发《鞍钢纪委（监察专员办）贯彻落实党的二十大精神任务分解及责任分工清单》，推动党的二十大精神在鞍钢落地生根。

2. 在精准化上下功夫。聚焦“第一议题”，督促推动各级党委深化贯彻落实习近平总书记重要指示批示制度机制。跟进党中央决策部署，开展疫情防控检查、安全生产监督、深化改革督导、巡视整改评估，发现问题1697项，提出整改建议880条。保障“铁资源开发计划”落地，“企地”联合对西鞍山项目全流程监督，要件办理缩短29个月。紧盯“关键少数”，调研监督90家单位，督促压实管党治党责任。

3. 在常态化上下功夫。完善反腐败协调小组工作机制，印发“四项监督”统筹衔接实施意见，建立与相关部门监督联合、问题联查、事故联审机制，不断提升监督效能。监察专员、党委常委、纪委书记与新任职领导干部、年轻干部、二级企业“一把手”等谈话124次，约谈下级党委、纪委负责人28人，督促严于律己、严负其责、严管所辖。

【以有力的执纪执法巩固鞍钢反腐败斗争成果】 把办案作为最有力的监督，坚持严的基调、严的措施、严的氛围不动摇。

1. 提高问题线索处置质效。对2019年以来问题线索“大排查”，常态化对接巡视、审计、财务等部门，运用鞍钢大数据监督平台系统排查、精准研判，全年主动挖掘问题线索占比较党的十九大以来增长了17个百分点。加强重点关注类问题线索管理，对可查性较强的问题线索要求报情况报结果，并定期跟踪督办，切实提升问题线索查办质效，问题线索成案率38%，同比增长6个百分点。

2. 加大腐败案件查办力度。着力减存遏增，将党的十八大以来不收敛不收手、胆大妄为者作为重中之重，严肃查处肖明富、邓鹏宏集团党委管理干部违纪违法案件。加强对“一把手”、领导班子成员及重点岗位人员的监督执纪，深挖细查工程、金融、采购领域腐败“窝案”。2022年，全集团处置问题线索631件，立案490件，处分407人，联合留置10人。

3. 健全“企地”协作配合机制。推动构建企地“大协同、强融合、全贯通”工作格局，开展“企地”协作配合50余次，监察专员、纪委书记12次带队到多个省市纪委监委及公检法机关沟通协调。运用签订协作协议、办案“双组长”负责制等有效经验，子企业纪委与属地监委联合留置5人、走读式讯问2人，居中指挥、分级负责、多点联动的“大会战”办案模式得以深化。

4. 一体推进案件查办与追赃挽损。印发涉案财物管理办法及二级企业纪委涉案款管理的通知，着力加强各级纪委涉案款物收缴管理工作。坚持受贿行贿一起查，推动留置8名行贿人，给予35名违规送礼人员党纪处分，全年挽回经济损失5988万元，同比增长65%，确保国有资产“颗粒归仓”。

5. 完善容错纠错回访教育制度。修订《鞍钢集团建立尽职免责容错清单实施办法》，完善《尽职免责容错清单》，精准划定容的“边线”和不容的“底线”。制定《受处分人员回访教育办法》，聚人心、稳人心、暖人心。2022年，170人主动向组织说明问题，检举控告类信访举报、问题线索同比分别降低48%、37%，鞍钢政治生态向好态势不断巩固。

【正风肃纪，加固落实中央八项规定精神堤坝】 坚持纠树同举、破立并进，以永远在路上的清醒和坚定，着力铲除腐败滋生的土壤和条件。

1. 严防“四风”问题反弹变异。紧盯关键时，做好春节、五一、中秋、十一等节日前的廉洁提醒，刊发《金榜题名时 庆贺需谨慎》廉政短文，开展节日期间“四风”问题检查1415次。严查违反中央八项规定精神问题116件，处分116人。着力纠治形式主义、官僚主义，严查工作中思想懈怠、责任不落实等问题31件，持续为基层减负。

2. 深化鞍钢廉洁文化建设。印发《关于加强新时代鞍钢集团廉洁文化建设的实施意见》，全面推进46项年度重点措施。开展“赓续红色血脉 建设廉洁文化”和“重温两书 坚守初心”党性教育活动，举办红色经典诵读会，以鞍钢红色文化引导党员干部崇廉拒腐。深化《每月一鉴·抚心自省月圆时》精品创建活动，完成鞍钢廉政教育展览馆升级改造，依托孟泰馆、雷锋馆打造廉政教育阵地集群。

【加强专项治理，防治“靠企吃企”顽疾】 加强对权力的制约和监督，以“全周期管理”方式推动专项治理走深走实。

1. 靶向施治精准拆弹。破解工程项目建设中以权谋私等问题，开展“清廉工程”专项整治，筛查工程项目834个，立案140件，处分87人，留置6人。破解备件采购违规招标等问题，开展备件采购及管理专项治理，立案50件，处分26人，留置2人。破解领导人员及亲属违规经商办企业和“影子公司”问题，组织8089人自查自纠，挖掘问题线索14件，处理处分9人。

2. 系统施治标本兼治。着力堵漏洞，印发纪律检查建议书369份，推动完善制度548项。着力防“围猎”，将违规违法的263家供应商、53个自然人纳入“黑名单”“灰名单”，在全集团共享，实现一处失信、处处受限。着力抓教育，召开“8·16”警示教育大会，拍摄并集中观看专题片，层层开展警示教育4240场，35万人次参加。用好《中央企业靠企吃企案件警示录》，组织2200余名领导人员开展读书警示教育活动662场次，以全覆盖督导实现入脑入心、见行见效。

【自我革命，推动纪检监察工作高质量发展】 认真学习贯彻《中国共产党纪律检查委员会工作条例》和《纪检监察机关派驻机构工作规则》，开展“案件质量规范年”专项工作，不断提升工作规范化法治化正规化水平。

1. 工作机制更高效。建立月初书记专题会、每月纪委常委会、月度案件推进会、季度纪检监察工作推进会、年度二级企业纪委书记述职会的“五会”工作机制，抓牢工作计划性、执行力。

2. 履职行权更规范。开展“案件质量规范年”专项工作，制定《鞍钢集团有限公司纪委“案件质量规范年”工作方案》，印发《案件审理质量评查标准及评分细则》，开展案件质量现场评查，围绕事实证据、定性处理等 6 个方面，发现并推动整改问题 327 个。

3. 制度体系更健全。制（修）订涉案财物管理、处分违纪党员批准权限、纪检监察机构对外协作配合管理办法、直管单位纪委书记履职考核评价办法等制度 17 项。编制“大监督体系依规依纪依法行权”思维导图，制发鞍钢监督检查、审查调查文书格式，实现执纪执法“一图清”“一本明”。创新开展鞍钢全面从严治党问卷调查，组织 8920 名职工群众参与，掌握鞍钢政治生态第一手资料。

4. 干部队伍更过硬。坚持“三学三用三结合”政治理论学习机制和“以案代训”强基工程，不断提升纪检监察干部“政治三力”和执纪执法本领。强化对标提升，政治监督、企地联合办案等工作得到中央纪委国家监委充分肯定，19 项工作经验在中央纪委国家监委内部网站刊登交流。加强干部管理和监督，制定纪检监察干部“十五要、十五戒”行为规范，坚决防治“灯下黑”。

（鞍钢集团有限公司纪委　王柏羽）

· 统一战线工作 ·

【加强党对统一战线工作的领导】 认真贯彻落实习近平总书记关于做好新时代党的统一战线工作的重要思想，集团党委常委会、统一战线工作领导小组专题研究统战工作 5 次，提出要求，作出部署。

【加强统一战线工作制度建设】 根据《中国共产党统一战线工作条例》，结合鞍钢实际，制定印发《鞍钢集团有限公司统一战线工作管理办法（试行）》，进一步提高鞍钢统一战线工作的科学化规范化制度化水平。

【加强党外代表人士队伍建设】 举办党外代表人士学习贯彻党的十九届六中全会精神培训班，全集团 258 名党外人士参训。推荐党外代表人士邹明为全国人大代表，推荐钟莉莉、那洪权为辽宁省政协委员，推荐李俊洪、李开华、黄云为四川省政协委员。无党派人士周明顺负责的“基于低碱高硅球团的低碳排放高炉炉料解决方案及其应用”，荣获世界钢协低碳生产卓越成就奖，鞍钢集团成为唯一获奖中国企业。

【召开鞍钢集团 2022 年统战工作会议】 12 月 9 日，鞍钢集团党委召开 2022 年统战工作会议，深入学习贯彻党的二十大精神和习近平总书记关于做好新时代党的统一战线工作的重要思想，充分发挥统一战线重要法宝作用，凝聚全集团广大统战成员智慧力量，在加快建设高质量发展新鞍钢征程上作出新的更大贡献。鞍钢集团党委书记、董事长谭成旭出席会议，就进一步做好新时代鞍钢集团统一战线工作提出要求。鞍钢集团党委常委、副总经理王义栋、李镇出席会议，鞍钢集团党委常委、纪委书记闫立兵主持会议。

会议传达学习了习近平总书记关于做好新时代党的统一战线工作的重要思想，传达了辽宁省委统战工作会议精神，通报了今年鞍钢集团重点工作完成情况。5 名党外代表人士作交流发言。会议强调，要完整准确全面贯彻习近平总书记关于做好新时代党的统一战线工作的重要思想，准确理解核心要义，全面把握实践要求，把党的领导贯穿鞍钢集团统战工作各方面全过程，完善大统战工作格局，加强党外代表人士队伍建设，建设高素质统战干部队伍，扎实推动鞍钢集团统战工作高质量发展。要深入学习贯彻党的二十大精神，贯彻落实党的二十大对巩固和发展最广泛的爱国统一战线作出的重大战略部署，在学习宣传上下功夫，真正做到学懂弄通做实；在贯彻落实上下功夫，把学习成果转化为务实有效的思路和举措，扎实推进党的二十大精神在统一战线走深走实。

【加强活动组织】 组织开展“爱鞍钢、献良策、做贡献”主题活动，印发《关于开展 2022 年“爱鞍钢、献良策、做贡献”主题活动的通知》《关于表彰 2022 年鞍钢集团“爱献做”活动优秀成果的决定》，评选表彰 2022 年鞍钢集团“爱献做”优秀成果 55 项。

（鞍钢集团有限公司党委宣传部　秦永春）

· 精神文明工作 ·

【精神文明建设】 把培育和践行社会主义核心价值观作为铸魂工程，统筹推动文明培育、文明实践、文明创建，弘扬劳动精神、奋斗精神、奉献精神、创造精神、勤俭节约精神，着力在贯穿结合融入、落细落小落实上下功夫。

1. 推动党史学习教育常态化长效化。鞍钢党史学习教育32项重点工作全部完成，召开党史学习教育总结会议，系统总结特色做法、成效，评选各单位党史学习教育优秀工作案例41项。印发《鞍钢推动党史学习教育常态化长效化实施方案》，细化18项具体措施，引导干部职工知史爱党、知史爱国。充分发挥鞍钢博物馆、雷锋纪念馆爱国主义教育基地作用，全年接待参观人数超过20万人。

2. 推动精神文明创建常态化。深化“跟着郭明义学雷锋”志愿服务活动，引导职工在企业发展、服务社会、帮助他人的过程中践行社会主义核心价值观，以实际行动书写新时代的雷锋故事。举办“跟着郭明义学雷锋”进本钢活动，成立了郭明义爱心团队本钢分队及首批10个基层分队。郭明义爱心团队鞍钢股份炼焦总厂分队获评全国学雷锋志愿服务“四个100”先进典型最佳志愿服务组织。

3. 推动典型培养选树常态化。2022年初，召开鞍钢集团精神文明建设领导小组会议，专题研究集团培养选树先进典型工作。全年举办典型报告会20余场，组织召开典型座谈会，大力宣传先进典型，加大培养选树力度。5人获评鞍山市“道德模范”，4人获“辽宁好人”荣誉称号，1人获“四川好人”荣誉称号。深入挖掘、系统总结鞍钢优秀科研工作者严玲同志的先进事迹，严玲被授予鞍山“时代楷模”，获评辽宁最美女性，入选2022年第三季度“中国好人榜”；被辽宁省委宣传部、省文明办授予辽宁“时代楷模”称号，成为继2014年李超、2015年孙利东之后，第三位获评该荣誉称号的鞍钢先进典型、第一位获此殊荣的鞍钢科研工作者。

（鞍钢集团有限公司党委宣传部　王金侠）

·党校工作·

【召开建校60周年庆祝会】 5月25日，鞍钢党校召开建校60周年庆祝会，回顾成长历程、展望未来发展。鞍钢集团党委书记、董事长谭成旭出席庆祝会并讲话。鞍钢集团党委副书记、党校校长栗宝卿主持庆祝会。鞍钢老领导闻宝满、尹利受邀出席庆祝会。中共辽宁省委党校、中共鞍山市委党校、中共沈阳铁路局党校、中共辽河油田党校等多家党校发来贺信、贺词。鞍钢集团党委办公室、党委组织部、党委宣传部负责人，鞍山钢铁、鞍钢矿业公司党委领导，部分原鞍钢党校第一副校长和劳模代表，鞍钢党校、攀钢党校、本钢党校领导班子成员、优秀教师代表出席庆祝会。

【承办集团重点培训项目】 协助集团开发设计、组织实施了十九届六中全会轮训、领导人员金融财务能力提升、技术技能领军人才政治能力提升等7项集团重点培训项目。配合集团总部各部门，承接承办了人力资源管理培训、精益管理培训、财务会计人员继续教育培训、青马学堂、制度大讲堂等14项部室专项培训项目。

【VR党建培训基地投入使用】 VR党建培训基地是鞍钢党校推动党史党建教育培训向数字化、便捷化、信息化转变的一项重要举措，以VR影像技术赋能党史党建宣教领域，改变了传统媒体观看方式和线上教育模式，让学员通过VR虚拟空间在视觉、听觉多重感知的三维动态实景中体验党课教育、接受党性锤炼。VR党建培训基地开启了鞍钢集团“党建+VR”宣教模式，在鞍钢集团党委副书记履职能力提升研修班等多个培训班次应用于培训教学。

【提升科研能力】 完成公司级以上科研课题23项，“国有企业践行“两个维护”的制度和机制研究”荣获辽宁省政研会优秀课题二等奖，“国企挖掘红色资源、传承红色基因的实践研究”荣获辽宁省政研会优秀课题三等奖，“党建工作服务保障国企三项制度改革的实践研究”荣获集团公司优秀党建课题一等奖，“深入总结和学习运用中国共产党一百年宝贵经验的实践研究”“贯彻落实〈中国共产党党员教育管理工作条例〉精神，做好党员教育培训工作的实践研究”荣获集团公司优秀党建课题二等奖。

【发挥“鞍钢e学”平台功能】 “万名党员进党校”等集团重点项目得到集团公司党委和相关部门的高度认可。新建3个学习中心、10个学习专区和45个学习专题，上传新课程710门，完成竞赛63场、培训项目51个，培训超6.3万人次。平台直播3843场，直播学员参与19万人次，直播累计40万学时。实现登录225万人次，9万人登录学习，最大同时在线人数达到3580人，登录率达到50.34%。

（鞍钢党校　刘允壮）

· 工会工作 ·

【民主管理】 各级工会充分发挥职代会在民主管理工作上的主渠道作用，规范做好职代会换届改选工作，有效落实职代会各项民主权利，经职代会审议的重大事项审议率达到100%。集团公司职代会换届改选工作规范有序，职工代表结构比例适当，二届一次、二次职代会圆满召开。各级职代会征集代表提案281件，全部办结。本钢在一线职工中推选了44名党委书记、董事长联络员，召开了三次恳谈会，形成工作任务清单68项，已完成54项，其余14项均按计划推进。鞍钢矿业公司开展“我为改革建言献策”活动，通过企业微信扫描二维码参与活动，形成建言献策意见、建议共享资源库。

【职工思想引领】 各级工会坚持理论武装、典型引领、文化促进相结合，深入学习贯彻党的十九大、十九届历次全会和党的二十大精神，贯彻落实习近平总书记关于工人阶级和工会工作的重要论述精神。以“劳动创造幸福”为主题，深入一线开展职工听得懂、易接受的宣传宣讲，各子企业举办劳模报告会20余场，鞍山钢铁严玲等4名巾帼劳模参加全总组织的巾帼劳模工匠宣讲活动，讲好职工故事，不断赋予“鞍钢宪法”新的时代内涵。培养选树宣传劳模先进，2名职工获全国五一劳动奖章、1个集体获全国工人先锋号，获省级荣誉称号11项。印发《群星闪耀新鞍钢——鞍钢集团劳模风采录》，《人民日报》、新华社、《工人日报》等主流媒体累计发表20余篇报道鞍钢选树劳模经验，引起热烈反响。举办“喜迎二十大、建功新鞍钢”矿业杯书法绘画摄影展，紧扣“六个鞍钢”主题，实地和网上同步展出167幅作品，观展1.1万人次，彰显了鞍钢职工昂扬向上的精神风貌。

【劳动竞赛和技能竞赛】 各级工会深入开展“建功‘十四五’、奋进新征程”主题劳动竞赛和技能竞赛，激励职工立足岗位建功立业。聚焦降本增效、数字鞍钢等重点，各子企业制定11个特点鲜明的主题竞赛方案，开局即赛，全力推进，取得实效。鞍山钢铁以“绿色低碳 精益管理 对标提升”为主题开展10个专项劳动竞赛，2022年有47条（次）产线综合成材率、79条（次）产线废次降率完成挑战值。攀钢开展重点竞赛9项、四川省重点竞赛1项、四川省“5+1”劳动竞赛3项。鞍钢矿业公司系列劳动竞赛突出“保安全、提产能、降成本、创一流”主题，一标一赛，精准发力，铁精矿、铁矿石、收入、利润等指标刷新历史纪录。契合新鞍钢人才队伍建设需要，聚焦素质提升开展35个工种的职工技能竞赛，促进精准培训、精准练兵。在辽宁省第一届职业技能大赛中，本钢获得2个状元称号，鞍钢矿业公司获得1个状元称号。

【群众性自主创新】 各级工会持续深化群众性创新活动，不断完善职工创新工作室、先进操作法、群众性合理化建议、创新项目“四轮驱动”的创新活动新模式。推进职工创新工作室创建，修订创建活动和支持资金管理文件，优化管、建、运模式。组建创新工作室内部联盟16组，在鞍、攀、本三地设立创新联盟交流基地，通过线上、线下交流研讨58场次。6个工作室被命名为辽宁省劳模（职工）创新工作室，4个工作室联盟被命名为辽宁省创新工作室联盟。启动合理化建议活动，重点围绕安全环保、智能制造、降本增效、技术创新等方面，激励职工为企业发展建言献策。优化先进操作法和创新项目评选，基层推荐参评集团级先进操作法56项，创新项目132项。组织参加首届大国工匠创新交流大会，10项职工创新成果精彩亮相。完成全国发明展205个项目参展申报。获得全国机械冶金建材行业职工技术创新成果一等奖4项、二等奖6项、三等奖24项。鞍钢股份炼铁总厂和冷轧厂工会获全国机冶建材工会经济技术工作先进单位。

【服务职工】 各级工会贯彻落实习近平总书记关于扎实办好民生实事的重要指示精神，全力推进集团党委“我为群众办实事”重点民生项目，实施“大民生”+“小民生”，既聚焦职工急难愁盼问题，又关注“绿色鞍钢”“数字鞍钢”建设，完成10个方面101个子项的重点民生项目，不断满足职工群众对美好生活的向往。关心帮扶困难职工，走访慰问困难职工29014人次，发放救助金1991万元。审核发放医疗救济金1748.3万元，

9107人受助。“一帮一”和“群帮一”分别结对152对和142对。重病救助3137名职工获得理赔额度1903万元。关心职工劳动安全和身心健康。与安全环保部协同组织“安康杯”竞赛，切实维护职工群众的安全健康权益。高温时节集团工会分别到鞍攀本等地12家单位“送清凉”，发放各类防暑降温饮品和保健用品1.45万件，各级工会共发放防暑降温物品价值826万元。抗疫保产期间，第一时间为本钢送去价值30万元的1300多箱食品和生活用品，争取鞍山市总工会防疫专项资金200万元全部下拨子企业，各级工会慰问驻厂职工累计使用工会经费1000多万元。攀钢工会对下补助抗疫资金188万元。

【女职工工作】 加强女职工工作，开展巾帼建功系列活动。投保女职工安康保险8900多份，为14名女职工申请“两癌”救助金。

（鞍钢集团有限公司工会　杨　杨）

·共青团工作·

【强化青年思想政治建设，提升团组织建设新鞍钢的引领力】 加强青年思想武装，推动党的创新理论青年化。组织开展“青年大学习”实践活动，印发《学习宣传贯彻习近平总书记在庆祝中国共产主义青年团成立100周年大会上重要讲话精神的通知》《学习宣传贯彻党的二十大精神工作方案》，每季度评选表彰青年学习标兵20名；创新开展政治理论青年网络答题活动，11922人次参与，有效调动团员青年学习积极性主动性。各级团组织负责人带头学、基层团组织集体学、团员青年主动学，带领各级团干部深入青年宣讲党的创新理论和习近平总书记在庆祝建团百年大会上的重要讲话精神，筑牢党执政的青年思想基础。加强理想信念教育，着力提升青年精神素养。组织开展“喜迎二十大、永远跟党走、奋进新征程”主题教育实践活动，推动实施鞍钢青年精神素养提升工程，邀请鞍钢党委主要领导为青年讲授“第一课”，邀请当代雷锋郭明义为青年讲授“第二课”，组织青年开展“三个问题”大讨论活动，引导青年在与党中央对标对表、同先辈对标对照中，进一步坚定理想信念、增强奋斗意识。弘扬鞍钢文化精神，与辽宁团省委联合举办“承扬钢铁意志 青春助力振兴”主题团日活动。制作的《鞍钢青年：激情燃烧 永久奋斗》专题片在共青团中央服务青年发展官方平台“创青春”微信公众号、《中国共青团》杂志视频号和《中国青年报》客户端等全国级媒体上报道。

【强化青年创新创效赋能，提升团组织建设新鞍钢的组织力】 问需青年，推动青年创新创效改革赋能。聚焦青年创新工作存在的结构性问题，推动鞍钢青年创新登高计划优化升级，实施团组织赋能结构性改革，从重数量向重质量转变，减少对青年低质量创新项目赋能，加大对青年高质量创新项目赋能，推动青年实现更多突破性创新。2022年，集团级创新登高项目立项100项，评选表彰2021年度青年创新登高金牌项目10个。1名青年荣获团中央第十七届“振兴杯”全国青年职业技能大赛优胜奖。聚焦贡献，精准实施高附加值创新实践。加强鞍钢青年创新实践和青年实训基地建设，组织开展创新交流论坛10余次，青年实训培训交流30余次，累计参与650余人次。聚焦安全生产，与安全环保部联合开展青年安全生产示范岗创建活动，创建报备鞍钢青年安全生产示范岗80个，认定表彰10个。聚焦数字鞍钢建设，联合管理与信息化部开展第一届鞍钢青年数字化创新大赛，引导青年在科技创新、数字鞍钢建设等实践活动中创造价值。两次印发通知部署疫情防控，建立363个青年突击队，开展各类志愿服务活动825次，参与6400余人。

【强化服务青年成长成才，提升团组织建设新鞍钢的服务力】 聚焦青年成长进步，开展服务青年实践活动。深入开展“我为青年办实事”实践活动，制定“我为青年办实事”清单，建立月调度工作机制，狠抓项目落实落地，立项的14个项目全部按计划推进落实。组织留鞍过年的青年职工开展“除夕福袋，心暖他乡”“团圆吃饺子，欢喜过大年”等特色活动。组织开展“跟着郭明义学雷锋 青春建功新鞍钢”主题实践活动，搭建青年奉献企业社会、成就自我的平台。聚焦青年典型选树，培育青年成长进步榜样。扎实推进“双推”工作，与党委组织部联合印发《鞍钢集团有限公司共青团推优入党工作实施办法（试行）》，建立鞍钢集团优秀青年人才库，2022年入库200余人，定期开展访谈考察。推动两级“青马工程”落地，开班率达100%，按照20%比例推荐优秀“青马”

学员进入鞍钢年轻干部培训班次。组织评选第一届鞍钢青年五四奖章，55个青年集体和个人荣获省级及以上荣誉表彰，其中1人首次荣获全国青年岗位能手标兵；2人荣获全国青年岗位能手，4个青年集体荣获一星级全国青年文明号，并通过《中国共青团》杂志、《鞍钢日报》、“青春鞍钢”微信公众号等媒体平台扩大宣传影响力。

【强化全面从严管团治团，提升团组织建设新鞍钢的贡献度】 坚持党的领导，推动党建带团建制度机制落实。认真贯彻落实《鞍钢集团公司党委关于进一步加强党建带团建工作的意见》，一些重点任务指标得到有效推进。全面加强党对青年和共青团工作的领导，团的建设实现“四个纳入”，即纳入鞍钢党委全委会工作报告、党委全面从严治党重点任务清单、党委月度工作计划、党委年度党建工作责任制考核，党建带团建重点任务实现“六个百分之百落实”。经验做法在《中国共青团》杂志等刊发，鞍钢团委作为全省企业团组织代表在辽宁团省委工作会议上作专题经验交流。加强团干部队伍建设，发挥团干部“头雁”作用。加强鞍钢团的委员会建设，增补委员3名，增补常委1名，严格执行集团团委常委会“第一议题”制度和重大专题学习制度，明确集团团委常委任务分工。联合党委组织部印发团干部协管制度和团干部述职评议考核制度。组织163名团干部参加在大连高级经理学院举办的网络专题学习班，实现各级团委书记全覆盖；推进“钢铁之团·园丁计划”，组织开展团委书记轮训班和团支部书记选训班，选拔259名团干部参加培训并全部结业。组织开展鞍钢第一届团干部政治理论水平测试认证暨第一届团干部技能大赛。从严落实团内各项制度，提升基层团组织战斗力。建立鞍钢共青团工作通报机制，对先进做法和工作经验在《鞍钢青年和共青团工作》刊发交流借鉴；对集团公司团委重点工作推进落实情况在《鞍钢共青团通报》刊发督导推进。优化基层组织建设，开展基层团组织建设大调研，撤销鞍钢日报社团委、教培中心团委，指导资本控股成立团组织，调整国贸公司团组织设置，调整本钢团委隶属关系并指导推动其所属团组织按期换届。从严推进团内“三会两制一课”等组织生活制度落实，及时督导录入“智慧团建”系统，“四个专题”学习落实率居中央企业前列。强化团员教育管理，狠抓团员发展工作质量，定期开展新发展团员工作质量抽查。规范推优入党，制度化落实28周岁以下青年入党“两个一般”和“两个主要”工作要求，实现党团育人链条相衔接、相贯通。

（鞍钢集团有限公司团委　王相宇）

第十六部分

鞍山钢铁集团有限公司

·生　　产·

【综述】 2022年，鞍山钢铁公司深入学习党的十九大和十九届历次全会精神，认真贯彻落实集团公司两级党委的决策部署，围绕疫情防控和生产经营目标，强管理、控事故、求稳顺、抓均衡、提效率、打规模、保合同，注重系统协同和联动，加强鞍营朝三地生产互动；产量规模精准完成限产目标，部分成材产线创历史，两金占用及合同执行符合预期，生铁成本跑赢大盘，为公司完成生产经营预定目标提供强有力保障。在公司31项主要技术经济指标中，本部、鲅鱼圈分公司、朝阳钢铁分别有7项、7项、3项指标创历史最好水平。

一、攻坚克难，变革创新，全力推进规模提升

2022年，鞍山钢铁公司面对雾霾限产、新冠疫情、市场形势下滑等不利因素，通过强化产销融合、生产联动、基地互动、优化排产，充分发挥协同优势，实时跟踪，预判调整，变革创新，攻坚克难，精益组织。全年铁、钢、材完成2623.55万吨、2665.93万吨、2508.38万吨，同比增加88.69万吨、11.97万吨、28.19万吨，其中鲅鱼圈铁钢产量均创历史新高。

生产组织中，炼焦抓配煤，控指标，提质降本；炼铁抓操作，保稳顺，稳产控本；炼钢抓系统，重创新，提废增钢和降本齐步走；轧钢重效益，抓重点，轧材灵活调整紧跟市场，较好地完成了各阶段生产任务。

二、注重全局，基地互动，凸显协同管控优势

积极应对市场变化，组织多基地生产资源互动，实现生产有效衔接、资源合理配置。

（1）铁料调剂互补。鞍山基地供鲅鱼圈、朝阳基地铁精矿46.7万吨、球团矿6.8万吨；鞍营两基地调剂互补焦炭5.4万吨、进口矿198万吨。

（2）调坯提升规模。根据“板强长弱”，调拨钢坯保证鲅鱼圈、朝阳生产，鞍山基地组织供鲅鱼圈基地钢坯27.47万吨，供朝阳基地钢坯2.07万吨。

三、目标倒逼，项目拉动，推进系统降本工作

坚持系统管、管系统成本管理理念，分解落实财务运营部成本压降目标；坚持目标倒逼、项目拉动成本压降理念，课题滚动推进，有效督导、明确管理，切实推进系统降本工作有序进行，全年累计完成降本创效35.16亿元，折吨钢降本198元。

四、夯实专项产品质量管理，满足型号建设需要

全年专项产品销量10.2万吨，同比增加3.45万吨，重点型号市场占有率保持70%以上，型号保供任务按期完成。确立专项系列产品开发与质量工艺技术研究、国家军用标准制（修）订等科研课题48项。完成2项舰艇用球扁钢国家军用标准修订，通过专家审查。“××用高性能球扁钢的研制及工程化应用”项目获得鞍山钢铁科学技术奖二等奖。“特大型水面船用系列高强韧易焊接钢关键技术研发”合作项目通过结题验收，为鞍钢接续承担重点型号供货任务打下坚实基础。为提升电渣产品质量稳定性，完成15吨、22吨、40吨电渣炉升级改造项目立项、实施。ZQ390钢板通过鉴定审查。组织推进与中国一重开展国家重点项目高强钢材料联合研发工作。组织召开专项产品质量工作季度例会，顺利通过2022年装备质量管理体系年度监督现场审核。

（鞍钢股份有限公司制造管理部　张金栋）

【炼焦生产】 2022年，鞍山钢铁集团公司生产焦炭1084万吨。

鞍山本部：系统降本取得新突破。开展配煤创新攻关，开发俄罗斯艾尔加、GJ等低价煤种，实现采购单价大幅降低。强化操作，精细配煤，强化对影响焦炭质量、产量的关键工艺点的管控。持续开展科研攻关活动，重大技术改进成果创效580余万元，两革一化项目创效590余万元。全焦成本完成2702元/吨，比预算降低55元/吨。

鲅鱼圈分公司：构建配煤优化体系。逐步降低进口高价煤比例，炼焦部配煤小组充分利用40千克小焦炉设备不断开发利用优质主焦煤，持续增加低价煤使用比例，开发了替代煤种。通过华为智慧配煤系统，实现炼焦配煤最优化，提高配

煤准确率达95%以上，洗煤单耗及结构优化降低成本25元/吨，月创效450万元。

朝阳钢铁：紧跟市场走势，压降配煤成本。抓住降低配煤成本关键核心，实施创新驱动。运用配煤技术，科学拓源，可利用煤种合计20余种，优化配煤模型。

（鞍钢股份有限公司制造管理部　陆　云）

【炼铁生产】 2022年，鞍山钢铁公司铁产量完成2623.55万吨，比2021年增产88.69万吨。其中本部1756万吨，同比提高9.78万吨；鲅鱼圈分公司646万吨，同比提高77.77万吨；朝阳钢铁222万吨，同比提高1.14万吨。

鞍山区域：强化高炉生产操作，制定“一机一炉”“一炉一策”策略；烧结以提产保质为核心，通过优化配矿结构，产能大幅提升；精益调整应对，保证铁前系统用料平衡；优化配煤配矿，成本低于津冀地区。

鲅鱼圈分公司：打赢“阻击战”，夺取疫情防控与生产经营双胜利；紧盯成本和效益两个关键，坚守全年不亏损底线；立足“精益管理”，通过精益管理出效益。

朝阳钢铁：细化高炉操作，实现高炉稳定高效；成本变革，实施项目管控；行业对标，实现成本领先；焦铁联动，实现系统降本；优化铁前配矿，跟紧市场节奏，降低成本。

（鞍钢股份有限公司制造管理部　冯清裁）

【炼钢生产】 2022年，鞍山钢铁集团公司钢产量完成2665.93万吨。其中，本部完成1772.33万吨；鲅鱼圈分公司完成654.17万吨；朝阳公司完成232.16万吨。

1. 一季度，为了提升规模效益，三地积极消化对标成果，研究制定提废增钢措施，通过优化铁钢界面、改进炼钢工艺操作、优化熔剂使用、优化废钢结构等措施，为提废增钢保驾护航，顺利实现产量开门红。其中鞍山基地1月铁水单耗完成923千克/吨，创历史单月最好水平。

2. 一季度后以降本增效为重点，从指标提升、优化结构两个方面着手，坚持内部挖潜和对标学习相结合，通过开展技术攻关，操作精细化管理，落细落实降本工作，大力优化钢铁料、熔剂、合金结构；推行全面预算管理，全年加工成本完成目标。

（鞍钢股份有限公司制造管理部　王文科）

【轧钢生产】 2022年，鞍山钢铁公司钢材产量完成2508.38万吨。其中，本部完成1641.5万吨，鲅鱼圈分公司完成638.46万吨，朝阳钢铁完成230.58万吨。

1. 产销紧密衔接，产质高效协同，保合同执行。通过加强产销衔接，优化资源配置，加大质量攻关力度，提高产品一次合格率；加大重点合同监管力度，确保硅钢家电用钢、船用钢卷、热轧集装箱板等重点品种合同执行率高位运行。1—12月，公司鞍山基地合同执行率累计完成96.39%，超预算目标0.39%。

2. 注重协同，对接市场，合理组织新三线生产供料。加强鞍营朝三地协同，有效对接市场，合理组织新三线原料供应。1—12月，鞍山基地供鞍神原料45.33万吨，广州原料31.96万吨；鲅鱼圈基地供莆田热卷63.30万吨，朝阳基地供莆田热卷16.57万吨。

3. 高磁感取向硅钢实现批量生产及首次盈利。2022年高磁感取向硅钢产量4.01万吨，同比提高3.71万吨。成材率73.4%，同比提高9.1%；实现利润9330万元，同比提高18084万元。

炼钢工序内控成分合格率达行业先进水平；热轧工序打通普钢炉生产路径，实现三炉加热；硅钢工序成材率单月实现75.4%，创历史新高。

（鞍钢股份有限公司制造管理部　张金栋）

· 经　　营 ·

【指标完成情况】 东北区域销量同比增加76.1万吨，同比增长10%；直供比例比计划高3.5个百分点；工程销量完成全年指标的123%，重大工程订货同比增长9.5%；拳头产品、独有领先产品比例分别比计划高2.55个百分点、2.09个百分点；出口销量同比增长26.5%，钢铁产品出口实现量效双丰收。

【营销体系注入新动能】 优化价格评价体系。建立比市场、比行业、比标杆等多维度的价格对标体系。优化预算管理。建立盈利能力分析模型，完成“双口径”（制造口径、结算口径）预算编制，实现销售资源动态调整效率和准确度“双提升”。首次实现预合同管理。提前签订N+1月预合同，对外保障合同交付，对内保证接续生产。

创新两金管控模式。细化存货分类，形成“ABC”管控机制，合理控制库存结构。严控先货后款授信，开展应收账款保理业务，拓宽保理渠道，两金指标完成近四年最好水平。创新销售物流管理。推进二程物流，完善管理制度，完成二程物流在华东、华南全流程测试，实现系统上线投运。创新人民币签约国际贸易模式。实现0.5万吨出口印尼船板合同人民币签约，开创了鞍钢股份人民币代理出口签约的先例。

【渠道拓展获得新增量】　热系产品方面，成功中标国家管网和中石化2022年度管线钢框架协议招标并排名第一。铁路车辆用钢销量同比增加34.38%，市场占有率连续19年位列行业第一。冷轧硅钢基料销量同比增加32.9%，实现鞍钢高牌号无取向硅钢（350牌号）和取向硅钢（AQRA牌号）首次对外供货。冷系产品方面，实施冷系产品东北战略2.0，实现东北区域冷系产品销量增幅达23%。加大光伏行业开发力度，光伏用锌铝镁产品实现销量零的突破。取向硅钢销量及利润创历史最好水平。长材产品方面，钢轨品种全年销量同比增加10.33万吨，行业排名全国第二；独有产品U77MnCrH全长淬火轨渠道进一步拓展。线材高端新品55SiCr弹簧钢首次应用于广汽埃安等车型的悬架系统。圆钢销量实现零的突破。出口方面，取向硅钢出口实现零的突破。彩涂出口部分摆脱对俄罗斯市场的依赖，非俄出口增长20%。开创板坯间接出口新模式，成功签约板坯买断出口合同9.45万吨。

【服务水平达到新高度】　深入开展客户服务年活动，组织推进17项任务和20个工作标的落地见效。优化核心客户群体。开展以“1+2+Δ”为标的的客户走访开发工作，开发行业龙头企业23家，逐步打造高价值核心客户群。推进技术营销。响应客户需求，发挥技术优势，通过对内服务现场、对外服务客户，全年识别客户需求数量193项，其中95项转化为工作项目；签订技术协议120个；开发新钢种96个。提升客户体验。实施合同全生命周期管理，合同交付周期较目标缩短5.91天。质量异议处理周期较目标缩短1.6天，综合物流周期较去年缩短1.65天。为实现评价更加客观真实，引入权威第三方机构实施客户满意度调查。

【鞍本协同取得新突破】　以渠道服务团队一体化运营为基础，推动资源、价格、服务等六要素一体化管理。资源协同方面，统筹月度销售资源，共享客户，对区域、渠道、品种间资源实施动态调整，统筹保证核心价值客户需求。价格协同方面，建设模式统一、市场认可的价格管理体系。同步出台统一的产品价格政策，产品价格引领能力持续提升。服务协同方面，依托销研产一体化优势，构建“对内高效协同、对外快速反应”的一站式服务体系，同一个面孔服务客户。品种协同方面，确定共有产品产线分工定位，推动产线集约高效生产；组建一体化攻关团队，在工程领域、汽车行业实现产品新突破。

【品牌建设再上新台阶】　加强自主投标。重轨产品成功中标国铁集团首次招标的铁路建设项目，冷轧产品首次中标中石油年度润滑油桶集采项目，螺纹、镀锌产品成功中标中石油一级供应商项目，东北公司首次中标中国通用技术集团2022年集采项目。加强海外拓展。践行国家“走出去”发展战略，充分发挥鞍钢品牌优势，携手国内知名企业借船出海，参与尼日利亚卡卡铁路等项目，海外重大工程供货4.98万吨。加强品牌推介。主办“鞍钢高端建筑钢材　东北建筑钢构产业交流峰会”，参加行业论坛13次，推介鞍钢产品。召开五大区域品牌客户恳谈会，倾听客户心声，解决客户关切问题。通过内外部媒体宣传报道220篇次，提高鞍钢产品市场美誉度。鞍钢重轨和核电用钢获评2022年中国冶金行业最具竞争力产品，鞍钢股份被评为2022年度卧龙电气战略供应商、兰格钢铁网卓越品牌供应商、“钢之家”钢铁企业品牌供应商。

（鞍钢股份有限公司市场营销中心
王长宇）

·技术改造·

【综述】　2022年，鞍山钢铁实际完成投资38.91亿元，其中，固定资产投资37.71亿元、股权投资1.2亿元，全部为主业投资，新开工项目投资8.19亿元，续建项目30.72亿元；投资资金来源均为自有资金，无境外投资；与2021年相比，2022年固定资产投资同比下降18.5%，原因是从

2022年2季度开始，国内钢材市场需求收缩，公司经营形势困难，按从严从紧的要求，非必要不支付的原则，投资更为审慎所致。

2022年，鞍山钢铁围绕优化产业布局，做精做强钢铁产业，全面提升创收创效能力的战略发展方向，重点推进了钢铁产业的提质增效、环保减排和数字鞍钢等投资项目。全年钢铁产业投资37.13亿元，其中，提质增效项目投资7.31亿元、环保减排项目投资12.16亿元、数字鞍钢项目投资4.33亿元。重点推进项目如下。

1. 炼铁总厂烧结机环保升级改造项目，总投资12.7亿元，投产后可关停东烧360平方米烧结机，具有较高的环保效益和经济效益。截至2022年末累计投资7.06亿元，目前项目进度正常，预计2023年4月投产运行。

2. 鞍钢股份鲅鱼圈原料场棚化封闭项目，总投资4.92亿元，项目内容为对鲅鱼圈矿石料场、副原料场、混匀料场进行棚化封闭，同时对露天皮带和附属区域封闭改造。项目建成后可减少无组织粉尘排放量4793吨/年。截至2022年末项目累计完成投资2.9亿元。项目于2021年4月30日放行，预计2023年4月底投产运行。

3. 冷轧硅钢厂西区新建连退炉（AA1）项目、二十辊轧机项目、准备机组项目等硅钢项目，是为了解决鞍钢股份冷轧硅钢厂不能批量稳定生产新能源汽车用电工钢和产品结构不合理（中高牌号产品比例低）的问题，投产后主要生产以新能源汽车用电工钢为代表的高端无取向高牌号电工钢。计划总投资合计7亿元。上述项目已于2022年放行，计划2023—2024年陆续投产。

4. 鞍钢股份鲅鱼圈钢铁分公司余气综合利用发电项目完成核准，已立项放行。正在按计划实施，计划于2024年6月底前投产。项目达产后，鲅鱼圈可实现淘汰落后2×20兆瓦次高压发电机组，提高煤气利用效率，充分利用富余煤气年增发电力约5.1亿千瓦时，实现年节能约9.7万吨标准煤，年减少CO_2排放约25.2万吨。另外，朝阳钢铁资源综合利用发电项目核准，2022年已立项放行。正在按计划推进，计划于2024年5月底前投产。

2022年，鞍山钢铁围绕产业链补齐短板、锻造长板，提升供应链保障能力，增强供应链备份能力，积极开展鲅鱼圈二期项目、朝阳钢铁二期项目、炼钢总厂二分厂3号线转炉提效改造项目、冷轧硅钢厂新增取向硅钢产能项目等产业链补齐短板、锻造长板项目的前期论证工作。上述项目将大大提高鞍山钢铁在钢铁行业的市场竞争力，增强鞍山钢铁跨周期发展和抵御市场风险的能力。

2022年，鞍山钢铁紧紧围绕国家科技创新和产业发展重大战略需求，积极承担国家补齐产业链关键领域、关键产品、关键技术的薄弱环节和短板弱项的责任，依托国家课题，重点开展了Al-Si涂层热成型钢项目和流化床氢气炼铁中试线工程。

2022年，鞍山钢铁积极推进智能化、数字化转型升级，集成业务价值链，构建智慧运营体系。鞍山钢铁全面加速推进智能产线建设，围绕集控中心、智能装备升级、3D岗位机器换人、工艺模型优化等项目，实施内容快速移植，加速提升产线、基地智能化整体水平，累计完成14条智能制造示范产线布局，建成鲅鱼圈智能制造试点示范基地。

2022年，鞍山钢铁总计放行环保污染治理项目55项，累计放行总投资9.06亿元。通过实施一系列重点环保项目，污染物排放总量持续下降，厂区环境明显改善，SO_2、NO_x、化学需氧量污染物排放同比分别下降12.7%、3.9%、28.6%。例如，321平方米带式球团焙烧机烟气脱硫脱硝项目，通过除尘改造及增设脱硫脱硝设施，减少二氧化硫195吨、氮氧化物240吨、颗粒物15吨。同时鞍山钢铁积极践行“双碳”理念，为环境生态保护作出较大贡献，取得良好社会效益。

（鞍钢股份有限公司科技与规划部　崔树文）

【鞍钢股份大型厂连轧线升级改造项目】 项目是公司重点改造项目，年设计产能为95万吨。改造后轧线轧机共6架，粗轧开坯机1架（利旧），连轧机组5架轧机（3架利旧），采用平立交替布置，实现了无扭、微张力轧制。采用2组步进翻钢式冷床，对定尺棒材和方坯进行均匀冷却；整个轧线由计算机系统控制，为轧线设备可靠运行和生产管理提供了系统保证；2号加热炉实现装炉出炉自动控制，二级烧钢，除鳞系统实现单独自动控制，2号横移编组台架及以后区域实现自动控制，达到国内一流装备水平。

建设单位为鞍钢股份有限公司大型总厂；设计单位是鞍钢工程技术有限公司；主要施工单位

有鞍钢重型机械有限责任公司、鞍钢集团自动化有限公司等。

计划总投资1.85亿元。工程于2021年3月30日开工，2022年5月27日竣工。项目经理：李元华；工程负责人：刘建秋。

【鞍钢股份炼钢总厂一分厂1号方坯铸机大修改造工程】 工程是公司重点改造项目，项目改造采用凝固末端重压下技术，提高铸坯的内部质量，尤其是改善铸坯的中心偏析；具备轻压下功能，解决铸坯疏松和中心缩孔问题；采用全板簧液压振动，提高铸坯的表面质量；实现二冷动态配水，解决了铸坯表面裂纹问题；实现方坯全自动开浇。

设计产能为85万吨；改造后生产的方坯断面320毫米×410毫米（预留ϕ350毫米），铸造速度范围从0.2米/分到2米/分。该项目由意大利达涅利公司设计，关键设备（结晶器、拉矫机、自动化控制）由外方供货，其他设备国内制造。

主要建设内容：中间包改造；结晶器改造；弧形段及基础座改造；拉矫机重压下改造；增加动态二冷水系统及铸流电磁搅拌系统；辊道区域改造；电气系统、动力系统等公辅配套改造。

建设单位为鞍钢股份炼钢总厂；设计单位是鞍钢工程技术有限公司；主要施工单位有鞍钢建设集团有限公司、鞍钢集团自动化有限公司等。

计划总投资1.35亿元。工程于2022年4月7日开工，2022年5月22日竣工。项目经理：田勇；工程负责人：徐大海。

【鞍钢股份冷轧厂3号镀锌线Al-Si涂层改造项目】 生产铝硅涂层热成型钢成为一个兼顾轻量化、安全和成本多项优势于一身的热门技术，是目前轻量化材料中符合中、低端汽车实现安全和轻量化性能及成本要求的最为理想的材料，具有巨大的市场发展空间。

汽车用热成型钢板产品最大抗拉强度为800兆帕，以此为原料经热成型加工的成品抗拉强度最高可达2000兆帕。机组年产量40万吨不变，其中镀铝硅产品为20万吨（热成型原料板10万吨，家电板10万吨），占比50%。

主要建设内容：焊机提升改造；气刀及沉没辊系改造；连退炉改造；锌鼻子改造；镀铝锅改造；小铝花控制设备改造；现场集控改造。

建设单位为鞍钢股份冷轧厂；设计单位是鞍钢工程技术有限公司；主要施工单位有鞍钢建设集团有限公司等。

计划总投资1.3亿元。工程于2022年6月30日开工，2022年11月30日热负荷试车完成。项目经理：王植；工程负责人：张智华。

【鞍钢股份大型总厂新建钢坯清理线项目】 连轧生产线进行配套升级改造，新建智能控制系统及配套除尘系统的方圆坯自动修磨生产线。

新建厂房总建筑面积3475平方米，年设计产能为30万吨。除上料卸料外，实现内部缺陷检测，实现自动探测和缺陷标记，采用超声波、漏磁探伤，整线为自动修磨线，具备随形打磨和修角功能；可设定修磨深度，修磨深度可根据钢种和缺陷深度调整。全修磨实现全线“一键式”自动作业。设备具有技术先进、运行可靠、工艺完善等特点，设备质量、生产成本、消耗指标和生产能力都达到国际先进水平。

建设单位为鞍钢股份大型总厂；设计施工总承包单位是山东省冶金设计院股份有限公司。

计划总投资：4950万元。工程于2022年3月28日开工，2022年10月30日竣工。项目经理：李元华；工程负责人：张智华。

（鞍钢股份有限公司设备工程部　邬全海）

·科技发展·

【综述】 面向国家重大需求和经济主战场，以技术领先为核心，以原创技术策源地、科技领军计划、科技卓越项目、“揭榜挂帅”项目、“一厂一所一室”模式为抓手，围绕“0到1”“1到∞”2个阶段，基础性、前沿性、引领性3个方向，效率提升、成本变革、服务引领、智慧制造、生态融合5个维度，当好高质量发展新鞍钢的“主力军”。研发的低屈强比高韧性Q345qD-LP01桥梁钢等4个产品实现全球首发，完成的世界首套单绕组螺旋电磁搅拌装置等4个技术实现全球引领，“基于低碱高硅球团的低碳排放高炉炉料解决方案及其应用”项目作为中国企业唯一项目获世界钢铁协会第13届“Steelie”低碳生产卓越成就奖，“一种利用化工废弃物制备高强度炼铁用焦炭的方法”获第二十三届中国专利优秀奖，21个项目获得省部级科技奖励，2项产品获得行业市场开拓奖，专利创新指数连续两年位居全国钢铁行业第三位，“大型钢铁企业集团以世界一流为目标的科技领军计划构建与实施”获全国企业管理创新成果二等奖。研发投入强度3.93%，实现科技降本增效16.5亿元，管线钢成为国家管网第一大供应商，公司综合成材率指标达到历史最好水平，涌现出一批以辽宁“时代楷模”严玲为代表的模范典型，4人获得国务院政府特殊津贴。

1. “大国重器”担当主动作为。紧紧围绕原创技术策源地建设、1025关键核心技术攻关、加强高质量发展排头兵建设、超前布局好前沿颠覆技术等工作，依托国家重点实验室建设，把握大趋势，下好“先手棋”，获得政府资助资金近6000万元（其中专项资金600多万元）。原创技术策源地建设下发了第一批攻关项目计划，制定和优化技术谱系和攻关领域，全面完成了年度计划目标。第一期4个1025专项全部通过国务院国资委验收并持续推广转化应用，1个项目作为鞍钢集团唯一项目成功入选国务院国资委第二批1025专项。联合12家单位成功牵头中标工信部“深海油气资源输送用先进双金属复合管开发及产业化”项目，获得5800万元财政资金支持。

2. 服务战略水平持续提升。聚焦碳达峰的“焦点”、生产工艺的“痛点”、拳头产品的“难点”、数字鞍钢的“重点”，下发11批科研、4批降本增效、2批“一厂一所一室”计划。氢冶金项目举行开工仪式，建成鲅鱼圈智能制造试点示范基地，高锰奥氏体超低温钢突破全流程生产技术并首次实现示范应用，汽车钢生命周期碳排放影响评价工作实现鞍钢在LCA领域零的突破，应用高品质转向架用钢的“复兴号”动车组跑出时速403千米新纪录，独家供货全球首艘30万吨VLCC大型原油船实现下水试航，全系列极寒环境用海工钢关键技术达到国际领先水平并应用于“雪龙号”关键部位，海上风电用钢实现首次供货，在线热处理钢轨创下单月产量3.1万吨的历史新高。

3. 科技创新能力全面加强。通过制定《鞍山钢铁集团有限公司“四个创新平台”建设行动方案》，全面加强专业研发平台、成果转化平台、战略合作平台、技术联合平台建设，全系统提升科技研发能力，全方位提升成果转化潜力，高质量提升产学研用合力，全领域提升科技创新活力。按照强化战略导向、顶层设计、创新治理、统筹协调的思路，全面加强了国家重点实验室建设，设立11项开放课题、10项辽科大联合基金项目。与东北大学、大连理工大学、哈尔滨工业大学等高校举办25场学术交流研讨会，签订“免调质高强韧性AG300TP热连轧耐磨钢板研制”等13个技术开发合同。组建并成为国家“海工用钢技术领域产学研联盟”盟主，委托北京研究院开展12个项目研究，与攀钢、本钢形成21个协同项目，与西澳大学联合申报“一种氨气直接还原铁实现近零排放的系统及工艺”等3件专利。

4. 知识运营水平明显提高。鞍钢股份通过国家知识产权局知识产权优势企业认定，组织“一种高强高韧性船用低温钢及其制造方法”等2件专利获得辽宁省专利奖。获得国家受理专利657件，发明专利比例67.1%；获得PCT国际发明专利申请5件；获得国家授权专利602件；获得巴黎公约国际发明专利授权1件。在“极寒低温海洋工程用高性能钢板及其生产方法”等9个技术领域形成涵盖59件发明专利的专利群。年度签订技术输出合同164项，合同金额突破亿元，签订专利实施许可合同2项。

5. 全员创新工作活力四射。召开了科协换届大会，形成纵向到基层、横向到专业的组织架构，增强了科协组织影响力和凝聚力。通过加强学术交流、创新竞赛、选优推优、科协管理平台建设，表彰鞍山钢铁科学技术奖30项、合理化建议与技术改进项目487项、“讲、比”活动项目130项、科技论文160篇。联合地方金属学会举办“2022冶金工业绿色低碳与可持续化发展论坛”等会议，任毅同志当选辽宁“产业高端人才”，杨颖同志当选“辽宁最美科技工作者”，陈军平等2人获评中国金属学会冶金青年科技奖，孙群等3人获辽宁省优秀科技工作者称号。

（鞍山钢铁集团有限公司科技与规划部 李维兵）

·管理创新·

【企业改革】 2022年，鞍山钢铁深入贯彻落实国务院国资委和鞍钢集团部署，按照“可衡量、可考核、可检验、要办事”的工作标准及“三个明显成效”的目标要求，进一步抓重点、补短板、强弱项，实现了国企改革三年行动高质量收官。

1. 完善授权体系。按照鞍钢集团完善授权体系部署，修订《业务审批权限手册》《核心业务权限规范》等授权体系文件。

2. 深化机关改革。出台《机关深化改革工作方案》，调整风险、消防、环保等管理职能，压减厂处级机构 14 个（15.9%）、管理编制 84 人（11.3%）、岗位人员优化交流比例 18%以上。

3. 完善法人治理体系。一是完善本级及子企业公司章程与党委前置研究讨论事项清单等；二是落实 6 户企业董事会职权；三是建立健全董事会向总经理授权管理制度。

4. 优化机构编制。出台《2022 年度机构编制优化工作安排》，共压减各类机构 66 个，压减管理编制（含专业职能）757 人，压减领导职数 33 人。

5. 推进专业化整合。推进企业专业化、产业化、集约化发展，出台了《专业化整合及重点改革工作实施方案》并落实。一是推动鞍本物流资源整合；二是推动鞍本低温液体资源营销业务整合融合；三是以分厂制模式，推进能源管控中心与第二发电厂的能源系统专业化整合；四是推进德邻工业品有限公司与资产经营中心按照“一套机构、两块牌子”方式运行；五是对鞍山区域公务用车资源进行整合。

6. 对标提升行动取得阶段成效。截至 2022 年底，国务院国资委监控的 21 项指标全部完成。

7. 提质增效专项行动有序推进。开展提质增效系列行动并取得良好成效，实现净利润 18.55 亿元。

8. 央地企业协作实现双赢。鞍山冶金矿山建设有限公司利用德邻陆港电商平台销售剥岩碎石产品 50 万吨；信息产业公司与鞍山冶金集团实施合资合作；完成四代核电关键材料生产供货的修磨、酸洗、钝化及供货工作；组织鞍山冶金集团协力操作岗位人员开展技能提升培训 8100 人次，接收 9 名管理人员挂职锻炼。

9. 妥善解决历史遗留问题，减轻企业负担。

（1）全年共处置完成各类未改制企业 107 户；完成 319 户未改制企业的资产及档案资料接收；全年与改制企业签订各类合同 760 多项。

（2）协调解决“三供一业”分离移交收尾问题，向鞍山市政府支付“三供一业”缺口资金和危房改造费用 8.86 亿元。

（鞍山钢铁集团有限公司企业管理部
王　茹　王恩家　刘峰材）

【绩效考评】 2022 年，鞍山钢铁绩效考评工作坚持市场化方向，坚持创新激励，不断提高绩效评价的精准性和实效性，引导企业以客户为中心对标先进、跑赢大盘、跑赢自身、跑赢预算，不断增强竞争力、创新力、控制力、影响力和抗风险能力，实现高质量发展。

突出战略引领。聚焦鞍山钢铁发展战略和规划，系统分解中长期目标和年度工作重点，激励约束并举，促进各单位不断抓重点、补短板、强弱项，确保战略目标落地落实。

突出目标引领。聚焦市场变化，外部对标世界一流、行业先进，内部强化“鞍、营、朝”三地良性竞争，按照“三个不低于”原则建立“目标分档、激励分级”的赛跑机制，以高标准促进、高目标引领、高水平支撑高质量发展。

突出创新引领。聚焦精益管理、数字鞍钢、三项制度改革，以新系统上线运行和全面预算管理为手段，强化指标预算和绩效评价的同步刚性执行力，通过绩效导向营造改革创新氛围，增强可持续发展动力。

（鞍山钢铁集团有限公司企业管理部
王洪涛　蒋晓威）

【管理创新成果】 2022 年，鞍山钢铁在立足管理创新实践的基础上，加强创新项目的选题立项、创新攻关、培育督导和科学总结，不断提升管理创新能力和水平，一批优秀管理创新成果脱颖而出，其中，获国家级管理创新成果 2 项、冶金企业管理创新成果 6 项、辽宁省管理创新成果 5 项、鞍钢集团管理创新成果 8 项。

（鞍山钢铁集团有限公司企业管理部
徐长维）

【投资企业运营监管】 1. 完善管理制度体系。承接鞍钢集团相关管理制度，修订完善鞍山钢铁《对外投资企业监督管理办法》《对外投资企业派出人员履职管理办法》《子企业董事会工作规则及评价管理办法》等管理制度。

2. 重点投资企业精细化管理。落实《鞍钢集团有限公司参股经营投资自查整改工作方案》要求，制定鞍山钢铁《参股投资企业精细化管理专项检查工作方案》。组织专职董监事对重点投资监管企业开展实地调研。

【投资企业专项整治】 1. 推动子企业落实董事会职权。按照国务院国资委和鞍钢集团相关要求，制定《落实子企业董事会职权实施方案》；修订《公司章程》及相应的管理制度。规范子企业董事会运作，提升子企业的自主经营决策能力，有效发挥子企业董事会的作用。

2. 控股不控权专项治理。按照国务院国资委关于国有产权管理问题专项治理，切实加强投资企业股权管理，以及“控股不控权”问题专项整治工作部署，组织落实《鞍钢集团“控股不控权”问题专项整治工作方案》。

【子企业董事会规范运作】 落实子企业董事会职权。按照鞍钢集团部署，组织朝阳钢铁、德邻陆港等6户重点子企业制定落实董事会职权实施方案，完善相关配套管理制度。

规范子企业董事会运行。按照鞍钢集团统一部署，组织子企业完善《公司章程》，明确权责划分；修订《董事会议事规则》《总经理办公会议事规则》等管理制度，进一步规范子企业的“三会”运作。

（鞍山钢铁集团有限公司企业管理部
许国林　郭丽娜）

·战略管理·

【编制发展战略和规划】 做好顶层设计，谋划企业长远发展蓝图，2022年，制定完成《鞍山钢铁2022—2024年发展战略和规划》。积极面对行业下行、经营困难的严峻形势，保持战略定力，积极应对钢铁行业周期性波动，坚定不移地坚持“11361”发展战略，践行“集约、减量、智慧@客户”的发展理念，持续推进优化空间、产品和产业布局，致力于加强效率变革、成本变革、服务引领、技术领先、智慧制造及生态融合六大能力建设，科学制定规划目标和调整措施，着力推进产业结构转型升级，加强科技创新和管理创新，做强产品，做优产业；注重质量、效益、效率等关键指标的提升，加大成本变革，追求成本领先，跑赢大盘；加强服务引领，坚定“客户为王”的服务理念，提升增值能力；加快效率提升，实施智慧制造，快速应对市场变化，持续提升竞争力；积极推进实施超低排放项目，有序推进绿色低碳发展；精准战略投资，提高投资回报率，确保现金流为正，严防投资风险，推动公司高质量发展。

（鞍山钢铁集团有限公司科技与规划部
赵　利）

【定点帮扶工作】 2022年，鞍山钢铁认真贯彻落实党中央、国务院和集团党委定点帮扶工作的决策部署，助力推进帮扶地区巩固脱贫攻坚成果同乡村振兴有效衔接。投入无偿帮扶资金1818.2万元，其中，新疆塔县1609.9万元，同比增长5.2%；辽宁省内建昌县138.2万元，同比增长7.6%；岫岩县石灰窑村40万元，朝阳市上桃村30万元。共实施项目13个。捐赠资金及实物计105.9万元，其中，捐赠台安县20万元，盖州市10万元，鲅鱼圈区慈善总会价值75.9万元的钢尾渣，支持乡村基础设施建设和疫情防控。消费帮扶采购帮扶地农副产品2762.8万元。获得定点帮扶工作“好”的评价。

（鞍山钢铁集团有限公司科技与规划部
钱义川）

·信息化管理·

【综述】 2022年，鞍山钢铁以智慧运营一体化管控平台整体上线投运为契机，加快企业信息化建设步伐，通过挖掘数据价值，推进平台赋能、数智建设和精益管理，助力实现企业降本增效。

【优化信息化管理机构，夯实管理基础】 为更好适应企业信息化管理的需要，2022年，鞍山钢铁对信息化管理机构进行了优化，信息化职能也相应做出了调整，7月将原鞍钢股份信息化管理中心职能、业务及人员分别划入系统创新部和鞍钢集团信息产业有限公司，11月将系统创新部更名为数智发展部，全面履行公司信息化管理职能。

【推进平台赋能，助力企业降本增效】 2022年，鞍山钢铁围绕智慧运营一体化管控平台，守正创新，行稳致远，不断提升平台连接能力，强化供应链协同，优化客户体验，同时持续进行功能优化，制度完善，拓展推广，努力打造好用、管用、会用、爱用的一体化管控系统平台，致力构建一套“鞍钢特色”的钢铁主业数字化整体解决方案，为降本增效提供支撑。

【精准把控信息化投资，强化项目实施管理】 鞍山钢铁践行“示范先行、样板推进、数智赋能”发展之路，聚焦数字鞍钢建设重点攻坚，坚持产业数字化升级，全面开展数据治理，实现“效率+效益”双提升。严格遵循“战略必须原则、高收益原则和投资对标原则”开展信息化项目审查，严控项目放行，确保精准投入，2022年累计放行信息化、智能化项目36项，大力推动智能装备升级、3D岗位机器换人、工艺模型优化等示范项目的快速推广移植，加速提升产线、基地智能化整体水平，实施信息化、智能化项目68项，上线投运38项。

【统筹策划信息系统运维】 鞍山钢铁统筹策划信息系统运维事项，对信息系统维护费用预算开展全面细致审核，科学合理压降费用额度，制定“分灶吃饭”等相关措施，分解落实信息系统运维费用指标；梳理信息系统运维合同，推进做好审核、结转、续签、付款等各个环节；对存量系统的计算机资产进行调查，做好信息化备件管理、正版化软件管理，实现终端资产、网络资产可管可控。

【加强网信安全管理，提高风险防控能力】 2022年，鞍山钢铁筑牢网信安全防护体系，利用态势感知平台，开展全天候实时监测，共发现各类网络攻击告警1.49万次，通过防火墙双向封禁IP共280个，处置分析安全事件2起；建立网络安全工作组织体系，完成网络安全自检自查报告；全面加强网络安全运维，多措并举，有效保障国家重要时期公司网络和信息系统的安全稳定运行，实现重保期间网络安全事件为零；推进网络安全规范管理，开展网络准入和终端防护系统建设。

【持续提升行业影响力】 2022年，鞍山钢铁在信息化方面共计申报国家各级政府补贴、试点示范项目69项，有17项获得国家、省部级荣誉称号，“钢铁流程工业大数据应用”等7个项目荣膺工信部试点示范项目，鞍钢股份有限公司连续5年被工信部评为智能制造试点示范单位，行业影响力不断提升。

【推进精益管理，助力公司变革创新】 鞍山钢铁围绕一期精益管理试点成果，总结提炼成果经验，在东北地区国有企业精益管理实践阶段性总结会上进行经验介绍，取得良好反响；总结朝阳钢铁、鲅鱼圈分公司等各具特色的精益推进模式，制定下发《精益管理宣传手册》，分层级分批次开展精益管理专项培训；统筹策划二期精益管理实施方案，分析精益改善方向，选定试点范围；围绕不同工作主线，结合各试点单位需求实际，分层次制定差异化精益推进模型，明确不同样板模式的工作重心，确保二期精益管理方案可落地、实施起实效、模式可复制。

（鞍钢股份有限公司数智发展部　王述千）

·设备管理·

【设备管理】 2022年，设备系统贯彻落实公司部署，立足设备一生管理，以点检定修制为核心，以精益管理、设备信息化系统为抓手，着力提升工作质量、工作效率，强化设备保障能力，实现设备安全、稳定、高效、经济运行。

1. 重基础抓执行，保稳定高效

（1）规范点检定修，抓执行。推进点检定修标准化作业，有效避免42起较大事故，发现A类机械问题设备20台，避免事故，定修周期管理项目比率达到80.01%。抓实事前、事中、事后管理，下发49起典型事故通报，杜绝重复及责任事故。

（2）抓功能，提精度。持续推进84项功能精度项目，工艺点检及设备挂牌问题计划整改率100%；联动制造管理部推进OEE管理，均值实现86.52%。

（3）防范风险，保本质安全。开展“房屋、厂房及建构筑物安全和防火”等隐患排查，整改677项，有效避免重大事故14起。切实加强防汛工作组织协调，进一步提高极端天气快速反应和应急处理能力，实现安全度汛。

（4）重周期抓精细，促精准保供。严格按时点完成备件审批和采购实施，按时点完成率99.98%；优化库存结构，十年以上库存降低4108万元。

2. 重标准抓技术，提综合素质

（1）推进点检员持证上岗。联合人力资源部开展点检员考取设备点检员职业技能登记证书工作，1090名点检员完成晋级培训。

（2）攻关克难。首席领军，推进 78 项国产化、长寿化、新技术应用。持续规范高压电气管理、加强电网整治，修改 51 项不合理定值。组织 4698 人次参加专题培训及 14054 人次参加典型事故案例培训，不断提高两支队伍管理素养和技术技能。

（3）油脂、水质管理。长效坚持清洁度控制、漏油整治、按质换油，油脂消耗经济指标、技术指标和 HFI 均实现历史最好水平；严格水系统过程评价，水质检验平均合格率达到 98%。

3. 重规范抓过程，保提质增效

（1）项目控制。围绕功能精度、产品质量提升，策划“逢修必改”，放行 166 项大修理、962 台（套）零固项目。

（2）过程控制。高效推进 600 平方米烧结机等 486 项工艺装备改进、产品质量改进、环保项目的实施。以项目安全为底线，约谈严重违章单位 6 家。以项目质量为目标，开展工程质量专项评价。炼钢一分厂 1 号坯铸机，实现浸入式水口+保护渣浇铸、结晶器液压振动参数在线调节、二冷水动态控制，有效改善铸坯质量；大型厂连轧线，最大翻钢质量由 7.5 吨提高到 10 吨、进锯机增大为 ϕ2000 毫米，有效提升轧制能力；600 平方米烧结机项目，新建燃破、筛分、混匀、265 平方米上料及配料等系统均按期投运，为全面投产奠定了基础。

（3）持续完善设备管理及工程项目管理系统。落实僵化、固化、深化要求，点检异常率由 0.03%提升至 0.38%，点检标准定量由 9.1%提升至 17.5%，定修作业周期性项目由 78.31%提升至 83.53%。

4. 重效能抓管理，提竞争能力

（1）优化设备管理。落实“标准统一、专业支撑、资源共享、区域负责”的设备管控模式，曝光典型问题 419 项，修订各类合同文本 19 个，有效防范合同风险。

（2）严格供应商管理。落实“同时、同步、同理念”，持续推进检修基本盘。准入工程供应商 13 家、修复供应商 28 家，约谈供应商 3 次，处罚违约供应商 47 家。

（3）系统降本。贯彻公司系统降本工作会议、决战四季度誓师动员大会精神，预算降采 2.14 亿元，降低结算 265 万元，削减备件在途计划 3283 万元、在途合同 820 万元，修复性价比降采 35 万元，否决维修立项 60 项（3157.7 万元），削减在线项目 38 项（1308.1 万元）；2 号、3 号高炉增加氮气吹扫管道，缩短煤气处理时间，年可增加 4000 吨铁产量。

（4）强化资产管理。一是减免房屋租金 627 户、1802.62 万元，真正做到“应免尽免、应免快免”。二是会同科技与规划部，全面梳理房屋与土地信息，完成中厚板厂 1 栋历史性房屋及 176 户住宅类房屋的不动产登记，实现有效确权。三是在集团公司领导下，与市住建局签订备忘录，有效解决鞍山地区子企业自行房屋建筑安全质量监督未获得政府认可的历史问题。

（鞍钢股份有限公司设备工程部　李　哲）

· 质量能源管理 ·

【标准工作】 开展 6 项国际标准的修订。其中主导制定 ISO 11772《热轧纵向变厚度钢板》已完成 CD 稿，主导修订 ISO 630-5《结构钢　第 5 部分　改进型耐大气腐蚀结构钢交货技术条件》已完成 DIS 稿，主导修订 ISO 15633《铁矿石　镍含量的测定　火焰原子吸收光谱法》、ISO 15634《铁矿石　铬含量的测定　火焰原子吸收光谱法》，参与制定 ISO 8353 和修订 ISO 1099，国际标准化工作取得重大突破。完成 26 项国家/行业/团体标准制（修）订项目申报，《LPG 船用高温钢》等 14 项标准已立项。制（修）订 44 项国家/行业/团体标准，《高应变海洋油气输送管用钢板》等 20 项已完成。鞍钢股份参与的《船舶及海洋工程用结构钢》等 15 项国家/行业/团体标准已发布实施。完成 129 项企业标准制（修）订和复审工作，其中，新制订 25 项、修订 50 项、换版 54 项。完成鞍本标准融合，指导本钢完成 68 项产品标准并发布实施，同步修订鞍钢股份相关企业标准。配合冶炼处完成 80 项采购标准。发布实施 52 项国外标准，54 项国家行业标准。鞍钢股份获钢标委 2022 年标准化优秀组织奖，主编的 ISO 4978：2018《焊接气瓶用钢板和钢带》获钢标委 2022 年优秀项目奖二等奖。《强化产业链供应链自主可控能力的大型钢企标准化管理创新与实践》企业管理创新成果分获鞍钢集团三等奖、辽宁省和钢协二等奖。

2022 年发布实施的国家、行业标准一览表

序号	标准编号	标准名称	标准类型	公司主编或参与
1	GB/T 26722—2022	索道用钢丝绳	产品	主编
2	GB/T 3087—2022	低中压锅炉用无缝钢管	产品	主编
3	T/CISA 192—2022	耐候钢锈层稳定化检定方法	方法	主编
4	T/CISA 216—2022	船舶用热轧纵向变厚度钢板	产品	主编
5	T/CISA 217—2022	桥梁用热轧纵向变厚度钢板	产品	主编
6	T/CISA 218—2022	建筑结构用热轧纵向变厚度钢板	产品	主编
7	T/CISA 219—2022	建筑抗震用低屈服强度钢板	产品	主编
8	T/CISA 220—2022	紫外固化喷印彩涂板	产品	主编
9	GB/T 8039—2022	焦化苯类产品全硫含量的测定方法	方法	主编
10	GB/T 712—2022	船舶及海洋工程用结构钢	产品	主编
11	T/CISA 252—2022	冶金优质产品　高性能低屈强比桥梁结构钢钢板	产品	主编
12	T/CISA 253—2022	冶金优质产品　大型集装箱船用止裂钢宽厚钢板	产品	主编
13	GB/T 41324—2022	耐火耐候结构钢	产品	参编
14	GB/T 397—2022	商品煤质量　炼焦用煤	产品	参编
15	GB/T 223.63—2022	钢铁及合金　锰含量的测定　高碘酸钠（钾）分光光度法	方法	参编

（鞍钢股份有限公司制造管理部　管吉春）

【质量管理】 1. 推进质量攻关管理。通过质量会议等方式有力推进项目实施，完成第一批 30 余个项目结题，效果良好。进一步聚焦提质降本重点工作，完成第二批 37 个项目立项实施。

2. 管控客户质量体验指标。聚焦客户体验，针对帘线钢检验一致性、船板标识合格率等确立 10 项重点客户体验指标，按月评价管控，全年各指标控制在较好水平。

3. 稳定质量设备功能精度。强化设备挂牌管理，并纳入信息系统提高响应速度，全年设备摘牌率达 98%，实现了设备功能精度和质量水平双提升。

4. 提升公司质量管控能力。针对异议闭环、质量持续改进等维度，组织完成各单位质量督查工作，有效提升了全员质量意识、质量执行力和质量管控能力。

5. 推进六西格玛质量管理。针对质量、流程、效率等关键问题，充分发挥六西格玛黑带、绿带人才优势，完成第 13 期 20 余个六西格玛项目实施，为公司质量效益双提升作出了应有贡献。

6. 推进产品质量认证管理。组织完成各类产品认证工作，实施中铁 CRCC、马来西亚 SIRIM 等国内外认证 30 余项，公司产品认证证书范围持续更新。

7. 高速铁路用钢轨等获评“金杯”产品。冶金质量品牌培育“金杯”产品由中国钢铁工业协会评定，获评产品质量认定达到同类产品先进水平，2022 年公司高速铁路用钢轨等 6 个产品获评“金杯”产品。

2022 年公司荣获“金杯”产品一览表

企业名称	产品名称	获奖类别	牌号	规格	生产线
鞍钢股份有限公司	高速铁路用钢轨	金杯优质	U75VG、U71MnG	60 千克/米	炼钢总厂一分厂-大型总厂轨梁分厂

续表

企业名称	产品名称	获奖类别	牌　号	规　格	生产线
鞍钢股份有限公司	热镀锌铝镁钢板	金杯优质	DX51D+ZM	0.5~1.5 毫米×800~1550 毫米	炼钢总厂三分厂-热轧1780-冷轧酸洗和镀锌机组
鞍钢股份有限公司	冷轧无间隙原子钢带	金杯优质	DC06	0.6~2.0 毫米×827~1289 毫米	炼钢总厂三分厂-热轧 1780 机组-冷轧酸轧和连退机组
鞍钢股份有限公司	气保焊丝用热轧盘条	金杯优质	H11Mn2Si（AER70S-G）	ϕ5.5 毫米	炼钢总厂一分厂-线材厂 2 号线
鞍钢股份有限公司	钢筋混凝土用热轧带肋钢筋（直条）	金杯优质	HRB400E	ϕ16~ϕ32 毫米	炼钢总厂二分厂-小型生产线
鞍钢股份有限公司	铜包钢丝用导电钢盘条	金杯优质	AGM6-2H	ϕ6.5 毫米	炼钢总厂四分厂-线材厂 1 号线

（鞍钢股份有限公司制造管理部　都青山）

【能源管理】　2022 年，以习近平生态文明思想为指导，以实现碳达峰、碳中和为目标，全面贯彻落实政府部门和两级公司决策部署，坚定不移践行绿色循环低碳新发展理念，节能减碳等能源管理工作有序开展且取得显著成效。2022 年多项考核指标实现历史最好水平。其中，吨钢综合能耗实现 565 千克标准煤，同比降低 4 千克标准煤；吨钢外购能源成本完成 177 元，同比降低 13 元；自发电比例完成 63%，同比提高 4%；转炉煤气回收 126 立方米/吨，同比提高 4 立方米/吨。另外，吨钢耗新水等其他 5 项主要指标均实现历史较好水平。

能源效率取得新成效。一是充分回收利用煤气资源。围绕产线生产变化，提前介入，充分发挥煤气柜缓冲作用和发电机组调节作用。全年高炉煤气放散率完成 0.178%，焦炉煤气放散率完成 0.185%。二是充分挖掘余热余能潜力。开展余热余能发电对标提升工作，最大限度提高发电机组运行效率。全年 TRT 发电量完成 7.74 亿千瓦时，CDQ 发电量完成 5.99 亿千瓦时。三是充分优化供电运行方式。同步监测用电量和发电量波动情况，动态调整运行方式，改善峰谷用电比例，降低最大需量、控制上网电量，累计节省购电成本达 3000 万元以上。四是大幅降低外部取水量。调整水源结构，推进北大沟污水处理系统达产达效，增加中水回用量，最大限度降低外部取水量，吨钢取水量下降了 100 吨。发挥矿山管网的调节作用，实现了系统平衡水不外排。五是能源购销创效明显。全年交易清洁能源电量 26.4 亿千瓦时，降低购电成本 1.8 亿元。实现年外销收入逾 7 亿元。

绿色发展开启新局面。一是规划“双碳”工作路径。完成了鞍山钢铁减碳总体规划，确定了 2025 年碳达峰，以及 2030—2035 年碳排放总量降幅的目标。完成了钢铁行业碳排放自查，以及鞍山钢铁发电行业碳排放核查等工作。二是 LCA 目标如期完成。4 类汽车钢产品生命周期评价报告，全部按计划完成。LCA 平台建设项目已经放行，并正在组织实施。三是推进节能管理评价。开展 21 个项目的能评工作。开展 6 家生产厂的工序能评。完成了 12 台加热炉窑的能效测试。四是推动节能项目实施。累计实施厂级节能项目 18 项，总投资 4690 万元，年创效 3010 万元，可降碳 2.8 万吨。五是完善能源监管模式。将常规检查与专项监察相结合，督导各产线合理使用能源。全年共检查发现问题 360 项，已经全部落实整改。

（鞍钢股份有限公司能环管理中心　杨　东）

· 安全环保 ·

【综述】　2022 年，鞍山钢铁杜绝一般及以上事故，发生轻伤事故 1 起，千人负伤率为 0.027‰（死亡事故减少 2 起，重伤事故减少 1 起），伤害人数减少 3 人（死亡减少 2 人，重伤减少 1 人）。

【强化安全体系建设】 鞍山钢铁深入学习贯彻习近平总书记关于安全生产的重要论述，树牢安全发展理念，公司班子开展安全检查60余次，公司领导带头开展“领导上讲堂”活动。修订全员安全生产责任制，把责任逐级压实到人到岗。定期通报安全管理问题，全年问责考核D级以上管理人员623人次。

【推进双重预防体系建设】 提升危险化学品企业、重大危险源工艺自动化水平。放行项目99项、1.4亿元，同比增加89%。开展危险化学品重大危险源智慧监控系统建设，依法核销两处重大危险源，减少重大危险源区域人员93人，核减高风险岗位83人。

【深化“数字鞍钢”建设】 对鞍山钢铁0123智慧安全管理平台进行升级，将常规安全教育培训全部转移到线上实施，切实为基层减负。

【开展安全生产专项行动】 开展安全生产提升年和安全生产大排查大整治、工贸行业“百日清零”、环保设备设施专项检查等活动。排查一般隐患28223项，整改完成28179项，整改率99.8%；排查15项重大隐患，已全部制定整改措施，已整改完成8项。对管理不善的上海克硫公司、鞍钢工程节能公司等单位进行了约谈和考核。

【扎实推进基础工作】 1. 组织修订了安全生产标准化评价办法，能源管控中心、鲅鱼圈厚板部和朝阳焦化厂通过国家安全生产标准化一级企业评审。

2. 继续加强相关方安全管控，共计检查评价了215家相关方单位，提出603项问题，已全部整改。执行“黑名单”制度，清退13名严重违章相关方人员，对鞍钢工程公司予以暂停投标资格一个月处理。

3. 进一步完善应急管理体系，依据新版《应急预案编制导则》完成了各级应急预案修订工作。更新安全生产专项预案及现场处置方案。组织开展各级应急演练，提高应急处置能力。

（鞍钢股份有限公司安全管理部　朴景威）

【环保工作综述】 2022年，鞍山钢铁深入贯彻习近平生态文明思想，秉持“生态优先，绿色发展”的环保理念，聚焦高质量发展，部分工序提前实现超低排放，污染物排放总量持续下降，环境管理水平稳步提升。

【全面完成环保绩效指标】 实现较大环境污染事故为零，全年实现零处罚，建设项目环保三同时执行率、危险废物合规处置率、放射源合规使用率均为100%，污染物总量控制指标全面完成。

【有序推进超低排放改造】 强化组织领导，成立专项推进组，建立例会制度。建立保障机制，重点项目专题研究，实行“三清单”项目管理。加快项目放行，三地放行实施了44个项目，累计投入8.4亿元。

【有效开展重点专项治理】 规范排污许可管理。取得了化学科技排污许可证，完成了6个排污许可证变更和延续工作；开展排污许可专项检查和培训，提升了持证排污意识和管理能力；将固废纳入排污许可管理范畴。有序推进VOCs治理工作。冷轧厂彩涂线和化学科技异味治理项目环保验收按期建成，完成了全年总量指标；开展化学科技和冷轧厂VOCs设施38321个点位泄漏检测工作。危废零出厂工作取得新突破。取得了4种危废内部处置环评批复，内部处置合法化，年节省处置费用约200万元。完善在线管理监管体系。一月开展在线运行专项检查，聘请专家开展业务培训，强化监督评价，引进第四方单位，模拟政府执法检查。

【执行并完善环境应急预案】 严格执行重污染应急预案。全年共启动重污染天气应急预案7次。应急响应期间，严格采取停限产措施，通过政府核查。重新修订重污染天气应急预案。按“以热定产”方式重新确定减排模式，预案通过政府评审。完善突发环境事件应急预案。修订突发环境事件应急预案，通过政府备案。开展氨水罐泄漏事故应急预案演练，提高了应急处置能力。

（鞍钢股份有限公司能源环保部　李文博）

·财务审计·

【发挥战略财务作用，决策支持能力新提升】 一是发挥预算导向引领作用，制定效益保障措施，全力实现“两个确保”；二是完善成本预算、预测功能，拓展预算分析深度，深入总结生产经营情况，强力支撑公司决策；三是精准设计财务KPI考核指标体系，动态完善绩效考核方式，发挥“吹哨人”作用。

【强化财务功能作用，管控能力新提升】 一是完善财务制度体系建设，促财务管理流程规范；二是强化三项费用压降管控，实现吨钢三项费用跑赢行业；三是持续推进系统降本，定期召开落实推进会，极致降本取得成效；四是持续发挥“1+6+Δ”对标委员会作用，为决策提供数据支撑；五是建立“两金”定额管控体系，“两金”占用持续降低；六是强化资本运作，资本创效能力不断增强。

【夯实会计基础规范，守正合规能力新提升】 一是夯实会计基础，严把报表质量关，圆满完成2021年财务决算工作；二是夯实统计基础，严把数据报送关，被评为钢协2021年统计工作先进集体和先进个人；三是夯实成本基础，严把成本核算关，与上游模块沟通协调解决问题，逐步稳顺成本核算系统；四是常态化开展财务风险监控，重点关注票据、债权、汇兑、税务等风险，风险防范能力新提升。

【精益求精履职尽责，作风建设能力新提升】 一是主动作为，深挖非经营创效措施，54项措施非经营创效15.79亿元；二是拓宽融资渠道，发行20亿元可持续发展挂钩债券和3亿元绿色票据，以成本最低开展票据贴现，持续压降借款成本，融资成本持续降低；三是充分利用“扎实稳住经济一揽子政策措施”，统筹税收筹划，用足政策红利。

【贯彻集团重点工作安排，落实重点工作能力新提升】 一是强化全面预算管理和对标工作，挖掘内部降本潜力；二是实施财务管理专业化整合，加速推进财务管理体制变革，实现股份共享业务、分子公司业务和集团共享业务运行顺畅；三是开展综合治理专项行动，成立专项行动工作小组，全面筑牢合规防线。

（鞍钢股份有限公司财务运营部　郑　顺）

【审计概述】 2022年完成审计项目20项，审计发现各类问题87项，提出审计意见和建议70条。

【提升经济责任监督质效】 统筹开展离任审计与任期审计，完成经济责任审计6项，发现问题24项，提出审计意见和建议11条。

【拓展工程审计监督范围】 强化信息化投资项目审计监督，完成工程决算审计4项，发现问题31项，提出审计意见和建议28条。

【加强重点领域专项监督力度】 对重点领域、关键环节、高风险业务、重大政策落实情况开展专项审计10项，发现问题32项，提出审计意见和建议31条。

【审计监督与服务并重】 强化与工程管理部门协同，开展跟踪审计2项。

【做实审计“后半篇文章”】 从严从实抓好审计整改，压紧压实整改三个责任，确保整改标本兼治。对2021年7月至2022年6月鞍山钢铁自审（评价）项目发现问题的整改情况及以前年度持续整改问题的整改情况进行了后续审计。

【有序开展内部控制评价】 完成对鞍山钢铁、鞍钢股份两级公司2021年度内部控制评价工作，切实发挥内部审计监督的防线作用。

【深入开展项目投资评价】 完成投资项目效果评价1项、固定资产投资后评价1项。对71项投资项目实施投资项目效果评价，发现问题7项，提出审计意见和建议5项。

【规范实施违规追责，夯实追责处理结果】 编制下发鞍山钢铁2022年违规经营投资责任追究工作方案，梳理11项违规追责重点工作任务，建立违规问题线索提级查办机制与追责简易程序，进一步提高了违规追责工作整体水平。

【高质量完成企业年度工作报告编报】 准确把握企业年度工作报告编报要求，高效、高质量完成鞍山钢铁、鞍钢股份两级公司2021年企业年度工作报告的编制工作及13家下属单位的年度工作报告审核工作。

【圆满完成各项配合工作】 高质、高效完成配合审计署、鞍钢集团审计部、审计中心各项工作，全年配合各类审计（评价）项目共54项。

（鞍山钢铁集团有限公司审计部　孙　齐）

· 人力资源管理 ·

【人力资源管理】 2022年，鞍山钢铁人力资源管理工作进一步加强。一是根据鞍山钢铁“十四五”人力资源发展规划，结合2022年粗钢产量计划，将效率提升指标分解到各单位，通过生产组织优化、岗位再设计、严格劳动关系管理等措施，确保完成劳动效率提升目标，持续提升劳动效率。二是2022年鞍山钢铁共引进本科及以上毕业生137人，计划完成率100%。其中，硕士及以上毕业生96人，占比70%；重点院校毕业生56人，占比41%。三是根据《鞍山钢铁集团有限公司人才赋能中心管理办法（试行）》，结合公司岗位及人力资源实际情况，制定职工转岗工作方案，完成95名鞍山钢铁赋能中心员工赋能培训及转岗工作。

（鞍山钢铁集团有限公司人力资源部
刘东明　徐　琦）

【薪酬管理】 坚持以岗位业绩贡献为导向，进一步激发员工活力动力。健全工资总额预算结构化管理机制，优化收入分配关系，加强管理人员工资增长监管力度。建立健全企业负责人激励约束机制，完善差异化的企业负责人考核评价与薪酬管理体系，有效激发企业负责人积极性和创造性。夯实全员岗位绩效管理，合理拉开收入差距，体现“工作靠实力，收入凭贡献”。优化“e考核”信息化管理模式，实现岗位绩效“e考核”管理全覆盖，开发个性化功能，提升组织绩效和个人绩效量化考核水平，实现薪酬分配与绩效考核结果强相关，职工收入与企业效益同频共振。

（鞍山钢铁集团有限公司人力资源部
杨　澈）

【树立鲜明正确的选人用人导向】 坚持党管干部原则，把实绩作为评价能力的基础。2022年，公司党委常委会议共集中讨论调整直管领导人员17次，调整干部217人次，进一步使用和提拔任职40人，选配25名“一把手”，统筹选配7名公司机关二级总监进入基层单位领导班子，推进三地领导人员交流12人。

【健全培养选拔优秀年轻干部常态化机制】 建立完善“1123”年轻干部人才库。坚持用习近平新时代中国特色社会主义思想凝心铸魂，为2家基层单位配备80后轮值助理，选派30余名年轻干部到深化改革、援疆驻村、巡视巡察、困难企业等斗争一线磨炼。2022年，40岁以下年轻干部占比由2019年的7.8%提升至15.4%，所属三、四级基层单位领导班子80后年轻干部数量占比由2019年的11.7%提升至22.8%。

【深化干部人事制度改革】 深入推行“揭指标竞聘、带契约上岗”，2022年，“两制一契”覆盖率100%，公司管理人员竞争上岗率达78%，退出比例达10.7%，超额完成鞍钢集团下达的任务指标。深化公司机关改革，实现机构压减15.9%、编制压减11.3%、人员交流23%。完成43家基层单位和15个机关部门、235名直管领导人员上一年度综合考核评价工作，对评价为“优秀”的9个班子和20名干部予以表彰奖励，对评价为“一般”的2个班子和“基本称职”的4名干部进行提醒谈话。7名领导人员退出领导岗位、降级使用或转任专业技术序列岗位。

（鞍山钢铁集团有限公司人力资源部
范吉瑞）

【劳动合同管理】 2022年，鞍山钢铁根据《中华人民共和国劳动法》《中华人民共和国劳动合同法》《工伤保险条例》《辽宁省工伤保险实施办法》等有关法律、法规，按照平等自愿、协商一致、诚实信用原则，制定印发了《鞍山钢铁集团有限公司员工自愿申请协商一致解除劳动合同政策实施意见》，实现员工平稳、有序退出。截至2022年12月31日，鞍山钢铁在职职工37358人，办理解除劳动合同手续161人。2022年劳动合同签订率为100%。

（鞍山钢铁集团有限公司人力资源部
任佩剑　赵敬言）

【职工培训工作】 2022年，鞍山钢铁职工教育培训工作以习近平新时代中国特色社会主义思想为指导，以3361培训体系为架构，持续推进教育培训工作系统化、模块化、精准化，培训效果显著提升。

2022年，鞍山钢铁培训工作针对疫情变化灵活应对，以长短结合、高低配套、大小并行的培训产品，采取线上线下多点结合等多种方式组织形式，年度组织完成委托鞍钢集团年度专项培训13108人次，自主组织公司重点专项8569人次，基层单位岗位知识和岗位技能培训46631人次，特种作业持证上岗人员安全资质培训4455人次，计划完成率100%。2022年，鞍山钢铁充分发挥主体优势，聚焦技能提升，不断优化培训服务供给，高质量推动行业技术人才领军，高水平推动技能人才培育，高标准推动岗位新型学徒制工作，鞍山钢铁人才培养和岗位创新实现双跨越，为鞍山钢铁高质量发展奠定人才基础。

（鞍山钢铁集团有限公司人力资源部
成　强）

【博士后工作站】 围绕鞍山钢铁发展新战略，瞄准制约企业发展的前沿技术、关键核心（共性）技术、关键零部件、材料及工艺的技术瓶颈和难题，征集博士后科研项目 50 余项，并利用全国博士后创新创业大赛、互联网等载体进行发布。以科研计划书为载体，对科研项目推进情况、主要完成的技术工作内容等实施动态评价跟踪，对存在的问题及时提出意见和建议。2022 年，鞍山钢铁博士后科研工作站招收博士后研究人员 2 人，分别从事“低温船板钢的 HAZ 组织韧化机理与调控工艺技术”和“高锰钢连铸坯质量控制”的研究工作。

（鞍山钢铁集团有限公司人力资源部 顾 香）

·保密与国家安全管理·

【规范定密工作】 为集团公司定密工作规范化做好示范，在集团公司率先确定指定定密责任人，2022 年，指定定密责任人共确定了派生国家秘密 23 项，为及时定密、精准定密提供了保障。

【加强微信管理】 保密办召开 3 次专项整顿行动工作会议，制定 2 项具体实施方案。组织各单位严格开展自检自查，对重点单位进行保密专项检查，对发现的问题下发整改通知书并限期整改。通过宣传、沟通、检查、通报，推进微信群进“钢钢好”，实现了应归尽归。

【完成自主可控】 组织自主可控设备应用替代工作，完成涉密专用计算机、办公自动化设备和配套软件的采购安装调试等工作，共计替代计算机 38 台、打印机 13 台、复印机 2 台、扫描仪 1 台、配套软件 38 套。

【培养保密专家】 加强保密管理人才队伍建设，不断提升公司保密管理人员素质，通过组织保密管理人员 270 余人参加保密知识技能培训、考核等方式，遴选出 27 人列入保密专家库。

【实施保密体检】 实施保密工作“有规范、有计划、有检查、有评价、有整改”管理模式，抽调保密专家库人员 21 人，组成 5 个检查组，在检查中培训，在培训中检查，按月开展全覆盖进驻式保密体检，每月下发《保密体检情况通报》。全年共发现问题 205 项，已全部整改。通过保密体检消除了失泄密隐患，提高了保密管理人员业务水平。

【开展风险评估】 组织开展保密风险评估工作，共识别出 15 项重大风险、36 项一般风险，逐条制定相应防范和处置措施，形成风险报告，实现已识别风险可控在控。

（鞍山钢铁集团有限公司办公室保密办 宋 丽）

·企业内保工作·

【深化治安保卫“网格化”管理】 坚持打击与防范并重，完善重点单位“三防一配套”措施，全面压实资产安全区域管理主体责任，与各基层单位签订社会治安综合治理责任书 56 份。

【强化国资监管和考核问责】 贯彻落实资产安全管理责任制，以“狠抓落实、管理提升”为主题精益推进治安保卫管理体检，对 17 家基层单位提出整改建议 60 项。

【推进保卫物防技防建设】 2022 年 8 月 31 日，鞍山钢铁新物持管理系统正式上线运行，取消物资持入持出 OA 流程审批，实现物资进出厂无纸化持出，提升了物资进出厂的安全性和物流效率。

【规范办证管理】 完成车辆办证系统智能化升级改造，通过系统抓取资料信息智能化审核，建立车辆数据库，为保卫工作精益管理奠定基础。职工“一卡通”实现入厂人员身份线上审核，提高窗口单位办事效率，同步建立人员审核数据库。

【加强厂区道路交通安全管理】 强化路面管控、预防各类事故、助力企业增效等专项整治活动，实现厂区清洁运输。2022 年，查处交通违规 5068 起，排查整改交通安全隐患 500 多个，检验企业内部车辆 181 台次，避免了重大道路交通事故发生。

【强化警企协作、联勤联防】 推进平安建设，保持高压严打态势，会同鞍钢分局对 19 家重点单位涉及的 41 处要害部位进行了两次系统检查，发现整改问题 59 项。组织“警企协同、三地联动”厂区治安整治突击行动 3 次。2022 年，共查处违规问题和治安、刑事案件 76 起，收缴废钢铁 98.76 吨、有色金属 2.2 吨，厂区治安环境保持平安稳定。

（鞍山钢铁集团有限公司保卫部 蒋 珅）

·法律合规·

【深入推进法治建设，绘制“十四五”法治规划】 以法治规划引领法治建设，法治工作体系化制度化。落实鞍钢集团法治建设整体规划部署，制定发布《关于进一步深化鞍山钢铁法治建设的实施意见》及《鞍山钢铁“八五”普法工作规划》，法治保障纳入鞍山钢铁“十四五”规划，法治工作与企业发展同规划、同部署、同实施。

【强化合规管理工作，促进依法合规经营】 推动“合规三带头”，深化法治建设第一责任。制定发布《鞍山钢铁“合规管理强化年”工作实施方案》，确定了强化领导合规意识、健全合规管理体系、完善公司治理体系、加强重点领域合规管理、开展合规经营专项行动等七方面重点任务，并细化分解成36小项任务清单，明确责任主体及工作时点。完善“五评审”工作机制，夯实合规基础管理。一是评审规章制度合规性；二是评审授权委托权限依据；三是评审重大决策合规风险；四是评审QEO管理体系适用法律清单；五是评审合规管理体系。

【提升法律保障能力，发挥改革发展法治支撑作用】 推动莆田冷轧顺利完成司法重整。主动担当作为，组织相关部门通力合作，深入与莆田市政府、国资委、法院沟通协调，积极申报债权，指导莆田冷轧按照重整计划清偿债务，提交重整执行报告，及时办理工商登记变更，提前3个月完成司法重整全部程序，莆田冷轧成为鞍山钢铁全资子公司。加强大集体改革后续法律保障。研究梳理非存续集体企业后续破产、注销工作流程，制定下发《鞍山钢铁非存续集体企业破产清算工作指引》，明确职责和工作流程。配合参股企业处置及亏损企业治理。通过诉讼维权等方式，对大连信托投、中辽国际、东北亚能源进行确权并要求提供财务报表、审计报告等资料，依法行使股东知情权。组织出具法律意见书，起草协议，按集团要求协助办理万通投资和中国健康股权无偿划转。防范重大项目法律风险。全程参与鞍山市政府土地置换、南沙物流治理、化学科技、设备资材、二发电、德邻陆港收购本钢腾达公司、广州汽车钢二期、金索具科技转化、钢铁产能置换、辽阳光伏等重大项目，及时出具法律意见、组织开展尽职调查或起草相关法律文件，保障项目按计划顺利实施。

【强化纠纷案件处置，依法维权为公司创效】 截至9月末，法律合规部通过起诉执行和应诉维权，为公司收回款项和避免损失约1.7亿元，预计年底前累计创效2亿元。精心策划，集中力量处置重大案件。票据系列案取得突出成效，执行回货币及资产约1.1亿元（其中货币5800多万元），清回资产合计1.5亿元。在华海诉鞍钢欠款纠纷一案中，组织研究诉讼方案及策略，查找有力证据材料，经案件一审判决，已为公司避损5100万元。逐个击破，尽责维护企业利益。针对“三供一业”遗留的环保处罚执行案，会同物业公司与环保局磋商解决罚款及利息等问题，协调法院解除物业公司银行账户的查封，化解了可能引发的群体访风险，同时沟通各方推进撤销案件执行，目前法院正在履行程序。

【提升合同管理能力，防范经营风险】 组织开展2021年度合同履行后评估工作。推进合同签约人员持证上岗制度。通过线上线下相结合的方式，完成1143名合同签订及管理人员培训及考试工作，其中1029人经培训考试取得合格证书，培训考试合格率90%。推动合同管理信息化建设。按照集团公司法律管理信息系统升级改造要求，积极配合开展合同管理模块调研，针对合同示范文本、签审流程、系统集成等充分提出需求。组织各单位做好合同信息化建设的承接，协调系统创新部做好鞍钢股份一体化系统数据接口，推动合同管理信息化水平进一步提升。

（鞍山钢铁集团有限公司法律合规部
史广娟）

·医疗卫生·

【新冠疫情防控工作】 面对2022年复杂严峻的疫情防控形势，鞍山钢铁认真落实“外防输入，内防反弹”总策略和“动态清零”总方针，顺应国家对疫情防控工作重心从“防感染”转向“保健康、防重症”的新要求，密切跟踪疫情动态，沉着应对，特别是进入12月，通过调整班制、机关人员下基层等超常规举措驻厂保产，有效地降低了鞍山地区来势迅猛的疫情对企业造成的影响。

【职工健康体检工作】 2022年，鞍钢集团鞍山区域累计开展职工健康体检64396人。其中，男职工57267人，女职工7129人。所有体检职工中体检结果为正常的15326人，占总体检人数的23.8%；有指标异常职工人数为49070人，占总体检人数的76.2%。

【食品安全工作】 积极开展暑期食品安全抽检活动。2022年7月18日至8月2日，鞍山钢铁爱卫办对鞍山区域所属127个餐饮服务场所的暑期食品安全工作进行了抽查，进一步提升了食品生产经营全过程的食品安全管理水平。

【爱国卫生工作】 积极开展第34个爱国卫生清洁月活动。累计组织义务劳动408次，参加职工9666人次；清理卫生死角1222处，清理垃圾408.52吨；更换维修浴池、卫生间等公共设施289处；维修防鼠设施808处；对要害场所防灭鼠工作检查783次。

【红十字会工作】 开展2022年“5·8人道公益日”募捐活动。鞍山区域74个基层单位16464人次参与了此次捐款活动，累计捐款近33.64万元。并将“99公益日”募捐的19.89万元资金对25名患有血液病、肿瘤等重大疾病的职工的子女进行了救助。

（鞍山钢铁集团有限公司办公室　徐静滔）

·党群工作·

【组织工作】 1. 党内统计数据。2022年末，鞍山钢铁集团公司有党委60个，党总支46个，党支部546个，党小组1578个。有党员20315名，其中，离休党员217名，退休党员20名，居家休息职工党员1105名，其他方面党员125名。全年发展党员129名，申请入党人376名，入党积极分子377名，无党员班组为零。党务工作人员969名，其中，专职党务干部482名，兼职党务干部487名。“样板”党支部126个，党支部工作示范基地22个。

2. 压实党建工作责任。组织鞍山钢铁党委班子成员向公司党委报告2022年度抓党建工作情况专题会，从严从实履行管党治党“一岗双责”。制定下发了《鞍山钢铁党委2022年度全面从严治党重点工作任务清单》，从5个维度、19项重点工作任务进行了党建工作总体部署。完成35家直管党委书记述职考核评议，将结果纳入年度党建工作责任制考核综合评定。组织基层党委开展基层党支部书记抓党建工作述职评议，将结果作为评先评优、选拔使用的重要依据。严格执行《鞍山钢铁直管党委党建工作责任制考核评价办法》，以参加会议、查阅资料、访谈交流、实地核查、满意度测评等方式进行考评。精准制定了党委常委会直接决策事项和前置审议事项清单，推动决策更科学、部署更有效。组织签订了鞍山钢铁直管党委书记2022年度目标责任书。

3. 严肃党内政治生活。研究制定了《党史学习教育专题民主生活会准备工作方案》，广泛听取党员干部、职工群众的意见建议，形成了5个方面18条意见建议。党史学习教育专题民主生活会上，班子成员严格对照检查、诚恳相互批评，达到了“团结—批评—团结”的目的。成立6个督导组，对34家直管党委党史学习教育专题民主生活会进行督导，各级党委班子成员在专题民主生活会上，深刻查找差距和不足，严肃认真开展批评和自我批评，切实找出了存在的差距和不足，全面提升了民主生活会质量。通过严肃认真开展“双评”工作，切实抓好18个“未达标”党支部和9名“不合格”党员的教育整改工作。

4. 健全党的组织体系。严格落实《关于党的基层组织任期的意见》，制定了《基层党组织换届统计表》《基层“两委委员”届内统计台账》，对2022年须换届（增补）党组织及时提醒、跟踪督导。制定了《鞍山钢铁基层党组织（增补）换届模板》，做到流程规范、纪律严明，把党组织任期制度、换届选举制度落实落严。严格落实“四同步、四对接”，优化46个基层党组织设置、督导147个应换届党组织换届、推进2个党委筹建组有效运转、6家党委补选“两委”委员。

5. 推进党支部规范化建设。围绕“强基固本”“晋位升级”“示范引领”三大工程，牢固树立大抓基层的鲜明导向。组织对22个集团党支部工作示范基地进行了现场调研，反馈问题45项。组织开展党徽党旗使用管理情况自检自查，查出各类问题88个，形成问题清单，全部完成整改。2022年，获评辽宁省基层示范党支部4个，鞍钢集团党支部工作示范基地2个，鞍钢集团“样板”

党支部 14 个。

6. 加强党员教育管理。2022 年，完成全年党员的发展目标，对 422 名 2021 年新发展党员档案进行了集中审核，发现问题“一党委一清单”。落实党员教育培训学时制度，组织党支部书记轮训 4 期 287 人，“万名党员进党校”党员线上培训 42 期 12600 余人，参训率 100%。征集优秀党课教案 106 个。深入挖掘先进典型群体的精神品质和工作成效，拍摄党员教育电视片 64 部。

7. 持续深化主题实践活动。扎实开展“喜迎二十大、建功新鞍钢”主题实践活动，立项共产党员工程 34 项、共产党员“挑战项目”736 项，征集“践行新鞍钢内涵”心得体会 368 篇，党员先锋岗、责任区典型案例 147 个，为民办实事典型案例 80 项，有力促进党建工作与生产经营深度融合。面临行业严峻形势，开展学习贯彻落实稳增长十二项工作措施实践活动和“党建引领赋能 凝心聚力攻坚”主题活动。以“重质量、出成果”为原则，扎实开展理论研究，完成辽宁省级党建课题 2 个、集团级党建课题 21 个、鞍山钢铁级党建课题 72 个。评选“党员责任区”21 个、“党员先锋岗”21 个。

（鞍山钢铁集团有限公司党委组织部
阚　迪）

【老干部工作】　2022 年，鞍钢集团有离退休老干部 4568 人（离休 576 人，退休 3992 人）。

2022 年，鞍钢老干部工作深入贯彻落实习近平总书记关于做好老干部工作的重要指示和系列重要讲话精神，坚持党建引领，深化党史学习教育成果，为高质量发展新鞍钢助力。

强根固魂，开创新时代老干部党建工作新局面。一是聚焦主责，强化党的政治建设。加强组织机构建设，压实党建工作责任。二是聚焦主题，强化思想理论武装。深入开展中组部“建言二十大”和“我看中国特色社会主义新时代”调研活动。收听收看中组部老干部局举办的“网上报告会”5 场，参加 3138 人次。

砥砺奋进，为新时代老干部工作注入新动能。积极开展“喜迎二十大、建功新鞍钢”主题教育实践活动；组织收听收看党的二十大盛况工作；举行鞍山区域“喜迎二十大、建功新鞍钢”征文、书法、绘画、摄影作品活动。

以“数字鞍钢”建设为依托，办实事。加快信息化进程，完成离休老干部特需费发放、报刊订阅、开展走访慰问等工作，实现一人一策，精准服务。

厚植情怀，推动新时代老干部工作上台阶。一是持续深化中组部开展的“增添正能量·共筑中国梦”主题活动，依托基地建设，搭建发挥作用的平台。二是依托《鞍钢日报》“鞍钢视讯”等新闻媒体，加大典型的宣传与学习。三是持续做好捐资助学工作。2022 年资助了 20 名学生和 7 名青工。

在中组部办公厅对离退休干部统计年报表审核结果的通报中，鞍钢获得满分 100 分的好成绩。

（鞍山钢铁集团有限公司人力资源部老干办
刘　淼）

【宣传工作】　1. 强化理论武装。坚持不懈用习近平新时代中国特色社会主义思想凝心铸魂，深入学习习近平总书记系列重要讲话和重要指示批示精神，推动党的创新理论学习往深里走、往实里走、往心里走。组织公司党委理论学习中心组集体学习研讨（扩大）会 13 次，指导各级党委中心组集体学习研讨 450 余次，示范带动全公司广大党员干部学思用贯通、知信行统一。创办鞍山钢铁《政治理论学习参考与动态》，发布各级党委学习动态 12 个，学习参考资料 60 篇。

2. 深入学习宣传贯彻党的二十大精神。24500 余名职工通过多种方式收听收看大会盛况。组织各级党委理论学习中心组原原本本、逐字逐句学习党的二十大报告原文，深入把握精神实质和各项安排部署。制定印发《鞍山钢铁集团有限公司党委认真学习宣传贯彻党的二十大精神工作方案》，聚焦打造钢铁旗舰目标，细化为 32 项具体工作措施。在鞍山钢铁微信公众号推出“喜迎二十大、建功新鞍钢”栏目，营造浓厚氛围。

3. 加强思想政治工作。开展分众化、精准化的形势任务教育，印发《关于开展“三讲、三看、三增强”形势任务教育 坚决打胜降本增效攻坚战的安排意见》，编发《班前五分钟》等宣讲材料 25 期，开展形势任务集中宣讲 7500 余次。积极做好疫情防控期间的职工思想政治工作，印发《关于做好当前疫情防控工作中舆情监控和职工思想疏导等有关工作的通知》《关于做好应急演练期间思想疏导舆情管控的工作方案》，为疫情防控平稳有序开展创造了良好思想舆论氛围。

4. 大力开展精神文明创建工作。加大先进典型选树宣传力度，鞍钢集团钢铁研究院严玲被授予鞍山市“时代楷模”，并被推荐为辽宁省“时代楷模”人选。严玲、陈晨被授予鞍山市第八届道德模范荣誉称号。系统挖掘梳理公司获省级以上荣誉称号的先进典型，并向集团公司党委宣传部推荐70名先进典型。协助本钢举办“跟着郭明义学雷锋活动启动暨本钢爱心团队授旗仪式”，推动了“跟着郭明义学雷锋活动”向本钢延伸。炼焦总厂郭明义爱心团队被评为全国学雷锋志愿服务“四个100”最佳志愿服务组织，鲅鱼圈钢铁分公司金百刚被授予辽宁省岗位学雷锋标兵，严玲荣登2022年9月中国好人榜。

5. 强化意识形态工作责任落实。全年两次进行专题研究意识形态工作。成立网络舆论引导和舆情管控指挥部，下辖8个协作区，59个基层党委均成立指挥部，共设立网评员540余名，实现基层支部全覆盖。制定下发《关于做好党的二十大期间网络舆情管理提升工作的方案》，每天24小时做好党的二十大期间网络舆情监控，确保了党的二十大期间的舆情平稳安全。

6. 强化新闻宣传工作。聚焦公司抗疫和降本增效战场，强化细化抗疫保产、降本增效典型人物、典型事迹的挖掘宣传工作，在公司微信公众号开辟“抗疫保产先锋”“我的降本增效故事”等专栏，宣传抗疫保产先进个人76名、降本增效先进个人25名。全年公司官方网站、官方微信及团委微信公众号“鞍山钢铁青春舞台”发布各类信息1125条，各单位自媒体平台发布各类信息2185条，有效提升了正面宣传的密度和力度。巩固扩大与中央、省、市主流媒体的沟通联系，积极向新华社、中国发展网、中国钢铁新闻网等主流媒体和行业媒体提供“公司高质量发展、党史学习教育、技术和产品创新”等动态成果的新闻通稿500余篇。在“摇篮鞍钢”、《鞍钢日报》及其新媒体发布各类报道562条；在主流媒体宣传报道公司及各基层单位的稿件725篇（条）。其中，《人民日报》及其客户端3条、新华网15篇、《中国冶金报》61篇、“学习强国”23篇、《辽宁日报》及其微信公众号56篇，全网阅读量在300万以上。

（鞍山钢铁集团有限公司党委宣传部
秦永春　张　雷）

【纪检监督工作】 1. 以强有力的政治监督保障企业改革发展。承接制定“年度政治监督工作方案”，推进政治监督具体化常态化。在疫情大考中发挥监督作用，“四不两直”抽查30余次，处分1人、诫勉谈话1人、提醒谈话23人；联合安环部开展环保督察，发现并整改问题33项。组织对8家党组织开展巡察“回头看”，如期完成巡察“回头看”全覆盖任务。持续跟踪主题教育“9+1”和扶贫惠民专项巡视“回头看”问题整改工作，完成率分别达到99.6%、95%，完成全年目标。加强对“一把手”的日常监督，与基层党政主要领导谈心谈话50余人次，对新任职直管单位“一把手”廉洁谈话30余人次。加强选人用人监督，全年审查拟提拔调整、换届选举等人员廉政情况800余人次，对1名领导人员公示期间相关问题线索核实后停止任用，防止“带病提拔”。加强年轻干部监督，对1名年轻领导干部违纪问题予以党政纪处理。

2. 持续释放越往后越严的强烈信号。保持查办案件的节奏和力度，紧盯重点领域和关键环节，查处验质验收领域违纪问题立案6人，查处1起违规经商办企业问题立案1人。全年共查结问题线索130件，立案82件，处分54人，避免和挽回经济损失3400余万元。坚持以案促改、以案促治，下发纪律检查建议书100余份，督促完善制度，堵塞管理漏洞，做到“查、剖、改”同向发力。通过查办案件综合运用“四种形态”批评教育帮助和处理124人次，其中运用第一种形态74人次。扎实推进回访教育工作，对77名受处分党员干部进行回访，开展谈心谈话100余次，帮助受处分人员正确认识错误，放下包袱，推动党员干部从“有错”向“有为”转变。认真落实《关于加强新时代鞍钢集团廉洁文化建设的实施意见》要求，组织开展“重温两书 坚守初心”党性教育活动、“赓续红色血脉 建设廉洁文化”主题读书活动、“以案为鉴 警钟长鸣”警示教育活动，累计开展活动200余次，参加人数4000余人次，撰写心得体会600余篇，引领党员干部在思想上得到净化、在精神上得到升华、在作风上得到锤炼。

3. 与时俱进深化推进风腐一体治理。深入推进形式主义、官僚主义问题专项整治，对36项长效机制运行情况进行检查，持续巩固整治成果。开展“抓思想、转作风、促整改、树形象”工作，组织做好“三对接”评价工作，机关部门拜访上级部门100余次、走访兄弟单位30余次、调研基层单位40余家。紧盯关键时间节点，“精准投送”节日提醒，各级党委、纪委共发送提醒短信、微信5000余个，开展监督检查800余次。严查工程、备件领域违规违纪行为，推动“靠钢吃钢”问题整治向纵深发展。共排查工程项目3427项，备品备件项目25546项，其他项目996项，查找各类风险隐患、问题漏洞514个，发现问题337项，推动完善制度文件216项，全品种取消供应商68家，对2家供应商停止投标1年。

4. 坚持问题导向提升监督质效。推动平台数据和功能升级，推进工作常态化。与宝信项目组开展业务对接20余次，累计新采集数据6800多万条，全年应用平台查询数据4213条，排查疑似数据500条，发现管理问题6项，核查问题线索17件，立案6件，工作成果荣获全国钢铁企业纪检监察工作研究会第十八次年会论文一等奖和鞍钢集团、鞍山钢铁管理创新成果二等奖。聚焦重点领域、关键岗位主动开展监督，共确立专项监督项目45项，纪检工作创新17项，主动发现问题线索8件，立案13人，避免和挽回经济损失3000余万元。

5. 聚焦实践扎实推动系统能力建设。以党的政治建设为统领，组织纪检干部深入学习领会习近平新时代中国特色社会主义思想、党的二十大精神，切实提高新形势下纪检工作的政策把握能力、执行能力。定期听取基层纪委汇报，征求意见建议，分析短板弱项，不断推动纪检工作高质量发展。强化机制保障，制定2022年纪检工作考核评价方案，用机制推动全年工作高质量完成。建立2022年纪委机关联系基层工作制度，指导帮助基层纪委解决问题10余项，9家单位突破“零办案”。严格落实“直管单位纪委书记、副书记提名考察办法”规定，对20家单位纪委书记进行了交流调整、10家单位纪委副书记履行提名考察程序。加强“以案代训”，全年代训32人次。深入推进“案件质量规范年”工作，针对集团纪委检查反馈的75项问题，确保整改到位。纪律审查室荣获2022年辽宁省纪检监察系统先进集体荣誉称号。

（鞍山钢铁集团有限公司纪委　许　博）

【工会工作】 1. 筑牢精神传承平台，职工理想信念更坚定，思想基础更牢固。开展“劳动光荣，工人伟大”主题教育活动，组织“弘扬劳模精神，厚植匠心文化”主题劳模事迹宣讲，全年共计举办10场，累计1100多人次听取宣讲。组织丰富多彩、形式多样、能够体现企业传统和时代特征的篮球、足球、羽毛球、气排球、健步走等体育活动。注重缓解疫情给职工带来的心理压力和负面情绪，邀请鞍钢总医院心理科医生从疫情下的自我照料等方面发布微信公众号短视频10期。发挥各级劳模在抗疫保产中的示范带头作用，向全体劳模发出《坚定必胜信念 贡献劳模力量》和《同担当 共命运 决战四季度 坚决打赢“两个确保”攻坚战》倡议书。

2. 筑牢民主管理平台，职工参与管理更有效，主人翁责任感更强。完成两级公司职工代表大会换届工作，规范召开各级职代会，表决通过福利费使用方案、经营绩效评价办法及涉及用工、工伤、休假等管理办法，切实维护好职工合法权益。做好民主评议工作，评议基层领导班子55个，评议领导人员352人，实现基层单位民主评议率100%。探索拓宽厂务公开民主管理渠道，完善公司、基层单位、作业区、班组四级公开体系，征集厂务公开民主管理工作典型案例31项。指导基层单位开展好2021年度民主测评厂务公开工作，职工满意率高于或等于90%的有31个单位，占90%。

3. 筑牢素质提升平台，职工技术技能更精湛，综合素养更全面。联合公司人力资源部组织开展2022年鞍山钢铁职工技能竞赛暨鞍钢集团群英赛，完成8个工种的理论知识与岗位操作知识竞赛和实际操作考试。扎实开展2022年鞍山钢铁“绿色低碳 精益管理 对标提升”主题劳动竞赛及8个专项劳动竞赛，全年累计发放竞赛奖587万元。炼铁总厂、冷轧厂工会委员会获全国机冶建材工会经济技术工作先进单位，鲅鱼圈分公司热轧部何晓亮等4人获全国机冶建材行业岗位能手；鲅鱼圈分公司热轧部王存获2022年冶金科学技术奖三等奖。

4. 筑牢创新创效平台，职工变革精神更强烈，创新创效成果更突出。组织开展职工创新工作室考核评比和2021年度职工创新工作室优秀创新成果评比活动。加大职工创新支持资金投入力度，全年投入资金500万元，支持的111个创新项目共计创效8700万元。编制《2021年度职工创新工作室优秀创新成果汇编》，对100项优秀创新成果汇编成册。强化先进操作法评选与推广，组织各基层单位总结推广先进操作法209项，培训513学时，培训6484人次。开展2021—2022年度先进操作法评审，命名表彰27项公司级先进操作法。组织开展“争做降本达人”专项活动，通过月统计、季评价的方式，每季度表彰奖励100名“降本达人”。

5. 筑牢帮扶济困平台，共建共享举措更丰富，职工获得感、幸福感更强。组织各单位走访慰问困难职工8412人次，发放救济费426.75万元，发放“金秋助学”资金55.7万元，发放医疗救济金376.94万元，发放市总工会送温暖资金52.92万元，为110名职工申请到企业救助责任保险理赔款880万元。扎实推进“我为群众办实事”重点民生项目，新增RH测温取样机器人4套，新建除尘器4套，对炼铁集中控制中心楼前进行绿化亮化，为资源储运中心灵山料场种植生态防护林，累计修缮操作室167处，休息室209处，卫生间58处，食堂5处，浴池19处，新增或更新空调391台，使现场环境得到明显改善，职工满意率100%，办实事工作取得实效。

6. 筑牢权益保障平台，职工队伍更稳定，劳动关系更和谐。完善劳动保护监督机制。开展基层单位《集体合同》《女职工权益保护专项集体合同》履行情况自检自查，检查和规范履行劳动合同、集体合同制度。加强改革过程的源头参与，积极参与三项制度改革、企业混合所有制改革，代表职工主动参与涉及职工利益的相关政策制定修改。加强劳动关系矛盾预防和化解，维护职工合法权益。

（鞍山钢铁集团有限公司工会　赵　贺）

【共青团工作】 1. 提升精神素养，青年信念信仰更加坚定。扎实推进“学习二十大、永远跟党走、奋进新征程”主题教育实践活动，以“青年大学习”“三会两制一课”“鞍山钢铁青春舞台”等为载体，统一思想，凝心聚力。一是认真学习宣传贯彻党的二十大精神，以集中观看、视频会议、线上直播或回放等多种形式组织观看党的二十大开幕会，开展专题研讨、主题团课258场次。二是开展庆祝建团百年活动，通过集中+自学、线上+线下等多种方式，实现习近平总书记在庆祝中国共产主义青年团成立100周年大会上的重要讲话精神学习交流全覆盖。三是推进青年精神素养提升工程，紧扣“增强做中国人的志气、骨气、底气”主题，对标“四个阶段”“五个动作”要求，保质保量完成各级党组织书记讲授主题团课、“我和先辈比奋斗”大讨论、主题团日、专题组织生活会等内容。四是实施青马工程，开展“青马学堂”线下培训，组织青马学员分4批次到机关部门进行为期3个月的实践锻炼，部门、单位、学员反馈效果良好，多方受益，《立足当下 面向未来 为高质量发展新鞍钢培养忠诚建设者和合格接班人》在《鞍钢青年和共青团工作》首期刊发，青马工程工作经验在集团范围宣传推广。

2. 助力创新发展，青年勇担重任成效显著。紧跟形势，明确任务，引导团员青年以饱满状态、昂扬斗志迎难而上，奋勇攻坚。一是深化青年创新登高计划，立足建设高质量发展新鞍钢目标，完成攻关659项；评选第七届（杰出）青年创新人才25名。二是擦亮志愿服务品牌，打赢疫情防控歼灭战，54支青年突击队、758名志愿者坚守在各条战线；常态化“跟着郭明义学雷锋”活动，广泛开展义务奉献202次、3496人次参与；规范志愿者管理，2807名青年成为注册志愿者。三是奋力决战攻坚，开展“决战四季度 青年勇当先”主题实践活动，各级团组织向党政主动请战，围绕提质增效、节能降耗、修旧利废等开展攻坚会战72次，回收非生产性废钢铁1140吨；团员青年完成降本项目151项，向260项技经指标发起挑战。四是发挥“岗号手”作用，“青年查隐患 筑牢安全线”安全隐患大排查活动核定有效信息773条，反馈相关部门督促整改；19个青年集体在青年文明号展示评比中脱颖而出，评选青年安全生产示范岗36个、最佳青年安全监督岗8个，鼓励青年集体展现岗位文明，助力安全生产。

3. 实施综合服务，青年获得感满意度持续攀升。以打造有温度的共青团为目标，竭诚为青年服务。一是深化“走进青年”行动，组织召开公司领导与青年座谈会2场；开展“5+1”青年大调研，网上问卷调查参与率67.48%，走访16个单位，与156名青年面对面交流座谈；承办鞍钢青年技能人才调研，反馈热点问题，为青年技能人才发声。二是为青年办实事，推动青年素质提升、能力提升、自组织建设、单身交友等50个项目，115项措施落地见效；支持鞍山钢铁青年高技能人才协会开展技能提升、创新创效等活动。三是实施精准服务，开展住宿青年春节、中秋走访慰问，推动新入职员工关爱行动，举办篮球赛等文体活动，开展符合青年个性化需求的单线介绍和交友活动，建立困难青年信息库，救济困难青年2名。四是讲好共青团和青年故事，受《企业文明》杂志“国企青年跟党走”专题独家约稿，青年坚决打赢疫情防控歼灭战短视频在《中国共青团》、鞍钢集团视频号引起热烈反响；“鞍山钢铁青春舞台”微信公众号宣发专栏专题165篇，点击量20.57万次；编印的第3本青年创新故事集《青春踔厉向未来》得到广泛关注。

4. 强化自身建设，团组织战斗力充分彰显。对标全面从严治党标准，站稳鞍钢集团共青团“排头兵”位置，淬炼钢铁之团。一是坚持党建带团建，向23个单位反馈2021年度党建工作责任制联合考评共青团考评情况，督促整改。二是加强组织建设，调整3个团组织隶属关系，指导2个直管团委规范完成换届选举，推荐出席辽宁省团代会代表1名。三是实现基础团务提升，制定《鞍山钢铁集团有限公司团的经费使用管理办法(试行)》，推行请示报告、团干部协管、团组织书记述职评议等制度，严格推优入党程序。四是提升团干部素质能力，推荐2名同志参加2022年度全国团干部教育培训，全部直管团干部参加了国企学习网络学院专题培训及鞍钢团干部政治理论水平测试，60名基层团干部完成了鞍钢集团团干部轮训。

（鞍山钢铁集团有限公司团委　王诏静）

·人民武装工作·

【民兵工作】　鞍钢集团鞍山区域民兵工作坚持以习近平强军思想为指导，圆满完成上级军事部门赋予的基干民兵编组任务1528人，圆满完成3期200名基干民兵军事组训任务，实现了民兵军事训练事故为零目标。鞍山钢铁人武部被上级军事部门评为“承担全省民兵通信保障分队基地轮训任务贡献突出单位”。

【宣教工作】　把民兵政治教育、国防教育纳入民兵军事训练实施计划之中，结合“全民国防教育日”，组织开展形式多样的专题宣传教育活动，营造了浓厚氛围。

【民兵参建】　充分发挥民兵中坚骨干作用，以“双增双节当先锋、降本增效作贡献”为主题，组织鞍山区域各单位广大民兵、退伍军人立足岗位为企业降本增效作贡献，累计创效总额6091万元。

【装备管理、基地建设、人防工作】　加强民兵武器装备管理和民兵训练基地建设，实现民兵武器装备管理连续61年安全无事故，基地综合保障能力不断提升；强化人防工程管理，鞍山区域31台人防警报器完好率100%。圆满完成伪装防护等4个专业290人的人防专业分队编组任务。在省、市联合组织的人防专业分队集结点验中，受到省、市联合点验检查组一致好评。

【优抚工作】　认真做好优抚工作，全年鞍山区域所属单位共发放各类优抚对象慰问品、慰问金136万元。鞍山钢铁保卫部内保一大队大队长刘德阳同志被中共鞍山市委宣传部、鞍山市退役军人事务局、鞍山军分区政治工作处联合授予首届“鞍山最美退伍军人”荣誉称号。

（鞍山钢铁集团有限公司保卫部　邱若彬）

·所属单位简介·

鞍钢集团信息产业有限公司

【概况】　鞍钢集团信息产业有限公司（以下简称“信息产业公司”）是集自动化、信息化、通信和数字化技术于一体的信息技术企业。公司拥有专业配套齐全的自动化、信息化技术力量，在矿山、烧结、焦化、炼铁、炼钢、连铸、轧钢及钢材处理等冶金全流程自动化、信息化领域拥有多年工程业绩。

2022年实现营业收入7.4亿元，与2021年同比，增长了17.5%。实现利润8632万元，同比增长23.9%，主要经营指标再次创造历史最好水平，实现“双跑赢”。

【生产经营创造新业绩】 经营业绩的提升是一切工作的落脚点，经统筹规划，2022 年实现了可持续发展。

1. 深化市场开拓。制定新的市场营销策略，建立以客户关系为中心，以网格化建设为抓手的市场营销体系。进一步拓展攀钢、本钢市场，成功签订攀钢钒智慧能源专家系统。全年新签合同 419 项，合同额 9.98 亿元，同比增长 34%。

2. 规范招标采购。采购项目公开采购率 84.86%，实现降采 4471 万元，降采率 7.26%，推进降采额归集为降本新成效。

3. 狠抓安全生产。建立一体化安全管控机制，开展两轮安全风险辨识评价，组织全员签订安全生产承诺书。全年整改安全防火隐患 53 项，发现违章行为 4 项，考核事业部 3 家、相关方 3 家。

【承担数字鞍钢建设重任】 2022 年信息产业公司紧紧抓住“数字鞍钢”建设的有利时机，为鞍钢集团信息化、数字化、智能化建设贡献鞍信力量。

1. 做强数字平台和数字基础设施。建立信创技术体系并实现应用验证，建设完成信创实验室，筹备建设鞍钢集团大数据中心和信息安全运营中心。

2. 做深数字技术研发。通过“四提升一健全”，赋能鞍钢数字化转型。深入研发智慧能源集控、无人行车、工业机器人、5G 新基础设施建设、热轧数字孪生等重点项目，实现核心技术自主可控。

3. 做精数字场景建设。打造本部质计无人采样车等多项数字化转型样板工程，成功建成朝阳炼铁集控、2150 数字化产线等数字化应用场景。通过智慧能源管控系统建设，多地综合能耗年创效可达 2 亿元以上，实现综合能耗最优化。

（李　嵩）

鞍山钢铁集团耐火材料有限公司

【概况】 2022 年鞍山钢铁集团耐火材料有限公司（以下简称“耐火公司”）生产冶金熔剂 140 万吨，超产 7 万吨，其中炼钢用冶金石灰 67 万吨，炼铁用冶金石灰 57.8 万吨，轻烧白云石 6.7 万吨，石灰小粒 8.4 万吨；全年实现销售收入 8.5 亿元，获高新技术企业所得税退税 649 万元，实现利润 6929 万元，突破挑战值，创该公司历史最高水平；实现轻伤及以上安全事故为零，一般及以上火灾事故为零，重大环境污染事故为零，污染因子合格率 100%。

【锐意进取，研制烧结用石灰新产品】 耐火公司积极落实鞍山钢铁“高炉提效保供”和“保障高炉稳产”会议精神，采取采购优质石灰石原料，加强与同行业、高校技术交流，清透窑炉烧嘴，加强设备点检维护等一系列措施，研制烧结用石灰新产品，提高石灰质量，实现了活性度 240 毫升和 300 毫升的烧结用优质石灰新产品的研制，产品使用效果得到了炼铁总厂的认可。

【重点攻坚，三项制度改革不断深化】 耐火公司充分发挥“两制一契”牵动作用。经营层经营业绩责任书签订率 100%，中层聘期制管理达 100%，末等调整和不胜任退出占比 21%。深入推进机构编制整合优化，合并撤销 50 人以下作业区 1 个。完成全口径岗位定员核定工作，规范员工岗位状态，加强市场化用工管理，进入赋能中心人次占比 8.1%，员工市场化退出率 1.1%。

（徐　钰）

鞍钢集团房产物业有限公司

【概况】 2022 年末，鞍钢集团房产物业有限公司共有在职职工 640 人，其中管理和专业技术人员 112 人（高级职称 8 人，中级职称 72 人，初级职称 32 人）。2022 年实现利润 1986 万元，比 2021 年增长 64.68%，完成挑战值目标，创历史最好水平。

确保供暖服务工作质量，全年共处理诉求件及来电接访件 3909 件，处理维保维修方面诉求件满意率 100%。全年共承揽工程 184 项，实现产值 1.29 亿元，同比增加 66.84%。完善房屋租赁工作管理体系建设，实施“一站式”服务，全年实现房屋租金收入 4467.62 万元，同比增加 15.06%。积极响应党中央号召，为 602 户服务业小微企业和个体工商户疫情减免房租 1656.67 万元。全面梳理两费历史遗留，实现全年清欠额385.42万元。拓展物业服务市场，为厂内多家单位提供物业服务。接管炼铁总厂2号、3号、4号、5号高炉冲渣余热水设施维保项目。将老年大学改建为鞍山钢铁疫情防控闭环休息保障服务区，为炼钢总厂职工9批1116人次提供高质量生活保障服务，圆满完成保产保供任务。转型项目发展质量稳步提升，知津书院老年大学现开设135个专业课程354个班次、招收学员突破1万人次；钢美术馆正式开馆，成功举办多次艺术家画展和大型文化活动；知津羽毛球馆投入运营，实现收益51.5万元；档案中心承接保管档案1.1万卷，实现收入32万元。

（米　岩）

德邻陆港供应链服务有限公司

【生产经营】 2022年，德邻陆港坚持平台驱动、科技赋能，大力推进改革攻坚、有效防控经营风险，实现营业收入201.43亿元，利润1.32亿元，主要生产经营指标实现“双跑赢、超挑战”。

【全力实施战略引领】 德邻陆港以鞍钢集团打造“第三极”为契机，制定现代供应链产业“十四五”发展战略与规划，擘画发展方向。大力实施德邻陆港与德邻智联一体化运营，有序推进产业内部组织整合；顺利完成本钢国贸腾达公司的整合工作，“延链补链强链”作用进一步发挥，“全链条、一站式”服务能力得到明显增强。

【市场开拓成绩显著】 供应链服务业务坚持“走出去”，锚定社会终端客户，减流通、增直供、转结构，新开发下游客户168家，保证了社会市场份额的快速增长；持续优化品种结构，拓宽鞍钢产品的销售渠道，比亚迪汽车钢服务业务成效显著。

【平台赋能见行见效】 针对社会钢厂、贸易商、加工企业及终端生产制造企业，打造了第三方德邻e钢平台；运用大数据技术，提供行业资讯，建立钢材价格指数的德邻资讯频道；系统重构线上平台，实现德邻钢铁、德邻循环、德邻化工、德邻畅途、德邻云仓等“产品族群”的线上统一管理，大幅提升了数智化水平。

（胡竞文）

鞍山钢铁劳研所科技有限公司

【概况】 鞍山钢铁劳研所科技有限公司（以下简称“劳研科技”）共有职工93人，其中，硕士17人，本科61人；专业技术人员52人，高级职称17人，中级职称36人。办公建筑、教学基地使用面积10000余平方米，拥有先进仪器设备500余台（件）。具有国家“安全评价机构资质证书”、国家“职业卫生技术服务机构资质证书”、辽宁省医疗放射领域“放射卫生技术服务机构资质证书”、辽宁省“检验检测机构资质认定证书”、“安全生产标准化二级企业评审单位资质”及鞍山市“安全生产培训机构和特种设备作业人员考核资质”等资质。

【主要工作】 2022年，劳研科技全体职工以习近平新时代中国特色社会主义思想为指导，贯彻落实“实现五个新突破、聚焦五个重点”决策部署，迎难而上，紧紧围绕做强主业，做优多元职业卫生技术服务的目标，持续刷新产值、利润等主要经济指标，实现经营收入3924万元，同比增长28%；实现利润1218万元，同比增长58%，超额完成全年挑战值指标，荣获鞍山钢铁集团有限公司2022年度先进单位。

（孙　占）

鞍钢铸钢有限公司

【概况】 截至2022年12月末，鞍钢铸钢有限公司共有职工556人，其中，在岗职工450人。管理和专业技术岗位63人（其中高级职称5人，中级职称36人，初级职称12人），生产操作、服务岗位人员387人（其中高级技师10人，技师18人，高级工118人，中级工177人，初级工54人）。设党委工作室（综合管理室、党政督查室、工会）、安全环保室、计划财务室、营销管理室，炼钢事业部、铸造事业部、运行保障部。

【生产经营取得新成绩】 2022年，该公司抢抓机遇，直面挑战，在全体职工的共同努力下，完成钢产量 7.27 万吨，实现销售收入 7.3 亿元，实现利润 1931 万元。

【市场开拓出现新局面】 该公司成功开发轻质钢，优化完善冶炼、浇注工艺，开发初轧开坯及热处理工艺，实现了一次性轧制合格；BD1 轧机产线顺利投产，具备钢锭产品开坯能力；成功生产 3 件容积达 70 吨的世界最大渣罐，各项技术指标均达到用户要求。

【精益化降本取得新进展】 该公司通过降低采购成本、实行耐火材料功能性项目总包、重塑冶炼工艺及配料结构、降低自来水用量、降低电量消耗等多项措施，全系统全方位降本创效 1800 余万元。

【科技创新取得新成果】 该公司自主研发高技术含量、高附加值产品 ANi36 获得成功；国内首创自主设计的固定式连续可调式板坯结晶器，使用寿命大幅提高，由原来的不足 40 次提高至 280 次。

（张　锋）

鞍钢电气有限责任公司

【概况】 2022 年，鞍钢电气有限责任公司在岗职工 246 人，其中管理和专业技术人员 89 人（高级职称 6 人，中级职称 49 人，初级职称 33 人）。公司机关设置综合管理室（党委工作部、工会、党政督查室、董事会办公室）、生产管理室、安全环保部、财务会计部 4 个部门，下设电机事业部、变压器事业部、电控事业部、工程公司、鲅鱼圈公司、销售公司 6 个基层单位。公司 2022 年实现收入 1.47 亿元，新签合同 298 项，合同额 2.45 亿元，同比增长 33.1%；利润 1229 万元，同比增长 18.74%；其中外部市场收入 3034 万元，占总收入的 20.65%，同比增长 12.75%，主要经营指标创历史最好成绩。实现安全、环保、火灾事故为零。

【主要工作】 2022 年，是电气公司驶入高质量发展快车道的一年。一年来，电气公司以生产经营为中心，对内发挥维护保产的功能作用，对外大力开发本钢、鞍钢矿业公司等外部市场，各项工作有序开展，有力推动了公司高质量发展。全年完成电机修理、制造 3664 台次，变压器检修 444 台，变压器制造 2 台，电控柜新制 215 面，电控柜两定维保 178 面，电机在线检测 26712 台次，电气工程 89 项，全年完成应急抢修任务 150 余次。

（贾吉云）

鞍钢冷轧钢板（莆田）有限公司

【概况】 鞍钢冷轧钢板（莆田）有限公司（以下简称“莆田冷轧”）现有酸轧联合机组、冷轧连退机组、热镀锌机组各一条，生产用于家电、汽车行业的高质量冷轧和镀锌产品，产能规模 100 万吨/年，其中冷轧产品 70 万吨/年，镀锌产品 30 万吨/年。莆田冷轧在职职工 222 人，其中管理技术岗位人员 78 人、岗位操作人员 144 人，公司组织架构设“四部一单元”。

2022 年，莆田冷轧职工锐意进取、埋头苦干，奋力完成了全年生产经营目标，全年完成产量 80 万吨，实现营业收入 8.9 亿元，上缴利税 3125 万元，实现利润 948 万元。积极跟进国家各项惠企政策，于 6 月兑现存量留抵税退税政策，实现 2.98 亿元税款返还。成功开发冷轧超光面滑轨钢 DL340Y、DL260Y、冷硬 0.27 毫米极限薄规格、三棵树制桶用镀锌板 4 个新品种。积极培育树立先进典型，1 人荣获鞍山钢铁保密工作优秀工作者称号，2 人获得鞍山钢铁先进生产工作者称号，3 人获得鞍山钢铁抗疫保产先进个人称号，镀锌机组乙班获评鞍山钢铁 2022 年度五好班组。

（陈　骁）

鞍钢股份有限公司

【概述】 2022 年，面对错综复杂的国内外环境、疫情防控和改革发展的繁重任务，鞍钢股份党委以习近平新时代中国特色社会主义思想为指导，深入学习贯彻党的十九大及十九届历次全会、党的二十大精神，全面落实鞍钢集团二届五次全委（扩大）会议决策部署，坚持“两个一以贯之”，深入推进新时代党的建设新的伟大工程，将党的建设成果切实转化为高质量发展的强大动力，围绕“稳产、提质、降本、增效”工作要求，聚焦“5+3+N”重点工作，团结带领广大党员干部职工迎难而上，全年实现营业收入 1310.72 亿元。鞍钢股份入选 2022 年上市公司董办优秀实践榜单，获评深交所 2021 年度信息披露 A 级。朝阳钢铁获评 2022 年度中国优秀钢铁企业品牌，鲅鱼圈分公司获评 2022 年度中国卓越钢铁企业品牌。

1. “11361”战略有效落实。加快产业规划落地，推动“数字蝶变”，增强发展动能。落实“1+6”产业规划。聚焦产线产品产值，优化结构布局。形成鲅鱼圈二期筹备方案，朝阳钢铁二期电炉短流程、广州汽车钢二期等项目进展有序，新能源汽车用硅钢连退等项目稳步推进。加快设备升级改造，600 平方米烧结机项目高效推进，大型总厂 ϕ177 产线改造顺利竣工。完成与本钢业务整合 3 项、业务协同 4 项，释放鞍本协同效应。加快数字化转型步伐。以智慧运营一体化管控平台为依托，开发日成本跟踪等工具 37 套。高炉集控等 62 个项目上线投运，在鲅鱼圈分公司成功举办第三届“数字鞍钢 · 数字生态”现场推进会。17 项智能制造成果被国家、省工信部门评为优秀案例，连续 5 年被工信部评为智能制造试点示范单位。朝阳钢铁“生产作业—工艺动态优化”场景入选国家级智能制造优秀场景。

2. 成本变革取得显著成效。强化成本管控，追求成本“最优解”。深化对标找差。发挥“1+6+Δ”对标委员会作用，强化五地对标，按照“预算压、项目拉”思想，推动极致降本，工序降本 43.11 亿元。坚持集约高效生产。推进“焦铁钢材”联动，铁、钢、钢材产量分别完成 2623.6 万吨、2658.66 万吨、2508.4 万吨，同比增加 88.7 万吨、28.69 万吨、28.2 万吨。强化质量管理，综合成材率达到 94.2%，同比提高 0.24 个百分点。深挖系统降本潜力。召开系统降本大会和“决战四季度，实现两个确保”动员大会，实施稳增长十二项措施，实现吨钢降本 162 元；吨钢外购能源成本 177 元，同比降低 11 元；吨材物流成本 335.31 元，同比降低 15.37 元，下半年实现滞期费为零，全年同比降低 2.87 亿元；吨钢期间费用 165.36 元，同比降低 17.28 元。

3. 市场开拓力度不断加大。打好“客户服务年”组合拳，以客户为中心，提升“产品+服务”竞争优势。抢占市场擦亮品牌。抓牢战略客户和重点渠道，直供比例完成 73.5%，比计划高 3.5 个百分点。在国家管网 2022 年框架协议投标中排名第一，成功入围“中石化 2022 年度长输管线框架采购协议”。强化“三点四维度”营销策略，拳头产品比例达到 38.55%，比计划高 2.55 个百分点，核电用钢获评 2022 年度中国冶金行业最具竞争力产品，中厚板品种能力综合排名国内第一。拓展海外市场。抓住出口机遇，加大线材、冷轧等产品出口力度，中标尼日利亚卡卡铁路等海外重点工程 7 项，出口订货量 138.4 万吨，同比增长 26.5%。提升客户服务质量。服务客户的 17 项任务落地见效；推进预合同管理，合同准发执行率 96.5%，物流周期较去年缩短 1.6 天；召开各区域品牌客户恳谈会，客户满意度持续提升。主要领导带队走访 45 家重要客户，109 项合作事项全面完成。构建“1+2+Δ”客户管理体系，形成以战略客户为核心的直供客户群，鞍钢股份连续两年荣获比亚迪“杰出战略合作伙伴”奖、中国船舶“金牌供应商”称号，收到国家管网的感谢信。

4. 改革发展活力持续释放。坚持向改革要动力活力，以机关改革为重点，推动 62 项改革标的落地，国企改革三年行动圆满收官。深化三项制度改革。强化“两制一契”管理，24 名直管领导人员“揭指标竞聘，带契约上岗”，管理人员末等调整和不胜任退出占比达到 10.7%。优化人力资源配置，钢铁主业实物劳动生产率比 2020 年增长 27%，比目标高 6 个百分点。推进治理能力改革。完善公司治理体系，制定党委直接决策等清单，理清了各治理主体的权责边界。持续推广朝阳钢铁、彩涂分厂等改革经验，各类主体活力不断释放。围绕“理顺、落责、满负荷”，深化机关改革，压减部门内设机构 16 个，压缩编制 92 人，人员交流比例 23%，实现了三个 10%压减目标。彩涂分厂贯彻习近平总书记“劳动光荣、工人伟大”重要指示精神，践行新时代“鞍钢宪法”精神，成功扭亏为盈，成为新时代“鞍钢宪法”理论与实践创新典型。大型总厂以“四个相结合”推动改革工作，在鞍钢集团深化改革工作会议上作了经验介绍。强化亏损企业治理。坚持“一企一策”治理，实现亏损企业户数为零、亏损额为零目标。西区硅钢实现扭亏为盈的历史性突破。

5. 科技支撑作用明显增强。深化“四个创新平台”建设，提升技术研发能力。完善科技创新体系。成功召开科协第六次代表大会。发布第二期科技领军计划，聘任领军人21名。“基于领军计划的大型钢企科技创新管理与实践”获得辽宁省企业管理创新成果一等奖。推进科技成果快速转化，鞍钢股份获得“国家知识产权优势企业”称号，专利创新指数连续两年位居全国钢铁行业第三。强化关键技术攻关。完成一期4个关键核心技术攻关项目评估，2项达到国际领先水平，2项达到国际先进水平，形成二期关键核心技术攻关项目，1项通过国务院国资委正式立项批复。制定原创技术策源地建设方案和技术谱系，确定5个技术领域27个攻关任务。提升自主创新能力。加强高端材料、绿色低碳等工艺技术研究，高强度安全壳板研制等3个国家课题通过结题验收，新型桥梁用钢等4个产品实现全球首发，世界首套单绕组螺旋电磁搅拌装置等4个技术实现全球引领，“高强建筑结构钢”“极地船用低温极端环境用钢”获中国钢铁工业协会产品开发市场开拓奖，首次采用电渣板坯工艺成功生产出因瓦合金。周明顺带领课题组研发的“基于低碱高硅球团的低碳排放高炉炉料解决方案及其应用”荣获世界钢协低碳生产卓越成就奖。超大线能量焊接船板用钢通过多国船级社认证，达到国际先进水平。深化“一厂一所一室”建设，攻克技术难题121项。组建国家“海工用钢技术领域产学研联盟”，成为加入“国和一号”产业链联盟中唯一的钢铁企业。

6. 企业管理基础不断夯实。强化底线思维，坚持系统观念，强化管理效能。筑牢疫情防控屏障。面对三地先后静默管理的突发情况，落实“疫情要防住、经济要稳住、发展要安全”要求，上下同心、众志成城，用最小代价实现了最大防控效果，保障了生产经营稳定运行。特别是鲅鱼圈分公司在37天静默期间，广大干部职工舍小家、顾大家，涌现出各类可歌可泣的典型，用担当奉献筑起抗疫保产的“钢铁长城”，获得鞍钢集团“抗疫保产先进集体”称号。加强安全生产管理。贯彻国务院安委会安全生产15项举措，落实“一岗双责”“五清五杜绝”要求，推进安全整治三年行动和安全生产提升年工作，加强党的二十大及封闭保产期间的安全管理，坚守安全防火底线。推动绿色低碳发展。推进碳达峰、碳中和工作，形成减碳行动规划，鞍钢股份成功发行3亿元绿色中期票据。具有完全自主知识产权的氢冶金项目在鲅鱼圈开工建设。推进精益管理。完成精益改善项目111项，创效6025万元。形成具有自身特色的精益模式，在东北国企精益总结大会上进行介绍。朝阳钢铁“精益化高炉经济运行体系构建与实施”获钢协管理创新成果一等奖。

7. 党的建设得到全面加强。聚焦迎接学习宣传贯彻党的二十大精神主线，以高质量党建引领企业高质量发展。把政治建设摆在首位。第一时间召开专题动员大会，明确将学习宣传贯彻党的二十大精神作为当前和今后一个时期的首要政治任务，在全公司掀起学习宣贯热潮。组织“第一议题”传达学习27次、党委理论学习中心组集体学习13次，再学习再领会习近平总书记重要讲话、重要指示批示精神等文件131篇。巩固党史学习教育成果，9项工作案例被评为鞍钢集团优秀工作案例，居全集团子企业第一名。建强党的基层组织。优化整合46个党支部，140个党组织实现“应换尽换”。督导18个“未达标”党支部完成44项整改措施。创建鞍钢集团“样板”党支部15个、示范基地2个。组织“万名党员进党校”，参训合格率100%。开展“党建引领赋能，凝心聚力攻坚”主题实践活动，实施共产党员工程34项，共产党员“挑战项目”736项，激励党员干事创业。把握宣传舆论导向。开展宣传报道，在鞍钢集团及以上主流媒体发稿1287篇，宣传先进典型152个。压实意识形态工作责任，关键时间节点舆情态势平稳。开展形势任务教育集中宣讲7500余次。技术中心严玲被授予鞍山市“时代楷模”和第八届“道德模范”，鞍钢博物馆获得全国科普教育基地等3个荣誉称号。打造高素质干部人才队伍。坚持重实干、重实绩的选人用人导向，进一步使用和提拔任职40名表现突出的优秀干部。建立“1123”年轻干部人才库，三、四级单位班子中年轻干部占比22.8%。召开应届大学生专场座谈会，畅谈思想、畅想未来。新聘任工程序列、研发序列公司级专家25人，将3人列为院士培养后备人选，2人荣获冶金青年科技奖，3人获评辽宁省优秀科技工作者，1人获评辽宁最美科技工作者。

8. 党风廉政建设常抓不懈。强化监督执纪问责，党风廉政建设取得压倒性胜利，信访举报、问题线索分别同比降低 47.5%、40.8%。发挥政治监督作用。跟进“5+3+N”重点工作，对发现的 3 项环保问题进行追责问责，促进履职尽责。抓实巡视巡察整改。“9+1”问题整改措施完成率 99.6%，扶贫惠民领域专项巡视“回头看”问题整改措施完成率 95%，完成巡察和巡察“回头看”全覆盖，率先探索实施一届任期内的巡察整改评估验收工作。加大监督执纪力度。立案 82 件，综合运用“四种形态”批评教育帮助和处理 124 人次，避免和挽回经济损失 3400 万元，公司纪委纪律审查室荣获 2022 年辽宁省纪检监察系统先进集体称号。推进“清廉工程”和备品备件专项整治，查找隐患问题 514 项，完善制度 216 项。推进大数据监督平台建设，荣获全国钢铁企业纪检监察工作研究会第十八次年会论文一等奖。转变工作作风。开展“三对接”工作，组织拜访上级部门 121 次、兄弟企业 27 次，采纳意见建议 151 条。持续纠治“四风”，15 项整治形式主义、官僚主义和为基层减负任务完成率达到 100%。

9. 群团纽带作用更加凸显。发动各级群团组织，凝心聚力，互惠共赢。推动职工创新创效。开展 162 项劳动竞赛和降本专项活动，推进 111 项职工创新项目，新增公司级职工创新工作室 7 个，群众性创效 8700 万元。关心关爱职工群众。开展走访慰问“送温暖”活动，为困难职工发放救济费 426.8 万元。持续为职工办理企业救助责任险，110 名职工因大病申请到理赔款 880 万元。完善“我为群众办实事”长效机制，完成公司级重点民生项目 75 项，职工评价满意率 100%。激发团员青年活力。开展“学习二十大、永远跟党走、奋进新征程”和“庆建团百年展青春风采”主题活动，组织 65 名优秀青年参加“青马学堂”，分批进行实践锻炼。巩固脱贫攻坚成果。坚持“四个不摘”要求，拨付帮扶资金 1818.2 万元，购买消费帮扶农产品 2762.7 万元，全面完成国家乡村振兴局考核的 41 项指标任务，获得塔县县委帮扶工作“好”的最高评价。

法治合规建设、审计监督管理和问题整改、国安保密、信访维稳等方面工作也取得积极成效。

（华玉佳）

【汽车钢营销（服务）中心】 汽车钢营销（服务）中心是鞍钢集团汽车钢产品的专业销售服务平台。协调鞍山钢铁、攀钢、本钢、凌钢、联众、TAGAL、AHK 等与汽车钢相关的技术研发、产品发展、加工配送及客户服务等业务。中心下设经营企划部、冷系产品销售部、热系产品销售部、技术营销服务部、客户需求保障部。2022 年末，在岗职工 70 名。代管长春钢加等 13 个钢加中心。

党建工作开创新局面。完成党委筹建，规范钢加公司党组织建设，明确管理权限，制定党建工作手册，制作党建文化走廊，党建工作进一步科学化、规范化。

市场占有率持续提高。2022 年，鞍钢集团汽车钢销量 700 万吨，超出年度计划 7.7%，冷系产品市场占有率 32%，同比增加 2 个百分点。其中，鞍山钢铁汽车钢销量完成 330 万吨，超出年度计划 3.1%；冷系产品市场占有率 15.5%，同比增加 0.5 个百分点，实现了汽车钢销量和市场占有率双跑赢。获比亚迪“杰出战略合作伙伴”奖等多个奖项。被评为鞍钢集团及鞍山钢铁 2022 年度先进单位。

打造集团汽车钢品牌核心体系。制定印发集团汽车钢协同管理办法，共同推进主机厂认证 13 家，完成鞍本精益化项目 10 项，推进团队走访，与 6 家汽车集团形成合作项目 23 项。

客户满意度持续提升。开展“客户服务年”活动，开展重点问题“质量回头看”4 次，“请进来、走出去”活动 4 次，实现“挖掘+预判”，促进 α 的持续改进，建立和完善汽车钢产品 LCA 服务体系。

（徐连东）

【资源储运经营中心】 2022 年末，资源储运经营中心（以下简称“中心”）有职工 387 人，其中，生产和服务岗位 270 人，管理和技术岗位 56 人，居家职工 55 人，列编外 3 人，赋能中心 3 人。机构设置为四个部室、四个作业区。固定资产原值 48234 万元，净值 34711 万元。主要设备有 1250 吨液压冷剪机、1000 吨液压打包机，吊车 59 台（其中，桥式起重机 34 台、门式起重机 13 台、抓钢机 12 台），龙门吊车 2 台，储油罐 33 个、酸罐 2 个、卤水罐 3 个、解冻库系统 1 台。2022 年，该中心以习近平新时代中国特色社会主义思想为指导，深入贯彻落实党的二十大、十九届历次全会精神，紧紧围绕新时代党的建设总要求，一以贯之加强党的建设，团结带领广大干部职工，扎实开展“喜迎二十大、建功新鞍钢”主题实践活动，通过深化“一体两翼”建设，强力推进从保产保供服务型单位，向保产保供和经营创效共同发展的企业转变，实现“十四五”高起点开局，为打造高质量发展新鞍钢作出了贡献。全年实现安全、环保、设备、质量、火灾、交通责任事故为零的目标。废钢铁内销 544205.41 万元，超计划 5.99%。废钢铁外销 16834.4 万元，超计划 159.24%。原燃料收发 1402.53 万吨，材料入库金额 1123.62 万元，入站收发金额 10.04 亿元。再生资源外销实现销售收入 14691.8 万元，超计划 8902.7 万元，实现逆势增长。

（马文莉）

【原燃料采购中心】 2022 年，原燃料采购中心实现鞍山钢铁三地原燃料采购总量 7700 万吨，采购总成本 903 亿元，全品种战略采购率 89.04%，全面完成两级公司下达的各项绩效考核任务，全年铁矿石消耗成本、铁合金采购价格完成基准值，煤炭消耗成本优于奋斗值。喷吹煤、进口粉矿采购成本跑赢大盘，保持采购市场竞争力。

2022 年，中心对外着重增强市场应变能力，持续优化采购策略，围绕采购渠道、采购结构、采购节奏不断优化，寻求差异化降采优势。全面开放、广泛寻源，为有效破解对优质进口炼焦煤的路径依赖，增强与国内炼焦煤重点煤矿价格谈判的话语权，采取“四开放一优化”措施，即全品种开放、采购标准开放、寻源渠道开放、资源渠道开放、合理优化配置采购渠道，实施广泛寻源。通过国内专业网站广泛发布寻源公告，不断吸引优质供应商参与采购竞价，2022 年末燃料合格供应商总数同比增加 23%，供应物料总数同比增加 72%，推进了有效竞争。结合与宝武集团、本钢等行业钢厂及内部基地全面对标经验，积极推进配煤配矿结构优化及合金替代工作，实施部门联动、系统降本。持续开展鞍本协同采购，累计创效 2.4 亿元。通过优化采购管理系统（PSCS），提升管理效率。精干中心管理人员，实施机构整合，由原 5 个部门压减至 3 个部门，岗位数量由 57 个压减至 50 个，缩编比例达 12.3%，采购队伍更加精干。

（李井杰）

【物流管理中心】 2022 年，物流管理中心党委以习近平新时代中国特色社会主义思想为指导，全面贯彻党的二十大精神，深入学习领会习近平总书记重要讲话和重要指示批示精神，认真落实“第一议题”要求，强化理论学习，党委中心组学习研讨 14 次，党委委员、党支部书记上专题党课 20 次，表彰“学习强国”学习标兵 32 人次。积极开展“喜迎二十大、建功新鞍钢”主题实践活动，撰写新鞍钢内涵体会 14 篇，制作先进事迹微视频 2 个。

注重极致压降成本，实现物流运营提质提效，主要物流指标再创佳绩，物流成本实现 335.31 元/吨，创历史新低，鞍钢自有码头盈利 8403.88 万元，物流效率、产成品资金占用、直付率、途耗等其他关键指标均持续向好。积极应对疫情反复和内外部复杂环境，做好疫情防控，充分发挥铁路、公路、港口归口管理部门的集中管理优势，打通鞍山钢铁保产保供“生命线”，最大程度降低疫情对鞍山钢铁生产经营的影响。强力推进物流体系降本，围绕物流成本新目标，按维度和运输模式层层分解，压实责任，制定 6 大类 63 项降本措施。紧密协同相关业务部门落实公司保供、降滞期费工作方案和 5 项具体工作措施，合理控制到港节奏，实现进口矿船舶待泊时间同比大幅压缩，下半年滞期费为零，全年滞期费同比降低 2.87 亿元。

（朱　宏）

【设备资材采购中心】 2022 年末，设备资材采购中心有在岗职工 197 人，党员 146 人。机构设置 11 个部门，即综合管理部、采购运营管理部、供应商管理部、市场开发销售部、生产备件采购部、工程设备采购部、资材采购部、商城业务部、资产经营部、资产处置部和仓储事业部。拥有固定资产原值 4828 万元，净值 935.58 万元。仓储用库房 15 座，大型露天货场 2 个，区域库 6 座。

2022 年，设备资材采购中心党委深入学习贯彻党的二十大精神，坚持“两个一以贯之”，以落实公司系统降本为主线，各项工作取得新突破，设备资材采购同比实现降采 5.34%，资材吨钢消耗同比降低 7.54%，全面完成了公司主要绩效考核指标。

完成德邻工业品有限公司注册挂牌，召开第一次董事会、监事会，完善法人治理结构。完成资产经营中心业务整合，资产经营成交溢价率

4.05%。推行用工制度改革。在财务、销售、IT等岗位实行市场化用工，提升了人力资源配置活力。

制定学习宣传贯彻党的二十大精神的工作方案和2022年党建工作要点暨全面从严治党重点任务清单，实现党政决策部署一贯到底。开展形势任务宣传，引导职工积极应对严峻形势挑战。严格常态化疫情防控，风清气正氛围逐步形成，和谐共享取得新突破，15项“我为群众办实事”项目全部落地落实。

（孙　岩）

【市场营销中心】 2022年末，鞍钢股份市场营销中心共有职工369人，其中在岗职工341人。在岗职工中，具有高级及以上职称48人、中级职称249人、初级职称30人。市场营销中心承担着对全公司钢铁产品的营销管理职能，大部分品种的销售单元职能，市场化运作的区域销售平台职能，也是客户服务中心。销售产品涵盖热轧系列产品、冷轧系列产品、型材产品、线材产品、重轨等。该中心下设党委工作部（综合管理部、工会）、纪委（党政督查室）2个党群管理部门；营销管理部、供应链管理部、客户与产品技术服务部、海外与工程技术服务部等4个业务管理部门；热轧销售部、家电销售部、长材销售部等3个专业产品销售部；东北公司、华北公司、华东公司、华南公司、中西部公司等5个国内区域公司，各区域公司在部分城市设有办事处，营销业务实现国内市场全覆盖。

2022年，市场营销中心深入贯彻公司全委会和职代会工作部署，落实两级公司战略规划，坚持党建引领，依托“北斗望月，面向大海”营销布局，充分发挥营销龙头作用，深入推进营销体系改革，深挖渠道建设，加强品牌推介，市场开拓和鞍本协同效果逐步扩大，客户服务和营销管控水平持续提升。

（王长宇）

【能源管理中心】 2022年末，能源管理中心有职工2424人，其中，管理专业技术岗位315人（高级职称39人、中级职称218人、初级职称49人，副厂处级及以上干部14人、科级干部94人），生产服务岗位1806人；离退休职工5032人。中心机关设置党委工作室（工会、党政督查室）、综合管理室、生产技术室、能源管理模块、环保管理模块、设备管理室、安全环保室。基层机构设发电分厂、供电分厂、氧气分厂、燃气分厂、给水分厂、二发电分厂，分厂设置锅炉作业区、变电一作业区等20个作业区。厂区占地总面积2757435.3平方米，固定资产原值106.77亿元，净值31.31亿元。拥有发电机组13台、锅炉8台、鼓风机组81台，制氧机组7套、各类气体压缩机75套；水站62个；湿法高炉煤气洗涤系统1套、干法高炉煤气除尘系统7套、TRT发电装置8套、煤气柜8座；管辖运行变电所53座。设备总重505452吨。

2022年1月，原鞍山钢铁第二发电厂并入，同年12月，鞍山钢铁安全管理部环保模块并入，鞍钢股份能源管控中心更名为鞍钢股份能源环保部（能环管理中心）。紧跟公司生产节奏变化，坚持极致降本不动摇，不断优化资源配置，争取公司整体效益最大化，吨钢综合能耗、吨钢外购能源成本等多项考核指标实现历史最好水平。完成鞍山钢铁减碳总体规划，确定2025年碳达峰，以及2030—2035年碳排放总量降幅的目标。在关键技术领域，精选名师带徒，开展技能“传帮带”活动，加快提升青年骨干的理论水平和操作技能，培育核心骨干后备人才。获评2022年度鞍钢集团先进单位。

（赵春华）

【鞍钢化学科技有限公司】 2022年末，化学科技公司共有职工1012人，其中，在岗职工948人，居家职工59人，编外人员5人。在岗管理及专业技术人员148人。该公司主要产品有针状焦、焦油系列、萘系列、苯系列、酚系列、吡啶系列等品种。2022年，化产品处理量62.5万吨，销售量78.5万吨，实现利润总额5亿元。

安全管控稳扎稳打，风险防范成效显著。以落实责任为抓手，建立重大危险源长效管控机制，形成129项重大危险源隐患清单，已整改117项。全方位排查隐患2466项，整改安全隐患2443项，整改率99%。加大相关方安全培训力度，督导相关方提升安全管理和风险辨识能力。开展多样化培训，固化演练制度，完善应急预案，有效提高员工应急处置能力。

精益管理形成共识，成本管控卓有成效。全面提高“严、细、实”精细化管理水平，全力推进“三干三算”管理模式，实现生产经营管理受控。加大工艺技术攻关力度，实现科技降本2534

万元。提升工艺操作水平，实现使用高喹啉焦油生产耐火用改质沥青，多创效益800万元。强化费用管控，三项费用同比降低237万元。优化焦化废水处理工艺与方式，实现可控污染物100%达标排放。全面推进废气超低排放改造，完成改造项目5项。

产业布局初步形成，市场竞争力稳步提升。构建鞍本攀三地战略布局，实现鞍本攀产品统一定价，协同创效953万元。加强战略直供客户群建设，全年新开发客户8家，实现东北市场占有率达到86%以上。加大对鞍钢电商平台投放量，成交额同比增加43%。按照“低库存、快节奏”采购模式，逢低外采原料，全年采购粗苯9.7万吨，直采比例83%，同比增长5%，扩大了粗苯深加工盈利水平。

自主研发不断增强，科技创新成果显著。打通了500吨/年中间相炭微球中试生产线，产出合格产品1.1吨。组织科技降本增效立项34项，完成合理化建议和技术改进评审22项，专利受理13件，专利授权20件，专有技术认定7件。“降低横管式初冷器清扫频率”被评为辽宁省优秀QC成果。“二回收作业区丁班”被评为辽宁省优秀质量信得过班组。

（赵　毅）

【鞍钢集团朝阳钢铁有限公司】 鞍钢集团朝阳钢铁有限公司（以下简称“朝阳钢铁”）前身是由鞍钢集团与凌源钢铁集团有限责任公司共同出资组建的合资公司——鞍钢集团朝阳鞍凌钢铁有限公司，占地面积367万平方米，企业注册资本28亿元，鞍钢和凌钢分别持有75%和25%股份。2014年9月15日凌源钢铁与鞍山钢铁签署了《国有股权无偿划转协议》，凌源钢铁将其拥有的25%全部股权无偿划转给鞍山钢铁。2014年9月26日，经鞍山钢铁党政联席会议讨论决定，“鞍钢集团朝阳鞍凌钢铁有限公司”更名为“鞍钢集团朝阳钢铁有限公司”，作为鞍山钢铁全资子公司管理。2018年9月17日下午召开的鞍钢股份2018年第二次临时股东大会上，鞍钢股份有限公司以59.04亿元收购鞍钢集团持有的朝阳钢铁100%股权，获得高票通过，朝阳钢铁作为鞍钢股份全资子公司管理。

截至2022年12月末，企业总资产71.07亿元。有在职职工1972人，其中，管理技术岗位人员301人，岗位操作人员1671人；居家及列编外人员32人，退休职工人数196人。朝阳钢铁设6个职能部门，分别为综合管理部（党委工作部、董事会办公室）、安全环保部、设备工程部、财务运营部、纪委（党政督查室）和工会；设4个职能中心，分别为经营管理中心、制造管理中心、加工储运中心和计量化检验中心；设4个基层厂，分别为焦化厂、炼铁厂、炼钢厂、热轧厂；设一个事业部，为能源低碳发展事业部。

规划规模年产400万吨钢，一期产能200万吨热轧板材。现拥有1座综合原料场，2座50孔焦炉及干熄焦等配套设施，1台265平方米烧结机，1座2600立方米高炉，2座120吨顶底复吹转炉及2座LF炉、2台单流板坯连铸机，1条1700ASP连轧生产线，3台10000立方米/时制氧机，1座容量为3×25兆瓦的热电站，1座数智中心，以及供电、供排水、燃气、热力、制氧、石灰、总图运输等配套设施。

2022年，朝阳钢铁以习近平新时代中国特色社会主义思想为指引，全面贯彻落实党的十九大、十九届历次全会和党的二十大精神，聚焦战疫保产、稳增长、决战四季度等中心任务，打赢了冬奥限产、疫情防控、降本提效“三大战役”。全年盈利3.44亿元，销售利润率3.65%，达到行业预计值0.85%的4倍，吨材利润153元/吨，高于行业均值128元，跑赢了行业大盘。荣获国务院国资委“国有企业公司治理示范企业”称号，获评2022年度中国优秀钢铁企业品牌。

（王　健）

【鞍钢能源科技有限公司】 2022年末，鞍钢能源科技有限公司共有职工38人。该公司设有机关部室5个，分公司3个。与中集安瑞科合资成立鞍钢中集（营口）新能源科技有限公司。与空气化工产品（中国）投资有限公司合资成立鞍钢新能空气产品（辽宁）有限公司。

2022年，能源科技公司以习近平新时代中国特色社会主义思想和党的二十大精神为指引，完成全年利润奋斗值目标，公司被鞍钢集团定义为重点发展非钢产业。

强化体制机制改革，成立营销中心、安全科技室（科技研发中心）。新增城市能源党支部，修缮和新建党员活动室2个。构建“三大产业”板块，形成了“2835”发展规划，能源科技在集团

“第三极”规划启动会上交流发言。鞍本低温液体整合方案获集团公司批准，成为继鞍本区域水渣资源整合后又一成功案例。借助鞍凌整合契机，抢先抓早获得凌钢低温液体70%代理权，辽宁区域低温液体掌控量将达到30%。按照集团产业发展专班规划安排，先后取得了丙烷站危险化学品有储存经营增项，辽宁省钢铁冶金企业唯一的氢气充装资质；鲅鱼圈焦炉煤气制 LNG/H_2 项目于11月16日开工建设；新能空气产品朝阳钢铁制氧机组项目已完成立项备案，计划2023年3月开工；与辽科大等单位成立工业气体技术联合研究中心，集聚科技研发新动能。

（王　乐）

【鲅鱼圈钢铁分公司】 1. 运营效率取得新突破。坚持快进快出原则，强调“开就开满、停就停利索”的工序运行方式，实现制造效率最优化。抓关键环节效率攻关，全年生产焦、铁、钢、材分别达到239万吨、646万吨、654万吨和638万吨；其中铁、钢年产量创造开工以来最高纪录。高炉利用系数、吨钢综合能耗等9项技术经济指标创历史最好水平。存货周转率、流动资产周转率分别达到9.93次、3.34次，处于行业领先水平。外销化工副产、水渣等各类产品同比增收12.4%，物流市场化经营创效987万元，同比提高96.8%。

2. 品牌建设取得新突破。热轧产线着重中高碳、薄材、硅钢等品种的提质增效，开发350、300高级别的无取向硅钢，全年产量达到20.86万吨，拓展华东、华南地区的电工钢行业市场，市场占有率达到7.5%。厚板产线着重高端战略产品开发，130毫米高性能安全壳用钢、超大线能量船板EH40W、液化 CO_2 运输船用P690QL2实现全球首发；成功研发替代9Ni高锰钢及最大壁厚/管径基于应变设计的X80M管线钢，为擦亮鞍钢品牌树立了新的里程碑；实现三代核电安全壳全系列供货，成为“国和一号”产业链联盟唯一钢企；实现大船9条集装箱船大线能量船板和香山大桥全部供货，客户黏性持续增强。

3. 生态发展取得新突破。开展提标改造项目，有序推进70项已放行的超低排放改造和创A项目，进度完成率达到78%。坚持排污总量控制管理，投资4.92亿元建设棚化料场等粉尘治理项目，有效减少无组织排放，提升环境空气质量。节能降耗稳中有升。加大节能项目投入和技术创新力度，竣工投产高炉除盐水系统节能改造等3项节能项目，推进烧结B系列主抽风机转子改造等6项节能项目建设。积极做集团低碳前沿技术的试验田，投资超1亿元，与中科院过程研究所等单位合作开发氢气流化床直接还原铁科研中试线，探索绿色冶炼新模式。

4. 智能制造取得新突破。推进跨工序、跨区域、远距离、大规模集控，建成9个操作集控中心，累计上线142个智能模型，生产单元自控化率达到100%、操作室集中化率达到73%，全流程智能化产线改造基本完成；5500厚板产线全流程数字化车间、智能化原料场获工信部智能试点示范及优秀场景荣誉奖项。智慧化运营初具规模。建立了全流程质量大数据分析平台、设备在线监测与智能诊断平台、智慧化能源管控平台，智慧管控基础建设更加坚实；建成钢铁产业一体化经营管理与制造管理系统平台，实现对内高效协同、对外快速响应，质量异议率降低50%、成本月结算时间缩短20%。数字化“蝶变”逐步实现，进一步赋能企业高质量发展。

（乔秀权）

【炼焦总厂】 2022年末，炼焦总厂共有在职职工1333人。其中，在岗职工1164人；管理和专业技术人员121人（正高级职称3人、副高级职称21人，中级职称80人，初级职称14人），生产操作人员952人；居家休息职工123人。机关设置生产技术室、安全环保室、设备管理室、党委工作室（党政督查室、综合管理室、工会），基层设10个作业区。炼焦总厂现有大型焦炉12座，其中6米焦炉8座，7米焦炉4座及与之相配套的配煤系统；处理能力为190吨/时的干熄焦装置2座，处理能力为140吨/时的干熄焦装置4座。焦炭设计生产能力730万吨/年，干熄焦蒸汽回收1021.53万吉焦/年，年消耗洗煤968.84万吨。主要产品焦炭用于炼铁生产，回收焦炭显热产生蒸汽用于发电，同时为鞍钢化学科技有限公司提供荒煤气。全年生产焦炭717.67万吨，完成公司每月计划。其中，M40提高0.52%，M10改善0.31%，硫分改善0.10%，灰分改善0.05%；全焦单位成本降低66.67元/吨，降低成本5亿元。

系统降本取得新突破。建立N个配煤模型，与原燃料采购中心联合开发俄罗斯埃尔加、GJ等低价煤种，实现采购单价大幅降低。全焦单位成本完成 2701.69 元/吨，比预算降低 55.10 元/吨。

科技创新取得新成果。组织制定《优化干熄焦一次除尘排灰作业方法》；攻关解决 6 米焦炉配套 140 吨/时干熄焦处理能力偏低问题，实现 6 米焦炉干熄率提升 2%。开展公司级科研课题 14 项，厂级科技创新项目 37 项，获得各种奖项 24 项，申请专利、专有技术 16 项，科技成果实现创效 8500 万元。

共建共享取得新发展。深入开展“我为群众办实事”实践活动，完成修缮职工休息室等 25 项民生项目。关心关爱困难职工，帮助在职及离退休职工 726 人次，发放救济金 35.61 万元。职工代表提案 16 件，一日厂长 133 项。

企业文化取得新业绩。评选表彰“我身边的雷锋”先进个人 12 名、先进集体 3 个。鞍钢雷锋纪念馆接待鞍钢、社会团体 127 个，近万人次。2022 年 3 月，炼焦总厂跟着郭明义学雷锋爱心团队荣获全国最佳志愿服务组织。

（张金鹏）

【炼铁总厂】 2022 年末，炼铁总厂职工 2783 人，其中，在岗职工 2397 人；管理及专业技术人员 274 人，生产操作人员 2123 人；居家休息职工 348 人。

党委引领有效发挥。“第一议题”学习文章 33 篇，全年召开中心组学习研讨会 7 次，制定落实清单台账 46 项。落实党委工作规则，召开党委会 27 次，研究事项 150 项，落实《炼铁总厂党委 2022 年党建工作要点暨全面从严治党重点任务清单》，进一步压实了全面从严治党主体责任，深刻领悟“两个确立”决定性意义，增强“四个意识”、坚定“四个自信”、做到“两个维护”。

经营业绩持续向好。全年生铁产量 1755.4 万吨，高炉利用系数达到 2.28 吨/（立方米·日）。烧结矿产量 1989.6 万吨，烧结机利用系数 1.479 吨/（平方米·时）。生铁单位制造成本累计完成 3095 元/吨，低于大盘（钢之家）生铁成本 158 元/吨，实现“跑赢大盘”。

降本增效工作取得实效。提高低价西山煤配比 13%以上；余热锅炉同比多生产蒸汽 11.7 万吉焦。全年生铁加工费累计完成 92 元/吨，低于预算 3 元/吨，创近三年最低值。

设备运行日益稳定。全厂设备系统开动率 98.41%，比计划提高 0.13%。设备事故同比减少 17 起，事故时长缩短 50.49 小时，维修费降低 9576 万元。技改项目炼铁集控中心一期工程成功投入运行、球团脱硫脱硝超低排放项目顺利完工、四烧 600 平方米智能烧结进入收尾阶段。

安全环保管控有力。动态更新 16 项安全管理制度，建立 89 项年度工作责任分解清单，各级安全管理人员履职 1859 次，查改问题 570 余项，因履职不到位考核 540 人次。严格监察考核 46.55 万元，清退 22 名严重违章人员并纳入“黑名单”。整治扬尘密闭、漏料 670 处，积灰积料 780 吨，更换 8900 平方米通廊彩板。全厂 54 套环保设施实现超低排放，专家评估 422 项立行立改缺陷全部完成。

重点改革成效显著。制定《2022 年炼铁总厂深化三项制度改革方案》，完成“劳动效率提升指标、浮动工资差异系数、在岗人数 50 人以下作业区为零”等任务。实行分厂制，完善配套管理制度 91 个。建立“契约化”目标责任考评机制，1172 个岗位绩效指标录入“e 考核”管理系统。劳动生产率提升 20%以上，达到 9182 吨/（人·年）。后备人才库达 105 人，35 人走上关键岗位，80 后科级干部占比 30%。

惠民措施持续发力。“我为群众办实事”立项 14 项全部完成，粉刷墙面 1.5 万平方米，更换门窗 600 平方米，铺设瓷砖 800 平方米，新增空调 62 台，更换淋浴设施 150 套，配置更衣箱 300 个，新增暖气 70 组。慰问困难职工及其子女 948 人次，发放慰问金 64.25 万元。完善疫情防控措施，及时配发防疫物资，确保职工身心健康。

（赵　岩）

【炼钢总厂】 2022 年末，鞍钢股份炼钢总厂共有职工 3861 人，其中，在岗职工 2732 人；管理及专业技术人员 406 人，生产操作人员 3443 人；居家休息职工 328 人。现有转炉 13 座，精炼炉 20 座，连铸机 13 台，具备年生产 2000 万吨钢能力，是世界上规模最大、品种最全的单体炼钢厂。

1. 战疫情、稳生产，抗疫保产工作平稳有序。精细制定生产运行预案。制定了《炼钢总厂疫情防控应急预案》，按照岗位分类，合理安排各产线运行班制。强化应急预案实地演练。开展抗疫保产实地演练，检验了后勤保障能力，优化了生产组织预案。

2. 控成本、提质效，生产经营业绩再创新高。生产效率大幅提高。全年产量完成 1772.5 万吨。降本能力大幅增强。全年累计降本 43 元/吨，较 2021 年压降成本 7.62 亿元。产品质量大幅提升。全年钢坯质量合格率 99.72%，钢坯收得率 96.48%，原品种一次合格率 96.26%。创新能力大幅增强。全年累计开发新钢种 168 个，成功试制液化天然气储罐用高锰钢、轻量化造船用高耐蚀轻质钢。

3. 抓项目、强系统，设备保障能力不断增强。强化设备基础管理。设备事故频次、事故时间同比降低 48.83% 和 46.21%，设备开动率达 95.75%。加快智慧产线建设。铁水罐辅助挂罐智能平台投入运行，大大降低了职工劳动强度，保证了本质安全。

4. 强治理、防风险，安全环保形势稳中向好。提高安全水平。组织中层及以上管理人员学习新安法、“钢八条”等法律法规，持续提升安全生产管理水平。筑牢环保底线。加大厂房冒烟管理力度，厂房冒烟次数由 2021 年的 13.75 次/月降低至 3 次/月。

5. 健机制、提活力，发展动能更加强劲。持续激发活力、动力。全年主体和全口径劳动生产率分别提高到 6443 吨/(人·年) 和 4156 吨/(人·年)。全面实施人才素质工程。彭东东和王振奎获得 2022 年辽宁省创新方法大赛一等奖。

（曾　文）

【热轧带钢厂】 2022 年，热轧带钢厂轧出产量 1207.6 万吨，首次突破 1200 万吨大关，超历史最高年产纪录 52.8 万吨，各项核心生产经营指标均创历史新高。在鞍钢股份 2021 年度契约化考核及直管领导班子和领导人员综合考核评价中，热轧厂获评 A 级单位和优秀班子荣誉称号。

1700 线全年产量 301.6 万吨，首次突破 300 万吨，成功实现 ASP 产线生产硅钢从“0”到“1”的历史性突破。1780 线开发粗轧“3+3”自由轧制、“2 炉硅钢+2 炉低碳”、“3 炉硅钢”等生产模式，创造取向硅钢生产新纪录。2150 线最高日产月产年产均创历史最好水平。全年开展降本项目 130 项，三线吨钢成本分别降至历史最好水平。全年共试制新产品 8 个，A540BW 等高强系列汽车钢、供美芝硅钢 50AW800BY 等新品种均成功试制并批量供货。全年设备事故时间月均 57.66 小时，同比下降 18.15%。高质量实施 1780 线年修改造，完成公司下达的“争 12 保 13”工期目标，2150 线长达 31 个月未年修，设备系统不等不靠，平衡长检修处理设备缺陷。全年实现人身“零伤害”目标，荣获鞍山钢铁“安全生产先进单位”“消防安全先进单位”“鞍山钢铁抗疫保产先进集体”荣誉称号。强化“两制一契”管理，调整管理岗位 8 人，全厂管理人员占比降至 2.6%，全年人员交流 121 人次，撤销 EPS 作业区。全年申报专利 30 项，开展公司级厂级科研课题 29 项，创效 1.06 亿元。曲晓东获得第十六届“全国技术能手”称号，王葛创新工作室晋级为鞍山市职工创新工作室，马明晨荣获“辽宁省第一届职业技能大赛”铜牌。提出构建“1136N”融合型党建工作体系的思路，2150 生产党支部被评为“样板党支部”。确立 2022 年度共产党员挑战项目 86 项，累计降本 9600 余万元。70 名一线职工、10 个班组被评为“热轧先锋”月度人物，40 名“老黄牛”入选“绿叶之星”。对外宣传报道 33 篇。高质量完成“我为群众办实事”重点民生项目鞍山钢铁级 3 项、厂级 25 项。开展厂长接待日活动，办结意见建议 13 条。走访困难职工 388 人次，发放救济金 16.02 万元；大病救济 7 人，发放救助金 4.38 万元；探望住院职工 95 人次，发放慰问金 8.43 万元。

（刘　晟）

【冷轧厂】 2022 年末，冷轧厂在岗职工总数 1645 人，其中，管理技术岗位 242 人，生产岗位 1403 人，居家职工 225 人，列编外 22 人。该厂设五室一会，5 个分厂，3 个工区，2 个直属作业区；党委下属 4 个党总支，22 个党支部，党员 1105 人。2022 年，该厂商品材产量 643 万吨。

生产运营管控能力显著提升。重点推进汽车板生产，汽车板比例达到 40.9%；酸轧机组产能负荷率达到校核产能的 106.1%，为历史同期最好水平。汽车、家电领域实现稳定供货；5 个钢种完成首次轧制，具备批量生产的能力；超厚镀层彩涂基板质量得到用户认可；05 板原品种成材率同比提升 7.3%；三分厂 DC04 低碳钢产品荣获金杯优质产品认定；G03 机组 Al-Si 改造项目顺利实施，具备批量生产镀铝硅汽车板、家电板条件。

极限降本取得新成效。优化包装降本 900 余万元，全年综合能耗同比降低 1.16%，长周期备件降库 1648 万元，维修费用削减 5598 万元，冷轧厂成本同比降低 8%。

风险管控能力显著提升。坚持“党政同责、一岗双责”和“三管三必须”原则，深入推进安全履职。危险废物 100%合规处置，各类环保改造项目完成并通过验收，环保风险全面受控。疫情静态管理期间 3000 余人次驻厂保产，完成各项重点工作。冷轧厂荣获鞍山钢铁抗疫保产先进集体称号。

智慧工厂建设取得实效。成功投运 11 套机器人；彩涂分厂无人天车投入使用、集控中心建成，黑灯工厂初具规模；1 号、3 号镀锌集控中心通过铝硅涂层项目同步实施。

三项制度改革再获佳绩。员工薪酬浮动差异系数提高 8.9%，劳动生产率提高 7.5%。

服务客户取得新成效。策划“客户服务年”责任体系，全面提升客户服务质量；零跑汽车、合肥比亚迪实现批量供货；推进质量异议 8D 分析模式。全年异议率同比降低 19%，异议件数同比下降 35%。

职工队伍建设能力显著提升。全年走访慰问困难职工 445 人次，发放慰问救助金 28.48 万元。齐云勇创新工作室被鞍山市总工会命名为鞍山市职工创新工作室，齐云勇大师工作站被鞍山钢铁公司命名为公司级大师工作站。冷轧厂荣获鞍钢集团先进单位，冷轧厂工会委员会荣获“全国机械冶金建材行业工会经济技术先进单位”称号。

（孟祥瑞）

【冷轧硅钢厂】 2022 年末，冷轧硅钢厂职工总数 990 人，其中，在岗 871 人，管理及专业技术岗位 99 人（高级职称 8 人，中级职称 79 人，初级职称 8 人，其他 4 人），生产及服务岗位 772 人（高级技师 31 人，技师 87 人，高级工 378 人，中级工 208 人，初级工 61 人，其他 7 人）。下设党委工作室（综合管理室、党政督查室、工会）、生产技术安全室、设备管理室三室，以及东区生产作业区、西区生产作业区、机械作业区、电气作业区、公辅轧辊作业区、检修作业区、运转作业区。

2022 年，冷轧硅钢厂以习近平新时代中国特色社会主义思想为指导，深入学习贯彻党的十九大及十九届历次全会、二十大和中央经济工作会议精神，全面落实公司各项工作部署，围绕“稳产、提质、降本、增效”工作要求，聚焦“一个核心任务、三项重点工作”，全年实现盈利 3.61 亿元，完成公司奋斗值目标。西区首次实现全品种盈利。产量完成 116.92 万吨。东区成材率 92.86%，西区高牌号成材率 86.75%，取向成材率 73.38%，均达到历史最好水平。

坚持战略引领，聚焦精品基地目标，发展新格局加速形成。对标行业发展实际，以东区“HG-VA 无取向硅钢绿色制造基地”、西区“HIB-NEV 高端硅钢制造基地”建设布局为重点，重新定位硅钢厂战略发展规划并稳步推进实施。举行已放行西区新能源路径的连退 AA1 机组和无取向高牌号二十辊轧机项目授旗仪式。策划新建 AP2 机组及配套技改项目 10 项，并筹备推进取向路径扩产项目。完成宝信系统设备管理模块的上线使用，功能不断优化；酸轧喷号、东西区包装贴签机器人项目完成上线使用，初步实现了部分 3D 岗位替代，进一步降低职工劳动强度；西区“数智”工厂方案已完成论证，各项技术交流及项目进度正在有序开展。

坚持目标导向，保持高质高效运营，核心竞争力稳步提升。依托公司一贯制办公室系统管理和指导，自主优化轧机分区冷却、AA3 提速、AT3 刮边等工艺瓶颈，取向硅钢完成 4 万吨商品材。成材率指标大幅改进，6 月达到 75.33%，全年提升 11%，创历史最好水平，累计创效 8221 万元。优化东区生产组织，进一步提高“双高”产品比例。50AW330、35AW300 及以下牌号、35AW300-MZLZ 等牌号实现东区连轧工艺的常态化生产，全年生产“双高”产品 4.17 万吨，同比提升 44%。在此基础上，东区总产量仍保持超设计产能 2.9 万吨的水平。全厂“双高”产品增幅达到 5%，中高产品比例达到 26.5%，产品升级工作取得新突破。

坚持守信践诺，全力推动系统降本，成本管控力明显提高。召开“决战四季度”誓师大会，坚持问题导向，以效率、质量提升、工艺改进为降本核心，确定瓶颈机组提速、成材率提升、能源减耗等 12 项厂级降本攻关项目。其中，原料在轧机不剪边生产、35AW300-MZ 边裂废品量率降低、优化炉内保护气氛等工作取得显著成效。优化生产节奏，推进避峰填谷经济运行。坚持冬季分区供暖，降低蒸汽消耗。全年实施设备拓源及国产化采购 7 项，降低采购资金 171 万元，5 年及以上库存备件实现降库588万元。倡导全员杜绝浪费，整治跑冒滴漏150余项。

坚持品牌初心，践行客户至上理念，产品认可度正向修复。加快新产品研发，新能源汽车用硅钢开发取得突破。通过了IATF 16949质量体系认证，为新能源汽车用钢销售奠定了基础。35ADG1900、35ADG1700、30AD1500等牌号性能指标满足用户需求，其中35ADG1700、35ADG1900B性能达到行业标杆水平，苏州英磁、卧龙电机等客户已开始批量订货，比亚迪已发函2023年预订单。典型牌号同板差不大于8微米合格率达到85%以上；产品电磁性能保证能力持续提高，合格率由96.64%提高到97.5%。50AW470勋邦厚涂层产品、100AW800DC电磁开关用硅钢获得用户认可。35AW360连轧产品、65AW1300F、50AW600H-WN牌号产品为美芝、青岛菲雪派克、皖南电机等客户“量身定做”，满足其对电磁性能、力学性能、降本等方面的个性化需求。

坚持守正创新，坚定发展实践启示，攻坚驱动力不断释放。充分发挥职能部室创新管理职责，进一步理顺工作流程，推进厂、作业区、班组“三级”联动创新。创新成果“含金量”十足。全年完成公司级质量改进项目4项；重大合理化建议和技术改进成果获得鞍山钢铁一等奖2项、二等奖6项、三等奖8项；完成7件实用新型专利授权、1件发明专利授权，1件实用新型专利得到受理。全年完成厂级创新项目A类10项、B类32项，累计创效3542余万元。通过创新成果转化，为西区高牌号转东区生产和取向硅钢量产、成材率、正品率提升，提供了坚实的技术支撑，同时为技术人才培养搭建了平台。

坚持问题导向，夯实设备基础管理，运行稳定性有效改善。全厂连退工序作业率实现三年三提升，达到97.66%，同比提高0.22%。东区连退机组停机次数同比降低11.11%。西区轧机工序作业率92.19%，同比提高0.85%，创历史最好水平。全年三级以上事故次数同比降低6.2%，关键设备三级以上事故为零。设备管理必须服务工艺、服从产品需要。补短板、强弱项，持续推进重点设备升级改造。完成了酸轧机组轮盘卷取行星框架及1号卷筒更换、连退炉风机改进、AA3机组卷取新增外支撑改进等7个项目，取得预期效果。加强环保设施运行管理，环保设备功能状态持续改善。完成了东区环保设备大修。加热炉超低排放项目稳步推进。全年实现污染物排放合格率100%。

坚持改革发展，深化“三项制度”改革，企业发展释放新活力。优化“两制一契”管理。23名管理人员“揭指标竞聘，带契约上岗”，管理人员竞争上岗比例达到67%，末等调整和不胜任退出占比达8%。压实“双合同”管理，进入赋能中心人数占比35%。完善市场化薪酬分配机制，浮动工资差异系数达到1.12。充分发挥绩效激励约束“指挥棒”作用。邀请行业专家开展安全管理系统对标，查找差距，建立了月安全绩效排名后三名约谈制度。重新设定各单位关键核心指标，刚性成本指标一条红线，逐一分解到岗位，实现全员带指标上岗。

坚持底线思维，全面加强企业管理，防风险能力持续增强。统筹疫情防控和生产经营，落实“疫情要防住、经济要稳住、发展要安全”要求，全厂干部职工舍小家、顾大家，逆行而上、不惧困难、不讲条件，上下同心、众志成城，保障了生产经营稳定运行，涌现出许多可歌可赞的感人事迹。不断夯实安全生产基础。强化红线意识和底线思维，落实“一岗双责”、“五清五杜绝”要求，完善各层级安全履职，持续推进安全生产专项整治三年行动，开展安全提升年专项活动。严抓“三管三必须”责任落实，狠反违章作业，全年纠正违章行为130项，及时整治现场隐患1060项，职业病危害因素检测完成率100%，职业健康体检完成率100%。

坚持共创共享，持续增进民生福祉，职工获得感更加充实。积极开展群众性建功立业活动、“调品、降本”主题劳动竞赛、“决战四季度”专项劳动竞赛和青年岗位指标挑战赛，43个班组和点检组共计51次完成竞赛设定指标，14个重点岗位中46人次完成挑战指标。全年实施了27个关爱职工项目，投入882余万元，现场岗位操作环境和休息环境得到一定改善。持续开展送温暖活动，走访慰问困难职工、困难退休人员169人次。帮助2名患病职工获得企业救助责任险理赔。为65名女职工办理了团体安康保险。职工队伍的认可度和凝聚力得到提升。

（高　瑞）

【中厚板事业部】 2022年末，中厚板事业部职工总数1013人，其中，在岗695人，管理及专业技术岗位183人，生产及服务岗位512人；离退休1113人。该事业部下设鞍山中厚板厂和四部一会，固定资产原值23.16亿元，净值4.81亿元。鞍山中厚板厂厂区占地面积41.01万平方米，建筑面积17.56万平方米。生产能力达到520万吨/年。

生产经营成绩斐然。实现利润9.435亿元，吨钢毛利193.2元；完成产量524万吨，同比增加59万吨；合同执行率97.58%，同比提高0.24%；废次降率2.12%，同比改善21.8%；成材率91.45%，创同品种结构下历史最好水平。

服务能力持续增强。持续深耕东北核心销售区，提升区域价格话语权，东北区域销量243.9万吨，同比增加26万吨。紧盯战略客户和重点渠道，直供比例完成59.8%，重点工程订货量84.8万吨；在国家管网2022年框架协议投标中，鞍钢中厚板综合排名位列第一。2022年品种能力综合排名持续保持国内第一。

产量规模再创新高。优化产线资源配置，精益专业化生产，本部单月产量创10年来最好水平，2500线和4300线班产屡创纪录，4300线小时块数创三年来最高纪录。聚焦合同执行和系统降本，本部合同执行率达98.18%，同比提高0.22%。

调品提质持续优化。成功研发替代9Ni的高锰钢HMA400及基于应变设计的大壁厚X80M管线钢，开发了超高强Q1100E工程机械用钢，首次开发汽轮机叶片用钢12Cr13及美标压力容器用钢最高牌号SA387Gr91T1。

产线成本稳步降低。追求极致降本，预算压、项目拉，工序成本专业化、综合成本系统化。本部两线划小核算单元，市场倒逼现场，产线倒逼工序，实现吨钢系统降本125元。

设备保障能力稳步提升。针对隐蔽部位强化点检，及时发现隐患并快速处理，本部两线设备作业率分别完成89.43%和89.37%，其中4300线10月作业率达到91.38%，创历史最好水平。

企业管理取得新突破。深化全员岗位绩效管理，做实“两制一契”和“e考核”，管理人员100%竞争上岗，末等调整和不胜任退出占比达12.5%，进入赋能中心人次占比6.9%，浮动工资差异系数实现1.18；员工市场化退出率完成0.3%。

（张　璐）

【大型总厂】 截至2022年末，大型总厂共有在职职工1955人。现拥有轨梁、无缝钢管、型材三个分厂，小型一条生产线，检修一个直属作业区，具备年产368万吨生产能力，是集重轨、无缝钢管、大中小型材、方圆钢生产于一身的一流精品长材生产基地。

加强基础管理，安全管理水平不断提升。完善制度体系，梳理、修订安全管理制度28个，组织全员签订《安全承诺书》，开展“一岗双责”网上履职评价活动，层层压实责任。坚持开展“一月一课堂”教育培训，共计培训35922人次，培训相关方11086人次；完善应急管理体系，组织开展应急演练103次，提升整体应急救援水平。全年共排查隐患1343项，整改率100%。按照“三同五统一”原则，规范签订安全协议63份，开展专项检查75次，发现问题106项，并全部整改完毕。

强化生产、质量管理，主要技术指标不断提升。轨梁分厂连续四个月平均产量超过6万吨，8月，实现了改造后最好水平6.2万吨。百米轨合格率同比提升3.7%，成材率同比提升2.83%。小型产线28螺和32螺理计成材率同比提高0.23%和0.27%。9月，理计成材率达到历史最好水平。

强化设备管理，运行保障能力不断提升。实施“加热炉黑体喷涂项目”，应用高效换热器，使空气换热温度提高80℃左右，煤气单耗由1.542吉焦/吨降至1.247吉焦/吨。无缝产线升级改造已经完成全部规格品种调试；连轧改造在实现更优质量供给线材2号线和无缝原料基础上，增加了外销品种；新建钢坯表面清理线，完善了钢坯和外销圆钢的表面处理手段。

强化三项制度改革，职工队伍活力不断提升。轨梁分厂对组合机床、端部淬火、成品装车岗位工作界面进行优化，核减协力人员29人。实行“总厂管作业区、分厂管班组”生产组织模式，机构压减比例达36.8%，压缩管理技术人员编制22%。打破资历、身份等限制，80后、85后年轻干部已经成为基层领导班子主体。

（贺　冰）

【线材厂】 2022年末，线材厂在岗职工298人，生产及服务岗位职工242人。设3室、4个作业区。固定资产原值15.16亿元，净值6.5亿元。厂区占地面积12.58万平方米。主要设备：高速线材轧机4套，步进梁式加热炉2座，打包机4台。2022年该厂各项工作取得新进展，技经指标持续优化。产量147.28万吨，超计划11.28万吨；废次降率比计划降低0.38%，原品种一次合格率比计划提高0.76%；合同执行率超计划2.06%。利润超计划1.7亿元。品种结构调整稳步推进。开发大规格包覆铜包钢；80级低强帘线钢、高等级碳素冷镦钢、弹簧钢55SiCr等高端产品实现批量供货。创新管理效能有效发挥。表彰科研和管理创新项目127项，申报专利7件、专有技术2项。两个项目分获鞍钢两级集团公司科学技术奖三等奖。企业管理再上水平。推行“e考核”岗位绩效考核模式，高质量完成14项三项制度改革任务。通过QEO及IATF 16949审核。党的建设实现新发展。以高质量党建引领企业高质量发展。1号线生产作业区党支部获评辽宁省党支部标准化规范化建设示范点，2号线生产作业区党支部获评鞍钢集团“样板”党支部，轧钢主操作芦革荣获全国五一劳动奖章。

（刘　丹）

【技术中心】 2022年末，技术中心共有在职职工466人，其中，在岗职工459人，包括管理及专业技术岗位428人、操作岗位31人。中心下设党委工作部（人力资源部、工会）、综合管理部、科研管理部3个管理部门，研发保障中心、汽车与家电用钢研究中心、海工用钢研究所等13个基层单位。固定资产原值4.56亿元，净值1.46亿元，占地面积2.87万平方米，建筑面积4.69万平方米。全年承担科研课题871项，其中，国家课题21项；牵头负责ISO国际标准2项，国家、行业、团体标准35项；课题合同收入3.6亿元，科技降本增效6.2亿元，同比增长33%；实现技术贸易利润910万元，同比增长72%。申请专利451件，其中，PCT专利5件，重点领域专利群布局10个；获授权专利320件，其中，发明专利246件，认定专有技术44项，在核心期刊发表论文66篇。

科技创新取得新成就。“基于低碱高硅球团的低碳排放高炉炉料方案及其应用”项目获世界钢铁协会第13届“Steelie”低碳生产卓越成就奖；获中国专利优秀奖1项；获冶金科技奖7项、辽宁省科技进步奖6项；实现590兆帕级低密度高成形性冷轧高强汽车钢、低屈强比高韧性Q345qD纵向变厚度桥梁用钢、33毫米X80级大应变管线钢板及130毫米特厚安全壳用钢板4项产品全球首发。实现高Nb条件下纵向变厚度钢板轧控技术、高耐蚀轻质钢全流程关键技术、高强度厚壁大应变管线钢板核心制造工艺及单绕组螺旋电磁搅拌技术4项技术全球首发。

改革攻坚取得新成果。建立“1771”一体化运行体系，全面统筹鞍本北科研业务一体化工作；优化价值贡献的分配机制，实施多维度员工评价机制，构建正向激励与反向鞭策的“赛马”机制；深化“一厂一所一室”创新模式，选派74名技术人员开展“百名人才驻厂课题攻关”，与现场技术人员结队49个。

平台建设取得新提升。积极推进重点实验室重组工作；统筹推进与高校、科研院所、产业链客户建立协同创新平台；组建国家“海工用钢技术领域产学研联盟”，成为加入“国和一号”产业联盟中唯一钢铁企业；启动辽宁·鞍钢—东大高品质钢铁材料制备及应用中试基地建设。

（孙艺娜）

【质检计量中心】 2022年末，质检计量中心共有在职职工808人。其中，在岗职工645人，包括管理、专业职能及工程技术岗位124人（高级职称24人、中级职称81人、初级职称17人），生产及服务岗位521人；居家休息94人；其他人员69人。2022年9月，撤销原燃料作业区、煤焦化验室，成立原燃料化验室；计量中心作为代管机构，挂靠计量管理室。

2022年，该中心以“三大工程”为抓手，完成检修作业区党支部晋位升级，创建中心首个鞍钢集团党支部工作示范基地，并于同年12月，晋级为辽宁省党支部标准化建设示范点。完成7台洗煤采样大车无人化改造项目，启动成材检验室拉伸机自动化、智能化改造项目，助力数字鞍钢建设。建立“三维一体”创新体系，推动T字型大国工匠、行业专家、设备精英和管理推手四支队伍建设，激发全员创新热情；厚植精益管理理念，进一步提升中心管理水平；成功举办第一届技术论坛大会，编印《第一届技术论坛大会论文集》《提案集》《攀登之路》《抗疫保产——质检计量中心英雄谱》等宣传册。中心校准实验室顺利通过中国合格评定委员会能力复评认可。宋立伟通过竞聘，成为中心第一个公司级二级专家；马森普创新工作室与鲅鱼圈质检计量中心周刘建创新工作室形成创新联盟；刘洁以鞍山钢铁化学检验员第一名的成绩代表鞍山市参加辽宁省第一届职业技能大赛，荣获第九名。

（徐晓霞）

营口市鞍钢水业有限公司

【概况】 营口市鞍钢水业有限公司在岗职工69人。公司设有综合管理部（党务工作部）、生产运行部、技术设备部、财务部四个部门，玉石水库、杨家店净水厂两个基层单位和经营事业部。玉石水库2022年汛限水位201米，最大库容8852万立方米；杨家店净水厂设计日净化水能力为12.6万立方米。2022年平均日供水11.4万立方米。2022年实现销售收入7113万元，实现利润3226万元，超额完成全年利润指标奋斗值。至年末水库蓄水达到8140.82万立方米。

【保产保供工作】 加强对输配水管线的看护管理，对主要输水管阀门定期养护；2022年调配水作业200余次，保证供水运行平稳。

【度汛防洪工作】 编制2022年玉石水库《防洪抢险应急预案》和《调度规程》。按照防汛预案开展应急演练。完成玉石水库防护堤大修工程，严格落实防汛值班和领导带班责任制，做好防汛物资储备工作。2022年汛期通过综合分析和及时调度决策，确保了玉石水库安全生产运行和下游百姓的生命财产安全。

【设备日常管理】 2022年累计完成设备维修及维护140项。根据日常设备点检频次及风险等级，消除处理安全隐患80项。

【改进环保管理】 引进环保专业咨询单位开展监测、调查分析工作；协调行政主管部门对饮用水水源采取相关措施进行有效管控，确保水质指标全部合格。

（张媛媛）

鞍钢钢绳有限责任公司

【概况】 2022年钢绳公司坚持“三转三提一降一增”工作思路，聚焦安全生产、抗疫保产、挖潜增产、设备提产等重点工作，握指成拳、合力攻坚，完成金属制品总量21115吨，实现销售收入27435万元，利润414万元，守住钢绳公司效益生命线，生产经营保持平稳运行。

【深化改革】 2022年钢绳公司持续深化改革，对内实施组织机构和人力资源优化，坚持压缩管理技术岗位和辅助岗位定员；对外整合协力单位，引进小型线高效模式，加强协力用工整体管理，同时成立高性能（专用）钢丝绳联合研发中心，钢绳公司“双轮”驱动机制初步建成，提升了整体运行效益和效率。

【质量创新】 钢绳公司抓住创新关键点，生产的固态聚合物芯索道绳使用效果良好，达到欧洲技术性能，实现对同类进口产品有效替代；特殊品种钢绳的试用取得显著成效。同时发挥高性能（专用）钢丝绳联合研发中心技术优势，确定的第一批活套绳等14个项目已经全面进入实质性研发阶段。

【设备能力提升】 2022年钢绳公司完成酸洗线加热系统、锌锅修缮升级、2号炉大修等改造工作，检修计划完成率90.97%，重点设备可开动率90.51%，设备整体作战能力得到较大提升。

（马　玲）

鞍钢汽车运输有限责任公司

【概况】 截至2022年末，该公司现有职工3022人，在职职工659人（含居家职工190人）。公司总资产、股权结构和机构设置延续上年不变。2022年，汽运公司完成运量5771万吨，完成周转量10.54亿吨·千米，实现营业收入19.08亿元，实现利润4211万元。2022年汽运公司重点工作：一是通过紧抓三项制度改革，助力企业扭转不利局势突出重围，激活发企业发展活力；二是筑牢新冠疫情屏障，确保经营稳定运行，新冠疫情期间为鞍山钢铁及相关方等近30家单位累计办理疫情防控期间重点物资运输通行证21528张，为企业高效有序开展防控工作提供坚强后盾和保障；三是抢抓外部市场机遇，构建融合发展格局，发挥自身优势，实现互利共赢，拓展自身产业链，建立朝阳商业模式，布局干线物流，打造品牌效应，深耕检测业务，维系创效能力；四是强化精益管理能力，打造高质发展根基，提升管控水平，实现提质增效，推进精细管理，严控费用支出，加强设备管理，降低维护费用，优化采购模式，降低成本支出，推进创新驱动，提升服务内涵，推进合规建设，规范企业管理，夯实基础管理，守牢安全底线；五是推动党建工作落地，发挥政治引领作用；六是践行共享发展理念，关爱企业一线员工。

（赵　阳）

鞍山钢铁冶金炉材料科技有限公司

【概况】 2022 年，鞍山钢铁冶金炉材料科技有限公司发挥“混改”企业体制机制优势，全面完成鞍山钢铁下达的生产经营目标。

该公司 2022 年生产转炉、钢包、中间包及炼铁用各种定型及不定型耐火材料共 11.92 万吨，产品主要销往鞍钢股份公司，部分产品外销至本钢及朝阳钢铁，实现销售收入 10.27 亿元，实现利润 7900 万元，企业负债率由 69.88% 降至 59.73%。

【三项制度改革】 2022 年以来，该公司按照扁平矩阵新组织机构划分，彻底打破干部与工人的身份界限，管理人员编制缩减至从业员工总数的 4.3%。

【科技创新】 该公司 2022 年不断加强与高校产学研合作，开展新产品研发。2022 年完成科技攻关立项 19 项，累计申报各类专利 41 件，通过科技创新、技术工艺优化改进，累计创效 1800 余万元。

【提升 5S 管理水平】 2022 年，该公司逐步完善各分厂项目改造：改造铝硅质分厂透气砖线恒温、恒湿功能，并实现远程监控；制砖分厂自动布料机增设电动螺旋，实现压砖机自动称量；并完成破碎线溜子封闭与预混线自动化项目改造。镁质分厂完成破碎线 4/5 号线内排除尘器项目改造。

（陈国兴）

铁路运输分公司

【概况】 2022 年末，鞍山钢铁铁路运输分公司共有在职职工 3169 人，其中在岗管理及专业技术人员 273 人，生产和服务人员 2271 人。该公司机关设 4 个职能部门，分别为生产经营部、安全环保部、设备保障部、党委工作部（综合管理部、纪委、党政督查室、工会、团委）。下设 4 个基层单位，分别为运输总站、机车厂、修建厂、机械化装卸厂。

全年普通车运输量 5964 万吨，超计划 12.2%，周转量 74813 万吨·千米，超计划 6%，实现货运收入 55470 万元，超挑战值 2070 万元。冶金车运输量 6252 万吨，周转量 40481 万吨·千米，装卸量 974 万吨，分公司全年实现利润 4745 万元。公司实现了轻伤及以上生产安全事故为零、责任路外事故为零、三级以上行车事故为零、火灾事故为零的目标。

该公司夯实点检定修工作，推进点检定修四项标准实施，加强现场新采购的设备、材料、备品备件验收管理，重新梳理费用支付相关制度和流程。全年完成内燃机车大修 2 台，中修 12 台，车辆中修 47 辆，更换枕木 30026 根。

全年完成零固更新 1 台电力机车、24 辆 CF70，大修理改造 20 辆车辆，新增检验筛分机 1 台，完成 2 台 GKD1A 型油电混动机车的交车、整备和调试工作。

该公司创新攻关项目持续创效。申报“双革一化”项目 43 项，申请专利 11 件，申请专有技术 1 项，完成指标计划。鉴定合理化项目 39 项，34 个项目获奖。

（王　浩）

工程质量生产监测管理中心

【概况】 2022 年，公司工程质量生产监测管理中心（冶金工业工程质量监督总站鞍钢监督站）顺利完成重点工程监管率、污染源监测完成率、特种设备检验完成率“三个 100%”目标。在鞍山市实行疫情静态管理期间，精心组织各模块人员及环保在线监测设备运维人员进行驻厂保产，出色地完成了静态管理期间的各项生产经营任务。

【监督职能合规化】 鞍钢监督站顺利完成了与鞍山市建设主管部门对鞍钢集团厂区、矿区房屋建筑工程安全质量监督管理边界、双方职责及其他有关事宜的备忘录签订工作，明确了鞍钢监督站实施监督管理权的合规化，监督过程所形成的相关文件的法律效力。

【环境监测力度不断加强】 强化环保监测管理，顺利通过环境监测资质计量认证的年度审查，通过自动监测设备24小时实时监控，结合人工监测数据比对，为鞍山钢铁打赢环境保卫战提供有力保障。

【绩效考核持续完善】 推出精准激励政策，调动检验工作积极性，实现“多劳多得，少劳少得，不劳不得”。调动了员工的工作积极性，有效消除了工作分配中推诿扯皮、个别检验人员不愿下厂检验、检验工作完成量失衡的现象。严格执行特种设备检验计划，及时发现各单位特种设备存在的缺陷，并督促整改完成，确保特种设备安全稳定运行。

（李　嵩）

工程技术有限公司

【概况】 鞍钢集团工程技术有限公司是由央企独资企业改制的混合所有制企业。股东构成：鞍钢系股东46%，建龙集团34%，中冶赛迪10%，员工持股平台持股10%。公司设5个职能管理部门、5个子公司、13个事业部和分公司。截至2022年底，公司员工总数约1000人。拥有国家及省级各类专家98人、中高级技术人员500余人、各类注册资质人员约350人。2022年全年收入40.16亿元、利润1.61亿元，签订合同42.7亿元。

荣获国务院国企改革领导小组办公室授予的“双百标杆企业”称号。改革经验获国家级管理创新成果二等奖，辽宁省、鞍钢管理创新成果二等奖。健全现代企业治理体系，成立董事专门委员会。加强风控体系建设，成立审计室和安全环保监察室。坚持“专业创造产品，产品成就产业”，成立高端咨询事业部，实施规划建筑事业部、电气工程事业部深化改革，成立北京分公司与数字化协同设计小组。自主设计并总包的全球最大“铁前一体化智慧炼铁中心”投产，揭榜黑龙江省氢基竖炉攻关项目，承接全球首套绿氢零碳流化床炼铁示范项目。获环保科学技术奖二等奖1项，冶金勘察设计成果一等奖2项、二等奖6项、三等奖8项。申报专利31件，其中发明专利19件。认定专有技术13项。开展“四个一”关爱退休员工活动。全年共走访、救济155人次，发放救济金7.24万元。

（边钰现）

保卫部（人民武装部）

【概况】 保卫部（人民武装部）是鞍山钢铁集团有限公司直属单位。由鞍钢集团授权，代行鞍钢集团鞍山区域治安保卫、交通安全管理及厂区道路扬尘治理、综合治理、武装人防优抚等专项管理职能。现设3个机关职能部门和2个内保大队及指挥中心、交巡中队，在岗职工560人。

【维护国有资产安全成效显著】 精准全面履行鞍钢集团鞍山区域保卫管理职能，深化了“网格化”管理，全面压实资产安全区域管理主体责任，荣获“全省企业事业单位治安保卫工作暨二十大安全保卫工作集体一等功”“辽宁省优秀护路办”等荣誉称号。

【充分发挥党建引领保障作用】 落实党委全面从严治党主体责任，诫勉谈话2人，提醒谈话10人，处置问题线索2件，保持了高压震慑。加强干部队伍建设，完成2021年度管理及专业职能序列人员考核评价。关心关爱职工，共发放救济、慰问费6.34万元。2022年，保卫部（人民武装部）被鞍山钢铁评为先进单位。

（蒋　珅）

消防应急救援中心

【概况】 2022年，鞍山钢铁消防应急救援中心扎实推进“三项制度”改革，实施全面预算管理，落实“e考核”，消防安全管控能力不断增强，实现轻伤以上事故为零、鞍山钢铁较大火灾事故为零的目标。

深化理论武装，强化基层党组织建设。加强政治理论学习，组织全体党员利用“三会一课”、集中学习、晚课等方式开展政治理论学习12期。深化“三支队伍”梯队建设，9名劳务职工递交入党申请书。党支部的战斗堡垒作用和党员的先锋模范作用得到充分发挥。

严格消防安全监管，实现火灾事故为零。开展“全民学消防”“消防大体验”主题活动，提高全员消防安全素质。按照“非必要不动火”原则，严格“关键时期”消防安全监管。围绕厂区地下油库、皮带通廊、危险化学品储运等重点防火部位开展“防灭一体化”督查，严防死守消防安全底线。

加强队伍作训，增强灭战打赢能力。单独设立作战训练室，提升作战训练的针对性、时效性。开展为期3个月的冬季体能大练兵，持续提升单兵素养。2021年，共开展动火作业备勤监护980次，出动消防车867台次，出动备勤人员3322人次，现场巡查2166次，实现重点工程、一级动火作业现场监护100%全覆盖。

（毛国涛）

人力资源综合服务中心

【夯实基础管理】 紧盯问题整改，修订制发制度文件13个，促进管理工作日趋完善。坚持“服务至上”，2022年，走访慰问1502人次，协助处理丧葬事宜274人次，发放救济金、慰问品（金）798.4万元。

【强化自我赋能】 采取会议、研讨、学习交流等方式，开展集体赋能培训30次，全员履职能力得到切实提升。为提升专业素质，该中心选派职工参加人力资源管理培训，多人取得人力资源管理师职业资格。

【严格费用管控】 严格全面预算管理，加强托管费用全过程管控。全年组织托管费用预算审核会12次，实现托管费用复核确认率100%；采取登门走访、视频信函确认等方式，实现认证率100%，经认证停发待遇8人。

【推进赋能中心建设】 按照“赋新能、育新人”要求，完成“1+8+N”赋能制度体系完善工作。完成3家单位94名员工岗位竞聘及转岗安置，实现了赋能员工的有序流转。组织相关人员到炼铁总厂、冷轧厂等15家单位开展专题调研，为赋能培训打好基础。

【加强防疫维稳】 疫情期间，设置10处集中发放点开展“一站式”服务，实现重阳节慰问品就近发放；通过“2+6+N”办公模式，实现工作防疫“两不误”。按照“三到位一处理”原则，对1个重点群体和10名重点人员实行领导包案化解，实现越级访和群体访为零目标。

（尚　峰）

第十七部分

攀钢集团有限公司

·概　　述·

【经营管控】 2022 年，攀钢集团有限公司（以下简称“攀钢”）深入学习贯彻习近平新时代中国特色社会主义思想，以迎接党的二十大胜利召开和学习宣传贯彻党的二十大精神为主线，全面落实鞍钢集团党委“实现五个新突破，聚焦五个重点”决策部署，始终把党的领导贯穿于改革发展全过程，科学有效应对疫情冲击、市场下行等风险挑战，经营业绩“跑赢大盘”，全年实现营业收入 792 亿元、经营利润 10. 35 亿元，完成鞍钢集团调整后的目标。遵循“均衡、稳定、经济、高效”的生产组织原则，举全攀钢之力推动攀钢钒、西昌钢钒 3 座高炉恢复稳定顺行，铁、钢、材产量与上年基本持平，铁精矿、钛精矿产量再创历史新高，钒产品、钛白粉、钛材保持高产态势；坚持“销研产”联动，持续优化品种结构，品种钢销量同比增长 2. 2%，调品指数达到 487 元/吨；建立完善“销售市场地图”，灵活调整销售策略，综合产销率达到 100. 29%，深耕细作核心市场，热轧、冷轧产品在西南市场的占有率分别提升至 27%、53%；全面改善用户体验，板材产品合同兑现率达到 94%，较年初提升 25 个百分点；积极拓展国际市场，重轨和钒产品出口同比分别增长 37. 52%和 12%；学习借鉴鞍钢矿业的先进做法，恪守“保生存”的底线思维，制定 2022—2025 年攀钢降本增效规划，建立对标挖潜的常态化机制，推进全员、全时、全要素、全过程降本，全年实现降本增效 25. 5 亿元，完成率达到 158%，折合吨材降本近 200 元。

【深化改革】 2022 年，攀钢组织召开改革工作问询会，引导督促各级领导干部想改革、会改革、能改革、敢改革，全公司深化改革能力与效率提升能力明显增强。改革三年行动圆满收官，全面完成改革任务，改革专项工程得到国务院国资委和鞍钢集团的充分肯定；积微物联获评“双百优秀企业”，成都材料院入选国务院国资委“科改示范行动”案例集，西昌钒制品公司被认定为国有重点企业管理标杆创建行动标杆企业。压减厂级机构 6 个、作业区（科室）级机构 65 个，精简各级管理部门 42 个；管理人员竞争上岗 289 人，末等调整和不胜任退出 135 人，管理岗位占比降至 9. 9%；优化在岗职工 1307 人，减少劳务用工 1771 人；浮动工资差异化系数提升至 1. 21；全年钢铁主业劳动生产率、全员劳动生产率较 2020 年分别提升 36%、25%，攀钢三项制度改革被鞍钢集团评定为 A 档。顺利完成机械制造、公务用车、财务共享管理等 19 项业务整合，促进了相关业务专业化、产业化、集约化发展；强力推进以西部物联为平台的物流业务整合，六大生产基地供应、生产、销售、物流业务及人员实现平稳移交，构建形成了管干一体的物流业务集中管控新模式。持续提升管理制度与业务流程的契合度，制定或修订制度 61 项；按期完成全面预算管理信息系统建设节点任务，建立月度检查、滚动执行、动态纠偏的预算管理机制，全面预算管理功能进一步增强；争取税收优惠 11. 41 亿元；“一企一策”推进亏损企业治理，完成治理范围内任务；全面深化审计监督，高效开展重点审计项目 27 项。及时调整优化疫情防控策略，在政策调整优化前实现“双零”目标；全面推进依法治企，深入开展“合规管理强化年”系列活动，完成综合治理专项行动；坚决确保资金链安全，全力压降“两金”占用，实际资产负债率较年初下降 0. 77 个百分点；持续优化融资结构，中长期融资占比、国有及政策银行融资占比分别较年初提升 13 个百分点和 5 个百分点，全部间接融资 308 亿元利率，下调 20%以上；深刻汲取攀钢钒、工程公司安全事故及攀长特央视曝光事件的教训，全年共计排查整改重大隐患 114 项，安全生产处于受控状态。

【科技创新】 2022 年，攀钢研发经费投入强度达到 3. 93%，突破重大技术难题 11 项，新增专利授权 672 件，获省部级及以上科技奖励 17 项。抓好国家级研发平台建设，向国务院国资委上报钒钛资源综合利用原创技术策源地建设方案，四川省批复由攀钢牵头组建省钒钛产业创新联合体；强化科技创新顶层布局，有序推进攀西钒钛磁铁矿资源综合利用第三代技术体系建设；出台优化科技管理提升创新能力实施方案，推行重大科研项目“揭榜挂帅”模式；实施知识产权作价入股、项目收益分红等中长期激励措施，推动“智力变资本”；制定实施科技领军人才和院士后备人才培养方案，以项目为载体开展 5 名院士后备人才、30 名科技领军及后备人才培养。高炉渣提钛产业化攻关完成既定目标，高温碳化全工序成本同比降幅为 11.46%、低温氯化全工序成本同比降幅为 12.32%，开发出热成型铝硅镀层板和连退板全流程关键技术，打破国外企业技术垄断，独家研制的新型耐蚀球扁钢产品实现上艇应用；与两院院士合作的两个项目分别列为科技部重大示范专项和“173”计划。川藏铁路钢轨原型轨具备上道试铺条件，发动机用特种高温合金研发实现重大突破，吉帕级高韧性热成型钢形成系列化产品族群，高性能叶片钢应用于首台国产 F 级 50 兆瓦重型燃气轮机核心部件，国内首家突破宽幅钛箔材轧制技术并生产出“手撕钛”产品，小粒度海绵钛和超软海绵钛占比同比提高 12 个百分点。

【从严治党】 2022 年，攀钢深入落实新时代党的建设总要求，传承弘扬伟大建党精神，持续提升党建工作质量和水平。全面承接实施“喜迎二十大、建功新鞍钢”主题实践活动，以实际行动迎接党的二十大胜利召开。组织党员职工收听收看党的二十大开幕会，广泛开展“七学七讲四训”活动，教育引导干部职工衷心拥护“两个确立”、忠诚践行“两个维护”。坚持抓基层打基础，重构“1+10+X”党支部制度体系。强化年轻复合干部培养，新提任 40 岁及以下领导人员 25 人，各级班子年轻领导人员占比达 23.36%。制定实施攀钢“十四五”人才发展规划，印发工程技术人才和技能人才建设实施方案，新增“大国工匠”培养支持计划人选者、全国技术能手等国家级人才 4 人。制定落实整治形式主义官僚主义、为基层减负措施 38 条。深化“清风工程+”专项行动，开展备品备件、废弃物处置等 6 个专项治理，修订完善相关制度 80 余项。严肃查处“靠钢吃钢”等案件，共计给予党纪处分、政纪处罚 129 人。强化群团组织的桥梁纽带作用，立项实施四川省技能竞赛 8 项、鞍钢职工技能竞赛群英赛 9 项；全面实施青年精神素养提升工程。积极为职工群众办实事，完成全员购买互助保障计划、调整住房公积金缴付比例等攀钢级民生项目 32 项；全面助力乡村振兴，全年投入帮扶资金 2418 万元；彰显央企责任担当，为 1209 户小微企业和个体工商户减免房租 2759 万元。

【工程与投资】 2022 年，攀钢在建投资项目共计 170 个，其中，续建项目 124 个、新建项目 46 个；共有 116 个项目建成投产。攀钢将共 10 个在建项目纳入契约化管理，共缴纳保证金 413 万元，完成契约化验收 2 个，其中，奖励金额 17.15 万元（占保证金比例 49%）、扣减金额 6.825 万元（占保证金比例 45.5%），参加契约化管理的人员包括项目决策、建设、运营等环节的关键人员，通过契约化管理建立了共担风险、共享成果的奖惩机制；落实攀钢对项目建设“高起点、少投入、快产出、高效益”的总体要求，全力推进项目建设，制定了 6 万吨/年熔盐氯化法钛白工程、高端钛及钛合金用海绵钛扩能工程、中沟湾尾矿库工程 3 项重点项目的专项考核办法，根据每个关键节点完成情况对项目进度实施奖惩兑现。

2022 年，攀钢完成投资 334747 万元，其中，股权投资 5332 万元、固定资产投资 329415 万元，计划完成率 99.92%，完成额较 2021 年减少 50855 万元。固定资产投资中新开工项目完成投资 52187 万元、续建项目完成投资 277228 万元；固定资产投资和股权投资全部在境内，均为主业投资。攀钢组织制定并发布了《攀钢集团有限公司固定资产投资项目全生命周期管理办法》，对投资项目“高起点、少投入、快产出、高效益”的总体要求落实到了制度中；按照“一个专业事项一个管理办法”的原则要求，对《工程项目勘察、设计管理办法》《固定资产投资管理办法》等 5 个办法进行了整合优化；进一步规范和细化生产准备及达产达效管理内容，强化对达产达效的评价管理；强化对项目目标的管理，细化和明确扣罚及奖励内容；根据实际需要对管理各个环节的管理流程、管理内容进行规范和优化。2022 年，对攀钢固定资产投资项目后评价管理办法进行了修订；组织并完成攀钢 2021 年度投资项目效果评价，揭示问题 7 个，提出建议 5 条；完成了股份公司重庆钛业两化融合示范线建设——主线基础自动化升级改造、西昌钢钒智慧板材建设——全自动轧钢项目、冶材公司废旧耐火材料资源综合利用项目、成都板材新建连续热镀铝锌机组工程等 4 个固定资产投资项目后评价，揭示问题 16 个，提出建议 16 条。

【设备管理】 2022 年，攀钢持续推进以预防维修为主，点检定修为核心的设备管理体系，加强设备隐患排查治理，确保设备运行稳定。2022 年攀钢主要产线设备未发生三级及以上事故；维修费 200710 万元，优于目标 42889 万元；设备可开动率为 97.25%，优于目标 1.16%；备件储备资金 95702 万元，优于目标 5627 万元。

设备用油脂整合取得实效，2022 年六家生产基地油脂采购合同总金额 33491.21 万元，同比降低 7433.57 万元（按 2020 年可比价格），降幅为 19.44%。现有品牌 31 个，品种 148 个。减少品牌 64 个，降幅为 67.37%；减少品种 222 个，降幅为 60%。2022 年同比减少油品消耗 333.26 吨，减低油脂消耗成本 1902.93 万元，降幅为 22.65%。

【审计管理】 2022 年，攀钢对工程公司、研究院、钛材公司、矿业兴茂公司、攀钢钒成都板材公司等 12 家单位领导人员实施了经济责任审计，突出经济责任审计重点，规范经济责任审计内容，聚焦国家重大政策措施贯彻落实和上级党委决策部署，聚焦领导干部守纪、守法、守规和尽责情况，聚焦权力集中、资金密集、资源富集、资产聚集的重点岗位、重点事项和重点环节，促进领导人员主动作为、尽责担当。认真落实国务院国资委《关于深化中央企业内部审计监督工作的实施意见》和鞍钢集团对内部审计的要求，实施了历史遗留问题处理、“两金”压控、废旧资源处置、公司债权管理、部分非钢单位降本增效、安全生产费用和二级单位党费等专项审计，揭示管理中存在的问题，加强对二级单位的合规监督，维护公司制度刚性执行，促进业务管理持续优化、提升管理水平。围绕公司重点经营管理领域高效优质发展、重大风险领域平稳受控工作目标，实施了积微物联供应链业务、坤牛物流经营管理、石灰石资源保障调查、主营产品销售业务、重点投资项目达产达效、生活公司和商贸公司等经营管理审计，及时揭示风险和苗头性问题，提出对策建议，堵塞管理漏洞，提高风险防范能力，促进公司及二级单位合规经营。

2022 年，攀钢严格贯彻落实中办、国办《关于建立健全审计查出问题整改长效机制的意见》和鞍钢集团审计整改要求，强化审计结果运用。开展了审计署发现问题整改专项行动，完成 5 项历史遗留问题整改。分解落实问题整改责任，推动建立健全长效机制，审计部和相关整改责任单位坚持对每份审计报告编制审计整改问题清单、责任清单和措施清单，落实整改责任。对典型问题，业务分管领导组织相关部门从规范管理、防范风险的角度制定整改方案，开展专业领域问题系统整改，促进问题源头治理，审计部持续跟踪督促审计问题整改，按季度通报审计整改结果，形成“领导重视、部门协作、分级督导、责任明确”的整改模式，取得较好整改成效。攀钢全年完成了 227 个审计发现问题整改，避免和挽回损失 1087.18 万元，审计问题整改完成率 94.5%，超过鞍钢集团考核指标 2.5 个百分点，通过审计整改修订完善制度 21 项，对审计发现的违规和整改不力事项加大考核，全年经济考核相关责任人 68 人次、金额 7.22 万元，发挥了警示和预防作用。

【人力资源管理】 2022 年，攀钢推行工资总额全面预算管理，将工资总额预算分解为管理人员、技术生产服务人员、离岗人员三部分进行分类管控，将压减管理人员工资总额相应增加到技术生产服务人员工资总额，倒逼管理人员优化。持续加强即时激励，制定各单位工资效益联动管理办法，根据各单位效益效率完成情况，严格执行“效益增、薪酬增，效益降、薪酬降”即时激励政策。制定实施《关于优化科技管理提升创新能力的实施方案》，建立了符合科技创新规律的工资总额决定机制。强化岗位绩效考核结果应用，持续优化完善全员岗位绩效考评体系，将岗位绩效考核结果作为绩效分配的重要依据，实施精准激励，全年浮动工资差异化系数达到 1.21；制定实施《提升绩效考核信息化管理水平实施方案》，全面推行绩效考核信息化系统建设，已初步实现“可视、可查”目标。健全完善多元化激励机制，全面落实正向激励政策方案，攀钢钒钛已制定实施限制性股票激励方案；对 28 名关键人才兑现中长期奖励 482 万元；已制定《研究院 2022 年项目分红激励方案》和《成都材料院超额利润分享实施方案》。

2022 年，攀钢强化全口径用工总量管理，制定《攀钢“十四五”人力资源规划》，明确“十四五”末在岗职工“破三见二”和“劳务减半”总体目标，针对各产业发展需求，差异化制定各类人才队伍建设目标和重点突破方向，构建了与攀钢“1144”产业发展布局高度匹配的人力资源管理体系。建立健全市场化用工机制，全面推行“双合同”管理，累计进入赋能中心 2444 人次，占比 7%；全年优化在岗职工 1459 人，减幅 4%，其中市场化退出 532 人，退出率 1.5%。其中攀钢钒钛、钛材公司在钒钛新项目建设中对标先进，全面推行“操检合一”用工模式，将岗位定员精简至原设计定员的51%，通过内部存量人力资源配置比例达75%。制定实施共享用工试点实施方案，已有16名转岗人员共享至机电学院担任教师。持续精简管理岗位，深度推动产业链资源整合、组织机构压减与管理岗位压减、管理人员优化融合互通，累计压减管理岗位767个，管理岗位占比降至9.9%，其中钢铁、钒钛、矿业等核心主业管理人员占比均低于9%。2022年底，攀钢钢铁主业劳动生产率、全员劳动生产率较2020年分别提升37%、22%。

2022年职称评审通过542人，其中正高级职称13人、副高级职称3人、中级职称370人、初级职称156人；职业资格认定通过647人，其中高级技师144人、技师136人、高级工147人、中级工159人、初级工61人。

2022年，攀钢引进高校毕业生195名，其中博士研究生9人、硕士研究生37人、本科生44人、大专生105人；引进成熟人才10人；依托国家重点实验室、院士专家工作站和博士科研工作站等科研平台，柔性引进外聘专家4人。新增全国技术能手等国家级人才4名、“天府青城计划”“攀枝花工匠”等省市级人才15名。

【企业管理】 2022年，攀钢制定了《攀钢专业化整合工作方案》及台账，重点从产业链资源、管理职能、生产保障和后勤服务四个方面，产业和空间两个维度，攀钢和子企业两个层面推进19项专业化整合项目（其中，攀钢层面11项、子企业层面8项）。成立了集团公司专业化整合领导小组和4个工作组，协调工作过程中的具体事宜。2022年攀钢层面项目、重点关注子企业层面项目完成率实现两个100%，集团公司资源配置效率、运营管理效率大幅提升。

2022年，攀钢推动实施组织机构优化调整，打造精干高效的组织架构，全年共压减厂级机构3.2%、作业区（科室）级机构10.6%、法人企业5.6%，全面完成鞍钢集团下达的任务目标；全年共优化厂级机构6个、作业区（科室）级机构65个、合并撤销50人以下作业区20个。结合物流业务整合，积微物联、星云智联管理关系调整等实际，重新核定上述3家单位领导班子和机构编制；物流业务整合后，西部物联的机构编制得到大幅精简，其中，优化厂级职数10人，减幅为47.62%；优化作业区（科室）级机构21个，减幅为55.26%；优化作业区（科室）级职数37人，减幅为45.68%；优化管理及专业职能人员44人，减幅为50.57%。贯彻落实国务院国资委、鞍钢集团关于持续深化压减工作的安排部署，结合“处僵治困”和低效无效资产处置工作，分析评估现有法人企业运营状况，梳理确定拟纳入压减的法人企业，下发《关于持续深化法人企业“压减”工作的通知》，明确压减工作目标，2022年共注销钢管杂志社、慧联电力、长城核能、西南钢管4户法人企业。

根据研究院成都材料院“科改示范行动”工作台账（2020—2022年），推进各项任务。下发了《关于持续深化“科改示范行动”工作的通知》，督促成都材料院深入剖析前期工作中存在的问题，积极对标行业先进企业，系统分析市场化改革4项指标、科技创新10项指标与行业先进企业存在的差距，制定针对性改进措施；积极推动二轮融资工作，成功引入四川发展兴瑞有限责任公司作为成都材料院第二轮融资的增资方，并于2022年12月27日完成工商登记变更。

按月跟踪鞍攀两级公司对标世界一流管理提升行动实施方案的指标完成情况，其中鞍钢对标方案中涉及攀钢的4项指标均完成年度目标，攀钢对标方案已办结指标63项；全力推进“三个标杆”创建工作，组织5个标杆企业、3个标杆项目、1个标杆模式相关责任单位扎实有力推进对标提升工作，多措并举推动创建工作落实落地，其中股份公司、积微物联等5家单位创建“三个标杆”经验在鞍钢集团内部交流推广。

根据“管理流程与业务流程契合度不高”问题整改工作会议精神，下发了《攀钢管理流程与业务流程契合度不高问题整改方案》《2022年集团公司规章制度立项计划》，截至2022年底，新制定制度7项、修订36项、废止18项。

持续提升管理现代化创新成果水平，“钢铁企业基于精益生产的5D对标管理持续改善体系的创新与实践”“打造精益五星班组在提升企业基础管理能力中的探索与实践”分别获得冶金行业成果二、三等奖。加强管理现代化立项工作的统筹策划，根据集团公司战略规划和年度重点工作，聚焦短板弱项和突出问题，充分运用精益管理等方法和工具，积极承担重大管理创新攻关任务，围绕商业模式、体制机制和新的管理方法工具应用等方面，精准确定管理创新方向，2022 年管理现代化创新项目共计 31 项，其中 4 项被确定为鞍钢集团级重大管理创新项目，“国有企业关键‘卡脖子’技术项目组织实施模式探索与实践”“基于数字化技术的智慧生产基地建设”被列为鞍钢集团重点培育项目（A 类），“数字化技术在重轨生产领域的深度应用实践”“产业数字化背景下的大数据风控体系建设”被列为子企业重点培育项目（B 类）。

【风险管理】 2022 年，攀钢形成了以“强风控、防风险、促合规”为管控目标的全面、全员、全过程、全体系的风险防控机制，重点风险受控，未发生重大风险事件。

攀钢修订了《全面风险与内部控制管理办法》；承接《鞍钢集团重大经营风险事件报告操作规范》，完善了风险应对相关要求。围绕“提前预警、精准防控”风险防控目标，下发了《集团公司 2022 年度全面风险管理报告》，评估出资源保障风险、重要产线稳定运行等 2 项重大风险，重点项目达产达效风险等 6 项重要风险；制定了《年度重点风险全要素监测表》，按照季度进行跟踪监测；风险管理部门按半年度对下属 20 家子分公司（单位）、41 项重大经营风险管控情况进行监测；业务主管部门动态跟踪持续推进重大风险防范化解工作，强化重点领域、重点单位、重大事项、重要节点的风险管控。针对具有战略性、全局性、高风险性的投资、融资重大项目，严格执行“6+X”联合监督审查机制，对“攀长特炼钢厂新增两台真空感应炉项目”“股份公司钒产业项目”等 22 个重大事项进行了专项风险评估与合规性审查，严格履行风险评估与合规审查职责。建立党委统一领导，董事会、监事会、经理层各司其职，各部门、子企业分级分类管理的内控组织架构，健全风险与内控管理“三道防线”、“2+N”工作机制，开展内控监督评价，制定了《攀钢 2021 年度内控体系工作报告》。

2022 年，攀钢开展债务风险专项排查、积微物联供应链业务资金风险排查、开展 XJ 贸易业务专项排查，从资金流、业务流、审批流着手，全面排查业务开展过程中的制度建立、合同条款、货权控制、客户准入、资金支付等关键环节存在的风险点，建立问题整改台账，认真组织整改，并建立长效机制，积极防范资金风险。开展依法纳税合规专项治理，针对涉税风险及问题规范管理、专项整治，推进长效机制建设，强化纳税风险防范；组织纳税业务研讨、开展纳税培训，提高管理人员依法纳税服务意识及能力。

2022 年，攀钢认真贯彻落实党中央、省、市及鞍钢集团疫情防控工作部署，新冠疫情总体受控；7 月，攀钢基地所在的北海、成都、西昌、攀枝花、江油、重庆等地相继暴发疫情后，广大干部职工众志成城，实现“零输入、零感染”；12 月，“新十条”政策发布后，攀钢因时因势调整防控措施，全力确保生产经营平稳顺行。

【数字管理】 2022 年，攀钢全面承接“数字鞍钢”建设要求，强化顶层设计，加快推进数字化项目建设，加强信息系统运行及网络安全保障，全面推进攀钢数字化智能化转型升级工作。

根据国家、行业数字化发展态势，修编发布《攀钢集团数字化管理办法》《攀钢集团网络安全管理办法》，增加数据及数据安全管理章节，完善数字化项目达产达效等管理内容；创新性地完成《钒钛产业智能工厂（产线）建设标准》编制，为提升钒钛产业数字化水平提供有效指导；组织开展鞍钢“智慧指数”评价，发挥“智慧指数”引领驱动作用。攀钢钢铁产业智慧指数 0.65，属集成级，排名第二，短板与不足主要是自动化水平及数字化投入较低；攀钢数字化产业（星云智联）智慧指数 0.4，属规范级，排名最后，短板与不足主要是高端人才占比及外部收入占比较低。

发布了《攀钢集团 2022 年网络安全和信息化工作要点》，明确 3 大工作目标和 3 项重点攻坚任务，确定“41 个数字化项目建设清单”“16 条产线数字化改造建设清单”“24 项网络安全和信息化工作任务清单”等，以清单化落地推进工作，截至 2022 年底，完成钢铁主业产线数字化改造 6 条，累计完成 18 条，完成了鞍钢集团下达的指标。

2022 年度数字化投资项目总计 52 个，其中续建项目 45 个，已建成投用 37 个；新建项目 7 个，已放行 6 个；坚持自动化、集控化等项目“投资 100 万元减少不低于 1 人”的铁律，从严从紧开展项目立项审查及放行，5 个涉及减人的项目实现每投资 73 万元减少 1 个人。加快推进项目建设，智慧管理方面，攀钢科技管理和管理创新信息系统等项目已上线投用，管理信息系统覆盖率达到90%；智慧供应链方面，数智化营销项目已实现达效，数智化采购项目已建成投用并实现达产达效；智能生产方面，攀钢钒能源集控中心项目实现年底主体功能上线投用。加快推进项目达产达效，建立达产达效评价认定机制，截至2022年底，海绵钛公辅区域集控和主产线PCS7系统升级、股份公司氯化钛白厂MES系统等12个项目实现达产，攀钢钒铁路运输管控一体化系统建设、攀钢数智化营销等9个项目实现达效，其中3个限上项目完成达产达效评价认定工作。数字化部与审计部共同推进了股份公司重庆钛业两化融合示范线建设——主线基础自动化升级改造、西昌钢钒智慧板材建设——全自动数字化轧钢等项目后评价工作。

组织完成了星云智联一体化运维平台上线投用，实现全集团网络与服务器健康状态的在线实时监控，实现了故障派单、数据维护等流程闭环管理；持续推进集团公司IT公共基础设施迭代升级。组织星云智联完成了攀钢工业云平台算力与存储升级、攀钢主干网金江区域自有链路建设及覆盖等，有力支撑了攀钢数字化发展需要；加强运营服务意识提升，强化系统运行责任考核。组织完成集团公司级信息系统2022年维护费谈判、分摊及合同签订。

加强网络安全管理，按月发布攀钢网络安全通报，组织开展2次网络安全现场监督检查和1次远程技术检测，发现隐患235项，已督促责任单位及时完成整改；组织开展攀钢2022年网络安全宣传周活动，通过宣传报道、知识竞赛等方式提高广大职工干部网络安全意识和认识；组织各单位开展党的二十大网络安全专项保障工作，制定集团公司专项保障工作方案，实行每天“零报告”机制，并于2022年9月底开展了现场监督检查，检查各单位保障措施落实执行情况。强化网络安全技术防护，组织各单位完成13979台终端网络准入的部署实施，实现办公电脑终端准入全覆盖，完善网络安全防护体系；推进国密计算机终端信创工作，实现攀长特、鸿舰公司等6家单位国密计算机终端信创全替换；组织参加上级专项工作，积极参与公安部、省通管局、市公安局三级网络安全攻防演练活动，并及时组织有关责任单位完成问题整改。推进网络安全高效运行，组织开展勒索病毒专项应急演练，进一步完善集团公司网络安全应急预案；组织开展勒索病毒和挖矿病毒专项治理工作，通过实时监测及每周发布周报，做到及时预警及时处置；组织开展网络安全自查整改工作，全年共排查关键信息化设备1588台，互联网资产701个，发现风险漏洞418项，已全部完成整改，实现高危风险及漏洞整改率100%。

打造西昌钢钒智能制造示范基地，以数据提升价值创造，陆续建成投用QMS质量管理系统、智慧物流系统、钢铁大脑I期等，助力生产经营提质增效；以数字驱动精益管理，构建“四维质量判定”质量管理、重点设备状态在线监视和劣化趋势预警设备管理、智能AI识别及人员定位等安全管理等系统，大幅提高管控效能；以数字驱动产线发展，在炼铁和能动实行以协作效率为主线的大集控模式，炼钢和板材实行以极致自动化、精致模型为主线的区域集控模式。激活数据价值，推进数据治理体系建设，组建数据治理工作团队，修编数字化管理办法，初步构建数据管理制度，推进西昌钢钒、研究院探索数据治理实践。组织成果申报，政府资金支持及荣誉稳步增长，积微产业互联网平台、攀钢矿业5G+远程采矿等6项成果获评工信部、四川省经信厅等试点示范荣誉。2022年，攀钢钒能源集控中心建设等8个项目获得专项奖补资金3891万元。

【财务管理】 2022年，攀钢针对严峻的市场形势，超前考虑、统筹安排，制定并严格推进特殊时期资金管控方案落实落地，全年经营活动现金流实得（全口径）60.30亿元，大于应得0.84亿元，实现经营流应得尽得，有效保障资金链安全。

全面推动融资创新，融资降本、结构优化取得突破性进展，2022年1月、6月李镇董事长两次带队走访主要合作银行，攀钢逐家发函并收集整理、研究分析国家金融支持实体经济政策，有效推动融资创新、融资降本。综合融资成本压降至历史最低，其中307亿元间接融资成本由年初的4%压降至3.58%。间接融资较基准平均下浮22%。“5+3”战略性合作银行融资比重达到历史最高水平，提升至77.36%，较年初提升3.87个百分点。中长期融资比重达到近年来最高水平，提升至59.94%，较年初提升15.69个百分点。创新融资品种及方式年度最多，取得了科创票据、低碳转型债、科创贷、设备更新贷，极大提升了攀钢影响力和声誉度。

为评估攀钢成本生命线，测算各边界条件下的盈利情况，以利润和现金流为零倒逼降本增效额，按基本、奋斗、挑战三档降本增效目标制定《2022—2025年的降本增效工作规划》，统筹各单位重点措施和目标，督促指导各单位深入推动降本增效落地落实。攀钢全年完成降本增效24.19亿元，超挑战目标4.99亿元。展现央企担当，落实国家稳增长政策，为1214户服务业小微企业和个体工商户减免租金3336万元，其中，小微企业228户，减免租金约2305万元；个体工商户986户，减免租金约1031万元。

梳理2022年国家和地方新出台的涉企税费减免政策共19项，推进适用于攀钢的8项政策落地，享受税收优惠11.41亿元，利润总额增加3.39亿元，净利润增加5.97亿元。

【运营管理】 2022年，攀钢铁、钢、材分别完成1047.36万吨、1018.1万吨、913.65万吨；拳头产品累计销售425.35万吨，累计占比46.7%，超目标7.7个百分点，其中重轨销量141.3万吨，汽车用钢销量172.1万吨，电器用钢销量105.1万吨。

2022年钢铁产品产销率100.29%，钒产品产销率103.45%，钛白粉产销率98.44%，钛材产销率100.23%。

建立了出口工作例会机制，定期总结出口进展情况、增效情况等，并做好问题分析和工作安排，2022年攀钢完成钢轨出口18.72万吨，超目标6.72万吨；钒产品出口1万吨，超目标0.2万吨；钛白粉出口7.06万吨。

以品种结构优化为导向，强化产销衔接，销售提质增效指标进一步优化。以客户为导向，紧盯市场，奋力冲刺战略品种销量目标，2022年攀钢战略品种销量完成449.98万吨，超目标5.18万吨，其中钢轨超目标6.3万吨，电器用钢超目标5.1万吨；西南核心销售区域销量完成659.7万吨，超目标44.7万吨，钢铁产销率100.32%；建立销研产协同工作机制，系统提升调品指数，制定了《调品指数提升工作方案》，2022年攀钢综合销售价较行业高495元/吨，超目标65元/吨。

全力协调铁精矿资源分流、运力保障与外销衔接，铁精矿、钛精矿产量创历史新高，2022年攀钢铁精矿、钛精矿产量分别完成1336.28万吨、150.56万吨，同比分别增加1.27%、3.87%，同比创历史新高。持续推进外委加工全量回收，在继续开展密地矿委托加工铁精矿、钛精矿全量回收工作的基础上，在白马矿全面实施委托加工铁精矿、钛精矿全量回收工作，2022年攀钢累计回收铁精矿295.99万吨，回收钛精矿48.18万吨，共计增加收益2.88亿元。

针对铁路运输运力紧张及节假资源减少等不利影响，强化资源采购力度，2022年攀钢采购铁矿石1879.37万吨、焦煤838.81万吨，计划兑现率分别为101.12%、96.97%，均超过90%的控制目标；国内高粉采购到货量374.72万吨，计划兑现率105.56%，同比增量14.45万吨，与同期进口粉矿比节约成本6500万元。扩大高性价比的南线煤采购比例，2022年煤炭采购980万吨，其中南线煤采购占比达到50%，较2021年提升5个百分点，同时有效控制了炼焦煤的硫含量与灰分，硫0.76%以下，灰分10.34%以下。

通过开展专项治理、规范处置流程、建立长效机制等务实举措，2022年攀钢回收废旧资源1134.98万吨，综合利用1143.84万吨，利用率100.78%，实现利用价值36.44亿元，同比增加3.72亿元。在优先满足内部单位需求的前提下，持续推进废旧资源处置优化、增效，2022年以来，攀钢回收废钢73.37万吨，利用70.3万吨，自用同比增加1.58万吨，外销量同比减少6.3万吨。结合废旧资源综合整治，加强内部管理，2022年以来，硫酸钠、钛石膏库存分别压降5.28万吨和3.88万吨，处置费用同比降低576.5万元。

【碳管理】 2022年，攀钢持续推动绿色低碳布局，完成《攀钢集团有限公司碳达峰及低碳发展战略规划》（送审稿）编制，分产业确定达峰时序和减碳路径及措施，分阶段明确了目标和实现目标的路线图及重要措施，并按计划分解抓落实。实施11项节能减碳措施；攀钢钒100兆瓦余热余能利用发电机组于2022年9月并网试运行，年新增发电量3.17亿千瓦时；攀钢钒能源集控系统于2022年12月27日上线试运行。

【安全管理】 2022年，攀钢发生安全事故3起，3人伤亡，其中，内部职工死亡1人、相关方死亡1

人；同比死亡事故增加1起、死亡人数持平，轻伤减少2起2人；千人负伤率0.028‰。实现危险化学品、较大火灾事故和特大道路交通事故零；职业危害监检率100%；职业健康体检率100%；重大事故隐患按期整治率100%。

攀钢党委常委会、理论学习中心组等13次深入学习传达习近平总书记关于安全生产的重要指示批示精神，专题研究部署“落实15条硬措施、六个必须”“安全生产提升年”“确保二十大期间安全稳定”“强化隐患治理、提升现场管理水平”等工作；公司主要领导率先垂范，强化履职担当，深入基层督导检查；严格落实“党政同责、一岗双责”的要求，逐级签订安全目标责任状，指导建立全员安全生产绩效奖励制度，实行月考核月兑现、精准激励，调动全员安全生产积极性。

加强安全教育培训，开展安全培训“走过场”专项整治，查改问题101项，建成攀钢钒、西昌钢钒安全培训中心；建立督查管理制度，组建督查队伍，开展督查检查200余次，发现并督促整改问题530余项；组建40人专家团队，对攀钢钒、工程公司、鸿舰公司等5家单位开展对口问诊帮扶；严肃考核问责，曝光典型问题86项。

推进重点领域专项整治，以落实15条硬措施为主线、以百日清零行动为重点，全面开展风险隐患整治。做好安全生产三年专项整治行动收官，固化形成6项工作制度，提炼4项管理经验，形成长效机制；开展“百日清零”行动，对照“钢八条”“粉六条”“有限空间四条”等判定标准开展自查和第三方诊断，排查重大隐患116项，完成整改114项，余2项正按计划实施；深刻吸取国内、集团内部典型事故教训，开展自建房、环保设施、非煤矿山、料仓等领域专项排查，查改问题隐患486项。

开展高层民用建筑、关键场所、部位火灾隐患再排查，投入资金180余万元，完成生活公司木棉公寓、合谊地产裙房、攀钢钒能动配电室等火灾隐患的整改销号；强化森林防火隐患排查整治、火源管控，铲割清理防火隔离带约123万平方米；抓好通勤、危化品、矿产品等车辆运行安全及物流安全管控；劳研科技、攀钢钒冷轧厂获得四川省首批健康企业称号，职业健康管理工作总体受控，无疑似职业病人员；以尾矿库、采场、排土场、渣场、高边坡、排洪沟渠、桥梁、深基坑等重点防汛设施为重点，组织开展汛前隐患排查整治，组织62场、1628人参加防洪应急演练，加强督导检查，经受住了考验。

【环保管理】 2022年，攀钢SO_2排放量3282吨；NO_x排放量7417吨；化学需氧量排放量376吨。均完成鞍钢集团及政府考核指标。

攀钢党委常委会、总经理办公会专题学习习近平生态文明思想，以环委会、环保工作例会等形式为载体，研究部署生态环境保护工作；公司领导亲自督导环保问题整改、超低排放改造等重点环境保护工作40余次；逐级压实环境保护责任，做到目标清、责任明。攀钢与攀钢钒、西昌钢钒、股份公司、矿业公司等9家生产单位签订环保目标责任状；清单制管理超低排放、排污许可等44项重点环境保护工作，明确责任单位、责任人。

攀钢搭建起了污染源自动监控数据管理平台，实现了环保数据的线上实时精准管控；同时与国家环保信息化管理平台实现了无缝对接，确保了环保行政“零”处罚。通过环保设备设施与主体设备一体化管控，污染物排放量持续下降，区域环境空气质量明显提升，环保税较去年减少619万元，环保税降幅为14.5%。组织申报环保专项资金项目11项，获得8036万元专项资金。

组织攀钢钒等18家单位完成排污许可延续及变更工作，做到了依法持证、按证排污。严格一般固废（危险废物）全过程管控，确保合规处置率100%。探索内部无害化合规处置冷轧废油等危险废物585吨，减少外委处置费256万元。对建设项目方案、施工、验收开展合规性审查，推动“6万吨/年熔盐氯化法钛白”等33项建设项目逐一开展环评。按照国家入河排污口管理新要求，完善废水排放口管理台账及清单，编制并实施了废水减量化方案，全年废水减排130万吨。2022年攀钢22家单位参评环境信用评价，“环保良好企业”以上企业占比100%。

对重点工作任务、风险管控等方面开展环保督查检查，整改问题30项。马家田尾矿库闭库及生态恢复工作按期完成，并于2022年6月29日通过四川省应急管理厅现场验收，9月29日完成销号；央督信访举报件涉及的34项整改措施，已完成30项，余4项正按计划推进；四川省环保督察问题已全部完成整改销号。

攀钢领导带队多次赴四川省生态环境厅、四川省环境科学院及四川省环境监测总站对接交流工作，解决急难险重问题。同时邀请中钢协、冶金规划院专家现场答疑，讲解评估监测中的重点及难点。

【诉讼管理】 2022 年，攀钢法律事务部指派公司律师共代理各类纠纷案件 13 件，涉案金额 5.67 亿元，避免和挽回经济损失 9260 万元，节约律师代理费 800 余万元。

在重大案件处置方面，江苏渝鑫案，法院认定该企业氮化钒生产方法的技术特征落入攀钢专利的保护范围，构成侵权，承担 2900 万元的赔偿责任，并赔偿攀钢合理开支 63.3 万元、案件受理费 42.5 万元，合计 3005.8 万元，判决已生效并执行回款。该案入选 2021 年四川法院知识产权司法保护十大典型案例。处置积微物联逾期债权纠纷案件，积微物联诉兴东方公司、铁源工贸公司买卖合同纠纷案一审判决兴东方支付 4265 万余元货款及每日万分之五的违约金，铁源工贸按此金额以抵押的房产承担担保责任，双方均已上诉至成都市中级人民法院。平安银行、天府银行诉国贸公司合同纠纷案（涉案金额分别为 4000 余万元、1500 余万元），攀钢均胜诉。公司律师代理了攀钢集团诉四川省荣山煤业有限责任公司合同纠纷案、生活公司诉攀枝花华润燃气有限公司租赁合同纠纷案等多起主动起诉案件。

【法律保障】 2022 年，攀钢持续推进法治工作与公司生产经营和中心工作“两个融合”，以三项制度改革、专业化整合为重点，在三项法律审核全面覆盖的基础上提升法律审核质量，从源头上防控法律风险。

全程为国企改革三年行动方案中的各项改革项目提供法律保障；对公司 24 项重大项目开展 6+X 联审，为红格南矿区矿业公司设立、积微物联风险治理、物流业务整合、股份公司融资等重大项目提供法律支撑；对 45 项控参股企业的股东会、董事会、监事会决议等议案进行法律审查并出具法律意见，将法律支撑贯穿经营活动全过程，保障公司重大决策依法合规。

审核公司各类合同 67 份，参与重大合同的谈判和起草。攀钢总部制定了 7 个合同示范文本，各子企业根据自身业务特点制定了本单位示范文本。通过合同法律审查和示范文本的使用，有效防范了合同法律风险。贯彻落实鞍钢集团法律合规信息系统建设要求，开展合同文本收集、系统对接、系统试运行等工作，为法律合规信息系统正常运行奠定基础。

审查规章制度 27 项，并将规章制度、党内规范性文件的合法合规性审查嵌入制度制定、发布管理流程，确保规章制定及党内规范性文件依法合规。

【合规管理】 2022 年，攀钢完善了合规管理制度体系，搭建了以《合规管理办法》为基础，55 项专业管理制度为保障，重点领域合规管理专项指引为支撑的合规管理制度体系。推进合规管理体系建设向各级子企业延伸，建立完善了“横向到边、纵向到底”的合规管理体系。

攀钢制定《“合规管理强化年”工作方案》，确定了 7 个方面 14 项重点工作任务，18 个工作标的，全面开展攀钢“合规管理强化年”工作。编制了合规风险清单、岗位合规职责清单和流程管控清单“三张清单”，将合规风险管控职责明确到岗，落实到人。2022 年 11 月，鞍钢集团对攀钢合规管理体系建设及运行、“合规管理强化年”工作开展情况进行了检查评价，攀钢被评为鞍钢集团合规管理体系建设 A 级企业。

攀钢开展了合规经营综合治理专项行动，从依法合规经营、会计信息质量、国有产权管理、投资管理、债务风险、金融业务风险、依法纳税七个方面开展自查自纠专项行动。同时，还开展了“招标采购”“废旧资源处置”“建设工程”“安全环保及疫情防控”“商标管理”等领域的专项治理工作。按照鞍钢集团 513 专项工作安排，部署了涉美产品战略储备及国产化替代的应对方案，对涉俄业务采用全款先款后货、陆上运输、人民币结算等方式，防范被制裁风险。

结合攀钢“八五”普法工作计划，制定并实施《攀钢合规文化宣传工作方案》，利用多种媒介做好合规文化宣传教育，积极培育合规标杆典型。通过全员签订《合规承诺书》、新入职大学生合规培训等方式，将合规理念传递给全体员工，提升全员合规素养。

【武装保卫工作】 2022 年，攀钢武装保卫工作认真落实上级部门指示精神，勇于攻坚担当，压实责任，适应新常态，迎接新挑战，未发生影响公司稳定的群体性事件；内部治安秩序总体受控，未发生影响生产的重特大侵财案件；无新增吸毒人员；“防邪”工作实现“三零”目标；民兵训练扎实有效，装备管理安全无事故，达到“四无”目标；人防工程维护和管理到位。

认真落实上级部门维稳工作要求，组织开展全年稳定风险排查，梳理各类风险点17个，一一落实管控措施；对直接关系职工群众切身利益的重大决策事项，规范开展稳定风险评估6次；收集、排查、处置涉稳信息144条；健全四级信息员队伍2048人；调整充实公司110人应急处置队伍，开展应急处突实战演练7次；在北京冬（残）奥会、全国两会、党的二十大等重要节点，全方位开展不稳定因素查找，排查重点涉稳人员（群），按一人一策、一案一策要求包案稳控；对公司物流专业化整合、公车业务整合、人员优化配置等内部改革，制定维稳工作预案，收集掌握职工诉求意愿，及时疏导职工情绪；关注特殊工种政策调整、涉农纠纷、住房产权纠纷、职工意外身亡等突出涉稳问题，加强政企、警企协作，有效保障了生产经营秩序。

内部治安工作坚持一手抓内部治理，梳理物资进出、装卸、仓储、运输等关键环节，堵塞漏洞，健全管理流程；一手抓对外防范，完善物防技防设施，严密巡检守防网络，加大打击整治力度，发挥震慑作用。开展“送法到现场”37次，对施工管理人员、劳务人员宣讲公司相关规定及要求；与劳务人员签订反盗防盗承诺书4004份，与相关方签订《治安保卫协议》226份，进一步压实工程现场治安管理责任。防控硬件设施逐步完善，公司已建成围墙19.2万米、电子围栏及防盗滚网5.4万米，摄像头10303个，红外探头1229个，并建立重点区域视频回放制度。把好物资出门关，全年各单位门岗查验车辆643.8万台次，收验物资出门证72.3万张，上报安全环保不符合项191项次。协调配合公安机关办理刑事案件9起、治安案件5起，追回经济损失136.9万元；对涉及盗窃的内部人员绝不姑息，解除劳动合同4人，清退劳务人员32人，考核责任单位10.7万元。

针对在册涉邪、吸毒人员，积极做好帮教转化工作，加强重要节点的防范和管理，落实包保责任制，督促涉毒人员开展尿检12次。扎实开展反邪教、反毒品宣传教育，坚持以集中宣传和日常宣传相结合，提高职工对邪教和毒品的认识，在“6·26”国际禁毒日，组织开展网络知识竞赛，普及禁毒知识；攀成钢与553名职工签订《禁毒工作承诺书》。

【党群工作】 2022年，攀钢修订完善《攀钢集团有限公司领导人员管理办法》《关于攀钢集团有限公司市场化选聘职业经理人工作的指导意见（试行）》等；新提任40岁以下年轻干部25人，领导班子中40岁左右总人数占比达23.36%；全面推行“两制一契”管理，年度末等调整和不胜任岗位退出135人，占比10.97%；组织30人到大连高级经理学院参加综合素质提升专项培训，推荐44人参加鞍钢“8090”培训，组织45人参加“青马学堂”培训；完成2021年度攀钢直管领导班子和直管领导人员考核评价，评出好班子4个、良好班子13个、一般班子2个，评出优秀干部18人、称职干部108人、基本称职干部3人。2022年，攀钢党委专题研究落实全面从严治党主体责任情况2次、党支部建设工作1次；指导10家直管单位开展换届选举和委员增补工作；向鞍钢集团党委报告了年度党建工作情况，攀钢党委领导班子成员向党委报告了抓党建工作情况；22家直管单位党委（总支）向攀钢党委报告了抓党建工作情况；完成22家直管单位年度党建工作考评，评定为“优秀”的5家，其中4家获得攀钢“优秀班子”称号；制定《2021年度鞍钢党建工作责任制考核评价反馈问题整改方案》。征集“我为群众办实事”实践活动典型案例30篇；征集优秀党课教案105篇、优秀党建创新案例117篇、拍摄优秀党员教育片109部；在《鞍钢日报》“深刻领会和把握新鞍钢内涵”专栏刊发心得体会文章9篇。

2022年，攀钢做强季度新闻报道策划，坚持中心工作推进到哪里，宣传工作就覆盖到哪里。印发《攀钢迎庆党的二十大宣传报道方案》，组织各级党员干部职工收听收看党的二十大开幕会盛况。党的二十大胜利召开后，在报台专栏刊发稿件80篇。与四川电视台、《四川日报》和《中国冶金报》深化战略合作，累计接待主流媒体记者36批111人到攀钢采访。以“讲好新攀钢故事、助推高质量发展”为主题，聚焦攀钢在自主创新、资源综合开发利用、绿色低碳、社会责任等领域的进展、成效，在省级媒体刊播攀钢新闻稿件870

篇。《四川日报》在四川省党代会开幕当天推出《攀钢：擎旗砺剑勇担当 踔厉奋发著新章》专版，对攀钢实现“开门红”进行了浓墨重彩报道；《攀钢：舞好攀西开发龙头 强劲治蜀兴川动能》专版报道攀钢积极践行新发展理念。《中国冶金报》刊发《攀钢为何能建好红格南矿》专版，积极为攀钢争取红格南矿矿权鼓与呼。新华社客户端刊发《攀钢“擀”出全国第一卷 0.1×500 毫米宽幅钛箔材》，阅读量达 54.1 万+。

2022 年，攀钢纪检系统在鞍钢集团纪检系统年度考评中排名第一。对“第一议题”落实不到位的 6 家单位党组织负责人进行集体约谈。对 21 家直管单位党委开展政治监督，发现问题 194 项；开展疫情防控监督 188 次；开展安全专项监督，党纪处分、政纪处罚 19 人；围绕国企经营和改革开展专项监督 437 次。制定《2022 年整治形式主义官僚主义、为基层减负重点工作任务台账》，明确相关措施 38 条；清理整顿微信工作群，由 2271 个减至 149 个；常态化优化修订岗位操作规程 997 个；持续精文减会，2022 年攀钢级文件同比 2020 年下降 29%、会议同比下降 7%。开展节假日警示教育 1035 次，“四风”监督检查 872 次，发送廉洁短信 8115 条、邮件 2976 件，转发鞍钢、攀枝花市纪委通报案例 18 份。严肃查处“靠钢吃钢”、群众身边腐败和作风问题，全年立案 132 件，党纪处分、政纪处罚 129 人，留置攀钢职工 3 人、相关方 3 人，移送公安机关 2 人，收缴、挽回经济损失 5095 万元。召开工程建设领域“清廉工程”专项整治启动会，通报 8 起违纪违法典型案件、审计发现的 7 个典型问题；全过程跟踪矿业公司超细粒级钛铁矿高效回收工程项目；上下联动开展监督检查，发现、整改问题 301 项，立案 39 件，移送留置 2 人，组织处理 59 人，收缴、挽回经济损失 864 万元。印发《关于加强新时代攀钢廉洁文化建设的实施意见》，推进惩治震慑、制度约束、提高觉悟一体发力。组织 20 名纪检干部参加中国纪检监察学院业务培训；开展“案件质量规范年”专题业务培训，213 名纪检干部参训。

2022 年，攀钢“发挥‘国家队’主力军作用，提高攀西钒钛磁铁矿资源综合利用率”成功立项四川省重点劳动竞赛；开展攀钢级劳动竞赛 13 项，全年劳动竞赛指标完成率 92%；开展工会干部、职工代表轮训，共计培训 300 余人次；规范召开四届五次职代会、十一届五次工代会。2022 年，攀钢共评审命名职工先进操作法 11 项，获得全国机冶建材行业职工技术创新成果一、二等奖各 1 项；命名 7 个集团级劳模创新工作室，矿业公司吴丹劳模创新工作室参评四川省十佳；评审 347 项群创成果，推荐上报全国 26 届发明展项目 39 项；四川省“五小”成果 18 项，17 项获优秀成果奖。2022 年，攀钢级技能竞赛共 9 项，全部纳入鞍钢集团“群英赛”项目，其中纳入省一类技能竞赛 2 项，创历年之最；二类技能竞赛 6 项。鞍钢集团共拨付攀钢技能竞赛专项奖励 42 万元。攀钢被评为“中国机冶建材系统产改示范单位”“全国十大行业百家企业产改示范单位”。攀钢级“我为群众办实事”重点民生项目 32 项，其中鞍钢级 11 项全面办结；将住房公积金缴存比例低于 9%的法人企业，统一上调 1%，单位和个人缴存比例同步调整。开展职工诵读比赛，线上展播诵读作品 35 件；参加四川省职工运动会，获得女子气排球亚军、男子气排球第四的历史最好成绩。

2022 年，攀钢党委常委会、中心组学习中央统战工作会议精神等 6 次，专题研究统战工作 2 次，制定《攀钢统一战线工作管理办法（试行）》。鞍钢集团领导与 3 名攀钢党外代表人士结对交友，攀钢 9 名领导班子成员与 12 名党外人士结对交友。组织 50 名党外代表人士集中学习党的十九届六中全会精神、84 名统战干部和统战成员参加学习宣传贯彻党的二十大精神宣讲报告会。新认定无党派人士 32 名。组织党外代表人士集中收看党的二十大开幕会盛况。《新时代新阶段国有企业统战工作研究——兼论攀钢统战工作守正创新对策建议》获四川省统战理论政策研究创新成果二等奖，并被四川省委统战部优秀成果集收录。邹明当选为第十四届全国人大代表，李俊洪、李开华、黄云被推荐为第十三届四川省政协委员，路瑞芳当选为第十四届四川省人大代表。党外代表人士李俊洪形成的《关于推动绿色矿山提质升级的调研报告》被国务院国资委收录。党外代表人士王平提出的《关于加快推动国产液流电池企业与钒钛企业成立钒电池发展联盟的建议》已被农工党中央采纳。

2022 年，攀钢团委书记每月到基层团支部开展主题团日2次，各级团组织开展学习党的二十大精神、学习习近平总书记重要讲话精神、形势任务教育等宣讲会100余场次；发布《攀钢青年与共青团共成长》专题片；举办攀钢青年精神素养提升主题团课，举办攀钢第一期“青马学堂”培训班，召开2022年青年人才座谈会；召开“攀钢庆祝中国共产主义青年团成立100周年暨2021年度共青团系统表彰会”，表彰先进集体、先进个人和优秀立功竞赛项目等荣誉250项；12个集体或个人获得“四川青年五四奖章集体”“四川省五四红旗团支部”“四川省优秀团干部”等省部级及以上荣誉，2人获得“鞍钢青年五四奖章”，2人入选“全国青年岗位能手（标兵）”；复审认定“一星级全国青年文明号”2个。在《中国冶金报》刊稿3篇，“学习强国”刊稿1篇，《中国共青团杂志》刊稿1篇，《鞍钢日报》报道10余篇，《攀钢日报》报道50余篇，“青·攀钢”微信平台推出217期。

2022年，攀钢广泛开展文明创建活动，持续助力攀枝花市创建全国文明城市工作。完成爱国主义教育基地普查和迎检。推荐“四川好人”候选人3名、“攀枝花好人”候选人12名，获评“四川好人”1人、“攀枝花好人”3人，在各类媒体宣传先进典型213人（次）。

·所属单位简介·

攀钢集团攀枝花钢钒有限公司

【基本情况】 2022年底，攀钢集团攀枝花钢钒有限公司（以下简称“攀钢钒公司”）总资产273.24亿元，较上年上升12.84亿元；净资产112.14亿元，较上年下降0.09亿元。在岗职工人数7409人，较上年减少1637人。

【运营管控】 2022年，攀钢钒公司完成铁606万吨、钢566万吨、材480万吨、钒渣25.8万吨、碳化渣10.7万吨；生产效益品种重轨142.8万吨、制品材27.7万吨，同比分别增加11.6万吨、11万吨。实现营业收入282.8亿元，完成经营利润0.7亿元，实现集团公司下达的考核目标。攀钢钒公司全年累计降本6.69亿元，超目标2.3亿元，折合吨钢降本118元。

重轨持续巩固行业领军地位，国内市场占有率42.8%，出口轨规模同比提高51%，产品通过欧盟CE/TSI认证；家电用钢西南市场占有率81%，保持国内一流水平；棒线材攀西区域占比提升至59.4%，金属制品材西南领先；全年调品指数266元/吨，同比增加214元/吨。

【转型升级】 2022年，攀钢钒公司投资12亿元，完成33项固定资产投资项目建设；炼铁厂5/6号焦炉节能环保改造（AB炉）、能动分公司100兆瓦余热余能利用发电工程等重点工程建成投用，开始发挥投资效益；推进超低排放改造项目31个，有组织超低排放率88%；1450热轧升级改造提前4天热负荷试车一次成功。“无人行车”、3D岗位机器人、铁钢快分中心、能源集控系统等11个项目建成投用，减少3D岗位84个、减少操作室68个；完成数字决策系统、轨梁数字化工厂、方坯集控中心等项目方案编制。

【科技创新】 2022年，攀钢钒公司投入研发费用5.47亿元，研发经费投入强度达到2.13%；与研究院合作开展了7个项目阶梯目标合同试点，与铁科院、北科大等科研院校协同开展川藏铁路用钢轨等对外技术合作项目13项；实施高温碳化电炉高效受渣及清渣技术等14个项目“揭榜挂帅”。布局第三代技术体系科研项目57项，创新要点覆盖率89%；高炉渣提钛产业化攻关完成既定目标，碳化渣成本最低降至886元/吨；重轨钢脱氧工艺优化试验降低生产成本30元/吨。多品种多规格制品材、家电彩涂等重点新产品开发量22.42万吨，钢铁独领产品比例达60.68%；新增专利授权77件，其中发明专利28件；“大断面连铸坯生产百米重轨关键技术研究与应用”获四川省科技进步奖一等奖。

【发展规划】 2022年，攀钢钒公司发布实施《科技发展专项规划》《环境保护专项规划》《能源动力发展规划》《二次资源综合利用专项规划》。在新冠疫情持续冲击、中美博弈加剧、俄乌战争等多重因素影响的世界大背景下，完成《攀钢钒公司“十四五”发展规划》滚动修编工作。

【管理变革】 2022年，攀钢钒公司制定下发《2022年攀钢钒公司深化改革工作方案》，3月完成发电厂电煤采购业务整合至物贸公司工作；4

月完成承接向阳片区低压用电专业化管理工作；6月完成二次资源综合利用业务由物流中心移交炼钢厂管理工作；9月完成物流中心业务、资产、人员整合至西部物联工作；12月将公务车业务整合至综合服务中心。根据《2022年攀钢钒公司深化改革工作方案》要求，按照“扁平化、短流程、高效率”原则，通过整合机关部门职能、合并厂矿作业区，以及推行厂管倒班作业区等扁平化管理模式，实施机构整合、管理模式优化；作业区（室）级机构由118个优化至103个，减少15个，优化率13%。开展分级分类授权、放权，激发基层自主管理活力，制定下发《攀钢集团攀枝花钢钒有限公司核心业务审批流程》，规范明晰了公司部室核心业务331项的审批决策流程，实现权责匹配，减少模糊地带。制定下发《攀钢钒公司核心业务授权体系》，聚焦需要重点管控的财务预算、人力资源等151项核心业务事项，对子（分）公司、各单位进行了分类授权、放权，形成能够承接集团授权，又能够“层层松绑”的分级分类授权管控体系。

将物流中心有关业务、资产和人员平稳移交至西部物联，助力攀钢打造物流业务集中统一管控平台；在炼铁厂设立焦化分厂并构建“授权+同利”机制，提升专业化管理水平。推行“扁平化”管理，压缩管理层级，热轧板厂等多个单位实现厂管倒班作业区。公开竞聘选拔一、二级经理及以上管理人员78名，管理人员竞争上岗占比75.5%，管理岗位占比压减至5.93%。优化在岗职工1637人，劳动生产率同比提升20.8%。推出“揭榜挂帅、业务承包、计件工资制”等激励措施，真正体现价值创造、多劳多得，职工浮动工资差异化系数达到1.30。

2022年，攀钢钒公司统筹推进“精益六西格玛、五制配套、最优工厂（产线）”三大平台建设，以5S、SOP、课题项目为抓手，打造精益班组、A级示范作业区、最优工厂（产线），创建鞍钢集团“三个标杆”；全年制（修）订规章制度50个，累计打造5S示范点870个；通过精益班组一星认证30个；实施黑带项目25个，绿带项目37个，通过中质协注册黑带4人，2个六西格玛项目获中质协发表赛奖励；开展10个A级示范作业区创建工作；轨梁厂、成都板材电器用热镀铝锌生产线分别通过“最优工厂”“最优产线”复审。完成“合规管理强化年”专项行动14项重点任务，整改审计问题35项，处理法律纠纷案件30个。设备故障时间同比下降41.32%。深化点检定修制，优化16条主要产线和机组定修模型，年节约检修用时1152工日，量化点检率较年初提升6.5%。在攀钢集团内部首推“标准+α”费用管控模式，压降设备修理费50元/吨。从严从实抓风险防控，全面贯彻落实新《安全生产法》，扎实开展安全隐患排查整治，以“两个现场”为重点狠反违章，全面打赢安全生产专项整治三年行动收官战；深入践行绿色发展战略，已完成炼铁厂1号、2号焦炉脱硫脱硝改造等14个超低排放项目，巴关河渣场边坡生态复绿成效初显，实现环保本质化水平再提升。

【强化生产经营主体责任】 2022年，攀钢钒公司完善年度绩效考核办法、专业考核实施细则、契约化经营业绩责任书、专项奖励实施办法和各二级单位绩效考核办法等制度体系。实施管理人员“两制一契”管理，48名经理层成员全部签订经营业绩责任书，实行契约化管理，11名党群领导签订年度目标责任书，参照契约化管理。企业职工工资总额与公司利润和单位核心指标、关键控制指标挂钩，由预算基数、公司利润、单位绩效指标完成情况、专项奖励等综合确定。公司利润总额超额完成预算目标，企业职工工资总额按一定比例核增；公司未完成利润总额预算目标，按一定比例核减。管理人员工资总额核定方式与企业职工一致，同时加大对管理人员的考核与奖励力度。经营者按一定比例预支月度工资，结合公司利润、本单位及经营者个人绩效指标完成情况清算年度总额。

【推进数字化智能化转型】 2022年，攀钢钒公司建立例会制度，实施智能制造项目12个，完成8个，优化人力资源374人。铁钢样快分系统于2022年9月整体投用，能源集控系统12月投入使用，热轧供冷轧原料库、冷轧轧后库实施了6台“无人行车”吊车改造，冷轧厂投用5台（套）打捆/拆捆机器人，智造协同执行系统完成程序开发。通过检修、技改实施操作室集控，开展产线升级、智能装备应用，全年减少3D岗位84个，减少操作室68个，建成四化产线5条。推动攀钢钒岗位绩效考核信息系统建设，实现岗位绩效和资金的自动计算，推动绩效考核的透明化、高效化。完成了数字决策系统、轨梁数字化工厂、制造与技术部冷板自动制样、方坯集控中心、管控中心大厅改造、聚钛科技 MES 系统等项目方案编制。实施终端准入系统建设，实现办公终端网络实时监控。加强网络边界防护，对信息系统实施强密码策略，有效保障了党的二十大期间网络安全风险可控。

【打造最优工厂(产线)】 2022 年，攀钢钒公司运用 5D“对标法”，与朝阳钢铁、西昌钢钒、鞍钢股份炼钢总厂等单位开展实地对标。公司确定 72 项对标提升指标，其中，攀钢级指标 3 项、公司级指标 29 项、部门级指标 17 项、厂级指标 23 项。全年 72 项对标提升指标完成 60 项。将精益六西格玛管理工具和最优工厂“4+3”指标体系相结合，同时发挥专项督导作用，对炼铁厂、轨梁厂等 7 家单位开展专项督导 10 次，推动打造最优工厂取得实效。开展“最优工厂”复审，轨梁厂以 95.98 分综合成绩通过复评验收，成都板材以 95.9 分综合成绩通过复评验收。制定《炼铁厂创建管理提升“标杆项目”工作方案》《轨梁厂创建管理提升“标杆企业”工作方案》，炼铁厂通过推进 MES 系统等智能制造、导入精益管理、开展全要素对标等工作，提升了环境形象、生产能力和管理效率；轨梁厂通过学习新日铁、奥钢联等国际先进企业在钢轨新产品开发、新技术应用方面的经验，建立“一专多能”等员工内部良性流动机制，实现了人岗匹配，搭建了“自适应”平台。

【制度建设】 2022 年，攀钢钒公司制定《攀钢钒公司规章制度制（修）订计划》，全年完成制（修）订规章制度 50 项，规章制度法律审核率 100%。修订《公司质量、职业健康安全、环境、能源管理手册》。通过管理评审、内部和外部审核，对公司质量、职业健康安全、环境、能源、测量管理综合管理体系运行情况进行了全面诊断、评价和总结，顺利通过质量、职业健康安全、环境、能源、测量管理体系年度监督审核，保持认证资质。

【创建 A 级示范作业区，推进五制配套管理】 2022 年，攀钢钒公司深入推进“创 A”工作。确定炼铁厂化产作业区、提钒炼钢厂冶炼作业区等 10 个重点“创 A”作业区。各单位制定推进方案和推进甘特图，提钒炼钢厂冶炼作业区、制造与技术部物检作业区等 6 个作业区开展“创 A”工作现场对标，热轧板厂轧钢作业区、能动分公司发电及自控作业区等 5 个作业区开展“创 A”工作内部学习研讨；践行“工序服从、横向联系、权利委让、自我了断”的核心理念，不断优化跨厂协作内容与机制；组织热轧板厂轧钢、炼钢厂方坯等 11 个作业区建立 7 对跨厂协作作业区；选定 14 名作业长开展挂职锻炼；组织炼铁厂与矿业公司选矿分公司、炼钢厂与股份公司攀枝花钒制品分公司建立工序协作机制，促进厂际工序间交流。

【推广应用精益工具，打造卓越现场】 2022 年，攀钢钒公司全面开展精益 5S，基层 10 家单位共打造精益 5S 区域 870 个；全面开展 SOP，10 家单位共梳理 SOP2810 份，编写 2281 份；轨梁、金属制品、冷轧、成都板材、能动 5 家单位开展 TPM，共进行设备初期清扫 550 台；轨梁、热轧、冷轧、成都板材、能动 5 家单位开展精益五星班组建设，共有 74 个班组参加，其中 30 个班组通过一星认证。结合生产经营任务，重点围绕降本增效、改善产品质量开展 25 个黑带项目，22 个达成项目目标，11 个超过标杆水平。各单位自主实施绿带项目 37 个。制定 2022—2024 黑带 3 年培养规划和精益现场内训师培养计划，确定 156 名精益内训师培养计划。对 18 名精益现场内训师进行认证，通过 12 人。组织 28 人参加攀钢集团黄带认证考试，通过 21 人。组织 5 人参加中质协注册黑带认证，通过 4 人。

【坚持效益导向】 2022 年，攀钢钒公司持续跟踪渣钢渣铁、冷轧废次材价格模型，根据市场变动按季度进行资源价格调整。扎实开展化产、废旧资源销售等“清风+”专项治理工作。搭建冷轧废次材市场化定价模型，解决了历年来的“问题点”。坚持废钢不出厂原则，打通废钢入高炉工艺瓶颈，完成高品位铸余渣回用第一批次工艺试验评估。以上措施为公司创造效益 2500 余万元。

【深化成本变革】 2022 年，攀钢钒公司制定《攀钢钒公司 2022—2025 年降本增效工作方案》，通过“包保责任、价值链延伸、闭环管理”三个体系支撑，实现量化降本 6.69 亿元，折合吨钢降本 118 元，完成全年降本计划目标的 152%。持续创新成本费用管控模式，将利润及成本在绩效体系中的占比提升至 55%；优化配煤配矿降本考评方式；成本费用偏差率纳入专项考核；对量化降本、政策创效设置专项奖励；建立全环节费用定额管控，专项费用较上年削减 0.18 亿元。搭好对标平台，构建季度、月度及专项对标模式，定期编制《攀钢钒与大中型钢铁企业指标对标快报》《攀西对标详单》《攀钢钒对标工作简报》，根据行业对标、鞍攀对标及历史对标差距，深入剖析原因，制定提升措施，挖掘对标深度，实现持续改进。与鞍山钢铁对标设备修理费后，进一步优化定修模型，推行“标准+α”费用管控模式，吨钢设备修理费（含备件）降低至 140 元。坚持向朝阳钢铁学“市场化经营建模”，推进完善炼铁实验平台管理和应用，钒钛矿冶炼生铁成本保持区域领先，1—11 月生铁成本排名行业第八、西南区域第一。与西昌钢钒对标，持续提升铁水直兑率、废钢单耗等指标，全年钢铁料消耗较上年降低 2.78 千克/吨，废钢消耗同比提高 27.8 千克/吨。与鞍钢化学科技对标，进一步推进化产专业化管理，化产收率及价格改善明显，化产销售较上年增收 3.79 亿元。全年各单位提出建议 6309 条，采纳 4646 条，奖励 4736 人次合计 52.5 万元。

【设备基础管理】 2022 年，攀钢钒公司主要生产设备可开动率 97.84%，事故故障时间 937.81 小时，同比去年下降 660.37 小时，降幅 41.32%；事故次数 36 次，同比去年下降 47 次，降幅 56.63%。完成费用化项目 40866 万元、生维备件消耗 38111 万元，设备吨钢维修费 139.51 元，全面完成公司设备修理费用下降 50 元/吨的目标。全年未发生设备运行、安全、环保等重大事故，设备本质化、安全、智能制造水平进一步提升。完成《特种设备管理办法》《设备备件管理办法》《固定资产管理办法》等制度修订。开展技改与运行综合监管周检查制度，共计下发通报 36 期，对技改工程、检维修项目及设备管理涉及的安全环保、工期、达产达效、质量、管理等多环节进行日常性检查督导，切实做到问题早发现早纠偏。对冶炼高炉、转炉、连铸系统及轧钢效益产线的设备运行检修情况严格落实日跟踪制度，围绕典型故障、定修超时、重点项目关键节点滞后等实施预警。按照四不放过原则，全年分析并下发事故通报 8 起，抽查现场整改验证 16 次。优化四大标准共计 25448 项，提升量值点检率至 48.17%，实现量化点检不小于 30%的目标。加快推进智能点检，扩展设备状态监测平台监测范围，在线监测点位由 52 个点扩展至 149 台设备、2246 个点，减轻了点检工作负荷。持续优化完善 DEM 系统功能，升级完善 6 项管理功能，实现线上业务信息传递，完善统计查询功能。配合集团采购系统迭代升级，规范编码与定额管理，完成备件编码审核 13325 项，新增工位 30359 个。围绕设备状态把控要求，推进设备在线监测系统完善，全年共计新增接入 1839 个在线监测点位，完成在线监测点位 4182 个。

【推进备件经济保供】 2022 年，攀钢钒公司累计签订新品合同（含生产工具）110829 万元，可比合同 68064 万元，可比降本 2459 万元，降幅为 3.61%；推进功能承包项目降价谈判，完成功能承包降价项目 37 项，累计降本 159 万元，综合降幅为 4.85%；推进备件修复降本，全年累计降本 7793 万元，其中可比降本 113 万元；新增修复品种、扩大修复范围、减少新品采购累计降本 7680 万元；推进备件“三化”及“三新”项目 139 项，创效 328 万元。同时，通过行业对标、技术交流等方式确定了待实施项目 358 项，全面做好创效储备。

【政策创效】 2022 年，积极争取国家、省、市对节能减排、技术创新、资源节约和环境保护等重大投资项目的创效支持。能源集控中心建设项目、高温碳化工程项目等 6 个项目共计获批专项资金 6149 万元，2022 年共计到账 3054 万元，缓解了投资支付压力。

【重点技经指标优化】 2022 年，攀钢钒公司共确立 15 项公司级重大科研项目，其中核心技经指标提升类项目（6 项）超过 1/3，较 2021 年增长 1 倍（2021 年仅为 3 项）。围绕全工序重点技经指标提升，制定了公司 2022 年重点技经指标对标优化工作推进方案，建立了重点技经指标对标优化工作推进机制，确立了 48 项重点技经指标，明确了各单位职责分工及工作措施，并按月在生产经营分析会汇报，按季组织专题会推进。按照集团公司《2022 年引用先进技术加强工艺升级提质增效工作推进方案》要求，全面梳理两级公司项目实施清单，明确目标、任务、责任人及时间节点，采用技术改进、科研对外合作和自主研发等方式，引用并实施先进技术 66 项。

重点技经指标表

<table>
<tr><th>序号</th><th colspan="2">技经指标</th><th>单位</th><th>2021 年指标</th><th>2022 年指标</th></tr>
<tr><td>1</td><td colspan="2">烧结总返矿率</td><td>%</td><td>37.46</td><td>37.14</td></tr>
<tr><td>2</td><td colspan="2">全流程钢铁料消耗</td><td>千克/吨</td><td>1107</td><td>1104.22</td></tr>
<tr><td>3</td><td colspan="2">炼钢全流程废钢消耗</td><td>千克/吨</td><td>42.3</td><td>65.85</td></tr>
<tr><td rowspan="5">4</td><td colspan="2">钢材综合成材率</td><td>%</td><td>93.2</td><td>93.38</td></tr>
<tr><td rowspan="4">其中</td><td>热轧综合成材率</td><td>%</td><td>97.83</td><td>97.87</td></tr>
<tr><td>冷轧综合成材率</td><td>%</td><td>93.92</td><td>94.1</td></tr>
<tr><td>成都板材成材率</td><td>%</td><td>93.39</td><td>93.43</td></tr>
<tr><td>棒线材成材率</td><td>%</td><td>96.76</td><td>98.9</td></tr>
</table>

【关键工艺技术取得新进展】 2022 年，攀钢钒公司优化高钛型高炉渣高温碳化冶炼工艺，细化入炉、加料、出渣等操作制度，建立电炉冶炼工艺控制模型，开展稳定炉前渣碳化钛含量、成品渣粒度分级等试验，碳化渣成本持续降低、质量显著提升，碳化渣攻关口径成本同比降低 132.02 元/吨，碳化渣 TiC 含量同比增长近一倍。初步建立炼焦用煤可溯源性判定方法，提出现行煤种条件下的优化配煤方案，形成了“一正、二均、三净、四通、五完好”焦炉操作制度，7 米焦炉实现了达产达效，焦炭 CSR 平均达到 64.7%，最高达 67.3%，AB 炉结焦时间达 22.50 小时。通过开展降低炼钢转炉出钢温度试验研究，制定降低转炉出钢温度技术方案，转炉出钢温度平均降低 11 摄氏度，为低成本炼钢及改善钢水质量提供了有力支撑。通过脱氧、夹杂物变性、中间包冶金、均质性控制等系列研究，重轨钢 A 类夹杂物不大于 2.0 级，同比提高 14.73%，U75V 碳偏析度极大值同比降低 0.08。通过开展化学成分、冶炼工艺、加热及热处理工艺优化研究，工业验证试验钢轨踏面下 23 毫米位置 HB 硬度不小于 380 且无马氏体异常组织，打通了深硬化层钢轨全流程生产工艺，初步具备小批量生产能力。开展了特殊冷却模式下控冷控轧工艺技术研究，确保技改过渡期 204 万吨热轧卷顺利生产，性能合格率达 99.7%。

【新产品开发成效显著】 2022 年，攀钢钒公司供川藏铁路钢轨按照国家项目进度要求完成工业试验及母材型检与焊接型检钢轨送样。PG5 过共析钢轨推广量达 2.3 万吨，产品力学性能、规格尺寸及表面质量等均满足技术条件要求，合格率 96.17%；通过不同焊接及热处理工艺研究，钢轨在 VALE 等用户焊后组织性能满足技术要求，初步形成了出口 PG5 钢轨焊接工艺规范。通过精炼工艺优化、氢含量控制及表面质量控制等系列研究，开发出 LH、HH 等出口美标轨，试制量 1.4 万吨，合格率分别达到 97.92% 和 97.05%，具备稳定生产能力。打通 54E1T1、60E1TA1 等出口道岔轨全流程生产工艺，产品廓形、规格尺寸及力学性能等控制稳定，具备批量生产能力。通过开展轧制工艺稳定性研究，完成 4.3 万吨出口墨西哥 IS115RE 钢轨批量供货，产品质量进一步稳定，合格率及成材率同比去年分别提高 2.03% 和 2.58%。高品质制品材推广量达 9.76 万吨，较 2021 年增加 4.7 万吨；开发出 ϕ5.5 毫米小规格盘条、胎圈钢丝用 77A 盘条、V 合金化 70 号盘条、ER70S-6 及 H08MnA 焊接用盘条等 7 个新产品，实现在贵绳等用户成功应用。锌铝镁新型镀层产品工艺及质量控制进一步稳定，累计推广 3.40 万吨，表面合格率达 94.44%，实现对 TCL、海尔等稳定供货。

攀钢集团钒钛资源股份有限公司

【基本情况】 攀钢集团钒钛资源股份有限公司（以下简称“股份公司”）作为国家级资源类开发试验区——攀西战略资源创新开发试验区内的核心企业，坚持依靠科技创新驱动，探索出独具特色的多金属共生的钒钛磁铁矿资源综合利用道路，形成了钒氮合金生产技术等一批国际领先、拥有自主知识产权的专有技术，其中钒氮合金生产技术获国家技术发明奖。

股份公司拥有以五氧化二钒、高钒铁、钒氮合金、钒铝合金为代表的钒系列产品，以钛白粉、钛渣等为代表的钛系列产品，具备年经营钛精矿150万吨和年产钒制品（以 V_2O_5 计）4.3万吨、钛白粉23.5万吨的综合生产能力，是世界主要的钒制品供应商，中国主要的钛原料供应商，中国重要的钛渣生产企业，中国重要的硫酸法、氯化法钛白粉生产企业。公司产品广泛应用于钢铁工业、电子工业、有色金属及涂料油墨等领域，畅销国内外市场。

【股东大会】 2022年，股份公司共召开3次股东大会，共审议并通过议案25项。

2022年4月28日，公司以现场投票和网络投票相结合的方式召开2021年度股东大会。会议审议并通过了《2021年度董事会工作报告》《2021年度监事会工作报告》《2021年度财务决算报告》《2022年度财务预算报告》《2021年度利润分配预案》《2021年年度报告和年度报告摘要》《2022年度投资计划（草案）》《关于续聘信永中和会计师事务所（特殊普通合伙）的议案》《关于补选第八届董事会非独立董事的议案》《关于变更注册资本及修订公司章程的议案》《关于补选第八届监事会股东代表监事的议案》。

2022年7月28日，公司以现场投票及网络投票相结合的方式召开2022年第一次临时股东大会。会议审议并通过了《关于回购并注销离职人员已获授但尚未解锁的限制性股票的议案》《关于变更注册资本及修订公司章程的议案》《关于选举第九届董事会非独立董事的议案》《关于选举第九届董事会独立董事的议案》《关于选举第九届监事会股东代表监事的议案》。

2022年9月23日，公司以现场投票及网络投票相结合的方式召开了2022年第二次临时股东大会。会议审议并通过了《关于公司符合非公开发行股票条件的议案》《关于公司非公开发行股票方案的议案》《关于公司非公开发行股票预案的议案》《关于公司非公开发行股票募集资金使用可行性分析报告的议案》《关于公司非公开发行股票摊薄即期回报情况和填补措施及相关主体承诺事项的议案》《关于公司与鞍钢集团有限公司签订附条件生效的股份认购协议暨关联交易的议案》《关于无需编制前次募集资金使用情况报告的说明的议案》《关于公司未来三年（2022—2024年）股东回报规划的议案》《关于提请股东大会授权董事会及其授权人士全权办理本次非公开发行股票相关事宜的议案》。

【董事会】 2022年，股份公司共召开董事会10次，审议并通过议案60项。

【信息披露】 2022年，股份公司通过深交所信息平台累计发布正式公告共计148项，主要包括季报、年报等定期报告及股东大会、董事会、监事会决议公告和其他重大事项的公告。

【生产经营】 2022年，股份公司钒产品产量（折合 V_2O_5）完成46900吨，同比增加3574吨，创历史新高。氧化钒收率进一步提升，其中，攀枝花钒制品分公司氧化钒收率年累计达到83.14%，年内最高达到83.71%；西昌钒制品科技有限公司氧化钒收率年累计达到82.94%，年内最高达到83.46%，均创历史新高。生产钛白粉24.64万吨，同比增产1998吨，超计划5497吨，创历史最好水平；生产钛渣18.72万吨，同比减产2.52万吨，主要是受钛白行业渣改矿、市场需求大幅萎缩影响。持续开展对标找差，优化生产工艺和科技攻关，钛业务设19项重点技经指标，14项完成目标，完成率73.7%，同比进步15项，进步率为78.9%；东方钛业和重庆钛业二氧化钛收率分别较目标提高0.31个百分点和0.68个百分点，均创历史最好水平。

【参股情况】 2022年1月26日，股份公司参股的四川金雅汇科技有限公司注册成立，注册资本3000万元，其中攀钢集团攀枝花钢铁研究院有限公司持股63.42%，股份公司持股20%，攀枝花金雅智创企业管理合伙企业（有限合伙）持股16.58%。该公司主营纳米二氧化钛产销。

【设立公司】 为拓展钒在非钢领域应用，股份公司与大连融科储能集团股份有限公司共同出资设立四川钒融储能科技有限公司（以下简称“钒融科技”），发展钒电解液，先期建设2000立方米/年钒电解液生产线，待条件成熟时建设更大规模的钒电解液生产线。2022年10月10日，钒融科技注册成立，注册资本3161万元，注册地址为攀枝花市钒钛高新技术产业开发区，股份公司持股51%，大连融科持股49%。

【非公开发行股票】 为充分发挥资本市场融资功能，推动公司钒钛产业转型升级，2022年8月5日，股份公司启动非公开发行股票工作，募集资金22.8亿元发展氯化钛白、钒电解液等7个项目。9月完成了董事会、股东大会、鞍钢集团审批流程，并按规定履行了披露程序，10 月上报证监会审批，截至 12 月底，尚未取得证监会批复。

【签订战略合作协议】 2022 年 10 月 25 日，股份公司与国家电投集团西南能源研究院有限公司、大连融科储能集团股份有限公司在四川省成都市签订了《战略合作协议书》，各方就共同加强全钒液流储能产业前沿关键技术应用，推动全钒液流电池储能应用的推广和商业模式创新，实现全钒液流电池储能技术创新发展的目标，达成战略合作意向。

【评选活动】 2022 年，股份公司积极参与主流证券媒体组织的价值评选活动，2022 年获由《证券时报》主办的第 13 届中国上市公司投资者关系"天马奖"评选活动"主板最佳董事会奖"。

【设备运行维护】 2022 年，股份公司先后发布了《设备维修工程管理办法》《特种设管理办法》《固定资产管理办法》3 项设备管理制度。结合日常设备检查工作，将各二级单位设备系统对公司制度承接情况纳入检查范围，抽查各单位主要管理人员对制度的熟悉情况和制度符合性和执行情况，努力营造"学制度、用制度"的管理氛围，进一步规范设备管理工作。

2022 年，修订下发公司主要设备定修模型，冶炼厂冶炼炉的定修周期由 30 天优化至 90 天，全年下达定修计划 184 项，完成 181 项，兑现率 98.36%。

【检维修项目管理】 2022 年，股份公司在严格费用管控的基础上，持续加大设备改造，先后实施了 261 项本质化提升、安全环保项目，全年投入费用 12803.75 万元，占比 94.28%，进一步提升现场设备的装备水平。同时，通过项目评审、合同统谈分签、降价谈判、工程量抽查等方式，从项目立项、合同签订、实施管理、费用结算等方面实施全流程监督管理，进一步规范了维修费用的使用管理和费用压降工作，全年修理费用实际发生 16117 万元，较年初 19899 万元指标压降 3782 万元，降幅约 19%。

【备件管理】 2022 年，根据集团公司《关于开展备品备件专项治理的工作方案》要求，股份公司编制了专项治理工作方案，3—9 月进行了自检自查并接受了集团公司检查组的专项检查，根据检查情况制定了整改措施并全部在时限为整改完成。同时针对集团公司检查发现的 13 项问题逐一进行了分析，对 71 人次实施经济考核 10950 元。配合物贸公司备件新编码的上线使用工作，共计修订专用备件编码 2400 余条，实现了"一物一码""一码一物"管理，进一步提高了备件编码的分类准确性和适用性。完成 31 项进口备件国产化工作，降本约 144.61 万元。

【设备技术管理】 2022 年，股份公司针对设备存在工艺介质腐蚀性强、磨损快、温度高等特点，依托点检工作，从设备结构形式改进、材质升级、长寿化攻关、工艺优化等方面采取措施，先后实施了西钒厂 APV 输送系统优化改造、冶炼厂干矿入仓输送方式优化、氯化钛白厂炉间阀材质改进、氯化钛白液下泵改造等技术升级改造项目。有效提高了设备的长周期稳定运行，减少现场物料抛洒。

【固定资产投资】 2022 年，股份公司下达固定资产投资计划 33572 万元，完成投资 33026.47 万元，完成率 98.38%。零固购置计划 30 项，计划投资 855.24 万元，已完成 851.71 万元，完成率 99.59%。在建工程 18 项，已完工 12 项。公司 2022 年计划开展前期工作项目 23 项，其中集团公司计划 7 项，已完成立项批复 4 项，完成论证待立项 2 项；公司已完成前期论证 7 项。通过邀请内外部专家、现场交流结合、对标等多种方式不断优化项目工艺设备配置和投资，2022 年公司立项实施 4 个项目，立项申报总金额 16849 万元，实际批准立项总金额 12385 万元，优化项目投资 4464 万元，费用审减率 26.49%。2022 年度固定资产投资项目集团公司后评价 2 项、公司自我评价计划 7 项，均按计划完成，完成率 100%。2022 年共争取政府专项资金 5287.11 万元，已到位资金 3969 万元，其中 6 万吨熔盐氯化钛白项目取得中央预算内攀西试验区战略资源综合利用专项资金 3969 万元；钛渣电炉技术升级改造与煤气回收利用项目取得 2022 年循环化改造省级预算专项资金 295.11 万元；攀枝花钒厂五氧化二钒提质升级改造项目取得省级 2022 年攀西战略资源创新开发专项资金 1023 万元。

【风险管理】 2022 年，股份公司辨识评估重大重要风险，印发年度全面风险管理报告，建立重大重要风险管控台账，清单制管控风险，实行季度"责任覆盖、动态跟踪、超前预警、有效防控、整改提升、考核追责"风险管理运行机制。坚持合规管理、风险内控与审计监督的常态化协作，推动落实三道防线和三个责任。坚持以查促改，围绕业务风险较高的业务及环节，实施内控检查专项工作，印发综合检查通报和整改通报。坚持开展制度“立改废释”，从源头管控风险，深入查找各职能领域有效制度与流程中存在的问题，实施制度“找茬”工作，进一步提升制度系统性、全面性和权威性。

【技术开发】 2022 年，股份公司投入研发费用 7.91 亿元，占营业收入的 6.02%，实现科技降本创效 3.5 亿元。新增授权专利 63 件，获得省部级科技成果奖 3 项、两级集团科技成果奖 7 项；与攀研院、北京钢铁研究总院、中科院等单位签订外协合同 89 项，组织公司级对外技术交流 105 次，创新能力持续提升。突破酸性溶液抑磷技术，技术成果转化后产品合格率 100%，彻底解决高磷钒渣无法生产钒铁的难题；低温氯化产线液下泵、炉间阀等关键装备长寿化不断进步，运行周期分别由 2021 年的 8 天、9 天提升至 70 天、180 天，氯化炉工艺控制水平不断提高，氯化率较 2021 年提升 2.38 个百分点。钙法工艺氧化钒收率提升至 82.94%，较 2021 年提高 0.77 个百分点，中钒铁收率提高至 96.53%，较 2021 年提高 0.15 个百分点；重庆钛业二氧化钛收率提高至 88.18%，较 2021 年提升 1.48 个百分点。推广特殊用途钒铝合金 185.5 吨，较 2021 年增加 130%；推广钒精细化工产品 502 吨，较 2021 年增加 114%；R-249、CR-340 钛白粉实现转产，分别推广 11674 吨、2804 吨，较 2021 年分别提高 273%、134%；五钒应用技术推广协同创新有序推进。2022 年，股份公司、河钢承钢、四川德胜、承德建龙、川威成渝钒钛等五家钒生产企业继续与钢铁研究总院签订《钒应用技术研发与推广》合同，其中股份公司出资 1000 万元用于钒应用技术研发及推广，对稳定钒市场消费量及销售价格起到了积极促进作用。

攀钢集团西昌钢钒有限公司

【生产经营】 2022 年，攀钢集团西昌钢钒有限公司（以下简称“西昌钢钒公司”）铁、钢、材、钒渣产量分别完成 441.4 万吨、425.5 万吨、410.7 万吨和 23.1 万吨，主要产品产量均超过上年同期；系统量化降本完成 4.57 亿元，折合吨钢 107 元，完成率 138%，全员、全时、全要素、全过程降本增效取得显著成效；实现政策创效 3.46 亿元，超目标 1.66 亿元；实现州、市两级财政拨付新钢业转型升级项目资金 4.06 亿元，超目标 0.56 亿元；现金流实得大于应得 5.8 亿元，守住了现金流为正的红线。

【改革创新】 2022 年，西昌钢钒公司共实施 18 项重点改革措施，全面完成攀钢下达的重点改革指标。实施专业化整合，积极稳妥推进废次材加工、物流业务、公务用车、耐材业务等内外部业务整合。在炼铁厂实施分厂制改革，在炼钢、板材、检测计量中心推行厂直管倒班作业区改革；实施管干分离，撤销运行保障中心，设置检测计量中心，增强对钢铁主业保障能力。公司主业在岗职工由 2020 年初的 3441 人减至 2549 人，主业劳动生产率较 2020 年初提升 42.38%。

【管理体系运行】 2022 年，西昌钢钒公司组织开展质量（含 IATF16949）、职业健康安全、环境、测量、能源、两化融合和实验室等七个管理体系内部审核；各专业管理部门均形成了内部审核报告，并对不符合和问题（建议）按要求进行了整改验证；通过管理体系第三方审核（其中，质量、环境、能源、职业健康安全和两化融合管理体系通过监督审核，测量和实验室管理体系通过换证审核）；与中启计量体系认证中心四川分中心签订了《测量管理体系审核委托服务合同》及《测量管理体系审核委托服务合同变更合同》。持续推进管理制度“立改废释”工作，2022 年新增《对外捐赠管理办法》等管理制度 10 个，修订《落实“三重一大”决策制度实施办法》等管理制度 31 个，废除管理制度 4 个，管理制度不断完善。

【设备管理】 2022 年，西昌钢钒公司设备系统按照“专功能、保精度、控风险”的总体要求，秉承“通道线就是生命线”的理念，持续推进“状态维修”。一是强化事故故障管理。强化设备事故/故障管理，全面推进设备事故故障“5Why1H”分析法，较 2021 年同期减少设备修理次数 16 次，同比 2021 年故障时间月度平均降幅为 1.49 小时。二是全面推进机台周期“零故障”。持续推进机台周期“零故障”建设，全年实现主要生产设备共

54 台（套）实现周期内零故障。三是提升五大标准有效性。持续按照简单、有效、优化、合并、可执行等原则修订五大标准共 10291 条，较 2021 年末降幅 11.5%，力争 2022 年底实现降幅 15%，“两张皮”现象得到改善。四是强化设备在线监测管理，24 小时在线状态数据采集，实现设备状态“三千点受控”，被检测设备实现由“人找故障”向“故障找人”转变。五是通过装备全系统、专业化、内外培等多形式多方法，对相关管理人员和点检人员进行了理论知识和分析技术方面的培训，提升各层级人员技术技能、信息化数据分析相关能力。在 2022 年荣获中国设备管理协会颁发的“全国设备管理优秀单位”；“智能装备技术在酸轧机组中的创新实践”“360 吨冶金吊车综合检修效率提升工装设计与应用”2 项成果分获第五届全国设备管理与技术创新成果一等奖、二等奖。

【智能制造及信息化管理】 2022 年，西昌钢钒公司与星云智联共同开发了设备状态数据实时平台，共汇集了现场设备状态数据 16155 个，实现了 1780 个现场设备的在线监控；实现了现场设备“万点受控”。配合完成了集团公司采购系统迭代升级，优化了 IEMP 与采购系统间的数据交互功能，打通物料管理环节中的催货、零库存要货、质量异议、中标结果确认等业务线上审核流程，提升了公司“无纸化”办公水平。引入成熟技术替代 3D 场景点检。引入红外线成像技术，对炼铁厂高炉风口、热风炉主管道及支管道进行监测，通过红外成像摄像机 24 小时不间断监控，提前预知设备劣化、报警。通过对 IEMP 的项目管理、工单管理、物料管理、合同管理等功能模块进行完善，使系统更加贴近于现场实际工作；对系统速度慢的现象进行了系统设置、整治，提升了人机界面的操作速度，提高了系统使用体验感。

【科技创新】 2022 年，西昌钢钒公司围绕产品高质量发展主线，开展用户识别、产品设计、产品质量管理、用户技术服务等工作，通过提升质量管理体系、测量管理体系运行的符合性以保障产品质量，通过科技攻关不断优化生产工艺和提升产品质量水平。2022 年实现科技创效 5 亿元，取得受理专利 87 件，获授权专利 79 件，其中发明专利 38 件；获得四川省科技进步奖二等奖 1 项，获得政府支持资金 442 万元。狠抓生产经营中的痛点、难点，以重大技术问题为主攻方向，成立科技攻关队，深入开展专项技术攻关。

【品牌质量】 2022 年，西昌钢钒公司坚持以市场为导向，通过强化过程质量控制，着力提升工艺保障能力和产品实物质量水平，顾客满意度、产品质量异议率、降级改判率分别实现 89.57%、1‰、0.95%。全年汽车用钢推广量完成 145.13 万吨，酸洗板推广量 26.21 万吨。同时，国内高端汽车主机厂用户认证取得新突破，完成吉利汽车、东风小康、长城汽车、长安汽车、五菱工业等主机厂多个车型零件的认证发包。2022 年，西昌钢钒公司申报的 5 个产品中有 4 个被中国钢铁工业协会认定为“金杯优质产品”，同时申报并获得“凉山州州长质量奖”。

攀钢集团江油长城特殊钢有限公司

【生产经营】 2022 年，攀钢集团江油长城特殊钢有限公司（以下简称“攀长特”）自产钢 26.4 万吨，同比减少 6%；自炼钢成材 18.8 万吨，同比减少 7%；实现主营业务收入 42.8 亿元，同比增长 3%；专项产品实现销售收入 13.5 亿元，同比增长 34%；专项产品营收占比达 31%，创历史最好水平。不断优化以专项产品、民品升级产品为核心的生产组织模型，通过疏通产能瓶颈，强化产线联动，实现了产线效率持续提升，其中锻钢产线 45 兆牛快锻机、18 兆牛精锻机分别提效 10.73%和 3.78%；初轧产线提效 2.09%，过钢量创历史新高；扁钢产线高位求进，剔除受限电、疫情、产品结构调整因素影响，提效 1.64%。

2022 年，攀长特专项产品新增重点型号供货资质 15 项，开发新用户 73 家，实现首批订货 871 吨、4001 万元，新增订货突破 1.8 亿元，3 月销售收入历史上首次突破亿元大关；全年销售量 2.63 万吨，同比减少 1%，销售收入 13.49 亿元，同比增长 34%；高温合金、特种不锈、高强钢销量分别增长 26%、4%和−22%，销售收入分别增长 42%、12%和 33%。民品升级产品销售 12.5 万吨，增长 2%，升级占比 34%，较上年增长 3%。全年实现可比产品结构增利 6502 万元。

2022 年，攀长特消化夏季高温限电、成本减利2236万元不利影响，实现系统量化降本9744万元，较预算指标增加26%。持续开展炼钢辅料替代攻关，通过采取返回钢采购利用、贵重合金替代等措施，实现炼钢炉料降本9353万元。成立专项攻关队，开展成材率提升和质量降本攻关，实现成材单元物耗降本3494万元。工序费用受规模下降、新建产线热负荷试车等影响有所上升。9月，随着快锻等新装备投运，缓解了生产瓶颈问题，外委费用持续减少。

2022年，攀长特积极推进特钢、钛特材加工深度融合，强化加工降本、生产优化、钛特材开发与攻关、涉钛装备完善、产品认证和市场开拓六大重点工作。钛材6吨、10吨VAR炉投产3个月即实现达产目标，钛锭产能突破8600吨，钛特结合项目基本建成，工艺基本打通。钛专项产品实现国家重大项目UUV、××型号装甲车用钛合金批量签单。完成高品质3吨级TC4铸锭攻关，成分均匀性控制技术大幅提升，达到JG等高端用途质量要求，钛线材、以轧代锻新工艺取得较大突破，成功开发大规格锻棒、无缝管等材型。全年钛特材销售2021吨，同比增长104%，实现收入1.73亿元，钛合金销售809吨，同比增长59%。

【企业改革】 2022年，攀长特承接《攀钢改革三年行动2022年任务台账》，制定下发《攀长特公司改革三年行动2022年任务台账》，明确重点改革任务24项，完成21项，完成率87.5%。

2022年，攀长特制定发布《2022年公司深化三项制度改革工作方案》，开展“四能”机制建设，全年12项重点改革工作完成11项，完成率91.67%。截至当年末，在岗合同制职工2692人，同口径（不含物流划转人员）同比净减少97人，减幅3.5%，其中管理和专业职能人员219人，同口径较2021年末净减少66人，专业技术人员占比提升至12.9%。全面实施岗位合同管理，多措并举实施员工不胜任退出机制。全年累计进入赋能中心163人，赋能再上岗100人次。规范劳务用工管理，劳务项目同比减少7个，劳务用工1019人，较上年末净减少207人，减幅16.9%。坚持“双跑赢”考核导向，落实即时激励，收入分配向生产一线、关键技术技能岗位倾斜。

2022年，攀长特有序推进厂办大集体改革收尾工作，组织推动非存续厂办大集体资产处置、关闭注销及破产清算。自厂办大集体改革启动以来，共完成非存续厂办大集体企业资产处置127项、104.64万元，关闭注销非存续厂办大集体企业18家，破产清算3家。

【治理体系】 2022年，攀长特优化组织架构，科级机构同比减少4个，撤销专业厂生产调度，生产组织实现集中管控。修编《核心业务审批流程》，明确了279项核心业务管理层级履职权限及审核流程。推动“三大平台”建设，构建公司核心指标31项，实施改进提升200余项。完成了核能公司、西南钢管公司的工商注销。完成了公司内部检修队伍专业化整合，物流业务、公务接待车辆分别划转到集团内的西部物联和综合服务中心进行专业化管理。持续推进厂办大集体改革收尾工作。强化董事会建设，制定了《攀长特公司党委会前置研究讨论重大经营管理事项清单》《攀长特公司董事会议事规则》《攀钢集团派出攀长特董事履职保障工作方案》等制度，选举产生了公司董事长，聘任了公司高级管理人员，董事会运作更加规范高效。2022年共召开董事会9次，审议通过决议27项。

【质量管理】 2022年，攀长特清理和制（修）订有效工艺文件共804份、各类有效标准和协议共4249份。重建质量指标全流程管控体系，深入推进质量一贯制建设和“质量违规记分制”，开展全员质量体系培训和质量提升活动，2022年累计完成各类质量认证16项，万元产值质量损失降低10.6元。

【产品升级】 2022年，攀长特制订《2022年民品产品升级工作方案》，确立13个民品升级项目。2022年民品销售总量完成364011吨，较2021年减量23439吨。升级产品完成125299吨，较2021年增量2970吨，增长2.43%，升级占比34.42%，较2021年增长2.85%。

【科研管理】 2022年，攀长特着眼公司远期、中期和近期产品研发重点，调整和优化研发目标，不断提高科研项目立项的精准性和科学性。2022年科研项目立项113项，其中，国家项目19项，省科技项目6项，获得政府科研项目资金支持1376万元。强化科研项目全流程和闭环管控，稳步推进科研项目按期、按目标推进，完成了15项结题验收和32项阶段评估，科研项目进度完成率94%。规范科技档案归档流程，科研项目归档更加科学合理。

【科研成果】 2022年，攀长特承担科研项目30项，10项课题通过验收，其中“含氮耐蚀塑料模具钢关键技术研究”“超（超）临界发电机组用耐热钢中δ铁素体控制技术研究”2项完成四川省科技成果验收，均获得四川省科技进步奖三等奖。

破解“卡脖子”难题，“GHXXX合金冶炼工艺及棒材组织优化研究”“难变形高温合金GHYYY冶炼及棒材开坯工艺研究”攻关突破了航空新机型涡轮盘用棒材质量瓶颈。采用三联工艺生产的棒材通过相关部门联合评审，获得了国家重点型号资质。“××高锰钢冶炼工艺技术研究项目”攻关突破了高锰、高铝类型等钢种冶炼、浇注、热加工等关键核心技术，产品通过国家项目验收，具有广泛的市场应用前景。全年获省部科技进步奖2项，攀钢科技进步奖5项，“×××用锥形JYT锻件材料研制及加工制造工艺开发”获攀钢集团科学技术进步奖一等奖。

【新品攻关】 2022年，攀长特积极推进关键核心产品和重点产品开发，建立起按节点汇报督办机制和关键核心产品、重点产品开发激励考核机制。完成××工程用2169管材等关键核心产品开发7项、耐蚀合金Monel K-500锻制棒材等重点产品开发14项。7个专项产品开发项目全部完成计划进度，达到125.3%，比计划增加25.3%，有力地支撑了公司的产品结构调整工作。科技项目攻关取得突破，一批如SXX、0Cr13Ni4Mo（JYT）、GHXXX等新材料的成功开发，推动公司顺利进入航天、海装、超低温新领域，订货量大幅提升，满足了国家重大项目急需。全年共开发推广新产品14.81万吨，比计划增加1.02万吨，项目进度完成率达到107.4%。

【资质认证】 2022年，攀长特开展专项产品资质攻关46项，里程碑计划65个，全年完成里程碑事件55个，计划完成率84.62%，取得航天用GHXXY棒材、直升机发动机用GHXYY棒材、航空发动机紧固件用高温合金棒丝材、飞机用XY-YPH棒材等产品供货资质15项，新增订货产值约1.8亿元，其中涡轮盘用GHXYXY合金棒材通过6XX、6YY及航空发动机厂家认证。

【知识产权保护】 2022年，攀长特制定《关键核心技术管理办法》，清理核心技术，落实责任主体，形成保护清单。积极开展专利预警与导航建设，加大专利申报与授权协调力度，全年申请专利32件，专有技术5项，获授权专利19件，通过专有技术认定5项。

攀钢集团矿业有限公司

【基本情况】 截至2022年底，攀钢集团矿业有限公司（以下简称“矿业公司”）内设8个职能部室、6个分公司、3个子公司和2个直属单位。在岗职工5165人（不含钛材公司）。公司先后荣获首届全国矿产资源合理开发利用先进矿山企业、第二和第七届全国冶金矿山“十佳厂矿”、国家知识产权优势企业、钒钛磁铁矿资源综合利用示范基地、全国冶金绿化先进单位、四川省名牌产品称号——攀枝花牌钛精矿、四川省创先争优活动先进基层党组织等荣誉称号。

【生产经营】 2022年，矿业公司生产铁精矿1336.28万吨，同比增产16.77万吨，铁精矿产量规模位居全国第二；钛精矿150.56万吨，同比增产5.61万吨，钛精矿产量持续保持全国第一；生产辅料矿83.11万吨。加强自有产线工艺操作管理，提高铁精矿输出品质，密地铁精矿品位53.76%，同比提高0.17个百分点；白马铁精矿品位56.05%，同比提高0.47个百分点，均创历史最好水平。密地外委铁精矿品位53.63%，同比提高0.22个百分点；白马外委铁精矿品位55.07%，同比提高0.26个百分点，产品质量迈上新台阶。

【降本增效】 2022年，矿业公司财务系统以提升盈利能力为目标，统筹抓好降本专项工作。制定系统降本、持续降本、全员降本的工作目标和措施，形成2022—2025降本增效专项方案，从“降本目标、增效目标、新增成本”三方面，确立“产量规模提升、全面优化技经指标、资源综合利用”等9个项目，系统形成一级指标体系324项，细化成本管控措施。针对年中经营形势急转直下，及时制定“2421”行动方案，突出铁血降本，全力以赴完成经营指标。推进系统降本，从提高产量规模、优化技经指标、降低变动费用三方面，落实140条具体措施，系统量化降本0.58亿元，完成率123%。铁、钛精矿制造成本同口径分别降低 13.2 元/吨、41.9 元/吨。强化资金管控，确保资金链安全。严格资金预算，控制资金支付，严禁预算外支出，提高了资金预算率。守住“现金流为正”红线，完成集团公司下达的经营活动现金流实得大于应得指标。强化外部债权占用管控，降低外部债权风险。推进标准化支付体系建设，减少人为量裁。公司试点开展兴茂公司外委加工标准化支付，已顺利推进。强化对外股权管理，配合国务院国资委做好南岭民爆收购重组易普力公司股权工作，开展退出四川银行金融参股等相关工作，合规参股经营。通过多项强有力举措，公司盈利能力增强，全年营业收入 73.29 亿元；实现考核利润 15.40 亿元，超奋斗目标 0.18 亿元。

【设备管理】 2022 年，矿业公司持续完善设备基础管理，完成修订编制专用设备 297 项、通用设备 462 项维修技术标准，专用设备 1370 项、通用设备 1262 项维修作业标准，已实现 A、B 级 80 条产线主要设备“四大标准”全覆盖。推进点检定修制建设，完成专职点检员按产线配置，提高了点检效率；加大专职点检员培训力度，共培训 129 人，有 116 人通过考核，合格率为 89.92%。开展“跑冒滴漏”专项治理，排查整改问题 446 项。充分利用先进技术实施设备改造，完成山特维克 CH8800 细碎机升级为 CH895i 改造，提升设备性能。开展进口设备、备件国产化工作取得成效。2022 年，完成 26 类/565 件进口备件国产化替代工作，降低采购费用 825.94 万元。公司各项设备技术经济指标完成值均优于计划指标，其中一级产线主要设备故障（事故）停机率、点检计划漏检率、定修计划完成率等指标均较往年有所改善，特别是新白马 1 号半自磨产线、一期球磨产线和本部尾矿输送产线综合效率（OEE）改进明显。

【科技创新】 2022 年，矿业公司下达科研项目 102 项，其中，重点科研项目 69 项，A 类项目 31 项，B 类 38 项。全年重点科研项目推进整体受控，计划执行完成率 93%。继续推行项目负责人制，由首席专家、主任工程师等技术骨干作为技术负责人，公司领导、部室长、厂矿长担任项目负责人推动项目实施。推进原创技术策源地重大创新项目，开展超细粒级钛铁矿回收、铁精矿提质、富钴提硫绿色选矿等 31 项关键技术攻关，提高自主创新能力和科技成果转化能力，科研成果持续涌现。“矿山高陡边坡安全监测预警与应用”获冶金矿山科学技术奖特等奖；“攀西钛资源整体回收的过程强化原理及全流程优化实践”获得有色金属工业协会科学技术奖一等奖；“选铁尾矿中超粗及超细钛铁矿强化回收工艺及装备产业化研究”获冶金矿山科学技术奖三等奖。加速成熟科技成果转化，以前期试验研究成果为依据，开展超细粒级钛铁矿回收、铁精矿提质、硫钴资源回收等重点科技成果转化产线设计，并转化建成工业示范线，预期效益显著。知识产权保护持续加强，矿业公司首次入选国家知识产权优势企业；全年申请专利 48 件，其中发明专利 19 件；获授权专利 35 件，其中发明专利 5 件。

【深化改革】 2022 年，矿业公司全面落实国企改革三年行动，完成完善法人治理结构、科技“四大创新平台”建设等 55 项目标任务。深化三项制度改革，优化厂级机构 1 个、作业区级机构 8 个，优化厂级职数 2 人、作业区（科室）级职数 10 人。深化“两制一契”管理，管理人员契约化责任书签订率 100%，实施末等调整和不胜任退出 12 人。优化人力资源配置，多渠道优化人力资源，为氯化钛白项目选配优秀员工 153 人，市场化退出 54 人，在岗职工优化 565 人，实物劳动生产率 3046 吨/(人·年)，竞争上岗占比 62.5%。实施劳务清理清退，完成石灰石矿食堂、新白马公司动力作业区泵站值守操作 28 名劳务人员清退，实现劳务清零目标。公司三项制度改革工作被集团公司评定为 A 档。全力推进专业化整合，机械制造划转至鸿舰公司，物流业务整合至西部物联，公务用车业务划转至攀钢综合服务中心，共划转 200 人。深化“五制配套”管理模式，选矿分公司粗选作业区获“攀钢集团 A 级示范作业区”称号。深化精益六西格玛管理，选送 3 个项目参加全国六西格玛公开发表赛，2 个获专业级奖、1 个获改进级奖。推进“深化对标管理打造最优工厂（产线）”工作，原选钛分公司获“攀钢最优工厂（产线）”推进二等奖。健全合规管理体系，成立合规委员会，设立合规管理部，组建专（兼）职合规管理员队伍 99 人。开展制度立改废释，做好企业合规文化宣贯，“合规管理强化年”工作目标完成率 100%。参与马家田尾矿闭库工程、中沟湾尾矿库建设纠纷、嘉泰公司历史遗留问题等处理，保障重大项目依法合规。强化纠纷案件管理，对土地管理、采购招标等纠纷诉讼高发领域进行风险点筛查和风险预警。

【工程建设】 2022 年，矿业公司着力发展提速，突出目标倒逼，重点项目取得新进展。红格南矿区资源开发项目被列入国家“铁资源开发计划”，完成开发可行性研究，设计生产规模、产品方案、资源综合利用率行业领先，采选技术国际领先，正在积极推进成立合资公司。“两库”推进取得新进展：马家田尾矿库已按期闭库，实现销号；中沟湾尾矿库按进度计划正常推进。“两提质”工程完成重负荷试车，进入试生产阶段。“两回收”项目实现阶段性目标：超细粒级钛铁矿高效回收示范线建设工程迈入达产达效阶段；攀枝花铁矿资源综合利用项目按计划正常推进。“两站”建设有序推进：田家村 2 号矿石破碎站及胶带系统破碎站完成重负荷试车，进入调试消缺阶段；田家村 2 号废石破碎站及胶带系统项目正加速推进。数字化转型加速推进，投资 1.68 亿元，推进数字化项目 20 个。“5G 远程穿孔采掘运输技术在露天矿的智能化应用研究”已验收结题，先后获得全球移动通讯协会 2022 年“中国 5G 垂直行业应用案例”、中钢协 2022 年钢铁行业智能制造解决方案、第五届“绽放杯”5G 应用大赛全国优秀奖及四川赛区一等奖等荣誉。能源智能管控系统等项目已上线运行，IT 基础设施建设等项目已竣工验收，矿产品输出计量与江南钛精矿取样系统智能化建设项目正在加快实施。

攀钢集团成都钢钒有限公司

【钢管生产经营】 2022 年，攀钢集团成都钢钒有限公司（以下简称“攀成钢”）变动制造成本同比降低 203 元/吨；产量同比增长 19.76%，销量同比增长 33.56%，产销率 100.37%，实现盈利 140 万元。

首次在国内通过热轧穿孔方式实现了电机无磁钢无缝钢管的生产，填补了该品种的市场空白；通过了特种设备、GJB、ISO 9001 体系认证，以及中核集团、东方电气、华润集团等单位供方评审，新取得了大连一重、希望深蓝等合格供方资格，为进一步开拓市场，提升产品竞争力奠定了基础。同时，积极有效地启动了搬迁改造前期工作。

【资产处置】 2022 年，攀成钢充分挖掘闲置资产效益，从制度层面、技术层面、市场层面多维度完善租赁工作，取得了良好成效。“一区 34 栋”打造的“熊猫很困”主题酒店，成为成都市锦江区项目引进及城市更新的重点项目和成都市政府重点商办项目，公司全年实现资产租赁收入 8712 万元。

高效完成资产处置任务，先后实现了 340 机组区域、508 机组涉及 JG 等报废资产处置，全面完成了产线设备资产处置任务。

【服务产业有序调整】 2022 年，攀成钢推进宾馆酒店扭亏增效，面对困境，成都大酒店狠抓市场营销，新签协议客户 100 家；创新销售方式，推出会议带动房、餐营销套餐；积极与网络平台合作，加强网络销售，促进线上口碑提升和酒店知名度；攀西食舫基本打造成型，攀西小馆逐渐成为周边知名小吃店。全年成都大酒店经营收入 1145 万元，北京宾馆经营收入 648 万元，亏损大幅减少。

全面清理和优化整合现有基础服务业务，终止了部分低效服务协议，对仍在开展的业务优化用人规模。同时，经过与积微物联反复协商，形成了园区服务管理方案。全年，在职工大量减少的情况下仍实现综合服务收入 987 万元。

工业及科研服务稳中有升，强化能源设施预防性检修、年检预试和隐患整改，优化布局，提升了系统稳定性和运行效率。全年能源基础服务收入 1.44 亿元，规模效益持续提升。整合生产与科研配套服务，加大与新材料院的科研试样加工和科创空间中试线运维合作，2022 年生产与科研配套服务创收 1064 万元。

【深化改革】 2022 年，攀成钢改革三年行动重点任务按计划完成。三项制度改革全面完成了集团下达的 12 项重点指标，层层分解改革指标，与各单位领导收入挂钩，每月通报完成情况，及时考核兑现；积极对接用人单位需求，针对性开展随岗培训，注重结合职工自身特长转岗，力求为职工寻找最适合的分流途径；金堂钢管分公司重新定员定岗，公司层面所有新增岗位实施公开竞聘；人员大幅度分流后，采取内部调岗、兼岗、退二线专项人员顶岗等方式快速补位，保障重点工作不受影响。全年公司优化 226 人，较 2021 年末减少27.13%，其中市场化退出比例超过8%。全力保障职工就业，坚决落实集团“5·17”攀成钢人员分流安置专题会议精神，持续清理调整现有存续岗位，充分利用攀钢在蓉企业提供的转岗机会和发挥赋能中心功能，加大人员转岗分流安置力度，尽最大努力保障职工就业。98人平稳划转园区企业，31人通过竞聘被攀钢在蓉企业录用，35人经过赋能培训重新上岗。强化“两制一契”、绩效薪酬管理，实现全员岗位绩效管理和双合同管理，开展“e考核”上线试运行，配合集团完成了公务用车专业化整合。

【土地运作】 2022年，攀成钢推进土地资产上市变现，通过容积率和商业占比的优化调整，大幅提高了东楼土地出让价值；全力协调政府，多渠道推介，促成冶炼区东楼地块公开拍卖成交，2022年土地处置累计实现收入2.23亿元。土地权证等工作实现突破，推进新二区土地权属完善工作，与区政府签订了新二区投资协议并实现摘牌；成功办结青白江医院不动产权，节约费用1400万元，为长达7年的历史遗留问题圆满画上句号。彻底清除了教育街非法侵占公司土地长达8年的违章建筑；解决了广汉向阳种菜户长期占用中标方场地的难题；收回了成都一生活区停车场等。主动研究思考，积极对接政府部门，全力争取各项政策优惠，累计减免税收近8000万元；加强资金运营工作，全年财务费用较预算降低650万元。

攀钢集团研究院有限公司

【管理变革】 2022年，攀钢集团研究院有限公司（以下简称“研究院”）重点改革任务清单完成率100%。推进“科改示范行动”，全面完成台账任务，17项市场化改革指标达到P75分位值。纳米二氧化钛项目成功组建混合所有制科技型企业，迈出科技成果产业转化、体制机制改革创新探索的实质步伐。推行经营管理人员、团队负责人、项目负责人竞聘上岗机制，全年竞聘上岗25人，形成能者上、平者让、劣者汰的竞争氛围。

建立研发机构、法人实体、经营单元、职能部门等分类考核激励体系，实行科研经营绩效季度量化评比+年度契约化评价，2家模拟承包法人单位完成利润奋斗目标。坚持价值创造导向，修订技术创新积分评价办法，“5大价值+21项指标”的科技人员量化评价体系不断完善。建立产线服务支撑和科研过程突破及时、精准激励机制，探索工资周期制、超额利润分享等中长期激励机制，科研专项奖励累计350万元，科技创新创业的活力与动力进一步激发。

探索试行模拟承包经营模式，攀研检测、攀研技术法人主体经营活力有效释放。材料院健全现代企业制度，实施科技资源专业化整合，成功引入外部战略投资者，实现融资3061.01万元，设置专职外部董事，自主管控能力明显增强。成立数字化部，开展流程变革顶层设计，科研管理全要素可视化取得阶段性进展。

【基础能力建设】 “一人一策”个性化培养院士后备人选5人、领军人才26人、新引进硕博25人，选派优秀科研人才到政府和集团岗位历练44人，选送青年科技人员博士学位深造20人，开展多领域多专业能力素养培训200余人次，全院科技人员中硕士、博士占比达到78%，青年担任项目负责人比例达45%。2022年，新增“长城计划”“峨眉计划”等专家4人，1人获“全国青年岗位能手标兵”。

围绕拳头产品开发和关键前沿技术研究，投资5000余万元，新建氢冶金、热工、热成型等特色工艺平台，完善钛白和重轨产品开发与应用平台，新购透射电镜、热模拟试验机等大型精密仪器。围绕钛金属产业链延伸，新增500千克凝壳炉、雾化制粉等装备，建成丝、管、粉、铸等钛金属产业育成示范平台。以数据驱动流程变革，科研智能协同平台如期上线运行。集聚政府和集团公司合力，编制完成钒钛国重在制造领域的重组方案并通过评估答辩。高速重载钢轨国家地方联合工程研究中心通过建设验收。新增航空数字工程四川省国防科技重点实验室等4个省级创新平台。搭建高钙镁钛资源熔盐氯化等原创关键核心技术专利预警平台3个，构建氢基竖炉等专利情报数据库5个。牵头成功组建四川省钒钛产业创新联合体，参与航空装备先进材料和氢能与燃料电池创新联合体。院士工作站获评“四川省优秀院士工作站”。钒钛联盟新增3家成员单位，实施协同项目11项，首次获“活跃度高”评价。进一步做实现有联合实验室，与天津大学新建钛化工工艺及产品开发联合实验室。

【经营业绩】 2022 年实现营业收入 5.63 亿元，其中，技术开发收入 3.51 亿元，产业收入 1.75 亿元，实现利润 3251 万元，资产负债率由年初 36.8%降至 16%。攀研技术巩固传统产业市场，加强规模化产业培育，全年利润 1705 万元。攀研检测内挖潜力、外拓市场，全年利润 824 万元。金雅汇独立运营首年销售收入突破 522 万元，利润 80 万元。6 家法人实体全部实现盈利。

【重大科研项目】 1. 西昌钢钒高炉关键技术研究。全面梳理剖析西昌高炉历史炉况，首次发布综合诊断报告，形成高炉快速恢复技术。开展高入炉品位、高富氧、高风温、大喷煤比强化冶炼技术应用，西昌钢钒高炉四季度全厂平均利用系数达到 2.519 吨/(立方米·天)（最高 2.726 吨/(立方米·天)），平均喷煤比达到 120.7 千克/吨（最高 135.99 千克/吨），平均焦比 430.5 千克/吨（最低 414.6 千克/吨），提质降本成效显著。

2. 高炉渣提钛产业化。高炉渣提钛示范线实现当年达产，其中高温碳化示范线碳化渣年产量 10.7 万吨，成品渣中 TiC 在 13%～14%的比例达 66.87%，同比提高 22.35%；低温氯化示范线通过优化工艺及装备，低温氯化—氧化平均对接周期提升至 7 天/次，每吨 $TiCl_4$ 碳化渣单耗同比降低 0.3 吨，稳定生产期间粗四氯化钛日产量不低于 120 吨，高炉渣提钛吨碳化渣攻关口径成本降低 145 元，精钛成本首次“破五见四”。提钛尾渣深脱氯中试线实现连续运行，产品氯离子稳定控制在 0.06%以下，活性达到 S75 级矿渣微粉标准，达到设计要求。

3. 钒渣低钙焙烧—碳酸化浸出提钒技术研究。低钙焙烧—碳酸化浸出新工艺通过百吨级中试验证，钒渣至氧化钒全流程钒收率为 86.69%，钠盐提钒工艺氧化钒产品质量满足 YB/T 5304—2017 标准要求。钒渣制备氧化钒工艺对比分析报告显示，新工艺与钠盐提钒工艺相比，氧化钒收率提高 4.3 个百分点，加工成本降低约 6900 元/吨。该工艺经评估后，成功在攀枝花钒制品分公司建成了一条 300 吨/年半工业试验线。

4. 高品质海绵钛全流程高效稳定运行技术研究。海绵钛全流程高效稳定运行效果持续凸显，破解了海绵钛中下部致密硬芯、中上部致密夹层等技术难题，封装密度由 1.65～1.70 克/立方米降低至 1.40～1.50 克/立方米，产品性能满足西部超导等高端用户要求；通过优化工艺与装备，支撑小粒钛收率提高至 47.6%，全年小粒钛产量达 2961.25 吨，同比增长 103.3%；支撑超软钛定向成功率由 56.7%提高至 75.0%，产量由 2349.5 吨提高至 3559.0 吨，同比增长 51.5%，支撑 2022 年高端特色海绵钛（超软钛、小粒钛）市场占比达 31.0%；镁电解提产降耗技术研究支撑双线镁电解精镁日产量提高 5%，其中多极槽精镁日产量提高 17.3%，吨镁综合电耗降低 3.5%。

5. 专用钛及钛合金产品研制。打通了钛锭轧制开坯工艺流程，通过多轮钛锭轧制开坯工艺优化，“以轧代锻”使开坯工序成材率从 2021 年采用的锻造开坯 85.06%提升为 89.51%，ϕ100 毫米规格管坯加工成本降低 1050 元/吨。实现了 TC4 钛合金盘圆产品轧制工艺的“降速降温”优化和“穿水控温”优化，解决了产品心部过热、头尾性能波动大、批次稳定性差等问题，航空紧固件用 TC4 钛合金盘圆产品通过了西部超导和苏州航天的试用评价。掌握了无人机用 TC4 钛合金 ϕ210 毫米规格棒材锻造成型及组织和性能调控技术，试制的棒材首次通过了航空锻造企业 148 厂的入厂复检，用以制备的模锻件经 148 厂解剖评价合格。

攀钢集团工程技术有限公司

【生产经营】 2022 年，攀钢集团工程技术有限公司（以下简称“工程公司”）合同签约量 40.11 亿元，超奋斗目标 1.11 亿元；营业收入首次突破 40 亿元大关，达到 40.16 亿元，超奋斗目标 6.16 亿元，同比增加 6.02 亿元；利润总额再次刷新历史纪录，超奋斗目标 2836 万元、超挑战目标 1136 万元，同比增加 1780 万元；年末“两金”净值增幅低于营收增幅 66.12 个百分点，超额完成集团公司下达的考核指标。

工程公司积极开拓外部市场，签订水钢和威钢检修项目合同 6 项。2022 年，工程公司累计完成市场开发签约量 40.11 亿元，超基本目标 6.11 亿元，超奋斗目标 1.11 亿元，为生产经营提供了坚强有力的保障。

工程公司不断强化相关方“等同化”管理，

2022年排查整治安全隐患1256项，查处违章285起；持续开展“质量提升行动”，开展质量专项攻关28项，500万元以上重点项目全部编制质量策划书，工程合格率100%。

【科技创新】 2022年，工程公司科研经费投入超过1亿元，加强对施工工艺、施工设备和工程管理的创新研究，形成公司级科技成果41项，实现科技创效5000余万元；开展钒钛特色制造新技术及工艺装备集成技术研究5项、二次资源及能源综合利用技术攻关4项，在集团公司“揭榜挂帅”科研项目中揭榜3项，获授权国家专利35件、省部级工法8项，“承受交变载荷高合金热强铸钢裂纹修复技术研究”科研项目被评价为“国内先进”水平；完成BIM中心智慧展厅建设、地下矿山远程操控技术、H型钢自动焊接生产线等34项先进技术的攻关和36台（套）先进工机具的引进，进一步提升了技术装备水平；三维钢结构预拼接、混凝土裂缝控制等“四新”技术在中沟湾尾矿库等工程建设中得到应用，提高了施工效率。

【改革创新】 2022年，工程公司持续深化三项制度改革，精准实施“协商一致解除劳动合同”，集团公司下达的16项年度改革指标全部完成，“改革三年行动”圆满收官，全员劳动生产率同比提升24%；结合鞍钢集团管理提升“标杆企业”创建工作，持续深化“两制一契”管理，积极探索项目经理“揭榜制”“组阁制”和全员风险抵押承包制，合计缴纳风险抵押金2216万元，9家分（子）公司全部完成年度经营目标；制（修）订《党委会前置研究讨论重大经营管理事项清单》《董事会授权管理办法》《董事会议事规则》等规章制度，2022年召开党委会28次，召开董事会会议5次，把加强党的领导和完善公司治理统一；配置公司董事会秘书1名、调整派出子公司监事2名，市场化选聘子企业职业经理人1名。

【冶金设计】 2022年，工程公司设计院全面融入新攀钢建设，通过强化管控、苦练内功、培育核心技术，推动院“十四五”发展规划和“一二四六六”战略落地落实，完成市场开发8.3亿元，完成设计、测量项目230余项，实施总包项目30项，实现营业收入8.3亿元，实现利润2600万元，各项经营指标均创近年新高。坚持区域项目部管理制度，全面推行契约化经营，不断加强项目管理的检查与考评，严控目标成本，打造精品工程，“攀钢钒原料场封闭改造”“攀钢钒提钒转炉除尘系统改造工程”获四川省优秀设计三等奖，“攀钢高炉渣提钛产业化示范项目——高温碳化工程”“攀钢钒炼铁厂荷花池煤场封闭改造”等获中国冶金协会优秀设计。

【设备检修】 2022年，工程公司以“为攀钢生产保驾护航”为主责主业，以诚信经营、精致服务精耕内部市场，确保业主生产顺行；牢固树立“甲方思维”，提前介入集团内部重点检修项目，与业主一道优化施工方案，降低投资费用，凭借施工能力及费用优势承接了西昌新建热风炉、新3号高炉大修、3号钛渣炉大修、2号转炉大修等项目。2022年，工程公司维护检修合同签约量16.61亿元。

【产品制造】 2022年，工程公司着力把特色产品培育成特色产业，不断加大装配式建筑、矿山废石生产砂石、提钛尾渣综合利用等绿色建材产品推广力度，2022年混凝土供应合同签约量4537万元、矿山废石生产砂石合同签约量5802万元，实现钢结构专业产值2.1亿元、矿山复绿及生态修复产值8100余万元、提钛尾渣综合利用5.13万吨；着力发展专精特新产业品牌，2022年实现消防工程合同签约2230.14万元、电气成套产品合同签约1.1亿元，同比分别增长12.63%和96%。

攀钢集团国际经济贸易有限公司

【营销贸易】 2022年，攀钢集团国际经济贸易有限公司（以下简称“国贸公司”）销售产品937万吨，综合产销率完成100.32%；综合结算价格变化优于行业变化143元/吨，跑赢大盘。重轨结算价格优于同行价格涨幅41元/吨，继续名列行业第一；板卷价格降幅低于同行82元/吨，结算价格排名首次进入行业前三；应收账款周转率在22家大型钢铁企业中名列第5位。

深入开展西南市场“地毯式”调研，32个调研分队走访调研用户1652家，挖掘钢材需求280余万吨，向集团公司提报了增加高端海绵钛产线能力、改建光伏支架涂镀产线等建议。强化销研产一体协同，产品认证多点突破，开展264项产品推广认证，179项已取得阶段性成效。汽车用钢完成比亚迪、赛力斯、凯翼汽车、五菱股份重庆基地等8家主机厂认证并实现小批量供货；家电彩涂、高强镀锌、锌铝镁产品在格力、美的、TCL、海尔、长虹等认证有序推进；小粒钛在湖南金天钛业、沈阳和世泰取得合格供方资质；获批国家管网集团22毫米X80管线钢千吨级试制资格并通过批量试制产品鉴定；攀长特10705BA等叶片方钢成功通过东汽F型系列燃机资质认证。

围绕产品认证、新产品开发和推广等开展411项次技术服务，计划完成率92.2%。直面顾客反映的问题，强化整改落实，反馈、跟踪落实各类信息问题860余项次。2022年直供比例70%，较2021年增加4个百分点。借助数智化营销平台，深入开展供应链协同，与12家战略顾客完成了系统对接，提升了顾客满意度和合作效率。创新顾客价值评估模式，按照顾客采购金额、采购稳定性、订单结算方式、采购品种溢价、市场份额、行业排名等六个维度评估顾客价值，通过大数据分析顾客采购特征，实施顾客全生命周期服务和管理。

按照资源效益最大化原则适时调整产线和品种资源配置，全年期货合同按期到达率93%，有效保障了产销顺行。品种结构持续改善，战略品种销量515万吨，同比增加11万吨，其中重轨销量141万吨，超目标6万吨；汽车钢销量总体稳定；特钢自炼钢月末手持订单量和均衡性为五年来最好水平。围绕攀钢打造钛金属产业链链长，不断强化钛金属市场研究和开拓，超软钛、小颗粒海绵钛销售同比分别增长63%、88%。电控柜铝锌国内市场份额达到34.8%，同比增加0.9个百分点，蝉联国内细分行业第一。高端机械用钢销量29.8万吨，超目标4.8万吨，在国家管网公司组织的年度高级别管线招标中入围前四，品牌影响力明显提升。金属制品材销量从2019年的3.8万吨跃升到27.8万吨，盈利能力普遍优于建材。全年西南核心区域销量733.6万吨，占外销总量的78.3%，同比增加3.4个百分点。川滇与沪广热轧价差提升54元/吨，成渝与沪广冷轧价差提升37元/吨。2022年实现利润7254万余元，超奋斗目标。

【企业管理】 2022年，国贸公司三项制度改革指标全面完成，进入赋能中心占比完成5%，市场化退出率完成1.83%，浮动工资差异化系数达1.20。制定实施2023—2025年组织机构和人力资源优化方案，调整优化了组织机构和职能职责，二级机构由20个精简到16个。

2022年国贸公司无新增不良货款。积极清理历史遗留问题，完成公司所持东源煤电股权划转事宜，与两家银行“厂商银”诉讼全面胜诉。精简攀中伊红、成都零部件合同业务流程，清退与主业关联不大的风险敞口业务。

2022年1月4日，攀钢数智化营销项目正式上线运行，数智化营销系统包括销售信息系统拓展及完善、客户管理与技术服务系统、攀钢公共服务平台、营销大数据与决策支持系统等共4个信息系统，数智化营销实现了新的跨越。

攀钢集团物资贸易有限公司

【企业管理】 2022年，攀钢集团物资贸易有限公司（以下简称“物贸公司”）新增战略供应商19家，汰换15家，战略供应商总数达到117家，战略采购比例提升至64%，同比增加11个百分点。深化资源布局和渠道开拓力度，深入调研拉拉、新发、满矿等周边矿山、选厂，联合基地实地走访山焦集团、中煤华利、盘江精煤等南北区域煤炭生产企业，2022年累计开发阿坝州68铁精矿、昌都铁精矿、蒙5主焦、龙潭田焦煤等15个新矿种/煤种，新开辟资源点23个，新增资材设备生产型供应商311家。

对标同行跑赢自身，国内高粉综合单价行业排名第7，炼焦煤综合单价与行业差距缩小75元/吨，与鞍山钢铁差距缩小至50元/吨以内。对标市场跑赢大盘，国内高粉比主流市场多降2.9个百分点，炼焦煤比主流市场少涨7.2个百分点。2022年国内高粉到货375万吨，同比增量14万吨，同期进口矿采购减少22万吨，节约采购成本约6500万元。

攀钢智慧采购系统于2022年7月6日正式上线运行。重构了采购供应链一体化、供应商协同平台，新建决策与支持平台，力求实现所有权力在系统上体现、所有交易在系统上运行、所有资源在系统上受控。

2022年度外部采购合同标准化支付覆盖率达到82%，到期按时支付率99.57%。资材设备平均采购实施周期32天，37天签约率72%、60天签约率保持100%。协同基地加强计划管理，年度、季度计划占比57%，确保了采购规模效益。推进全流程质量管控，坚持异议发生条数与比例双重约束，2022年接收质量不合格条数128条、不合格率0.5‰，优于集团5‰的控制目标。

按照“扁平化、短流程、高效率”原则，整合组织机构，压缩管理层级，精减3个D级机构。以拓展岗位业务、发放兼岗补贴等方式消化退休后岗位缺员，2022年底比年初精简职工11人，解聘干部3名。

【经营贸易】 2022年，物贸公司对历年来贸易项目进行全面清理，对照集团最新管理要求逐一梳理风险点，取消风险大、毛利率低、质量不高项目270余项。推进贸易提质增效。以拓展社会化贸易为重点，削减赊销、投标类低毛利率项目，逐步向“由大变强”转变。2022年完成贸易销售收入28亿元，利润9566万元，毛利率稳步提升。

成都西部物联集团有限公司

【专业化整合】 2022年，攀钢将攀钢钒、矿业公司、股份公司、钛材公司、西昌钢钒、攀长特六大生产基地的物流业务和资源，以及攀钢集团坤牛物流有限公司、原西部物联铁路物流事业部一并整合到成都西部物联集团有限公司，新成立的成都西部物联集团有限公司（以下简称“公司”）于2022年9月1日正式挂牌运营。

2022年全面完成攀钢内部物流资源整合，构建钢铁主业物流服务保障运行新模式，比原计划提前1年。物流专业化整合后共有职工2607人，公司打破“公司—厂—作业区”的传统建制，实行“公司直管作业区”的扁平化管理模式，设置五部一中心及19个作业区级单位。

物流专业化整合后，公司成为攀钢统一的物流业务管理和运营平台，以智慧物流信息系统为依托，实现集团公司供应、生产、销售环节物流业务集中管控。

主要业务扩展到公路和铁路运输、仓储配送、职工通勤、设备检修、驾驶培训、汽车租赁、汽车检测、汽车相关产品贸易等，范围涵盖攀枝花、西昌、江油三大区域。

【科技攻关】 公司开展铁水车保温技术攻关，更新10台铁水车保温装置，在新三号高炉大修期间，全面维护检修铁水车保温盖，重新设计保温棉填充方式，确保铁水车加盖运行平稳受控，月均铁水车关盖率保持在99%以上。

改造攀钢钒一期高炉炉下40号、41号、42号手扳道岔为电动单扳道岔，增设轨道区段，初步优化一期高炉铁水捣配瓶颈环节，全面实施高炉炉下5道铁路线路的排水设施整治，为高炉炉下运输安全创造有利条件。

【生产经营】 2022年，公司完成生产基地铁路总运量5652万吨，保障了生产运输需求，有效缓解平板车严重紧缺矛盾，确保重轨等产品顺利发运。积极拓宽专用线社会化经营渠道，继续拓展黄瓜园专用线长石、铝矾土运输，新增钢材到达、铁精矿运输，专用线实现营业收入7.6亿元。

公司积极拓展非攀业务，2022年新增安宁矿业宽体车运行服务、正泰矿业规格矿运输、成都聚辉热轧带肋钢筋运输、达州地区LNG销售等非攀物流业务29项，收入提升3172万元。

2022年，公司实现营业收入20.34亿元，实现利润总额0.94亿元。获得中国物流与采购联合会评定的“国家4A级物流企业”荣誉资质和“三星级达标车队”称号，获评2022年“四川省诚信示范企业”荣誉称号。

成都积微物联集团股份有限公司

【业务经营】 2022年，成都积微物联集团股份有限公司（以下简称“积微物联”）实现营业收入180亿元，完成年度预算180亿元的目标，较上年减少110亿元，降幅为37.93%；在收入大幅下降的情况下，通过降本压费等增效措施，报表利润完成1亿元，完成利润预算目标，略高于2021年。

相关业务板块经营情况 （万元）

编号	业务板块	营业收入			毛利		
		2021 年	2022 年	较上年	2021 年	2022 年	较上年
1	数码仓业务	31540	28674	-2866	2425	6051	3626
2	云加工业务	5107	5652	545	1612	1793	181
3	智慧物流业务	165474	139189	-26285	5652	5015	-637
4	供应链业务	2527906	1526904	-1001002	25193	16309	-8885
5	循环业务	156760	88649	-68111	5722	3909	-1813
6	IT 及信息化业务	4747	4354	-393	2878	1098	-1780
7	其他业务	6995	5787	-1208	2724	1549	-1175
合计		2898529	1799209	-1099320	46206	35723	-10483

2022 年末，积微物联资产总额 30.11 亿元，较 2021 年下降 26.42%；资产负债率 79.61%，较 2021 年下降 6.75 个百分点。

2022 年，积微物联全面完成营业收入利润率、利润总额、经营活动现金流量、净资产收益率、两金占用、资产负债率控制、清理拖欠民营企业账款 7 项核心关键控制指标。

【内部控制体系】 2022 年，积微物联开展了专项评价和制度点检工作共 7 次，并对备品备件和废旧物资处置等方面开展了专项治理，增强了公司全面风险管理及内控管理能力。

针对攀钢巡察“回头看”反馈问题，制定整改措施 24 条，立行立改 24 条。加强风险管控，清退跨界业务和高风险低收益业务，关闭敞口风险，防范化解重大风险，在“制度点检”中发现问题 24 项；在合同后评价检查中抽样检查 8 个业务项目，发现 8 类问题，给予考核 6000 元；在“影子公司”专项治理中，有 31 人主动报告，主动退赔款项 29.6 万元，收缴违纪款 20 万元，退赔公司损失 40 万元。召开警示教育大会 2 次，“六度”一体开展廉洁辅导 10 次，常态化召开七个“第一课”34 次，编发廉洁教育材料 6 期。强化执纪问责，全年共立案 5 件，党纪处分 3 人，政纪处罚 2 人，组织处理 1 人，挽回损失 285 万元。

成都星云智联科技有限公司

【业务经营】 2022 年，成都星云智联科技有限公司（以下简称“公司”）实现营业收入 7.02 亿元，其中非攀收入 8238 万元，实现利润 4378.63 万元。星云智联实现营业收入 6.24 亿元，同比增长 5.50%；非攀收入 7933 万元，同比增长 27.25%；实现利润 3866.12 万元，同比增长 52.93%。蓉通微链（去年新成立，不具备全年同期可比性）全年实现营业收入 7820 万元，其中非攀收入 306 万元，实现利润 512.51 万元。

【资源管理】 2022 年，公司规范招标管理，加大厂家、互联网直采力度，确保提升效率的同时，有效控制成本。全年累计完成招标项目 498 个，成交金额 3.21 亿元；累计签订设备、材料类采购合同 727 个，签约合同额 2.45 亿元，同比减少 2%。其中直采合同额 9545 万元，同比增长 69%，互联网采购 64 万元，成本节约效果显著。

【市场开拓】 2022 年，公司聚焦智能工厂管控平台、无人行车、安全态势感知平台、网络数字化设备管理系统等核心产品，在服务好攀钢集团的同时，紧盯钢铁、矿山、化工（钒钛）等重点行业，深耕酒钢、陕钢、达钢、德胜、川煤等重点头部客户，遵循“互补性”，引入“代理制”，不断拓宽销售渠道，加强与华为、海康、移动等产业链厂商的合作，以共赢的思路打造行业生态，实现多方共赢。全年累计新签合同 6.14 亿元。非攀市场体量再创新高：公司全年完成非攀合同 1.22 亿元，同比增长 21.55%。

【品牌建设】 2022 年，公司海星工业互联网平台先后获得工信部新一代信息技术与制造业融合发展试点示范——面向重点行业特色工业互联网平台、成都市特色工业互联网平台等荣誉和认定。同时获得四川省级企业技术中心、四川省标识解析冶金钢铁行业节点的认定。

【三项制度改革】 2022 年，公司持续加大改革力度，机构设置由 9 个压减为 7 个。管理人员聘期制实现 100%全覆盖，新聘任管理人员竞争上岗占比 54%，管理人员退出占比 6%。全面健全市场化用工机制，员工市场化退出率 1%，进入赋能中心占比 9%，全员劳动生产率同比 2020 年增长 32%。公司在岗职工浮动工资差异系数达到 1.28。

【科技创新】 2022 年公司共取得各类知识产权 31 件，其中软件著作权 16 件（有 2 件是待发证书的状态），实用新型专利 15 件；公司累计拥有各类知识产权 143 件，其中发明专利 1 件，实用新型专利 42 件，软件著作权 100 件。

四川机电职业技术学院（攀钢党校）

【职业教育与培训】 2022 年，四川机电职业技术学院（攀钢党校）（以下简称“学院”）完成培训班 632 个，培训学员 40243 人次，198396 人·天。积极开拓攀钢外部市场，开展攀枝花市职业技能等级提升培训班 20 个，承办钢城集团 2022 年新入职员工等培训。

学院进一步拓宽在校学生套读本科渠道，与西南交通大学、西南石油大学达成合作，2022 年新生专套本人数 720 人，同比增长 55%。畅通学生职业技能提升通道，完成学生职业技能培训 5853 人次，职业技能等级认定 6337 人次。申报建筑产业工人培训基地、省级技能大赛赛前培训基地等，主动承担攀枝花市退伍军人各类培训。完成特种作业高压、低压电工实操考点建设，并正常投入使用，全年完成实操考试近 1000 人。

2022 年，学院全面完成攀钢对口帮扶的盘州、木里、盐源 3 个帮扶点的 18 个培训项目，培训各类人员 1950 人。

【教学与科研】 2022 年，学院进一步完善教学管理规章制度，修订完善了《师生竞赛管理办法》《专业人才培养方案制订与实施办法》等教学、科研管理文件。深入推进“以赛促教、以赛促学”活动，教学团队获四川省教师教学能力大赛三等奖 2 项，学生竞赛获省级以上奖项 22 项（其中国家级三等奖 1 项）。开展首届“新芽杯”竞赛，助力新引进教师快速成长。加强教学督导，教学督导检查 168 节次，教学通报 12 期，促进教学质量提升。开展企业人才培养需求调研，将体现产业发展的新技术、新工艺、新规范引入到专业教学中。推荐《PLC 编程及应用技术（西门子）》等 10 部教材申报四川省职业教育“十四五”规划教材。启动了第二批线上线下混合式教学改革项目立项工作，22 个立项项目通过了专家组验收评审，其中优质示范课 9 门、合格试点课 13 门。新增“冶金机械设备点检员”1+X 证书工作，获证率 82%。

科研方面，学院 2022 年课题立项共 12 项，其中省级及以上 9 项、市级 3 项，全年结题 8 项。

【招生与就业】 2022 年，学院招生 4012 人，单招、普招、“3+2”联合办学均取得历史最好成绩（单招淘汰率达 37%；普招文、理科录取线分别是 368 分和 331 分，录取分线较上一年分别增长 2%和 12%；“3+2”较前一年增 1 所学校和 1 个专业，增加 108 人，增长率达 20%），在籍学生规模达到 11364 人，生源质量进一步提升。

2022 年学院毕业生 2832 人，就业率 91.25%，超出全国高校平均就业率 14.25%，就业率保持四川省前列。

攀钢集团生活服务有限公司

【改革创新】 2022 年，攀钢集团生活服务有限公司（以下简称“生活公司”）科级机构压减 1 个；竞聘中层干部 6 名，中层干部竞争上岗占比 60%；末等调整 5 人，占比 17.2%。严格“两制一契”管理，组织 8 名任期制、24 名聘期制管理人员及 130 余名基层班组长签订 2022 年契约化经营业绩责任书，签订率 100%；人力资源优化 111 人，完成集团公司下达的优化指标。生活公司 2022 年三项制度改革工作被集团公司评为 A 档。泵阀维修业务、公务用车业务涉及的资产及人员分别平稳移交至鸿舰公司、综合服务中心。重新梳理各班组、岗位业务，明确用工方式，提高用工合规性；开展劳务供应商准入评价，压减劳务外包供应商 50%。聚焦销售利润率、劳动效率等关键指标，对盈利能力不强、不符合公司产业发展定位的 2

家低效超市门店、5 个对外服务食堂、2 个对外物业服务项目实施退出，关停 1 所生源较差的幼儿园，共计减少劳务 32 人。

集团公司将昆明攀钢商务酒店有限责任公司的股权无偿划转至生活公司，生活公司完成了划转后昆明攀钢商务酒店有限责任公司章程修订、股权变更登记等事宜。

【连锁超市】 2022 年，生活公司升级改造吉靓轩超市炳草岗店和南山二店，客流、客单价同比分别提升 23.98%、50.2%，每月增加营业收入 146.67 万元。持续优化供应链建设，扩大食百类商品厂家直采渠道，对接种养殖基地、合作社开展生鲜采购，多渠道降低采购成本。邀请集团工会开展“同城同价”市调和监督，吉靓轩超市价格竞争优势明显。积极拓展四川银行、攀枝花学院工会、经贸旅游学校等外部单位团购大单，以及十五中学校生活物资供应业务，增加经营收入 3600 余万元。拓展线上营销，开通 28 个门店靓轩优选、22 个门店美团优选、5 个门店京东到家业务，完成订单 22767 单，销售金额 118.65 万元。超市全年经营收入 5.3 亿元，同比增加 8000 万元，增幅为 17.8%，经营规模连续位居攀枝花商超零售业第一名；销售利润率超同行业平均水平近 1 个百分点，经营业绩“跑赢大盘”。

【餐饮服务】 2022 年，餐饮单位围绕公司“规范服务流程、提升员工素质、完善硬件设施、强化服务监督”等四个方面主题，全面提升餐饮服务能力。全年邀请被服务单位职工代表 2491 人（次）开展满意度测评，服务满意率超过 92%。

老厨匠面点加工中心建成投产，实现厂区食堂面点统一制作和配送；拓展四川银行食堂、攀成钢青白江食堂等 4 个食堂。隆庆大酒店重装开业，为矿业公司机关提供工作餐服务，对外拓展餐饮酒店和康养服务，形成新的利润增长点。匠兴餐厅经营持续向好；学生食堂和精典小苑经营稳步提升，经营收入同比增加 500 余万元。

【幼儿教育】 2022 年，攀钢幼教共有幼儿园 10 所，其中省级示范幼儿园 4 所；在园幼儿月均 1638 人；通过做优精品班，拓展公益早教，增开校培，较好完成公司下达指标。

【食品加工】 2022 年，生活公司老食匠食品分公司营业收入 2778 万元，利润 104 万元；主要产品有面条、糕点、米线，共计 90 余个品种，其中，2022 年新研发品种等共计 20 余个，主要创收产品面条礼盒、清水挂面、凉面、米线、热狗面包等；重点抓好端午、中秋等节庆产品的生产和营销，积极拓展市政单位团购，外部营业收入同比增加 73.94 万元。

【宾馆酒店】 2022 年，生活公司南山宾馆分公司完成集团公司各项重要接待和会务工作；加大营销力度，隆庆大酒店客房入住率较开业初期提升 16.43%、二招商务宾馆客房入住率同比提升 2.56%；加强荷塘月色菜品创新和服务提升，服务工作得到顾客肯定，月均营业额增加 0.58 万元。昆明攀钢商务酒店克服疫情给经营带来的冲击，为茶城承租户减免租金 183 万元；通过自主维修、加强餐厅管理、租赁费用谈判、优化劳务等措施降本 45 万元；利用“六税两费减免”政策，减少税金支出 37 万元；外拓市场贸易实现营收 410 万元、同比增长 190 万元，实现利润 25.5 万元、同比增长 19 万元。

四川鸿舰重型机械制造有限责任公司

【生产经营】 2022 年，四川鸿舰重型机械制造有限责任公司（以下简称“鸿舰公司”）主营收入 9 亿元，同比增加 1.62 亿元，增幅为 21.95%；实现利润 1960 万元，同比增加 501 万元，增幅为 34.34%，主营收入和利润均创历史新高。

2022 年，鸿舰公司成功轧制国内首卷钛箔带最大宽幅 500 毫米×0.1 毫米；国内首台最大 100 千克真空悬浮凝壳炉建成投产；2000 吨压力机及配套加热炉建成使用；钛杯壶生产线建成，并生产出钛保温杯样品；1000 千克真空自耗凝壳炉真空设备本体及自制装备全面完成。

【改革创新】 2022 年，生活公司阀门业务、矿业兴茂公司机械制造业务和工程公司液压配件业务划转至鸿舰公司，分别成立钒钛耐磨分公司、液压分公司，承接相关业务。

2022 年，鸿舰公司管理人员和专业职能人员压减 5%；全年竞聘中层管理人员 26 人（其中，公开竞争上岗 21 人，占比 80.77%）；中层管理人员末等调整 3 名、到龄退出 4 人；主营岗位劳务置换 22 人；全年办理市场化退出 13 人，占在岗员工 1%。

【科技创新】 2022 年鸿舰公司加强与南京理工大学王泽山院士、沈阳金属所、智仁景行建立新型复合身管战略项目合作；与清华大学合作开发的新型电驱车辆系统用钛合金部件完成了交付，被清华大学誉称为“难度大、效率高、质量好”的典范；与海工大联合研制水下诱饵发射装置，优化了整体设计，完成了产品制造，大幅提升了使用效率和安全稳定性；为国家重大示范项目配套研制的关键试验装备——半密爆器已在南京理工大学和智仁景行研究院投用，为项目推进提供重要支撑；部分海陆装备配套部件及项目成功研发试制。

2022 年，鸿舰公司新产品研发设计实现产值 4670 万元；科研费用归集 2818 万元，研发投入达到 3%；科技创效 2655 万元。获得授权专利 5 件，其中申报受理专利 3 件，发明专利 2 件。

攀钢冶金材料有限责任公司

【生产经营】 2022 年，攀钢冶金材料有限责任公司（以下简称“冶材公司”）实现利润 4003 万元，超额完成集团下达利润目标，超挑战目标 563 万元；营业收入 10.8 亿元，同比提升 18%，创历史最好水平。

【管理创新】 2022 年，冶材公司人均劳动生产总值累计 27.59 万元，全员劳动生产率较 2020 年同期累计提升 64.2%。科级机构从 16 个精减到 8 个。全面实施中层管理（技术）人员竞争选拔上岗，提升干部队伍整体素质，2022 年竞争性选拔中层管理人员 6 人，专业技术序列公开竞聘主任工程师 4 人，主管工程师 3 人；免职 5 人；对 8 名优秀年轻干部进行挂职锻炼复合型培养。在岗职工由年初的 634 人优化为 595 人。推行中层管理（技术）人员“组织绩效+个人月度动态指标+履职评价”的多维度绩效考核体系；建立“工作量、工作标准、工作业绩”全员量化绩效考核评价体系；推行“增人不增资，减人工资留存”的工效挂钩工资总额预算制；建立五类人员收入分配倾斜机制。

【科技与技改】 2022 年研发投入 3566 万元，科研创效 3056 万元。完成了 10 件发明专利申报，“一种透水砖及其制备方法”等 4 件发明专利获得授权。实施揭榜挂帅激励机制，加大耐材产品技术攻关，自主研发的高炉主沟浇注料在攀钢高炉试用成功，实现关键核心产品从无到有，产品寿命比肩国内同行水平；本部炼钢半钢罐砖通过科技攻关，使用寿命由 2021 年的 650 次提升到 790 次以上，提升 21.5%；自主研发的 RH 插入管用刚玉浇注料，产品成本较外购成品价格降低 24.6%；高温碳化炉改性镁碳砖炉龄由 14 炉提升到目前最高 1701 炉；高温碳化炉吨渣成本由 136 元降至目前的 28.5 元。完成 3 号 630 吨压砖机布料机改造、半钢罐区域喷补工艺改进、2 号破碎线进料端改造、脱硫枪配料工艺改进等项目 284 项，优化岗位人员 17 人，年创效 400 余万元。

攀钢集团有限公司综合服务中心

【人力资源服务】 2022 年，综合服务中心（以下简称“中心”）完成职业技能等级认定工作；通过省职鉴中心对攀钢职业技能等级认定题库建设的技术评估；完成省级、攀钢级技能大赛策划及组织；完成 2021 年度、2022 年度职称评审工作；完成 66 个工种标准化专业能力模型和共享测评题库编制工作等。积极推进岗位绩效考核信息化管理工作，有序推进鞍钢 HR 系统升级改造。认真开展法定退休人员档案预审；加强与市政府部门沟通，积极争取到政府稳岗返还 1931 万元，全年累计缓缴社会保险费用 3433 万元等。

【财务共享服务】 2022 年 10 月 14 日，攀钢下发《关于攀钢财务管理专业化整合的通知》（攀钢政发〔2022〕23 号），攀钢财务共享中心从综合服务中心剥离，由鞍钢集团财务共享服务中心攀钢分理处承接。财务共享业务涉及人员党群、工会、劳动关系及薪酬发放等由综合服务中心管理，日常业务、人员调动、干部任免及绩效考评等由鞍钢集团财务共享服务中心管理。

2022 年，攀钢区域纳税系统共上线 111 家单位；完成上线单位数字证书申请和销项授权的资料填报；完成 2022 年度初始化报表体系、科目和辅助项目等调整工作，配合各单位调整会计科目

237 个；累计开通 77 家单位 132 个银行账户直联支付业务；攀钢财务 NC 系统运行平稳；业务联络单完成率不低于 100%。完成 91 家单位的共享审核业务上收；攀钢数智化采购财务配套改造项目于 2022 年 9 月底完成验收。

【公共管理服务】 2022 年 10 月 27 日，攀钢集团下发《关于攀钢公务车业务整合至综合服务中心的通知》（攀钢政发〔2022〕24 号），由综合服务中心作为公务车整合实施主体，对集团公司川内各单位具有整合协同效应的 377 台自有车辆及其业务进行整合（含综合服务中心 70 台），按照"人随业务走"原则，整合范围内专职从事公务车业务正式职工，2022 年 12 月 31 日前整体划转或调入综合服务中心。

2022 年，综合服务中心主动适应公司机关高效运行新模式，着力增强服务保障能力，有效提升了集团总部机关办公办文办会服务品质。公务车服务践行"安、稳、快、准"服务要求，全年安全行驶 221 万公里，服务对象满意度进一步提升。

【离退休服务】 2022 年，中心接待离休及社会化服务来电来访咨询 2.4 万余人次；完成补充医保报销审核 11093 人次及 689.64 万元费用发放；申报死亡并停薪 1315 人，死亡善后处理 986 人；全年遗属供养证明生存验证 8580 人，发放遗属生活费 4433.85 万元；发放离退休人员统外养老金、集团春节慰问金、清凉费、离休生活费等各类费用 13033.75 万元；完成 1346 名退休职工常态化移交。

【三项制度改革】 2022 年，中心制定改革方案和人力资源优化方案并有序组织实施，机构改革后，中心科级机构由 20 个减少到 18 个，实现机构再优化 10%。人力资源优化完成了 11 个科级岗位和 23 个一般岗位 51 个定员竞聘上岗；员工市场化退出 8 人；办理内部退养 12 人；突出薪酬激励导向，中心浮动工资差异系数每月保持在 1.2 以上。按照攀钢专业化整合要求，划转出财务共享职工 26 人，调转入公务车驾驶员 143 人，实现了人员、资产全部转移到位，配套制度相继发布，公务车保障业务平稳有序承接。

【制度建设】 2022 年，中心按照"一三五"发展战略和"数字化、智能化""十四五"发展目标，完成了 5 项集团公司级制度的修订；制定《综合服务中心公共服务管理办法》，修订完善了《综合服务中心核心业务审批流程》等 10 多项中心级管理制度；协助集团公司制定了《攀钢集团有限公司公务车管理办法》，制定了《公务车运行管理办法》《综合服务中心全面风险管理与内部控制管理办法》。

2022 年，综合服务中心开展生产经营服务专项风险评估，梳理出道路交通、公共场所安全等 3 大类 5 个方面问题，并作为中心级风险对点落实防控措施，确保了风险可控。

【攀钢日报社】 2022 年完成《攀钢日报》自采稿件 613 篇（幅），为攀钢集团微信公众号提供原创稿件和图片 866 篇（幅），为攀钢电视提供原创稿件 369 篇（幅）。全年精品新闻完成中心考核任务。《攀钢率先在冶金矿山探索实践 5G 远程采矿》《"小巨人"的大作为》等报道获评攀钢季度好新闻。

《国内首家轧制成功！攀枝花"擀"出"手撕钛"》《攀钢为红格南矿综合开发利用提供成熟技术支撑》等一批反映攀钢新技术、新产品、新业态、新经验等新闻报道，频繁见诸新华社客户端等国内主流媒体，为社会各界进一步了解攀钢、认识攀钢、走进攀钢，提供了宣传"窗口"。

2022 年在《鞍钢日报》刊发新闻 176 篇（幅）。全年在"摇篮鞍钢"刊发新闻 85 篇（幅）。完成鞍钢集团主要领导到攀枝花、西昌、成都、江油、重庆等生产基地调研督导、走访慰问等报道。完成"才艺鞍钢""人文鞍钢""记忆鞍钢""责任鞍钢""深度鞍钢""网络鞍钢"等栏目约稿采写和图片拍摄。完成鞍钢集团重要会议、重大事件、重要节点等主题活动新闻素材报送。完成《鞍钢日报》A 稿新闻填报、攀钢记者站在鞍钢媒体平台刊播数量统计等工作。完成攀长特改革、攀钢"双合同"管理等专题片脚本撰写。完成攀钢管控中心、矿业公司、研究院、机电学院等广告图片拍摄。

四川劳研科技有限公司

【职业卫生】 2022 年，四川劳研科技有限公司（以下简称"劳研科技"）完成职业健康检查 49009 人次，健康体检 7484 人次；接收住院病人 261 人次，门诊接诊 559 人次；劳动能力鉴定 87

人次，受理并诊断职业病 7 例；完成重点职业病监测任务 3.4 万余人次；报出职业健康监护总结报告 670 份，职业健康监护个人报告 4.9 万余份，为 1 家单位编写了职业健康监护评价报告。

2022 年，完成建设项目职业病危害评价报告 130 份，其中，职业病危害预评价 53 份、职业病危害控制效果评价 19 份、现状 39 份、专篇 19 份；出具放射检测报告 132 份，报出个人剂量检测 130 份，防护检测数据 2015 个。

2022 年，报出化学因素检测数据 23420 个，粉尘检测数据 18623 个，物理因素检测数据 33499 个，完成日常检测报告 701 份。

【环保监测】 2022 年，劳研科技完成废水监测 14110 项次，地下水监测 1316 项次，废气监测 40493 项次，固废监测 326 点次，环境空气监测 2436 项次，噪声监测 2556 项次；完成 21 项环境应急预案编制工作，土壤污染调查 23 家，完成 1 家企业的排污许可证申报办理；完成环评监测 10 次，完成环评登记表 2 份；出具报告 3088 份。

【安全评价】 2022 年，劳研科技完成安全预评价 47 项，验收评价 14 项，现状评价 25 项；完成车间安全评价报告 36 份，危险岗位安全评价报告 1 个；完成 10 家企业安全应急预案编制工作。

（张凤池）

第十八部分

本钢集团有限公司

·概　　述·

【历史沿革】 本钢集团有限公司（以下简称“本钢”）前身是创建于1905年的本溪湖煤铁公司。1949年7月，本溪湖煤铁公司全面恢复生产。1953年3月，改称本溪钢铁公司。本钢为建设新中国作出了卓越贡献，新中国自己设计制造的第一批枪、第一门炮、第一辆解放牌汽车、第一台汽轮发电机、第一颗返回式卫星、第一枚运载火箭和第一艘核潜艇上都使用了本钢钢材，被誉为“中国钢铁工业摇篮”“共和国功勋企业”。

改革开放后，本钢重新焕发青春与活力。1994年11月，被国务院确定为全国百家现代企业制度试点单位之一。1996年7月，经国家批准改制为本溪钢铁（集团）有限责任公司，成为国有独资的大型钢铁联合企业。1997年4月，被国务院确定为全国120家大型企业集团试点单位。1997年6月，成立本钢板材股份有限公司，发行A股股票1.2亿股、B股股票4亿股并成功上市。2010年，在辽宁省委、省政府的主导下，本钢完成与北钢的合并重组，组建成立了本钢集团有限公司。2021年10月，本钢完成与鞍钢集团重组，成为鞍钢集团控股子公司。

【企业现状】 本钢现有在职员工5.69万人，占地面积87平方千米，拥有板材、北营两大钢铁基地和三地（南芬、北台、歪头山）主要矿山，形成了“钢铁+矿业+多元”的整体布局。目前，本钢已成为以钢铁产业和矿产资源为基础，贸易物流、装备制造、金融服务、工业服务、城市服务等多元产业协同发展的特大型钢铁联合企业，具有年产2000万吨优质钢材和900万吨铁精矿的生产能力。拥有亚洲最大单体露天铁矿——南芬露天矿、东北地区最大容积的4747立方米高炉和国内首条最大宽幅2300毫米热连轧生产线；与韩国POSCO合资组建的本钢浦项冷轧厂，工艺设备达到世界领先水平；板材冷轧总厂提供的世界最宽幅汽车用冷轧板能满足汽车行业发展对安全、节能和环保的要求。

本钢拥有国家级技术中心和检测中心，建有博士后科研工作站、先进汽车用钢开发与应用技术国家地方联合工程实验室等研发平台，汽车板、高强钢、硅钢、棒线材等产品生产和研发达到国内领先水平，形成了线材、螺纹钢、球墨铸管、特钢材、热轧板、冷轧板、镀锌板、彩涂板、不锈钢、硅钢等60多个品种7500多个规格的产品系列，广泛应用于汽车、家电、石油化工、航空航天、机械制造、能源交通、建筑装潢和金属制品等领域。

【生产经营】 2022年，本钢始终坚持以习近平新时代中国特色社会主义思想为指导，在鞍钢集团和多元股东的正确领导下，推动各项工作落地落实，做到了改革、经营“两手抓、两手硬”，各项工作取得显著成效。全年完成铁矿石开采量2393.6万吨、烧结矿产量2458.9万吨、球团矿产量486万吨、铁精矿产量920.6万吨、焦炭产量719.3万吨、生铁产量1686.3万吨、粗钢产量1755.6万吨、钢材产量1683.4万吨（其中，热轧板卷产量723.2万吨、冷轧板卷产量577.9万吨、特殊钢产量44.3万吨、不锈钢产量0.3万吨、钢筋产量77.4万吨、线材产量260.3万吨）。完成现价工业总产值737.84亿元，工业增加值160.14亿元。实现营业收入778亿元，利润总额10.29亿元，销售利润率1.32%，资产负债率76.22%，较年初下降3.18个百分点，在行业下行周期的巨大压力下，实现“双跑赢”目标。

【规划投资管理】 发挥战略引领作用，落实逆周期规划投资项目，组织完成多项重大课题论证；聚焦降本增效主线，提出打造明星产线和关停无效低效产线的指导目录；推进战略合作、碳达峰工作和绿色低碳运行；完成本钢集团2022年“五力”分析。一是建立“1+3+M+N”规划体系，审议通过《本钢集团有限公司“十四五”发展战略和规划》，组织完成三大板块公司发展规划及科技、汽车板、能源、环保、信息化等专项规划。二是落实逆周期规划投资项目工作方案，按照ABC分类确定150个项目，78项纳入2023年投资计划。三是组织完成两大主业铁钢界面、炉料结构、铁焦平衡等11个重大项目方案优化。四是极致化提高明星产线效率，关停低效无效产线，主要产线产能利用率达到100%以上。结合产品规划，按照2025年吨钢综合能耗550千克以下标准煤指标，完成调品指数目标，可实现万元产值能耗下降13.5%目标。五是全面承接鞍钢集团战略合作，2022年与本钢合作的战略合作伙伴有17

家。通过战略合作深化技术交流、产品推介、展示及技术营销等方式，促进研产用深度融合，使本钢部分产品通过认证并进入市场销售，为本钢创造更多经济效益。六是推进碳达峰和绿色低碳工作，本钢“双碳”工作成果显著。板材汽车用热轧高强度钢荣获工信部绿色产品设计，板材公司、北营公司获中钢协授予的“双碳最佳实践能效标杆示范厂培育企业”称号；吨钢综合能耗同比降低 19 千克标准煤，节能量 33.34 万吨标准煤。加大能源利用高效化、低碳化、绿色化，开展多项发电机组替换升级工程，提高二次能源利用效率。板材 CCPP 发电机组的投产，间接减少碳排放 47 万吨；板材特钢电炉等重点装备升级，助力节能降碳。七是完成“五力”分析。采用三维监控法对选取的 22 项针对性准、可代表性强的核心指标进行分析，在行业形势下滑的情况下，维持在 2021 年行业形势高峰期的板型，本钢应对行业形势变化的能力持续提升。

承接管理制度，提升管理水平；坚持战略指引，突出主体责任；聚焦投资方向，推进项目建设，细化管理要求，加强放行管控；预判支持方向，争取资金支持。层层承接投资管理制度，健全投资管理体系，为提升投资管理水平、提高建设项目投资效率及效益、防范投资风险提供支持。按照量力而行、保证收益等投资原则，围绕超低排放、节能降碳、矿产资源开发、数字鞍钢等投资方向，突出三大板块的主体投资责任，确保本钢“十四五”规划目标落地。2022 年投资计划 52.65 亿元（不含可抵扣增值税），控制规模 44.64 亿元，实际完成 44.61 亿元，投资计划完成率 99.9%。在超低排放等四个方向投资 31.8 亿元，实现北营大高炉出铁场除尘系统优化改造、板材 CCPP 发电、转炉煤气回收提效改造、歪头山低品位矿及废石辊磨干选资源综合利用等项目建成投产，板材基地一体化信息管控系统及配套支撑等项目投入运行。加强立项必要性审核，重视项目可研准确性、提高项目放行材料质量，加强风险及合规管控，严把项目技术经济指标。2022 年放行项目 95 项，签订目标任务书 71 份。积极与政府部门沟通，提前组织材料要件，板材中水深度处理项目成功申请 2022 年数字辽宁智造强省专项资金 2000 万元，花岭沟地下开采项目第二批中央预算 2060 万元资金计划下达（以上资金均已到市财政），9 个项目列入国家重大项目建设储备库，为后续争取政策资金创造条件。

【科技管理】 围绕“推进产品研发，建立创新体系，提升直供比例”开展品种开发攻关和重点科技项目管理。依托现有工艺设备，积极开发适销对路的新产品。成功开发并实现供货 58 个牌号，同比增加 11.5%；开发出口比利时工程机械用钢 18CrNiMo7-6FPH（欧标）、供德国变速箱齿轮用钢 21NiCrMo5H、供南美锚杆用钢 Gr65-Nb、供缅甸螺纹钢 MY400 等 21 个牌号，提升国际竞争力。鞍本协同成功开发薄宽规格专用钢 AZF550，实测试验合格，订货量逐步增加，拓展了本钢热轧专项钢领域；成功开发热镀锌增强塑性成形性双相钢 CR330Y590T-DH，填补本钢镀锌 DH 钢研究领域空白。培育“宽幅热轧高强钢系列化产品”。国内首创极限宽幅（2000 毫米）薄规格高强罐体钢 550GT-TH，区域市场独家供货。完成新产品供货 23.75 万吨，同比提高 114.4%，实现科技创效 6675.8 万元。

推进研发基地建设，改善研发环境，自主创新平台影响力逐步提升。在 2022 年度国家级技术中心评估中，本钢在全国钢铁行业排名第 13 位，排名较上次评价上升 3 位。围绕产品研发、工艺技术进步、质量提升等方面，统筹策划科技项目立项，着力解决制约企业发展的重点技术难题。2022 年开展本钢集团级科技项目 22 项，其中鞍钢集团重大 1 项，本钢集团立项 21 项；各子公司级科技项目 306 项。对本钢集团级科技项目实施全过程闭环管理，组织 41 项科技项目进行结题评审，其中 37 项通过验收，4 项未通过验收，结题率达到 90%。按照《本钢集团有限公司科技项目管理办法》相关规定，对通过结题验收的本钢集团级科技项目予以奖励，极大地调动了科技人员技术创新的积极性。

组织完成冷轧、镀锌、酸洗、特钢、线材等产品认证 49 个牌号，瞄准高端市场，跻身国际一流汽车（奔驰）生产供货商平台。聚焦自主品牌，鞍本融合共同推进龙头企业比亚迪汽车认证，汽车油箱专用电镀锌产品 DC06E+Z，在比亚迪西安、武汉、深圳 3 家基地实现批量稳定供货。高碳钢线材 C78D2/C82D2 两个产品通过 CARES 产品认证，成为继沙钢后国内第二家具备该资质的高碳线材产品生产企业，标志着本钢高碳线材产品取得了通往欧洲市场的“绿卡”，树立本钢产品在海外市场的品牌形象和影响力。本溪钢铁（集团）信息自动化有限责任公司荣获2022年辽宁省瞪羚企业荣誉称号。

深化产学研用创新协同，推进自动化公司“科改示范企业”建设。与辽宁科技大学、冶金工业信息标准研究院、辽宁科技学院签署战略合作协议，与辽宁工程技术大学共建“省部级协同创新中心”。知识产权管理取得成效，专利申请402件，同比增长70%，完成专有技术认定65项，首次参与2项国际标准的研制，获得省级以上各类奖41项，完成产品认证22项共40个牌号。

对外积极申报各类政府项目，争取资金支持，宣传本钢形象。申报国家、行业、省级各类科技项目51项，获批19项。“氢气竖炉内含铁矿物还原过程及多相传输行为研究”获评2022年辽宁省自然科学基金博士启动资金项目，基于工艺及装备优化的转炉炼钢提质增效生产技术开发项目获政府资金支持。申报“辽宁省冶金工业智能物联专业技术创新中心”项目，该项目已获省科技厅批复。

【管理创新】 全面深化改革取得实效，发展潜力活力持续释放。鞍本整合融合和国企改革三年行动实现既定目标，融入国资央企平台的新本钢管理更加规范、管控更加严格、治理体系运转更加高效，鞍本重组成为国企改革三年行动标志性案例。三项制度改革取得显著成效，新本钢向着公司治理规范化、运营机制市场化、激励机制价值化、对标提升精细化发展迈出坚实的一步。国企改革三年行动任务顺利完成，子企业董事会应建尽建和外部董事占多数实现两个100%，不同治理主体间决策界面清晰、权责明确，集团授权体系有效运转。以市场化方式推进法人压减48户，内部管理层级压缩至3级。三项制度改革后，本钢集团总部编制压减41.2%，作业区级及以上机构总量压减27%，主业板块管理人员占比降至9%以内。在鞍钢集团子企业重点改革任务完成情况评估中，本钢9项任务有8项名列前茅，成绩优异。市场化改革典型示范引领作用逐步显现，以“授权+同利”为核心，全面推行“双跑赢、三区间”差异化考核，涌现出板材公司“穿透式”授权放权、北营公司“市场化”和“精益+”改革组合拳、矿业公司赋能提质“三增一提”等改革创新典型，以及建设公司率先推行的“无职级任用”、恒泰公司“项目单元自由组队、竞价摘牌承包运营”等可复制、可推广的市场化改革“样板”，实现职工从“要我干”到“我要干”的转变。

全力推进鞍本重组整合融合。既定三年627项工作标的已完成590项，整体完成率达到94.1%。一是聚焦“要素管控+管理移植”，实现管控一体化差异化。管理体系实现软覆盖，治理体系一脉相承，本钢各级企业建立健全“一章程、两规则、三清单”；授权体系逐级落实，实施差异化授权放权；制度体系一以贯之，完成管理制度承接制定修订。信息系统实现硬移植，“国资监管、集团监督、管控共享”三类38项信息系统在本钢全域覆盖。二是深化“战略引领+资源协同”，全面塑造融合发展新优势。聚焦平台化、集约化、专业化、市场化，深化业务协同运营，鞍本协同67项快赢项目在本溪区域累计创效20.59亿元。

发布《本钢集团2022年规章制度立项、有效和废止无效清单》，立项135项，有效386项，废止305项。开展主业板块3家、多元板块11家子公司承接本钢集团规章制度体系。以承接鞍钢集团238项规章制度为主，以本钢其他规章制度为辅，逐级深入开展规章制度“学练用”工作，本钢层面开展“学练用”40场、各子公司开展317场。开展主业+多元板块14家子公司规章制度综合检查工作，发现存在问题共236项，提出了整改意见并进行了综合评价。

配套市场化改革，持续健全考评机制，不断完善、优化经营者绩效、组织绩效及多元激励机制。制定《本钢集团有限公司推行管理人员“两制一契”管理实施方案》及《本钢集团有限公司2022年子企业负责人战略绩效评价考核办法》，施行任期制契约化管理，实现各级子企业全覆盖。以效益为中心、以战略为引领，持续优化组织绩效评价机制。制定《本钢集团2022年组织绩效评价考核办法》及《2022年专业考核管理办法》，按照“目标分档、激励分级”的原则，构建科学指标架构体系。实施差异化精准考核，配套实施组织绩效、工资总额预算考核机制，持续优化季度效益奖、创效摘牌、降本激励等多元激励政策，创造性开展“四到”工作，充分发挥考核激励的导向作用。

持续深化授权经营体制改革，建立健全全周期授权体系，增强授权放权行权的系统性、科学性、规范性和实效性。组织各职能部门对92项本钢集团业务审批权限、124项核心业务权限进行了修订；加大对子企业固定资产处置、科研、采购、检修维简、技改工程、信息化项目等方面16项业务内容的授权力度。首次开展年度授权体系运行双向评价。从法人治理、行权规范、逐级授权三个维度10个关键指标，对子企业行权能力、行权效果进行评价，提出整改问题和不足61项；子企业从“六维放权”对本钢集团开展评价，真正打破授权放权的“玻璃门”、“弹簧门”，提出授权调整建议19项。通过双向评价，提升本钢授权体系整体的运行质量。

【人力资源管理】 深化三项制度改革，持续完善市场化经营机制。以鞍钢集团“7531”战略目标及本钢集团“十四五”战略规划为指引，推动管理人员能上能下、员工能进能出、收入能增能减，激发内生活力和动力，实现“企业增效，员工增收”，进一步增强企业竞争力、创新力、控制力、影响力及抗风险能力，促进企业高质量发展。2022年，全员劳动生产率达到29.55万元/(人·年)、钢铁主业实物劳动生产率达到722吨/(人·年)，较2021年分别提升3.34%、22.7%；管理人员竞争上岗、末等调整和不胜任退出比例分别达到82.98%、29.61%；员工市场化退出率达到1.47%，浮动工资差异化系数达到1.37倍。

按鞍本重组总体推进要求，依据《人力资源组专项整合目标任务书》，全面完成各阶段的10项具体业务、65项工作标的。建立健全人资双系统机构主数据对应机制，为双系统联动运维奠定机构数据基础；拓展鞍钢HR系统的本钢自主运维项目及范围，有效开展鞍钢HR系统与本钢ERP人资系统的双系统运行、运维，强化双系统运维管理；探索改进ERP人资系统岗位名称、岗位序列、职务级别的项目、层级设置，完善鞍钢HR系统内本钢所属岗位、职位的名称字段及属性设置；以鞍钢HR系统数据为依托，为“钢钢好”、新OA、NC财务共享平台等系统提供数据支持服务。

全面承接鞍钢集团薪酬管理体系，实现与鞍钢薪酬体系一体化。印发《本钢集团有限公司薪酬体系一体化实施方案》，各单位从2022年4月起开始进行薪酬体系套改，套改后人均增加工资397元/月；依据薪酬一体化实施方案，两次调整夜班津贴，增加夜班津贴人均460元/月；制定《本钢集团有限公司子企业负责人综合考核评价与薪酬管理办法》《本钢集团有限公司高级管理人员等综合考核评价与薪酬管理办法》等八个制度，为本钢薪酬工作提供有效政策依据；2022年在职职工人均工资7469元/月，较上年增长6.5%。

按照“全体起立，重新聘任”原则，采用自上而下、选竞结合的方式，重新聘任493名领导干部到D级及以上岗位，竞争上岗占比达50.7%，落聘待岗78人。保持干部“上”“下”渠道畅通，提拔使用直管干部26人，进一步使用18人，降级使用11人、免职待岗4人、解除劳动合同5人。

对重点子企业及主体厂矿开展无任用调研，充分了解掌握各单位“军令状”签订和指标分解落实、实现目标举措、工作作风建设及领导干部履职担当情况。加强对直管领导班子和领导干部管理和监督，制定《本钢集团领导班子和领导人员综合考核评价办法》和实施方案，对部门、直属单位和直管子企业领导班子和D级及以上人员共42个领导班子、295名领导干部进行考核评价，对排名靠后的领导干部进行点评。

全面推行管理人员“两制一契”管理，组织对纳入任期制和契约化管理的76家单位的159名经营层成员完成聘用合同签订及录入鞍钢绩效考核评价系统工作。推进职业经理人选聘，对落实董事会职权试点企业及其他符合改革试点条件企业的经营班子成员推行市场化选聘职业经理人。信息自动化公司等5家单位已完成职业经理人选聘工作，实现职业经理人企业户数占比不低于10%的年度考核目标。

根据“管理覆盖+管理移植”要求，对在籍在岗、协力用工的岗位和业务范围分类；制定《关于持续深化开展全口径岗位定员定额工作的实施方案》，核定全口径岗位定员共计61214人（直接用工49272人、间接用工11942人；管理技术8183人、生产服务53031人）。

贯彻国家人才发展战略，扎实做好各类人才的引进、选拔、培养工作。一是编制《本钢集团有限公司关于进一步加强和改进技能人才工作的实施方案》，实行技能人才津贴、技能提升补贴发放机制。二是加大人才引进力度，提高毕业生安家费标准，实行协议工资，引进专业成熟人才 1 名、全日制本科及以上学历高校毕业生 22 名、"订单班"岗位实习生 331 名、柔性引才 9 名。三是实施"本钢英才计划"技术（技能）领军人才、拔尖人才评选，开展"双碳"人才培养。积极推荐"兴辽英才"计划人才 14 名，成功申报国家级、省级技能大师工作站 2 个，宣传优秀人才典型事迹 48 人。

认真贯彻落实国家和省职称改革精神，修订《本钢集团有限公司职称评审管理办法》，全年新晋专业技术职称人员 117 人（受疫情影响，一部分考试延至 2023 年），其中正高级职称 13 人、副高级 41 人、中级 20 人、初级 43 人。

优化职工培训体系，扎实开展培训工作。编制《本钢集团有限公司教育培训体系优化工作方案》，建立培训计划实施协调会和培训月报制度，确保培训计划顺利有效实施，累计举办培训班 244 个，涵盖各类培训项目 335 个，培训 112649 人次；有效承接鞍钢培训任务，组织落实鞍钢调训、中钢协等高端培训及领导班子公文写作、制度大讲堂等 17 个班次，累计参训 2600 余人次；为加强培训经验推广，开展优秀培训项目评选，2022 年共计评选优秀项目 26 个，组织 5 家单位开展经验交流。开展职工技能竞赛，组织承办了省级、鞍钢集团级、市级技能竞赛，获得各级竞赛状元 21 个。建立工程技术等级序列，通过 3 轮公开竞聘选拔首席工程师 48 名。

【财务管理】 深入"纵横贯通的全面预算管理体系"的实质，紧盯年度预算目标，主动谋划，促进生产经营与全面预算管理深度融合。一是强化经营预算、资本预算、财务预算全面性，首次突出"两利四率""两金"、经营活动现金流等重要预算指标管控，制定 9 类增利措施，增利净额 37 亿元。二是修订《本钢集团有限公司全面预算管理办法》，逐步完善全面预算管理制度体系。从时间和管理层级两个维度层层分解预算指标，将指标落实落细落地。三是通过产线效益排名等方式完善和加强月滚动预算管理，做到事前精细编制、事中实时跟踪、事后精准评价和有效处置。四是推进细化月度经营分析，健全全面分析模型，多维度多角度分析对比，提高针对性和实效性。五是强化预算执行结果考核，健全预算考核制度，用考核倒逼责任落实，使全面预算管理成为生产经营降本创效的"方向盘"。六是组织各专业部门、各子企业构建全面预算指标体系，建立涵盖产品产量、技经指标、固定资产投资以及资金等 13 个方面 235 项指标。七是完善定额管理，强化标准修订。组织三大主业板块修订采矿、炼钢、轧钢等 10 大主要工序标准，完善 61 个生产机组、3635 项生产定额。八是建立成本削减管理体系，强化协同和工序降本。2022 年同比压降成本 46. 5 亿元，折合吨材降低 276 元，比预算多完成 176 元/吨，超额完成预算降本目标。

坚持以全面预算为纲领，抓好资金预算的落实工作，强管理、严管控、应收尽收。一是强化资金预算的前置性和执行性管理，通过加强对各子企业现金流量预算的精益管理，提升集团公司经营现金流获取能力，维持本钢集团资金链平衡和安全。二是货币经营实得现金流与应得现金流比例达到 110. 88%，完成鞍钢集团目标。三是日常结算业务全部由鞍钢财务公司转移至司库系统中进行，助推本钢集团对金融资源全面管控，提升债务风险防控能力和资金价值创造能力。

全面承接鞍钢集团"两金"占用考核方法，将各项考核指标层层分解落实，不断强化"两金"管控，降低存货资金占用。一是修订《本钢集团有限公司存货管理办法》，对存货盘点、计提存货跌价准备等内容进行重新明确。二是会同相关部门组织核定新的存货管控目标，制定措施进行有效管控，提高存货周转率。至 2022 年末，存货余额 133. 25 亿元，比 2022 年初降低 34. 08 亿元，降幅 20. 37%。继续加强债权债务管理，严格执行《本钢集团有限公司债权和债务管理制度》和《本钢集团有限公司外部债权清收管理及考核规定》，实现债权债务管理制度化、规范化。

对接鞍钢资金预算管理系统，整合总体资金资源，统筹协调平衡资金，实现内部资金的集中归集和有效管理，全面提升资金运营效率。一是加强现金流量预算统筹管理，完善资金预警机制，协调平衡月度、周、日资金预算，提升经营现金流获取能力，维持资金链平衡和安全，确保经营净现金流量为正，2022 年本钢集团经营活动现金流量净额为 115. 24 亿元。二是进一步规范资金支付流程，强化资金支付过程中的内部控制，优化付款结构，统一付款政策。三是持续完善债权债务管理，实现债权债务管理制度化、规范化。强化外部债权清收管理，全年实现当年应收尽收103.9亿元。

强化融资管控，调整融资结构。一是调整国有大行贷款集中度，12月末四大国有银行和两大政策性银行融资余额占比达66.44%，比鞍本重组前提升11.4个百分点。二是调整长短期债务融资结构，12月末长期融资占比49.3%，较重组前21.05%提高28.25个百分点，使财务更加稳健。三是增加直接融资比例，为拓宽融资渠道，成功发行3年期中期票据5亿元。四是调整本外币融资结构，为应对美元汇率上涨，规避汇兑损失，通过提前偿还外币贷款，规避汇兑损失，2022年实现汇兑收益1.5亿元。

通过债转股和混改引入增量资金，统筹规划去杠杆、降负债工作。有息负债融资总额较鞍本重组前降低26.9%，降低了财务风险。协同效应使降利率工作取得显著成效。有息负债融资成本较重组前和年初分别下降了0.918个百分点和0.522个百分点。扣除汇兑损益因素，2022年财务费用比2021年同期降低51.49%。

以企业税费管理制度落实执行、优惠政策宣贯、降低涉税风险为主线，在依法纳税的同时，充分享受国家优惠政策，合理降低企业税负。一是宣贯并认真落实《本钢集团有限公司纳税管理办法》《本钢集团有限公司研发费用管理规定》。二是充分享受稳增长及一揽子等税收优惠政策，全年受益约12.1亿元。三是积极开展依法纳税专项行动工作，自查自纠，互查整改，进一步降低企业涉税风险。

【资本管理】 积极对接鞍钢战略规划部等部门，高效组织本钢股权二次无偿划转工作。2022年3月27日，完成审计数据确认、章程修订、本钢董事会、股东会议案材料、风险评估，履行本钢内部决策程序，并向鞍钢集团上报请示。按国务院国资委《关于本钢集团有限公司国有股权无偿划转有关事项的批复》，2022年5月18日，完成工商登记变更，确保鞍钢集团实际控股地位。配合做好本钢股权结构调整工作，按要求将省国资委持有本钢集团4.6%股权无偿划转给辽控集团。推进北钢持有的北营4家子企业（北方轧钢、北方二轧、北台高线、北方高线）股权转让工作，2022年7月22日前全部完成工商变更，为法人压减工作奠定基础。对非钢子企业注册资本情况进行梳理，形成国贸公司减资和天弘善实缴注册资本工作方案，完成天弘善公司注册资本实缴工作。

规范对上市公司的管理。深入贯彻落实《国务院关于进一步提高上市公司质量的意见》等文件精神，结合国企改革三年行动有关要求，制定《本钢集团提高下属控股上市公司质量工作方案》和提高央企控股上市公司质量工作方案（2022—2024年），指导本钢板材制定《本钢板材股份有限公司关于提高上市公司质量工作实施方案》。督促、指导上市公司改善投资者关系管理工作，建立较为完善的信息披露和投资者关系管理制度。利用网站、电话、接待来访等方式，搭建与投资者间顺畅的沟通渠道。全面完成2022年投资者关系管理重点工作。

持续推进混改项目后续工作和合资合作工作。2022年6月21日，协调抚顺新钢铁支付第二期增资款及利息516161787.92元，同时协调处理第三期增资款延期支付工作。根据国务院国资委《关于开展混合所有制改革总结评估有关事项的通知》要求，完成本钢集团所属混合所有制企业评估工作。2022年7月8日，完成本钢宝锦增资扩股工商变更登记（注册资本由6000万元增加至15000万元），成功引入增资扩股投资方厦门象宏投资有限公司，出资7650万元，占51%，昆山宝锦激光拼焊有限公司出资2250万元（本次增资1350万元），占15%，本钢板材股份有限公司出资5100万元，占34%。

加强对参股企业的监管。根据鞍钢集团对境内合资企业监督管理的要求，构建以《本钢集团有限公司合资企业监督管理办法》为主体的“1+N”监管制度汇编，制定《本钢集团有限公司派出参股企业人员履职管理细则》，形成监督责任明确、监管方式清晰、监管平台有效的参股企业监管体系，通过调整派出人员，强化监管主体责任。2022年共收回参股企业当期及历史陈欠投资收益超5880万元，创历史新高。

根据鞍钢集团参股投资企业整改处置及产业金融板块改革发展的要求，制定《本钢集团有限公司参股企业整改处置工作方案》。按照工作方案安排完成6户使用本钢字号参股企业整改工作，按计划完成22户C类企业处置工作。对本钢板材营销中心3户民营挂靠企业明确处置退出要求并制定退出计划，其中广州本浦公司和武汉源鸿两户已在上海产权交易所公开挂牌，浙江精睿公司已完成审计评估。对于北京中联钢公司，按照宝武集团的评估结果进行公开挂牌；对经营期限届满、不具备股权转让条件的大连摩根公司按照控股股东提出的清算方案成立清算组进行清算；向2户参股金融机构提出退出工作计划。

【审计管理】 深入贯彻中央审计委和全国内部审计相关会议精神，紧紧围绕鞍本两级集团公司发展战略，牢固树立“参谋有道、监督有力、整改有效”的审计工作理念，坚持“全面覆盖、依法审计、彻底整改”的工作原则，以问题为导向，以促改革、控风险为目标，切实抓好审计质量，跟踪问题整改，履行审计监督职责。

合理安排人力资源，积极开展审计项目。2022年度本钢集团完成审计项目30项，超额完成年初制订的审计计划。累计发现和披露各类审计问题226个，提出审计建议120条，反映问题金额3631.92万元，促进企业增收节支433万元。审计建议采纳率100%。

扎实做好审计问题整改“后半篇文章”，建立审计问题整改监督指导长效机制，整改初见成效。以“本钢南芬铁矿扩帮延深”等4项工程审计问题整改为契机，制定统一整改方式和完成标准，总结分析审计发现的普遍性、倾向性、苗头性问题，举一反三，强化审计问题整改结果运用，有效解决被审计单位“不愿整改、不会整改、整改不力”的问题。2022年末达到审计整改时限的审计项目25个，发现审计问题188项，其中164项问题已完成整改，21项问题需持续整改，持续整改节点目标已落实，1项涉嫌违规违纪问题已由本钢纪委做进一步深入调查，2项未按期完成整改但已制定整改措施，明确整改时间节点。现阶段审计问题整改完成率98.9%，整改后已对53人次进行考核问责，共处罚17500元，制定和完善管理制度54项，追回工程款1217.74万元，完成账务调整13160.12万元。

整合融合审计业务。从业务流程、问题定性标准、工作开展模式等方面进行全方位对标，对原有制度进行梳理并全面承接鞍钢集团相关制度，建立健全审计管理制度16项，并指导子企业层面建立健全审计制度33项。进一步明确内部审计岗位职责、业务内容、工作程序和考核要求，实现管理制度全覆盖。积极配合鞍钢集团党委对本钢集团历史遗留问题的巡视工作，历时5个月对19家单位形成历史遗留问题的成因进行深入分析核实，最终认定存在主观原因的问题有153项、7.17亿元，存在客观原因的问题有326项、51.83亿元。对历史遗留问题存在主观原因的153项开展问责追责共计8家单位、160人次，绩效考核5.58万元。开展专业培训，提高从业人员对管理风险的防范能力。5月，组织本钢集团的工程和财务管理人员，从工程建设的13个方面对本钢工程项目建设全过程的审计要点和典型案例进行讲解，培训共列出工程建设不同阶段的117个审计要点和50个典型案例，对共性问题进行多维度、多层次分析、解读，增强了各基层单位投资管理合规性意识。

【法律事务管理】 深入宣传贯彻习近平法治思想，为企业合法合规运营及规避风险保驾护航。持续强化法律保障，深入推行重要决策、规章制度、经济合同法律审核制度，在确保100%审核率的基础上，持续提升三项法律审核质量。全程参与三项制度改革、多元子企业改革、企业亏损治理、北钢所属企业处置、厂办大集体改革等重大改革和板材公司1780线、马耳岭球团股权转让、丹东不锈钢公司资产租赁等重大项目，将法律支撑贯穿经营管理活动全过程，确保依法依规操作，严控法律合规风险。全年参加有关法律保障会议60余次，出具法律意见500余条，审核各类合同91份，规章制度300余项，决策类事项80余项（其中5+X联审65项）。

不断强化法律纠纷案件管理，主动维权，积极应诉，密切与各级法院沟通联络，妥善处理各类纠纷案件，最大程度维护企业合法权益。建立案件后评估机制和典型案例库，以案为鉴，以案促管，为企业依法合规经营提供坚实保障。2022年共办理各类法律纠纷案件353件，涉案金额177383万元。其中新增215件，涉案金额57525万元；2021年结转未处理终结案件138件，涉案金额119858万元，避免和挽回经济损失7321.69万元。

以合规管理强化年为契机，认真系统梳理合规问题和合规风险，加速推进合规管理体系建设，初步搭建合规管理的体制机制框架基础。成立合规管理委员会，由总法律顾问担任合规管理负责人，明确法律合规部为合规管理牵头部门，设置专门内设机构并配备专职合规管理人员，负责组织、指导和协调开展合规管理工作。制定《本钢集团有限公司合规管理办法》《本钢集团有限公司重大事项风险评估与合规审查管理办法》等制度，搭建以合规管理办法为基础，以授权委托权限与业务审批流程为保障，以强化全员合规管理行为能力为核心的合规管理制度体系。

以防控风险为导向，加大力度支撑和保障企业改革发展。完善风险内控组织体系和规章制度体系，深化风险管理“三道防线”建设，充分发挥“2+N”机制功效，并将全面风险管理与内部控制有机融合，针对战略管理、安全环保、资金运营、市场化改革、亏损企业治理等领域重大风险进行了认真的摸排梳理，共汇总15方面主要风险事项，组织制定并严格按计划推进落实重大风险管理解决方案，较好地完成了年度重大风险管控目标。

加大法治宣传力度，制定下发《本钢集团有限公司关于开展法治宣传教育的第八个五年规划(2021—2025年)》。在《鞍钢日报》“法治·鞍钢”专版刊登本钢法治建设工作取得的成效及经验做法。会同本钢党委宣传部在《本钢日报》开办法治知识专栏，定期刊登新出台的法律规定及与企业生产经营管理密切相关的法律知识。组织开展“12·4”国家宪法日宣传活动，广泛宣传宪法，营造良好的法治氛围。

恪尽职守做好工商事务管理工作，完成本钢集团交派的各项重大工商登记任务。一是完成本钢集团董事人选在辽宁省工商局备案登记工作。二是完成省国资委所持本钢集团有限公司部分股权无偿划转变更登记工作；审核、指导下属各单位工商变更登记、备案事项40余次，确保工商登记变更事项合法合规；推进下属法人企业通过吸收合并、清算注销、股权转让等方式完成企业法人户数减少49户，如期完成公司交派改革任务；按时完成本钢集团、本钢公司2021年度企业信息报送和公示工作，同时组织下属各单位做好企业信息年度公示工作，本钢集团及各所属单位公示完成及通过率达到100%。

【生产质量管理】 以提高产能利用率和降成本为工作重点，以强化质量管理为手段，努力提升大宗原燃料管控能力，为高炉生产提供有力的原燃料保障。大力推进“日清日结”工作，牢固树立“以效益为中心”理念，通过“日研判、周分析、月总结”，不断堵塞管理漏洞。通过铁系统均质化管理，提高配矿准确率，烧结质量稳步提升；在将自产矿粉全部消耗的前提下，根据其产量和质量情况，通过配矿模型合理计算，充分使用经济矿粉，优化配矿结构。建立高炉有害元素管控体系，监控不同炉型高炉有害元素负荷。打破传统生产工序壁垒，强化“以高炉为中心”的工序服从原则，各工序基本实现长期稳定顺行。通过“日核算、周分析、月总结”，查找不足，不断堵塞管理漏洞，持续实施低成本战略。

围绕降低铁耗为核心，重点组织炼钢工序稳定生产，为进一步降低铁耗创造必要条件。一是定期组织召开专题协调会议，强化信息沟通及预警，抓好翻车机和解冻库运行管理，减少小耽误影响，全力接卸路局车辆。二是制定并优化各项保产、保供方案，合理调配内部公路和铁路运力，加大厂内倒运力度和倒运量，最大程度减少低温状态下对正常生产运行的影响。三是针对焦煤、矿粉、合金、废钢等外购物料出现进货异常问题，及时协调采购中心、国贸公司进行统一平衡，保证总体生产稳定。四是狠抓以汽车板为代表拳头产品增量，制定“两保一核心”的工作方针，通过汽车板增量为引领，全面带动公司品种钢生产能力的提升，2022年汽车板生产实现历史性全面突破，总合同量完成230万吨。五是通过对各成品库的取、配、装车时间进行实时跟踪管理，降低疫情突发导致的影响，提高发车效率，开通汽运集港业务，提升外发渠道，以保证产品外发需求。2022年合同下达1672.81万吨，完成1620.54万吨，合同交付率96.88%。出口合同下达187.11万吨，完成186万吨，合同交付率99.41%。重点品种下达857.34万吨，完成856.61万吨。

围绕降低非计划产品数量、提升钢后产品质量、减少质量损失，组织钢后各工序以“工序服从”为基础，严格管控影响产品质量的关键控制点、关键工艺参数的执行和主要设备功能投入，持续开展质量改进攻关工作。2022年钢后产品总非计划707987吨，其中板材公司钢后产品非计划624387吨、非计划率5.53%；北营公司钢后产品非计划83600吨、非计划率1.19%。强化外购物料入口质量管控，严格执行取消让步接收政策，

2022 年外购炼焦煤、燃料煤、焦炭、原料、矿粉、废钢累计挽回金额 13294.81 万元。组织开展现场联合抽检 85 次，实时监控外购物料进货质量。针对外购物料质量不达标、不合格问题，下发整改通知单 271 个，停止供货通知单 39 个。铁前工序产品细化过程质量管控，稳定入炉料质量。工序产品质量绩效指标 5 项，完成考核计划 5 项，达标率 100%。围绕一体化项目制造系统上线开展质量管理工作，其中产品质量设计全年编制工艺代码 4876 余条，工艺数据基表 1226 余份，冶金规范码（QD 码）2752 余个，总数据量约 344 万条。由出钢记号替代 GKNO 管理炼钢成分，GKNO 由原来的 3483 个整合为出钢记号共 1494 个。对炼钢的铸坯等级和分选度进行内控管理。分析质量异议 91 笔，组织第三方认证 3 项。钢后产品质量异议总量 24008 吨，异议额 1417 万元，异议吨钢损失 0.81 元。2022 年质量异议整改工作主要围绕主机厂、直供用户等战略合作用户开展，通过技术服务组直接反馈和解决用户使用中存在的问题。2022 年获金杯优质产品奖 3 项。

完成第十六期六西格玛项目的跟踪评审工作，组织开展第十七期六西格玛黑带项目选项评审、阶段培训、DMA 阶段评审、结题评审工作，3 个项目荣获 2022 年度中国质量协会质量技术奖全国优秀六西格玛项目。2022 年注册 QC 项目 19 项，申报质量信得过班组 21 个，均已完成结题评审。

【设备工程管理】　夯实设备基础管理，为生产顺行提供保障。通过统一管理标准、推进隐患自查整改、加强专业交流培训、提升岗位能力，对标先进，完善管理流程，促进管理提升；同时围绕“功能精度”“全面预算”“库存消纳”“运行状态”“安全管理”“能源利用”“规范标准”“绩效考核”8 个方面夯实点检定修制，实施全面预算管理和设备精准管理。

加强设备运行管控，在稳定设备运行基础上，提升设备专业化管理和精度功能管理水平。主要生产设备可开动率计划 94.09%，实际完成 96.17%，比计划提高 2.08%；主要生产设备事故故障停机率计划不超过 11.43‰，实际完成 1.24‰，比计划降低 10.19‰。一是严抓设备事故攻关目标，设备运行平稳，故障台时大幅下降。两大钢铁子公司主要产线发生设备事故故障 105 次，故障台时 358 小时，同比去年台时降低 165 小时，较好完成了攻关目标。二是严控设备修理费，构建网状设备维护体系，实现检修基本盘的稳定。三是持续推进备件专业化管理及备件利库、修复、国产化和包消耗工作，同比压降采购现金流创历史最好成绩；备件外委修复率提升到 20.2%，备件修复节约额 1.6 亿元；完成备件国产化 88 项、降成本 1857 万元。四是开展润滑油品专项攻关，实施油品零库存模式，减少资金占用。

按计划完成大修、年修项目，板材、北营组织实施四次大型联合检修，实现保安全、保质量、保工期的总体目标，为本钢集团设备稳定运行奠定基础。板材、北营两子公司完成 42 项年修计划，计划执行率 100%。计划金额 1.22 亿元，发生金额 1.17 元，节约资金 653 万元。重点解决了板材新 5 号高炉填料脱水器堵塞、1700 轧线 R1 轧机下辊主电机异音、1 号酸轧 3 架轧机主传动联轴器磨损超限、CCPP 机组燃烧筒瓦片裂纹和北营 9 号高炉炉体漏水重大安全隐患等问题，为生产顺行及设备稳定提供保障。

技改工程管理对标鞍钢管理模式，全面移植鞍钢工程管理制度。依托信息一体化系统，开展工程项目全寿命周期管理。严格执行“项目经理责任制”，CCPP 发电工程、特钢电炉工程、转炉煤气柜工程、北营 3.5 万立方米制氧工程、歪矿高压辊磨工程等 5 项重点工程按期投产，支撑企业低碳节能、绿色环保、高质量发展。

全力组织工程设计审查，全年共对 20 个重点项目提出优化措施。针对重点工程及其配套项目，三大主业子公司组织各项目部在设计方案至施工图交底阶段全面开展优化和利库工作，对板材炼铁总厂 4A 焦炉机侧除尘烟气治理工程、北营炼钢一区产能置换项目、南芬绿色矿山选矿提效及智能化改造等 20 项重点工程项目提出优化措施，降低投资约 4352.9 万元。

深入设备现场，加强对工程质量的监督。通过巡检发现工程质量问题 740 项，其中实体质量问题 538 项、质保资料问题 202 项。取消每年两次大型联检维修（春检和秋检），从实体质量、质保资料方面对在建工程每月开展一次全面检查，使得检查内容和深度与以往相比更广泛深入，逐月提升质量管理水平。按照冶金总站下达的《关于开展 2022 年冶金建设项目在建工程质量专项检查的通知》内容，重点检查工程实体质量，并对钢筋混凝土的回弹强度、钢结构及管道、支架的漆膜厚度、钢结构焊缝（焊角、余高）检查、钢筋混凝土保护层厚度等进行了实测实量，对检查出的问题进行及时整改。工程质量监督受理登记61项，全部指派专人进行管理。工程监督管理人员对所监督工程下达质量监督计划书，开展质量监督工作，做到工程质量监督覆盖率100%，参加单位工程验收36项，合格率100%。

严格预算审批管理制度，全年施工单位编报预算12.73亿元，削减金额2.25亿元。三大板块技改工程建设现金流下降至45.9亿元，累计完成投资45.9亿元，投资计划完成率98.9%。完成工程项目招、议标926项，按照计划金额测算，全年节省金额17.4亿元。无重大检修人员伤亡事故，无重大设备事故，特种设备（锅炉、压力容器、起重机、电梯）按周期检验执行率完成计划达到100%。

【安全环保管理】 以习近平总书记关于安全生产重要指示精神为指引，牢固树立安全发展理念，紧紧围绕“1357”安全工作要点，坚持“安全第一、预防为主、综合治理”和“人民至上、生命至上”的方针理念，依法落实安全生产主体责任，全面反违章、除隐患、控风险，力戒形式主义、官僚主义，以实际行动践行“三管三必须”“五清五杜绝”“四个一刻也不能放松”。实现重伤及以上生产安全事故和火灾事故“双为零”、事故总数和伤亡人数“双下降”。

多措并举，全面压实安全生产责任。一是各级党组织定期开展近十年习近平总书记关于安全生产的重要指示批示精神学习，并对照习近平总书记重要讲话精神和岗位安全职责逐级开展“大讨论”。各级组织开展专题学习782次，查摆问题955项，逐项落实整改。二是制定《本钢集团有限公司安全生产目标责任管理办法》，建立安全生产目标奖励机制，与17家子公司签订《安全生产（防火）目标责任状》，安全指标层层分解，累计兑现奖励847.5万元。三是修订《本钢集团有限公司全员安全生产责任制实施细则》，编制《岗位安全责任清单》和《岗位安全履职清单》，将安全责任细化分解到每一个岗位，2022年各级管理人员安全履职82935次。

突出重点，进一步夯实安全基础管理。一是承接鞍钢管理制度。修订下发各类安全管理规章制度33项并指导各子公司和所属单位同步完成。以规章制度“学练用”为契机，对各子公司制度承接情况进行检查，查摆各类问题37项。二是组建内部专家团队。分层级组建矿山、危化、消防、应急救援等7个专业安全专家库，打造了一支专业精、能力强的安全技术专家队伍。三是将安全生产标准化企业晋级目标纳入《安全生产（防火）目标责任状》考核指标。从管理标准化、现场标准化、操作标准化三个方面入手，全面提升管理水平。

抓实精准培训，注重培训效果。一是开展领导干部“安全生产大讲堂”活动，公司分管副总经理和安全环保部总经理分别录制视频课程，通过网络培训平台对基层单位进行培训，各子公司及所属单位领导干部上讲台授课526人次，累计培训20360人次。二是组织职工和相关方人员开展“学、贯、用”规程，通过“三大规程”的学习和闭卷考试，推动“五清五杜绝”的落实。三是广泛开展安全宣传，在《鞍钢日报》、“本钢新闻”等媒体发表文章157篇，营造良好的安全文化氛围。

补齐短板，提高风险管控和隐患排查治理能力。一是开展全流程危险源辨识、风险评估和隐患排查治理工作，结合生产工艺和设备设施的变化，重新梳理辨识安全风险31206项。对两轮隐患排查、一轮安全服务诊断和15项专项检查查出的37445项问题建账，逐项落实整改措施、责任人和时间节点，形成闭环管理。二是树牢“隐患就是事故”理念，以安全生产费用依法足额计提和规范使用为基础、以安全生产专项整治“百日清零”行动为手段，着力推进重大隐患整改工作。全面实行隐患清单制管理和重大隐患挂牌督办，强化过程监管和监督考核，通过持续跟进，整改重大事故隐患144项。三是进一步补充完善现场视频监控系统，实现重大危险源、重点安全风险部位及违章行为易发多发部位的全覆盖。四是按照“一地一策”的原则，对于非必要的临时建筑和库房坚决予以清除，通过大量减少危险源数量，降低火灾事故风险。

规范开展安全费用计提与使用。2022年计提安全生产费用3.38亿元、使用2.38亿元，解决板材热连轧厂加热炉室内电动盲板改造、北营炼钢厂增设煤气报警器集中安全管理系统、矿业各采场增设照明等一批制约安全生产的重点难点问题。

全面贯彻绿色发展理念，以鞍本重组为契机，快速融入鞍钢集团践行新发展理念、融入新发展格局的工作布局。通过承接完善环保管理制度体系、大力推进超低排放改造、快速整改督察反馈问题等举措，实现较大及以上环境污染事件为零目标，污染物排放总量同比持续降低，全面完成经营考核指标，环保工作取得显著成效。

高度重视污染防治。各生产工序按要求全部配套大气污染防治设施，大气污染防治设施满足国家超低排放标准要求。严格管控各单位的排水量、质指标，强化污水处理设施达标运行管理。优化板材、北营两子公司污水处理厂检修模型，完善应急处置措施，避免废水溢流；强化板材公司废水提升泵站废水指标，严控北营公司污水厂废水液位，杜绝非雨季溢流和废水外泄，两厂区外排水均稳定达标。

为解决有组织污染物不满足超低排放标准、无组织感官污染等环保问题，2022 年投入环保治理资金 15.6 亿元，实施超低排及配套项目改造，改造后的各个项目污染物达到超低排放标准。

提高固体废弃物利用率，减少污染的同时创造更多的经济效益。严格按照固废法管理要求开展外委处置及内部加工利用工作，对危险废物落实全流程监管。合规管理放射源，按要求办理备案手续。

【能源管理】 2022 年本钢集团吨钢水费完成 5.67 元，比计划降低 1.73 元；吨钢电费完成 180.22 元，比计划降低 33.78 元。吨钢综合能耗完成 592 千克标准煤，比计划降低 18 千克标准煤；吨钢耗电完成 537.35 千瓦时，比计划降低 16.65 千瓦时；自发电量 51.79 亿千瓦时，超攻关计划 2.69 亿千瓦时；吨钢耗新水完成 2.53 吨，比计划降低 0.37 吨；高炉煤气放散率完成 0.66%，比计划降低 0.14%；焦炉煤气放散率完成 0.29%，比计划降低 0.41%。

重点节能工作成效显著。通过开展降铁钢比、重点工序降耗攻关、提升二次能源回收利用水平等措施，降低吨钢综合能耗，全年吨钢综合能耗完成 592 千克标准煤，比计划降低 18 千克标准煤，同比降低 19 千克标准煤。全年铁钢比 0.9605，以结构调整助力降低综合能耗。重点工序降耗攻关硕果累累。板材高炉工序围绕保高炉顺行提高风温降低燃料比，热风炉集控降低煤气消耗，做好 TRT 与高炉联动提高余能回收；炼钢工序通过提高煤气回收、余热饱和蒸汽转供 265 烧结发电等提高余热回收；热轧工序持续开展降低待料期间空耗，提高一、三热余热蒸汽外供。北营高炉工序加强氮气消耗攻关，合理调整阀门开度，降低氮气消耗；炼钢工序推进降罩操作攻关，煤气热值提高，全工序持续稳定实现负能炼钢；轧钢工序实施避峰就谷生产；棒材在阶段性生产情况下，热装热送率仍完成 63%。矿业竖窑无烟煤替代焦炭；组织实施选矿环水系统改造、歪矿生活水管网改造、北台铁矿过滤间废水回收利用等多项节水项目；组织落实《冬季生产大车用柴油经济配比方案》，降低柴油成本。提升二次能源回收利用水平，重点开展增发电攻关。采取推进板材高效 CCPP 机组快速达产达效，挖掘装备潜力，实施发电设施提效改造和优化煤气、蒸汽系统平衡，为增发电创造条件等措施提高发电量。冬季根据气温变化及时调整解冻库煤气用量，灵活切换烧结余热机组供热和发电模式；通过压减、合并蒸汽加热浴池，采用配送洗浴热水等模式减少蒸汽消耗。

能源介质系统开展“源头减量、过程管控、末端减排”攻关，吨钢耗新水大幅降低。采取工艺设施功能完善、提高浓缩倍数和循环率，除盐水站整合，管网查漏、堵漏，合并取消小浴池等措施，提高中水回用率，吨钢耗新水完成 2.53 吨，同比降低 0.37 吨，降幅 12.75%，全年降低新水消耗 649 万吨。狠抓产线产能利用率提升，通过经济运行、集中生产、躲峰生产等措施，集团吨钢电耗完成 537.35 千瓦时，直购电全年交易电量 65 亿千瓦时，减少电费支出 1.45 亿元。板材公司完成三加压站改造、15 万立方米转炉煤气柜投运；三热轧使用高焦转三混煤气试验、高炉煤气柜并网运行；北营开展提高转炉煤气热值攻关、优化煤气系统平衡，充分吸收轧线检修时富余煤气资源，板材、北营的高、焦炉煤气放散率、转炉煤气回收指标均显著提升。

狠抓规划项目落地，技术节能成果丰硕。一是板材 180 兆瓦 CCPP 机组按期投产达效、北营 3.5 万立方米高能效制氧机替代高耗能 5 万立方米制氧机组、板材新建15万立方米转炉煤气柜投入运行等多项重点项目投产达效。二是板材公司炼钢厂1号、3号转炉一次除尘风机变频改造，转炉饱和蒸汽系统优化节能改造，炼铁总厂6号高炉换热器系统改造，6号、7号、新1号高炉新建除尘焦粉仓，能源管控中心8号制氧机预冷系统氮气提产等13个项目和北营公司二电1号C12机组增加中压抽气口、干燥机节能改造等10个节能项目投运，有力支撑了能效水平提升。

【营销管理】 关注产线优势，加大品种开发力度，拓展产品销售渠道。新开发BL700、500QK等14个热轧钢种，开发镀锌制管用钢、冷轧精密焊管用钢计10个系列牌号家电产品冷轧钢种，6个牌号冷轧钢通过家电产品用钢认证，汽车钢产品通过12个汽车认证项目。奔驰首款国产化重卡Actros量产过程中，本钢实现该车型的独家供货资质，包含冷轧、酸洗、镀锌、电镀锌127个零部件。热轧钢种新开发直供户36家，实现订货80.3万吨，涉及冷轧压延、海工造船、容器储罐、汽车等多个行业；汽车钢产品年总销量突破226.1万吨，同比2021年增加59.1万吨，提升35%，创历史新高。开发供泰国品种钢P265NB等产品并实现可批量供货，开发出口比利时工程机械用钢18CrNiMo7-6FPH（欧标）、供德国变速箱齿轮用钢21NiCrMo5H等21个牌号，提升了国际竞争力。

按鞍本营销一体化要求，基本实现内贸销售定价模式统一、价格政策统一、价格表统一。承接鞍钢“三点四维”体系定价模式，出台区域+城市价格政策，提高售价和定价主导权。承接鞍钢结算价格，引入“均价”和“点价”关系确定结算价格。了解产品的市场动态和信息，每周组织召开出口价格研讨会，通过对国内外市场动态、价格走势、汇率期货分析及国际金融政策等方面进行分析研判，确定当期对外报价，并给出指导性意见。新产品报价，由技术研发部门和生产厂确定新产品的生产成本以确保产品贸易部制定出产品加价。出口价格，在合同签订时对价格和汇率进行锁定。

以用户需求为中心，以解决问题为己任，团结一致，积极应对危机，在困难中奋勇前行。2022年共受理内贸异议8107笔，处理数量41020吨。共反馈产销研周报275篇，通过产销研周报，及时反馈市场问题，及时落实整改措施，及时跟踪验证整改后产品在客户的实际使用情况，促进服务闭环管理。为有效防范客户流失风险，加强与客户之间的沟通，维系客户关系，规范了客户走访相关流程，两次客户满意度调查均超过90分。客户与产品技术服务部全体员工不断增强服务意识，提升整体服务水平，进一步促进满意度的不断提升。

建立健全以风险管理为导向、合规管理为重点、内部控制为核心的一体化运行体系，推动全面风险管理。梳理、规范业务流程，开展风险识别、评估工作，聚焦重点项目、关键环节完善优化风险管理措施，通过内控评价发现内部控制缺陷并进行整改。熟练运用国际贸易规则，参与国际经贸竞争，最大程度上维护本钢集团合法权益。

通过整合企业内部物流，运用外部物流资源，实现内贸物流、制造、销售深度融合，构建了高质量钢铁供应链体系。克服重重困难，通过提前制定预案，采取有效措施，打通外贸安全物流通道，保障了出口产品的销售及原料保产保供的实现。

【采购管理】 以打破独家及竞争不充分品种为工作重点，全力开发有竞争力的合格供方，不断优化供应商队伍。树立采购质量满足使用需求的管理理念，以保证资材质量为目标，进行物资质量事前预防，事中、事后管控，实施质量延伸管理，保证公司生产顺行和质量达标。通过加强采购物资的质量监督管控，完成公司考核的炼焦煤、喷吹及烧结用煤、动力煤和地方矿粉物料的进货合格率；追踪发生质量异议的根源，对出现质量异议的供应商加大考核力度。2022年共处理异议491笔，处理供应商340家，其中24家供应商列入黑名单，76家供应商取消供货资格。持续优化供应商结构，对三年以上未供货、综合实力较差、流通型等供应商进行专项清理工作，按照“准入一家、淘汰一家”的动态调整原则，淘汰供应商790家，比年初3143家压减25.14%；通过公开招标、行业对标等方式开发优质供应商328家，2022年末，网内合格供应商为2681家。

全力推进采购各品种、各环节对标工作。每月根据中钢协公布的采购成本数据进行主要原燃料煤炭等品种的同行业对标分析，通过炼焦煤、喷吹煤成本行业排名变化和“五地对标”情况，落实差距，优化品种结构，推进降本措施落实，炼焦煤采购成本实现了“双跑赢”。在矿粉、废钢、耐材包消耗等方面，积极与钢铁企业对标，探索存在的差异，向行业标杆“看齐”。大力推进德邻优采、欧贝、京东商城等互联网采购，采购品种得到扩展，通过简化采购业务流程，缩短采购时间，提高采购效率。2022 年通过德邻优采、欧贝平台完成下单 2793 笔，下单金额 6828.83 万元。

【招标管理】 本钢集团的招标采购管理职能由运营管理部采购管理业务单元行使，本钢招标公司是本钢集团招标采购的业务实施单位。2022 年，共完成招标项目 6841 项，同比减少 11.52%，中标总额 114.45 亿元，同比增加 46.92%；降采总额 19.43 亿元，同比增加 110.05%。

全面落实鞍钢集团“聚焦专业化整合重点攻坚”工作安排，按照专业化整合“3+1”工作主线，推进鞍本招标业务整合，2022 年 4 月 19 日，鞍钢集团下发《关于鞍本招标业务整合方案》，标志着鞍本招标业务专业化整合工作正式启动。在鞍本整合推进组、本钢党委和鞍钢国贸公司党委的统筹协调下，鞍本两地招标公司坚持以目标为导向，成立整合推进领导小组，对整合融合工作进行全方位梳理细化，制定详细的工作推进计划，列出人事管理、企业管理、财务管理、业务管理四个方面 20 多个专题目标任务清单，落实具体项目责任人，明确时间节点，实行每周调度、及时协调、挂图作战。2022 年 4 月 26 日，鞍钢招标公司本溪分公司注册成立；2022 年 5 月 12 日，鞍钢招标公司本溪分公司全面承接本钢各单位的招标委托业务；2022 年 6 月 2 日，完成本钢招标有限公司人员成建制划转至鞍钢招标有限公司本溪分公司；2022 年 6 月 15 日，完成相关资产划拨；2022 年 6 月 28 日完成本钢招标公司注销，至此，鞍本招标专业化整合融合工作顺利完成。

实现区域资源共享，整合优势凸显。一是招投标平台信息共享，供应商积极参与本钢项目投标，降采效果显著。鞍本重组后，本钢招投标业务切换至鞍钢电子招标投标系统，实现了信息共享、供应商资源共享。鞍钢集团部分供应商积极参与到本钢招标项目中，促进了招标竞争，提高了降采力度。二是招标资源共享，钢铁主业重点工程项目招标亮点纷呈。重组后，本钢利用鞍钢集团招标资源优势，通过采用综合评估法、特许经营等方式优化完善招标方案，与采购组织凝聚共识，形成合力，重点工程招标和环保超低排放项目招标降采成效显著。三是招标人员和专家共享，服务不打折。本钢主动开展跨区域资源共享、业务协同，组织“远程异地评标”，提高了评标质量和评标效率。在疫情静态管理期间，依托鞍、攀、本三地专家库共享模式，组织本钢的采购代表通过视频远程评标，确保招标采购各项工作正常开展，招标服务不打折，保障了本钢集团生产经营稳定顺行。

贯彻“要素管控+管理移植”，使招标业务操作更规范。一是管理模式移植，管控有制可循。对鞍钢招标管理制度及业务流程进行全面承接，注重招投标各环节、各细节的合规性管理，实现管理模式统一。二是依法合规操作，有效防控风险发生。按照鞍钢集团关于“采购招投标领域风险防范工作”“招标采购业务风险识别与排查”等工作要求，围绕招标采购依法合规、招标效率效益、投标方管理、招标价格管理等进行全流程、全样本、全员自检自查，对有争议的评标项目与本钢采购管理部门一起进行协调解决，规范本钢集团采购招投标管理，切实防范了国有资产流失和廉洁风险的发生。三是强化投标方管理，有效维护企业利益。通过严格执行鞍钢集团及鞍钢招标公司对于围标串标行为的认定细则及异议复核闭环管理机制，坚决打击投标方围标串标行为，有效维护本钢集团招投标秩序。2022 年共处理违规供应商 280 家。

持续“应招尽招”，招标采购范围覆盖更具规模。一是切实发挥招标采购规模化、集约化、专业化优势，实现货物类招标全品类覆盖。货物类招标在全面推进子公司招标业务的基础上，更注重强化与子公司协同配合，全力拓展子公司招标业务。二是主动作为，子公司工程、服务招标逐步实现全覆盖。子公司工程服务类招标以服务招标为主，占总招标项数的 75%。服务招标特点为类别小众、标的额小、组包零散，且供应商地域化、固定化问题严重，招标面临较为困难的局面。本钢招标通过主动做，靠前做，通过不断的招标优化，已在多个类别的服务招标上取得突破性成果。

强化“靠前服务”，招标服务意识得到有效提升。本钢招标充分重视“靠前服务”工作，自8月起，分别从部门、项目经理两个层面制定了详细的使用厂及委托方现场调研走访计划，至2022年底，已完成3个主线厂、4家子公司、30余人次的调研走访，取得较好成效。靠前服务不推诿，担起招标管理责任。反向推进试验料招标流程管理完善，会同制造部、采购中心细化试验料流程及制度，完善招标规则，优化采购方案，合理设置新供应商准入条件等反向推进试验料招标基础管理工作，避免招标流于形式。

【计量管理】 加强计量数据和计量器具管理。板材公司侧重加强对计量数据的监管与分析，从数据变化中发现问题，实现板材公司部分电业局受口电能表全部联网；重新梳理板材公司各厂矿用电逻辑关系，保证用电量的真实性；根据生产、节能降耗要求，在现有电能计量网基础上积极组织完善《板材公司各厂矿峰谷比报表》，为各厂矿制定躲峰用电方案提供支撑；严把外购物料计量入口关，精准计量，累计差量9271.26吨，差量索赔1322.29万元。组织各类计量设备、器具检定209台次，标定517台次，计量仪表抽检校验66台次。北营公司实施计量数据三级审核，加强监督与指导，抽查检斤车辆25170余车，发现违规违纪55车；加强对计量数据的监管与分析，向客商索赔1025万元。组织各类衡器设备检定53台次，汽车衡重车数据比对102次，设备标定44675台次，完成流体计量仪表校验327台次。

计量设施建设成效显著。一是推进集团公司信息一体化项目配套支撑的板材公司物资计量系统升级改造工作，实现物资计量数据的全线贯通；完成板材能源计量系统的配套改造工程，保证板材公司能源计量结算业务顺利过渡。二是重新规划北营公司一二级流体计量设备整体配置，制定130台计量设备投资改造完善方案并组织实施，为各生产厂矿日清日结、对标挖潜、降本创效提供及时准确的计量数据；推进北营公司三级计量建设，组织制订北营公司三级计量建设总体规划方案，对北营公司6家单位三级计量设施进行完善，为北营公司各生产厂矿实现产线日清日结、ABC对标挖潜奠定基础。

围绕外进外发物资检斤、降低合金料亏重、铁水计量、包消耗计量、降低港途耗等重点工作，加强计量全流程管控。板材公司对物资计量管理、电能计量管理、流体能源计量管理、量值传递管理相关的8个规章制度进行重新修订；持续开展对标挖潜，计量衡器远程集中管理度由原来的10.83台/人提升至15台/人，流体和电能计量信息化采集率分别达到95%和100%，远超目标值；推进标准替代物建标工作，协调在线厂对替代物进行加固翻新处理，保证贸易衡器日常标定工作的实效；强化计量基础保障作用，减少外发钢材计量异议发生率和经济损失。北营公司制定流体计量管理等7个规章制度；完成32台包消耗水处理药剂等数据核对认证工作，确保各生产厂矿与外部单位结算数据的真实准确；组织制定轧钢厂棒材、炼钢厂板坯产成品检斤、计产核算改造方案，为负公差轧制提供数据支撑；开展外转供能源计量稽查，全年查处31个违规用能用户，追补电量910329千瓦时、追缴电费87万元。

【信息化建设】 全面落实“数字鞍钢”建设总体要求，以数字化、智能化为抓手，积极推进企业信息化、数字化、智能化进程。鞍本管理体系深入对接，业务协同高效实施。以信息化为抓手，促进管理、业务协同稳步推进。承接鞍钢集团信息化管理体系，指导各子企业完成制度体系承接。8月对《本钢集团有限公司信息化规划与项目立项管理办法》《本钢集团有限公司信息化项目建设管理办法》等5个信息化制度进行宣贯培训，使各级员工进一步了解、熟悉和掌握信息化规章制度内容和内涵。结合本钢集团“十四五”信息化规划整体情况进行专题宣贯，指导子公司开展规划承接及制定工作。2022年本钢信息化智能化建设项目共35项。根据部门职责及管理规范，确定总部及核心业务权限规范，覆盖规划管理、信息化项目管理、项目放行管理、信息化固定资产投资、信息化基础资源五类14项权限规范，依法合规进行各项业务办理。鞍钢集团发布数字钢铁、数字产业“智慧指数”评价体系及首轮评价结果显示本钢集团“智慧指数”为52，处于“规范级”。开设网络安全专题培训班、一体化及配套项目应用两个培训班，累计培训54学时、497人次；承办计算机程序设计员竞赛，以赛促学锻炼培养计算机专业技术人才。“交叉供料精细化成本管理的建立与实施”获得本钢集团2021年本钢集团管理创新成果二等奖；“炼钢多钢种合炉生产信息系统的应用与实践”“本钢集团信息化核心消息中间件的研究与落地建设”分别获2021年度本钢集团科技进步奖二、三等奖。

实现本钢集团信息系统安全较大及以上安全事件为零的计划目标。承接鞍钢集团信息化管理体系，进一步完善网信安全应急体系。发布《本钢集团有限公司网络安全事件总体应急预案（试行)》。参加辽宁省攻防演练，完成本钢互联网出口防火墙升级，在数据中心增加TDA威胁检测设备。参加HW2022演习，演练期间本钢内网系统未受到攻击。通过补强信息监测检测手段，减少系统漏洞等措施，顺利完成防守任务。2022年，7大领域运行稳定，核心业务系统稳定运行率100%，ERP系统3秒执行率98%以上。数据中心主机平台、网络平台、视频会议、视频监控、终端全年处置问题8455次。

信息化智能化项目通过项目放行、建设及上线后运行管理，保证项目实施进度及运行效果。板材铁区MES系统切换上线，为高效配料提供有力支撑，加强与铁区数采的交互，提高生产实时数据的准确性，有效地支撑铁区整体管理水平的提升。板材特钢MES系统上线实现业务流程的贯通与协同的效果，有效支撑特钢工序的管理进步和体系能力的提升。本钢钢铁产业管理与信息化整体提升项目板材基地销售、采购计划、寻源、采购执行、原燃料进厂及一体化系统全部切换上线，实现鞍钢钢铁产业管控模式和系统平台成功移植到本钢、“以集中一贯为核心的一公司多基地”管理模式在本钢成功推广应用。

【企业文化建设】 2022年，企业文化建设围绕鞍本文化整合融合，以高质量完成鞍本文化融合首年工作目标、工作标的为中心，以加强和提升企业文化固化于制、外化于行、内化于心为引领，通过全方位规范视觉文化体系，建设网格化舆情管控体系，赓续红色血脉，展示传播新本钢新媒体安全合规运营体系及打造具有核心文化竞争力的品牌发展体系，夯实文化基础，增强文化自信，推进企业文化建设。

充分发挥企业文化内在作用，增强企业凝聚力和核心竞争力。一是以全面提升企业管理能力、管理水平为遵循，制定《本钢集团有限公司企业文化及品牌建设管理办法》《本钢集团有限公司企业文化及品牌建设经费管理办法》，实现企业文化建章立制。二是以高质量推进鞍本文化整合融合首年工作目标为主线，广泛开展文化传播践行活动、“新鞍钢内涵”学习宣传活动等活动，实现鞍本文化全方位融合。三是以赓续百年本钢红色血脉为抓手，打造本钢特色文化产品，全年重点完成本钢文史馆项目建设，获评2022年度本溪市宣传思想工作“创新项目”；企业文化建设典型经验提炼成果获评2022年度中国企业文化研究会“企业文化与经营管理深度融合”优秀案例；倾注心血完成五集大型工业电视纪录片《钢铁是这样炼成的》央视播出前的编辑送审，获评辽宁省“五个一工程”奖。以创建“4A”级景区花园式工厂为契机，加大视觉文化建设与企业文化植入，重点通过对板材公司、北营公司、矿业公司共计九厂十七处参观单位、参观区域、参观通道的规范、设计与统一，彰显企业文化形象的时代活力与精神积淀。

立足鞍本品牌建设及品牌战略规划，以突出品牌战略引导、凝练品牌故事宣传、做优品牌价值推广为重点，不断扩大企业品牌传播和企业的影响力、知名度。一是利用“中外企业文化峰会”“全国冶金企业文化论坛”等平台和载体，宣传鞍本故事，促进文化交流。二是通过发放、宣讲《品牌架构手册》《品牌传播手册》，实现鞍本品牌口号全域传播。三是借助各类展示、展出平台，提升本钢品牌价值。本钢品牌在冶金工业展、汽车轻量化大会、辽宁省国际贸易洽谈会等重要展览会上的高光亮相，使本钢坚持数字智能化战略、持续推进管理创新、加强合作共赢的良好企业形象得到充分展示。2022年本钢集团再次荣获“中国卓越钢铁企业品牌”，推动中国产品向中国品牌转变，使“中国·本钢”的名片在世界版图上更加闪亮。

加强新媒体建设，牢牢掌握网络意识形态工作领导权、管理权、话语权。一是制定下发《本钢集团有限公司新媒体建设管理办法》，使新媒体平台从设立运行、职责分工、账号管理到采编审发、安全运营、监督保障，实现合规化、制度化管理。二是坚持管用防并举，坚持时度效并用，将新媒体建设纳入网络意识形态工作责任制，统筹网上网下两条线，双向打通鞍钢集团、本钢集团官方微信公众号、视频号、抖音平台、“今日头条”，有效拓展宣传媒介使用功能。充分发挥新媒体传播快、覆盖面广、形式灵活等优势，提升新媒体宣传工作质量，特别是在鞍本重组重要时间节点，组织落实首次新闻媒体沟通会，通过“现场+云采访+直播+互动”方式发布鞍本重组阶段性成果，使鞍本重组后本钢变化在社会中、职工中引起强烈反响。全面利用新媒体对本钢在疫情防控期间的国企担当，扶贫攻坚中的社会担当，“双碳”建设、数字发展、守正创新中的责任担当进行宣传报道，彰显本钢的政治责任和家国情怀，激发职工的荣誉感、自豪感。及时与市委网信办、网警支队、包图网公司等建立合作关系，确保本钢全部新媒体平台刊发图文的版权规范、表述正确，占领信息传播制高点。

提升网络舆情管控能力，做实五级网格化管理体系，把牢网络舆情管理主阵地。坚持“三个第一”的网络舆情监控报告机制，密切关注网络舆论焦点和热点舆情信息，形成网络舆情周报、专报、快报，为本钢了解情况、指导工作、科学决策提供舆情信息支持。加大重要节点和特殊时期舆情监控力度，通过加大舆情监控投入、成立四级网评员引导队伍、实行穿透到底的思想舆论体系宣传及舆情工作前置处置，形成“一级负责一级、一级包保一级”的工作机制，实现全年舆情管理工作时时在控、事事可控。充分利用网络新媒体互动机制，通过建立“本钢深改在线”官方微信公众互动平台，通过及时“点对点”或“集中回复”解答职工关心热点问题，了解掌握职工思想动态，为本钢深化市场化改革营造和谐稳定的内部环境。“本钢深改在线”官方平台全面运行以来，关注量达 3.1 万人，集中回复与“点对点”回复职工问题 4853 条，形成应对舆情化解风险的强大合力，为本钢三项制度改革取得阶段性成果营造良好舆论氛围。

【行政办公工作】 一是积极做好领导日常服务协调工作。高效妥善办理领导交派的任务，准确把握公司领导意图，制定领导日常工作安排，配合走访调研等各项工作。二是细致做好政务接待工作。完成中钢协、辽宁省委省政府领导等到本钢调研、来访期间 79 次接待任务。三是及时准确办理文件。2022 年共接收办理上级文件 6000 余件，制发行政、党委文件及各类会议纪要 517 件。四是推进鞍钢集团 OA 系统在本钢的全覆盖，保证本钢 OA 工作的平稳过渡和顺利运行。五是做好公文系统换装和严格用印。完成了辽宁省文电安全交换系统的换装和中钢协电子公文传输系统更换工作；严格把控用印程序，使用印章 1028 次，开具介绍信 18 份。

紧跟本钢高质量发展需要，全面对接鞍钢集团管理思路，在综合文稿方面展现央企担当。一是坚持高起点出发，编写主要领导在审计署进驻本钢的发言、鞍钢集团党委专项巡视本钢党委表态发言、迎接省政府的考察讲话等重要材料。起草本钢集团各时段工作总结及党委工作报告，起草并组织修订 2022 年党代会工作报告及两次全委会报告、职代会报告及领导讲话等文稿，累计完成各类综合文稿近百篇，文字量约 80 万字。二是精准高效完成各类会议纪要，确保本钢集团领导各项指令和工作安排能够准确传达和贯彻落实。记录、起草和编发本钢集团党委常委会等各类会议纪要 185 期。三是积极收集本钢信息，提升本钢外部形象。根据本钢生产经营和改革发展重点工作，累计向省委、中钢协报送信息 125 篇，12 篇被采用。四是高效落实办公室工作安排，推进办公室整体工作协调高效运行。修订 31 个集团管控制度，进行三场制度培训，对办公室 29 个制度完成了“学练用”工作。组织相关部门和单位完成《本钢党委关于鞍钢党委第二巡视组巡视反馈意见整改方案》《本钢党委关于鞍钢党委第二巡视组巡视反馈意见整改报告》的制定及整改任务的分解落实，为巡视整改工作的落实打好基础。

落实国安保密政治责任，加强领导机构建设，抓好保密基础管理，推进专项工作落实。一是牢牢把握国安保密工作的政治属性，严格落实党管国安保密原则，强化党对保密工作的统一领导，将国安保密工作纳入党委重要议事日程。监督落实主体责任，将国安保密工作纳入 2022 年度党建工作要点，编制《“十四五”时期本钢保密工作计划》。二是强化组织机构建设，对“国安小组”和“保密委员会”领导机构、工作机构进行调整。加强保密制度建设和干部队伍建设，承接鞍钢集团国安保密管理和政策性文件 24 项；强化业务指导，通过开展保密知识培训，提升保密工作技能，打造“精兵劲旅”。三是进一步抓好定密工作，健全规章制度，修订《本钢集团定密管理办法》等 3 个文件；“按照业务谁主管、保密工作谁负责”的原则，推动部门自行定密；按照“以密定岗、以岗定人、精准确定、动态管理”的要求，确定涉密人员。四是推进科技军工保密管理和涉外安全保密管理。要求涉军工单位严格落实军工保密管理主体责任，持续深入推进军工项目产销研全链条保密工作；强化驻外人员岗前、在岗期间规范，建立并更新驻外人员数据库。五是推进服务保障能力提升。投入资金增加网络安全和监控设备、保密专用检查工具及保密计算机等设备的采购，有效提升硬件水平。

强化督查督办管理。一是全力完成各类指示批示任务，围绕领导批示，及时进行信息传递，经分类、筛选，对需督办的事项进行登记建账并跟踪进展情况。2022 年累计跟踪督办领导指示批示 168 项，办结 143 项，办结率 85%。二是全面推动会议、调研、专题工作研究任务。围绕党委常委会、党委书记专题会、中心组学习及基层调研等议定事项进行跟踪督办。全年累计下达任务 222 项，办结 185 项，办结率 83%。三是落实鞍钢集团督办任务。重点跟进鞍钢集团董事长、总经理调研本钢时重要讲话精神的贯彻与落实。已有 10 项任务办理完成，完成率 83%以上。

【档案工作】 本钢集团档案工作实行统一领导、分级管理的管理体制，建立了由各级立档单位分管领导、分管部门、本钢档案馆、各立档单位档案室、各立档单位职能部门和项目部归档网点组成的档案管理网络。其中本钢集团人力资源服务中心是本钢集团档案工作的归口管理部门，本钢集团档案馆是本钢集团具有永久、长期保存价值档案的存储保管中心、利用服务中心和数据管理中心，基层单位档案室是本单位档案的保存和管理机构。截至 2022 年 12 月底，本钢集团共有立档单位 73 个、档案管理人员 136 人。

承接鞍钢集团档案管理制度 7 项，根据《关于开展本钢集团规章制度“学练用”实施方案》要求，在全本钢范围内开展档案管理规章制度学练用宣讲；编制《本钢集团建设项目档案检查考评细则》，开展 2018 年以来重点工程项目档案归档情况自查检查工作，共完成 35 个单位 187 项重点工程项目档案自检自查报告备案、5 个单位重点工程项目档案实地检查，通过自查检查盘点出具备档案验收条件工程项目 37 项；组织档案专业人员参加国家档案局、辽宁省档案局“构建新发展格局”“企业档案检查工作”等网络培训，参训人数达 80 余人次。依靠档案馆内部师资力量，开展“在职职工人事档案规范化整理和数字化”赋能培训和 2022 年度档案业务培训，共计培训 524 学时、228 人次。其中“在职职工人事档案规范化整理和数字化赋能培训”获本钢集团 2022 年上半年优秀培训项目三等奖；开展“6·9”国际档案日特色宣传，推出“喜迎二十大，档案颂辉煌”宣传展示和在线有奖答题活动；档案馆切实履行本钢集团档案管理监督指导职责，指导机构改革后的各立档单位及时完成档案网络人员调整，为各单位提供档案业务指导服务 481 人次。加强对厂办大集体改革关闭企业档案工作监督指导及实地检查，协助管创部、钢联公司提升厂办大集体改革关闭企业档案管理规范化水平；推行业务赋能计划，编制《档案业务学习资料汇编》(2022)，发布“档案知识小课堂”12 期，多措并举激发广大档案工作者“重档案、学业务”热情。

针对三项制度改革机构调整实际，以“管理职能”和“核心业务”为主线，以各类文件材料“应归尽归”为导向，启动各立档单位文件材料归档范围和档案保管期限表修订工作，严把归档入口关。《本钢集团有限公司机关部门文件材料归档范围和档案保管期限表》经鞍山钢铁办公室审批通过，本钢 30 个基层单位文件材料归档范围和档案保管期限表通过人力资源服务中心审核；加强科研产品档案归档管理，逐一梳理产品研发院 2022 年结题项目归档情况；完成 OA、ERP、招投标、客服协同、质量证明书等业务系统电子文件常态化归档和管理工作，归档各类电子文件 42 万件。

借助“档案编研”“档案星级服务评价”“档案数字化”等有效载体，不断提高档案利用服务能力和服务水平。编研“红色档案资料”“党史学习教育”“组织机构沿革”“任免处分职称”等专题材料 18 份，编辑出版《本钢年鉴》(2022)；推行“易查难查一样热情、干部群众一样尊重、陌生熟悉一样和气、忙时闲时一样耐心”的档案利用服务“五星标准”，为审计署及鞍钢集团审计、特殊工种岗位职工信息梳理、薪酬套改、取暖费明补认定、职工群众个人事项办理提供翔实准确的信息依据。

开展档案安全情况自查检查工作，完成 67 个单位档案安全情况自查报告备案、5个单位档案安全情况抽查；制定突发事件应急救援预案，开展隐患排查及应急演练工作，完成板材能源管控中心档案集中统一管理和档案馆主楼上水管路维修、副楼暖气管道更换等工作，全面夯实档案安全管理基础；严格执行档案利用需求审查和权限控制制度，做到“利用有审批”“提供有依据”；开展档案系统应急演练，扎实做好档案数字资源在线备份和离线备份工作，利用档案管理系统双机热备、异地灾备、磁带库备份等功能，为数据安全提供坚强保障。

继续参与国家档案局《ERP系统电子文件归档和电子档案管理规范》编制工作，完成《规范》送审稿；根据鞍钢集团档案管理系统与新OA系统、一体化系统对接情况，指导各单位做好鞍钢、本钢两套档案管理系统并行相关工作，组织本钢用户利用鞍钢档案管理系统进行2022年档案馆室统计年报填报及OA系统电子文件归档；以“存储替换、灾备服务器替换、内存升级、备份改造、网络安全改造”为建设内容的本钢档案管理系统升级改造项目于2022年7月放行、10月完成施工，实现“当年立项，当年竣工”。

编制《本钢集团有限公司在职职工人事档案规范化整理和数字化工作实施方案》《本钢集团有限公司存量档案数字化工作方案》，为档案数字化工作开展提供鲜明指引；以赋能项目和共享用工结合档案馆自行加工形式开展在职职工人事档案和档案馆馆藏档案数字化，实现人力资源有序流转和优化配置，节约档案数字化成本，探索本钢档案数字化自行加工道路。“以赋能项目推进人事档案数字化工作实践研究”课题经评审通过2022年度辽宁省档案科技项目立项。完成存量档案目录录入51.4万条、档案扫描47.5万页。

【保卫信访工作】 以习近平新时代中国特色社会主义思想为指引，围绕职代会确定的工作目标，牢记保卫本钢、为本钢的治安交通保驾护航的使命，为实现本钢的治安稳定、交通有序提供保障。一是积极做好抢修保产、产成品外销、应急物资调拨、重点工程项目、大宗原材料入厂的服务保障工作。启动保产保供应急预案和开辟绿色通道1026次，执行大型结构件护送任务1237次。二是开展“整、严、树”专项整治工作和“靠钢吃钢”问题治理行动，保持打击盗窃高压态势和长期打击的震慑效果。查获违规行为923起，移交公安机关打击处理13起，按本钢集团规定处理938人，考核51.63万元。三是开展常态化交通治理，共检查车辆9523台次，查处违章车辆1524台次，考核21.15万元。四是以强化“三检”工作为中心，认真落实门禁管理各项规章制度，共核销物资ERP出门证25万余张，办理访客人员入厂7.64万余人次，办理车辆临时入厂证68万余张。五是全面落实市域治理建设工作，强化安全生产监管。对本钢集团所属单位进行重大风险隐患排查，共排查涉及公共安全的重点要害部位99处，全部落实防范措施。

围绕保稳定、促和谐的总体目标，完善统一指挥、运转协调、科学有效的工作机制，认真化解各类矛盾纠纷，保证本钢集团的稳定和谐。一是健全信访工作制度，制定并下发《本钢集团重点部位维稳工作管理和考核办法》《本钢集团领导干部接访下访实施细则》《本钢集团开展千名领导干部进万家解民难百日大接访活动实施方案》和《本钢集团护航党的二十大信访维稳工作方案》等制度。二是做好重点敏感时期维稳。在两会、冬奥会、冬残奥会和党的二十大等重大政治活动期间，建立本溪、沈阳和北京区域三道稳控防线，稳控劝返信访人员146人次，实现省、市及鞍钢集团制定的“三个不发生”和“环京护城河”维稳工作目标，取得进京登记为“零”的历史最好成绩。三是进行三次全面清仓排查，共计排查出16个不稳定群体和99名信访人员（不含大集体职工），梳理出7个重点不稳定群体和82名重点信访人员，全部落实责任单位领导包案。四是定期召开本钢集团信访工作联席会议，围绕重点信访任务及重点信访案件进行指挥、调度、安排和部署。2022年共召开21期信访工作联席会议，研究调度51项重要信访问题，解决6件群体性重大矛盾，协调化解121件信访台账案件，下达82名重点人员的维稳工作任务书。五是开展《信访工作条例》宣传月活动，通过“本钢集团”官方微信公众号和《本钢日报》开设专版跟踪报道。2022年共接待和受理职工群众来访626批次、3315人次，全年共发生去省上访2人次，同比下降87.50%；到国家信访局登记5人次，同比下降88.01%；办理辽宁信访信息平台交办案件150案次，案件办结率100%；办理8890平台交办案件

691 件，结案率 100%；“20681” 台账交办 71 件，化解 70 件，化解率 98.6%；“5677” 台账交办 21 件，化解 20 件，化解率 95.2%；“729” 台账共交办 3 件，全部化解；“万件化访” 台账共交办 33 件，化解 31 件，化解率 93.9%，均超额完成上级要求的工作目标。

【党建工作】 以习近平新时代中国特色社会主义思想和党的二十大精神为指引，加强党的基层组织建设、党员教育管理。组织召开第二次党代会，明确今后五年工作的指导思想，选举产生本钢新一届“两委”委员；各直管党委、基层党委将换届与深化市场化改革紧密结合，同步规范开展党委换届及组建工作，建强基层组织、选优“两委”班子，确保党组织作用充分发挥。深化党支部“达标创先、晋位升级、示范引领”三大工程建设，3 个党支部被命名为鞍钢集团党支部工作示范基地，7 个党支部被命名为鞍钢集团“样板”党支部。组织三大板块组织部门和基层党支部书记到鞍山钢铁和鞍钢矿业党支部示范基地对标交流，汲取先进经验。全力推进党支部基础建设，健全完善党支部内部制度，2022 年新建和改造党支部阵地 143 个。深入开展党员目标考核和承诺践诺活动，党支部建设水平不断提升，板材热连轧厂轧辊党支部在本钢集团党支部建设研讨会上作现场经验交流，板材冷轧总厂三冷酸轧党支部、北营炼铁总厂烧结二党支部作书面经验交流，充分发挥示范基地和“样板”党支部的孵化作用，全年培养“准样板”党支部 20 余个。

编制党建工作要点，明确重点任务，逐步构建“大党建”格局。围绕鞍钢集团对本钢党建工作责任制考核评价反馈意见，制定 13 项整改措施并落到实处。召开党委书记抓基层党建述职评议会，对 21 名直管党委书记进行评议。召开本钢集团有限公司领导班子 2021 年度民主生活会，栗宝卿同志出席会议并作点评讲话。全面建立党建工作责任制三级考核评价体系，推动党建工作考核与经营业绩考核有效联动。扎实开展 2022 年度直管党委党建工作责任制考核评价，通报考评情况，并将考评结果纳入领导班子和领导干部综合考评，实现考评结果与干部任免、薪酬、奖惩紧密挂钩。

围绕生产经营，深入开展“喜迎二十大、建功新鞍钢”主题实践活动，定期总结活动成果，6 项创新案例纳入鞍钢集团基层党建创新案例选编，7 项共产党员工程分别荣获鞍钢集团一、二、三等奖，择优推荐鞍钢集团级红旗党员责任区和最佳党员先锋岗各 25 个。技术中心党建引领科技创新工作典型经验，在鞍钢集团专题座谈会上作现场交流。积极推进鞍钢党建网在本钢上线运行，实现全覆盖，进一步提升本钢党建信息化水平。

积极推进“万名党员进党校”培训工程，有 18900 名党员参训，103 人获评优秀学员。严格按程序发展党员，完成 290 名党员组织发展工作。组织开展党支部组织生活会和“双评”工作，对 23 个未达标党支部和 33 名不合格党员作出限期整改处置意见。落实党建工作联系点制度，本钢集团领导班子成员“七一”前夕深入联系点上专题党课。调整党建工作经费核定比例，由上年度职工工资总额 0.5%调整为 1%。修订党费留缴制度，明确各级党委党费留存和上缴比例。组织各级党委开设党费专户，推进手机交党费试点普及，及时为基层党组织工作和活动开展提供经费保障。

严格按组织程序做好省、市人大代表推荐、审查、考核及公示等相关工作，有两名本钢职工当选省人大代表。

【宣传工作】 加强学习型党组织建设，坚持全员形势任务教育，通过媒体对企业和先进典型进行全方位、多角度宣传，营造舆论宣传氛围。

学习宣传贯彻党的二十大精神。组织全体党员干部聆听习近平总书记作的党的二十大报告。参加鞍钢集团学习宣传贯彻党的二十大精神研修班，本钢集团代表作交流发言，获鞍钢集团充分肯定。下发《本钢集团有限公司党委学习宣传贯彻党的二十大精神工作方案》，指导各单位抓好落实宣贯工作。举办宣传统战干部及党外人士培训班，邀请刘晓方教授做党的二十大精神专题辅导。举办本钢集团学习宣传贯彻党的二十大精神专题辅导暨专题宣讲报告会，邀请省委党校副校长黄莉作题为《新时代新征程坚持和发展中国特色社会主义的政治宣言和行动纲领》党的二十大精神专题辅导。组建宣讲团，深入板块公司和厂矿，开展学习宣传贯彻党的二十大精神巡回宣讲活动，确保党的二十大精神全覆盖。

修订《本钢集团有限公司党委理论学习中心组学习实施细则》，下发《2022 年本钢集团有限公司党委理论学习中心组学习安排》和《专题学习计划》，指导本钢集团领导班子开展 10 次党委理论学习中心组学习。成立由党委宣传部、组织部等部门联动的列席旁听组，列席旁听 19 家直管党委中心组学习，覆盖率 95%；按季度下发《各单位党委理论学习中心组学习抽查情况通报》，促进基层单位学习质量不断提升。把党委理论学习中心组学习情况纳入党委党建责任制工作考评和政治监督检查内容、对习近平总书记关于国有企业改革发展和党的建设的重要论述、国企改革三年行动首要任务学习进行专题部署，做到学用结合，防止出现学用“两张皮”现象。

印发形势任务教育工作方案，下发“务实高效、攻坚克难、精准精细、少说多做、凝心聚力迎挑战、奋楫扬帆赢未来”形势任务教育宣传提纲，加强职工思想正面引导。通过实施网格化管理“本钢深改在线”平台体系，使广大职工充分认清企业发展的形势和任务，形成“上下同欲者胜，同舟共济者赢”的良好舆论氛围。

弘扬社会主义核心价值观，落实《新时代公民道德建设实施纲要》，推进精神文明建设，为实现本钢集团高质量发展提供精神力量和道德滋养。加大国家级、省市级先进典型的挖掘培养选树宣传力度，进一步扩大本钢先进典型的知名度和社会影响力。组织开展各级“好人”等先进典型的推荐宣传工作。机械制造公司刘希岩荣获 2022 年度“辽宁好人”称号，本钢浦项吴长发等 2 人荣获 2022 年度本溪市道德模范称号，本钢志愿服务队荣获 2022 年度辽宁省学雷锋最佳志愿服务组织称号，设备维护检修中心姚荣溪等 2 人获得“本溪好人 最美志愿者”称号，本钢板材特殊钢事业部炼钢作业区等 3 个单位荣获本溪市 2022 年度“雷锋号”称号。礼遇先进，走访慰问板材铁运公司赵秉言等 13 名市级以上道德模范，人力资源管理中心赵杨等 2 名“本钢好人”，增强道德模范和“本钢好人”的荣誉感，营造尊敬、学习、关爱先进典型的浓厚氛围。

深入开展 2022 年思想政治工作课题论文征集评选活动，对征集的 37 家单位 77 篇论文进行评选，择优推荐 6 篇优秀论文参加鞍钢集团 2022 年思想政治工作优秀课题评选，有 4 篇获奖；参加全国冶金政研会举办的“全国冶金行业思想政治工作优秀论文评选”，获一等奖 1 篇、二等奖 1 篇、三等奖 2 篇，创历史最好水平。

将新媒体建设管理纳入网络意识形态工作，坚持“管用防”并举，规范“审校发”流程，充分发挥新媒体传播快、覆盖面广、形式灵活等优势，及时准确把握本钢集团重大事件和主要领导的重要指示精神，紧扣企业以效益为中心的改革发展工作脉搏，在鞍本重组整合融合、三项制度改革、要闻会议降本增效、科技创新、疫情防控、先进典型、党的建设等主要工作上下功夫，报道本钢集团及各基层单位改革发展、生产经营和党建工作成果，以及各条战线上涌现出来的先进典型，收到良好的宣传效果。对企业进行全方位、多角度宣传，为企业发展提供有力的舆论支持。2022 年“本钢集团”微信公众号共发布微信推送 1375 条，微博 1308 条，今日头条、抖音短视频、微信视频号共 104 个，各类原创作品 80 余个。

【纪检督查巡察工作】 以习近平新时代中国特色社会主义思想为指引，深入学习贯彻党的二十大精神，坚决履行全面从严治党主体责任，充分发挥监督保障执行、促进完善发展作用。围绕“要素管控+管理移植”全面推进鞍本纪检工作体系对接和制度对接。组织推动 20 家直属党委全面贯彻落实鞍钢集团纪检工作制度体系，协同性进一步增强。按时报送包括案管数据在内的各项工作数据，及时完成鞍钢集团纪委督办案件办理工作。

大力弘扬党的光荣传统和优良作风，在重要时间节点下发廉洁提醒和纪律要求，开展监督检查 310 次，纠正苗头性、倾向性问题行为。加强对领导干部的廉洁教育，对新提任领导干部进行岗前教育。开展经商办企业专项整治，建立领导干部和重要关键敏感岗位人员廉政档案，用好“每月一鉴”资源，教育引导干部职工筑牢廉政思想防线。

紧盯全面从严治党主体责任落实、“三重一大”决策过程和巡察反馈意见整改落实，推进依法依规治企。做好选人用人监督，坚持“凡提必审”，避免“带病提拔”，回复组织人事等部门党风廉政意见 592 人次。不断推动党内监督、职能监督和管理监督的深度融合，充分发挥审计、安全、环保、工会等职能部门作用，形成监督合力。

对标鞍钢集团党政督查工作，承接制定《本钢集团有限公司党委构建大监督体系的意见》等 5 项制度文件，进一步完善制度体系建设。制定《本钢集团有限公司职工罚则（试行）》，运用该制度实施政纪处罚。对厂区内临建房和库房清理、不规范劳动管理规范等工作进行督查督办。组织开展“影子公司”“影子股东”问题等专项整治工作，堵塞管理漏洞。

先后启动两轮巡察工作，对板材炼铁总厂等32家基层单位党组织开展常规巡察，实现巡察“全覆盖”目标。同时开展第四轮、第五轮巡察整改落实“回头看”，做好巡察“后半篇文章”。积极配合鞍钢集团党委提级巡视和专项巡视工作。编制刊发《巡察小故事汇编》，用鲜活案例进一步引导党员干部知敬畏、存戒惧、守底线。

严格按照“二十四字”办案基本要求开展纪律审查工作。以提升案件审查规范为目标，推动办案安全与办案质量双管齐下。坚持零容忍反腐惩恶，2022年，接收检举控告类信访举报153件，处置问题线索209件，立案133件，结案105件。给予105人党纪处分、76人政纪处罚，对216人采取组织措施。深化运用“四种形态”，强化日常监督执纪，全年处理396人次。

健全完善约谈机制，主动约谈459人次。发出建议书10份，推动建章立制12项。开展“案件质量规范年”专项工作，依据评查标准对近两年的138卷案卷逐卷排查。对评查组提出的问题逐条落实、立整立改、举一反三。完成《蜕变人生》专题警示教育片拍摄工作，通过以案为鉴，深化思想认识，达到查办一案、教育一片、治理一域的综合效果。

坚持以选促增，以检促改，以学促升，以清促正，不断提高纪检干部的业务能力和队伍的纯洁性。强化业务培育与实战练兵，组织开展纪检业务培训78次，警示教育工作会1次，培训1380人次。相继选配纪检干部172人，通过“以案代训”培训基层纪检干部8人次，选派4人次业务骨干到上级纪委历练。持续防治“灯下黑”，及时对3名“不适宜、不适合、不适应”纪检干部进行岗位调整。

【离退休人员和退养职工管理】 秉承“用心用情、精准服务”的工作理念，在服务管理中体现出“原则性、公正性、人文性、关爱性、合规性”的工作要求，较好完成各项涉老服务管理等工作，实现各类群体“无舆情、保稳定”的工作目标。截至2022年末，管理离退休人员74530人（其中，离休干部92人、本钢集团老领导27人）、工私亡遗属732人、精简下放221人、北营占地农民352人、退养（含离岗）职工806人、退养遗属18人。

2022年走访慰问离休干部700余人次，协助去世干部家属做好丧葬处理，为居住异地离休干部办理医疗费报销，为老干部订阅报刊，开展“四级分类”管理及“一人一策”服务。组织离休干部线上关注“离退休干部工作”“摇篮鞍钢”和“本钢新闻”微信公众号；做好西宁钢厂易地安置离休干部管理。组织退休老领导召开“同心庆七一，喜迎二十大”党支部党日活动，开展退休干部“建言二十大”调研活动，组织部分退休老领导集中收看党的二十大开幕会，开展老领导“一人一策”服务，召开迎新春座谈会并开展健康疗养等工作。

严格管控统筹外费用，准确维护本钢离退休个人信息数据平台数据并统计失信名单。全年发放统筹外费用3.73亿元（工龄补贴等费用1.99亿元、采暖费补贴1.74亿元）；完成退休人员大额医疗补助保险扣缴69758人，金额753.39万元；发放退休工伤统筹外费用356.39万元；完成精简下放人员生存认证225人、工私亡遗属生存认证1514人。

按节点开展退养职工生活费领取资格认证工作，对失联、判刑职工及时办理停发生活费和解除（中止）劳动合同手续。按政策落实统筹外待遇，发放遗属生活费14.76万元。及时完成人员异动变更及保险欠费补费工作。开展精准救助工作，全年救助242人次，救助资金2.4万元。完成退养（离岗）职工联络员的换届交接工作。

切实履行维稳主体责任，全面提升控防力度。开展新《信访条例》宣贯，实时对各种矛盾隐患排查，落实“五位一体”包保责任。动态掌握各类人员的生活、思想状况，对重点信访人员建档立卷。及时对网上投诉的问题进行解释和反馈，稳控提前退休人员前阶段性集访。牵头化解1~4级退休工伤群体集访，牵头并协调建设公司、实业公司完成兴安占地招工人员诉求采暖费的稳控工作。全年无离退休、退养（及离岗）群体越级访或极端事件等，信访维稳工作取得较好成绩。

5月31日，参加2022年本溪市国有企业退休人员社会化管理集中移交会议，移交本钢退休人员 1262 人、人事档案 1262 卷、党员组织关系 288 人。至此，本钢集团退休人员已实行社会化管理 77539 人（含外埠企业）。

【统一战线工作】 本钢集团现有民革、民盟、民建、民进、农工党、致公党、九三学社 7 个民主党派基层组织 29 个，民主党派成员 322 人，无党派代表人士 40 人，党外知识分子 8177 人，归侨侨眷、三胞眷属 38 人，归国留学 9 人；本溪市党外人大代表 8 人、政协委员 22 人；基层兼职统战干部 60 人。2022 年本钢统战工作围绕企业改革发展和生产经营中心，充分凝聚党外各界人士，调动统战成员积极性，发挥统战工作在企业发展中的重要作用。一是加强组织建设，及时调整统一战线工作领导小组成员，为统战工作提供组织保障。二是充分调动统战成员工作热情，开展课题立项 51 项，择优报送鞍钢集团，有 6 项获奖。三是加强统战管理考核，把统战工作纳入党委的重要议事日程和党建工作责任制考评。四是坚持正确引导，传递正面声音，广泛凝聚整合融合和支持改革的思想共识。五是推动统战工作理论创新，高质量完成统战实践创新项目。六是关注民主党派成员的发展，鼓励民主党派人士参政议政。有 31 名党外人士担任市、县、区政协委员，促进本钢籍政协委员建言献策，履行参政议政职能，向市政协报送议案、提案 19 件，九三学社吕原鑫同志执笔的《关于推进我市废钢产业发展的提案》获得 2022 年度政协好提案荣誉。

【工会工作】 坚持以习近平新时代中国特色社会主义思想为指导，以劳动和技能竞赛为抓手，推动工会工作在服务大局中展现新作为。推进企业民主管理，指导推动各级企业履行好市场化改革相关民主程序。加强和调整基层工会组织建设，指导基层工会组建、换届工作。

召开党的二十大精神主题宣贯会议，引导广大职工和工会干部深刻领悟“两个确立”的决定性意义，增强“四个意识”、坚定“四个自信”、做到“两个维护”。以增强工会组织政治性、先进性、群众性为目标，持续加强职工文化引领，汇聚建设新本钢的精神力量，广大职工精神面貌焕然一新，凝聚力、向心力和影响力持续提升。召开本钢文体协会启动大会，成立新媒体、棋牌等 6 个协会，组织开展“喜迎二十大 建设新本钢 支撑新鞍钢”职工书法美术摄影征集评选活动，在征集的 154 幅书法美术摄影作品中择优 114 幅上报鞍钢集团工会。充分发挥先进典型示范引领作用。大力弘扬劳模精神、劳动精神、工匠精神，选树先进典型，对先进事迹广泛宣传。编辑出版《匠心筑梦——罗佳全》，用劳模故事、劳模智慧激励广大职工不懈奋斗，营造劳动光荣的企业风尚和精益求精的敬业风气。

开展“当好主人翁、建功‘十四五’、建设新本钢”主题系列劳动竞赛。组织与效益关联度高的重点岗位、重要工序开展“保产保供”“降本增效”等劳动竞赛；围绕“大干 100 天、冲刺四季度，全面实现‘双跑赢’”开展专项劳动竞赛。承办本溪市、鞍钢集团、本钢级技能大赛，在省级技能大赛中 2 名选手夺得状元。获得全国工人先锋号 1 个，全国机械冶金建材行业工会经济技术工作先进单位 1 个、岗位能手 3 人，省劳动模范 1 人。召开群众性创新创效攻关活动启动会，发动和引导广大职工主动创新、敢于创新、科学创新。全年获得省劳模（职工）创新工作室和省创新工作室联盟各 2 个。组织参加鞍钢创新工作室联盟，推进工作室分基地建设。参加中国机冶建材工会职工技术创新成果展示活动，荣获职工技术创新成果一等奖 1 个、三等奖 2 个。

坚持以人民为中心，共建共享取得明显成效。落实“共享鞍钢”理念，聚焦职工急难愁盼问题，办好民生实事，完成“职工健康体检、职工互助保障”等 13 项民生项目。强化民主管理，所属企业涉及三项制度改革有关方案 100%履行了民主程序。召开党委书记、董事长联络员恳谈会，解决了联络员提出的提高住房公积金缴存比例，节日期间免费供餐送餐到岗，增加停车场停车位等问题。维护职工身心健康，投入 25.11 万元为 6975 名在籍女职工办理特殊疾病保险；制作并发布 4 期关爱女职工健康科普微信讲堂，增强女职工医疗保健意识和健康素养；在疫情封控期间，累计投入 600 余万元，为保产保供职工提供后勤生活保障。加大帮扶力度，持续开展常态化送温暖活动，为患重病、住院职工发放慰问金，发放节日职工福利、推广“小药箱进班组”普惠活动，实现了对困难职工 100%帮扶。

【共青团工作】 紧紧围绕迎接和学习宣传贯彻党的二十大精神这一主线，深入开展“学习二十大、永远跟党走、奋进新征程”主题教育实践活动，完成智慧团建5个专题学习录入；结合庆祝建团百年，落实鞍钢青年精神素养提升第一课、第二课，召开五四优秀青年座谈会，组织100名青年走进鞍钢、交流实践；举办本钢首期“青马学堂”培训班，相关报道在中国共青团杂志公众号刊发；集中发放《论党的青年工作》等书籍，实现团员、团干部全覆盖；组织开展学习党的二十大有奖答题活动2期，累计参与3500余人次；借助“青春本钢”微信公众号平台开展青年大学习17期，制作并发布《赓续红色血脉 传承奋斗精神》微视频。

作为党的助手和后备军，认真落实党建带团建制度，全面承接鞍钢集团团委核心制度5项，开展集中学习宣贯4次，完善本钢共青团制度体系；建立本钢级党建带团建联系点7个；全面落实共青团工作经费制度，为基层提供经费保障机制；完成“智慧团建”网上平台“团支部对标定级”“团员先进性评价”“我与先辈比奋斗”各专题及团员发展的录入工作；完成本钢团委组织关系划转；推动本钢板材等5家直管单位成立团委筹备组，取消保卫中心等10个团委建制，有序推动各级团组织换届；以智慧团建建设评比为抓手，加大对各基层团组织的考评力度，发挥正向激励作用，持续推动团组织建设规范化，累计表彰50个团支部。

开展“我为青年办实事”专项活动，创建本钢首个“青年之家”，为500余名住宿青工提供交流平台；举办“情暖山城，缘系本钢”单身青年联谊活动，12对单身青年牵手成功；中秋、国庆前夕，成功举办第十四届青年大学生趣味运动会；开展“大干100天 冲刺四季度”主题实践活动，深入挖掘选树典型，表彰建功集体5个、“务实高效”“攻坚克难”“精准精细”“少说多做”青年先锋共20个；选树荣获辽宁省青年五四奖章集体1个、鞍钢级以上荣誉122项。

以青年安全为己任，联合安环部举办主题为“遵守安全生产法 当好第一责任人”安全大讲堂活动，培训青工600余人；围绕青安杯竞赛、青安岗创建等工作开展了2021年度先进集体、先进个人评选表彰，成功举办“青安杯”竞赛表彰会议；荣获省级青安岗和青年文明号3个，市级青安岗和青年文明号13个。联合规划科技部成功举办“青创杯”本钢第二届青年创新大赛，82名青年参与比赛，表彰优秀项目30项；推荐参与鞍钢集团创新登高“金牌项目”、第一届数字化创新大赛评选，获奖4项。

开展“跟着郭明义学雷锋”青年志愿服务活动，下拨疫情防控专项团费38681元，组建疫情防控青年突击队28支，累计组织青年参与防疫工作3000余人次。

【人民武装工作】 深入贯彻习近平强军思想，紧跟民兵调整和国有企业改革发展形势，有针对性地开展国防教育活动。在《本钢日报》开辟专版，宣传部分优秀退役军人代表的先进事迹。坚持重点教育与普及教育相结合，特殊时段运用电子显示屏、微信群等多种载体和平台加大宣传力度，强化职工群众国防观念，激励广大职工立足本岗作贡献，教育引导广大职工坚定信仰，继承和发扬党的光荣传统和优良作风，将红色基因深植灵魂，增强全体职工的国防意识。

为加强国有企业民兵规范化建设，促进国有企业国防动员工作在本钢有序开展，全面梳理本钢集团国防动员潜力调查相关数据，分阶段高质量完成省年度国防动员潜力统计调查、国有企业人民武装动员潜力核查，重点企业潜力核查工作及本溪市国防动员委员会应急物资储备统计工作。

扎实开展民兵组织整顿工作，调整本钢2022年基干民兵编组计划，对复转退伍军人登记统计，摸清底数、分布情况。按考评标准完成本钢集团780名基干民兵及110名预编民兵信息采集、到相关部门政审和体检。同时，继续抓好军地通用装备物资、后勤保障能力、军队与地方对口专业技术人才的登记统计与核对工作，充实、完善国防动员潜力数据，为战时提供有效的资料依据。

坚持按纲施训，围绕练精兵、争标兵活动，强化军事训练。做到干武装、懂武装，本着专武干部、民兵干部带头训原则，提升专武干部、基干民兵的处突应变指挥能力。出色完成年度联合实兵演训、军事训练、民兵教练员教学、防汛骨干集训、军分区“军事日”等任务。抽调68名应急营民兵配合某战区及某集团军联合“联合实兵演训”任务，配合参演部队进行各项科目的演练和全程合练，本钢作为所有参演部队中唯一的民兵队伍，演练结果得到现场联合指挥部及配属参演部队的一致认可及北部战区及省军区首长给予的高度评价。

·主要生产单位简介·

本钢板材股份有限公司

本钢板材股份有限公司（以下简称“本钢板材”）位于本溪市平山区钢铁路，是本钢集团有限公司所属国有控股钢铁主业上市公司（股票简称：本钢板材，股票代码：000761、200761），注册资本41.08亿元。拥有烧结、焦化、炼铁、炼钢、热轧板、冷轧板、特殊钢、发电、制氧、铁路运输等完善的钢铁工业生产系统。具有年产生铁1034万吨、粗钢1280万吨、热轧材1595万吨、冷轧材617万吨、特钢材140万吨的生产能力。截至2022年末，总资产441.15亿元，固定资产248.36亿元，净资产193.74亿元。下设10个职能部门、6个直属机构、7个生产制造单元及1家控股子公司，在岗员工14788人。2022年营业收入626亿元，同比减少153亿元；资产负债率完成52.09%（扣除分红因素），比预算降低0.44个百分点；实物劳动生产率完成714吨/（人·年），比上年提高25.3%，超额完成提高15%的考核指标。生铁产量1000.3万吨，同比增产16.53万吨；粗钢产量1055.2万吨，同比增产11.7万吨；热轧板产量1328.74万吨，同比增产7.05万吨；冷轧板产量594.8万吨，特钢材产量44.34万吨。

紧密围绕鞍钢集团战略目标和本钢集团工作指导方针，全力打造以汽车板为引领的极具国际竞争力的精品板材基地，产品和服务获得上汽乘用车等多家汽车制造商的高度认可。全年生产汽车板231万吨，同比增长31%，创历史新高。其中炼铁总厂5号高炉连续4个月刷新月产量纪录，热连轧厂2300机组产能利用率达到110%，冷轧总厂3号热镀锌机组产能利用率达到115%。全年实现吨钢降本262元，总降本额达到27.64亿元。细对标深挖潜，多项技经指标“鞍钢五地”领跑。吨钢综合能耗最优达到531.21千克标准煤，灰耗最优达到30.34千克/吨，负能炼钢最优达到吨钢-11.94千克标准煤，自发电比例最优达到70.62%，均创历史最好水平。

坚持创新驱动，打造原创技术策源地。实施鞍本科技协同项目9项、辽宁省钢协产学研联盟创新合作项目9项、科研项目203项，累计创效1.69亿元。全年开发新产品41个牌号，热轧抗氧化免涂层热成型钢CF-PHS1500全球首发，达到国际领先水平；培育“宽幅热轧高强钢系列化产品”，国内首创独有极限宽幅（2000毫米）薄规格高强罐体钢550GT-TH，实现区域市场独家供货；成功开发热镀锌增强塑性成形性双相钢CR330Y590T-DH，填补本钢镀锌DH钢研究领域空白。与中国金属学会等单位开展合作，参与行业标准制定及布局本钢典型产品生命周期评价。

以效益为中心，推进精细化管理。一是强化设备管理，提升设备功能和精度，设备运行效率持续提升，各机组累计刷新各类产能纪录103次。二是狠抓产线产能利用率提升，通过经济运行、集中生产、躲峰生产等措施，吨钢电耗完成535.7千瓦时。三是加强计量全流程管控，减少外发钢材计量异议发生率和经济损失。四是推进鞍本协同采购快赢项目17项，降低采购成本6500万元。五是大力推进“数字鞍钢”建设，引入钢铁主业跨地域多基地的一体化运营模式及多基地协同的“制造+服务”体系，鞍本信息一体化项目12月31日正式切换上线，实现业务创新及流程再造。炼钢厂“一键炼钢”获得行业肯定。

实施供应商动态管理，持续优化准入条件，对供应商提出管理资质要求，根据供货品种，严格筛选新进供应商。对供应商年度综合评分，清理评价不合格供应商。推进鞍本协同采购快赢项目17项，降低采购成本6500万元。以客户需求为导向，建立和完善以QCDDS五要素为核心的一站式三级服务体系。围绕新能源汽车领域，积极推进以2吉帕热成型钢为代表的低碳系列化热冲压钢等汽车板产品的产业化应用，通过长城汽车、东风乘用车、合众汽车、理想汽车、爱驰汽车等主机厂认证。积极拓展国际市场，成功开发出口比利时工程机械用钢、供德国变速箱齿轮用钢和供南美锚杆用钢等系列产品，品牌影响力显著提升。

坚持两个“一以贯之”，提高董事会科学运转效能。制定《本钢板材落实董事会职权实施方案》，完善相关配套制度6项。修改并审议通过《公司章程》《股东大会议事规则》《监事会议事规则》等基本制度，修订制定《董事会授权管理办法》《董事会决策事项清单》等专业制度7项、决策事项清单4项。深化梳理授权体系，明晰董事会、监事会、经理层职责权益，确保各项决策管理有章可循、有据可依。全年召开董事会会议11次，监事会会议11次，股东大会6次。完成上市公司信息披露40次，披露公告76份，披露文件400余份。认真贯彻执行监管部门要求，利用交易所投资者互动平台、股东大会、业绩说明会等多种形式回答投资者提出的各种问题380余次，增强投资者投资本钢板材的信心。本钢板材荣获董事会杂志社颁发的第十七届中国上市公司董事会金圆桌奖优秀董事会奖。

构建以基本管理制度为基础、专业管理制度为主体、工作规范为支撑的本钢板材规章制度体系。现行的430项规章制度涵盖了31项核心业务。以风险管理为导向，完善内部控制体系，动态评价，实时管控。从“法人治理、行权规范、行权效能”三个维度构建全周期授权评价体系，涉及总部业务审批权限476项，核心业务权限261项，履职规范清单177项。系统开展风险识别和评估，提炼出公司层面风险67项，建立风险控制预案，2022年未出现重大风险事件。

本溪北营钢铁（集团）股份有限公司

本溪北营钢铁（集团）股份有限公司（以下简称“北营公司”）位于本溪市平山区北台镇，是本钢集团有限公司的控股子公司，成立于2002年4月5日，注册资本60亿元。拥有烧结、焦化、炼铁、炼钢、轧钢、铸管、发电、制氧、公路、铁路运输等完善的钢铁工业生产系统。具备年产生铁780万吨、钢坯800万吨、钢材850万吨（含代管产能）、球墨铸管25万吨的综合生产能力，是东北地区最大的线材生产基地，国内大型球墨铸铁管生产企业。下设8个职能部门、6个直属机构、5个生产制造单元，在岗职工16450人。截至2022年末，资产总额541亿元，负债总额383亿元，所有者权益158亿元，资产负债率70.65%。全年实现营业收入296.6亿元；利润总额6.09亿元，同比增加10.45亿元；净利润6.08亿元，同比增加10.45亿元；资产负债率70.69%，比年初降低2.4个百分点；实物劳动生产率734.59吨/(人·年)，同比提升18.75%；年产生铁686万吨，粗钢699.6万吨，商品材689.8万吨，铸管4.8万吨。

以预算管理为主线，多措并举打赢扭亏“翻身仗”。紧盯市场，严控供销两端。供应端增加年标采购比例，扩大包消耗采购品种，稳步实施择机采购，合规处置呆滞库存，库存资金由46.97亿元降至31.45亿元，比年初降低15.52亿元，降幅33.05%；销售端全面实施“6+2+1”销售模式，新开发直供用户16家，直供用户比例由24%提升至48%，东北区域产品投放量120万吨，占有率41%，产线调整增效9963万元，出口增效1.18亿元。

严控三项费用，锚定预算，层层分解挖潜力，科学规划和调整贷款结构，实现综合贷款利率3.42%，较年初4.35%下降21.38%；实施资金分类管控，2022年实现经营活动现金净流量30.9亿元，融资规模与年初持平，资金管理水平显著提高。深挖工序降本潜力，全年累计吨钢降本247.5元。紧盯原燃料端市场变化，及时优化配煤配矿结构，持续推进“利用存量、控制增量、创新驱动”的管控措施，钢铁料消耗全年完成1070.69千克/吨，同比降低5.46千克/吨。引入OEE指标衡量评价法，狠抓轧钢产线运行效率，推进产线分工优化，全年各产线产能利用率均创历史最好水平。建立“大能源”管理体系，提升能源管控能力，主要技经指标连续刷新历史纪录；科学规划物流路径，合理分配运力资源，拓展销售物流方式，强化港存管理，有效降低物流成本。

全面推进北营公司市场化改革方案，打造“合规+授权+同利+精益”管理模式，多点突破决胜改革“攻坚战”，实现国企改革三年行动计划完美收官。高效推进三项制度改革，引入“赛马”机制，打破“铁交椅”，推进领导人员竞争性选拔常态化，自管85名领导人员公开竞聘54人，公开竞聘率63.53%，实施“两制一契”，签订率为100%。建立市场化用工制度，打破“铁饭碗”，全员竞聘上岗，实施双合同管理，建立赋能“中转站”，规范赋能转岗培训和返岗竞聘；推进劳务清理，主营岗位劳务置换比例100%，推进员工市场化退出，全年员工市场化退出率1.49%。完善市场化薪酬机制，实现“业绩升薪酬升、业绩降薪酬降”。2022 年全员劳动生产率 30 万元/(人·年)，同比提升 92.56%，主业实物劳动生产率 734.59 吨/(人·年)，同比提升 18.75%，职工浮动工资差异系数达到 1.33。

健全市场化激励约束机制，坚持正向激励，动态调整，差异化考核；聚焦关键指标，探索实施“四三转换”，全面推进“四到”工作，实现指标清晰化、任务指标化、岗位绩效具体化；坚持以价值创造为标尺，实施成本“五地对标”。

建立健全市场化合规管控体系，厘清各治理主体权责界面，建立决策事项清单，实现规范有效运行；坚持精干主业，推行扁平化管理；坚持亏损企业治理和法人压减相结合，推进铸管公司市场化改革和职业经理人选聘；坚持深化放权赋能，首次建立“权力清单—履职规范—行权评价—动态调整”的全周期授权管理体系，将 88 类、138 项具体核心业务权力逐级下放，激发微观主体活力。

建设科技创新体系，推进科技项目立项，累计完成 108 项科技立项；申报鞍钢集团科技成果奖项目 1 项、产学研联盟项目 4 项、省产教融合技术需求项目 1 项，首次获得辽宁省科学技术奖三等奖 2 项。建立技术创新人才体系，为公司发展注入新的人才支撑，共聘任 24 名首席工程师，涵盖炼铁、炼钢、轧钢等多个领域。加大科研投入，全年完成研发投入强度 3.5%，同比提升 2.72%，累计实现产品增利 1187.18 万元；积极实施“北营炼钢钢种磷硫含量的经济型控制攻关”等科技项目，累计实现工艺降本 1012.55 万元；推进拳头产品认定，棒线材、板材、铸管共计 20 个系列产品，认定为北营公司“拳头产品”。

本溪钢铁（集团）矿业有限责任公司

本溪钢铁（集团）矿业有限责任公司（以下简称“本钢矿业公司”）总部坐落于本溪市平山区平山路 15 栋，是本钢集团的全资子公司，组建于 1995 年 12 月，注册资本 26.8 亿元，拥有采矿、选矿、煅烧、球团等生产系统，主要产品有铁精矿、生石灰、球团矿等。具备年设计产量铁精矿 860 万吨、生石灰 141 万吨、球团矿 225 万吨的能力。目前铁矿资源实际控制资源量 14.6 亿吨，潜在后备矿山资源 95.7 亿吨；资源总量 110.3 亿吨，占本溪地区总资源量的 75.5%，确立了在同行业独一无二的资源优势，输出的铁精矿品位高、低磷、低硫，是驰名中外的“人参铁”和“人参钢”的优质原料。现有 8 个职能部门、1 个直属单位、8 个生产厂矿，在岗职工 8614 人。

2022 年完成铁精矿 900.37 万吨，同比增加 81.37 万吨，实现历史新突破；生石灰完成 143 万吨，同比增长 5.7%；球团矿完成 235 万吨，同比增长 8.92%。实现营业收入 100.08 亿元，经营利润 29.81 亿元，营业利润率 29.79%，资产负债率 56.08%，实物劳动生产率 1187 吨/(人·年)，“两金”占用 2.69 亿元，全年经营活动现金净流量 36.63 亿元，“两利四率”等经营指标全面完成计划，实现“双跑赢”。

本着“上道工序为下道工序服务”的原则，工序之间密切配合，形成生产组织“一盘棋”。各厂矿主动攻难关、想办法、破难题，以“摘牌制”为抓手，实现科学高效生产组织。露天矿采取汛前抢采等措施，保证选矿厂日产 1.3 万吨以上铁精矿产能的同时，为铁精矿稳产高产提供原料保障。选矿厂在保证质量前提下完成铁精矿产量 481.95 万吨，同比超产 36.74 万吨，创历史最好水平。歪矿克服生产和工程改造双线并行的压力，铁精矿日产提升 500 吨以上。贾矿做好采场末期的生产组织，铁精矿同比超产 3.76 万吨。北台铁矿通过优化工艺参数、恢复三段磨矿，铁精矿品位由 63.16%提高到 65%。石灰石矿强化技术攻关和工艺操作，实现石灰石生产保供“零影响”。辽阳球团厂科学高效优化设备定修方案，提前转车 13.5 小时，为稳产高产创造条件。炸药厂加强对工艺技术和炸药质量管理，满足了矿山爆破需求。储运中心加大质检验收、物资回收和择机采购等工作力度，为稳产高产提供保障。

压实各级安全管理责任，各级领导干部坚持深入基层履职检查。一是深化“三管三必须”管理，推进云安智联系统安全电子履职，建立完善全员安全责任清单和履职清单。二是评估作业方式，修改标准化作业卡，完善安全规程。三是开展安全整改“回头看”，促进各级安全管理人员主动履职作为；以“安全风暴”专项整治行动为抓手，进一步堵塞管理漏洞。四是开展安全专项对标工作，明确安全管理思路，制定整改措施。组织安全管理人员到鞍钢矿业眼前山铁矿进行地下矿山安全对标学习，形成对标学习成果，指导后备地下矿山安全管理。

夯实设备基础管理，提升设备管理水平。准确掌握设备技术状态，精准进行设备点检。建立健全设备管理制度体系，2022 年发布各专业管理制度 33 份。借鉴宝钢及鞍钢矿业经验建立月度设备管理评价体系，完善绩效管理。球磨机作业率完成 96.37%，超计划值 0.37 百分点；对 WK-20 电铲、WK-10 电铲、KY310 钻机等主体设备进行大修。结合修订“十四五”智慧矿山三年滚动规划，完成集控类、无人值守类、基础自动化升级改造类等项目 10 项。

重点工程建设实现“三开工一见效”。歪矿低品位矿及废石辊磨干选资源综合利用工程 3 月投产试运行；花岭沟地下开采工程 2 月开工建设，2022 年末主副井累计掘进完成 70%；选矿厂精矿管道输送工程 6 月开工，年末完成主泵站主体结构，输送管道完成 16 千米；南芬绿色矿山选矿提效及智能化改造（一期 A 段）工程 7 月开工，土建结构完成 70%。

持续推进降本增效、成本管控、对标提升等工作，转变思维、挖掘潜力、多维度提升财务管理水平。构建三级穿透式降本管控体系，开创降本增效的新格局。建立全面预算管理制度，编制《本钢矿业公司加强全面预算管理工作实施方案》。组织日清日结周汇报与月生产经营分析会，及时分析预算与实际完成的差异。围绕明星产线建设开展全流程、全方位对标工作。

厚植发展潜能，加强战略谋划，协调争取资源项目。打造鞍钢集团优质石灰石资源保障基地，完成 5 家矿山法律尽调。5 个项目列入国家“铁资源开发计划”，为后备矿山矿权、用地等要件办理创造条件。花红沟铁矿、大台沟铁矿等矿权办理均取得不同程度的进展，为打造安全可靠铁矿石供应链提供有力支撑。贾矿地采项目和徐家堡子铁矿采选工程即将开工建设，棉花堡子、南芬露天矿深部开采等后备矿山开发进度全面提速，南芬露天矿地采前期准备工作正在推进，为后续提产做好充分准备。

全面落实“1+2+N”系列改革方案，聚焦重点难点抓攻坚，激发微观活力、释放改革动力、提升管理能力。组织制定了《本钢矿业公司核心业务审批权限》，明晰权责界面，规范决策流程。完成 4 家超层级法人单位压减和 7 家亏损企业清零，形成“公司班子管理整体，八大部门服务基层，九家厂矿保产创效”的全新管理格局。聚焦制约“四能”机制的堵点痛点，深化三项制度改革，激发组织和员工活力，提高运营效率。通过精干机构编制，优化岗位设置，压减作业区级机构比例 37%；优化三职群比例 35.5%。通过精准核定设置高技能岗位，激发高技能人才创新活力。全面推行“两制一契”，实现干部能上能下。按季考核，结果与薪酬联动；实施“摘牌制”奖励项目 30 项，创效 4.03 亿元。实行全员竞聘上岗及推行用工市场化，实现员工能进能出。通过精简岗位设置、全员岗位竞聘、畅通员工退出渠道，严格清理整顿劳动关系等措施优化员工 1374 人，优化比例 15%。推行差异化薪酬分配模式，实现收入能增能减。推动“四到”工作落实落地，实现工资比例同向增长，职工工资差异系数为 1.25。

（辛　莉）

第十九部分

单位简介

·板块公司·

鞍钢集团矿业有限公司

【概况】 2022年末，鞍钢集团矿业有限公司有在岗职工14153人，其中管理专业技术岗位2807人（高级职称458人，中级职称1615人，初级职称590人，无职称144人），生产服务岗位11403人（高级技师182人，技师757人，高级工3305人，中级工3858人，初级工2769人），离退休职工32429人。拥有固定资产原值282.56亿元，净值119.47亿元，新增值10.38亿元。公司下设32个基层单位。机关设置办公室（董事会办公室）、党委组织部（人力资源部）、战略发展部、安全环保部、生产管理部、企业管理部（法律合规部）、海外事业部、财务运营部、工程设备保障部、纪委（党政督查办公室）、审计部、党委宣传部（团委）、工会等13个部门。

2022年，面对疫情冲击、铁矿石市场价格波动等多重考验，该公司以习近平新时代中国特色社会主义思想为指导，全面贯彻党的十九大和二十大精神，坚决落实党中央及集团公司决策部署，聚焦“五个一流”发展路径，奋力打造“世界级成本、世界级规模、世界级产品”，通过一系列战略性举措，推进一系列变革性实践，实现一系列突破性进展，攻克一些长期没有解决的难题，办成一些事关长远发展的大事，竞争力、影响力、引领力显著提升，世界一流资源开发企业建设实现高起点开局，矿业迈上新时代高质量发展新征程。

矿业利润“稳定器”作用更加凸显。破解产能困局，实现逆势增产。面对产能下滑、限爆限产等困难局面，在没有新矿山投产的条件下，通过实施快赢项目、柔性化生产、劳动竞赛等一系列措施，最大限度挖掘潜力，生产铁精矿2272万吨，同比增加90万吨，增幅为4.1%；产量占全国8%，居国内第一，再次刷新历史纪录。实现利润57.5亿元，对集团经营利润贡献度达到70%以上；铁精矿成本降幅10.8%，贡献度和成本降幅为近三年最高水平。经过不懈努力，卡拉拉矿业生产铁精矿730万吨，成本比上年同口径降低2%，利润控亏6亿元，全面完成生产经营目标，经营成效突出。

保障钢铁产业链供应链安全“压舱石”作用充分彰显。以维护钢铁产业链供应链安全为己任，牵头编制鞍钢铁矿资源开发利用规划。向国家有关部委和行业协会积极建议，推动制定“铁资源开发计划”，有效带动了国内铁矿行业固定资产投资的增长。公司有12个项目入选，6项已开工，是国内项目最多、进展最快、成效最好的，为铁矿行业高质量发展带来更大底气和更强信心，彰显了行业龙头的责任和担当，受到中国钢铁工业协会的高度肯定。特别是“铁资源开发计划”重点项目西鞍山铁矿正式开工，在项目前准办理过程中，全力突破办理障碍，刷新了国内新建矿山要件办理最快纪录。建成投产后将成为国内规模最大、技术领先、绿色智能、无废无扰动的单体地下铁矿山，可增加千万吨级铁精矿产品，提升铁矿资源保障能力，增强钢铁产业链供应链韧性。西鞍山铁矿项目的正式开工，是矿业发展史上一个里程碑事件，赢得国家有关部委、行业协会、省市政府的高度赞誉。

矿业资产证券化取得突破性进展。勇于攻坚克难，推动关键任务善作善成。加快推进203项目，首次引入外部股东，成功引进67.1亿元权益资金，为进一步提升集团资产证券化率奠定了坚实基础。全力解决矿权、土地等资产权属问题，消除权属障碍，针对复杂程度超乎想象的长期以来积累的历史遗留问题，进行大起底、大清理，采取一系列超常规举措突破攻坚，绝大部分问题得到了彻底解决，为公司资产证券化创造了有利条件。

开启建设世界一流资源开发企业新篇章。全面落实“双核”战略，着力打造“五个一流”。强化顶层设计，系统制定指导意见和实施方案，先后召开了一流成本管控、生态环境、智能制造现场发布会，打出一套典型引路、示范带动、整体提升的组合拳，建设世界一流资源开发企业迈出坚实步伐。

打造一流成本管控。以国际四大矿山为标杆，实施基于价值网络的战略成本管理，持续提升系统降本能力。坚持试点先行带动整体降本，以齐矿、鞍千为试点，探索压降成本实现路径。2022年矿业公司硬碰硬降本3美元/吨，齐矿、鞍千成本分别降至55美元/吨和49.5美元/吨，两个试点单位在东北市场的成本竞争力均超过淡水河谷和FMG，为打造世界级成本奠定了核心基础。

打造一流体制机制。突破利益固化藩篱，坚决破除体制机制弊端，国企改革三年行动高质量收官，获评“双百”优秀企业，改革经验入选国务院国资委“学抓促”典型案例。完成弓长岭铁运公司和汽运公司整合重组，专业化发展迈出新步伐。加快三项制度改革，机关人员岗位绩效“271”强制分布的创新实践在集团推广。全员实物劳动生产率同比提高10%以上。

打造一流创新能力。成立了科技创新委员会。开展3项“十四五”国家科技专项研发工作，完成4项国家标准编制。11项成果获省部级以上科技进步奖，1项获冶金矿山科学技术奖特等奖。加快产品升级，满足用户需求，矿冶协同迈出坚实一步。东烧厂400万吨带式球团项目可行性研究通过专家评审，项目建成后可增强鞍钢产业链优势。

打造一流生态环境。矿山复垦三年规划圆满收官，累计治理面积488公顷，绿化复垦持续保持国内同行业领先。尾矿再选项目已开工，建成后每年可使2400万吨铁尾矿“变废为宝”，对带动我国铁尾矿综合利用具有重要示范意义；持续推进铁尾矿改良盐碱地项目，全年水稻总产量达到250吨。发展清洁能源产业，黑牛庄光伏项目具备并网发电条件。球团产线26个超低排放改造完成24个。成功发行2亿元绿色债券，创国内铁矿业首笔绿色债券纪录。矿业公司成为国内矿山行业绿色发展标杆。

打造一流智能制造。建成矿业数智管控中心并上线运行，矿业智慧采选工业互联网平台被全球工业互联网大会评为年度十大典型案例，眼前山智慧矿山项目获得金紫竹奖，为建设世界一流资源开发企业增添了重要驱动力。

树牢安全发展理念，安全综合管控实力得到显著提升。2022年，该公司上下认真贯彻习近平总书记关于安全生产的重要论述和指示精神，严格落实国务院安全生产15条硬措施，牢固树立安全发展理念，紧紧围绕全年安全工作目标、工作重点，通过明责任、夯基础、强监管、深治理，安全综合管控实力得到显著提升，实现了轻伤以上事故为零。

全面压实安全生产责任。将安全生产目标逐级分解，签订安全生产责任状16000余份，全年兑现安全奖励818万元，考核56.2万元。建立了覆盖全员的安全履职清单，明确了履职内容、频次和要求，每季度对基层班子成员履职情况进行评价。公司定期召开安委会，专题研究解决安全生产突出问题，以上率下落实安全责任。按照“四不放过”原则，各单位对936项新增隐患按照事故进行分析处理，问责2157人，考核142.5万元。

全面提升职工安全素养。在安全培训上做到对象、内容、形式三个拓展，首次实现作业区管理人员全覆盖，对446名领导人员进行履职能力测试，对2057名“四长两员”进行专题培训，举办一线职工专项培训31期，累计培训12368人次，开展实战及桌面演练216场。成立了涵盖公司6个专业38人的安全专家团队，对63名注册安全工程师设定了年度工作任务和目标，助力安全工作。

全面排查整治安全隐患。在围绕季节风险开展隐患排查基础上，根据国务院安委会15条硬措施、国务院国资委“安全生产提升年”行动、国务院办公厅全国自建房专项整治、安全生产月、“百日清零行动”等一系列工作部署，开展了9个领域专项整治。为落实习近平总书记关于安全生产的重要批示，开展了两轮地毯式安全大检查。全年共排查各类隐患4356项，整改完成4351项。为从源头上阻断隐患产生，从安全设施设计、检修质量、职工能力提升等5方面制定了具体防范措施。

全面加强安全基础管理。修订完善安全教育培训管理办法、班组周安全活动和班前会等安全相关制度11项，完善操作规程116个，制定反违章清单479项，对21处重大风险、1083处较大风险安全管控措施重新细化，对8类危险作业进行规范，完成4家单位综合评价和3家单位“回头看”工作。同时，聘请专业机构对鞍千、眼矿、东烧进行系统诊断。对229家相关方分级分类建立监管责任清单和隐患问题数据库，促进相关方管理不断规范。

全面强化重点时段管控。针对节假日、双休日安全管理容易松懈的实际，建立动态监管机制，确保安全管理不断线。在冬奥会、全国两会期间，对各项安全工作细化部署、强化督导，确保受控。在党的二十大期间，严格落实集团“十要”“九项排查”“三个非必要”和“日统计、日报告”等工作要求。为确保年末关键节点安全受控，在强化监督检查基础上，对168项聚集性作业安全技术措施进行完善，并提级管理、全程监管，确保可控。

全面推广应用安全新技术。安全智能管控平台初步建成，已在鞍千、齐矿进行试用。建立了本质安全项目月推进、季评价工作机制，经强力推进，22家单位完成本质安全项目65个。关宝山智慧工厂、齐矿智慧矿山所涉及本质安全项目已全部建成。眼矿、弓球等23个智慧矿山配套本质安全项目也在有序推进。454个班组会议室视频监控系统已实现全覆盖，为班组安全信息化管控提供了保障。

党群工作。2022年，该公司以习近平新时代中国特色社会主义思想武装头脑，指导公司改革发展正确方向。强化党委中心组学习。坚持逢学必研讨，开展党委中心组集体学习9次，形成交流研讨成果38篇。建立“三分法两融入一清单”的“第一议题”学习模式。党委会“第一议题”学习38次，学习篇目71篇。持续推进贯彻落实习近平总书记重要指示批示精神工作机制。实施“学习传达、建立台账、监督推进、考核提升”工作模式，制定60项落实措施、105个阶段目标，全部完成。认真学习贯彻党的二十大精神，成立领导小组，组建工作专班，建立分众化学习宣贯工作体系，细化64项重点任务，推动党的二十大精神深入贯彻落实。

着力增强党组织政治功能和组织功能，打造有效实现党的领导的坚强战斗堡垒。深入贯彻新时代党的建设总要求，持续提升党建工作整体水平。开展党建工作规范化专项检查，查摆整改15个方面238项问题。推进党建工作创新，1项成果获辽宁省党建调研课题二等奖，5个工作经验在集团公司党建工作座谈会、研讨会上交流。开展党支部建设专项调研，召开党支部建设推进会，提高党支部整体建设水平。1个党支部被命名为辽宁省党支部标准化规范化建设示范点，创建鞍钢党支部工作示范基地1个、鞍钢“样板”党支部9个。高标准开展“喜迎二十大、为党旗增色”主题实践活动，完成共产党员工程项目100项。

坚持党管干部、党管人才，建设堪当大任的高素质干部人才队伍。交流、提任领导人员126人次，组织领导人员参加集团公司重点培训376人次，利用休息日组织能力提升培训1286人次。加强年轻干部培养任用，深化矿业菁英培养工程，三级单位领导班子中80后年轻干部占比达到21.9%。深入推进干部人事制度改革，各级管理人员竞争上岗占比90.29%，末等调整、不胜任退出占比12.2%。打造高素质人才队伍，评聘一二级专家2人、首席工程师9人，1人入选鞍钢集团院士后备人选储备人才，1人获鞍山市特殊贡献专家称号。

筑牢舆论宣传阵地，为矿业高质量发展提供有力思想保证。牢牢把握正确政治方向、舆论导向、价值取向，凝聚强大发展合力。全面落实意识形态主体责任，构建网格化舆情管理体系，健全重大舆情和突发事件舆论引导机制，确保了网络意识形态管理稳定受控。强化形势任务教育，坚持“五级联动宣讲”形势任务教育机制，下发宣传提纲362篇。构建大宣传工作格局，推动媒体融合发展，守正创新推动新时代宣传工作走深走实。在各级媒体刊发宣传稿件835篇，在省部级以上媒体发稿量创历史最好水平。抓好改革全过程思想政治工作，构建分众化体系，矿业公司“新时代分众化思想政治工作体系的研究和实践”课题成果，以全国评选排名第三名的优异成绩，荣获中国政研会2021年度优秀研究成果一等奖。公司获辽宁省思想政治工作研究优秀单位。获得鞍钢政研会以上奖项12项。加强企业文化建设，制定了加强新时代企业文化建设实施方案，形成了打造拼争一流的企业文化建设体系。公司“打造以高质量发展为主题企业文化，建设世界领先的绿色智慧资源开发企业”企业文化创新果荣获2021—2022年度全国企业文化优秀成果二等奖。公司“以新时代创新文化赋能 助推鞍钢矿业打造世界领先资源开发企业”企业文化创新成果荣获中国企业文化研究会2022年度“企业文化与经营管理深度融合”典型经验，并在《中国企业文化》杂志刊发。

深化监督执纪问责，打造风清气正的良好政治生态。在一体推进“三不腐”机制上持续发力，强化正风肃纪，推动干部作风转变。推进政治监督常态化、具体化。围绕疫情防控、合同采矿、

“三个一批”项目等重点任务强化监督检查，推动各项工作落地见效。聚焦“两个责任”等5方面开展专项监督，发现问题378项。加大案件查处力度，13家基层纪委实现独立办案零突破。扎实推进专项治理。“清廉工程”专项整治立案13件，备品备件采购及管理专项治理立案8件。持续深化巡视问题整改。中央巡视组及鞍钢党委巡视反馈问题整改完成率分别为97.45%、98.58%。对矿业机关和1家基层单位开展了常规巡察，实现五年巡察全覆盖。对21家单位开展巡视巡察整改“回头看”，发现问题315个，对68名领导人员进行了问责。深入开展“守信践诺”专项行动。大力治理形式主义官僚主义问题和“机关病”，督办基层单位班子重点工作320项，公司部门重点工作156项。推进廉洁文化建设。开展“重温两书、坚守初心”党性教育等系列活动，得到集团纪委充分肯定。

推进统战工作，强化党外知识分子思想政治引导。搞好党外人士联谊交友及节日慰问活动。统战对象提出合理化建议218条，采纳实施86条，完成120余项重点项目课题。推进“爱企业、献良策、做贡献”主题实践活动。1项成果获集团公司一等奖、2项获二等奖、5项获三等奖。

深化精神文明创建，深入开展“跟着郭明义学雷锋”志愿服务活动。组织郭明义爱心团队成员重点围绕保产保供、义务献工、场地平整、环境保护、疫情防控、爱心助学、无偿献血、关爱老人等开展形式多样的志愿服务活动。推荐设备检修协力中心、眼矿为辽宁省学雷锋活动示范点，推荐齐矿李征服、许平鑫、眼矿姜元奎为岗位学雷锋标兵。鞍千公司、矿业武装保卫部等单位荣获鞍山市精神文明建设先进单位称号。

强化工会工作，坚持全心全意依靠职工办企业，将民主管理贯穿改革全过程。弘扬劳模精神、劳动精神和工匠精神，1名职工获全国五一劳动奖章，1名职工被评为辽宁省劳动模范。大力开展群众性创新创效活动，创效4653万元。实施精准帮扶，发放救济款167万元，救助困难职工1751人次，为全体职工办理了企业救助责任险。完成344项民生实事项目，职工获得感幸福感持续增强。

党建带团建，实施矿业青年精神素养提升工程。开展“推进五个一流，青年勇争先锋”系列活动，创新登高创效459万元。

（关荣生）

【齐大山铁矿】 2022年末，齐大山铁矿有在岗职工1453人，其中干部148人（高级技术职称18人，中级技术职称105人，初级技术职称18人），工人1305人。拥有固定资产原值55.6亿元，净值15亿元。

2022年，该矿深入学习贯彻党的十九大、十九届历次全会和党的二十大精神，认真落实两级公司决策部署，紧紧围绕矿业公司一届三次职代会会议要求，以打造“五个一流”标杆企业为目标，克服矿价波动、产能下滑、防疫政策调整等不利因素，各项生产经营任务超计划完成。

全年完成采剥总量8521万吨，铁矿石1700万吨，铁精矿456万吨，铁精矿输出量465万吨，实现收入44.84亿元，利润16.71亿元，完成“五个一流”建设的第一步跨越。

成本管控实现历史性突破。构建全价值网络的“135”成本管控模式，深挖降本潜能。通过推行合同采矿，降低采矿成本1.19亿元，采矿单位成本同比降低8%。推行差异化销售，创效1.42亿元。全年铁矿石成本79.42元/吨；铁精矿完全成本478元/吨，降幅11.8%，基本达到国际一流水平。

体制机制改革实现历史性突破。全年压减管理岗位26个，压减比例17.1%。持续深化“两制一契”管理，与各部室及作业区签订契约化经营业绩责任书并缴纳风险抵押金。重新定责、定岗、定员、定编，合并、撤销生产服务岗位8个。严格执行“三合同管理”，全年进入赋能中心84人，市场化退出7人。铁精矿劳动生产率达3151吨/（人·年），同比增长15.78%。管理创新成果荣获辽宁省管理创新二等奖1项，集团管理创新三等奖1项，并获得鞍钢集团先进单位、矿业公司三项制度改革示范单位和“五个一流”对标提升行动一级试点示范单位荣誉称号。

科技创新取得历史性突破。积极开展科技创新工作，深入开展“四新”试验与应用，低温浮选药剂等三项试验成果应用取得明显成效，球磨机给矿过流件长寿化工业试验等四项现场工业试验全部按计划进行。全年共申报有效专利18项，完成技术创新及合理化建议项目42项，科技增效3366万元。科技成果获冶金矿山科学技术奖一等奖2项、三等奖2项；获矿业公司重大合理化建议一等奖3项、二等奖5项。

绿色低碳发展取得历史性突破。全面推进岩石破碎站抑尘网封闭、过滤露天精矿堆场抑尘网封闭、新破厂房除尘系统等环保项目建设。积极开展废石利用、尾气排放治理、废水综合利用等工作。更换厂房绿色照明灯3419盏；排岩场栽种槐树苗28万棵，复垦绿化面积504.72亩，复垦绿化率达100%，成为鞍钢集团首个获得省级绿色工厂称号的矿山企业。

智慧矿山建设取得历史性突破。在采矿区域逐个业务流程开展智慧化建设，钻机效率同比提升4.88%，电铲效率同比提升6.6%，电动轮效率同比提升5%。完善智能管控中心协同指挥功能，进一步提高综合决策指挥能力，实现采矿生产工序全流程数字化。其中"金属露天矿山智能开采基础关键技术研究与应用"成果获得冶金矿山科学技术奖，"智慧齐矿"项目被评为"国家2022年智能制造示范工厂"和工信部"2022年工业互联网应用示范平台"。

新矿山建设实现历史性突破。露天平面扩界开采采矿权办理已经通过省六厅联审，露天深部扩界开采资源普查实施方案等矿权办理前期准备工作已完成。完成二矿区开采范围的动迁拆扒工作，为二矿区开采创造有利条件。露天平面扩界开采项目风险评估通过公司"4+X"联审。中部胶带岩场过渡工程建设投产，矿石破碎胶带工程、南部倒装场恢复工程有序推进。优化二矿区运输系统，增加作业部位，全年增加矿石产量70万吨。

生产经营实现新提升。持续推进"1+7"工作机制，设备效率、技经指标有新提高，粗破效率同比提升17.42%，磨机台时达324吨；磨机作业率完成91.4%，创历史最高水平。同时，通过精准配矿及强化混岩管理，切实有效减少矿石损失，矿石回收率完成98.32%，同比增加0.61%；金属回收率达到82.18%，同比提升1.28%；混岩率降至4.08%以下，对比挑战值降低0.12%，各项指标全部超计划完成。

合规管理实现新提升。全面贯彻落实国务院国资委关于开展中央企业"合规管理强化年"有关工作要求，完善法治矿山建设。对新制定和修订的36个规章制度实施"2+X"联审，确保制度条款达到系统、全面、规范的要求。召开招标论证会和自主采购开标会52次，论证304个采购项目，开标67个项目，全面促进自主招标采购的规范管理。

设备管理实现新提升。全面推进点检定修及预知维修设备管理模式，完善32项定修管理制度，修订《齐大山铁矿设备检修工程实施细则》等7项规章制度。以加强检修质量为手段，全面降低设备故障率，提高采矿单体设备效率。选矿区域以磨机检修为主线，实施选矿区域一体化检修模式，深挖检修潜力，全年压缩检修时间616小时，设备作业率提高1.7%。全年设备故障率降至0.45%，同比下降0.14%。

民生福祉实现新提升。深入开展"我为群众办实事"活动，投资1.57亿元，修缮现场操作室、休息室、浴池及卫生间13个。建成齐矿首个职工文体活动中心，满足广大职工业余文化生活需求。全年共走访慰问困难职工475人次，发放救济金19.56万元，切实解决困难职工需求。

党的政治建设在深学实做中落地生根。严格执行党委会"第一议题"制度，建立贯彻落实台账，全部按计划推进。认真落实党委理论学习中心组学习制度，建立"321"学习模式，共学习研讨15次。扎实开展"重温两书、坚守初心"党性教育活动，引导党员坚定听党话、跟党走的价值追求。邀请"当代雷锋"郭明义作传达党的二十大精神专题报告，开展党的二十大知识测试等活动，引导广大职工深刻把握"两个确立"，坚决做到"两个维护"。

基层组织建设在强基固本中得到加强。深入开展"强基固本、创新提升，以高质量党建引领企业高质量发展"活动，对24项具体工作进行评价。持续开展党支部特色品牌创建和星级党小组评选等活动，基层党建工作水平全面提升，汽运作业区党支部被评为鞍钢集团样板党支部。以喜迎二十大为契机，深入开展"六比六争""四对标"等党内主题实践活动，实施共产党员工程63项，累计创效6080万元，党员队伍活力全面激发。

干部队伍建设在精准培育中实现改进。加大年轻干部培养选拔力度，4名年轻干部走上重要工作岗位。建立市场化选聘、退出机制，末等调整、不胜任退出占比9.1%，超额完成公司考核指标。打破身份限制，11 名管理和专业技术岗位人员进入到生产服务岗位，1 名生产服务岗位人员竞聘到专业技术岗位。开展工程等级序列和高技能人才评聘工作，共评聘各类人才 97 名。

思想文化建设在守正创新中凝心聚力。实施思想政治工作网格化管理，牢牢把住舆情管控主动权。开展“齐矿先锋”评选活动，培养了鞍山市“道德模范”和“最美志愿者”许平鑫为代表的一大批先进典型。全年对外发表宣传报道 282 篇，获得公司宣传报道第一名，1 人获得公司宣传报道状元称号。

党风廉政建设在立规肃纪中持续推进。制定全面从严治党工作任务清单，细化明确 17 项具体履责措施。修改和完善矿领导班子成员廉洁承诺制度，与基层党支部签订了《党风廉政建设责任书》，筑牢各级干部廉洁理念。开展“清廉工程”专项整治、“备品备件采购及管理”专项治理和各类专项监督工作，共发现整改问题 16 项，处理考核 12 人。全年自办案件立案 3 人，处置上级纪委转办立案 2 人。

群团组织建设在和谐共建中彰显活力。扎实开展“保安全、降成本、创一流”劳动竞赛，有力促进了生产经营超挑战目标；实施“揭榜挂帅”项目 29 项，全年实现科技增效 3366 万元；马连成职工创新工作室被评为鞍山市职工创新工作室；获得冶金科学技术奖一等奖 2 项、三等奖 2 项。投资 1.57 亿元，实施民生实事项目 14 项。

共青团组织围绕生产经营中心开展了富有成效的立功竞赛活动，青年创新登高创效 588 万元。矿团委获得鞍山市五四红旗团委称号。

（王晓双）

【大孤山铁矿】 截至 2022 年末，大孤山铁矿在职职工 415 人，其中，干部 86 人，生产工人 299 人，居家休息职工 27 人，长病列编外 3 人。矿机关管理按职能型设置，共 4 个部室，即生产技术室、设备室、党委工作室、综合管理室（其中生产技术室内含资源开发部），1 个井下工艺建设指挥部；生产组织按工序设置，5 个作业区，即穿采作业区、汽运作业区、西井作业区、动力作业区、检修作业区。矿区占地面积 959.98 万平方米，建筑面积 5.75 万平方米。拥有主体设备电铲 4 台，牙轮钻机 1 台，生产汽车 8 台，推土机 5 台，破碎机 3 台。2022 年全员劳动生产率 11585.38 吨/(人·年)。

2022 年全矿各项工作取得明显成效。采剥总量完成 618.8 万吨，超计划 52.8 万吨；矿石完成 469.2 万吨，超计划 19.2 万吨；品位完成 27.03%，超计划 0.23%；利润实际完成 6862 万元，超计划 2255 万元；实现了安全生产事故为零的目标。

生产组织精细高效。全面落实增产增效、提质降耗措施。以西井系统生产为中心，优化生产组织模式，充分发挥系统台时效率。落实准时化生产、躲峰限电措施，保证能耗最低成本最小。克服出矿部位减少、矿石贫化等不利影响，细化中和配矿工作，保证了矿石质量均衡稳定。准确把握生产节奏，控制生产平衡，优化生产结构，外委倒运矿石进西井 30 万吨，降低运费 146 万元。重点围绕-378 米、-390 米新水平准备，优化采掘空间，保证了矿石产能接续。

安全环保稳定受控。系统谋划安全生产工作，强化责任落实，推进责任体系建设，全面提升安全履职能力。强化安全风险分级管控，深入开展危险辨识活动，促进“双预防”机制落实。坚持从严管理，加大隐患排查治理和反违章工作力度，隐患按事故问责。扎实推进“双无”工作，促进了广大职工自我管理和现场隐患治理能力的提升。严格相关方全链条管理，落实区域一体化管理责任，实现全方位、全过程督导。全面防控环保风险，坚持洒水抑尘，改善现场作业条件，防止职业病发生。

设备运行经济稳定。认真研究设备管理和运行规律，完善制度，规范标准，强化监管，实现了设备高效稳定运行。通过加强设备规范化操作、强化设备点检定修和岗位自检自修、严肃检修计划执行和检修质量提升，实现了设备管理的标准化、流程化、规范化。全年主体设备故障率大幅降低，西井胶带系统、钻机分别实现 7 个月、10 个月零故障运行，电铲、生产汽车故障率分别降至 0.15%、0.12%。进一步优化库存结构，全年压库 1300 万元。

改革发展平稳有序。研究制定了《大孤山铁矿 2022 年三项制度改革实施方案》及重点任务清单，确定了改革目标，明确了责任单位，制定了时间节点和推进计划。持续深化作业区内部市场化运行机制，实行市场化绩效与薪酬分配考核；

深化全员岗位绩效考核，实现了岗位绩效管理全覆盖，充分体现了多劳多得分配原则；深化人力资源改革，落实“两制一契”管理模式，全面引入竞争机制；推动作业区优化整合班组机构和岗位人员配置，压减班组机构9个，优化人力资源40人，有22人进入人才赋能中心培训，促进了人员流动，提高了劳动效率和效益。

对标提升成效初显。梳理全矿8个专业领域指标现状，确定企业发展定位，明确实施路径和保障措施，制定了“五个一流”对标提升实施方案。瞄准一流体制机制，全面梳理职能体系、业务流程、授放行权等管理环节，优化管理体系，提升治理能力，压减管理岗位编制定员6个，管理岗位向技术岗位转聘11人，劳动生产率超对标指标6.2%。强化一流成本管控，稳步推进单机台考核，专题研究制定51项降本增效项目，实现降本增效1063万元。推进一流智能制造能力建设，完成了智慧无人值守库房项目，置换值守岗位6人。践行“绿水青山就是金山银山”理念，积极推进一流生态环境建设，开展绿化复垦工作，增加绿化面积21万平方米；加大固废资源的开发利用，全年外销岩石300万吨，回收矿石32万吨。打造一流创新能力，与辽宁科技大学合作开发的“西井3号胶带巷道变形规律三维监测预警系统应用研究”等3个科研项目通过了公司中期验收。全年申报专利12件，申报专有技术6项，合理化建议获得集团奖励3项，在省部级以上刊物发表论文6篇。

职工队伍和谐稳定。坚持发展为了职工、发展依靠职工、发展成果由职工共享的理念。弘扬劳模精神、劳动精神、工匠精神，大力开展劳动竞赛、双增双节、修旧利废活动，累计创效710万元。深化“我为群众办实事”长效机制，建立“我为群众办实事”台账，全年完成民生工程11项。全年共计走访困难职工及退休人员233人次，发放慰问品、救济金12.93万元。

（侯　丽）

【东鞍山铁矿】 2022年末，东鞍山铁矿在岗职工449人，其中干部74人（高级职称4人，中级职称45人，初级职称20人），工人375人。矿下设四室，即生产技术室、综合管理室、设备室、党委工作室（工会），6个作业区。固定资产原值86985.88万元，净值为34121.46万元。矿区占地面积11.16平方千米，建筑面积5.41万平方米，主要生产设备有钻机4台，电铲7台，大型生产汽车49台，破碎胶带系统2套，振动放矿系统2套。从业人员劳动生产率达到37432.72吨/（人·年）。

2022年，该矿坚持以习近平新时代中国特色社会主义思想为指导，深入贯彻落实矿业公司决策部署，努力克服外委转自营和疫情冲击影响，深入开展“五个一流”对标提升，扎实推进精益生产组织，深化改革创新，全力增产增效，全面完成目标任务，各项工作成果突出。

生产经营创造新业绩。全年采剥总量完成1628万吨，超计划128万吨；输出铁矿石592万吨，超计划22万吨，创历史最好水平；矿石输出品位完成31.3%，超计划0.5%，实现品位创效888万元；实现销售收入5.38亿元，超计划872万元；完成利润4826万元，超挑战值3209万元，创历史最好水平。完成降本增效5107万元，超计划2820万元。

矿山发展取得新进展。制定实施《东鞍山铁矿境界优化方案》，二期境界内增加铁矿石3500万吨，预计到2025年矿石产能达到1000万吨/年，境界优化后服务年限延长近4年，预计铁矿石完全成本将达到59元/吨，基本实现产量翻倍，成本减半，有效保障2035年前露天开采能力和区域采选平衡。加快-77米和-90米剥岩进度，为矿石能力接续创造有利条件。加快重点工程建设，岩破胶带系统二期下移工程完成5号斜井、破碎机基坑掘进和5号斜井支护工程200米，矿山可持续发展能力进一步增强。

安全管理开创新局面。认真贯彻“四个一刻也不能放松”“五清五杜绝”和“三管三必须”工作要求，加强安全标准化建设，逐级压实安全生产责任。建立健全安全管理体系，全面实施清单式管理，为铁矿安全生产提供制度保障。扎实开展反违章工作，细化反违章责任清单，职工违章行为得到有效遏制。加大隐患排查整治及隐患按事故处理力度，全年排查各类隐患738项，整改719项，其余隐患将于2023年底前完成整改；49项隐患按照事故处理，问责53人次，考核33800元。强化相关方管理，查处各类问题78项，考核65800元，约谈相关方负责人9次、停工整改4次。加快绿色矿山建设步伐，铺设防尘网近5

万平方米，完成绿化复垦98亩。

设备保障取得新提升。科学制定检修计划，结合精益生产组织方案和设备运行状况，合理安排检修项目，设备运行状况明显改善。优化自主招标流程，提高审批效率，采购周期由半年缩减至3个月以内，大幅提高备品备件保供能力。提高两运台时效率，定额电单耗较2021年下降8%。治理跑冒水10余处，用水量较2021年下降7.6万立方米，节省水费38万元。实施采场防洪系统升级改造，新铺管道5000余米，增设保护装置及远程操控功能，采场抗洪度汛能力进一步增强。强化备件全寿命周期管理和质量管控，修旧利废，有效降低了设备运行成本。组织更换两运系统供电电缆、巷硐内阻燃电缆和破碎站控制电缆等，努力消除产线安全隐患。制定实施东鞍山铁矿智慧矿山建设方案，完成了可研编制。

企业管理实现新突破。扎实推进“五个一流”对标提升活动，采矿自主经营、绿电产业示范园两个项目被公司列为“五个一流”对标提升行动首批试点示范项目。制定实施快赢项目12项，销售岩石65万立方米，实现销售收入570余万元。扎实推进三项制度改革，荣获公司2022年度“三项制度”改革示范单位称号。持续优化组织机构和人力资源，机关5个部室整合为4个，压减管理技术岗位3个，压减生产服务人员21人。严格“双合同”管理，全年进入赋能中心27人次，占全员职工6.2%。加强全面风险管理、合规管理体系建设和法治建设，企业依法经营能力和职工法治意识得到加强。妥善处理法律纠纷，维护合法权益。

科技创新取得新成果。稳步推进“多类型矿石智能识别、智能爆破和智能配矿优化研究”，建立矿体的地质-地球物理识别模型，设计研发铁矿石智能识别系统，实现不同品位矿石有限范围的分区堆积，为优化配矿提供了质量控制基础。同时，通过对钻孔过程岩性信息采集与分析系统的研究，建立爆区逐孔爆破能量耗散模型，提高了爆破、地质信息、综合配矿工艺环节信息化、智能化水平。全年申报专利9项，重大合理化建议4项。完成创新项目19项，创效200余万元，其中2项荣获2022年全国机械冶金建材行业职工技术创新成果三等奖。

深入开展“我为群众办实事”活动，全年共完成综合作业区职工休息室维修等11项，职工作业条件和福利设施进一步改善。认真落实职工薪酬增长激励机制，收入分配和津补贴向一线职工倾斜，进一步提高了职工工作积极性。精准帮困扶贫，全年救济困难职工122人次，发放救济金55300元；走访困难职工73人次，慰问重疾住院职工2人次，企业凝聚力进一步增强。

党的政治建设有力推进。强化党委中心组学习，做到逢学必研讨，开展专题研讨11次。印发《东鞍山铁矿实施“321”学习模式工作安排》，以“三分两融一单”形式，坚持学用结合、强化结果运用。结合落实“双核”战略和“五个一流”对标提升行动，提出了到2025年，实现采剥总量1600万吨、铁矿石产量1000万吨、采矿单位成本59元/吨的目标。发挥党委把方向、管大局、保落实作用，制定实施《东鞍山铁矿党委会直接决策事项清单》和《东鞍山铁矿党委会参与重大事项决策清单》，不断提高党委议事决策的科学化、民主化、制度化水平。

党建工作质量不断提升。开展“喜迎二十大、为党旗增色”主题实践活动，以优异工作业绩向党的二十大献礼。确立共产党员工程项目22项，创效440余万元。扎实开展“强基固本，创新提升，以高质量党建引领东鞍山铁矿高质量发展活动”，制定了创新提升项目37项。

围绕建设“四型四有”高效能机关，持续提升机关的执行能力和服务指导能力。制定《关于开展“守诚信践承诺转作风”主题实践活动方案》，完善《东鞍山铁矿干部作风监督十项要求》及考核细则，领导班子及机关包班组人员坚持每周到作业区和班组参加安全会，现场解决安全问题68项，促进干部作风转变。推进干部人事制度改革，开展工程等级序列选聘和管理专业人员选聘，实现了干部能上能下。制定《东鞍山铁矿青年人才培养选拔工作安排》，采取导师带徒、挂职、借调、给任务等方式，强化青年人才实践锻炼，5名年轻干部入选矿业菁英计划，马志刚同志获得矿业公司特级技师，13名高技能人才获得技能人才奖励。

思想文化建设不断加强。围绕创建“五个一流”和三项制度改革加强宣传教育，采取领导到作业区及班组面对面宣讲、中心组学习扩大会宣讲、下发宣传提纲等多种形式，教育引导干部职工理解改革、支持改革，参与改革。加强正面引导和舆情管控，促进职工队伍稳定。

党风廉政建设成效彰显。召开党风廉政建设和反腐败工作会议，下发《东鞍山铁矿2022年政治监督工作清单》《东鞍山铁矿党委“清廉工程”专项整治工作方案》，在“清廉工程”专项整治工作中，开展一对一谈话20人，主动报告问题4个。因安全工作履职不到位、防疫工作不到位等被提醒谈话10人，批评教育23人。

群团组织作用有效发挥。组织开展保安全、降成本、创一流竞赛活动，1—3季度，荣获公司劳动竞赛先进单位。大力开展创新攻关活动，确定攻关项目23项，有2项创新攻关项目荣获2022年全国机械冶金建材行业职工技术创新成果三等奖。加强职工创新工作室建设，马志刚创新工作室被命名为辽宁省职工创新工作室。扎实开展“我为群众办实事”活动，确立矿级项目10项，公司级项目1项，已全部完成。在春节、“七一”和“十一”等重大节日开展困难职工走访慰问活动，共救济困难职工213人次，发放救济金112800元，发放慰问品价值12261元。

（由继宏）

【眼前山铁矿】 2022年末，眼前山铁矿有在岗职工441人，其中，干部78人（高级职称13人，中级职称40人，初级职称21人），工人363人。下设四室一部和5个作业区。固定资产原值25.47亿元，主要生产设备共有102台（套）。

生产经营指标实现新突破。该矿职工以习近平新时代中国特色社会主义思想为指导，全面贯彻落实党的十九大、十九届历次全会和党的二十大精神，优化生产组织，强化内部循环、工艺升级，细化要素配置，较好地完成目标任务。全年采掘总量、铁矿石分别完成623万吨、464万吨，再创历史新高。实现利润5141万元。全年实现人身轻伤以上事故为零，重大设备、交通、火灾和环保事故为零。

本质安全实现整体性突破。深入推进双重预防机制。构建安全责任网格化工作机制，建立“一岗一清单”，安全生产责任有效落实。全面开展隐患排查治理，建立台账，挂牌督办，销号管理，实现隐患排查整治全链条闭环管控，推动安全生产专项整治三年行动圆满收官。顺利通过国家级绿色矿山复审。通过辽宁省金属非金属地下矿山二级标准化企业评审。

设备运维保障能力实现综合性突破。聚焦设备隐患管理疏漏点，汇总当期设备管理数据，建立设备运行表单管控体系，实施大数据对比分析，诊断并解决现场、管理问题。组织开展工序、露天设备专项整治，设备技术状况得到明显提升。组织技术攻关和改造，综合提升设备效能。

重点工程项目实现标志性突破。高质量推进“三个一批”项目进程，西矿段自然崩落法开采工程已完成巷道工程量的60.3%。大孤山地区综合运输廊道工程可研报告、初步设计已完成。加快智慧矿山项目建设，主体工程建设目标全部按期完成，同时荣获“2022工业互联网金紫竹奖”。

三项制度改革实现阶段性突破。深入推进实施柔性化生产组织和共享用工，有效缓解产量递增和人力资源供求紧张矛盾。采取绩效工资与经营业绩挂钩的奖罚机制、“1+2+N”绩效考核、计件管理、阶段性超产奖励等多种渠道优化薪酬激励，充分调动职工工作积极性。全员实物劳动生产率13717吨/（人·年），同比提高17.73%。

职工满意度实现实质性突破。深入践行以人民为中心的发展思想，持续开展“我为群众办实事”实践活动，按期完成9项重点民生项目。法治建设、合规管理、内控和行权管理、全面风险管理和环境资源保护等各项工作扎实有效开展，并取得显著效果。

（卢鸿雁）

【齐大山选矿厂】 2022年末，齐大山选矿厂有在职职工682人，其中，干部78人（高级技术职称9人，中级技术职称50人，初级技术职称16人）。下设四室、五作业区、一事业部。拥有固定资产原值20.44亿元，净值10.40亿元。

2022年，该厂克服矿石可选性大幅度下降、大宗原燃料和能源涨价等不利因素，深入贯彻落实两级公司决策部署，推进“三个一批”项目建设，全面打造“五个一流”，围绕降本增效核心任务，统筹疫情防控、安全生产、改革改造，各项工作成效显著。

党组织的领导核心和政治核心作用充分发挥。该厂党委坚持以习近平新时代中国特色社会主义思想为指导，聚焦公司“三个世界级”总任务，加快打造“五个一流”，高标准推进“三个一批”项目建设，为公司加快建设世界一流资源开发企业贡献力量。推动干部职工深刻领悟“两个确立”的决定性意义，增强“四个意识”、坚定“四个自信”、做到“两个维护”。印发《厂党委2022年党建工作要点暨全面从严治党重点任务清单》，制定《2022年厂党委理论学习中心组学习安排》，组织党委理论学习中心组学习22次，研讨16次。推进党史学习教育常态化长效化，高质量完成14项“我为群众办实事”重点民生项目。开展党员“喜迎二十大、为党旗增色”等主题实践活动，实施“共产党员工程”项目18项。开展党员责任区、党员先锋岗评选活动，全年评选出创效党员责任区21个，先锋岗130个，星级党小组32个。深入开展党支部特色品牌创建活动，评选特色品牌7个。2部党员教育片和1部党课微视频在矿业公司获奖。群团组织作用有效发挥，厂工会大力加强知识型、技能型、创新型职工队伍建设。谷安成同志荣获全国五一劳动奖章，所在班组获得全国“安康杯”竞赛优胜班组。谷安成创新工作室工作稳步推进，2022年完成公司级立项7项，完成厂级创新项目28项。申报公司先进操作法5项。春节、端午节慰问在岗职工1433人次。全年走访救助在岗、列编外、居家、退休困难职工169人次，救助9.96万元。共青团组织深入开展“安全保生产，青年在行动”主题活动。

安全管控能力全面加强。坚持“安全第一、预防为主、综合治理”的工作方针，全面落实“四个一刻也不能放松”“五清五杜绝”工作要求，全年实现轻伤及以上事故、环保事故、火灾事故为零目标。开展安全风险评估和隐患清零工作。评估重大风险1项，较大风险49项，一般风险1219项。累计排查、整治隐患2192项；把新增隐患按事故处理，累计处理26起，考核152人次，14人列入黑名单管理；持续加强反违章工作，累计处理75起，约谈48人次。强化污染源头治理，破碎8A8B皮带实施湿法除尘+湿电除尘工艺，除尘器、锅炉烟尘外排均实现超低排放；锅炉二氧化硫、氮氧化物实现限排标准；实施抑尘网+多管放矿+喷淋造雪+绿化综合抑尘措施，全年铺设抑尘网380万平方米，实现尾矿库库区无大面积扬尘。强化重大危险源治理。风水沟尾矿库“头顶库”治理验收取得突破性进展。

生产经营能力明显提升。挖掘潜力，磨机作业率同比提升1.71%，球磨利用系数在全公司实现领跑。强化成本管控，实施系统匹配转车、峰谷平转车优化、能源精益管控，电单耗比上年同期降低17.64千瓦时/吨，连续三年大幅降低，针对工艺升级改造，原产线主要利旧的实际，压缩材料、备件库存12%。优化生产模式。推进“柔性定制化生产”，根据内、外部市场需求，动态调整铁精矿品位，进一步提升金属回收率。2022年破矿量完成979万吨，铁精矿产量完成293万吨，超计划9万吨，实现了逆势增产，同时铁精矿外销30.8万吨，创历史新高；铁精矿完全成本完成496.58元/吨，同比降低31.38元/吨，硬碰硬降低4.9美元/吨；剔除财务划转增加的资源税和尾矿库建设费用，实现利润12.5亿元，超额完成挑战目标。

设备运维效率不断提升。以降低设备运行成本、保障生产顺行为目标，推进设备精益管理，开展了“跑冒滴漏”精益管理专项提升活动，共检查整改356项问题；组织了全停检修，共处理设备问题199项。自主建成了厂集控中心，实现了破碎远程操作、供水输尾监测集中控制。建设无纸化会议系统，提高了会议效率。在二选开展智能库房探索实践，实施备件全寿命周期管理，进一步挖掘管理效能。2022年主体设备完好率达到100%、可开动率达到97.79%，实现了安全、稳定、顺行、高效的目标。设备高效运维精益管理模式荣获第五届全国设备管理与技术创新成果二等奖。

科技创新能力显著增强。坚持创新驱动发展，聚焦难点、关键问题，开展重点项目攻关。同时加强全员创新平台建设。依托职工创新工作室，搭建技术革新、发明创造、创新交流活动平台。谷安成技能大师站经辽宁省评审后已申报国家技能大师站。皮带巡检机器人和自动抓斗技术，分别在破碎8A8B皮带和过滤抓斗工序投入运行，实现了现场无人化巡检和远程自动化作业，进一步提升了现场本质化安全水平。2022年，共申报专利10件，其中发明专利5件，实用新型专利5件；申报专有技术3项。开展了“齐选厂皮带智能巡检及AR可视化技术研究”等3项科研攻关，实现科技创效1832万元，超额完成年计划指标。

企业经营活力充分释放。对标三项制度改革标准和要求，以提高效率、效益为目标，以市场化运营、精细化管理、精准化绩效为手段，着力构建“四能”机制。推进机构改革，实施同类业务整合，拓展二选管辖区域，实行厂内供水输尾“用供合一”管理。推进干部能上能下，实施中层干部契约化管理，发挥人力资源协同管理效应，全年减少管理岗位7个。实施以劳动合同为基础、以岗位合同为核心的“双合同”用工管理制度，全年“赋能”人员71人次，市场化退出5人次。形成职工主动找活干、向厂里要活干的良好氛围。全年电子秤维修外委转自营节约40万元，耐磨衬板应用等十项重点工作揭榜创效800余万元。

（郑百效）

【大孤山球团厂】 2022年末，大孤山球团厂在岗职工745人，其中，干部88人（高级技术职称14人、中级技术职称49人、初级技术职称18人）、工人657人。下设4个部室、8个作业区。固定资产原值13.3亿元，净值3.8亿元。全厂占地总面积321.5万平方米，建筑面积22.62万平方米。选矿生产线采用阶段磨矿—单一磁选—细筛再磨工艺流程，设计产能铁矿石处理量900万吨/年，年产铁精矿300万吨。球团生产线采用目前国际较为先进的链箅机-回转窑氧化球团生产工艺，其设计能力为年产酸性氧化球团矿200万吨。2022年铁精矿产量完成315万吨，比基础计划超产19万吨，超挑战计划9万吨；球团矿产量完成185.5万吨；铁精矿单位完全成本达到488.32元/吨，比计划降低12.46元/吨，球团矿单位完全成本达到671.51元/吨，比计划降低29.32元/吨，总成本比计划降低6856万元；利润完成12.4亿元，比挑战计划多完成1.1亿元，创造历史最好水平。全员劳动生产率选矿区域16584.78吨/(人·年)，球团区域8066.62吨/(人·年)；千人负伤率为零。

2022年，该厂干部职工齐心协力，苦干实干，全面完成了全年生产经营任务，经营成果、改革改造等工作取得了显著成绩，获得2022年度矿业公司和鞍钢集团先进单位荣誉称号。

产量和利润实现了“双超”。面对矿源不足、原矿品位低、成本压力大、改革攻坚难的严峻挑战，坚持“着眼公司大局挑重担、立足内部挖潜增效益”的经营思想，优化生产组织增效益，优化设备运行提效率，优化生产操作保指标，优化产品输出创效益，确保实现了产量、利润“双超”目标，多项指标创历史新高。该厂对矿业公司利润贡献度连年提升，2022年占矿业公司利润总额21.39%，为推动矿业高质量发展提供了强大支撑。

安全环保保持了稳定发展。认真学习贯彻习近平总书记关于安全生产重要论述和疫情防控工作重要指示批示及全国安全生产电视电话会议精神，坚持人民至上、生命至上，压紧压实安全生产责任，强化干部履职担当，强化重点部位安全管控，防范重大安全风险。坚持以治理尾矿库扬尘、球团烟尘为重点，加大环保整治力度，加快球团脱硫脱硝改造，确保了安全环保工作稳定发展。有效落实常态化疫情防控措施，优化调整管控方案，确保了疫情防控和生产两不误。

科技创新取得了新成果。深入开展技术改进、攻关创效活动，全年共完成双革32项、技术攻关3项、科技增效2项，合计创效2200万元。一些重点项目取得新进展。主要是采场矿石可选性预测及生产组织方案优化研究、尾矿再选升级改造、球团大辊筛前增加反向布料辊等项目，进一步提升了生产效率和效益。尾矿再选改造项目实现了当年投资当年见效，被矿业公司作为降本增效的成功案例在集团公司作经验介绍并推广。

深化改革激发了动力和活力。实施了竞争上岗、末位调整和不胜任退出制度，实行了年轻干部岗位见习、干部工作写实等办法，完善修改了干部考核管理制度，实现精准系统评价；推行了双合同管理，强化员工退出机制建设；构建了“四化”考核机制，使薪酬分配更具激励和约束作用。在改革中探索的岗位双合同管理的做法，在鞍钢集团三项制度改革推进会上做了经验介绍，应邀到本钢进行经验推广，2022年获得矿业公司三项制度改革一类示范单位称号。

打造“五个一流”开启了新篇章。从强化精益管理入手，认真落实矿业公司“五个一流”目标要求，成立了打造“五个一流”工作5个推进组和8个对标专业组，研究制定了“五个一流”创建工作方案，层层落实对标提升措施，切实做到抓成本管控降消耗、抓干部作风提效率、抓管理制度强执行、抓合规管理促规范、抓考核兑现重激励、抓技能培训增素质，促进了企业管控水平提升。

深入开展“我为群众办实事”活动，高质量完成了2022年度民生实事计划26项，提升了职工幸福指数。坚持改革为了职工，改革成果让职工共享，职工收入逐年增长。坚持抓好精准扶贫救助工作，全年走访慰问困难职工 255 人次，发放救济金 15.47 万元，发放慰问品总价 3 万元。组织了全厂职工健康体检，为职工续保了重大疾病保险，发放了生日蛋糕券和健康度假疗养卡。

（张明洪）

【东鞍山烧结厂】 截至 2022 年末，东鞍山烧结厂在职职工 958 人，其中，管理技术岗位 117 人，生产服务岗位 777 人，居家休息职工 60 人，列编外 4 人。下设 5 个部室，6 个作业区。拥有固定资产原值 16.24 亿元，净值 4.88 亿元。厂区总占地面积为 475.6 万平方米，总建筑面积 26 万平方米。2022 年，该厂以打造“五个一流”为重点，转换经营机制，深挖内部潜力，全年铁精矿、烧结矿、活性灰三大产品分别生产 219.5 万吨、326 万吨、25 万吨，销售烧结矿 321 万吨，外销铁精矿 60 万吨，实现销售收入 34.6 亿元，报表利润 2.7 亿元，超公司利润计划 1.1 亿元。

党组织的领导核心和政治核心作用进一步凸显。该厂将学习贯彻习近平总书记重要指示批示精神作为首要政治任务，严格执行“第一议题”制度，落实《党委工作规则》和《党委会议事规则》，召开党委会 28 次，讨论“三重一大”事项 141 项，充分发挥党委把方向、管大局、保落实作用。落实“321”学习模式，制定了学习宣传贯彻党的二十大精神分众化工作体系、组织机构和工作机制。开展党委理论学习中心组集中学习 24 次，组织研讨发言 11 次，深刻领悟“两个确立”的决定性意义，进一步增强“四个意识”、坚定“四个自信”、做到“两个维护”。开展了“喜迎二十大，建设新东烧”和“学习贯彻二十大精神，坚决完成攻坚任务，向全年目标冲刺”系列主题实践活动，实施共产党员创新工程 162 项，创效 400 余万元，征集体会文章 54 篇，完成党建课题研究 8 项。开展了党支部特色品牌、星级党小组、党员先锋岗、党员责任区创建活动，打造支部工作特色品牌 6 个，评选星级党小组 30 个，红旗党员责任区 18 个。开展了“安全双无”“战疫情、当先锋、作表率”和“重点工程建设党旗红”等活动，党员排查安全隐患 65 项，109 名党员在疫情期间被评为保产先锋，215 名党员完成“万名党员进党校”培训。事业部党支部晋升为鞍钢“样板”党支部，“三提升”党建课题获矿业公司一等奖，该厂党委全面预算管理经验在鞍钢党建座谈会上进行推广交流。在《鞍钢矿业》《鞍钢日报》及企业微信等媒体发表稿件 88 篇，编发《东烧快讯》242 篇，荣获矿业公司宣传报道先进单位。

安全环保工作扎实推进。该厂认真贯彻落实新《安全生产法》，优化管理流程，层层落实责任，逐级传导压力，确保了各项安全规章制度的有效执行，提升了安全管理水平。全年共培训 836 人次，提高了职工的安全意识、自我防护和突发事故处置能力。履行央企社会责任，更换尾矿管线约 8000 米，降低了管线泄漏带来的污染风险。对尾矿库和料场加大扬尘治理力度，共铺设抑尘网 320 万平方米，喷洒抑尘剂 160 万平方米。充分利用烧结机年修和月修机会，对 220 平方米电除尘、260 平方米机尾除尘、脱硫除尘等关键部位进行整治，保证了达标排放。尤其是脱硫系统的日常维护和管理，得到省市专业部门、集团公司和矿业公司的肯定。

设备运行稳定高效。该厂设备系统健全设备管理体系，强化基础工作，规范计划修管理，完善定修模型，分析设备故障源点，严格执行关键备件的周期管理，认真做好难选矿升级改造工程和在线生产各项维、检修工程及日常检修的平衡。经营保障事业部克服了人员老化、大规模减员、疫情反复造成的人力资源不足，高质量完成了设备检修维护工作。全年球磨机可开动率达到 95.75%，为铁精矿创高产奠定了基础。高标准完成了烧结机的最后一次年修工作，将近几年影响烧结系统稳定运行的缺陷部位进行彻底治理，为烧结创高产创造了条件。

群团组织作用进一步彰显。该厂深化厂务公开民主管理，重大事项审议率 100%。开展“保安全、降成本、创一流”劳动竞赛，荣获公司劳动竞赛先进单位。深入开展“双增双节”活动，创效 371 万元。职工创新工作室完成创新攻关 5 项，征集先进操作法 11 项，创效 140 万元。完成“我为群众办实事”民生项目 18 项。深化党建带团建，完成青年创新登高项目 2 项，开展青年志愿者、导师带徒等活动，培育青年成长成才。同时，科协、民兵、统战、女工、信访、居退管等组织也发挥了重要作用。

（王宝中）

【鞍千矿业有限责任公司】 2022年末，鞍千矿业有限责任公司共有职工829人，其中，干部94人（教授级职称1人，高级职称13人，中级47人，初级20人）。下设四室一会，8个作业区。该公司实行精干高效的扁平化管理体制，检修、后勤服务、保卫等实行协力机制。企业固定资产原值25.75亿元，净值11.23亿元。厂区占地面积1535万平方米（选厂44万平方米），建筑面积5.52万平方米。主要设备有10立方米（WK-10B）电铲5台、12C（WK-12C）电铲4台；牙轮钻机7台（YZ35型），生产汽车55台（卡特777C 15台、卡特777D 10台、小松HD785-7 10台、TR100 20台），推土机8台（SD32推5台、卡特D9T推1台、卡特D9推2台），PXZ1216粗破机3台，H8800中碎机2台，H8800细破机2台，MP800细破机2台，ϕ5030毫米×6400毫米球磨机6台，ϕ9150毫米×5030毫米半自磨机1台，SLon2000立方米环脉动磁选机18台，SLon3000立方米环脉动磁选机6台，72平方米过滤机15台。

2022年，鞍千公司党委学习贯彻党的十九大、十九届历次全会和党的二十大精神，把党的领导贯穿企业改革发展始终，以打造世界级成本、建设一流采选联合生产企业为核心目标，通过实施多维度系统降本、深化三项制度改革、推进“五个一流”对标提升等重要举措，铁精矿产量再创历史纪录，铁精矿完全成本实现历史最优，在东北市场的成本竞争力超过淡水河谷和FMG，位居国内行业前列。荣获鞍钢集团和矿业公司2022年度先进单位荣誉称号。

经营业绩再创新高。强化采场重点部位采掘和混岩治理，全年完成总量8397.6万吨，矿石1474.4万吨，混岩率降至4.45%，保障了东部矿区矿石平衡和选厂“供应链”稳定。科学组织选矿生产，减少指标波动，铁精矿完成279.4万吨，同比提高14.4万吨，金属回收率提升至80.44%。深化三维价值网络管理，实施了16项降本增效措施，降本2.98亿元，铁精矿完全成本445.85元/吨，折62%品位为49.5美元，同比降幅10%，实现利润11.94亿元。

经营模式全面提升。按照柔性化生产要求，在哑巴岭、西大背两个采场实施合同采矿，推行采矿工序承包，全年完成产量6420万吨，采矿工序成本6.9元/吨，同比降幅18%，降本8903万元。实施订单式生产，根据客户需求调整精矿品位和硅铁含量，按照利益最大化原则，兼顾精矿外销，增产2.83万吨，增加销售收入1285万元。拓宽岩石渠道，寻找尾砂稳定客户，全年实现增收1091万元。

“五个一流”创建成绩优异。系统谋划并制定了“五个一流”对标提升方案，构建“125N”工作体系，即以打造世界级成本为核心，实现两步跨越，树立五个典范，落实N项任务清单。制定年度工作任务清单187项，全部落实完成。被矿业公司确定为一流成本管控标杆企业，并被授予“五个一流”对标提升一级试点示范单位。

三项制度改革成效显著。按照“授权+同利”改革思路，构建市场化经营模式。建立自营与项目总包并行运行机制，实施专业化整合、产线承包等组织方式，压减2个作业区、9个班组，清退劳务包保人员234名，降低劳务费1447万元。采、选全员劳动生产率分别提高22%和48.6%；建立市场化的人力资源体系和薪酬分配体系，压减管理岗位5个，市场退出5人，因不胜任调整岗位52人。建立奖励与贡献度相匹配的激励机制，充分激发全员的生产积极性。在集团公司作三项制度改革经验介绍，被矿业公司授予三项制度改革示范单位称号。

安全环保工作持续稳固。在安全管理方面，强化责任体系建设，建立完善岗位责任清单187个，督导相关方修订安全生产责任制85份。推进双重预防机制建设，开展全员动态辨识危险源1042项，修订专项检查表28项，排查治理各类隐患728项，整改率达到100%。强化安全培训体系建设，推广手机端培训系统，使培训更适应生产现场需要。持续推进本质安全项目，已建成使用4项。在环保工作方面，完成矿山复垦三年规划任务，累计治理面积1030亩，覆土撒草籽2000平方米，厂区内铺设草坪4000余平方米。致力打造无废矿山，累计销售尾砂9万吨，岩石225.1万立方米，实现固废资源再利用。

科技创新工作成果丰硕。首次承担鞍钢重大科研项目“鞍山式磁赤铁矿半自磨—球磨分段磨矿、磁—浮分选工艺研究”，已完成2022年阶段研究内容。“赤铁矿反浮选纳米气泡捕收剂的研制与应用”“浮选过程液位控制及加药系统智能化调控研究”2个项目获矿业立项批准，并按计划任务书组织开展。完成了哑巴岭采场隐伏矿体回收利用等6个科技创效项目，创效5912万元。获得国家授权专利9件，申报专利18件，申报全国发明展4项；获冶金矿山科技奖2项，鞍钢集团科技进步奖1项，全国职工优秀技术创新成果1项。

设备管理水平不断提升。创新设备管理理念，开展设备综合效率（OEE）提升工作，设备综合故障率降低40%。强化设备定修管理，建立检修奖励机制，实现设备长周期稳定运行。精细设备管理模式，实施设备振动在线监测项目，发现故障30余次，初步实现设备状态预知维修。利用全停检修整备期，完成163项检修项目，进一步提升了设备技术状态，消除了系统安全隐患。严格控制物资采购计划，按照保证设备运行的要求，合理确定物资储备，实现利库2800万元。

企业管理能力切实增强。树立依法治企、合规经营的法治理念，筑牢发展根基。进一步健全合规组织体系，制定完善5项法治、合规、风控建设方案。全面提升合规风险排查能力，发现不合规问题4项，着手组织整改。严格执行合同管理，审核登记合同469份，落实相关方考核101万余元。全面优化制度体系建设，梳理完善208项规章制度，新下发制度2+X审核率达100%。实施磨磁工序精益管理和数字化流程管理，2个管理创新项目被列为矿业公司级重大管理创新项目。

重点工程项目稳步实施。西大背、哑巴岭联采工程有序推进，许东沟矿破下移工程已完成联动试车，哑巴岭破碎站二期工程建设进展顺利。预选改造工程按期建设施工，10月末投产运行。这些重点项目建成，将为提高铁矿石、铁精矿产能提供有力支撑。

两级班子政治意识和能力明显提升。严格落实党委理论学习中心组学习和党委会“第一议题”制度，组织党委理论学习中心组集体学习17次、党委会“第一议题”18次。持续完善贯彻落实习近平总书记重要指示批示台账工作机制，细化31项工作措施，清单式推进落实。围绕企业改革发展中心任务，开展研讨交流12次，形成鞍千公司“打造世界级成本，建设一流采选联合生产企业”等6项学习成果。

党建工作质量明显提升。构建“1234N”党建对标提升体系，明确“两步走”提升目标，形成4方面15项具体推进措施，促进党建更好地融入生产经营。对公司党委扩大会党建工作重点进行细化分解，建立26个党建工作项目清单，促进重点项目顺利完成。实施“双联双带双督导”党建工作制，过滤作业区党支部晋级为鞍钢“样板”党支部。推行党建工作项目课题制，获得矿业公司党建研究成果一、二等奖各1项，优秀党课教案一、二、三等奖各1篇。

干部人才队伍素养明显提升。进一步深化三项制度改革，对12个管理及专业技术岗位实施公开竞聘，有5名生产服务人员竞聘到管理岗位，全年管理人员竞争上岗比例100%，末等调整和不胜任退出2人，压减管理岗位5个。加大优秀年轻干部选拔使用力度，2名80后和5名90后任职部门负责人。

党风廉政建设水平明显提升。推动政治监督常态化，签订党风廉政建设责任书22份、廉洁承诺书75份，建立巡视问题整改清单7个，查摆问题243项，制定整改措施586条。开展“清廉工程”专项整治，分层级开展谈话141人次，立案审查审理4件，自主办案1件，给予党纪处分和政纪处罚4人，运用第一种形态处理38人次，挽回经济损失18.1万元。

服务职工群众水平明显提升。工会解决职工关心关注的劳动防护、防暑降温等问题25项。开展劳动竞赛，组织安全隐患“随手拍”活动，整改安全隐患309项。聚焦中心任务深入开展全员创新活动，年创效839.5万元。建立“四位一体”合理化建议管理模式，征集可行性建议152项，成果转化创效960余万元。完成民生实事项目17项，在疫情管控、节假日期间为职工发放慰问品，救济困难职工142人次，发放救济金12.92万元。

共青团组织搭建创新实践平台，开展青年创新登高活动，组织立项攻关41项，入选鞍钢级2项，矿业级8项，累计创效556万元，荣获辽宁省先进团委称号。

（赵泽宇）

【关宝山矿业有限公司】 截至2022年末，关宝山矿业有限公司职工总数188人，其中管理技术岗位36人（高级职称11人，中级职称21人，初级职称4人）。公司机关设置四室，基层划分五个区域。拥有固定资产原值22.23亿元，净值17.5亿元。主要设备有 PXZ-1216 悬挂式旋回破碎机 1 台、H8800 中破机 2 台、HP800 细破机 4 台、2YAH2460 圆振动筛 8 台、ϕ6.2 米×9.0 米溢流型球磨机 2 台、VTM-1500 立磨机 6 台、立环脉动高梯度磁选机 7 台、浮选机 34 台、ϕ50 米浓缩机 4 台、ϕ38 米浓缩机 2 台、ϕ60 米浓缩机 2 台、ϕ38 米机械加速斜板澄清池 2 台、VPA 2040-54 压滤机 3 台、35 吨锅炉 3 台。

2022 年，该厂深入学习贯彻党的十九大、党的二十大精神，全厂上下深刻领悟“三个务必”“五个牢牢把握”和“六个必须坚持”，引导职工笃定“三个自信”，深化“三个攻坚”，各项工作取得新突破。

全年完成采剥总量 2026.8 万吨，铁矿石 242.8 万吨；精矿产量 169 万吨，精矿输出 168.4 万吨；完成公司考核利润 58060 万元，超公司考核利润目标 7098 万元。合同制采矿竞标顺利完成，采矿成本节省 2230 万元。选矿智能化系统投入运行，粒度、浓度、品位实时在线检测。通过大数据建模+知识图谱技术，实现磨矿分级、磁选、浮选智能优化控制，达到稳质降尾，提高金属回收率。精矿外销 56.5 万吨，实现销售收入 4.38 亿元。本质安全项目落地起效，AI 视频分析与电子围栏、电子操作牌系统等项目均已投入使用，奠定高危岗位无人化基础。落实“双碳”目标，锅炉间歇性生产，烟气指标大幅度降低。采场引进电动运矿车等设备降低尾气污染。全面建成“双鞍共建矿山复垦生态园”，打造一流生态环境工作进入矿业公司前列。开展了“基于数字孪生的选矿设备预知性维护关键技术研究”“基于大数据+AI 的选矿智能系统研究”“磨磁巡检关键技术研究”“基于数字孪生的选矿磨磁设备健康状态智能监测与运维技术研究”“基于五品联动的矿冶工程精细化管理方法研究”“关宝山陶瓷渣浆泵工业试验”“关宝山公司浮选低温药剂工业试验”，科技创新成效显著。

推进设备智能化数字化管理。以区域半日检为核心，建立了设备问题快速消除工作机制，开展设备点检，查改各类缺陷 1320 项。针对选矿智能设备设施，组织专业队伍跟踪，协助设备厂家解决设计缺陷。制定新设备管理制度和操作检修维护规程，提高了新设备适应性和运行效率。全年集中整治设备 445 台次，完成检修项目 716 项。成功召开了一流智能制造现场会，以关宝山、齐矿为智能化场景的“鞍钢矿业智慧采选工业互联网平台”在 2022 年（第四届）全球工业互联网大会上作为年度十大典型案例发布，并被《人民日报》、环球网等多家媒体报道。

深化区域一体化管理，按照“谁的区域谁主管谁负责”要求，将劳务用工项目纳入“区域一体化”管理，全年累计考核 17.8 万余元，全员实物劳动生产率同比提高 10%以上。进一步规范董事会管理，完成董事会议题 10 项。强化合规经营和风险管理，开展了经营业务合规管理问题专项治理，为合规经营、依法治理营造良好环境。2022 年选矿从业人员劳动生产率为 32066 吨/(人·年)，在国内同行业排名第一。

关心职工生活，帮扶特困人员。全年救济困难职工 56 人次，发放救济款 2.09 万元，发放米面油等生活物资价值 1.08 万元，特困职工、困难职工帮扶达到 100%。举办文体活动 2 次。“我为群众办实事”6+4 项目全部实施完成。

（陶诗宇）

【鞍矿智维（辽宁）科技有限公司】 2022 年 12 月 29 日，原鞍钢矿业设备检修协力中心更名为鞍矿智维（辽宁）科技有限公司。鞍矿智维（辽宁）科技有限公司有在岗职工 470 人（含居家与编外人员），其中，管理岗位 29 人、专业技术岗位 57 人，生产服务岗位 334 人（技师及高级技师 79 人、高级工 138 人、中级工 84 人、初级工 33 人）。该公司下设四室（规划运营室、党委工作室、企业管理室、供销保障室），7 个事业部。拥有固定资产原值 2.4 亿元，净值 8839 万元，加工车床 37 台，起重设备 47 台，动力设备 62 台，检验检测设备 17 台，运输设备 22 台。2022 年，该公司实现产值 3.6 亿元。

2022 年，该公司贯彻落实党的十九大、十九届历次全会和党的二十大精神，在矿业公司推进改革发展的政策支持下，克服新冠疫情影响，通过实施“1235”发展举措，加强“五个一流”建设，各项工作取得喜人业绩，获得“矿业公司先进单位”“三项制度改革示范单位”荣誉。

加强党的领导，发挥党组织和党员作用。全年召开党委会 30 次，审议议题 83 项，充分发挥党委把方向、管大局、促落实作用。开展“强基固本、创新提升，以高质量党建引领高质量发展”

活动，通过推进“三亮两带创一流”工作法，形成上下联动、工序互补的闭环管理。全年开展共产党员工程 18 项，创效 656.48 万元，表彰党员先锋岗 172 个、党员责任区 40 个。修订《党支部考核办法》，严格党建考核评价。开展党建课题研究，1 项成果获矿业公司党建课题二等奖。党支部教育片《党旗飘扬党徽闪亮》获矿业公司一等奖。

经营实力增强。推进专业化整合，突出核心业务优势。全年完成主营业务收入 3.6 亿元，同比增长 13.6%；实现利润 8980.3 万元（2021 年 5036 万元），同比增长 78.3%，超挑战目标值 1765.3 万元。

运营质量提升。实施品牌重塑工程，努力挖潜提质增效。重点培育矿用汽车检修、工程机械运营、综检保产、矿浆管道制造、精密检测五大特色业务板块，通过深耕“检修+”一站式集成服务，客户设备停车时间和备件存储成本均减少 30%以上。同时筹备建立智能运维中心，2022 年 6 月以来完成关宝山、鞍千在线检测系统调试上线及维护，组织精密点检对各单位系统上线进行技术支持，组建选矿事业部，推进选矿产线智维项目实施。推行进口备件国产化，拓宽多头供应机制，全年降本 240 万元。

管理品质提高。通过贯彻两级公司安全工作会议精神，持续深入排查整治事故隐患，实现了轻伤以上事故为零、环境污染事故为零、职业病患病率为零的目标。围绕“合规管理强化年”工作部署，对 189 项规章制度及业务流程“立改废释”，同时将法治建设、合规管理职责逐级分解落实，提升合规管理和法治建设能力。进一步精干管理人员队伍、优化人力资源配置、完善工效联动机制，实现管理人员占比、管理和技术岗位占比分别压缩至 5%和 6%以下，检修岗位从 960 个优化至 870 个，整体劳务用工优化循环节省劳动力成本 150 万元。

全面改革深化。重点落实三项制度改革措施，机构瘦身，将“四室一站”变为“四室”，搭建管理服务、采销保障、流程管控三个数字化平台。成立行权监管委员会，向事业部统一下放采购、人事用工、薪酬分配、机构设置、生产组织五项自主权，引导事业部“独立核算，自负盈亏”，打造微观市场主体。检修效率同比提高 35%，全员劳动生产率（产值劳动生产率）同比增长 31.5%，人工成本利润率 72.9%，同比增长 54.1%。

职工幸福感增强。深入推进“我为群众办实事”活动，全年共完成 8 个民生项目，职工作业条件和福利设施进一步改善。全年走访慰问职工 161 人次，大病医疗救助 15 人，发放救济款 28.47 万元。

（顾　硕）

【能源管控中心】 2022 年末，能源管控中心有职工 342 人，其中，管理技术岗位 70 人（正高级职称 1 人，高级职称 12 人，中级职称 44 人，初级职称 12 人）。下设 3 个机关部门、3 个事业部。固定资产原值 6.93 亿元，净值 3.63 亿元。

2022 年，该中心深入落实矿业公司各项决策部署，在克服种种不利因素的基础上，全年实现利润 1649 万元，超年计划 860 万元。

主要技经指标取得新成效。全年完成受电量 26.38 亿千瓦时、配电量 25.98 亿千瓦时，实现总收入 17.61 亿元。设备完好率、供电损失率、电网综合力率均优于公司下达的考核指标。采购天然气 5838.94 吨，输出天然气 922.06 万立方米，输出蒸汽 13.29 万吨，收入 4435.73 万元，气站、锅炉实现安全、稳定、经济运行。

安全“五个建设”取得新成效。持续加强安全管理，全年实现轻伤以上事故为零目标。开展安全合规建设，设置安全管理标尺，组织开展新《安全生产法》学习，打造知法、懂法、守法的职工队伍。开展安全标准化建设，制定下发《危险性较大作业规范》等安全制度，深化风险分级管控和隐患排查治理。开展安全文化建设，通过搭建“本周我是安全员”等活动载体，不断提升职工全员安全意识。开展数字安全建设，实现火灾预测预警以及变电所的温感监控。开展安全体系建设，将“024N”安全体系深植职工内心。

设备升级改造取得新成效。齐大山集控站投入运行，完成了 4 个变电所综合保护装置改造、126 号变电所 66 千伏隔离开关更换、18 号变电所母线改造、125 号变电所增容改造工作，为电网长周期稳定运行提供了可靠保障。组织实施大球锅炉水处理系统自动化改造、锅炉配电系统隐患整治，有效提升燃气及锅炉的运维管理水平。

能源管理取得新成效。持续强化能源管控职能，推动节能创效工作。实施变电所减容节约电费，提高电网力率；开展节能监察、能源统计分析、节能宣传等，节能创效180.3万元。探索实施清洁能源项目，矿业公司首个屋顶光伏发电清洁能源示范项目在中心落地。对鞍千矿的能源管理、生产工艺和装备开展能效评价，编制能耗替代储备方案。

科技创新取得新成效。组织“鞍钢矿业电力系统智慧决策支持平台”等项目参加央企熠星创新创意大赛，在申报的项目中有3项通过鞍钢集团评审。全年获得专利及软著权6件，发布《视频监控系统技术标准》等企业标准6项；获矿业公司重大合理化建议一等奖1项。

企业管理取得新成效。落实“四能”机制，深化三项制度改革，促进管理再提升。重置管理链条，调整生产经营管理结构；与9名管理人员签订契约化经营责任书，打造精干高效管理团队；全年完成6%的管理岗位优化目标，进入赋能中心学习64人。

职工利益维护和队伍建设取得新成效。扎实开展“我为职工群众办实事”活动，完成民生项目12项，职工的生产、生活条件得到进一步改善。帮扶困难职工群体，走访、慰问困难职工45人次，发放救济金33500元。开展技术练兵、劳动竞赛、创新工作室建设系列活动，打造知识型、技能型、创新型的职工队伍。

（韩　俊）

【辅助材料厂】 2022年，辅助材料厂有在岗职工113人。其中，管理岗位21人，专业技术岗位16人，生产岗位76人。厂机关设三个部室，下设3个事业部，即钻具事业部、选矿服务事业部、机修事业部。主要生产矿用牙轮钻头、选矿用捕收剂、过滤布、托辊及进行零部件加工、维修、制造等。可年产6000支“鞍钢牌”牙轮钻头，7000支井下钎头。年生产常温TD-Ⅱ捕收剂及低温TD-Ⅶ捕收剂1.2万吨。年产过滤布袋12万平方米。有两条托辊生产线，产能可达10万个。拥有数控车床、普通车床等机加设备150台（套），小机加产品已覆盖整个矿业公司。2022年实现销售收入2.19亿元，完成利润2912万元。

技术创新取得新进展。完成Q945钎头、Q1276钎头、皮带清扫器、140潜孔钻头、新型过滤布5项产品研发、定价工作；申报矿业公司科技开发项目4项，钎具系列产品研发项被公司列为A类科研项目。732等系列钻头进行优化并与西南石油大学进行技术交流；与中国农科院、鞍山正发表面技术有限公司等进行技术交流，研发农机具热处理工艺，解决农业瓶颈难题。低温捕收剂TD-Ⅶ在齐矿的工业试验，顺利通过矿业公司科技部论证，填补低温选矿药剂的空白。申报实用新型专利3项，专有技术8项。

从5系列的软岩钻头到极硬钻头845密封钻头，实现产品品种的全覆盖；140型潜孔钻头从立项到研制成功总共48天，一次性试车成功；945、1276、1389钎头与阿特拉斯钎头效率和寿命相当，具备质量、价格双重优势，市场竞争力进一步增强。

外销工作扎实推进。2022年太钢矿业开始使用该厂稳杆器并将其列为优质供应商，中铁九局连续两年采购该厂钻头200支。与鞍钢股份签订托辊制作合同。唐山用户前期采购8支钻杆和ϕ250钻头进行试验，潜在市场150万元以上。钻头、托辊产品在外销方面实现了多点开花。

三项制度改革工作取得明显成效。2022年以来，先后制定下发了《鞍钢矿业辅助材料厂深化三项制度改革实施方案》《辅助材料厂管理和专业技术岗位人员综合考核评价办法》等制度，进一步完善了改革制度体系。优化人力资源配置，选聘合适的项目负责人，实施矩阵式管理责任体系，管理岗位降至13个，管理技术岗位定员由46个减少至37个。坚持科学设岗，做到优化管理机构与压缩岗位编制同步进行。打破身份界限，实施市场化竞聘，推行契约化管理。“双合同”签订工作完成率100%。

（杜　微）

【矿业设计研究院有限公司】 矿业设计研究院有限公司是国家高新技术企业、省级技术转移示范机构，具有冶金行业设计甲级、工程咨询甲级、工程勘察甲级、工程监理甲级等专业资质。截至2022年底有职工276人（在岗253人，居家23人）。其中各类专业技术人员204人，享受国务院政府特殊津贴专家1人，教授级高级工程师8人，高级工程师48人，工程师143人；研究生以上学历52人；各类国家注册工程师98人。

2022年是该公司构建混合所有制市场化经营主体，全面提升企业核心竞争力的关键一年。面对疫情冲击、市场竞争等多重考验，公司以习近平新时代中国特色社会主义思想为指导，全面贯彻党的十九大、十九届历次全会和二十大精神，以“建设国内一流创新型矿业工程技术综合服务商”为目标，发挥混改企业优势，紧抓战略机遇，持续深化改革，加快市场转型，出色完成了各项工作任务。

生产经营指标持续提升。全年实现营业收入2.65亿元，同比增长18%；实现净利润1913万元，同比增长64%。业务单元收入水平普遍提升，其中设计业务收入同比增长36%，总承包业务收入同比增长17%，选研业务收入同比增长43%，监理业务收入同比增长20%。

服务鞍钢矿业能力持续提升。围绕矿业公司建设世界一流资源开发企业战略目标，全力推进东烧厂难选矿技术升级、齐矿智慧采矿建设工程、关宝山智慧工厂建设工程、弓露天矿何家采区西扩、大球厂尾矿再选工程、弓球厂无组织排放检测与治理等12个“三个一批”项目、9个快赢项目、24个“两化融合”项目、40个超低排放项目和6个总承包项目；完成了矿业公司中长期发展战略规划的编制工作。由公司主导实施的鞍钢矿业智慧采选工业互联网平台项目被全球工业互联网大会评为年度十大典型案例，并创造多项第一。东烧厂大架子储矿场改建粉矿仓工程获得2022年度冶金建设行业工程设计优秀成果三等奖。

科技创新水平持续提升。全年共开展了“关宝山浮选尾矿磁化焙烧再选试验研究”“利用铁尾矿中SiO_2制备含硅晶须材料及其应用技术研究”等16项矿业公司课题研究，其中5项完成结题。大力开展公司科研自主立项，共新立10个科研项目；开展了全员创新评奖活动。全年取得受理专利26件，授权专利13件。“东鞍山矿石预富集混磁精矿磁化焙烧扩大试验”项目获2022年辽宁省科技成果转化后补助计划支持；公司通过了鞍山市高新技术企业重新认定，获得鞍山市科技专项资金支持。

外部市场拓展持续提升。加快国内市场布局，组建了大连、山东、四川3个分公司，制定了《分公司管理办法》及《授权清单》，提升公司的市场开拓能力。积极捕捉市场信息，参与市场竞争，深耕建龙、攀钢、本钢、包钢、惠州交投等长期客户，不断扩大业务份额；成功中标利比里亚邦矿和喀麦隆洛比铁矿两个非洲大型采选联合设计项目，拓展了国际化业务。经过公司全体职工的共同努力，全年实现外部市场收入2899万元，同比增长35%；新增外部市场合同额5663万元，同比增长61%。

企业管理效能持续提升。积极发挥“三会一层”的治理优势，共召开了3次股东会、4次董事会和1次监事会，审议重大议题10余项，完成了职业经理人选聘等工作；公司注册资本由5086万元增资为1亿元，资信保障能力进一步增强。全年共引进各类人才23人，人力资源紧缺的局面进一步缓解。成立了总承包部（采购部），总承包业务和采购业务实现了集中统一管理。完善安全生产责任制，夯实安全管理基础，实现安全、火灾等事故为零。实行全面、动态预算管理，统筹资金周转，实现资金收益187万元；进行税务筹划，降低各类税费260万元。

全体职工福祉持续提升。投资1000余万元实施了电梯安装、会议室改造、楼体保温亮化等18项惠民工程，公司面貌焕然一新。提高职工餐补标准，提升食堂服务质量，扎实开展“我为群众办实事”专项活动，千方百计为职工营造安心、暖心、舒心的工作和生活氛围。

（吴　凡）

【生产服务中心】 2022年末，生产服务中心在职职工185人，其中，在岗干部74人（高级职称19人，中级职称42人，初级职称10人，无职称3人），在岗工人111人。该中心下设四室（生产室、设备室、综合管理室、党委工作室（工会）），9个基层单位。固定资产原值13816.22万元，净值5211.06万元。该中心负责矿业公司的食堂、绿化、保产保洁、公务用车及维修、生态修复与土壤改良等工作。

经营目标创新高。2022年在预算收入计划亏损、外部条件变化造成成本利润缺口大的情况下，全年营业收入14042万元，超计划6%；成本13723万元，降低5%；实现利润319万元，超公司挑战目标；盐碱地改良种植水稻991亩，收获绿色水稻267吨，比上年提高13.7%；完成国家级科研项目2个、公司级科研项目1个、中心级科研项目1个，申报专利2件。

“五个一流”创建取得新突破。一是实施思想认识推进、组织责任推进、项目工作推进、机制推进四个保证措施。二是创造了以生态园建设示范引领，碳管理研究为核心的绿化复垦、固废利用、绿电技术研发一体推进的一流生态环境建设模式，为矿业公司打造一流生态环境提供了示范引领和技术方案。三是建立了具有服务企业特点、行业领先的一流智能管理架构体系，为实现智能化管理提供了保证，获矿业公司管理创新成果二等奖。四是形成了 N+3 一流成本管控模式，下发了物资消耗成本工作方案，提高了成本管控能力。

安全生产工作有了新提升。建立完善全员安全生产责任制及安全目标清单制、责任追溯制、责任考核制、安全督查制。落实隐患按事故处理要求，持续实行“隐患四层级检查、五定整改”长效机制。全年常规安全检查 156 次，检查发现隐患 267 个，整改率 100%；防触电、森林防火、危险品、液化气等专项整治 8 项。全年开展安全专题教育 9 次，参加人员达到 100%。开展 94 个工种、岗位安全技能学习培训 96 次，9042 人次参加。全年安全生产形势持续稳定，实现人身安全事故为零，重大交通、设备、火灾事故为零，食品中毒和污染事故为零。

深化三项制度改革取得新进展。一是深化基层单位微型市场化和契约化管理，完成设备室与采购供应站合并，压减组织机构 10%，竞聘上岗 6 人，中层管理人员聘期制实现 100%。二是优化项目用工和岗位定员，实行差异化工资预算核定。全年减少项目用工和不合格项目用工 38 人。三是实行差异化绩效考核办法、三联利工资挂钩分配办法及五个赛道考核办法，有效调动了职工工作积极性。

生态修复技术研究工作再上新水平。与中科院沈阳生态所建立了联合实验室，与中科院长春地理所和渤海大学、吉林大学签订了合作协议，研究设计了矿山全产业链碳中和路径；矿山智能微电网项目完成了可行性设计，智慧生态农业项目已完成招标。盐碱地改良种植水稻，亩产比上年提高 32 千克/亩，生产绿色稻米比上年增加 12.03 吨。开展科研项目 11 个，解决改良和种植技术难题 3 个，总结提炼经实践证明成功有效的改良和种植经验模式 1 个。

服务经营和管理提升取得新成果。经营管理水平全面提升。公司机关、中心机关和鞍千食堂在满足职工健康需求的前提下开展多品种特色餐食试点工作取得成功，提高了职工满意度。三个服务区食堂主食增加 17 个品种，副食增加 16 道菜品。成立主食加工中心，提高了集中生产供应主食能力。全年供餐 165 万人次。保产产业牢固树立安全和服务理念，圆满完成保产任务。绿化产业高标准完成双鞍复垦示范区复垦绿化任务和厂矿绿化管护任务，扩大复垦绿化面积 92000 平方米，春冬植树 2160 棵。公务用车及修理作业区强化安全行车、文明服务、精修细检，完成了公务用车和房屋设施及设备维修任务。设备（采购）室完成了保供任务，降低采购成本 434 万元，压库 20 万元。基础管理工作显著提升，完善制度 20 项，新建制度 25 项，强化制度执行力。构建全方位风险管理体系，持续开展基础管理评价工作。改善职工休息和作业环境 5 处，帮扶生活困难职工 66 人次，救济职工 85 人次。

（邱万雷）

【鞍钢基石矿业有限公司】 鞍钢基石矿业有限公司于 2022 年 9 月成立，公司所属西鞍山铁矿项目是国内储量大、禀赋好的单体地下铁矿山，项目总投资 229 亿元，设计年产铁矿石 3000 万吨、铁精矿 1041 万吨。截至 2022 年末，共有职工 22 人，其中，高级职称 4 人、中级职称 14 人、初级职称 4 人。

2022 年，该公司践行新发展理念，公司注册、机构设置、人员配置、工程招投标等一系列重点工作均取得突破性进展。

前置要件办理速度创国内铁矿采选项目新纪录。抢抓机遇，系统谋划、平行推进，12 个月完成 6 大类、40 余个要件、143 个关键环节办理任务，实现了矿产百亿级大项目当年筹备、当年开工。面对要件办理涉及政府部门多、审批环节复杂、项目邻近市区、地表保护范围内重要和敏感建筑设施多等不利条件，基石公司全体员工不畏惧困难，付出了常人难以想象的努力。在鞍钢、矿业公司领导亲自指挥，各部门指导帮助下，克服了疫情影响，采取挂图作战、线上审查等办法，加快完成设计和方案评估，实现审批材料“零等待”。与政府部门、评估机构、科研单位共同研究实现路径，边咨询边推进，通过容缺受理、并联审查、联动办理等方式，大幅提高审批效率，要件办理时间缩短 29 个月，刷新了国内新建铁矿山项目要件办理时间最快纪录。

圆满举办开工仪式，提振了加快矿山建设的

信心。在上级统筹安排下，汇全公司之力，仅用一个多月，完成了西鞍山铁矿项目开工仪式的嘉宾邀请、专题片编辑、沙盘制作和现场布置等多项工作。开工仪式于11月16日如期举行，《人民日报》、新华社、中央广播电视总台等近20家国内主流媒体齐聚西鞍山进行实时报道。“全国最大单体地下铁矿开采项目在鞍钢开工建设”的消息引起社会各界广泛关注，国内各大主流媒体刊发新闻稿件70多篇，全网阅读量突破千万，相关报道翻译成英文、阿拉伯文、葡萄牙文、韩文在海外宣传报道，成为2022年钢铁行业最具话题性事件之一。

科学规范的公司治理体系初步形成。坚持“两个一以贯之”，加强党的领导，坚持依法治企，努力打造治理完善、经营合规、管理规范、守法诚信的法治企业。先后召开第一届职工大会、两次董事会议，审议通过公司章程，选举董事会、监事会成员，选聘经理层，依法合规完成公司注册。起草公司董事会议事规则、总经理议事规则，明确了董事、总经理的职责权限。切实发挥党委筹建组“把方向、管大局、保落实”作用，重要事项决策和重要制度出台严格履行党委前置审议程序，坚持“五湖四海，任人唯贤”，完成了31名干部选聘和劳动合同签订工作。

重点工程项目得到有序推进。把握关键节点，优化网络进度，全力推进工程项目。邀请专家研究井巷标段划分，优化施工网络计划，提前计划粗平土、基建期临时供电建设等工程，实现要件办理与开工建设“无缝衔接”。组织起草工程管理、设备管理、安全管理等50余个管理制度，为项目高质量开展提供制度保障。

科技创新实现良好开局。坚持创新驱动发展战略，超前布局前沿技术和提升核心竞争力的关键技术，把握深部开采、智能采矿、高效选矿和绿色开发等研发方向，在国内铁矿山首次采用千米竖井硬岩全断面掘进机施工工艺，国家级科研项目“千米硬岩竖井掘进工程示范”获得科技部立项。采用“大直径深孔空场嗣后充填法”采矿工艺，聚焦绿色与智能技术深度融合，通过采用地下废石和选矿尾砂进行充填，有效保证地下岩体稳定，确保周边环境不受破坏。

（何冰洋）

【大连石灰石矿】 2022年末，大连石灰石矿有职工499人，其中，在岗371人，居家休息111人，列编外17人；在岗人员中管理技术岗位75人（中级职称54人，高级职称1人），生产服务岗位296人。矿机构设置为4个部门（含财务驻在组）、2个事业部、1个作业区。现有YZ-35牙轮钻1台，SWDA165潜孔钻2台，SWDE120边坡钻机1台，WK-4电铲5台，EC360BLC液压挖掘机1台，EC460BLC液压挖掘机2台，SE500LC-9W液压挖掘机1台，3307B矿用生产汽车2台，TR60矿用生产汽车11台，PX1200/180旋回破碎机1台，PYB2235圆锥破碎机1台。固定资产原值为4.86亿元，新增值896.13万元，固定资产净值2.22亿元。工业占地186.96万平方米，建筑面积4.72万平方米。

全面完成挑战目标。全年完成采剥总量342.4万吨，原矿282.2万吨，精矿247.9万吨。销售石灰石244.4万吨，石灰石制造成本64.49元/吨。利润亏损7515万元，剔除固定因素影响减亏1072万元，超额完成公司挑战目标，实现了轻伤以上事故为零，较大设备、较大火灾、较大交通事故、环保事故为零，被评为矿业公司先进单位。

提效降耗成效显著。坚持以市场需求为导向，动态实施工艺调整，精矿产率达到87.8%，较计划提高10.4%，创历史新高，节约成本405万元。

市场化运营机制效益显著。全年完成石灰石外销49.83万吨，实现销售收入1729.16万元，销售岩石、尾矿收入556.78万元，回收销售废旧物资150.84万元。

生产消耗保持低位。通过强化“精益能源管控”，供电功率因数全年平均98%，谷时用电比率平均38.28%。

设备运行效率进一步提升。强化“零故障”运行目标管理，全年设备缺陷整改完成率90.87%，较上年提升16.57%；设备综合故障率0.16%，较上年降低0.03%；钻机、生产汽车、破碎系统分别实现10个月和6个月零故障运行；石灰石输出、粉矿和供电系统实现了全年零故障运行。

“五个一流”建设和深化改革取得新成果。确立37项对标指标、8个快赢项目，其中公司级重点创新项目1项。在一季度公司对标评价中位列辅助单位第二名。

人员“能上能下”机制全面建立。压减组织

机构1个、管理岗位18个；20人进入“赋能中心”，1人被解除劳动合同，清退12名劳务工，主体生产岗位实现零劳务。

收入“能高能低”机制效果明显。全年职工工资浮动差异系数达到1.13，全员劳动生产率达到7943吨/人，超考核目标11.2%。

依法合规建设取得新进展，管理基础进一步夯实。制定并落实《大连石灰石矿“合规管理强化年”实施方案》，组织在岗职工和相关方人员签订《依法合规承诺书》482份；制定了《大连石灰石矿关于开展法治宣传教育的第八个五年规划》，组织开展规章制度大讲堂和“美好生活民法典相伴”主题宣传活动。

经营风险防控能力进一步增强。排查出经营风险12项，全部落实了整改责任，制定了措施；建立了外聘律师常年服务机制。

充分发挥“党政纪协同联动”机制作用，强化重点领域监督。组织开展采购招标、物资备件使用管理、产品销售等专项监督6次，发现管理不规范问题65项，与关键敏感岗位人员谈心谈话72人次。全年问责处理72人次，其中提醒谈话16人次，批评教育55人次，通报批评1人次，经济考核金额37965元，完成1名违法人员案件审理，政纪处罚解除劳动合同1人，开除党籍1人。

和谐矿山建设再上新台阶。职工生产生活条件持续改善。完成“山上山下职工浴池改造工程”等“我为群众办实事”重点民生项目16项。为540人办理重大疾病保险，费用186300元。

（刘永贤）

【瓦房子锰矿】 2022年10月，鞍钢集团公司组建了鞍钢资源有限公司，瓦房子锰矿成建制划拨至鞍钢资源有限公司。2022年11月成立了鞍钢资源有限公司朝阳综合服务分公司，鞍钢资源有限公司朝阳综合服务分公司承接原鞍钢矿业瓦房子锰矿业务，安置了138名职工。

该矿在推进改革过程中，形成了分公司牵头指导，重点单位落实行动，各个部门协调配合，全体职工人人参与的工作模式和良好局面。一是对生产操作岗位的厂房、设备、操作机台、安全标志等全部进行了集中整改和定置定位管理。二是对作业区生产、办公、休息区域进行了改造，为作业区新建了约700平方米的办公休息场所及停车场、电动自行车存车充电场。为职工更衣休息室安装空调8台，为职工食堂更换热水器、空调、冰柜、冰箱等生活设施7台。三是切实加强基层党的阵地创建活动，为朝阳钢铁协力部党支部创建了标准化“党员活动室”，把“党员活动室”建成了党员政治学习的中心、思想教育的阵地、传授知识的课堂。四是对机关办公区域的卫生间、办公室、停车场等进行了彻底改造。

加强合同管理和风险交底，积极应对各种危机，确保国有资产安全。一是针对长期以来在合同签订和管理上存在的问题，依规修改了《合同管理办法》《合同签订审批流程》等制度，进一步严密了签约规则和程序，为实现法律风险预防预控打下了坚实的基础。二是加大依法维权力度，在依法维权和各类诉讼案件工作中，取得了丰硕的成果。处理解决诉讼案件2起，避免经济损失100多万元。

（马文广）

【弓长岭露天矿】 2022年末，弓长岭露天矿共有职工779人。矿机关设置5室，基层设9个作业区。共有采掘设备45台、干选生产线5条、生产汽车33台、工程机械46台。

2022年，该矿扎实落实“双核”战略，勇担矿业公司弓长岭区域产业链“链长”责任，克服疫情防控、滑坡、空区、限爆等不利因素，出色完成了各项生产经营任务。全年输出矿石1156万吨，超计划126万吨；完成考核利润13993万元，超计划6623万元。连续第三年获得了鞍钢集团先进单位称号。

持续强化安全环保工作，严格落实安全环保工作责任，连续4年实现了轻伤以上事故、设备、火灾和环境污染事故为零。全面强化安全管理基础工作，制定下发了《安全生产标准化管理办法》《坚决遏制违章行为实施细则》等23个安全规章制度，全面完成了“三年行动”收尾工作。强化相关方管理，制定实施了《相关方安全生产准入管理办法》《相关方一体化安全管理实施办法》等。全员辨识风险593项，列入矿山管控风险项目549项。隐患按事故处理125项，追究问责及考核405人次，处罚金额8.65万元。深入践行绿色发展理念，采场水资源综合利用一期工程顺利完工。

持续强化生产能力建设，何家西扩工程完成基建剥岩2687万吨，超年计划水平187万吨，回收矿石 67.3 万吨；预富集干选工程 6 月末调试结束，10 月初投入生产。采场生产能力得到充分释放，生产循环得到有效保证，采区矿石实现大幅超产。

强力推进“五个一流”创建工作，制定“五个一流”创建工作措施 104 项；实施快赢项目 11 项，试点项目 2 项；申报结构性降本项目 10 项；固定资产投资“快赢”项目 7 项。

大力推进设备保障能力建设，全年月定修计划执行率达到 99.7%；钻机、电铲、生产汽车故障率分别较 2021 年下降 0.11%、0.47% 和 0.03%。全面加快智能制造步伐，完成了各作业区及牙轮钻机电量采集系统安装、生产车油耗北斗终端更新、生产执行系统优化、卡调系统终端更新等工作；吸收融合国内及行业先进智能化信息化应用技术，完成了智慧 AioT 项目设计工作，“采区危险源 AI 智慧识别预警平台科研项目”顺利推进。

持续完善制度体系，发布规章制度 54 个，废止 27 个。全力推进法治矿山建设，组织开展了“讲合规、作表率、创标杆”、民法典宣传教育等一系列活动。持续深化企业改革，消除了 50 人以下作业区，管理技术岗位占比降至 8%以下，获得了矿业公司 2022 年度三项制度改革 A 类示范单位称号。

全力推进科技工作，实施科研课题 5 项，申报“关于优化何家采区西扩北帮滑坡体运输系统的建议”等重大合理化建议及技术改进项目 8 项，发表《基于高密度电阻率法的露天矿山滑坡体探测应用研究》等论文 6 篇。

坚持全心全意依靠职工办企业，连续四个季度获得矿业公司“保安全、降成本、创一流”劳动竞赛先进单位称号。全心全意服务职工群众，投资 4423 万元，实施重点民生项目 11 项。

（黄景君）

【弓长岭井下矿】 2022 年末，弓长岭井下矿有在岗职工 439 人，其中，管理专业技术岗位 82 人（高级职称 13 人、中级职称 51 人、初级职称 16 人），生产服务岗位 357 人。机关设生产技术室、设备室、综合管理室、安全管理室、党委工作室和工程项目指挥部，下设中运、综合、中茨、西北、+80 米、深井 6 个项目组。拥有固定资产原值 169867 万元，净值 61155 万元。矿区占地面积 482.7 公顷，设备总台数 1988 台。

2022 年，该矿围绕落实鞍钢集团“双核”战略、矿业公司打造世界一流资源开发企业目标，积极践行新发展理念，扎实推进三项制度改革，深入开展“五个一流”对标提升行动，各项工作取得了显著成绩。

党建引领保障作用更加突出。严格落实“第一议题”制度，建立党委直接决策事项清单和党委参与重大决策事项清单，召开党委会 30 次，研究重大事项 70 余个。提升党建工作质量，强化干部作风建设，开展“三讲三听三服务”活动，党员领导干部深入一线服务基层能力不断提高。开展“喜迎二十大、为党旗增色”系列主题实践活动和“十百千万”系列建设活动，全面提升基层党组织的组织力和战斗力，全年完成共产党员工程 12 个，创效 3171.8 万元，党建与生产经营深度融合更加有效。党建课题、党建各类微视频在矿业公司分获 2 个一等奖、1 个二等奖。

生产经营实现新突破。以产能提升为重点，全力增产增效。在外部限爆停爆、疫情多点散发和工程建设滞后的困难条件下，全方位落实生产保产预案，组织开展劳动竞赛，强化地表残矿回收，加快汽运斜坡道建设，大力推进富矿增产。全年矿石入选量完成 432 万吨，其中，井下区域完成 268 万吨，超计划 20 万吨；富矿完成 14 万吨，超计划 6 万吨；二级矿入选品位完成 35.24%，超计划 0.14 个百分点；富矿入选品位完成 58.07%，超计划 0.07 个百分点；实现利润 6451 万元，超目标计划 2851 万元。矿石入选量、利润、实物劳动生产率 3 项指标创历史最好水平。

管理水平大幅度提升。以“安全生产提升年行动”为契机，健全安全制度体系，制定了《防范新增安全隐患实施细则》，重新修订了《全员安全生产责任制》《岗位安全操作规程》；强化安全教育培训，组织 4150 人次参加《安全生产法》和《岗位安全操作规程》培训及突发水灾、中毒窒息和工伤救治演练；开展安全标准化创建，评选安全标准化星级项目组 25 个。加大隐患排查治理力度，5 项存量隐患全部整改完毕。贯彻“隐患按照事故处理”理念，对 47 项新增隐患严格按照事故进行处理，问责 68 人次、考核 189 人次，考核金额 32400 元。坚持依法治企，按照两级公司合规管理要求加强风险管控，建立了重点岗位合规风险库、岗位合规职责清单、合规风险防控责任信息卡。开展“合规管理强化年”活动，规章制度、经营合同、重大决策法律审核实现了三个100%。

发展战略项目落地落实。全年固定资产投资项目30项，其中，新建项目8项，计划投资30801万元；竣工验收14项，完成投资3671万元。“三个一批”重点项目落实落地，深部充填法开采一期工程已开工建设，660万吨/年矿权扩能办理正在按计划完成，同步启动了1250万吨/年矿权扩界、扩能手续前置要件办理，为解决历史遗留问题，实现依法合规生产奠定了坚实基础。

科技创新取得新成果。上报发明专利10件，上报专有技术4项。“井下矿开采扰动监测研究”获矿业公司科学技术奖二等奖，+110米水平4—3穿进路开帮平行深孔采矿、-244米水平2—3穿并段回收矿石、回收-280米东浅矿块下盘残留矿石、优化-160米水平西区通风系统4项合理化建议获矿业公司重大合理化建议奖。智慧矿山建设项目全面启动。

三项制度改革稳步推进。根据公司机构编制优化方案要求，设定编制总数为75个，比2021年减少5个，优化管理岗位22个；建立末位退出机制，有8名管理技术岗位人员转岗到生产服务岗位，25名生产服务岗位人员进入赋能中心培训学习，其中21人经过培训重新上岗。

“五个一流”创建实现新突破。制定《井下矿“五个一流”创建工作方案》，实施崩落法工艺改造、落矿参数和大结构参数优化，推进产能提升和工艺技术提升。以全口径定员核定为主要内容，实现人力资源优化配置和有序流转。建立一流成本对标指标体系，推进“一流成本管控”实施方案落实落地。通过精简管理岗位、加大过渡岗位消化、实施扁平化管理、严格绩效考核，推进体制机制创新。完成智慧矿山建设项目可行性研究报告编制、智慧矿山建设项目风评报告及集团审批；完成井下矿智慧矿山建设项目EPC总承包招标，实现井下区域5G网全覆盖。26项重点工作任务全部按期完成，30项关键指标均有明显提升。地表残矿回收、富矿增产创效、生产工艺优化三个快赢项目累计创效3726万元。

（谢忠刚）

【弓长岭选矿厂】 弓长岭选矿厂是矿业公司弓长岭地区铁精矿原料生产基地。2022年末在岗职工1166人，其中，干部113人，工人1053人。拥有固定资产原值20.51亿元，净值6.01亿元。

2022年，该厂以习近平新时代中国特色社会主义思想为引领，深入贯彻党的十九大、十九届历次全会和二十大精神，完整准确践行新发展理念，按照矿业公司总体部署，深化企业改革，稳定生产能力，加快技术创新，进一步推进品牌弓选、品质弓选、品位弓选建设，在全厂干部职工的共同努力下，克服各种不利因素，各项工作取得了新的成效，实现了企业轻伤以上事故、重大设备事故、火灾事故、重大环境污染事故为零。

生产经营创历史新高。坚持以提效率、抓降耗、保运行为抓手，形成检修管理流程化，实现设备零缺陷运行，集中解决设备隐患，稳步推进重点工程，进一步提升了设备保障能力。以高质量发展战略推动生产经营方式转变，优化生产组织增效益，优化设备运行提效率，优化生产操作保指标，优化产品输出创效益，铁精矿产量创历史最高水平，生产铁精矿534.50万吨。精矿一级品率92.37%、合格率98.01%，分别超计划2.37%、3.01%。外销岩石337.36万吨，创效2175.97万元；利润完成18.61亿元，同口径比预算增利4152万元。

对标提升工作纵深推进。聚焦“五个一流”目标，明确了“横比纵看”的工作思路，制定了对标提升实施方案。通过和鞍千、大球磁精矿、赤精矿的破碎—磨选—过滤—尾矿四道工序对标、整改，各项消耗比年预算明显降低，其中，磁精矿油脂处理量单耗由0.020千克/吨降低到0.009千克/吨，赤精矿捕收剂处理量单耗由0.028千克/吨降低到0.027千克/吨。全厂精矿单位制造成本完成528.09元/吨，低于计划7.33元/吨，与上年比下降13.06元/吨，降幅2.4%。

技改创新项目稳步推进。以降低尾品、提高金属回收率为突破口，通过新老选尾矿增设回收机、老选回收机设备更新、淘洗机应用、选别再磨工艺优化等措施，老选、新选尾矿品位分别达到9.01%、11.17%，分别比上年降低0.18%和0.48%，老选、新选金属回收率平均值同比分别提高0.36个百分点和3.55个百分点，多产精矿6万吨，创效4000万元。完成尾矿再选工程建设，为增产创效奠定了坚实基础。上报“辽宁省金属学会优秀科技论文”评选4篇。申报专利10件，获授权专利10件，其中发明专利3件，上报专有技术2项；获批公司级科研项目2项。

安全环保水平不断提高。监督指导相关方作业前把“五清五杜绝”作为前置程序落实到位。推行“安全七卡”，深化安全文化建设，促进了安全管理工作到达率。择优录取5名安全员，增强了安全管理力量。组织全员《安全生产法》培训学习，制发《语音版岗位安全操作规程》《安全操作技巧经验汇编》，拓宽了职工安全教育培训方式。严格落实“把隐患按照事故管理”要求，排查治理安全隐患499项。加强放射源管理，重新对67台放射源标记存档。组织开展尾矿库突发环境事件应急演练，提高了相关人员对应急救援程序的执行能力。坚持以治理尾矿库扬尘、两破除尘为重点，加大环保整治力度。组织尾矿库生态文明治理大会战，清理杂草、枯树。厂区铺设草坪4200平方米、修剪绿化带灌木1000平方米，尾矿库子坝种植棉槐18万余株。

降本增效取得新成效。实施环保设施升级改造，淘汰高耗能电机、油浸式变压器，使用新式二级能耗电机及干式变压器。推广变频节能、低温药剂、提高电网功率因数等节能措施，减少了能源消耗总量。全厂精矿电单耗完成101.54千瓦时/吨，同比降低0.71千瓦时/吨；中水消耗量633万立方米，同比减少102万立方米；柳河水消耗量114万立方米，同比减少60万立方米。检修作业区承揽外委转自营维修工程35项，节省外委维修费用303万元。机旁物资累积利库完成2140万元。输出废钢铁2198吨，同步增加收入528万元。

三项制度改革成果显著。管理及专业技术人员竞争上岗常态化，管理岗位竞争上岗率100%，机关与基层管理技术人员交流占比30.77%。强化岗位合同管理，对合同期内考核不胜任、转岗等人员进入赋能中心进行培训提升，全年进入赋能中心63人。全员劳动生产率同比提高3%，达到1.33万吨/(人·年)。被矿业公司评为三项制度改革示范单位。

企业基础管理全面加强。从强化精细化管理入手，切实做到抓干部作风转变、抓职工行为规范、抓管理制度执行力、抓专业部门合规管理、抓考核激励奖罚兑现、抓职工队伍技能培训，进一步提升了企业管控水平。开展高技能人才等级序列评聘，评聘高级技师9人、技师14人。

深入开展“我为群众办实事”活动，积极落实领导班子2022年度民生项目计划，完成了15间职工操作室修缮、8000余平方米道路修复、57台老旧空调更新等民生项目。开展了送温暖救助活动，走访慰问困难职工220人次，发放救济金16.82万元。为职工办理了重大疾病保险续保，发放了春节、端午节、中秋节、生日大礼包和健康度假疗养卡，增强了职工幸福感、获得感。

党委主体责任进一步提升。落实党委会议制度，紧密围绕推进“双核”战略，打造“五个一流”，坚持在影响生产经营的根本问题上、企业管理的深层次问题上和企业稳定的关键问题上发挥“把管促”的领导作用，保证了决策的科学性、有效性。坚持党支部书记抓党支部建设项目制，从进入安全管理、成本管理、队伍管理、活动管理、思想管理、学习管理、竞赛管理七个方面，确立了10个重点项目，抓好推进落实。总结推广了4个基层党支部工作经验，促进了党支部作用的落地落实。评选党员品牌先锋岗95个，党员工程立项44项。

党风廉政建设持续开展。从备件管理、奖金分配、招标采购、疫情防控等方面，确立了8项专项监督项目，采取日常抽查和定期检查相结合的方式，组织开展专项监督，堵塞企业管理漏洞。下大力气抓好学风、文风、会风，全年厂级会议同比减少了50%，全厂印发文件同比降低28%。

（于乾洋）

【弓长岭球团厂】 2022年，弓长岭球团厂全面贯彻落实矿业“五个一流”部署要求，直面风险挑战，勇于责任担当，积极消化碱性球工业试验、重点工程任务繁重、疫情反复、输出受限和雾霾限产等诸多不利因素影响，保持球团规模效益，持续提升品牌影响力、改革牵引力、技术创新力和管理穿透力，全面完成了各项生产经营任务。全年生产球团矿411.97万吨，销售406.60万吨，实现销售收入41.94亿元，利润2702.10万元。球团矿全铁品位、合格品率、一级品率分别完成64.63%、99.40%、99.20%，分别超计划0.13%、4.40%、14.20%，主要技经指标保持同行业领跑地位。

发挥党委保障作用。深化党建特色品牌创建，聚焦中心工作开展了安全生产“四对照、四排查”、年修工程党旗红等活动，助推生产、年修工程和安全“双无”目标实现。深化党支部“达标创先”和党员先锋岗创建活动，烧球设备点检岗位被评为鞍钢集团“最佳党员先锋岗”。

坚持全面从严治党。精准运用“四种形态”，年内提醒谈话1人次，批评教育54人次，查办矿业公司转办问题线索1个，给予1名职工记大过政纪处罚。开展专项监督，发现并整改问题66项。

深化改革成效显著。深入推进扁平化管理，撤销了原生产工区、综合工区管理层级，在生产技术室内设两线生产班组8个，由生产指挥长倒班管理，实现24小时管理全覆盖。在设备室设立了两线点检班，点检人员实行“四班二运转”，实现设备管理全时全覆盖。实施干部全员竞聘上岗，缩减管理技术岗位编制8个。

降本增效成效显著。全力推进质量强企战略，提高球团矿商品品位和“两率”，提质增效1974.95万元；持续提升产品竞争力和市场占有率，外销球团矿2.37万吨，创效221.01万元；改进工艺技术、强化创新驱动、提升设备运行效率降本86.15万元。全年降本增效2282.11万元。

生产运行管控有力。针对产品输出严重受阻，多渠道开通输出，提升铁汽运装载效率，确保输出顺畅高效。新拓建存储场地4处，存储球团矿能力达25万吨以上，最大程度释放产能。

设备运行优质高效。以设备长周期稳定运行为中心，严格落实三级点检责任，强化点检绩效考核，提升点检质量和效率。严密组织二线45天设备大修，解决了二线长期正压操作问题。坚持逢修必改，重点实施了两线链箅机布料改造、二线Q2皮带电动滚筒改造、二线环冷机卸灰装置自动化改造等项目，解决了制约生产的瓶颈问题，减轻了岗位劳动强度。

安全环保稳定受控。推行扁平化安全管理工作新模式，有效落实15条安全硬措施，实现了安全生产事故为零目标。打造绿色生态球团，二线超低排放改造工程投入生产运行，在矿业公司率先实现单条产线污染物超低排放目标；新增绿化及绿化管护工程，完成新增绿化面积1.2万平方米，绿化管护6000平方米。

重点工程有序推进。推进关键工艺环节智能化控制。一线4台造球盘实施智能化改造，改造后的球盘实现自动造球功能，成球率达到80%以上。二线精矿抓斗智能无人化改造顺利推进。智慧工厂建设项目也按计划有序进行。

加大帮困力度，全年发放救济金5万余元，救助困难职工50余人次。开展拔河、跳绳、健步走等丰富多彩的文体活动，满足职工精神文化生活需要。持续深化“我为群众办实事”活动，完成集团级民生项目1项、其他民生项目10项。

（董　蕾）

【弓长岭联运公司】 弓长岭联运公司由原鞍钢集团矿业弓长岭有限公司铁路运输分公司与鞍钢集团矿业弓长岭有限公司汽车运输分公司于2022年4月24日整合而成，主要负责弓矿区域矿产品及生产物资、原燃材料的铁路运输和弓矿区域生产、生活汽车车辆运输保障服务。该公司职工972人，下设5个职能部室和13个作业区，有电力机车30台、内燃机车5台、自翻车386台，铁路线65千米，接触网65千米，客货、工程机械等道路运输车辆247台，拥有固定资产原值81927.13万元，净值27562.07万元。

2022年，该公司以习近平新时代中国特色社会主义思想为指导，深入贯彻落实鞍钢、矿业公司各项决策部署，高效对接专业化整合任务，整合重组工作取得圆满成功，经营效益稳步提升，竞争实力显著增强。

经营指标实现新跨越。全年“两运”营业收入2.84亿元，实现报表利润2977万元，超挑战目标317%；完成铁运周转量2.41亿吨·千米，超挑战目标505万吨·千米；实现降本增效584万元，超额完成年度计划。

三项制度改革取得新突破。组织机构压减28%，管理技术岗位定员压减20%。机关与基层管理和专业技术人员交流率达到17%，超额完成改革指标。提前三个月完成专业化整合任务，被评为矿业公司三项制度改革示范单位。

安全管理迈上新台阶。重建安全合规制度体系，修订安全管理文件26个，制定安全风险分级管控清单865项。建立领导联点查、部门专项查、作业区日常查、班组互检查的四级联动隐患排查体系。

设备管理取得新进步。严格执行主体设备月检评价机制，电机车、自翻车、内燃机车、汽运车辆故障率同比降低1.24%、1.32%、0.56%和0.79%。大力开展技术攻关，完成专利授权4件、技术攻关项目3项、科技创效项目2项。

企业管理开创新格局。建立法治管理体系，重新修订制度187个，重构“五个一流”对标布局，开创性地增设市场营销职能，拓宽对外经营渠道，成功签订第一笔岩石铲运的外营项目合同，实现创效60万元。

服务职工取得新进展。实施民生实事项目12项，职工生产生活条件持续改善。关爱职工身心健康，组织职工疗养959人。持续开展“送温暖”活动，精准帮扶困难职工204人次，发放救助金8.46万元。

党建工作取得新成效。强化党委责任担当，狠抓工作落实，大力推进党建“双+（家）”特色品牌创建。实施安全“四员四小”工作法，开展“保安全促‘双无’竞赛活动”，实现安全生产工作目标。开展“达标创先”活动，提升党支部建设质量，创建鞍钢“样板”党支部1个。推进“我为党旗添光彩、提质增效创一流”共产党员工程项目18项，累计创效879万元。走访慰问表现突出的党员43名、困难党员85名，发放慰问金87200元。

（都基洋）

【弓长岭灯塔矿】 2022年末，弓长岭灯塔矿在岗职工314人，其中，生产服务岗位268人，管理技术岗位46人（高级职称4人，中级职称24人，初级职称17人）。下设三室（党委工作室、生产室、设备室）、4个作业区（山城破碎作业区、缸窑作业区、铁运作业区、生产服务作业区）。固定资产原值1.52亿元，净值0.40亿元。矿区占地面积123万平方米，建筑面积9.7万平方米。

该矿现有内燃机车3台，自有专用铁路线14.37千米，铁路主干线为50千克重轨，矿山采场主要设备有液压潜孔钻机4台、沃尔沃反铲1台、推土机1台、12吨自卸汽车9台、装载机10台，采场矿石生产能力360万吨/年，破碎产线具备生产能力350万吨/年。

2022年，实现了生产经营平稳运行的目标，全年销售石灰石成品矿266万吨，其中外销成品矿7万吨、筛下物14万吨，外销岩石41万吨，铁路外运7万吨。实现销售收入1.9亿元，上缴税金2380万元。

为践行绿色发展理念，打造一流的生态环境，该矿成立绿色矿山建设专班，投入130万元，复垦绿化1.4万平方米，路面硬化2.3万平方米。2022年12月顺利通过省级绿色矿山第三方评估单位验收及省厅复核，进入省级绿色矿山行列，为该矿可持续发展奠定了坚实的基础。

（胡 震）

【弓长岭动力厂】 2022年末，弓长岭动力厂在岗职工218人，其中，干部38人（高级技术职称3人，中级技术职称20人，初级技术职称15人），工人180人。下设3个部室，4个事业部。拥有供电、供水、供汽3个能源供给系统，具备年供电量7.7亿千瓦时、供水量458万立米、蒸汽产量48万吨的供给能力。厂区总占地面积3.35万平方米，建筑面积3.3万平方米。

该厂2022年实现利润2003万元，超挑战目标1058万元，超幅112%。全年轻伤以上事故、火灾事故、环保事故均实现零的目标。“五个一流”建设中的成本管控、人力资源两项在矿业公司同类单位中排名第一。

该厂坚持以习近平新时代中国特色社会主义思想为指导，认真落实“第一议题”要求，开展“强基固本、创新提升，以高质量党建引领企业高质量发展”活动。全年实施党建课题研究3项，规范党建工作制度11项，组织党支部对标学习2次。党员义务奉献434人次，上专题党课15次，完成共产党员工程3项，创效352万元。累计救助和慰问困难职工56人次，救助物资及慰问金5.09万元。在重大节日期间，救助困难职工14人次、发放救济金2.8万元，购买节日福利品10.43万元。为职工休息室、办公室安装、更换窗帘558平方米、纱窗87个；安装空调70台、热水器2台、热水煲3台。宣传思想文化建设进一步加强，编发动力厂网站讯息44篇，推荐学习文章45份。在《鞍钢视讯》《鞍钢日报》及辽阳电视台等多家媒体上发表作品68篇，获2022年度矿业公司宣传报道优胜单位称号。由职工自编自导自演的保密工作宣传片《保密警示教育案例》获公司一等奖。

全面落实安全生产责任制，建立安全生产任务清单，实行清单化、网格化管理。组织了高压电工、压力容器、焊接与热切割等特殊工种作业人员专项培训41人次，“四长两员”专项安全教育培训 47 人次。开展了燃煤锅炉一氧化碳中毒急救演练，燃气站、燃气锅炉管路突发泄漏应急处置演练，变电所倒闸操作模拟演练和特殊时段突发事件应急处置演练，提升职工应急处置能力。落实监管职责，着力“五清五杜绝”过程管理，实现安全稳定受控，安全监管无“真空”地带。

严格落实设备“三级点检”责任制，细化各项保产保供措施，设备隐患自主发现、自主整改的氛围逐渐浓厚。通过设备改造，消除运行风险。抓住选厂、球团等产线大中修机会开展电、汽、水三大系统设备整修工作，同步完成了新选所 1 号主变更换、新选所和岭西所综保系统更换等工作。特别是在实施集团公司督办的“弓井下竖井 3500 米阻燃电缆更换项目”中，协调相关方，克服作业时间紧、空间狭小、作业落差大等多种风险挑战，通过采取“细化施工方案、24 小时旁站监管”等措施，圆满完成了巨型电缆的“穿针引线式”敷设任务，提前 1 天成功送电，从根本上解决了井下非阻燃电缆长周期运行风险，提高了安全保障能力。通过调整变压器运行方式，主变暂报停及按最大需量结算，节约基本电费 1479 万元。

持续推进劳动组织优化和劳务用工管理。为解决变电工岗位严重缺员的问题，对何家、岭东、岭西（球团及机械厂）变电所实行“单人单岗”作业，节约人力资源 9 人；同步压缩脱硫、脱硝、司炉等岗位劳务人员 13 人。实行末位调整、不胜任退出机制，不胜任末等调整 2 人，退出 3 人，对 14 名职工进行赋能培训，解除劳动关系 1 人。

（徐　丽）

【供销公司】 2022 年末，供销公司有职工 227 人，其中，在岗 218 人、居家 9 人。公司下设综合管理室（工会）、计划招标室、设备采购室、材料采购室、原燃料采购室、销售室、储运管理室（安全管理室）、纪检室（党政督察办公室）、弓长岭总站 9 个职能部门。储运管理室下辖 4 个区域站，弓长岭总站下辖 3 个区域站。

2022 年，该公司紧紧围绕矿业公司打造“五个一流”总体战略部署，以效益、质量、效率为中心，以“阳光、降本、安全、高效”管理要求为指导，持续优化职能、夯实基础，不断深化改革、管理创新，圆满地完成了各项工作任务。

销售业绩实现历史新突破。深耕细作传统营销市场，聚力开发新兴市场，积极构建矿业公司营销体系。组织开发铁精矿周滚动定价新模式，使销售价格更加贴近市场变化节奏。2022 年完成岩石销量 618 万立方米，创收 3790 万元，填补了矿业公司岩石对外开发的空白。完成矿产品销售总量 378.3 万吨，创收 30.82 亿元。外销量完成挑战目标。

全面梳理优化采购领域。坚持集中采购、应放尽放、放管结合的原则，精准实施供应链“三段法”，将精益管理融入供应链全过程全流程，通过科学划分前端采购、中端储运、后端消耗等重点环节，实施精准高效的物耗管控，使性价比采购优势逐步显现。对现有物资采购业务进行全面梳理，合理设计物资采购业务流程，压缩审批层级，提升物资采购工作质量。对采购制度执行情况进行梳理评审、修订完善，确保制度体系全覆盖，2022 年共修订矿业公司层面制度文件 4 项，为依法合规采购提供制度支撑。同时，进一步完善物资采购标准、验收标准、采购周期等基础数据的标准化工作。

安全防火管理能力不断增强。按照“四个一刻也不能放松”和“五清五杜绝”的安全工作要求，全面深入开展安全隐患大排查大整治工作，盯紧油库、加油站及检修动火作业等高危领域，建立台账，实行销号管理，把问题隐患查清查透，做到动态清零。强化相关方管控，严禁资质能力不达标、培训不合格的人员进场作业，确保相关方人员作业全过程处于可控状态。2022 年全年开展现场安全防火检查 86 次，考核 42 人次，实现轻伤以上人身事故、设备事故、火灾事故为零的目标。

持续深化“三项制度”改革，优化人力资源配置。大力实施部门、区域站、采购单元绩效考核评价，对采购专业人员围绕采购方案招标完成率、定标及时率等 10 个指标维度进行系统考核评价，按业绩、按贡献、按指标“细算账”领取薪酬。各部门、区域站细化分解制定全员岗位考核实施办法，同部门同级别岗位绩效收入差距达 18%。该公司《持续深化三项制度改革 激发全员价值创造活力 着力打造虚拟利润中心》的经验材料，在矿业公司推广。在矿业公司范围内公开招聘首席营销师、专业营销人员 4 人。

降本增效成果显著。各专业采购室积极优化采购方案，扩大公开招标范围，形成了充分竞争局面。原料室优化煤炭采购品种，创新使用烧结无烟煤混烧、冬煤夏储等多种方式，实现降本增效 1757 万元；设备室通过二次谈价降低采购成本 2366 万元。

定期对物资采购方面的廉洁风险进行分析研判，强化了对供应链三个重要环节的有效监管。围绕厂矿质量异议、库存资金占用等重点工作开展专项检查。细化完善集中采购供应商分类分级管理，规范供应商业务分类，同时建立供应商绩效评估机制，通过年度审核和评价，细化评价内容，对长期不参与投标、不中标、供货不及时、质量不稳定的供应商进行淘汰。全年因违反招投标规定、未按合同及时交货、质量异议问题共考核供应商 53 家，其中口头通报 17 家、警告 15 家、延期付款 15 家、暂停一年投标资格 3 家、取消供应商资格 3 家。

围绕职工急难愁盼问题，实施重点民生项目 6 项。积极改善职工工作环境，为偏远岗位职工配备了电饭煲、电磁炉，解决了“吃饭难”问题。安装空调 60 余台，更换办公桌、椅子、更衣箱 70 余个。走访各类困难职工 31 人次，发放救济款、慰问金 2.9 万元。春节、端午等重大节日期间，为职工发放慰问品共计 13.3 万元。

（惠书昱）

【质量计量中心】 2022 年末，质量计量中心有在职职工 339 人，其中，干部 44 人（高级技术职称 8 人、中级技术职称 26 人、初级技术职称 9 人），工人 268 人，居家职工 27 人。该中心机关设部室 4 个，即党委工作室（工会、纪委、党政督察办、团委）、综合管理室（安全管理室）、生产室、设备室；基层设置站室 6 个，即东鞍山检查站、大孤山检查站、齐选检查站、齐矿检查站、鞍宝检查站、输出产品检查站。拥有固定资产原值 6432 万元，净值 1891 万元。主要设备有：轨道衡 8 台，汽车衡 11 台，皮带秤 6 台，荧光分析仪 11 台，化验（取制化）设备 486 件。

2022 年，该中心持续强化质计量职能，加大生产过程质量控制和产品输出质量监管，大力推进质计量智能化建设，不断提升质计量服务能力，各项工作取得了新成效。

生产经营任务全面完成。完成化学法检测 41 万件，荧光检测 23 万件，正检率为 100%，化验抽查合格率为 99.54%；过磅量 7160 万吨，过磅率 99.69%；环境监测率达 100%，质计量等各项收费 5006 万元。

质计量职能管理卓有成效。制定下发了《鞍钢集团矿业有限公司铁矿石质量管理办法》和《鞍钢集团矿业有限公司混岩率管理实施细则》，增强了铁矿石质量管控力度，全年对各厂矿发出质量波动提示函 11 封。规范各类计量业务流程，严肃日常计量数据监管，保证量值传递准确可靠，全年找回丢失商品量 7050 吨，避免了重大经济损失。12 个小组被评为省级优秀 QC 小组，3 个班组被评为省质量信得过班组。“降低荧光分析仪故障率”荣获省级优秀 QC 成果一等奖。

健全各项管理制度，规范各类检验方法，制定下发了《质量计量中心荧光分析系统运行管理办法》，组织编写《石灰石有效氧化钙含量的测定 EDTA 滴定法》《铁矿石　取样方法》等四项企业标准。开展了铁精矿 Al_2O_3 和 P 的检测，提高荧光分析仪使用效率，降低了职工的劳动强度，拓宽了矿产品的检测范围，为下一步实验室智能化建设奠定了坚实的基础。

推进计量设备设施改造建设，完成了八家子料场汽车衡工程，有序推进质计中心智能计量系统工程，检定各类衡器共计 192 台，校准计量设备 28 次，清理报废资产 18 件，更新智能设备 33 件。开辟远程点检方式，编制 MXF-2400、CIT-3000SMD 荧光分析仪点检规程，全年累计点检化检验设备 875 件，计量设备 324 台，组织处理设备故障 96 次。

安全管理水平进一步提升。成立安全管理室，独立行使安全管理职能。完善安全管理制度，制定下发了 19 项安全管理制度文件。建立安全风险管控清单和整治清单，重新辨识评估安全风险 21 项。落实公司“反违章”工作要求，查处违章行为 26 项。中心各专业部门、检查站对隐患排查治理实行“周期制、责任制”，实现隐患动态清零，累计排查整改各类安全隐患 48 项。

进一步深化三项制度改革，将 8 个基层检查站精简整合为 6 个，累计压缩 5 个科级机构，压缩比例 33%。重新梳理机关管理职能，成立了生产室和设备室，提高了管理效能。细化、完善考核评价体系，推进“双合同”管理，制定《岗位合同》补充条款19项。实施竞聘上岗，压缩C级岗位2个。

思想政治工作扎实开展。深化党史学习教育，细化措施有效推进。为党员配备《中国共产党简史》等书籍360册。130余名党员参加“万名党员进党校”理论培训。创建“四强”党支部，7个基层党支部严格按标准程序开展换届工作。加强党建品牌建设，设立7个外销党员先锋岗，完成399万吨外销任务。全年评选6个安全党员责任区、22个安全党员先锋岗。

实施“我为群众办实事”民生重点工程7项，改善了职工作业和休息环境。走访慰问救济困难职工200人次，发放救济金和慰问款6.1万元。为基层配备洗衣机、电冰柜和文体活动用具等。开展技术大练兵活动，获得矿业公司技术状元1名，技术能手6名。

（高春朔）

【教培中心】 2022年，教育培训中心在岗职工55人，其中，管理和专业技术岗位人员46人。下设人力资源部、培训管理部、技能实训部、成本运营部。中心占地面积8.2万平方米，建筑面积3.2万平方米，固定资产总值1294万元，具有一流的教学设施和实习基地。

该中心是矿业公司职工教育培训品牌基地，集企业职工职业技能培训、职业技术教育于一体。于1964年建校、1996年晋为国家重点技工学校，是鞍山市安全技术培训基地、鞍山市特种作业人员考核基地、辽宁省冶金技工教育培训集团成员校、中华全国总工会命名的全国职工教育培训示范点。2022年该中心围绕职工应知应会、技能提升、安全教育等方面，科学梳理、统筹制定培训课程体系，完成了原有课程优化升级，整合形成6大类培训项目，涵盖管理提升、专业技能、本质安全、新班组建设、思政教育等多个领域，惠及公司各岗位序列管理人员、技术人员及各工种职工。该中心设有网络授课中心、考试中心、计算机室、多功能报告厅、现代化研讨室和多媒体教室；实训基地内设矿业设备机械点检、矿业自动化控制、通用工种等实训教室。

2022年该中心组织开展课题科研培训115项，完成32家基层单位的88项培训项目，培训35541人次。全面承接矿业公司2022年度职工技术大练兵工作，有2596名员工参加，共考试23场次。2022年教培业务创效1140万元，达到了既定的创效目标。

（刘　吉）

【弓长岭质量计量中心】 2022年末，弓长岭质量计量中心共有职工233人。拥有固定资产原值1932万元，净值646万元；设备332台，厂区占地总面积3685平方米。负责矿业公司弓长岭区域原燃料入厂检验和矿产品质计量检验以及计量仪器检定等工作。

2022年，该中心全面完成公司下达的利润指标，实现利润超计划208万元，可控费用下降7.09%；轻伤以上人身事故、设备事故、火灾事故、治安案件、泄密事件为零。

根据公司“五个一流”对标提升工作总体部署，中心研究制定了工作实施方案，明确对标思路和工作重点，确保对标提升工作落地见效。在“对标一流”活动中，各专业组各司其职、各负其责，分别与鞍钢股份质检计量中心、弓长岭井下矿等先进单位进行对标找差距，积极整改问题。荧光分析仪、安平不断轨轨道衡改造、150吨桥式汽车智能采制样3项快赢项目全部完成。矿产品与原燃材料正检率、化验准确率完成100%，铁精矿、球团矿合格率分别达到99.46%、99.13%。正检率、化验准确率等创历史最好水平。

把安全生产作为首要任务，不断完善规章制度，压实安全管理责任。制定下发安全规章制度文件18个。落实隐患按照事故管理工作要求，全年共查处并按照事故分析处理隐患22项，批评教育16人次，考核54人次，考核金额5980元。加强危化品管理，对1.04吨化验残液和过期药品进行合规处置。

提高管控能力化解风险。全年重新制定管理制度45个，修订《弓长岭质计中心核心业务审批权限（流程）清单》，共梳理核心业务事项129项，明确了各层级决策范围和权限。制定《弓长岭质计中心2022年重点授放权事项行权工作指引》《弓长岭质计中心核心业务事项履职规范及行权评价管理办法》，明晰中心有关授放权原则、范围与相关工作要求及审批流程。按照“业务谁主管、风险合规谁负责”原则，建立了风险评估与合规审查“三道防线”，积极开展风险辨识与评估，共梳理出4项重大风险。围绕采购管理、工程建设、质量管理、研发管理、资产管理、人力资源管理等 17 项重点业务开展合规管理问题专项治理，同时注重加强法治宣传教育，开展系列宣教活动。

抓好党建工作和思想宣传工作，召开党总支会议 18 次，研究重大事项 26 项。坚持党支部“三会一课”制度，规范开展党内各项活动。立项共产党员工程 5 个，创效 252 万元。坚持把意识形态工作作为党的建设的重要内容，综合运用谈心谈话、思想动态调研等手段，定期分析研判意识形态领域情况，对重大事件、重要情况、重要问题有针对性地进行引导。建设好宣传阵地，推送矿业公司及鞍钢层面新闻 22 篇。

深入开展“我为群众办实事”活动，改善工作环境，重点对各职工休息室、作业间、库房及卫生间环境进行改造。做好救济慰问帮扶工作，建立困难职工档案、“一帮一、群帮一”帮扶信息卡片，帮助职工解决困难问题。共走访慰问长病、住院职工 61 人次，发放慰问品价值 2 万元；救济困难职工 29 人次，发放救济金 2.43 万元。

（*万荣君*）

【鞍钢矿山机械制造有限公司】 2022 年末，鞍钢矿山机械制造有限公司共有在岗职工 253 人，其中，干部 63 人（高级职称 6 人、中级职称 43 人），工人 190 人。拥有固定资产原值 1.8 亿元，净值 0.8 亿元。厂区占地面积 20.8 万平方米。

2022 年，该公司面对复杂严峻的疫情形势及资金短缺等不利因素，广大干部职工守初心、担使命，谋发展、破难题，通过优化产能布局，强化科技创新，深化三项制度改革等一系列举措，实现销售收入 8.84 亿元，利润 925 万元。

产品质量取得新突破。该公司加强技术攻关，提升产品质量。围绕提高衬板使用寿命进行专题攻关，成立冶炼、造型、热处理 3 个专项组，制定生产工艺关键节点，承包件寿命提高了 10%。通过改变轧球的热处理工艺参数来提高 $\phi100$ 轧球硬度、耐磨性，实现科技增效，2022 年实现单项科技增效 253.2 万元。通过工艺改进，加工余量由原来的 10% 降到 8%，实现降本增效 123.8 万元。

成本管控取得新突破。拓展融资渠道，降低融资成本。该公司分别与建行、交行协商开展信用贷款业务，置换保理贷款，贷款利率分别降低 3.65 个百分点、3.44 个百分点，同比保理借款本金 7000 万元计算，年内降费 45.1 万元，年化降费 253 万元。提前置换保理公司高息借款 2000 万元，返还利息 21 万元冲减财务费用，降低融资成本 66.10 万元。

生态环境取得新突破。该公司经不懈努力，多方协调，克服重重困难，取得环评及排污许可证，多年未解决的环评及排污许可证办理难题，取得新突破。铸钢作业区淬火水池无循环使用及冷却装置，每月用水量为 3500 吨。该公司通过在铸钢作业区增设电窑循环水系统，新建铸钢热处理窑循环水泵站及开式冷却塔，实现水循环使用。

体制机制取得新突破。该公司优化部门整合，由 9 个部门优化整合为 2 个中心、3 个部室。保留财务室、管理室；生产部、经营部、技术部整合为生产经营中心；设备部、采购部整合为运行保障中心；党务部、工会整合为党务室，机构精简幅度高达 30.8%。管理技术岗位编制由 68 个优化整合为 58 个，压缩幅度达 14.7%。推行管理技术岗位全员竞争上岗，9 名管理技术人员落聘转岗，5 名生产服务岗位人员竞聘到管理技术岗位。

信息管理取得新突破。上线运行工程管理系统，将维检工程及零固项目纳入信息化管理，从项目的立项、招投标、合同签订及开竣工验收等全面实现信息化。上线 EAM 设备资产管理平台的部分模块，将主数据管理、点检管理、设备管理、维修管理模块实现信息化。上线物资管理系统，将采购的计划申报、招标管理、合同管理、厂级库房和作业区及库房管理等全部实现信息化。合同、物件持出系统开始使用，取消了纸质的审批，提高工作效率。

（*李　辉*）

【鞍钢矿山汽车运输有限公司】 2022 年末，矿汽公司注册资本 5223 万元，矿汽公司总资产 1.85 亿元，净资产 1.18 亿元，资产负债率 36.14%。从业人员 867 人，运营客车、货车、自卸、吊车、油槽、罐车等运输、吊装设备 16 种 685 台，其中大型自卸车 96 台、各种吨位货车 186 台、8～180 吨的吊车 41 台、油槽 14 台、铲车 21 台、牵引车 34 台，共有运输能力 6002 吨、吊装能力 1074 吨、客运能力 606 座。矿汽公司机关现下设 5 个部门：综合管理部（董事会办公室）、生产经营部（安全管理部)、设备技术部、计划财务部、党委工作部（纪委、工会）；基层单位下设7个运输大队。该公司主要从事汽车运输、汽车修理、土石方工程、吊装工程等。

2022年，该公司积极开拓市场，实现收入稳步增长。针对年初市场波动大、活源不足等难题，公司积极协调、找市场、拓活源，生产经营工作稳步推进，逐步稳定海城输东烧输鞍钢镁石运输项目、调选至灵山站精矿运输项目、弓选至北营钢铁精矿运输项目、眼矿至关宝山矿石运输项目、弓长岭地区运输项目、矿机厂球锻配送业务、矿机废钢运输，拓展弓球精矿倒运项目、八家子输灵山精矿运输项目、眼矿采场边坡隐患治理项目、鲅鱼圈粗苯运输项目，为公司创效奠定了良好的活源基础。该公司全年实现营业收入2.6亿元，利润398.9万元，完成矿业公司下达的利润挑战目标。实现运量1392.86万吨，周转量2.24亿吨·千米，比上年同期分别增长49.43%、16.23%。

紧紧围绕生产经营的重点难点，严抓设备运行、提升设备保障能力。2022年职工创新项目立项8项，如东烧灰罐放料管改造、苫布电机输出轴转轴平键改造、豪沃自卸转向节立轴改造等，年累计创效104.91万元。严抓车辆“三检制”，车辆出车前、行车中、收车后严格按照流程、标准进行检查、维护，明确检查、维护、监督责任。严抓驻外车辆的检查，对长期驻外车辆，设备技术部、基层大队每月至少跟踪检查一次，督促司机维护好车辆，保证设备状况完好和安全行车。开展电气设施安全隐患排查和整治，共查出问题91项，全部整改完成。开展建构筑物隐患排查和整治，已按计划完成整改；严抓设备月检，检查后，设备部门和基层单位进行座谈、交流和探讨，解决当前设备管理中存在的问题。2022年，该公司强化维护和检修过程质量控制，全年车辆返修率为零；共检车3835台次，设备完好率98.3%，设备参检率97.56%，检查合格率95.52%；评选星级设备258台次，占总设备的6.7%；考核不合格设备50台次，占总设备的1.3%。

安全和环保工作得到有效落实。开展安全隐患排查，为货车安装可视化BDS车辆监控系统，提升安全管理技防水平。在一线职工中开展安全竞赛活动、在管理人员中施行安全正激励累进奖励办法，调动了职工和管理者的积极性。2022年该公司没有发生企业安全事故和重大交通事故。在环保方面，通过制作自卸车苫布、路面清扫和洒水等措施，减少道路扬尘；按规定做好废机油、废电瓶的回收管理，确保环保达标。

三项制度改革深入推进。制定和落实《矿汽公司2022年深化三项制度改革工作安排》。在2021年编制优化基础上再次对岗位编制进行优化，优化后的管理技术岗位编制为72人，占从业人数8%，管理人员占比为4.8%。实施干部能上能下，推行竞争上岗、末位调整和不胜任退出等制度，2022年该公司干部竞聘2人，竞争上岗率100%；机关与基层干部交流5人，占比18.5%；管理人员不胜任退出1人，占比8%。强化岗位管理，进入赋能中心15人，末等调整和不胜任退出占比达到5.1%。

该公司“五个一流”对标助推企业高质量发展。按照矿业公司“五个一流”对标提升行动工作方案，成立对标提升行动领导小组，明确职责、落实责任。制定《矿汽公司全面深化“五个一流”对标工作方案》，确定了5个方面14项对标指标具体目标，并按时间节点推进和完成。对矿业公司下发的《关于创建一流成本管控的指导意见》《创建一流生态环境指导意见》《创建一流智能制造指导意见》等进行深入学习、研讨，并对矿汽公司“五个一流”对标工作方案进行完善。

挖潜降本助力经营指标完成。该公司通过认真抓好计划指标的分解和考核，严格实施定限额控制措施，进一步细化指标，将指标分解落实到机台和岗位，取得了良好的效果。推行司机岗位的“一人双机”“一机双线”、修理岗位的“多面手”作业和管理技术岗位并岗兼职等方式，优化定员21人。实施精细采购管理，针对不同物资制定科学合理的采购方案，降采6.25%；利用供方库存，减少资金占用40万元。积极开展科技创新、技术改造、双增双节和修旧利废活动，全年创效58.88万元。

关爱职工，为职工群众办实事。完善和落实帮扶救助、走访慰问机制，困难救济49人次、共发放救济款33800元；帮扶重疾职工，为351人办理重大疾病企业救助团体保险。积极组织劳动竞赛、技术大练兵、“平安度夏送清凉”等活动，有效助力企业安全生产和降本增效。

（潘　登）

鞍钢联众（广州）不锈钢有限公司

【概况】 鞍钢联众（广州）不锈钢有限公司（以下简称“鞍钢联众”）下设党委工作部（人力资源部）、市场发展中心、财务部、非钢事业部、管理与风控部（法律合规部）、安全环保运营部、技术质量部、精益生产管控部、钢轧事业部、冷轧事业部、设备保障部、销管中心、化检验中心等部门。截至2022年末，有在职员工1777人。

2022年，对于不锈钢行业来说是极不寻常的一年。这一年，受疫情肆虐、俄乌冲突、美联储加息等因素影响，导致全球经济下行，不锈钢需求急剧萎缩，行业普遍亏损。面对前所未有的严峻形势，鞍钢联众以习近平新时代中国特色社会主义思想为指导，全面贯彻落实党的十九大、十九届历次全会和二十大精神，贯彻落实习近平总书记重要讲话和重要指示批示精神，把党的领导贯穿改革发展始终，以奋发有为的精神加快建设高质量发展新鞍联。在全体干部职工共同努力下，在国家推出二十条优化疫情防控措施前实现“双零”目标，实现轻伤及以上事故为零目标，以及全力守住跑赢大盘的底线，达到了“疫情要防住、经济要稳住、发展要安全”的总要求。全年粗钢产量125万吨，钢材销量120万吨，营业收入113亿元。

【体制机制改革取得新业绩】 大力推进事业部制改革，市场经营意识不断强化。组建钢轧事业部和冷轧事业部，促使生产单元从生产制造型向经营发展型转变。重组市场部为市场发展中心，强化渠道开发，把握市场变化，抓住韩国浦项停产机遇，出口韩国3.3万吨，汽排用钢销量逆势同比增长11%。

深化“三项制度”改革，员工活力不断激发。推行“两制一契”管理，压实契约责任。完成电工、起重工、钳工职业技能等级认定，通过认定507人，持证比例提升至41%。优化岗位定员，在岗同比减少74人，实物劳动生产率为696吨/（人·年），处于行业先进水平。强化管理人员考核机制，有8人因不胜任调整岗位，占比6.8%。

【经营发展迈出坚实步伐】 优化经营策划体系，市场经营能力不断增强。坚持市场导向，实施经营策划体系流程再造，完善“采产销财”高效联动机制。建立“月计划、周分析、日调整”的工作模式，实现经营决策快速响应，有效提升体系化经营能力。

丰富优化经营模式，产品创效空间不断扩大。在原有基础上新增2.0版“合作挖矿”模式，不断提升创效能力，全年合作挖矿产量17.5万吨，创效约4819万元。深化运用三期经营策略，对标同行主流钢厂大宗原料降采约5800万元。创新推行废钢指数定价新模式，实现阳光采购。

筑牢调品增效基础，抢占市场能力不断提升。深化与高校、科研院所合作，全年实现新产品工艺路线贯通23项、量产7项，产品钢种增加至163个。通过RAPL+WRAP五机架半连续轧制工艺技术，400系产量提升到1.5万吨，折算综合效益约1046万元。已具备实现70%高效材目标的工艺设备条件。

【降本增效实现多点突破】 充分发挥技改效能，降本增效基础不断夯实。实施炼钢二厂冶炼工序超低排放改造，总钢液产出率同比提升1.4%，创效6130万元。HAPL激光焊机已实现400系超厚板连续生产，月产量可达500吨，一级品率达到90%以上，在国内处于领先水平。WRAP实现400系自动过焊道零的突破，产出率提升至97.6%，创效152万元。引资实施加热炉汽化冷却等节能改造，降本1500万元，热轧燃气消耗同比下降11.8%，创历史最好水平。

革新生产运营管控，生产效率不断提升。加强对“躲峰、热进、单炉、满产”关键环节的管控，全力推进“钢轧一体化”模式落地见效，全年炼钢错峰降本5348万元。单月热进率突破至43.9%；订单达成率为99.1%，同比提升0.4%。

强化质量管控，产品质量不断向好。实施冷轧磨床探伤臂改造，增设RAPL重刷设备、CAPL表面检测仪、光亮线色差仪，整体品质控制水平进一步提升。通过立项攻关，突破了439钢种钛条纹等关键核心技术，改善了2205钢种大边裂、20NM2钢种夹层、20LH钢种表面粗糙、420钢种酸洗不足等缺陷。

加快财务管理转型升级，财务效能不断释放。通过税收筹划节约印花税等多项管理措施，创效

600 万元。全年争取政府奖励补贴 1632 万元。灵活运用各种财务工具，资金成本率同比下降 0.56%，降本 1762 万元。实行降本增效项目制管理，全年压降成本约 8300 万元。

【环保工作取得重大成效】 大力挖掘固废价值，创效金额不断突破。研究新技术、新工艺，全年实现固废经营创效 4100 万元的挑战目标。鞍钢联众公司积极履行国企社会责任，成为广州唯一一家可以豁免利用含油金属屑的企业，助力广州市开展“无废城市”建设。

大力推进超低排放改造，绿色发展根基不断稳固。完成热轧、冷轧工业炉窑脱硝系统升级改造等项目 12 个，通过有组织排放审核。严格落实“双碳”规划，完成降碳项目 8 个，减少二氧化碳排放 5.1 万吨。严格落实“三废”规范化管理，全年污染物排放稳定达标。

【安全管理取得重大进步】 狠抓安全基础建设，安全生产保障体系不断强化。科学精准应对严峻复杂的疫情形势，有效保障了鞍钢联众公司生产经营。实施“百日清零”专项整治活动，消除“钢八条”隐患 88 项。投入安全生产费用 2400 万元，强化本质安全管理。全年实现轻伤及以上事故、火灾事故为零，工伤事故总量同比下降 40%。

健全风险管理体系，风险防线不断筑牢。建立风险管理信息库，分类、分级管控。优化融资结构，增加银行授信，长借比例增加 5 个百分点，确保经营资金稳定。稳妥快速处理降薪舆情事件，确保生产经营稳定运行。坚持依法治企，全年自行处理诉讼纠纷 12 起，避免经济损失约 479 万元。

【党群工作】 加强政治建设，注重理论引领。2022 年，鞍钢联众公司党委在鞍钢集团公司党委、黄埔区委（广州开发区党工委）的正确领导下，以习近平新时代中国特色社会主义思想为指导，全面贯彻落实党的十九大、十九届历次全会和党的二十大精神，落实习近平总书记重要讲话和重要指示批示精神，始终把坚持党的领导、加强党的建设作为“根”和“魂”，把党的领导贯穿改革发展始终，坚持把学习贯彻习近平新时代中国特色社会主义思想和党的二十大精神作为首要政治任务，不断增强“四个意识”、坚定“四个自信”、做到“两个维护”。组织党委中心组学习 14 次，专题研讨 8 次。推进党史学习教育成果转化，不断提高政治判断力、政治领悟力、政治执行力。围绕“六个是否”开展干部作风整顿，进一步提高了各级管理者的履职尽责能力。

紧盯“六个聚焦”，推进高质量发展。全面落实“疫情要防住、经济要稳住、发展要安全”的重要要求，制定完善鞍钢联众“十四五”规划。聚焦改革发展，在体制机制上取得崭新业绩，企业内生动力更加强劲；聚焦经营发展，在实现可持续发展上迈出坚实步伐，企业发展后劲更加充足；聚焦创新发展，在降本增效上实现多点突破，企业内功更加深厚；聚焦绿色发展，在环保工作上取得重大成效，循环经济成色更加鲜亮；聚焦安全发展，在保障生产上取得重大进步，安全生产基础更加牢固；聚焦共享发展，在企业文化建设上取得全新建树，“命运共同体”的价值观更加深入人心。

加强干部管理培养，坚持选人用人政治标准。坚持严管和厚爱相结合，激励和约束并重，开展干部年度考核评价，对优秀干部进行奖励，对排名靠后干部给予提醒谈话，8 人末等调整和不胜任退出。在选用干部方面，突出政治标准，注重专业能力，坚持廉洁底线，注重在改革发展的重大任务、重大考验中考察识别干部。在培养干部方面，加强干部交流，加快年轻干部培养，选派优秀人才挂职锻炼。修订《任用与升迁办法》，聘用经理级以上主管实行公开选拔、竞争上岗，完成 6 个部门级主管岗位、14 个经理级主管岗位公开竞聘，公开竞聘率达到 87%。

加强技术人才培养，畅通技能人才晋升通道。加快专家型人才培养，围绕技术创新搭平台、定指标、立项目，推进工艺优化、设备功能精度提高及成材率提升项目 36 项。制定《“鞍联工匠”评选管理办法》，聚焦“高精尖缺”，开展各层次人才培养对象选拔工作，树立标杆式人物，发挥各类人才示范带动作用。注重提升员工技能水平，通过黄埔区政府资质认证，自主开展职业技能等级认定，评聘一至四级技师共 507 名，核发与政府同等的技能人才奖励 73.4 万元。持技能等级证书人数达 737 人，技能人才占比 41%，同比提升 28.3%。

加强标准化建设，进一步夯实基础。持续开展“建功华南党旗红”活动，以党支部标准化规范化建设为重点，推动党支部整体工作上水平。

修订完善《鞍钢联众党支部党建工作考核评价办法（试行）》，升级党建 2.0 版，进一步促进了党建工作与生产经营深度融合；严格执行“三会一课”、主题党日等党内组织生活制度，下发《党支部委员会（扩大）会议执行制度（试行）》，进一步完善了党支部议事、决策工作机制。

强化培训功能，持续提升党务工作者履职能力。探索基层党支部工作新思路、新方法、新途径，不断提升基层党组织党务工作者履职能力，组织 2 期党支部书记党的十九届六中全会精神轮训和 1 期新任党支部书记培训，组织 12 名基层党务工作者开展党务工作培训；自主开发制作培训课程，组织 16 名基层党务工作者进行发展党员工作专题培训。落实“一岗双责”，加强对支部考核评价，发挥考核指挥棒作用。

丰富党内活动载体，发挥党员先锋模范作用。组织开展“喜迎二十大、建功新鞍钢”主题实践活动。开展“学习践行新鞍钢内涵，助力鞍钢联众高质量发展”征文活动，评选优秀文章 45 篇；制作党员教育电视片《焊机“钢花”照我心》；开展庆“七一”系列活动，邀请外部教授为全体党员上专题党课；组织党员代表参观红色教育基地，重温入党誓词；组织 121 名党员参加“万名党员进党校”培训工程。各党支部围绕生产经营，开展共产党员工程 43 项，创效约 8500 万元。

落实意识形态责任，增强底线思维和忧患意识。严格落实意识形态工作责任制，明确责任分工，层层抓好落实，牢牢把握住舆论宣传引导权和主动权。成立了鞍钢联众网评员（舆情观察员、思想政治工作信息员）队伍，积极落实转发、点赞、评论鞍钢集团七大媒体平台信息任务。围绕党的二十大、技术创新、疫情防控等主题，持续加强对内、对外宣传，发稿 206 篇，开展形势任务教育 4 次，加强宣传引导，增强底线思维和忧患意识，树立长期过“紧日子、苦日子”的思想。

加强廉洁教育，落实“两个责任”。组织学习《中国共产党章程》《中国共产党纪律处分条例》《中国共产党廉洁自律准则》等党内法规。打造廉洁信息分享平台，“清风鞍联”微信公众号发布 16 期 69 篇文章。印发《纪检工作简报》11 期。组织开展“党风廉政警示教育日”系列活动、“重温两书、坚守初心”党性教育活动和“赓续红色血脉 建设廉洁文化”主题读书活动。建立完善由纪委领导、稽核、保卫、法务等协同的“一体 N 翼”工作机制，强化全方位、全流程、全覆盖监督，形成反腐合力。

强化监督效能，深化专项监督。开展备品备件采购及管理专项治理，持续整治“靠钢吃钢”问题。组织各单位对备品备件计划招标采购、库存等关键业务开展专项治理，共发现问题点 45 项，扣罚绩效奖金 1.04 万元，5 人受到批评教育或提醒谈话处理。组织各单位对工程管理方面开展专项整治，共发现问题点 26 项，给予内部处理 1 人次，考核处理计 19 人次 4500 元。督促相关部门对《厂内工程运输车辆管理办法》《验收管理办法》修订完善，对全流程使用 OA 管理进行管控，推动“专项整治”工作取得成效。

充分发挥工会职能作用。工会“五件实事”“十项活动”连续开展五年，解决了职工急难愁盼的民生问题。扎实开展困难职工救助，建档建册，以节日走访和日常走访相结合，发放慰问金 6.97 万元，住院关爱医疗救济金 1.32 万元。关爱一线职工，加大“送清凉”力度，发放消暑饮料等清凉物资，惠及职工 1600 余人。开展消费帮扶工作，发放消费帮扶产品。首次开展“金秋助学”，为在读本科、专科和 2022 年高考录取的困难职工子女发放助学补助金 7500 元。

充分发挥共青团突击队作用。组织开展了 15 项小微提升改善项目，提高生产效率。开展“我为青年办实事”专项服务，加大关爱青年员工力度。

（王明月）

鞍钢集团工程技术发展有限公司

【概况】 2022 年末，鞍钢集团工程技术发展有限公司（以下简称“工程发展公司”）职工总数为 6506 人（含自主用工），其中，在岗职工 4974（含自主用工），离岗、居家职工 1532 人。在岗职工中，管理技术岗位 1739 人，生产服务岗位 3235 人。2022 年，工程发展公司以习近平新时代中国特色社会主义思想为指导，全面贯彻落实党的十九大、十九届历次全会和二十大精神，深入贯彻落实习近平总书记重要讲话和重要指示批示精神，认真贯彻落实集团公司各项决策部署，努力克服战略转型合同不足、市场下行压力加大、疫情冲击不断反复等诸多不利因素，以“防风险、压层级、增活力、提效益”为目标，实施“一体化、两体系”改革举措，即平稳完成工程发展公司和建设公司“一体化”改革及一系列专业化整合；构建“311”工程建设管控和廉洁风险防范“两体系”，持续强化工程项目全流程风险防控，深入开展“堵漏洞、补短板”和“清廉工程”专项整治，各项基础管理工作得到进一步夯实。2022年在全体干部职工的共同努力下，自信自强、守正创新，全年实现合同签约额60.8亿元，实现收入57.5亿元，实现利润6900万元，超上年965万元。

坚定回归核心主业，战略引领取得新突破。坚决回归鞍钢主业“核心盘”。先后与鞍山钢铁、矿业、本钢等内部企业签订关联交易协议，持续巩固和扩大鞍钢主业市场，鞍钢内部市场签约额占比由34.11%上升至58.41%，其中矿业市场签约额同比提升43.61%。建立“区域经理负责制”，实施客户网格化管理，准确掌握项目动态，确保鞍钢主业重点项目有序推进。择优深耕钢铁冶金“基本盘”。不断创新市场开拓方式，与中国一重、中冶京诚等企业签订战略合作协议，深度开发外部优质客户资源，冶金项目签约额占比由51.09%上升至69.15%。重机公司与中国一重签订2亿元河北普阳1780热轧项目合同，刷新与中国一重单笔设备制造合同纪录。铁路设备公司坚持“增量老市场，培育新市场，储备潜在市场”的营销思路，实现智能牵引车国内市场占有率达80%以上。着力培育效益增长“新业态”。探索实施EPC总承包模式，积极拓展环保、新能源等新业务。重机公司总承包的鞍钢大型厂950连轧改造项目创国内同类项目建设最短工期，设计制造的国内首套钛特合金薄板轧机在攀长特一次热负荷试车成功。粉材公司加大高附加值产品的销售力度，销售比例由13.13%上升至16.87%。建设汽运分公司不断扩大风电新能源领域市场，创造产值3700余万元。工程设计研究院申办环保资质，新签订节能减排项目19项。

用好改革关键一招，改革攻坚取得新突破。平稳完成“一体化”改革任务。在集团公司的大力支持下，科学制定改革方案，严格履行法定程序，扎实做好风险评估，实施5个方面49项改革举措，历时50天全面完成工程发展公司与建设公司“一体化”改革，管理层级压缩一级，机关部门、人员分别压减50%、35.3%。按期完成8大方面34项国企改革三年行动任务。12户“应建企业”实现董事会建设、外部董事占多数“两个100%”，2户企业实现差异化落实董事会“五项职权”；“一企一策”推进亏损企业治理，实现亏损法人企业户数“清零”，超额完成集团公司考核任务。全面完成年度37项三项制度改革任务。落实“两制一契”，推行中层管理人员聘期制的企业达到100%，末等调整和不胜任退出比例达到5.9%；严格“双合同”管理，进入赋能中心人数占比达到5.7%，员工市场化退出率达到1.1%，超额完成集团公司考核任务；提高夜班津贴，促进收入向基层一线倾斜；推进中长期激励机制，完成重机轧辊公司科技型企业岗位分红激励。各单元企业改革向纵深推进。建设公司实施专业化整合，将16家基层单位整合为9家，战略方向、业务结构更加清晰；坚持“有所为有所不为”，压减亏损业务产线19个，压减、置换劳务用工719人；完善项目经理负责制，重点项目成立“机关部门+单元企业+项目部”共同参与的矩阵式项目指挥部，加强过程监管，试点预兑现4个业绩突出的经营单元，微观主体活力进一步释放。重机公司建立“新赛马”机制，激发基层单位创效动力，轴承箱分厂利润超计划15%。房产公司与房建公司推进“一体化”运营，法人治理结构更加完善。铁路设备公司推动扁平化改革，由三级管理压缩为二级管理。粉材公司建立党委、设立董事会，决策主体更加明确。

筑牢风险防控底线，夯实管理取得新突破。防范化解经营风险。构建并有效运行合同集中评审、预算集中审批、财务集中管控、项目限时关闭、项目审计全覆盖的“311”工程建设管控体系，落实合同集中评审机制，控制合同风险，否决外埠高风险工程项目42.7亿元；落实预算集中审批机制，降低生产成本，增加决算金额1066万元；落实财务集中管控机制，确保财务数据真实可靠，确立三级管控项目199个；落实项目限时关闭机制，防止成本串项掩盖真实损益，封账关闭完工合同9735项；落实项目审计全覆盖机制，及时发现管理漏洞并采取措施，完成审计项目80个，提出审计建议52条，工程审减3000余万元。

开展“堵漏洞、补短板”专项整治，检查指导重点项目152批次，发现并督促整改问题246项，建立健全规章制度86项。全面深化依法治企，设立首席合规官，深入开展“合规管理强化年”三项行动，按期完成13项重点任务和22项工作标的。防范化解安全风险。全面落实集团公司“五清五杜绝”“四个一刻也不能放松”工作要求，修订完善各类安全制度、预案等45项，构建“部门+中心+单元企业”三级安全管理架构，按照新安法配齐安全管理人员，先后组织开展环保设施、金属冶炼、老旧房屋等隐患排查专项行动，排查整治各类安全隐患3119项，投入隐患整改资金3130万元。其中，为改造危旧厂房，粉材公司停产30天投入870万元，重机轧辊公司停产12天投入890万元，坚守了安全第一的理念。

聚焦关键核心技术，创新赋能取得新突破。不断加大科技创新力度。2022年研发经费投入强度提升到1.91%。建设公司大型高炉冷却壁快速更换等8项工法获得辽宁省工程建设工法荣誉；承建的首钢京唐多模式全连续铸轧生产线工程获得国内建筑行业工程质量最高荣誉“鲁班奖”。重机母公司和重机设计研究院两家单位通过省级高新技术企业认定，工程发展公司高新技术企业达到4家；重机公司参与申报的国家重点专项“复杂工况下冶金领域关键部件表面工程技术与应用”研究通过科技部审批。信息化建设取得明显成效。BI信息系统全面上线运行，完成采购分析舱等9大舱体的设计和物料追踪等3大舱体的功能扩展，实现生产运营信息化管理。建设公司完成项目管理系统与人力资源系统、BI信息系统、智慧报表系统有效集成，施工现场54个远程监控点实现全覆盖；建设钢构公司成为行业首家开展“国家工业互联网标识解析二级节点”建设单位，实现对钢结构生产全生命周期精细化管理。重机公司实施“物联网+现场”模式，8家基层单位数字车间试点运行，实现对生产过程信息的追溯分析。

深挖资金资产潜力，运营质量取得新突破。强化财务管理走深走实。健全完善“4+1”预算管理体系，以项目资金收支、单位经营现金流、逾期“两金”清理为重点，强化预算刚性管控，促进全面预算管理工作落地落实，在全面预算管理信息系统建设过程中，重机公司作为生产制造类试点单位，成为集团典型案例进行推广。按照定事、定人、定额、定时“四定”原则，制定存量逾期“两金”压控目标，实现存量“两金”压降3.2亿元；利用法律手段推进清欠工作，确保应诉尽诉，清回欠款1.02亿元；鼓励全员清欠，分两批次颁布“揭榜清欠”项目清单，守信践诺按比例兑现清欠奖励166万元。加大闲置资产处置力度，加强与政府、法院的协调沟通，按期完成5万平方米建设汽运分公司地块净地灭籍和挂牌出让工作，确保土地资产效益最大化。加大闲置房屋出租和废旧物资设备处置，全年新增房屋对外出租6项、拍卖淘汰设备和废旧物资25项，实现资产处置收入3366万元。优化资金配置，建立2亿元采购专项资金池，实施现金采购，强化采购资金的使用监管力度，累计使用专项资金3.34亿元，实现降本2466万元；建立1亿元项目专项资金池，用于及时支付重点项目的劳务用工、专业分包、机械等费用，保证了重点项目正常运转。加强银企合作，压降贷款利率，年化降低财务费用600万元。

党群工作。坚持政治引领，党的领导作用充分发挥。始终把学懂弄通做实习近平新时代中国特色社会主义思想作为首要政治任务。制定《2022年党委理论学习中心组学习安排》和《党委理论学习中心组专题学习计划》，高质量组织10次党委理论学习中心组学习，其中集体学习研讨7次。召开党史学习教育总结会议，系统制定《关于学习贯彻党的十九届六中全会精神，深化拓展鞍钢工程发展公司党史学习教育工作方案》，巩固拓展党史学习教育成果，推动学党史、悟思想、办实事、开新局的常态化长效化。突出提升基层党组织的组织力。一是持续深入推进党建工作标准化规范化建设；二是全面抓实反馈问题整改；三是持续加大党建融合力度。扎实开展“喜迎二十大、建功新鞍钢”主题实践活动，抓好“我为党旗添光彩、提质增效创一流”共产党员工程，针对生产经营、技术改造、产品研发、降本增效、企业改革等方面问题，组织带领广大党员职工群众有组织、有计划地开展攻关活动。全年共完成114个鞍钢工程发展公司级共产党员工程项目，有3048名党员群众参与，累计增效创效5278万元。

坚持凝聚力量，宣传思想文化工作全方位发力。将意识形态工作纳入党建工作责任制，党委主要领导严格履行“第一责任人”职责，定期听取工作汇报，部署重点工作，推进工作落实。建立网络评论员工作队伍，坚持舆情报告制度。加强和改进思想政治工作，确立鞍钢工程发展公司级思想政治工作课题10项。制定《2022年形势任务教育安排意见》，引导广大干部职工进一步明确形势任务。建立宣传工作积分考核办法，健全宣传队伍组织网络，定期召开通气会，增强宣传的引导力和公信力。

坚持监督专责，党风廉政建设和反腐败工作向纵深推进。党风廉政建设和反腐败工作更加深入。启动“清廉工程”专项整治，坚决治理工程领域顽瘴痼疾；完成1989项不良资产追责问责工作，推动化解企业难点痛点问题；探索建立“三单两报告”监督工作法，着力破解对“一把手”监督和同级监督难题；紧盯案件高发频发的重要关键岗位，从岗位识别交流、廉洁风险管控等，打通管理障碍和机制梗阻；开展整治套取费用问题专项行动，推进民生领域腐败和作风问题集中整治；首次自主拍摄《工程之蠹》警示教育专题片，编发《纪律红线不容触碰》身边典型案例汇编，全员筑牢拒腐防变思想堤坝。

构建和谐劳动关系。一是召开鞍钢工程发展公司工会二届一次会员代表大会，选举产生新一届工会委员会，确定了新一届工会今后五年工作的总体要求、奋斗目标。二是开展“弘扬劳模精神 激发奋进力量”主题系列活动，走访慰问劳模123人次，召开劳模座谈会8次，在全公司形成关心劳模、尊重劳模、崇尚劳模、学赶劳模的良好氛围。三是扎实开展劳动竞赛、技能竞赛。

积极发挥共青团组织青年先锋队作用，实施青年创新登高项目，共申报创新登高项目21项。2022年建设公司机电公司团委被评为鞍山市先进团委，共青团组织“软实力”得到进一步提升。

坚持改善职工福祉，共建共享取得新突破。坚持职工群众共享改革发展成果，不断提升职工获得感、幸福感、安全感，完成10大类35项民生实事项目，投入资金2000余万元。走访慰问困难职工1500人次，开展“金秋助学”活动助力141人，发放慰问救济金76.64万元。发挥群团组织作用，弘扬劳模精神、工匠精神，走访慰问劳模123人次。组织13项创新项目参加第二十六届全国发明展览。

（于国旺　刘硕闻）

【鞍钢建设集团有限公司】 2022年末，有在职职工3063人，其中，在岗职工2041人，离岗、居家1022人，在岗职工中，管理技术岗位788人，生产服务岗位1253人。

2022年，是鞍钢建设公司改革发展极不平凡、极具挑战的一年。鞍钢建设公司以习近平新时代中国特色社会主义思想为指导，全面贯彻落实党的十九大、十九届历次全会和二十大精神，深入贯彻落实习近平总书记重要讲话和重要指示批示精神，认真贯彻落实上级公司各项决策部署，以“防风险、压层级、增活力、提效益”为目标，以“深化改革、提升管理、堵塞漏洞”为抓手，各项工作取得一定成效。全年实现合同签约额41.8亿元，实现收入30亿元，实现利润736万元。

【建筑工程分公司】 2022年末，全部职工405人，在岗职工366人，其中，管理和专业技术人员120人（高级职称6人，中级职称81人，初级职称35人），生产服务人员285人。机关设5个（1个中心），23个项目部。

2022年，全年实现收入8.11亿元，市场签约额5.1492亿元。2022年全年签约工程类项目78项，其中，鞍钢工程45项，占工程类签约额的20975万元；外埠工程33项，占工程类签约额的30517万元。

2022年，全年施工项目78项（鞍钢45项、外埠33项），全年重点工程项目36项，其中，鞍钢项目（含本钢、鲅鱼圈、鞍钢本部）14项、外埠项目22项，重要工期节点完成率86%，分项工程合格率100%，单位工程优良率100%。全年共收到16封业主的表扬信。

2022年，全年申报国家专利2件，专有技术2项，完成企业级工法1项，完成合理化建议累计创效120.9万元；完成鞍钢建设级科研项目2项，分公司级科研项目3项，QC成果1项。首钢京唐MCCR连铸连轧工程荣获国家“鲁班奖”。青岛特钢项目部QC小组获得“2022年辽宁省优秀质量管理小组”荣誉称号。

【机电安装工程分公司】 2022年末，在岗职工599人，其中管理和专业技术人员130人（高级职称4人，中级职称62人，初级职称55人），生产服务人员469人。机关3个部门2个中心，18个工程队、6个工区、1个外埠临时项目部。公司拥有锅炉、压力管道、压力容器、起重机特种作业资格证；拥有电力承装三级、承试四级工程资质。

2022年，该公司全年完成分项工程346项，分项工程合格率100%，单位工程优良率100%。全年实现销售收入60059万元，全年实现市场签约额6.5亿元，其中鞍钢本部签约4.54亿元，鲅鱼圈钢铁签约1.38亿元，朝阳钢铁签约0.48亿元，在鞍钢市场得到巩固和扩大的同时，基本形成了以鞍钢本部为中心，向鲅鱼圈、朝阳、本溪三地辐射的市场布局；成功签约3项共计6945万元EPC总承包项目，尤其是朝阳钢铁高炉出铁场除尘超低排放改造EPC总承包项目，是鞍钢工程板块2022年最大的冶金环保EPC项目，市场模式实现新突破。

2022年，公司坚持样板引路，打造基层改革样板，推进人力资源优化，细化项目策划和绩效考核，不断向管理要效益、向改革要效益，释放基层经营活力，激发员工内生动力，各项工作均取得显著成效。主要体现在：公司再次被评为鞍钢集团公司先进单位，同时被评为鞍钢集团公司创新管理提升标杆单位、工程发展公司先进单位、建设公司先进单位，企业对外形象大幅提升；经营业绩再创新高，提前超额完成年度挑战目标，连续两年创最好水平；市场转型蹄疾步稳，营销机制、模式，有效拓展；发展动能加速转换，契约化经营成效显著；抗疫保障善作善成，全力的付出、全方位的服务只为保障生产平稳运营，为维护疫情防控大局挺起“钢铁脊梁”；施工品牌谱写华章，参建首钢京唐二期多模式全连续铸轧生产线工程获得“鲁班奖”，多项年修、抢修等项目得到业主充分肯定，客户满意度不断攀升；科技创新再攀高峰，创新成果又获新奖，企业技术实力不断攀升；企业管理成效显著，全员劳动效率、劳动生产率有效提升；“我为群众办实事”，让发展成果惠及职工，在岗职工年人均收入再度提升。

【鞍钢钢结构有限公司】 2022年，在职职工总数为60人，在岗职工60人，其中技术和管理人员19名（高级职称5人，中级职称10人，初级职称4人），生产服务岗位41人。通过AWS（美国焊接学会）认证焊工38名，CCS（中国船级社）认证焊工30名。拥有国际焊接工程师、国家一级建造师、一级注册结构师、高级工程师7人。公司机关设党委工作部、财务运营部、工程制造部；直属单位有技质保障中心、项目管理中心、物资保障作业区、设计转化作业区、生产运营保障作业区、生产作业区。

2022年，该公司实施工程设计、制造加工、安装施工、技术服务于一体的钢结构系统全流程管控，应用全球最先进的X-Steel详图设计软件进行详图设计。应用FastCAM软件及条码系统进行排版及材料管理，应用BIM系统进行钢结构项目管理。开展数字化建设工作，自行设计与建设的ANS智云平台，通过云平台、大数据、标识解析、5G通信等多项信息化技术手段，对传统钢结构生产车间进行了全新的数字化升级改造，大幅度提高一线生产的工作效率。凭借信息技术获得辽宁省5G示范工厂、辽宁省数字化生产车间。全年共研制出3项技术工法应用到生产施工中，完成企业级工法2项、专有技术1项、发明专利1件。1项创新成果荣获2022年度全国冶金建筑行业QC成果一等奖、3项创新成果荣获2022年度全国冶金建筑行业QC成果二等奖、2项创新成果获鞍钢集团管理创新项目三等奖。

2022年，该公司认真落实国企改革三年行动和困难企业治理专项行动，在艰巨的经营任务面前，从内采取积极措施，克服新冠疫情的影响，全力保产保供，完成生产目标；在外积极主动谋生路，以不等不靠的态度和坚定的决心开拓市场；思想上团结统一，坚决落实党内重要思想，以及鞍钢集团决策部署，以生产经营为攻克核心，全力推进各项工作有序进行。重点参与中石化仪征项目、天津南港石化项目、燕山玉龙石化项目等，全年共完成产量4.35万吨，产值3.7亿元，销售收入3.1亿元，完成合同签约额9.11亿元。

该公司产能大幅提升、安全生产形势平稳、经营管理持续向好，为顺利完成生产任务目标打下良好的基础，推动了各项改革工作稳步前进。

【结构安装工程分公司】 2022年底，该公司共有职工177人。在岗职工中管理技术人员50人（高级职称1人，中级职称29人、初级职称17人）。公司下设5部1中心1办及12个项目部，作业层全部实行项目经理责任制。有利勃海尔280吨履带吊、中联重科160吨履带吊、中联70吨履带吊、裁条机、成型机、冲剪机、大滚床、反变形机、复合机、辊道通过式抛丸清理机、滚板机、剪板机、压型机等生产设备、机具270余台。固定资产原值12975万元，净值1421万元。

2022年，该公司立足鞍钢市场，发挥高炉、转炉施工的技术优势，围绕鞍钢市场基本盘，兑现“四个确保”承诺，做强鞍钢内部市场。同时，积极拓展国内高炉市场，利用技术优势，服务优势，站稳脚跟，抓牢客户，积极做好二次市场开发。完成利润242万元，全年完成销售收入2.974亿元，市场开发签约额1.7785亿元，工程合同执行率100%，工程节点完成率100%，实现了企业重大安全、质量、设备、环境污染和交通事故为零的目标。

2022年，该公司重新梳理经营定位，开拓市场，扩大产能，打造钢结构制作、安装、彩板制安“三位一体”服务模式，着力培养“高炉、转炉”安装检修主体项目部核心技术力量，确保鞍钢本部、鲅鱼圈、朝阳高炉转炉大、中检修份额，同时放眼本钢、酒钢等国内高炉转炉市场，扩大“基本盘”份额。

2022年，该公司坚持创新驱动发展战略，推进高炉领域技术革新。全年完成专利1件，专有技术1项。

2022年，该公司认真贯彻落实集团公司的工作要求，紧紧围绕公司职代会精神和公司经营大纲，坚持“回归鞍钢主业核心盘、构建钢铁冶金基本盘、选择性探索新业态”的战略定位，立足鞍钢保生存，紧盯鞍钢市场不放松。公司坚持以项目经理责任制为抓手，以项目策划、预警、验收和项目评价为主线，以强化分包工程管理为重点，严抓过程控制，落实成本管控，推进施工、安全、质量管理体系的有效发挥，促进了工程施工组织管理水平的提高，为重点工程如期完工、合同履约和质量合格率提供了有力保障。在鞍钢烧结600平方米、1780大修等工程中不惧挑战、攻坚克难，发扬铁军精神，真正做到了“召之即来、来之能战、战之必胜”。

【工业炉能源科技分公司】 2022年末，该公司共有职工89人，其中，干部35人（高级职称3人，中级职称18人，初级职称11人），工人50人，列编外4人。设三部（综合管理部、财务部、项目管理部）、两中心（市场营销中心、供应租赁中心）、五个工程队（炼铁工程队、加热炉工程队、炼钢工程队、鲅鱼圈工程队、综合工程队）。

2022年党的二十大胜利召开，在习近平新时代中国特色社会主义思想指引下，在工程板块、建设集团公司统一领导和部署下，加大综合改革力度，工业炉分公司并入鞍钢维检事业部。工业炉分公司广大干部员工坚定信心不动摇，团结一心、凝心聚力、攻坚克难。以“服务好业主”为立足根本，以“成为工业炉窑全生命周期服务商”为战略定位，以“六个拓展”为发展方向，以市场开发为第一要务，以项目盈利为最终目标，以强化管理为保证手段，持续深化契约化经营，全面完成集团公司下达的各项指标。

该公司拥有固定资产原值301万元，净值100万元，主要设备有大型高炉砌筑平台、卷扬塔、各种类型磨砖机、灰浆搅拌机、空压机、电弧吊、叉车、真空吸附吊及各类喷涂设备90余台（套）。

2022年该公司承担单项工程71项，其中，技改工程18项、大修工程41项、外埠工程1项、保产11项。工程合格率100%，合同履约率100%；轻伤以上事故、火灾事故、负主责的交通事故和环境事故为零；质量事故为零。承担并圆满完成了炼铁总厂7号高炉大修耐材拆除及砌筑工程、鞍钢矿业公司弓长岭球团和大孤山球团耐材功能性项目合同、鲅鱼圈炼钢部连铸区域新增除尘系统项目、鞍钢股份炼铁总厂2号和3号高炉冲渣水回收利用项目、无缝177改造加热炉结构安装、冷轧厂预熔锅砌筑、炼钢厂炉转炉砌筑、鞍钢重机锻造厂2022年炉窑及自动化维修包保等一大批重点项目施工任务。今年夯实“六个拓展”发展理念，在鞍钢矿业公司弓长岭球团和大孤山球团耐材功能性包保市场有了较大突破。实现了项目的全面管控。

2022年工业炉分公司深化三项制度改革，大力推进人力资源优化工作。优化合并外部保产维护项目部1个，各单元、各作业区、各岗位深入开展劳务人员置换优化工作，共清理和压减长期劳务用工54人，压减劳务费78万元。

2022年，工业炉分公司完成销售收入11441万元，实现利润513万元，完成市场签约额12380万元，资产负债率下降至72.99%，“两金”压降，收入增幅4.46%，两金降幅22.8%，两年以上存量两金压降32%。全面完成上级公司下达的各项经营指标，生产经营情况持续良性发展。

【汽车吊装运输分公司】 汽车吊装运输分公司拥有设备原值3.30亿元，净值1.03亿元，2022年新增设备9台。

2022 年 12 月末，该公司共有在岗职工 274 人。其中，生产服务岗位 209 人，管理技术岗位 65 人。机关设 5 个部门，所属 11 个项目部（中心）。

2022 年，该公司实现销售收入 3.26 亿元；实现利润 1205 万元，同比增加 91 万元，增长 8.2%；全年实现合同签约额 2.61 亿元，其中鞍钢内部项目 2.49 亿元，持续实现回归鞍钢主业“核心盘”；累计清回内外部历史欠款 2181.18 万元，完成年初计划 611 万元的 356.97%；当年净现金流正 3279 万元，实得应得比 1.37；年末资产负债率 77.31%；工程质量合格率 100%、合同履约率 100%。

2022 年，该公司以习近平新时代中国特色社会主义思想为指导，认真贯彻党的十九大、十九届历次全会和党的二十大精神，深入学习贯彻习近平总书记重要讲话和重要指示批示精神，坚决贯彻落实上级单位决策部署，该公司全体员工团结一致，与领导班子上下一心，认清形势寻机遇、坚定信心解难题，攻坚克难，保证了公司在大风大浪中立稳脚跟，在逆境曲折中平稳运营。

2022 年，该公司累计完成科技创效 63.37 万元，投入研发费用 401 万元；多措并举盘活闲置资产，通过公开拍卖、公开招租等多种途径，将闲置多年的原鞍钢建设技校以 60 万/年的租金重新出租；针对 225 吨和 330 吨汽车吊，进行重点监控，在临近报废期，进行了公开拍卖处置，共拍得 150 万元，对比报废处理，为公司创收逾百万元。

【建筑材料分公司】 2022 年末，建筑材料分公司共有在岗职工 169 人，其中，管理和专业技术岗位 63 人，生产和服务岗位 103 人。机关设置四部一会，即党委工作部、生产运营部、财务管理部、安全环保部、工会；基层单位 7 个，形成“二厂三中心一作业区一事业部”新架构。

建筑材料分公司固定资产原值 17915.36 万元，净值 6749.65 万元。2022 年新增 1 台皮卡、1 台微型挖掘机、2 台自卸汽车、4 台永磁滚筒，300 万吨筛分线矿槽改造一套、3 号线上料口改造一套、碎石作业区环保设施完善 1 套等固定资产，新增资产原值 2880.318 万元。

2022 年，该公司坚持新发展理念、对标高质量发展，成功研制水泥基灌浆料新配方，掌握了市场开发主动权；通过辽宁省住建厅关于预拌砂浆检测资质验收，成为鞍山市唯一一家具有该项资质的企业；耐高浓度盐酸基体混凝土技术研究取得实质性突破，加强矿山尾矿废石综合利用的深度研究，新型耐热骨料在混凝土中应用研究成功，目前已经用于耐热 700 摄氏度以下混凝土。面对新冠疫情封控带来的砂石外输物流不畅，及时调整产品结构，产销比比基本持平，进一步降低库存总量。在疫情防控的全市静态管控期间，干部职工积极驻厂保生产，在静态管控期间共生产混凝土 273 立方米，碎石 3730.5 多吨。制定导向责任制度，分层分级落实清欠指标。2022 年，共理出 39 个清欠项目，其中 15 项清零，全年清欠回款 2225 万元，完成全年清欠指标 132%。

2022 年该公司生产混凝土 34.6 万立方米，实现砂石产量 284 万吨，实现利润 1419 万元，产品出厂合格率 100%，合同履约率 100%。公司被评为“鞍山市文明单位”。

【鞍钢工程设计研究院】 2022 年底，在册职工总数 101 人，其中，各类专业技术人员 65 人，占总人数的 64.4%；另有长期派遣劳务 28 人。有教授级高级工程师 2 人，副高级职称人员 19 人，中级职称人员 48 人，初级职称人员 15 人；博士研究生 1 人，硕士研究生 9 人，大学本科毕业生 67 人，大学专科毕业生 17 人。有国家一级注册建筑师 1 人，一级注册结构师 3 人，注册公共设备工程师 1 人，国家注册岩土工程师 3 人。设有 16 个部、室、队，包括 3 个专业设计室、1 个勘测大队、6 个生产科室、3 个管理部室。

2022 年是鞍钢工程设计研究院挂牌运营的元年。运营以来，资源整合融合顺利推进，协同优势不断凸显，企业内生活力进一步迸发，竞争力不断增强，生产经营取得良好效果。该院具有冶金行业甲级、轻型钢结构工程设计专业甲级、建筑行业（建筑工程）甲级、环境工程专项设计大气污染防治工程乙级、建筑装饰装修工程专业承包贰级、岩土工程勘察乙级、工程测绘乙级、地基基础工程检测等资质。

该院融合了冶金工程、建筑工程的设计优势，以 EPC 总承包为牵引，推动企业向着“强基固本、稳步提升、迈向一流”的目标迈进。现已开展工程总承包 EPC 业务多种模式：结构鉴定+设计+加固施工模式、公辅及环境工程设计+采购+

施工模式、环保节能EPC模式、冶金工程EPC模式等。全年实现市场签约额3.09亿元，超年度目标9900万元。全年共完成产值1.62亿元，同比增长4002万元；实现利润1306.51万元，同比增长704.11万元，超利润挑战目标306.51万元；单位工程质量合格率100%；实现安全、质量、设备、火灾、环境污染事故为零的目标。

鞍山建博工程检测有限公司与鞍钢工程设计研究院合署办公，统一对外经营。经营范围包括：地基基础工程检测、主体结构工程现场检测、钢结构工程检测、建筑工程材料见证取样检测等。在行使“国家冶金工业工程质量监督总站鞍钢监督站检测中心”“鞍钢冶金建（构）筑物鉴定评估中心”职能的同时，也作为建设集团有限公司试验室承担本企业的常规材料自检工作。可以面向社会开展检测业务，所出具的检测报告可作为工程验收的依据。

2022年，建博检测先后入围鞍钢股份有限公司、鞍钢矿业集团有限公司的合格供应商，成为鞍钢矿业集团有限公司的可靠性鉴定项目的关联交易方；与本钢汽车运输有限责任公司等多家单位首次建立合作关系。全年共完成各类检测报告1万多份，钢结构探伤检测累计2万余米。

【剥岩工程有限公司】 2022年末，剥岩工程有限公司共有职工129人，其中，管理和专业技术干部32人，生产服务人员97人。公司机关设四部，分别为党群行政部（工会）、安全环保生产管理部、设备物资管理部、财务会计部。基层设3个工程队，分别为第一工程队、第二工程队、第三工程队。拥有各类挖运设备129台（套），固定资产原值8885.77万元，净值685.75万元。2022年完成剥岩产量1535.86万吨，实现产值收入11616.81万元；实现了企业轻伤以上事故、火灾事故、重大设备事故、负主要责任的交通事故、环境污染事故为“零”的目标。

（于国旺）

【鞍钢房产建设有限公司】 2022年末，在岗职工418人，其中，管理和专业技术人员176人（高级职称20人，中级职称94人，初级职称45人），拥有国家一级建造师56人、高级工程师10人。机关设5个部门、6个中心，3个基层事业部，9个项目部。公司具有建筑工程施工总承包壹级、建筑装修装饰工程专业承包贰级、市政公用工程施工总承包三级、起重设备安装工程专业承包三级、建筑机电安装工程专业承包三级等资质。

经营指标。2022年房建公司实现收入64081万元，比上年全年收入54191万元增加9890万元，增幅18.25%，实现利润2297万元，比上年同期1374万元增加923万元，增幅67.18%。经营性现金流全年实现流入81052万元，流出80065万元，经营性净流入987万元，比年初计划增加558万元。“两金”压降情况：2022年房建公司“两金”占用54590万元，比上年同期49653万元，增加4937万元，增幅为9.94%。

企业形象。全年受理专利6件，认定专有技术2项，超额完成年度指标。全年研发经费投入强度提升到1.85%，鞍钢新城二期13号、14号楼，荣盛坤湖郦舍29号、30号、31号楼被评为辽宁省优质结构工程。

产业调整。房建公司坚决贯彻“回归鞍钢、服务鞍钢”战略，以高质量发展为目标，以科技创新为引领，有序退出房地产开发领域，及时调整公司战略发展方向，向服务鞍钢主业回归，聚焦冶金、绿色、环保等产业链，寻找新业态支撑，形成节能环保绿色的新业态企业。截至2022年12月末，已完成79项合同签约，累计签约额为99852.09万元。完成全年目标的105.11%。鞍钢内部工程占本年度市场签约的79.10%，鞍钢外埠工程占本年度市场签约额的20.90%。

企业改革。一是提升项目管控水平，激活微观主体活力。加大授权放权力度，激活内生动力，实现市场化运营。实施项目部同利激励机制，合理拉开各项目部及项目部岗位之间收入分配差距，2022年对4个项目进行项目兑现，共21.3万元，微观主体活力进一步释放。严格贯彻落实工程发展公司项目“311”管控模式，以项目管理为核心，优化管控流程，提高响应速度，提升服务质量，为企业可持续发展奠定坚实基础。二是信息化建设成效显著。房建公司信息化系统2021年6月正式启动以来，通过信息化手段完成主数据收集、审签表开发、辅助业务管理模块开发等工作，共计梳理124个业务流程和20个工作模块，实现了房建公司内部资源共享和信息快速交流，进一步缩短了工作流程。同时，也为今后参与市场竞争，提供了一个信息平台，在企业发展过程中起到了有力的推动作用。

工程管理。一是提高安全意识，强化工作落实。按照新安全生产法“三管三必须”原则，牢牢守住安全“红线”，安全生产标准化得以有效推进。二是加强环境保护，铸就绿色生态环境。房建公司高度重视环保工作，在建项目按照扬尘治理“六个百分百”标准，落实封闭管理、设置环保降尘设备设施等措施，避免了环保污染事件的发生；制定《环保工作三年 2022—2024 规划》，在大气污染治理、危废固废处置等方面，落实了相关管理事项。

共享理念。持续推进“践行共享理念，关爱一线员工”和“我为群众办实事”专项服务行动，不断改善职工生产生活条件。开展困难职工救济工作，全年救济职工 143 人次，发放救济金 56000 元。

（马丽丽）

【鞍钢重型机械有限责任公司】 2022 年末有职工 2104 人，其中，在岗 1815 人，居家职工 268 人，列编外职工 21 人。该公司占地面积 43 万平方米，拥有各类专业和通用设备 1946 台（套），固定资产 13 亿元。公司下设基层单位 13 个，其中独立法人单位 2 个（鞍钢轧辊有限公司、鞍钢重型机械设计研究院有限公司），模拟法人单位 4 个（冶金设备制造公司、汽车运输分公司、综合服务公司、表面强化分厂），直属单位 7 个（轴承箱分厂、齿减分厂、机电分厂、灵山机械厂、金属结构厂、锻造厂、质量管理控制中心）。引入民营企业体制机制，合资组建了鞍重轧辊（江苏）有限公司、鞍钢双晟（鞍山）风机有限公司和大陆激光股份有限公司。

经营指标。公司全年实现利润 5482 万元，同比增长 145.5%；实现营业收入 153951 万元，同比增长 18.35%；资产负债率为 78.71%；比年初 82.75%下降 4.04 个百分点；经营现金流实得比应得为 130%；在岗职工人均月收入同比增长 8.6%。

学习教育。深入学习贯彻习近平总书记重要讲话和重要指示批示精神，召开党委中心组学习扩大会 10 次，41 次在公司党委会会议上以“第一议题”形式学习习近平总书记重要讲话 76 篇。健全工作机制，完善工作台账，专人盯办、跟踪推进，确保习近平总书记重要指示批示有效贯彻落实。召开公司党委会会议 67 次，审议前置议题、决策重大事项 239 项，紧密结合宏观经济形势和公司生产经营实际谋布局、定策略，研究出台应对疫情冲击和冶金行业下行趋势的一系列工作举措，充分发挥了党委“把方向、管大局、保落实”的领导作用，推动全年各项生产经营指标圆满完成。

党的建设。把“45561”党建工作思路融入中心工作，切实把方向、管大局、促落实。全年召开党委会 83 次，审议前置议题、决策重大事项 253 项。清单式推进党建“回头看”25 项任务整改，夯实党建根基。以提升党支部建设作为“红色引擎”融入中心工作，评选“五星”党支部 19 个，“五星”党员 720 人次，晋级鞍钢“样板”党支部 2 个，轧辊公司党委获评辽宁省先进党组织、重机公司党委获评鞍钢先进党组织。发展 35 名优秀职工成为党员，李秋当选辽宁省第十三次党代表大会代表，王丽当选鞍山市第十七届人大代表，先锋之星不断闪现。以党建带团建，冶金公司团支部荣获“中央企业五四红旗团支部”称号。

传承文化。突出典型引路，特色企业文化不断传承。在《中国冶金报》发布稿件 1 篇，在《鞍钢日报》发布稿件 32 篇，在鞍钢新媒体发布稿件 12 篇，在工程发展公司微信平台及《工程之声》发布稿件 108 篇，“鞍钢重机”微信公众号发布稿件 90 篇，拍摄《奋斗》改革成就纪录片，在职代会上播放，激励广大职工增强信心、鼓足干劲再创新功。2022 年重机公司厂史馆入选全国首批科学家精神教育基地。重机公司荣获 2019—2021 年度鞍山市文明单位荣誉称号。

从严治党。持续加强对“一把手”监督及同级监督，完成同级监督问题提醒 7 次，两次组织 D 级以上及关键岗位人员参加公司党风廉政建设和反腐败工作会议暨廉政警示教育大会，组织 45 名 D 级以上人员开展“以案为鉴 警钟长鸣”读书警示教育活动，切实推进全面从严治党。开展“清廉工程”“备品备件采购及管理”“套取费用问题整治”等专项治理，对各级领导人员、关键重要岗位人员“一对一”谈话 116 人次，签订清廉工程廉洁承诺书 14 份，营造风清气正的营商环境。完成历史遗留问题追责问责工作，给予相关责任人党纪处分 6 人、组织处理 50 人。

深化改革。一是干部能上能下实现新突破。

“新赛马”机制打造“揭指标竞聘，带契约上岗”的升级版，给想干事、能干事、干成事的人提供广阔舞台。轴承箱分厂通过参与“新赛马”，全年实现利润1000万元，比年初下达的指标多完成15%；加大干部公开选拔和考核力度，管理人员竞争上岗率55%，末位调整、不胜任退出领导人员占比5.1%。二是人员市场化能进能出成为新常态。拓宽人才引进渠道，完成10名大学生及3名成熟人才引进工作。针对生产岗位技能人才匮乏的现状，引进鞍山技师学院等学校毕业生及实习生共47人。持续推行双合同管理，进入赋能中心人数占比达6%，促进了人员有序流转。全年清理整顿不规范劳动关系60人，市场化退出率为1%。在岗职工置换劳务216人，劳务供应商压减33%。加大技能人才培养力度，灵机厂成立“陈世谊加工中心团队”，培训技师学院数控专业毕业生16人次，促进了青工成长成才。全公司通过兼工作业、一人多岗、智能化生产车间等方式减少主营岗位24人。截至2022年底，公司劳动生产率同比提升14%，人工成本利润率同比提升141%，人事费用率同比下降13%。三是岗位绩效管理全覆盖，真正打破了“大锅饭”。构建差异化、多元化绩效考核模式，加大收入分配“五个倾斜”力度。“两制一契”全覆盖，企业经理层应签尽签；各级机关人员实行“一人一表”；一线职工以工时、产量为依据，合理拉开收入差距。浮动工资差异系数达到1.43，有效调动了各类员工积极性。

结构优化。根据公司长远发展需要，全力加快设备技术改造步伐。全年固定资产放行总投资金额2999.5万元，计划投资2577万元。完成轧辊公司新增1台数控轧辊磨床、1台轧辊车床、新建1台30吨离心机的投资改造项目，实现了轧辊产品提质增效，促进了市场竞争力进一步提升；完成冶金公司铜制品车间扩能项目，实现了提质降耗目标；完成轴承箱分厂新增一台数控龙门铣的安装调试，完成表面强化分厂2号、3号型钢线改造项目及层流辊、堆焊辊加工、喷焊设备订货和安装；完成齿减分厂厂房封闭项目，进一步提升了专项产品生产能力，为进一步拓展市场创造了条件。

科技创新。着力构建“23411”创新体系。一是积极参与国家重点专项“复杂工况下冶金领域关键部件表面工程技术与应用（示范应用）”项目研究，重点开展以结晶器、除鳞辊等典型产品为依托的表面工作层材料和工艺研发，并在鞍钢产线示范应用，对大型钢铁企业技术升级具有重要意义。“复杂工况下冶金领域关键部件表面工程技术与应用”等两个项目通过立项评审，被确立为工程公司级科研项目。二是采取靶向契约模式推进重机公司19个科研项目实施，12个项目完成预期目标。三是着力开展创新成果申报和知识产权保护工作。完成专利受理17件、专利授权12件、专有技术认定14项，有效专利129件，均超额完成工程公司下达的指标。四是顺利完成重机母公司和设计院两家单位高新技术企业认定，为推动企业转型升级，提升产品竞争力创造了条件；由重机公司设计制造的国内首套钛特合金薄板轧机近期在攀长特热负荷试车成功，形成多个知识产权成果；锻造厂顺利完成海阳4号核电主管道接管座，勺型件固溶处理。五是群众性自主创新活动蓬勃开展，公司所属11个职工创新工作室自主完成44项创新创效项目，创效2339万元。组织轧辊公司张福海发明的“一种热轧酸洗板轧辊的制造方法”等5项创新项目参加第二十六届全国发明展览。

开拓市场。一是加大力度耕耘鞍钢市场。跑步服务鞍钢，提高市场信誉，大力拓展与鞍钢主业的关联交易协议范围，为拓展鞍钢市场提供强力支撑。围绕开拓矿业和本钢市场等重点难点签订靶向契约，矿山市场合同承揽额同比增长54%；成功承揽本钢轴承箱新品制作和修复及大包回转台等合同；鞍钢市场占比达51.46%，同比提升10.3%。二是加大国内市场开发力度。进一步加强与中国一重的合作，成功签订一重集团河北普阳1780热轧项目2亿元合同，刷新公司与一重单笔设备制造合同新纪录。三是成套设备承揽取得新突破。成功承揽唐银850、大型950、东华1250、攀钢1450、一重普阳1780等轧机生产线合同。四是总包项目取得历史性突破。通过“质量管理体系认证”“环境管理体系认证”“职业健康安全管理体系认证”，为总包工程承揽打下坚实基础。公司完成了鞍钢大型厂950连轧改造EPC总包工程，设计研究院成功签订鲅鱼圈、本钢等EPC总包合同，全年突破1亿元契约化指标。五是创新营销模式。持续推进轧辊功能承包，由过去产品制造向“制造+服务”方向转变。在下半年冶金行业形势急转直下的激烈竞争下，公司全年实现合同签约额 16.02 亿元，超额完成工程发展公司下达的 14 亿承揽指标。

生产经营。贯彻“管生产就要管成本”的理念，深度推行项目经理负责制，全过程跟踪项目策划、全方位做好沟通协调，与国内主要客户建立战略合作关系，形成项目对接机制。积极克服疫情对生产带来的严重不利影响，统筹组织生产项目，着力解决瓶颈问题，确保合同工期。围绕重大项目和关键产品，开展质量整治提升行动。针对全面提升外协产品质量和产品外观质量等关键环节完善管理制度、加强过程控制、狠抓质量考核，质量投诉和废品损失率明显下降。由重机公司承担工程总承包任务的鞍钢大型厂 950 连轧改造项目比计划提前一天实现热负荷试车，创国内同类项目建设最短工期；唐银 850 热轧线作为公司首套制造的整条生产线机械设备圆满交付用户；成功制造国内最大直径的 $\phi5.1\times22$ 米圆筒混合机，创重机公司生产的混合机产品之最；完成鞍钢股份炼铁总厂节能环保升级改造项目 600 平方米烧结机和 715 平方米超大型环冷机的产品制造；首次成功完成出口成套设备西马克 1780 六架精轧机牌坊的制造；冶金设备公司克服炎热酷暑，实现涟钢、九江等冷却壁合同按期交货，齿减分厂突击队 24 小时出色完成了热轧 1700 抢修任务，轴承箱分厂仅用 45 天就完成了以往需 6 个月才能完成的鞍钢无缝厂限动齿条加工和装配任务，解用户燃眉之急，收到用户感谢信。重机公司产品竞争力和品牌美誉度在不断提升。

管理运营。全面预算管控能力持续提升。深入落实重机公司“1+18”全面预算保障体系，倒逼改革创新、提质增效、市场营销、管理提升、资源利用，为实现公司年度经营目标提供保障。以产品大纲为出发点，按照“纵向到底，横向到边，精干高效，运转协调”的管理模式，实现与集团信息化系统无缝对接。极限降本措施落实不断深化。深入贯彻落实鞍钢集团稳增长十项措施，坚定信心打赢生存保卫战和降本增效持久战，围绕结构优化、工艺改进、能源动力消耗，加强可控费用管理等 12 个方面挖掘潜力、落实措施，实现可控成本和费用同比降低 5.1%，超额完成预定的 5%目标。对标找差强化管理成效显现。公司领导亲自带队到江苏泰尔、一重龙江重工、丹佛斯（鞍山）控制阀公司等企业对标学习先进管理经验，取长补短，取得成效。与爱波瑞公司签约，正式启动精益管理（一期）项目。轧辊公司和灵机厂作为试点单位围绕现场 5S 目视化管理等内容累计开展大型培训 15 次，各环节工作稳步推进并已取得阶段性成效。信息化建设稳步推进。积极推进数字化车间建设，数据采集、系统开发等工作已经完成；完成了招采综合平台开发工作，已上线运行。安全环保管理力度持续加大。深入学习贯彻习近平总书记关于安全生产重要论述和重要指示批示精神，深入开展安全生产提升年活动，推进《安全生产专项整治三年行动计划》，实现生产安全事故、火灾事故为零，重大交通事故为零的目标。层层签订安全生产责任状，压实责任链条，强化履职落实。规范安全教育培训，建立安全培训考试手机 APP 平台，全面提升培训质量，特种作业人员持证上岗率 100%。完善风险分级管控，开展隐患排查治理，共查出隐患 274 项，已全面落实整改，有效提升了本质安全水平。立足长远发展，坚持绿色制造，完成了冶金公司铜制品工区除尘设施改造等项目，9 月获得中国质量认证中心职业健康安全和环境管理体系认证。疫情防控措施得力众志成城。坚持以人为本，严格落实属地和上级公司防疫政策指令，周密高效应对多轮疫情冲击，尽最大努力做到疫情防控和保产“两不误”。尤其是鞍山市主城区实行静态管理期间，该公司上下快速反应、周密部署，干部职工积极响应，1300 多名职工驻厂保产，把疫情影响降到最低，充分体现了广大职工心系企业、无私奉献的高尚情操和大局意识。

关爱职工。弘扬劳模和工匠精神，开展 6 个工种的技术竞赛，并成功承办鞍钢集团职工技能群英赛桥式起重机司机竞赛。在辽宁省第一届职业技能大赛上，轴承箱分厂李东栋、齿减分厂郑长山、灵山机械厂安新光分别在钳工和数控车工赛项中获奖。持续推进共建共享，及时解决职工急难愁盼问题。全年该公司投入 1449 万元大力实施民生实事项目，对“13+5+N”项重点项目实施动态管理，确保项目全部圆满完成。灵山厂区主干道修缮、齿减分厂新建停车场等项目获得职工高度评价，极大地提升了职工获得感和幸福感。继续实施温暖工程，加大走访慰问力度，累计走访救助困难职工 404 人次，救济金额 19.1 万元。

【鞍钢轧辊有限公司】 鞍钢轧辊有限公司始建于1935年，是中国第一家轧辊专业生产企业，中国铸铁轧辊生产制造标准起草者，2022年末，鞍钢轧辊有限公司拥有职工总数546人（全民职工394人，劳务152人）。该公司厂区占地面积7.16万平方米，房屋建筑面积5.02万平方米。产品以冶金轧辊为主要产品，主导产品热连轧板带钢轧辊在市场占有率和市场综合竞争力排名第三位。拥有固定资产原值4.7亿元，净值1.36亿元。生产设备主要有5吨、10/15吨、25吨中频炉等熔炼设备；15吨、25吨、30吨、45吨、46吨卧式离心铸造机等铸造设备；高低温电阻式热处理炉、井式电阻炉等热处理设备；种类齐全的专业加工机床、进口大型数控磨床、数控车床、数控铣床等加工设备及精密光学显微镜、超声波探伤仪、直读光谱仪等分析检测设备。

2022年，该公司被评为鞍钢集团先进单位。轧辊交库产量完成3.86万吨，销售收入4.76亿元，利润3177万元；实现安全轻伤以上事故为零，重大质量、设备、重大火灾事故为零，无重大环境污染事件发生，现场环境得到大幅改善。

疫情防控取得实效。全面落实疫情十项保障措施，认真做好疫情防控的常态化监督检查工作，修订了《疫情防控专项应急预案》《疫情防控工作规定》等防控制度，成立了疫情防控组织体系，建立了防控工作微信群、钢钢好群，部署生产安全防护、物料保障、信息收集报送等工作，及时购置了防控生活物资，认真做好公共场所的消杀工作。在鞍山市疫情发生后，迅速响应启动疫情防控应急预案，组织干部职工连夜到厂全力投入抗疫保产，确保了公司生产有序，职工队伍稳定。

深化改革取得实效。重塑组织架构，将原有部门职能分解，成立采购部、设备运行中心和热处理车间，形成分工明确、权责清晰、协同增效的管理模式。推进竞争上岗，形成“赛马”机制，在轧辊公司范围内公开选拔1名科级岗位人员、2名副科级岗位人员；坚持打破职务终身化，彻底取消身份级别，1名生产工人竞聘到工程技术岗位，1名生产工人竞聘到招标采购岗位，激发了内生活力和动力。坚持“责、权、利”对等原则，全面推行全员岗位绩效管理，建立了部门、分厂和班组契约化考核。坚持刚性考核原则，细化指标，按照产量、质量、成本及安全指标完成兑现，秉持“多劳多得、绩优薪高”原则，签订《目标责任状》，按照目标完成情况进行奖惩。

市场营销取得新成效。全力争取鞍钢市场“应揽尽揽”，实现攀钢钒1450线技改项目合同承揽1044万元，实现西昌钢钒高速钢合同承揽1285万元，实现中板2500线工作辊、大型厂连轧线轧辊等100%合同承揽，万能线60%承揽目标。积极开拓出口市场，将产品推向国际市场，全年实现出口合同承揽2096万元。坚持依托“三高”产品的核心竞争力，实施大客户经营战略，签订了沧州中铁、燕山钢铁、中钢设备等千万级以上客户。努力推进鞍钢产线包保工作的经济、安全运行，实现轧辊在机事故率较去年降低51.72%；积极稳步推进轧辊间整体包保项目进程，实现了中厚板2500线轧辊间和鲅鱼圈3800线轧辊间的运行。通过设定产线降本目标，制定并推动执行产线降本措施，轧辊辊耗较去年平均辊耗降低1781.6万元。

科研攻关如期完成。组织签订12项科研攻关项目，并定期召开科研项目推进会，进一步推进任务的完成。其中工艺降本课题取得了较大成效，通过优化工艺，高速钢轧辊、高铬铸铁轧辊和高镍铬轧辊年降成本分别为660余万元、280余万元和670余万元；高速钢轧辊探伤合格率由最初的54%提升到90%。2022年，成功认定2项专有技术，申报专利2件，组织实施“QC小组课题”3项并荣获鞍钢集团QC小组二等奖。

产品质量稳步提升。坚持“科学管理、精湛技术、卓越品质、贴心服务”的质量管理方针，推进“四个确保”深入落实，进一步完善质量管理体系，全面加强质量管理，产品质量得到明显改善，轧辊综合质量合格率达96.46%。

降本增效成绩显著。制定了合金降本、工艺降本、包线降本、采购降本、效率降本、质量降本、两金降本、财务降本、管理降本、三力降本等十项降本措施。同时建立发放管理制度和实施定量考核机制，进一步细化消耗定额管理。坚持按期盘点在产品和工具，对超期在产品进行重点跟踪，对问题轧辊限期解决，保证在产品和大型工具处于良性循环。全年可控成本费用降低率完成7.2%。

设备改造实现突破。加强设备“管修用”工作，完善了设备运行管理规定，突出“自厂维修为主、外委维修为辅”的管理模式，加大对现场熔炼炉，离心机等关键设备点检，主要针对熔炼炉漏炉报警、离心机托轮等关键部位进行专项监控，做好设备定修，有效降低了设备的故障率，实现关键设备可开动率99.73%。实施了厂房加固改造项目，采用停产改造和边生产边改造的方式，历时72天，克服项目改造任务重、施工工期长、作业范围大等困难，全面完成改造任务；投资975万元组织完成MK84125磨床、CK84160数控车床、30吨离心机等六个固定资产项目的投产，提升了设备配套能力；全年共实施维修、改造工程27项，投入资金507.76万元；全年开展修旧利废降本工作，节约资金达43万元。

基础管理得到加强。全面贯彻落实全国安全生产电视电话会议精神，严格落实“五清五杜绝”工作要求，持续推进安全管理“双预防机制”，开展日常安全检查，实施查隐患、反违章“双零机制”，全年共排查出安全隐患288项，已整改283项，待整改5项，双零机制日常考核累计40800元。2022年5月获得“职业健康与安全管理体系（OHOSMS）”认证证书与“环境管理体系（EMS）”认证证书。扎实推进“我为群众办实事”活动，100%完成5项办实事内容。同时结合实际，开展了职工满意度调查，进一步提高饭菜质量；对厂区破损严重路面进行修缮；对职工卫生间进行翻新改造并配备专人清扫；全年救济困难职工41人次，发放救济金2.47万元，半天内为大病职工周博同志捐款64650元。推荐20名职工参加四个工种技术竞赛，推荐5名职工参加集团群英赛。开展“师带徒，传帮带”活动，组织签订了18对师带徒合同，切实提高职工的理论水平和实际操作技能。

【鞍钢重型机械设计研究院有限公司】 鞍钢重型机械设计研究院有限公司（以下简称“设计院”）是隶属于鞍钢重型机械有限责任公司的股份制科研设计单位。截至2022年末，该院有职工64人，其中，干部62人，工人2人；具有高级职称19人，中级职称34人，初级职称5人。设有轧钢机械、冶炼机械、技术工艺、电气自动化等4个设计室，项目管理部、采购部、档案室、计划财务部、综合管理部等5个管理科室。主要从事冶金设备设计及机械产品设计和科研开发工作。2022年实现销售收入11060.82万元，利润453.64万元。

2022年，设计院抓住契机，在助力重机公司发展的同时，明确了由“被动接受任务”向“主动寻找市场”转变的总体发展思路。一方面，充分发挥技术优势，与鞍钢各基层单位建立紧密联系，为生产一线解决设备方面急难愁盼的问题，赢得了客户的信赖；另一方面，持续完善资质体系，相继取得了冶金行业设计乙级、环境工程设计等相关资质，为EPC总包业务的开展铺平了道路。经过不懈努力，设计院全年签订EPC总包项目9项，其中，鲅鱼圈7项、本溪和朝阳各1项，合同总金额1.29亿元，标志着设计院由单一设计输出向项目总承包的转型升级取得了阶段性成果。随着总包项目的开展，越来越多的科研院所和高科技企业已经开始寻求合作，设计院依托鞍钢市场搭建的冶金科技平台已现雏形。

全年共参与科研项目共计5项，其中集团公司科研1项、工程发展公司科研1项，正在有序开展；申请专利8件，专有技术2项，目前已经有主题并正在撰写专利1~2件，专有技术1项；第二十六届全国发明展览会，申报2件优秀专利参展。吴恩旭创新工作室以“钢包全程加盖”“钢包带盖整备”“钢包智能浇铸”等项目为契机，与炼钢厂刘铁青年创新工作室的联合，共同增进工艺设备创新，实现双向互动，资源共享，优势互补。发挥重机设计院技术优势，保障现场生产的顺行性，通过功能性包保和延伸服务，进一步提升钢包全程加盖设备运行的可靠度与稳定性；在双方团队、领导和专家的共同努力下，“钢包全程加揭盖”等项目始终高效运行，每年可为钢厂降低成本达3000万元。

稳步占领鲅鱼圈分公司市场的同时，在鞍山、本溪、朝阳市场开发上也取得了突破，尤其是本钢板材炼钢厂改造项目的承揽，不仅成功打入本钢市场，而且通过努力，赢得了本钢上下一致认可，为后续合同的承揽打开了局面。朝阳钢铁皮带智能监测项目，是设计院承揽的第一个全智能化项目，为了这方面的业绩，反复与朝阳钢铁沟通交流，最终凭借完整可行的技术方案和锲而不舍的奋斗精神打动了朝阳钢铁领导，对设计院的观念也由完全不信任转变为寻求合作。

始终坚持全过程服务理念，不讲条件，克服万难，组织精干队伍，全力确保公司大型总厂

950、攀长特1450等重点项目，多次获得用户和公司领导赞誉。950项目和1450项目通过团队优化设计使设备减重45吨，降低制造成本。1450通过与攀钢相关方反复协商优化主电机等重要设备技术参数，共节省费用约100万元。对院内总包项目成立项目组，项目组织策划、人员调配等均由项目组决定，并充分放权，让各个项目在实施过程更迅速、灵活。本钢项目AHF转台区域施工过程中遇到作业空间狭小、原转台拆除吊运困难、基础施工-4～-6米突遇流沙层等诸多问题，经过项目部及相关方现场多次讨论，针对问题迅速制定了改进的施工方案，并组织施工单位加班加点、连续作战、最终抢回工期，设备基础提前1天交付，目前AHF区域倾翻机调试和热负荷已完成。

持续深化三项制度改革。一是强化人才引进和培养。设计院把加强人才引进和培养作为重点任务攻坚。引进成熟人才4名、新入职大学生1名，充实到设计科室、总包工程现场。创新培养选拔方式，坚持依事择人，对照需求，对业绩突出、敢于担当的优秀年轻干部大胆提拔重用，提拔2名年轻副科级干部。二是细化考核评价体系。进一步加强部门考核，完善岗位考核标准，建立月度考核评价机制，由各部门根据评分情况，综合评分末位的员工进入赋能中心；参与项目的员工由各项目组评估，不胜任者清出项目组；对劳务人员进行年度综合考评，清退末位人员。三是优化薪酬绩效。打破原有单一的图纸量绩效的模式，逐步建立和完善经营、项目、降本等方面绩效分配体系，鼓励员工积极参与设计院生产经营，在薪酬上拉出档次，充分体现员工贡献度，以此激励全员。

持续加大安全环保管理力度。深入学习贯彻习近平总书记关于安全生产重要论述和重要指示批示精神，深入开展安全生产提升年活动，推进《安全生产专项整治三年行动计划》，实现生产安全事故、火灾事故为零，重大交通事故为零的目标。层层签订安全生产责任状，压实责任链条，强化履职落实。规范安全教育培训，建立安全培训考试手机APP平台，全面提升培训质量，开展隐患排查治理，有效提升了本质安全水平。

增强为职工服务的意识，围绕“七个聚焦”，制定“我为群众办实事”实践活动清单，重点解决职工群众急难愁盼的问题。开展帮扶活动，走访慰问困难职工。

以“吴恩旭创新工作室”为依托，引导广大职工争先创优。全年共完成创新项目15项，2项创新成果获集团公司三等奖，累计创效1395.33万元。

【冶金设备制造公司】 鞍钢重型机械有限责任公司冶金设备制造公司（以下简称“冶金设备公司”）是冶金机械成套设备的专业制造公司，地理位置分布在鞍钢厂内西部、南部厂区，占地总面积约36320平方米。截至2022年末，冶金设备公司共有在岗职工299人，其中，干部42人（高级职称4人、中级职称25人），工人257人；下设5个业务部室和3个工区。主要产品有高炉热风炉支撑系统、高炉冷却壁、烧结台车等铸铁件，高炉风口、中套、高铅铜套、铜丝母等铸铜产品等。

现有各类机床、加工、冶炼设备284台(套)，主要设备有龙门刨床B2220E、龙门刨铣床、桥式起重机、树脂砂生产线、混砂机、中频感应炉、有色金属电炉、消失模生产线、数控加工中心、专机设备等。

在钢铁市场持续低迷的不利形势下，在迎接疫情冲击和冶金行业形势急转直下等重大考验面前，勇毅前行的冶金人坚信办法总比困难多，深入践行重机公司“45561”党建工作总思路，积极开展“过去亏损为什么，今天应该怎么办，明天要怎么干”大讨论活动，围绕人民网刊发的“机关干部10种典型作派”，聚焦担当作为形成12条冶金机关工作作风，营造了“想事、干事、成事”的浓厚氛围；坚持问题、目标、结果导向，以清单式管理为抓手，扎实推进“打赢冶金生存保卫战”“重点项目突击战”“年末清算攻坚战”“新冠疫情防御战”实践行动，上下一心，凝聚攻坚合力，实现各项生产经营指标同比上年均有提高。公司全年实现利润1930万元，同比增长539%；实现销售收入2.9亿元，同比增长2.3%；经营现金流实得比应得为100%；主导产品铁产量26225吨，铜产量559.92吨，双双创历史新高；在岗职工人均月收入同比增长7%。

全面开通新“赛马”机制，打造“揭指标竞聘，带契约上岗”的升级版。对17名副科级以上管理人员开通综合指标评价赛道，1名优秀专业职能人员提职到正科级岗位，1名青年干部到专业职能岗位培养锻炼，2名未完成核心指标人员从副科级岗位退出；持续推进双合同管理，灵活运用“赋能中心”激活 19 名员工工作积极性。人员市场化成为常态，针对生产岗位技能人才匮乏的现状，引进鞍山技师学院等学校毕业生及实习生 11 人。全年市场化退出率为 1%。在岗职工置换劳务 28 人。通过兼工作业、一人多岗、智能化升级改造等方式减少主营岗位 11 人。岗位绩效管理全覆盖，全体管理及机关人员实行“一人一表”；一线职工以工时、产量为依据，合理拉开收入差距，浮动工资差异系数达到 1.35，让员工在正向激励中与企业达成改革共识。

根据公司长远发展需要，全力加快设备技术改造步伐。结合铜制品工区产业扩能进度，确保新增 0.3 吨真空熔炼电炉于 9 月 6 日热试投产；新增 2 吨中频感应电炉于 8 月 8 日投产运行；新增 7 台加工设备全部投产创效，实现了提质降耗目标。

着力构建“23411”创新体系，加大科研力度。围绕“烧结台车防弯变形”“烧结台车栏板长寿化”等研究，投入科研经费 432 万元，阶段创效 271 万元。突出推广新工艺，探索应用“净化铁液降低浇冒口重量”、利用“硅固溶强化代替电解铜降低成本”2 项新工艺，降本创效 193 万元。突显群众性创新，在原有“王延朝创新工作室”基础上，新建“池佩永创新工作室”和“周宇创新工作室”，开展 4 项技术攻关活动，创新创效 52.87 万元。申报 4 项“爱献做”课题参加集团公司评比。创新驱动结硕果，成功获得 1 件发明专利、3 件实用新型专利、2 项专有技术授权资格；推荐 3 个 QC 成果参评鞍钢优秀质量管理小组，荣获一等奖 1 项、二等奖 2 项。

聚焦核心能力建设，不断稳固核心市场份额。克服疫情、市场紧缩等不利因素，以中冶赛迪、中冶京诚、中冶南方等各大设计院为轴心，积极推进主产品业务合作，参与投标 67 次，台车产品中标率达 78%，炉箅子中标率达 53%，扩大了内蒙古德晟、吉林建龙、梅钢等外部市场占有率，签订承揽合同 2.19 亿元。扎实开拓铜产品新市场，与鞍钢股份续签风口年度协议，与中国二重建立合格供应商关系，与辽锻公司签订年度丝母合作协议；抢抓重机公司与矿山公司签订框架协议机遇，进驻矿山公司铜产品市场；拓展了大重、东北特钢新市场。力促完成资金流目标，在回款时间紧、难度大的前提下，公司班子成员亲自带队清回朝阳台车、鲅鱼圈台车等重点款项，为实现现金流指标作出了突出贡献。

坚持凝聚群众智慧和力量，开展“精益生产精益管理”“极限降本”合理化建议征集活动，评选出 6 个“金点子”、8 个“银点子”、12 个“优秀成果”。围绕“三个一”深入落实“我为群众办实事”长效机制，改造铜制品工区现场洗手池、建设铜制品工区一室多用党员活动室、改善加工工区办公环境、维修冶炼工区及铜制品工区 5700 平方米屋顶，打造全新工作环境。以精准帮扶为目标，聚焦职工痛点、难点，积极走访慰问困难党员和职工 8 人次，帮扶救助 119 人次，发放救济款 6.33 万元；金秋助学救助 12 人次，发放救济金 6000 元，极大地提升了职工幸福指数。

【灵山机械厂】 2022 年末，鞍钢重机公司灵山机械厂有在职职工人数 317 人（全民 205 人，集体 27 人，临时 85 人），其中，干部 23 人（具有高级职称 1 人，中级职称 16 人，初级职称 4 人）、工人 294 人。拥有固定资产原值 39479.24 万元，净值 7356.01 万元。2022 年，灵山机械厂完成产量 13614 吨，出公司产值 22142.22 万元；全年实现利润 1290 万元，同比增长 96.6%；实现销售收入 2.26 亿元，同比增长 40%；在岗职工人均月收入同比增长 9.7%。

持续深化市场化改革。成立以工程发展公司首席技师陈世谊牵头的数控加工中心微观主体，先后 4 批次培训技师学院数控专业实习人员 16 人次，促进青工成长成才。3 人次到 C、B 岗位，其中一名 90 后主持作业区工作，两名年轻后备干部任职副主任岗位，促进中层干部年轻化。加强全员岗位绩效管理。重新划分两作业区域和机台，平衡作业区管理幅度。全面实施“一人一表”绩效考核管理模式，每月进行岗位绩效评价。将装配钳工划小核算单位，兼工、多能、临时转岗成为常态。全面深化竞争上岗、末等调整和不胜任退出制度，2022 年进入赋能中心 12 人次。

持续加大技术攻关能力。国产化的 HP800 破碎机主机架、主轴、锁紧环、调整环等新品备件与矿山公司签订上机试验合同，并于 12 月安装投入试用；与鞍钢设计研究院交流鲅鱼圈 5.5 米冷床改 3.8 热矫直机的“拆改装”施工方案；自制工装实现全站仪的使用，提高 715 平方米环冷机的装配检测精度；改造15米卧车钻孔系统，实现转炉托圈耳轴通水深孔的加工，创效49万元；全年投入科研经费400多万元，完成《2022年攻关课题承包责任状》8项，奖励技术研发人员3.1万元；申报专利2件，专有技术1项；购进磨刀机、内窥镜、国产枪钻冷却润滑系统等先进工具，提高劳动生产率和产品质量。

持续推进“四个一批”改造。克服检修人员严重不足困难，在确保现场设备稳定运行的前提下，完全依托自厂检修力量，仅用90天自行完成了数控4米立车-1号、2号及数控5米立车异地搬迁，为厂节约了近60万元搬迁经费。自主维修5×18米龙门铣等3台关键设备，设备运行稳定可靠，显著提升活件加工精度。在新装配跨钳工装配区铺设电焊网，实现固定电焊机多点位、集成作业，显著提高电焊作业效率。

持续加大市场营销力度。依托公司与矿业公司签订的关联交易协议，将矿山市场延伸至鞍千矿、关宝山和齐矿等各生产单位，全年实现矿山产品承揽额3596.8万元；开拓外部市场，承揽本钢100件轴承座修复，合同金额487万元；成功开发朝阳钢铁传统炉顶维修市场；与西马克公司合作实施辊系维修等高附加值产品；与上海水裕签订了249万元的大型船用件加工合同；与中信重工签订了141万元的立式塔磨机备件合同。全年合同承揽总值7696.1万元，同比增长24.7%，其中新品4861.5万元，原品修复2834.6万元。

持续深入践行“四个确保”。建立以客户为中心的服务理念，制定12项“四个确保”措施，全力确保鞍钢各大厂矿年修、抢修项目。在热轧1780线年修项目中，全体参战职工克服工期紧、天气酷热等困难，24小时连续奋战，仅用30天就完成了1组摆动框架及3组导尺的修复，创造了热轧年修新纪录。通过优化装配工艺、细化生产组织、物料提前准备、项目承包等积极措施，仅用22天完成了鲅鱼圈冷矫直机的装配任务，比以往装配同类型设备时间大幅缩短，效率提升38%，完成了“不可能”完成的任务，再一次展示了“灵机速度”。

持续细化生产调度组织。采取“滚动排查，前推后拉，快速响应”生产组织模式，坚持“日调度会”制度，及时解决技术问题和生产难点，增加二道钳工序，减少高技能装配钳工低技能工作量。实施重点项目承包到人到机台，关键项目机台实施弹性工作制，采取白班早来2小时，中班晚走2小时；装配钳工点件在前一天完成，有效提高装配速度。全年主要完成唐银850轧机、攀长特3组轧机、西马克1780轧机、鞍钢方坯连铸改造项目、鞍钢600平方米烧结改造项目、玉昆转炉4组、鲅鱼圈3.8米生产线冷矫直机等成套设备制造；大型950改造、热轧厂年修等鞍钢主体厂矿重点修复项目。

持续强化全员质量意识。以“质量月”活动为抓手，重新修订《灵山机械厂质量管理考核办法》和《灵山机械厂售后管理办法》，规范质量管理过程，保证售后服务质量。加强对生产任务通知单和质量记录卡的管控，持续开展技术人员工艺讲评，评选出8名质量标兵，定期召开质量事故案例专题研讨会，强化出厂产品外观质量管理，严控发货环节质量检查；坚持工艺人员每日两次“查床”式集体巡查，加强现场技术指导与质量跟踪，促进青年技术人员快速成长。全年实现产品一次交检合格率97.8%，产品综合合格率达100%，质量投诉同比降低80%。

持续加强成本费用管控。制定了灵山机械厂“扩规模、提效率、创效益”工作要求，形成了23类61条成本压降措施。从设备改造、工具创新两方面入手，实施技术革新和产品工艺优化，完成6项公司级工艺降本102万元。发挥检修人员技术优势，成立技术攻关组，完成西门子、派克等进口电源模块高价值备件的自主维修，节约外委维修费35万元。制定《灵山机械厂6S目视化管理标准手册（初版）》，实现了精益管理思维下沉到岗位。积极推进数字化车间建设，完成数据采集、系统开发等基础工作。对标先进企业找差距。先后到中国一重、泰尔重工、丹佛斯阀门等公司进行交流学习，提高企业管理水平和生产效率。全年降本增效773万元，实现可控成本费用同比降低9.5%。

持续强化安全环保工作。深入开展安全生产提升年活动，推进《安全生产专项整治三年行动计划》；签订安全生产责任状，强化责任落实；加强隐患排查治理工作，提升风险防控能力。全年排查安全隐患125项，已全面落实整改。安全责任考核1.42万元，全年安全生产费投入60多万元。全面整治环境污染，加大消防管理力度，

2022 年实现轻伤以上事故、火灾事故、环境污染事故、职业病危害事故为零的安全生产目标。

持续提升为民服务能力。持续推进“我为群众办实事”长效机制，实施“男浴池福利设施修缮”民生项目，改善男浴池整体环境。更换全部天车座椅，并为天车驾驶室新购置风扇，切实改善天车工作业环境。为保证磨刀房安全，对其开展更换天棚、改善照明、优化砂轮机除尘等措施。2022 年走访慰问职工 8 人，救济困难职工和党员 41 人次，全年发放救济金 1.75 万元；金秋助学救济 13 人次，发放助学金 1.45 万元。疫情静默期间，为驻厂 146 名职工购买被褥、水果和药品等急需生活物资。职工技术攻关项目立项 9 项，命名重机公司级 2021—2022 年度先进操作法 4 项，累计创效 198.7 万元。

【金属结构厂】 2022 年，金属结构厂拥有职工 213 人（在职 118 人，劳动派遣工 95 人）。该厂占地面积 4.43 万平方米，工业建筑面积 3.12 万平方米，拥有固定资产原值 8080.5 万元，净值 1192.3 万元。该厂下设 4 个室，3 个作业区。主要设备有数控切割机、80×5000 毫米卷板机、1200 吨油压机、多功位焊接操作机、12 米刨边机、7 米×14 米热处理炉、36 米跨距的大型装配跨厂房及 160/50 吨的起重能力，具备了制造和装配大型结构件及成套设备的能力，具有喷砂、涂漆、振动消除应力等预、后处理手段。2022 年，实现利润 350.44 万元，产值 12291 万元，资金净流量 339 万元，资金占用比年初下降 1078 万元。

严抓疫情防控工作。2022 年，面对疫情不确定及多点散发形势，该厂严格落实鞍山市、鞍钢集团、工程发展、重机公司各项防疫规定，按照“五严”要求全面做好疫情防控工作，形成众志成城、严防死守的疫情防控氛围。在 2022 年 10 月 12—17 日鞍山市主城区实施全员静态管理段特殊时期，该厂 106 名职工主动封闭驻厂保产，确保生产顺行。

三项制度改革工作有效落实。2022 年，该厂通过加强技术培训，提高现有人员技能水平；通过不断改进落实岗位绩效管理，进一步激发现有人员工作积极性，最大限度挖掘个体工作潜能，提高工作效率，全年劳动生产率实现 83.05 万元/人，比上年同期提高 9.4 万元/人。

【锻造厂】 鞍钢工程发展重机公司锻造厂是毛坯热加工制造厂。截至 2022 年底，该厂共有在岗职工 141 人，劳务工 50 人；其中，干部 22 人（具有高级职称 1 人、中级职称 19 人、初级职称（助理工程师）2 人），工人 119 人（高级技师 2 人、技师 13 人、高级工 25 人、中级工 57 人、初级 32 人）。分布在锻造厂锻工、天车工、热处理工、钳工、焊工、泵站工、配管工、电工等 8 个岗位上。职工中中共党员 68 人。厂设置 3 个车间，5 个科室。企业占地面积 9.4 万平方米，建筑面积 4.5 万平方米，固定资产原值 2.49 亿元。主要设备有：德国引进的 8000 吨自由锻造水压机、2500 吨自由锻造水压机、500 吨自由锻造水压机各 1 台及 3 台锻锤；各种燃气加热炉、退火炉 27 座、井式和高温电阻炉各 4 座、差温炉及喷淬机床 1 台；最大起重能力 350 吨。年设计生产能力为 48000 吨，水压机最大可锻制钢锭 150 吨。企业通过法国 BV 公司 ISO 9001：2000 质量体系认证；拥有中国（CCS）、德国（GL）、英国（LR）、法国（BV）、美国（ABS）等船级社制造许可证书及中华人民共和国民用核安全设备制造许可证（国核安证字第 Z（10）25 号）。

2022 年，完成产量 19690 吨，产值 13568 万元，实现销售收入 13568 万元，利润 345 万元。明确产品定位，巩固老客户，开发新市场。2022 年，完成锻钢轧辊 110 支，继续做好带料加工合同承揽工作，承揽总重占比 61%，极大地缓解了公司资金压力，同时为该厂完成全年生产经营指标作出了巨大贡献，积极开拓新市场，先后与铁岭沈荣、大连锦汇、鞍山华信重工等单位签订了共计 140 余万的锻件合同。扩大了与大重的深度合作，与大重总计签订的合同额超过了 2000 万元。加大了船轴市场的开发力度，分别与鞍山承重、大连世福签订了轴系、舵系 19 条船的锻件，锻件总重超过了 2000 吨。大力巩固拓展鞍钢市场，通过苦练内功、真诚服务，扩大鞍钢市场占有率。

严格安全生产标准化管理，以“行为规范化、操作标准化”为目标，推行“人的安全行为治理工作”。制定安全承诺目标、签订安全承诺书，适时举办安全培训考试等活动，提高全员安全意识和安全责任感，消除生产、设备、技术安全隐患，实现人身工亡、重大设备、重大火灾、重大环境污染和重大质量事故为零。

2022年，设备日修实现率为100%，综合设备完好率实现98%。设备全部实现点检定修制，以设备点检为基础，科学、合理地编制设备定修计划并有效实施，实行区域负责、分片承包，完善设备功能、保证设备运行。严格控制维修费使用，对备件采取修旧利废，进口备件以修为主，提倡进口备件国产化，严格控制备件计划，减少备件消耗。

2022年，锻造厂党总支全面加强党的领导，按照重机公司党委“45561”党建工作总体思路，把学习党史同总结经验、结合实际、推动工作结合起来，发挥党组织战斗堡垒作用、党员先锋模范作用，推动锻造厂改革发展成果更多更惠及全体职工，不断增强职工群众获得感幸福感。建立完善党支部制度14项、党小组制度9项，有力促进基层党建基础工作的提升。推动党建工作与生产经营实现双融入、双促进，向一体化转型，既要抓“总”，又要抓“点”，按照“立足实际，不唯数量”原则，找好、用好融合的方法和路径，全体共产党员以主动担当的实际行动践行初心和使命，成功锻制超长筒体类舵轴套筒、15500箱船用中间轴锻件，顺利完成山东海阳核电4号机组的主管道连接座、勺型件固溶处理。

【汽车运输分公司】　按照鞍钢重型机械有限责任公司深化改革要求，2022年初完成原汽车运输分公司与综合服务公司整合工作，新的汽车运输分公司下设4个部室、3个车队、1个车间。2022年末，该公司职工总数190人（全民职工97人，劳务职工93人），其中，干部16人（含退休返聘2人），生产工人174人。固定资产总数204台，其中房屋4座，机械设备31台，运输设备103台；固定资产原值3841.6万元，净值874.01万元。厂区建筑面积5578平方米，占地面积17513平方米。主要承担重机公司灵山地区职工通勤用车、重机公司内部工序之间的货物运输及鞍钢集团部分单位的保产运输和重机公司内部工程项目。实现重大火灾、设备交通事故、千人负伤率为零。

做好市场优化。2022年三季度钢尾渣、粉材废钢资源运输受到冲击，市场有较大的变化，该公司及时开展市场转移、市场优化工作，逐步增加钢加中心等单位车辆配备。工程方面由于资质及支付方式等问题，在外部工程受阻情况下，加大内部业务开发，部分弥补了外部损失的合同量。服务内外部市场，实现四个确保。运输方面，2022年该公司在做好鞍钢及重机公司保产工作的同时，较好地完成了唐银850轧机、玉昆转炉、炼铁总厂烧结和环冷机、浙江振石飞剪等项目的运输任务。河北唐银850轧机项目合同总价1.49亿元，是重机公司2022年重点项目，其中该公司承运的设备总重6000多吨。由于订货方图纸、甲供件提供不及时及工序单位与出厂单位项目重合、机台冲突等多方面原因，产品出厂时间不断延迟，而订货方多次来函催交设备，运输时间不断被挤压，被迫集中发货，原运输计划被严重打乱。该公司精心组织，不断调整配车计划，与各生产厂积极配合，克服重重困难，采取零星拼车，提前入厂等待，连续多日每天发货10车以上，在9月30日最后时间节点，全部发运完毕，达到了用户的要求，受到重机公司和用户的好评。鞍钢股份大型总厂950轧机改造项目，时间紧、任务重，要求24小时连续作业，涉及设备批量出厂再进厂，在不影响日常重机公司保产前提下，做到对现场实际情况随时跟踪了解，合理调配车辆，满足现场要求，完成此项目任务。重机公司和各生产厂的外协产品，由外协单位负责运输，在疫情静默管理和区域封控期间，部分外协件不能及时送达，严重影响重机公司生产组织和设备装配出厂，该公司以重机公司大局为重，多次在接到管理部门和生产厂需要帮助时，发挥专业优势，利用多种渠道，协助或直接参与运输，解决重机公司生产困难。工程方面，2022年主要承揽及施工的主要项目：冶金公司混砂机拆除安装、齿减重六米车床拆除及安装、齿减原车场拆扒及车场新建、毛料库吊车基础、粉材公司库房更换门及栏杆、雾化备件粉材公司还原炉密封、轴承箱分厂综合楼内外设施维修等，项目施工按照工期全面完成，受到用户的认可。

抓管理促提升。加强制度建设，梳理完善制度体系。对两单位合并前原文件进行废、修、改、合工作，形成新公司文件制度体系，使新公司各项工作有章可循、有据可依。做好成本管控工作。该公司制定2022年全面预算，结合公司降本目标、措施及降本方案，确定降本目标，制定公司降本措施及时间节点，每周由主要领导组织专项会落实情况，并解决遇到的各种问题。检修车间全力提高自修能力，控制维修费，降低各种维修费用的支出。大、中、小修不出公司，全年修复起动机 27 台、发电机 20 台、刹车分泵 176 个、补洞插销 183 个、厢板 170 个、保险杠 8 个、继动阀 9 个、刹车总泵 7 个，保障设备完好率 99%。安环设备部针对油价持续上涨情况，对各加油站进行调研、询价，经党总支会议讨论决定，该公司改变采购渠道，全年汽柴油用量比上年同期减少 22.94 吨，下降比例达 5.08%，维修费同期下降 14 万元，下降比例达 13.76%。

全面落实安全管理工作。认真贯彻执行新《安全生产法》，落实全员安全生产责任，层层签订安全责任状，全员签订安全承诺书；落实“一岗双责”，依据“管行业必须管安全、管业务必须管安全、管生产必须管安全”的原则，完善各级管理人员履职清单；推行电子化安全履职日志，促进安全责任落实。完成整改上级管理部门检查出的隐患 23 项、自查隐患整改 9 项。2022 年在安全防护措施、GPS 装置、现场作业人员安全防护、安全生产教育培训及与安全直接相关等方面安全投入 16.16 万元，确保企业安全生产工作的资金保障。

三项制度改革成效显著。在收入能高能低方面，收入向开拓市场，多创产值、利润的集体、员工倾斜，体现多劳多得的原则，绩效考核全员覆盖。全员劳动生产率 42 万元/人年，人工成本利润率 18%，浮动工资差异化系数 1.23。人员能进能出方面，2022 年进入赋能中心 6 人次，经过培训，都已重新返岗工作。干部能上能下方面，打破工人、干部身份，2022 年竞聘上管理岗位 1 人。

加强党组织和党员队伍建设。党总支和两个支部完成换届选举工作。关注民生问题，为职工办实事，更换车库门 35 个，完成库房防水 1000 平方米及货队职工休息室整改等，受到广大职工一致好评。

【轴承箱分厂】 2022 年末，轴承箱分厂有职工 134 人（其中，全民在岗 106 人，列编外 4 人，劳务 24 人）。主要生产制造带宽 500~5500 毫米的各类冷、热连轧和中、厚板轧钢机用轴承箱。该分厂不断创新经营管理理念，深入推进“三项制度”改革，2022 年完成销售收入 7359 万元，利润 1001 万元；合同承揽比上年增加 7000 多万元，提高了 150%，产值、利润均比上年增加了 50%以上；职工收入增长 12%。

2022 年，轴承箱分厂围绕重点任务下功夫，解决突出问题。以一重乾钢、石横、攀达轴承座、850 唐银轧机及辊道装配、无缝限动齿条等项目为主，排好加工周期和机台计划，同时总结成套封闭项目制造经验，为后续承接封闭成套项目打好基础。在无缝厂紧急求援——45 天加工装配 4 根限动齿条任务中，仅用 40 天完成该项目，真正体现了轴承箱速度，受到用户信赖和好评。该项目总结成果荣获工程发展公司先进操作法并申报国家发明专利。

形成适合轴承箱分厂发展的管理模式——项目台时，让所有操作者承担各自项目及产值指标，并以完成比例分配薪酬，综合效率提高 40%以上。结合产品结构、工期要求及一线操作者的意愿，以效率、效益为中心，采取计件、承包等灵活的工作制度，轴承箱产量从 40 个/月提高到 55 个/月，效率提高 38%。

赵长红创新工作室完成 6 项创新项目，创效 166 万元。发挥工作室引领作用，改进推广新刀具广泛应用，提高效率 2~3 倍以上，专项产品轴承箱加工试用新刀具，数控龙门镗铣床采用快进给刀刃，可提高效率 3 倍；普通镗床采用“错齿”粗、精镗刀，加工孔效率可提高 2 倍；通过“暴力”钻、“U”钻的推广，钻孔效率提高 3 倍以上。

2022 年新年伊始，重机公司调拨到轴承箱分厂已闲置多年的 T180 镗床，分厂组织动员检修人员，完全依靠本厂人力物力资源，从设备拆解、分步转运、零件测绘、专门定制、基础设计、安装调试等步骤，制定了周密的改造性大修方案，并有序有效逐步落实，按市场同类型设备改造价格估算，预计节省外委工程费用约 50 万元。经过两个多月的改造，一次试车取得圆满成功。

结合分厂实际，切实为职工群众办实事，修缮卫生间、新建职工自行车场；改扩建职工浴池为综合楼，改善职工洗浴条件并具备了更衣室、洗浴间楼上楼下的方便条件，职工期盼几十年的愿望得以实现，真正让职工群众有归属感。

【齿减分厂】 2022 年，齿减分厂有职工 155 人（在职 88 人，劳动派遣工 67 人）。厂区占地面积 13097 平方米，2022 年新建了 2300 平方米装配厂房。拥有专用设备及各类辅助设备一百余台

（套），其中普通车床7台，轧辊车床7台，镗床7台，刨床2台，插床3台，孔床2台，滚齿机12台，磨齿机3台，天车9台。齿减分厂与鞍钢股份有限公司热轧带钢厂、冷轧厂、炼铁总厂、鲅鱼圈分公司及工程事业部，国内一重、二重、大重、常冶、太重、太钢等多家企业保持长期合作伙伴关系。

2022年，该分厂完成了公司部属各项任务，实现生产总产值6766.7万元，净产值1894.5万元，利润721万元。除净产值外，各项指标均优于去上年，总产值超额完成全年计划。实现了安全事故为零，火灾事故为零。顺利完成三大项目，即大型950项目，唐银850项目，无缝169项目。

陈维同志不断探索，获得了“一种用于加工轧机牌坊超长工作面的扩展铣头装置”实用新型专利授权。郑长山同志荣获了辽宁省第一届职业技能大赛数控车竞赛第十名。

坚定不移地抓好节能降本工作，从节约一度电、一滴水做起。降低可控费用700万元，废钢回收550万元，工艺降本82万元，采购降本110万元。

践行共享理念，帮助职工排忧解难。原旧车场开发改造，修建的新型车场，不仅外部美观，内部水泥地面平坦并配有充电装置。更衣室改造，为全体一线职工更换白色冲压板更衣箱。帮扶救助困难党员4人，发放救助金6000元。金秋助学帮扶4人，发放助学金10500元。救助困难职工26人次，发放救济金14300元。

牢固树立质量意识，全面提高质量管理水平，产品一次交检合格率达99.2%，比公司下达的指标提升了1.4%。

【表面强化分厂】 鞍钢重型机械有限责任公司下属表面强化分厂有职工125人（其中，全民在岗96人，劳务29人）。分厂下设两个作业区。2022年分厂各项工作取得了新成效，全年产量6115.924吨，实现利润441.6万元。全年总产值3213.4万元，比上年增长830.8万元；实现销售收入2101.1万元，比上年增长859.1万元；其中型钢淬火产品产量2611.105吨，产值930.895万元，比上年产量增长2003.9吨，产值增长722.718万元。

2022年辊类修复产品实现产值1599.355万元，较上年增加278.615万元，增幅为17.4%。参与完成了多项公司重点项目，在热轧、大型、炼钢总厂年修项目中，开展“大干15天，确保热轧年修61支辊顺利完成”竞赛活动，通过严格控制电流、电压，压道量等措施确保堆焊质量，通过合理调度安排提高生产效率，15天按期完成61支辊堆焊，一次合格，保质、保量完成了任务。

型钢淬火产品是该公司重点产品，具有技术国内领先、产品附加值高等特点。2022年签订1080万元的合同，全年型钢产品销售930.895万元。

2022年完成一项科研攻关项目“提高除磷辊使用寿命的堆焊工艺研究”，热轧厂除鳞辊工作环境恶劣，对硬度及耐锈蚀、耐高压冷却水冲击的要求较高。以往采用224焊丝进行表面堆焊处理，但在使用过程中经常出现硬度不够、焊层开裂及辊体锈蚀较快的问题。针对此问题，分厂党支部将列为“共产党员工程”攻关项目。党支部组织技术人员及操作者共同研究，经过反复试验，确定在423焊丝的基础上对焊丝成分进行调整，调整焊丝后辊子上线使用状况良好，完全满足了使用要求。通过科研开发，喷焊辊生产取得成功后，喷焊辊合同越来越多。为了有效控制、提高产品质量，增加动平衡设备，通过技术培训，已经掌握了动平衡测量的技术要点。

2022年分厂大力推进三项制度改革工作，进一步深化鞍钢重机表面强化分厂劳动、人事、分配三项制度改革，落实基层分配自主权。坚持责权利对等，按照“谁管人、谁考核、谁分配”的原则，强化作业区、班组考核分配自主权，完善基层一线岗位劳动定额管理，明确工时定额标准，落实契约责任，有效激发微观主体动力和活力。

2022年扎实开展“我为职工办实事”服务行动。一是为改善职工的休息环境，解决现有班组职工休息室都是房中房，夏季不通风特别闷热的现象，表面强化分厂为特焊和热处理作业区两个大炉班安装空调（2台），解决职工夏季炎热问题，为一线职工送清凉。二是修缮表面强化分厂会议室，粉刷墙面、更换门窗，铺设地板，更换了投影屏，更换桌椅，一张长桌和30个座位椅子，使会议室干净、整洁、舒适，满足分厂会议等工作需要。三是2022年春节救济有困难的职工4人次，共计1400元；困难党员5人，共计5000元。“五一”救济有困难的职工2人次，共计800元。

【机电分厂】 2022年末，鞍钢重机公司机电分厂有在职职工人数74人。主要设备包括：2×6米数控龙门铣床、2×4米数控龙门铣床、VMC850B加工中心、630数控车床2台、4米数控龙门刨床、T130数控镗床2台、4米龙门铣床2台、8米630车床、T30/15吨天车等关键重点设备。2022年，机电分厂产量4258.928吨，工业总产值完成3285万元，利润440万元。

2022年机电分厂全面执行公司下达各项任务指标，主要项目包括：鞍钢股份公司炼铁总厂炉前设备泥炮、转炮、开口机包保，炼钢总厂结晶器的新品制造和原品修复工作、振动台的新品制造和原品修复工作。中板厂生产线设备备件的新品制造和原品修复工作。线材厂、大型总厂、热轧带钢厂、炼铁总厂、炼钢总厂各类标准型和非标型减速机修复和其余原品修复工作。鞍钢股份鲅鱼圈分公司炼铁厂炉前设备泥炮、转炮修复工作和鲅鱼圈其余部分原品修复工作。全面完成唐银850轧机项目承担的部套新品制造工作。

分厂围绕生产经营中心工作，先后开展“两学一做”学习教育和“不忘初心、牢记使命”主题教育，有效落实“学习贯彻十九大精神，永葆共产党员政治本色”系列主题实践活动，深入开展“我是党员我光荣，集思广益求发展”等一系列共产党员工程活动；开展“支部帮扶互助，关爱基层员工”等相关活动，改善员工浴池、员工休息室、就餐室等员工福利设施，身体力行为员工办实事，开展“五星”党员评比。

分厂积极组织全体职工参与到分厂的生产经营活动，开展网络问企，征集群众性合理化建议、降本增效建议书等活动，调动分厂员工积极参与分厂的生产经营管理，鼓励职工为企业发展作贡献，为企业进步吐真言。组织开展以全员当家，共同助企活动，以修旧再制造利用，合理化双增双节等一系列活动，全年累计创效超60余万元，超额完成公司上级部署的目标计划。围绕分厂生产经营的重点和难点，组织开展“以践行‘四个确保’承诺，为钢铁主业服务”为主题的劳动竞赛活动。

【质量管理控制中心】 2022年末，质量管理控制中心共有职工58人（在岗54人，劳务4人）。企业固定资产原值1110.6万元，净值304.92万元。2022年，质量管理控制中心实现销售收入1157.22万元，其中，出公司产值492.47万元；实现安全生产轻伤以上事故为“零”，重大设备、火灾事故为“零”；各项检验准确率100%，服务及时率100%。

持续开展质量整治提升。2022年，重机公司持续开展质量整治提升，制定质量整治提升活动实施方案，有序推进质量整治提升各项工作。公司与各单位领导班子签订质量责任状，压实质量责任；实施“四个一”工作制度，及时改进产品质量、纠正违规行为、化解质量隐患；以问题为导向，对多发、易发质量问题进行专项整治，使得公司部分产品表面质量有较大提升；强化现场巡检，及时发现并解决质量问题，使现场产品质量及管理情况在一定程度上得到较好管控；对公司重点项目，全部编制质量控制计划，并按计划进行现场跟踪控制，有效保证了重点项目的制作质量；2022年通过持续开展质量整治提升活动，公司产品质量指标全部完成计划指标，实现用户投诉和废品损失双下降。

持续深化三项制度改革。2022年，质控中心规范实施全员绩效管理，建立了绩效指标库，按指标完成情况进行薪酬分配，真正实现多劳多得、绩优多得，激发职工干劲，提高工作效率；通过公开竞聘，选拔1人到领导岗位，2人实现职级提升；通过绩效考核2人进入赋能中心培训，合格后返回岗位。通过深化“三项制度”改革，中心在“降本、增效”等方面取得显著成效。全年劳动生产率比上年提升12.46%；人工成本利润率较上年提升82.83%；人事费用率比上年下降5%。

多措并举，全力完成生产经营目标。2022年，质控中心与内部各部门签订目标责任状，压实责任目标，季度分析考核；实施全员跑营销，增加外部检验收入，全年实现经营承揽240万元；24小时为用户做好检测服务，践行“四个确保”承诺；为用户提供技术服务支撑，赢得用户信赖；开展极限降本，减少费用支出。

开展创新创效。对新采购的光谱仪使用性能进行开发，实现了铁基产品成分光谱分析全覆盖和铜基产品由化学分析向光谱分析的转变；开发激光跟踪仪使用功能进行现场行位公差、装配测量，既提高了生产厂的生产效率，又保证了测量数据的准确，实现本质质量提升。

（新　妍）

【鞍钢集团（鞍山）铁路运输设备制造有限公司】 2022年末，鞍钢集团（鞍山）铁路运输设备制造有限公司有在职职工473人，其中，在岗干部84人（高级职称8人，中级职称56人，初级职称20人），在岗工人340人，居家职工25人。离退休职工1599人。公司机关下设人力资源综合管理部（党委工作部）、计划财务部、安全环保运营部、工会；基层单位设鲅鱼圈冶金筑炉分公司、冶金筑炉作业区、冶金车辆制造作业区、车辆检修作业区、铸造作业区、机械加工作业区、冶金运输研究所、营销中心。现有固定资产原值4.43亿元，其中无形资产原值2.23亿元，净值2.66亿元。公司占地总面积为78.18万平方米，工业建筑面积为15.2万平方米。主要生产设备1026台（套）。该公司主要担负着鞍钢厂区内和矿山普通车辆、冶金车辆、电力机车的新造及大修、年修；全国钢厂高炉下智能牵引车制造；机车车辆备件加工和矿山选烧设备备件铸造、加工；鞍钢厂区、鲅鱼圈分公司鱼雷罐的砌筑和检修、冶金运输系统新产品的研制与生产工作。

保持战略定力，整体运营稳中向好。面对运维费用大幅降价、大宗原材料大幅涨价、疫情防控交通受阻材料采购困难等诸多不利因素，该公司职工以敢打硬仗、勇闯难关的坚韧，攻坚克难，各项工作取得了新成效。全年实现销售收入2.4亿元，实现净利润865万元；利润超鞍钢工程发展公司下达的挑战目标305万元。全年完成新造铁水车、自翻车、高炉智能牵引等135台。鞍钢西区、鲅鱼圈分公司维保铁水运量1660万吨。资产负债率、经营现金流等关键经营指标均完成年初板块下达指标；职工收入在连续保持多年高位增长的基础上，2022年比2021年又有了较大幅增长，实现了职工与企业发展的共享格局。

聚力深化改革，激发企业发展活力。该公司强化顶层设计，建立改革制度体系，全面推行“两制一契”，实行经营层任期制和契约化管理。业绩决定用人，效率决定用工、效益决定薪酬，管理人员竞争上岗、末等调整，揭指标上岗、按契约兑现已成为常态；推行“双合同”管理，建立公开招聘、竞争上岗机制，劳动效率大幅度提升。全年进入人才赋能中心22人，加大了“能出”的力度；推进创新创效项目奖励机制，通过薪酬分配机制改革，激励员工工作积极性，职工收入大幅提高，增强了获得感。2022年实现劳动生产率20.85万元/(人·年)，比上年提高14.62%，实现人工成本利润率15.01%，比上年提高41.07%，进入赋能中心人员比例5.17%。公司机构管理实现扁平化，将原有的总公司、分公司、厂三级管理层级压缩为二级，公司直接管理作业区，大幅提高了工作效率，将9个基层单位归并为1个分公司、5个作业区、1个研发中心和1个市场营销中心，集中机关及基层单位科研、营销力量办大事，压缩管理及专业职能岗位7个，编制定员总量由95人压缩至93人。破解了生产指挥层级多，效率低的痼疾。劳动生产效率大幅度提升，生产指挥迅捷有力，充分调动了广大干部职工的生产积极性和主动性。

主动出击市场，开拓成果显著。2022年，该公司正确处理内、外部市场之间的关系，定思路，调策略，转变市场开拓模式，规范完善营销机制，逐步建立完善营销体系。深入实施“走出去”的发展战略，形成了分工明确、合力攻关的良好格局。面对严峻的市场竞争，竞争对手都在实行让利不让市场，导致竞相压价，利润趋小，该公司坚持“增量老市场，培育新市场，储备潜在市场”的营销思路，坚持向营销人员要市场。实行营销月度例会制度，并根据产品、产业现状和营销工作实际，转变营销模式实行集中管理，充分发挥集中管理团队营销优势，发挥大吨位冶金车辆制造技术优势大力开拓市场，内外部市场开拓取得优异成绩。2022年实现合同签约额2.55亿元，超上年同期15.8%。其中鞍钢内部合同签约额为1.44亿元，鞍钢矿业公司合同签约额0.9亿元，外部市场销售合同额0.21亿元，应收账款回款0.2亿元。2019年公司对攀钢140吨铁水车转向架结构进行了改进，将转向架铸钢件结构改为结构件形式，减小了车辆曲线半径、提高了车辆载重，3年的安全运行赢得了客户信赖，2022年该公司与攀钢签订140吨铁水车新造10台；公司拳头产品高炉智能牵引车再开新花，与攀钢签订合同3台，与武钢签订合同5台，牵引车在攀钢经受了物流、炼钢厂、炼铁厂不同工况环境的考验，赢得了客户的信任。

加强科技创新，创新创效成果显现。该公司高度重视科技创新工作，加快科技兴厂步伐，加大研发资金投入，以科研项目为载体的研发经费累计投入6000万元，全年科技投入强度3%，超计划指标20%，完成申请5项专利，超计划25%，完成专有技术认定3项，超计划50%。高炉炉下智能牵引车实现第三代下线投产，生产工艺趋于完善。公司科技人员以高度的责任心和使命感，全力做高炉智能牵引车技术改进升级工作，第三代产品实现全部自主知识产权，各项指标均达到设计标准，功能由原来的单纯高炉炉下倒调对位扩展至物流运输、钢水过跨，极大拓展了牵引车的使用范围，初步实现了工艺匹配、适用面广，解决了前两代产品存在的对位精准度低、制动力不足等问题，得到了客户的普遍认可，市场已扩展至宝武钢、攀钢、水钢等6个钢厂，国内市场占有率超80%，为企业实现可持续发展奠定了坚实的基础。

坚持从严管理，企业内控水平稳步提升。 2022年该公司全面提升企业制度管理体系。按照“实操性、系统性、科学性”原则，认真梳理公司各项管理制度，先后修改完善了经营、财务、生产技术、安全环保、党群、行政、人力资源等9大类41项管理制度，进一步夯实了企业管理基础，有力推动了企业管理科学化、常态化、规范化和精细化发展，确保企业运营的安全和高效。在质量管理方面，以开展“产品质量专项整治行动”为抓手，大力开展产品质量控制，集中整治了较为突出的质量通病，产品质量得到有效提升，实现了新造车辆合格率100%、用户满意率100%和产品质量返修率为零的奋斗目标。规范采购管理流程，通过制定“强化公开招标力度，增加竞争力促进降价”“对耐火材料采取以基准罐次为考核基点，考核奖惩供应商方式，促进延长耐火材料使用寿命实现降采”“缩短部分大宗材料支付货款周期，促进更多供应商参与竞标，降低中标价格实现降采”等多项措施，全年降采293万元。强化资产管理，加大设备安全隐患排查、整改投资力度，明确提出发现隐患必须整改的工作方针，全年累计投入216万元，全面完成设备安全隐患、环保设施缺欠、老旧房屋的安全鉴定及问题整改工作任务，确保设备安全稳定运行。投资350万元更新了解体机、起重设备、数控车床、取暖换热系统等15项资产，既提高了设备精度和产品质量，解决了安全生产存在的瓶颈问题，又提高了生产效率和经济效益。盘活闲置资产，全年对外出租闲置厂房共创效89.65万元，处理低效无效资产68台（套）设备，回收废钢铁139.2吨，创效38.97万元。

强化底线思维，提高风险防控能力。 2022年该公司面对复杂环境，筑牢底线思维，统筹发展和安全，保障企业可持续健康稳定发展。有效防控疫情风险，严格落实鞍钢集团和属地政府防控要求，及时调整优化疫情防控措施，第一时间启动工作应急预案，先后经受住了营口、鞍山静态管控的考验，最大程度减少疫情对生产经营的影响。加强资金精细化管理，坚持“现金为王”思想，保障资金链安全，资产负债率比年初降低1.56个百分点；进一步压降“两金”，“两金”占用增幅低于收入增幅50%，完成集团控制目标；加速资金周转，应收账款周转率、存货周转率分别比上年增加1.51次、1.47次。推进依法合规建设，履行法治建设“第一责任人”职责，高质量开展“合规管理强化年”活动，全面推进强化合规意识、健全管理体系等七个方面工作。

加大安全环保力度，筑牢安全生产屏障。 该公司牢固树立安全发展理念，强化现场监督监管，深化隐患排查治理，以“法制化、标准化、规范化、系统化”的方式推进安全生产。按照“五清五杜绝”的要求，公司全年一般及以上安全生产事故为零，火灾事故为零、环保事故为零。全年共签订安全生产责任状75份，全员承诺书467份，形成公司统一领导、部门全面负责、职工广泛参与的共同责任网络。强化落实安全投入制度，确保安全生产所必需的资金投入，全年计提安措费用131万元。健全安全责任体系，强化主体责任落实，加强责任考核，全年检查1378次，670人次，考核5.26万元，日常安全嘉奖5.18万元。建立安全检查监控录像回放制度，不定期检查员工作业行为和工程施工现场的作业行为，起到良好的监督作用。

强化主体责任，正风肃纪严实有力。 2022年，该公司党委始终坚持把主体责任牢牢扛在肩上、抓在手上，构建党委主体责任、党委书记第一责任、班子成员“一岗双责”协同发力的管党治党政治责任落实体系，压紧压实管党治党责任。强化正风肃纪，一体推进“三不”体制机制建设，严格执纪问责，加大案件查办力度，以猛药去疴、重典治乱的决心，以刮骨疗毒、壮士断腕的勇气，对违反党纪国法的行为一查到底、严惩不贷。2022年对“马联违纪违法案”进行立案处理，并开除其党籍。全年运用第一种形态处理7人次。持续有力纠治“四风”，不断涵养良好政治生态，锲而不舍落实中央八项规定精神，紧盯全年6节日节点，在节前，以电子滚动屏、微信公众号等形式宣传、监督，防微杜渐。使党员干部从内心深处摒弃陈规陋习，从根本上刹住了歪风邪气。开展“备品备件采购及管理”专项治理工作，针对“招标采购”“供应商管理”“验收入库”3类23个具体问题进行排查，共查出问题10项，整改10项，重新梳理修订文件3个，查补漏洞5个，以第一种形态处理责任人1名。

践行共享理念，提升职工凝聚力。2022年，该公司在高度重视和抓好企业稳定工作的同时，坚持把维护好和发展好职工利益作为构建和谐企业的重点。公司组织召开2022年三届一次职工代表大会，审议通过相关事项15项，严格实施民主决策程序，进一步落实了职工代表的权益。开展“我为群众办实事”活动。围绕职工度假、健康体检、职工大病保险、金秋助学、检修作业区换热站改造、铸造作业区职工浴池更衣室改造等项目立项六项，投入100余万元，把好事、实事办到职工心坎上。做好困难职工日常救济、走访慰问、送温暖等工作，使用救济款1.22万元，救济223人次。开展金秋助学，公司9名职工子女考入大学，发放慰问金4500元。

（李洪伟）

【鞍钢（鞍山）冶金粉材有限公司】 2022年末，鞍钢（鞍山）冶金粉材有限公司职工总数为293人，含全民职工78人、劳务职工215人，其中，高级职称3人、中级职称23人、技师1人、高级工9人、中级工31人。公司设置4部室、两中心、两分厂，分别是生产运营部、安环设备部、综合管理部、计划财务部，市场营销中心、技术质量中心，制粉分厂、成品分厂。

2022年，粉材公司以习近平新时代中国特色社会主义思想为指导，全面贯彻党的二十大精神，认真落实工程发展公司总体部署，保持战略定力，精心谋划部署，有效应对外部环境深刻变化，在发展中践行初心使命，产品结构不断优化，职工收入稳定增长，实现粉材公司高质量发展新格局。2022年全年实现营业收入3.14亿元，利润904万元，超工程发展公司下达的指标304万元。

强化安全生产管理，为企业发展保驾护航。2022年，粉材公司夯实基础，细化责任，强化现场监督监管，深化隐患排查治理，以法制化、标准化、规范化、系统化的方式推进安全管理，不断提高公司本质安全水平，认真落实“五清五杜绝”安全管理制度。经过全体职工的共同努力，实现企业人身轻伤及以上事故为零，火灾事故为零、职业病为零的安全生产工作目标。一是完善安全管理制度体系建设，修订完善《鞍钢（鞍山）冶金粉材有限公司安全生产责任制》等安全文件；调整安全管理人员，同时为分厂配置专职安全管理人员。二是强化责任落实。公司与各分厂、部门签订2022年安全责任状，各分厂与班组、员工签订安全责任书，全体员工签订了安全承诺书，建立健全量化履职和任务清单，做到“一人一清单、一岗一清单”，安全生产责任得到层层分解、层层落实。三是对老旧厂房及设施等进行了持续性改造，同时进行两轮全面隐患排查和可靠性鉴定工作。公司先后投入870万元对还原老厂房屋顶进行更换及制粉水处理进行加固及升级改造，确保生产场所安全可靠。

科技创新成果丰硕，激发创新新活力新动能。2022年是粉材公司产品结构调整的开局之年，在普通粉保基本盘的基础上，坚定不移地增大混合粉、合金粉等高附加值产品的销售占比。同时在关键性“卡脖子”产品上进行攻关、突破。借助与鞍钢钢研院和下游企业的合作，在高端产品生产方面共同开发、工艺方面互动共享，保证产品稳定性的前提下，逐步开展关键性产品的国产化替代工作，解决部分关键性“卡脖子”产品问题。

在“十四五”科技规划的基础上制定了2022—2024年三年科技发展规划，增强了科技规划和战略规划相互融合、相互促进的作用，牢固树立科技引领发展，投资科技是谋发展，投资项目是要效益的理念。科技工作成绩不断提升。研究开发铁硅粉、电池粉等新产品，全年科技创效102余万元，超额完成工程发展公司下达的科技创效指标。职工自主创新工作再上一个台阶。高度重视职工创新工作室的建设，提供专项资金购置专用设备及相关技术书籍，大力推动职工创新活动的开展。2022年，李江创新工作室科技立项9项，已全部完成，创效400余万元。全员创新热情进一步激发，创新成果不断涌现。提出专利申请1件，获得专利授权3件，其中发明专利1件，工程公司认定专有技术2项。截至2022年末，拥有有效专利14件，集团公司认定备案的专有技术11项。

推进企业管理水平提升，依法依规治企兴企。树立“管理促发展、管理出效益”的理念，结合公司运营实际，全面加强管理提升建设工作。2022年以市场和客户为导向，重新梳理管理制度和流程，进一步明确了责任，有效提高了工作效率和制度执行力。生产调度合理有序。根据行业淡旺季转变、产品订单种类不同等变化，适时调整生产模式和生产节奏。特别在静态管控期间，迅速调整生产、组织保产人员、畅通物流保障，确保了生产的顺行、订单的保供。工程及设备管理实现提升。通过严密的方案制定、有效的部署和精准的执行，该公司全年三大改造工程圆满完成，锻炼了管理人员队伍，积累了工程管理经验。设备管理及生产保障进一步夯实，备品备件管理及设备库房管理都面貌一新，管理体系初步形成。财务管理进一步加强。严格执行货币资金预算及审批制度，控制非生产资金使用，加大资金管控力度，提高资金使用效率，确保资金链安全，全年实现现金流正流入。优化债务结构，资产负债率下降到63.78%，比上年同期下降8.36%，资产运营效率逐步提高。采购管理合规有效。充分利用鞍钢集团智慧招投标平台开展原燃材料、备品备件、工程施工及服务类招标工作，深入合规管理；接入鞍钢供应商信息共享平台，实施供应商动态考核评价，优化供应商结构；接入鞍钢值采平台，实现业务部门及分厂在设备备品备件方面的线上采购，进一步落实采购职能下沉。客户管理精准服务。以客户为中心，本着“保客户就是保生存”的经营理念，营销与技术部门人员联合跑市场、访客户，发挥技术引领和服务作用，树立公司在市场上的营销和服务新形象。

建立多劳多得机制，激发一线职工干事热情。本着“谁主管、谁分配、谁考核”的原则，部门及分厂工资总额在总量控制、分级管理的基础上，深化自主分配，通过实施“e考核”绩效机制，建立“多劳者多得、少劳者少得、不劳者不得”分配机制。公司统筹管理，充分发掘分厂和班组的潜能。分厂和班组是创造价值的主体，结合公司实际，确定对分厂工资以“授权+同利”的绩效模式，且工资进一步向生产一线倾斜，激发一线职工的干事热情。同时，以经济责任制考核为基础，对分厂的安全管理、纪律检查、能源消耗，设备维护、产量质量等多角度分类，匹配相应的基础工资额度，部门分项绩效考核，形成总体的分厂级绩效考核体系。各分厂同时结合班组、岗位特点，建立自主的绩效考核办法，对班组及一线岗位进行绩效考核和岗位激励。两个分厂内部进行绩效业务对标，互派人员学习绩效分配管理，多角度全方位地进行相互学习，从中找出各自短板，制定绩效改进措施，最终达到提升分厂绩效管理的整体水平。

坚持以人为本，职工共享企业经营成果。2022年公司在抓好生产经营的同时，坚持把维护好和发展好职工利益作为构建和谐企业的重点，不断提高职工的获得感、幸福感。加大资金投入，推动视频会议室进行背景墙的标准化更换、二楼办公区域重新设计装修、为全体人员更换新办公桌、男女浴池配备落地式空调和热风布等项目，为职工提供良好的工作和生活场所。做好困难职工救济、走访慰问、送温暖工作，救济困难职工34人次，发放救济金22600元。

（修凤玲）

鞍钢集团众元产业发展有限公司（鞍钢实业集团有限公司）

【概况】 2022年，是众元产业发展历程中极具挑战的一年。该公司坚持以习近平新时代中国特色社会主义思想为指导，全面贯彻落实党的十九大、十九届历次全会和党的二十大精神，深入学习贯彻习近平总书记重要指示批示精神，坚决落实集团重点工作部署，各项工作取得显著成效，高质量发展实现新突破：一是迎难而上打好生产经营保卫战。克服市场严峻形势、行业巨大压力和疫情叠加影响，全年实现收入72.49亿元、利润2.16亿元，完成集团考核指标。二是坚守底线打好疫情防控阻击战。完善应急预案，落实“最小网格化”管理，优化物资保障供应链，紧盯重点单位、重点环节，做实做细钢铁主业保产和餐饮服务，获得集团充分肯定。三是系统发力打好改革三年行动收官战。治理工作在集团评价中排名第三位，创历史最好水平；三项制度改革重点任务全部按期完成，活力动力不断释放；管理基础全面夯实，管控能力持续提升，改革三年行动圆满收官。四是集中优势资源打好产业化发展攻坚战。冶金渣、废钢、磁性材料三大产业收入占比62.1%，战略支撑逐渐突显，产业化发展方向进一步明晰，为打造百亿众元提供坚强保障。

统筹优化资源配置，“三大产业”快速发展。发展冶金渣产业。完成“两基地、五厂区”水渣资源总包协议签订，实现水渣资源一体化运营。融入鞍钢大物流体系，实现一票制销售，物流成本大幅降低。推进水渣微粉化率提升，签订委托加工协议，为整合鞍本1600万吨水渣资源，统筹产品定位和市场布局奠定坚实基础。强化钢尾渣外销，实现鞍鲅两地输出298.5万吨。发展废钢产业。立足打造集团非钢产业重要增长极，培育国内一流废钢标杆企业，注册成立废钢鲅鱼圈分公司，通过工信部准入，完成鲅鱼圈核心基地布局，形成100万吨废钢加工能力。把握鞍本重组契机，拓展本钢销售业务，锁定本钢50%市场份额，完成供货20万吨。布局本溪核心基地，获得沈抚新区产业扶持政策，与相关企业达成合资合作意向，具备形成双基地150万吨以上废钢加工能力。发展磁性材料产业。聚焦磁性材料战略性新兴产业培育，依托鞍钢资源优势，延伸产业链，提升价值链。铁红二期项目提前建成投产，新增2万吨铁红磁材产能。开发铁鳞资源取得突破，国内最大铁鳞磁材项目通过辽宁省发改委审批，成为“双鞍”融合重点项目。

高质量完成改革三年行动任务，改革成效充分显现。落实集团重点改革任务。承接制定25项改革任务，完成率100%。集团部署的20项三项制度改革任务及自行设计的9项个性化指标，完成率100%。聚焦提质增效，设立41项工作任务，完成38项，完成率93%。聚焦亏损企业治理，实现年度清零目标。完善法人治理结构。坚持“两个一以贯之”，完善公司治理体系，成立董监事办公室，设置专职董监事岗位，以废钢公司为试点落实董事会职权，公司治理能力不断提升，董事会建设被集团评价为“优秀”。深化三项制度改革。以“2+N”市场化改革为引领，创新改革模式。实施“三去、双选、一下放”，穿透推广至12家单元企业，激发活力，提升效率。强化全员岗位绩效管理，实施“双锁、双联动”，劳务人员压减1123人，降幅16%，劳务费用压降3007万元，降幅15%。建立改革指标、经营者激励、年轻干部培养、供应商竞标四条赛道，人工成本利润率50.6%，较2020年提升64%，超集团考核目标。推进专业化整合。贯彻集团专业化整合部署，实施鞍钢辽宁区域水渣资源整合，搭建统一经营管理平台。以集团培育打造“第三极”为契机，形成废钢产业发展规划，为保障集团资源战略安全提供了支撑。聚焦提高竞争力，实施金结和运维公司整合，着力打造工业服务旗舰型企业。

坚持实施创新驱动，核心竞争力不断提升。加强研发投入。研发经费连续三年保持两位数增长，投入强度达1.2%，完成集团考核指标。加强研发体系建设，优化机构设置，单元企业研发机构增至7家，申报高新技术企业2家。强化人才培养，入围集团英才库技术人才21人、技能人才20人。建立科研合作机制，与清华大学等7所高校进行技术交流，与集团内部5家科研单位签订技术合作框架协议，不断推广新材料、新技术、新工艺应用。加强知识产权保护，取得授权专利34件，认定专有技术17项，同比增长61.9%、30.8%，稳步提升研发能力。科技工作在集团评价中名次实现突破性前移。

系统推进管理提升，管理效能全面释放。实施重点工作项目化管理。按集团工作部署，确定两级领导班子年度重点工作项目77项，其中集团级7项，完成率100%；单元企业级70项，完成率96%。坚持以重点突破带动整体提升，确定14个重点工作项目，制定70项工作标的，完成62项，完成率88.8%，两项工作获得集团管理创新成果三等奖。构建全方位“赛马”机制。在经营者考核上设定高、中、低三条赛道，强化激励引领，挖掘企业潜力；在核心指标赛马上做到应赛尽赛，围绕利润完成进度、成本压降等指标确定17个“赛马”项目，按季度排序，激发工作能动性。全力推进极限降本。开展“极限降本挑战赛”，建立“极限降本激励池”，实现降本5630万元。加大闲置资产处置力度，完成鞍钢大食堂前楼等资产盘活，创收230万元/年。加强全面预算管理。建立全面预算管理指标体系、定额体系，从业务前端入手，加大管控力度，确保预算对各项生产经营活动的有效控制。强化合规经营管理。开展管理提升年活动，梳理制度296项，形成标准化制度清单。构建“业务地图+重点事项监督”机制，实施合规体系评价，突出重大风险监测。拓展内部审计监督，发现问题300项，整改完成率97.6%。推进数智众元建设。建成众元数智化管理平台，实现与集团主数据、财务共享、纳税、招投标、法务等系统对接，实现业务闭环管理，推进了业财税融合。开发废钢智能分级验质及预警系统，实现机械代人，提高了验质准确率。建立金属制品MES一期生产管理、绿源科技在线颗粒度检测等系统，推动了产线数字化。

党群工作。党建工作。坚持把学习宣传贯彻党的二十大精神作为首要政治任务，思想行动高度统一。印发《公司党委学习宣传贯彻党的二十大精神工作方案》，成立工作机构，明确学习研讨、宣传宣讲、贯彻落实等3个方面23项工作措施。通过党委会“第一议题”、党委理论学习中心组学习会及专题学习会等，认真学习习近平总书记重要讲话精神、党的二十大报告及有关文件精神，深入研讨交流学习心得体会，深刻领悟“两个确立”的决定性意义，增强“四个意识”、坚定“四个自信”、做到“两个维护”，为各级党组织和广大党员作出了示范，迅速掀起热潮。

坚持提高政治站位，方向引领持续强化。“第一议题”制度有效落实。召开党委会35次，传达学习习近平总书记重要讲话和重要指示批示53篇，细化45条落实措施，实施督导推进，闭环管理，各项措施均按计划节点推进。扎实开展习近平总书记重要指示批示精神再学习再落实再提升主题活动。重温习近平总书记对鞍钢“凤凰涅槃、浴火重生”要求，给郭明义爱心团队回信，关于发展国有经济的重要论述，以及考察调研马钢、一重等国有企业重要讲话精神，梳理学习清单25项，发现纠正问题3项，活动推进情况受到集团公司联合检查组好评。

坚持压紧压实党建工作责任，重点工作有效推动。召开众元产业高质量党建工作任务推进会和基层党建工作经验交流会，交流党建工作经验，压实责任，推动高质量党建与中心工作深度融合。扎实开展“喜迎二十大、建功新鞍钢”主题实践活动，立项共产党员工程134项，评选党员责任区94个，党员先锋岗133个；围绕产品研发、生产经营、降本增效、服务提升、管理提升等全年生产经营改革发展重心，组织党组织书记以项目化管理为手段，立项实施“党建+”68项。聚焦学习贯彻党的二十大精神、极限降本、决战四季度、安全生产等开展4期主题微党课活动。编制党委工作标准化实务手册、党支部书记履职标准化实务手册和发展党员工作标准化实务手册，发布《众元产业公司基层党建和干部工作典型问题案例》清单，形成“正向指导规范+反向提醒整改”的基层党建标准化规范化工作机制。举办3期党支部书记大讲堂和1期党建工作培训班，进一步营造比学赶超的浓厚氛围，促进基层党支部书记能力素质提升。荣获鞍钢集团党支部工作示范基地1个，鞍钢集团“样板”党支部3个，验收指导7个党支部晋级众元产业标杆党支部，申报辽宁省党支部标准化规范化建设示范点1个。

宣传工作。认真贯彻《党委意识形态工作责任制实施细则》，党委会专题研究意识形态工作2次，加强对单元企业党组织意识形态工作的指导，推进各级党组织落实意识形态主体责任。通过上下联动共同学、调研成果交流学、研判形势超前学、开创未来贯通学，围绕习近平总书记在省部级主要领导干部专题研讨班上的重要讲话精神、《习近平谈治国理政》第四卷、《习近平经济思想学习纲要》等开展党委理论学习研讨9次，撰写学习心得体会21篇，学习的及时性、系统性、实效性得到提高。学习管理得到加强。修订公司党委理论学习中心组学习实施细则，印发2022年学习安排和学习计划，夯实制度基础。安排专人列席指导直管单位党组织政治理论学习，推动学习质量提升。开展“四种思维”大讨论活动，引导广大干部职工树牢辩证思维、战略思维、求解思维、底线思维，各级党组织开展研讨260余次，形成学习心得450余篇，查摆问题161项，制定整改措施237条，坚定了完成全年工作目标信心决心。

纪检监察。对贯彻习近平总书记重要指示批示精神、公司14项重点工作推进、疫情防控、极限降本情况开展监督检查，督促整改。对2021年政治生态分析排查出的问题和集团公司政治监督反馈问题整改进行监督，整改完成率100%。针对党组织领导弱化缺失、管理人员不作为乱作为等问题，对 3 名单元企业领导人员批评教育谈话。开展“清廉工程”和备品备件专项整治，发现 5 个方面 121 项管理问题，下达监督检查建议书 12 份，完善制度 37 项，对相关责任人运用“第一种形态”46 人次，22 人主动报告存在问题，移交问题线索 16 件，立案审查 9 人。紧盯收送电子红包、私车公养等隐形变异问题，开展监督检查 41 次，专项治理 2 次，对节日期间收受供应商礼品、礼金的 3 名人员立案审查。围绕安全生产、疫情防控、三项制度改革等方面，明确 19 项重点工作，形成《整治形式主义官僚主义、为基层减负重点任务台账》。开展加强机关作风建设，切实为基层减负、服务活动，领导班子成员到基层调研征求意见建议 5 个方面 41 条。完成 7 家基层党组织常规巡察，共发现 4 个方面 225 个问题，实现直属单位党组织常规巡察全覆盖。发现“一把手”履行全面从严治党责任、选人用人等方面问题 11 项。巡察移交问题线索 4 件，立案审查 9 件。

统一战线。认真落实《中国共产党统一战线工作条例》和集团公司统一战线管理办法，将党外代表人士队伍建设纳入干部和人才队伍建设总体规划。组织 10 名公司党外知识分子参加鞍钢集团党的十九届六中全会精神集中培训班。组织 15 名统战代表人士参加党的二十大精神宣讲会。鞍山市政协常委、绿源科技公司副经理、无党派人士李毅向鞍山市政协第十五届委员会第一次会议呈报了《关于加强蓝领技术人才发展和激励的建议》提案。开展“爱鞍钢、献良策、做贡献”主题实践活动，征集建言献策 18 项。

精神文明。印发新时代加强和改进思想政治工作的实施方案，围绕企业改革发展、极限降本等中心工作，下发形势任务教育专题宣传提纲 4 期，3 项思想政治工作成果获集团公司表彰。开展新业绩、新形象、新贡献主题宣传活动，建强专兼职宣传队伍，策划开展“极限降本第一线”“标杆党支部事迹展”“奋战一百天，决胜四季度”等 6 次特色宣传活动。开通“众·智云堂”网络直播平台，集中展现各单元企业风采和工作业绩，平台直播 3 期累计观看 5000 人次，点赞量 10 万次。微信公众号开设“极限降本第一线”等重点栏目 10 余个，累计发布稿件 86 篇、视频 75 个。开展季度宣传工作“赛马”评比，以赛促强，在国家级、省市级媒体发表稿件 86 篇，在鞍钢新闻传媒中心各媒体平台发表稿件 266 篇。制作推广企业形象宣传片、企业宣传画册，提升品牌知名度和影响力。完成第一批品牌标识整改工作。

工会工作。“我为群众办实事”民生实事项目扎实推进。聚焦职工关切，两级党组织立项重点民生实事项目 121 项，完成率 100%。制定众元产业民生项目管理办法，建立常态化开展民生实事项目运行机制。技能交流提升平台持续升温。举办第二届职工技能大赛，评选出 80 名技术能手。评审出众元级劳模工作室 3 个、职工创新工作室 4 个，创建市级职工创新工作室 1 个、省级职工创新工作室 1 个。开展以“降成本、增效益、保安全、提质量”为主题的群众性劳动竞赛，15 个项目已全部完成；开展“五提升”专项劳动竞赛助力极限降本，实现降本增效 2395.7 万元。

共青团工作。领导班子成员深入党建带团建工作联系点宣讲习近平总书记在庆祝中国共产主义青年团成立 100 周年大会上的重要讲话精神。推荐 10 人入选鞍钢集团优秀青年人才库。积极开展“喜迎二十大、永远跟党走、奋进新征程”主题教育实践活动，开展书画摄影征集及主题征文活动，实施 10 项“我为青年办实事”项目，开展“青年创新登高”活动实现创效 450 万元。

（周　洋）

【鞍钢绿色资源科技有限公司】 鞍钢绿色资源科技有限公司下辖鞍山本部和鲅鱼圈分公司，是鞍钢冶金固废综合开发利用环保单位，是国内最大的冶金渣综合开发利用企业之一。该公司主要产业包括保产服务、钢渣加工、矿渣开发利用等，具有雄厚的钢渣处理和矿渣粉生产能力，鞍鲅两地有 7 条钢渣加工处理生产线，年加工处理钢渣能力 300 多万吨；有 6 条矿渣粉生产线，年生产矿渣粉能力 410 万吨。拥有先进的生产工艺技术。截至 2022 年末，该公司在岗职工 942 人，其中，管理和专业技术岗位人员 124 人，占在岗职工总数的 13.2%；生产服务岗位职工 818 人，占在岗职工总数的 86.8%。

踔厉奋发把准方向，筑牢政治思想根基。坚持以习近平新时代中国特色社会主义思想、党的二十大精神为指导，深入践行新时代党的建设总要求和新时代党的组织路线，压实全面从严治党主体责任，紧密围绕“强化七个重点工作，提升七个方面能力”中心任务。建立 2022 年度党建工作要点及全面从严治党重点任务5个方面20项工作清单；深入开展“牢固树立‘四种思维’，坚决完成全年目标”大讨论活动，召开党委理论学习中心组专题研讨会，形成高质量体会文章6篇，成立5个调研小组，围绕“拓市场 高效率 降成本 强科技 防风险”五个方面查找问题25项，形成整改措施41条，形成调研文章77篇。1个党支部被评为辽宁省先进基层党组织、辽宁省标准化规范化党支部建设示范点、鞍钢集团党支部工作示范基地；1个党支部荣获鞍钢集团“样板”党支部。认真落实“创一个品牌、改一个短板、办一件实事”的“三个一”工作措施，共申报13项“党建+品牌”创新案例，形成了“一支部一品牌”，覆盖面达到100%；关于职工培训意向思想政治研究成果在中国企业文化研究会上被评为典型经验奖，该公司连续两年被中国企业文化研究会评为“企业文化与经营管理深度融合”典型经验单位，思想政治工作课题荣获鞍钢集团三等奖。

保产经营再创佳绩，生产销售双线建功。2022年，克服内销产品降价和水渣、矿渣粉市场价格大幅下降影响，实现收入13.68亿元。实现利润1.44亿元，同比分析后1.92亿元，比计划增长4.47%，比上年增长23.87%，全年生产销售矿渣粉318万吨。困难面前不等不靠，担当作为，灵活运用营销组合策略，加强重点用户战略合作，创新实施运补、一票制等营销模式，实现逆境中求生存。全年出口美国矿渣粉5.2万吨，连续三年成为国内唯一出口美国的矿渣粉生产企业；经营销售水渣805万吨，出口韩国、阿联酋、孟加拉国、克罗地亚及中国台湾等国家和地区40万吨，实现历史性突破；实施一票制销售水渣269万吨，矿渣粉54万吨，增收1.23亿元，创效540万元。紧紧围绕股份公司降本，调整产品结构，提升工艺水平，解决精选粒铁输出瓶颈，打通精选渣钢直付钢厂新渠道，降低运输成本40万元，增效120万元。鞍钢辽宁区域水渣资源整合落地见效，实现鞍钢渣粉一体化经营，完成“水渣+矿渣粉+服务”产业链布局，率先迈出鞍本整合第一步，成为鞍本整合融合实现互利共赢的标志性案例，得到集团公司领导高度肯定，在集团七一“喜迎二十大、建功新鞍钢”座谈会上交流介绍经验，并在鞍钢集团工作动态上专题报道。

合规建设求真务实，制度改革稳步推进。优化编制方案，精简岗位定员。制定下发《鞍钢绿色资源科技有限公司管理及专业技术人员管理办法》，建立市场化的选人用人机制，丰富选拔方式。加大机关基层交流力度，选派3人到基层任职历练，机关与基层交流9人次；推行中层管理人员聘期制管理，对职能部门负责人、作业区负责人等中层管理人员实行聘期制，同34人签订业绩责任书；对12个岗位开展竞争上岗工作，完成第一批工程等级序列评聘工作，打通了技术序列与管理岗位双向交流渠道。改革设备维检体制，撤销设备检修作业区建制，提高检修效率；优化部门职能，明晰生产、技术、质量、科研、物流管理定位；推进管理提升“三个标杆”创建工作，成为鞍钢标杆单位。实施四通道建设，全面实施工程技术等级序列评聘工作，实现人尽其才，人岗相适；充分盘活企业内部资源，实现人力资源优化配置和有序流转；深化薪酬分配制度改革，在鲅鱼圈分公司实施模拟职业经理人薪酬改革，充分体现“授权+同利”，激活微观主体活力；持续深化营销、科研机制改革，修订市场营销中心绩效管理办法，突出按价值取酬理念；探索业务单元按生产制造和保产服务职能区别考核，激发基层“细胞”活力。

强基固本高效生产，精益管理严控安全。加强钢渣系统生产过程管控，优化生产工序流程，实现避峰就谷生产，降低工序、工艺成本。针对深加工作业区作业量不饱和的现状，根据料源情况，实行弹性生产模式，降低了能源动力费用。完成化验室设施改造和检验检测设备更新升级，实现矿渣粉比表面积在线监测，大幅降低职工劳动强度，提高检测精确度。强化产品质量过程管控，编制矿渣粉质量控制技术规范，有效指导生产操作，矿渣粉质量指标明显改善，达到行业优等品质量标准。压实安全生产责任制，实现全年轻伤及以上事故为零；严格落实“五清五杜绝”和“疫情第一，安全第一，生产第二”的重要指示精神，切实加强隐患排查和整改力度，加强消防管理和重大危险源管控，完成安全企业标准化二级复审。坚持丰富和完善“三全两无”安全管理法和《全员安全积分奖励》制度，全年发放安全积分奖励182万元。搭建制度共享平台，规范规章制度管理。大力推进制度“立改废”工作，全年废止2项，修订48项，新立35项，全公司现行有效管理制度383项。

精准发力科技赋能，创新驱动聚焦发展。科技型企业建设取得实质性进展，完成高新企业认证，奠定了企业高质量发展基础；完成鞍山市专业技术创新中心创建，全年完成专利受理6件，专利授权2件，专有技术认定2项，为公司未来发展续航助力；“鞍钢矿渣粉生产线设备智能运维系统的研究与应用”项目荣获2022年全国机械冶金建材行业职工技术创新成果二等奖。全面质量管理成果丰硕，公司被授予2022年度辽宁省质量管理小组活动优秀企业，钢渣磁选作业区联合QC小组获评辽宁省优秀质量管理小组，微粉分公司技术攻关小组获评鞍钢优秀质量管理小组；两项QC成果分别获得辽宁省QC成果三等奖和鞍钢QC成果二等奖。加速推进群众性创新活动，依托“刘丽娜创新工作室”广泛开展全员创新创效活动，全年创新创效立项21项，实现创效614万元，并荣获2022年辽宁省职工创新工作室荣誉称号。

笃行实干服务群众，深入践行共建共享。持续开展群众性合理化建议“滚动”征集活动，征集21项合理化建议，采纳19项；开展职工代表民主提议征集活动，共征集民主提议23项，做到了件件有落实，事事有回音，提议答复率100%，职工满意率达100%；加大精准帮扶力度，共救济困难职工616人次，救济金额23.57万元；在各大节假日开展为职工送节日福利活动，在疫情防控期间，为驻厂保产职工购买生活用品，走访慰问了鲅鱼圈驻厂保产职工在鞍家属30人；开展“我为群众办实事”重点民生实事项目，内容涵盖推进低碳转型、“金秋助学”等13个方面，23个项目均得到落实。组织民生项目落地。确立作业区调度室修缮等“我为群众办实事”民生工程23项，投入196万元，全力提升办公室、浴池、卫生间和休息室质量，增强职工获得感、幸福感。加大精准帮扶力度。三大节日期间，共救济困难职工616人次，救济金额23.57万元。丰富职工文化生活。组织开展气排球赛、职工趣味羽毛球赛、跳绳比赛等，提振职工士气，增强企业凝聚力。

（*尚彦辰*）

【鞍钢金属结构有限公司】　鞍钢金属结构有限公司是隶属于鞍钢集团众元产业的全资子公司，依据鞍钢众元产业公司的战略安排和企业改革发展需要，2022年末吸收合并鞍钢实业集团（鞍山）设备运维有限公司，总注册资本金12415万元。合并后现有在职员工797人，其中，高级职称11人，中级职称172人，初级职称106人；具有一级注册建造师12人，二级注册建造师48人。下设置5个部门，3个中心及15家专业化分公司。面对新冠疫情对市场的冲击和影响，各项改革深度推进，团结广大干部职工，迎难而上，在危机中求生存，在挑战中谋发展，2022年实现营业收入77125万元。

该公司拥有机电工程、市政公用工程施工总承包贰级资质，建筑工程、铁路工程施工总承包叁级资质，输变电工程、电子与智能化工程、防水防腐保温工程、钢结构工程、环保工程、建筑装修装饰工程专业承包贰级资质，建筑机电安装工程、输变电工程、地基与基础工程、铁路电务工程专业承包叁级资质；取得了特种设备（锅炉）、压力管道（GB类、GC2级）、起重设备维护安装许可证，承装（修、试）电气设施、安全技术防范设施设计施工、危险化学品处置等六项特业资质；具有国内冶金工程、冶金企业产线功能性包保（生产服务保产）、道路绿化管护保洁、输变电工程和煤气柜及工业厂房等结构件制作、石化工程、环境工程、市政燃气工程、市政园林道路工程、钢铁企业配套专业化协力服务、结构件制作及机械加工等方面资质，涵盖房屋建筑、机电安装、装饰装修、市政公用工程、防水防腐工程、钢结构工程、电子与智能化、输变电及变电站、电力设施承装承修承试、铁路工程及电务等。主要从事鞍钢及外部的冶金行业产线设备运营，服务与保产，煤气柜设计、制作、安装、维修，工业管道工程、环保设备运行保产服务、厂容绿化道路建设、铁路工程、高压电气工程等业务。

该公司拥有一批电力及自动化的专业人才，能承揽220千伏及以下送电线路同电压等级变电站建筑安装工程、电子与建筑智能化工程、计算机网络和通信工程；铁路电务电力与信号工程、接触网工程、铁路运输设备制造及检修、铁路货运服务等；道路施工、维护和绿化养护工作，在长期的厂区道路施工中，总结出“刚性路面与半刚性路面结合承重”的施工方案，即在厂区铁路沿线两侧等重点部位，铺设混凝土刚性路面，其他部位铺设半刚性路面。这种全新的混搭路面施工法，延长了道路使用寿命，降低了工程施工成本，提升了道路颜值，保证了交通安全，技术创新赢得鞍钢集团领导高度赞誉。主导产品“鞍钢牌”煤气柜现已在全国数十座城市投入运行，各项技术经济指标均达到国内领先水平，并被评为鞍山市名牌产品。能承揽钢厂 EPS 生产线的生产操作、产品包装、设备点检和运行管控整体运营及产线功能性包保。是一支多元化的施工及生产服务保产企业，作风硬朗、善打硬仗，尤其在各种“苦、难、累、险”的工程项目中，能够满足用户“急、快、好、省”的要求。

（张　琛）

【鞍钢现代城市服务（鞍山）有限公司】 2014 年 8 月，鞍钢集团公司为整合同类资源，推进生活后勤系统产业化发展，在更好地服务鞍钢职工基础上，提高社会创效能力，“造船”安置人员，对鞍山区域内相关业务资源进行整合，组建鞍钢现代城市服务（鞍山）有限公司（以下简称“城服公司”）。

2019 年 12 月，按照优化调整业务结构，同类业务实施整合的改革思路，城服公司吸收合并原商贸公司。

2021 年 4 月，为加快构建产业发展格局，全面发挥专业化、一体化管理的协同效应，城服公司和东山酒店管理有限公司实施整合，吸收合并后公司名称继续沿用鞍钢现代城市服务有限公司。

2022 年 3 月，按照集团公司深化改革工作安排，鞍钢日报社印刷厂划归城服公司管理，公司产业板块再次扩张。

城服公司设立董事会、监事会、经理层，经理层实行任期制和契约化管理。机关设立党委工作部（纪委、党政督察办公室）、综合管理部（工会）、运营部、安环部（资产管理部）、计划财务部，下设东山宾馆、北京、大连 3 个分公司，16 个服务区，213 个班组。现有在岗职工 1009 人，劳务职工 1489 人，居家职工 103 人，列编外管理职工 22 人，管理及专业技术人员 167 人。服务对象以鞍钢集团鞍山本部、鲅鱼圈分公司及朝阳分公司为主，业务覆盖鞍山、北京、大连、朝阳、营口 5 个区域。

城服公司主要业务包括餐饮服务、商超商贸、宾馆酒店、公寓物业四大业态，面食、副食、早餐加工制作，生活品和办公用品超市，以及鞍钢体育馆文体会展服务等百余种经营项目。现有食堂 92 座（含外部市场 15 座），食品加工中心 3 个，浴池 132 座，宾馆酒店 5 座，超市 7 个，保洁区域 14 个，体育馆 1 座，职工宿舍 10 栋。

厂内食堂主要服务鞍钢主体厂矿职工，以福利性质为主，厂内服务采取集中管理，单独核算的方式，实行“四统一”，即统一采购配送、统一标准投料、统一加工工艺、统一销售价格。

厂外拓展实行市场化运营，契约化管理。厂外拓展主要承揽政府机关、医院、高校、社区等食堂运营、学生餐配送、超市食品专柜供应，培育城服公司自主餐饮品牌，抢占社会团餐市场食品经营专柜，尝试社区食堂运营；宾馆酒店是集餐饮、住宿、婚庆、游泳、洗浴、会议服务等一体化社会服务。

2021 年 11 月成立供应链运营中心。供应链运营中心以优质的产品和周到服务为城服公司的餐饮业做好服务保障，为鞍钢广大职工谋福祉，并积极开拓外部市场，努力成为本地区最大的食品原材料供应商。

2020 年荣获鞍钢集团和鞍山市先进单位；2021 年荣获众元产业公司先进党委，是全国冶金后勤系统第一家通过 ISO 9001 质量标准体系和 ISO 22000 食品安全体系认证的单位。2022 年城服公司供应链运营中心入围省级重点生活物资保供企业名单。

城服公司坚持新发展理念，以提供“安全、绿色、放心”的产品及服务为己任，把牢食材采购源头，建立从原料到餐桌全产业链的食品安全管理体系，投资成立鞍钢蔬菜基地，并先后与中粮集团、中国供销集团等签署了战略合作协议。始终秉承“创新、奉献、优质、高效”的服务经营理念，深化改革，转型升级，以专业化管理及服务，努力打造最具市场竞争力的城市服务旗舰型企业。

聚力服务提升，高质量发展内涵更加丰富。有力推动餐饮服务业向高品质和多元化升级，商贸服务业向专业化和价值链延伸。体现服务价值。面对疫情，城服公司守土有责、守土尽责，科学防控、高效统筹，充分体现“疫情就是命令、保餐就是保产”“钢铁战场就是后勤服务的主场”。

坚守鲅鱼圈、朝阳主厂区，奋战鞍山静默七昼夜，以血肉之躯彰显城服担当，赢得集团公司高度赞誉。三年来，城服公司在抗击疫情中作出了巨大贡献，以作为体现价值、用担当赢得地位，多次荣获鞍钢集团抗疫保产先进单位称号，被辽宁省商务厅列入省级生活物资保供名单。提升服务质量。建立餐饮服务三级管控体系，优化加工流程，细化加工标准，提升食品质量。强化6S管理，统一标识，全面推进餐饮服务目视化管理、标准化餐饮、特色化布局，职工服务满意度95%以上。出色完成鞍钢集团消费帮扶任务，发放消费帮扶产品1955万元。拓展服务外延。创办博雅文化苑、提供辽宁警察学院鞍山分院综合物业服务，实现城市服务领域新突破；实施预制菜品销售，延伸职工家庭餐服务；拓展学生餐业务，社会影响力持续提升；宾馆酒店、人才公寓克服疫情影响，发挥品牌优势，加大营销力度取得新增量；商超零售、团购商贸产业收入实现新提升。

聚力品质提升，高质量发展质感更加深厚。加快特色餐推进，满足职工多元化餐饮需求。创新运营模式，引入知名品牌，激活微观主体，提升餐饮品质，形成以鞍钢厂内中部人员密集地区为核心，向东西辐射、南北延伸的特色餐饮布局，完成硅钢东、大型等17个食堂特色餐布点工作，实现特色餐收入占比40%以上。聚焦菜品研发创新，多渠道、多途径开展菜品研发工作。组建食品研发中心，以酒店菜品转化食堂菜品为课题开展研发，打造菜品创新策源地。树立做餐饮就是做品牌的理念，传承鞍钢白楼月饼老配方、老口味、新标准，实施产品低油低糖、健康营养新定位，通过进社区、入平台、访客户等线上、线下多种方式推广，完成60余万元的销售业绩，实现收入同比增长110%。

聚力管理提升，高质量发展根基更加巩固。对标一流持续夯实企业基础管理。强化合规管理。深入开展合规管理提升年活动，修订制度37项、制定62项、废止4项，形成标准化制度清单。推进质量、安全、健康等标准化建设，完成食品安全体系、质量管理体系、环境管理体系、职业健康管理体系认证工作。强化极限降本。制定“内部消化、党政同责、滚动加码、指标不退、统抓统管”极限降本原则，实施四大类158项极限降本举措，分解目标到职能部门经营单元，完成极限降本任务目标。加大闲置资产处置力度，完成鞍钢大食堂、立山二道街等资产盘活，创收138万元。强化安全防控。建立全过程、全方位的LEC法安全风险辨识，健全安全风险清单，完善管控措施。全面提升设备、设施和环境本质安全水平，进一步强化安全生产指标及考核奖励机制，做到“五清五杜绝”，守住安全生产底线。完善食品安全体系建设，杜绝食品安全隐患。

聚力效能提升，高质量发展动力更加强劲。实施专业化整合。按照“专业先行、分灶吃饭、资源协同、竞相发力”市场化改革思路，优化机构、管理下沉，推动要素重组，推进全成本核算、市场化运行，强化专业分工、绩效激励和市场评价，实现餐饮服务市场化运营，商超商贸一体化运营，宾馆酒店品牌化运营，综合服务资源化运营，促进城市服务业贡献度和市场化经营占有率双提升。深化三项制度改革。全年管理技术岗位公开选聘占比50%，末等调整或不胜任退出人数占比6%。推动东山宾馆分公司“三去、双选、一下放”改革，打破干部与工人身份界限，5名政治、业务“双突出”的生产技术岗位人员竞聘到管理岗位，改革经验在鞍钢三项制度改革简报及《鞍钢日报》刊发，天座宾馆改革同步进行。制定《城服公司赋能管理方案》，对72名职工予以赋能管理。接收鞍山钢铁赋能职工25人，培训后安排到合适岗位。建立“一岗一表”评分表量化指标，强化岗位工作效能。强激励、硬约束、严考核、共担责，突出效率效益，服务单元契约化责任人年分配收入差距11%，经营单元契约化责任人年分配收入差距13%。

聚力福祉提升，高质量发展合力更加汇聚。弘扬劳模精神、劳动精神、工匠精神，广大职工参与改革、支持改革，以昂扬向上的精神风貌推动企业高质量发展。广泛开展“五比一创”劳动竞赛活动，职工岗位技能显著提高，16名职工在鞍钢职工技能大赛“群英赛”中获得技术能手称号。践行共享理念，关爱一线员工，累计走访慰问困难职工172人次，发放救助金147672元、医疗救济金60800元。完成8个方面“我为群众办实事”重点民生项目，解决职工急难愁盼问题。丰富业余文化生活，开展摄影书画展，组织健步走、羽毛球比赛等健身活动。组织夏季送清凉，节日送福利，全员发放职工度假卡，职工幸福感、获得感显著增强，为企业高质量发展注入强劲动力。

（王　丹）

【**鞍钢实业集团有限公司冶金资源再生利用分公司**】 2017 年 12 月，鞍钢实业集团有限公司按照“行业化，专业化”原则，将鞍钢实业冶金材料事业部与鞍钢实业集团有限公司综合利用分公司合并，成立鞍钢实业集团有限公司冶金资源再生利用分公司（以下简称“资源再生公司”），整合关联业务，重新组建资源再生公司机关、基层单位。该公司以冶金资源再生利用为产业发展重点，研发面向以鞍钢为主的冶金资源再生利用产品和技术。

在职职工总数 204 人，其中在岗职工 177 人，居家职工 27 人，管理技术岗位 41 人，生产服务岗位 131 人；高级职称 2 人，中级职称 37 人，初级 21 人；高级技师 1 人，技师 1 人，高级工 2 人，中级工 19 人，初级工 53 人。

机关部门设置：党委工作部、综合管理部、安全环保生产部、计划财务部。基层单位设置 2 个中心、4 个作业区：营销中心、研发中心、材料作业区、回收作业区、再生作业区、加工作业区。

按照资源再生公司行政组织架构，党组织设置 4 个党支部：材料作业区党支部、回收作业区党支部、再生作业区党支部、机关党支部。

营业范围：金属材料、金属制品、金属结构件、橡胶制品、塑料制品、矿产品、原燃料、冶金材料、冶金炉料、铁合金、熔铸合金、冶金溶剂、冶金辅料、碳素材料、铝基合金、锌基合金、锌锭、普通机械设备及零部件加工、制造，金属废料和碎屑加工处理；非金属废料和碎屑加工处理（专项审批除外），废旧物资回收加工，锌渣回收加工，物资仓储（国家法律法规限制的除外），冶金资源再生利用，冶金设备维修，尘泥加工、开发，洗、补、修劳保品；劳动力外包，机电产品、备件检修；房屋租赁（依法须经批准的项目，经相关部门批准后方可开展经营活动）。

拥有熔化炉 1 座，精馏塔 1 座，工频无芯感应熔炉电炉 1 套，中频感应炉 3 套，浇注机 3 套，包芯线生产机组 6 台，废油桶压实生产线一套，废油桶压块码垛机器人 1 台，全自动洗涤脱水机 4 台，自动烘干机 4 台等设备。

围绕鞍钢集团从事冶金辅助材料生产、加工和研发业务。专业生产合金包芯线、熔铸合金，拥有 6 条包芯线生产线和 3 套合金冶炼炉。为鞍钢加工优质包芯线和熔铸合金产品。利用炼焦总厂碎焦粉和活性白灰筛下料为鞍钢股份炼钢总厂加工焦丁增碳剂和 KR 脱硫粉剂。

围绕废旧物资综合处置。开展废旧物资业务。负责面向鞍钢股份、矿业公司及鞍钢集团下属鞍山地区其他子公司等进行固体废旧物资的回收整理、分类处理和初加工。主要类型有橡塑类、有色类、混合件、合金等废旧物资。开展废油桶压实处理业务。负责将鞍山钢铁鞍山区域内每年产生的废油桶及废小油漆桶，通过压实处置后进入转炉进行资源化利用，解决了废油桶及废小油漆桶的处置难题，实现了内部循环和无害化处置。开展捞锌渣业务。负责对鞍钢冷轧厂热镀锌作业区（1 号、3 号、4 号、5 号热镀锌线）锌渣捞取。开展再生锌锭加工业务。通过蒸馏工艺，将鞍钢冷轧厂及蒂森克虏伯（大连）产生的锌渣进行蒸馏提纯，生产再生锌锭。开展尘泥处理业务。负责冷轧废泥处理、硅钢废泥处理、给水厂瓦斯泥接收处理。开展劳保品洗补业务。负责承揽鞍钢股份 22 家单位、众元产业公司、化学科技公司、鞍钢工程技术公司等单位的劳保品洗补业务。

2022 年，为促进高质量发展，增强发展后劲，资源再生公司不断加大科技研发投入，聚焦科研开发核心技术攻关。首次提出聚焦两条主线战略目标，聚焦新产品新项目开发，助力主业降本增效，聚焦产线改造，释放闲置产能，明晰了战略方向。公司级科研项目高铝锌多元合金新品种开发项目完成了实验室研究，成果转化后将实现鞍钢复杂合金镀层材料生产零的突破。企业级科研项目防粉化铝基脱氧合金新品种开发项目已成功应用于铝铁、铝锰铁大生产实践，并成功外销山东日照，实现一个月未粉化，成果显著，得到客户的高度认可。专利布局和成果转化明显，全年申请专利 2 件，认定专有技术 5 项；研发费用投入 104.1 万元，同比提高 177.67%；科技支出 170 万元，同比提高 29%。KR 脱硫粉剂 QC 小组荣获辽宁省优秀质量管理小组荣誉称号，创新活力不断激发。

2022 年，该公司牢固树立“安全第一”的安全发展理念，深入贯彻落实习近平总书记关于安全生产重要指示批示精神，加强安全生产，压实安全责任，全年共提取和使用安全生产费296.94万元。强化安全风险辨识和隐患排查，切实加强风险防控，全年排查隐患104项，治理104项，领导班子带队检查12次，共发现隐患43项，下发隐患整改通知书35份，全部完成治理。严格实施录像回放倒查及查处违章连带考核等制度，全年录像回放倒查230次，发现违章行为58人次、连带考核52人次。完善环保监测设备设施，提升环保工作正规化、法制化管理高度，全年完成焦丁生产线除尘设备改造，熔铸合金产线在线监测设备安装及环境管理体系认证工作，并取得环境管理体系认证证书。

2022年，该公司用好改革关键一招，不断激发内在活力，制定下发《关于开展全员岗位绩效及赋能中心运行效果赛马工作方案》，通过建立赛马机制实现三项制度改革向基层穿透，实现全员参与改革。深化薪酬分配机制改革。建立了《契约化单元负责人薪酬管理及考核办法》，探索实施了作业单元契约化管理新模式。“产量+成本”工资制度不断完善，坚持“干与不干、干多干少”不一样，突出业绩导向，收入靠贡献深入人心，改革成效《材料作业区包芯线生产岗位绩效管理案例》入选《鞍钢集团岗位绩效管理案例汇编(2.0版)》。深化业务专业化改革。为实现机构精干高效，减少管理流程，相近业务统一管理，对炼锌作业区和捞锌渣作业区进行了专业化整合，将材料作业区KR、焦丁、白灰筛分业务同运输作业区整合，实现精干高效，专业管理。深化微观主体改革。积极融入众元产业公司“2+N”市场化改革新模式，实施“三去、双选、一下放”，完成了加工作业区“2+N”市场化改革，对加工作业区充分授权放权，共授权11项，作业区全员认领指标，作业长和副作业长通过公推产生，班组长及组员通过双向选择产生，实现自由组合，激发微观主体活力，提高劳动生产效率。

2022年，该公司党委认真贯彻落实习近平总书记重要指示精神，践行以人民为中心的发展思想，把推进民生项目作为企业的使命和担当的重要体现，作为提升职工获得感、幸福感、安全感的重要手段。2022年，“我为群众办实事”重点民生实事项目共立项24项，1项被评为集团级，投入费用合计216.04万元，满意率100%，职工幸福感显著增强。

注重“党建+品牌”建设，结合党支部特色和经营业务特点，创建“党建+劳模选树”和“党建+服务提升”等品牌创建活动，推动党建与生产经营深度融合。材料作业区党支部《聚焦“党建+劳模”工作思路 推行“133”工作机制》入选《鞍钢集团基层党建创新案例选编（第三辑）》。以劳模佟伟为负责人的KR焦丁QC小组开展的“降低KR脱硫剂CaF波动幅度”活动入围辽宁省优秀质量管理小组成果，该QC小组也被评为辽宁省优秀质量管理小组。

（杨志朋）

【鞍钢废钢资源（鞍山）有限公司】 鞍钢废钢资源（鞍山）有限公司是鞍钢推行混改和跟投的第一个试点企业，也是“双鞍融合”第一个示范项目。2022年末，该公司共有在岗职工48人。该公司鞍山本部设置4个部门、1个营销中心，下设1个朝阳分公司、1个鲅鱼圈筹建组和1个本溪筹建组。

经营指标实现新预期。克服市场严峻形势、行业巨大压力和疫情叠加影响，牢固树立“四种思维”，确定“内抓经营拓市场，外抓清欠保生存”两条主线，认真落实极限降本，全年实现销量96万吨、同比增长17%，营业收入30亿元、同比增长15%，利润总额2467万元、同比下降40%。

产业布局实现新进展。本溪筹备组2022年销售废钢22万吨，超计划22%；与本钢集团采购中心签署《废钢战略合作框架协议》，明确废钢公司享受50%市场份额、打包块独家供应。鲅鱼圈分公司完成注册，2022年销售废钢10万吨；项目已通过鞍山钢铁各部门审议；完成第十批工信部准入。鞍山本部完成第十批工信部准入增量70万吨，本部达到享受国家退税120万吨。

经营贸易实现新佳绩。抢抓外部市场。2022年大力拓展外部市场和用户，共销售废钢37.59万吨，占比36%，创历史最好水平。紧盯内部市场。充分发挥多基地协同效应，成立鲅鱼圈分公司和本溪筹备组，实现规模效益最大化。本溪筹备组成立3个月，已经达到40%以上市场份额。主动推销包块产品。积极推广包块产品和智能打包技术，在本钢打开包块独供渠道，全年共实现包块销量24.31万吨。着力资本创效。充分利用与国开行 3.0 低融资成本优势，开展有效、可控的垫支业务，全年资本创效 101 万元。开展极限降本，制定“2+9+N”极限降本工作方案，即“两提、三降、四增、五升”。聚焦两条主线，全年计划共立项 27 项、创效 2200 万元。

深化改革释放新动能。优化编制定员。由 33 个管理岗位优化为 26 个，占比为 52.5%，完成年初下达的考核指标。灵活用人机制。朝阳分公司实施市场化用工 11 人，有效盘活人力资源。开展全员竞争上岗，专业技术岗位人员实现有序退出。

数智建设实现新突破。实现了智能验质全覆盖，实现了智能打包技术输出，实现了业财一体化管控。其中，废钢公司打包块智能判级、预警和远程监控系统，荣获 2022 全球商业创新大会“数智企业先锋”荣誉称号，并在人民网视讯宣传推广。

（马恩利）

【鞍山冀东水泥有限责任公司】 2022 年末，鞍山冀东水泥有限责任公司在岗职工人数 227 人，其中管理和技术人员 114 人（高级职称 3 人，中级职称 30 人，初级职称 34 人），生产服务人员 113 人。占地 26.8 万平方米，注册资金 3 亿元，固定资产原值 7.34 亿元，净值 3.33 亿元。公司下设熟料分厂、水泥分厂、发运分厂、生产运行部、营销公司、技术管理部、质量管理部、物资供应部、党委工作部、综合管理部、计划财务部、安全环保部、工会。主要经营熟料、水泥矿渣粉制造、销售，采用新型干法窑外分解生产工艺。主要设备有日本进口立式磨机、荧光分析仪；德国进口矿渣粉立式磨机、搅拌机、计量秤、斗式提升机；国内知名厂家加工制造的箅冷机、堆料机、取料机、ϕ4.7 米×74 米双系列五级旋风预热器窑外分解窑、ϕ4.0 米×13 米球磨机及其主电机和减速机、ϕ1400 毫米×800 毫米辊压机、立式煤磨及电除尘器等。原燃料采取预均化工艺，质量控制采用 X 射线光在线分析仪系统，确保生产过程的受控和产品质量的稳定；工艺过程采用集散式中央控制。该公司可生产普通硅酸盐水泥、矿渣硅酸盐水泥、低碱水泥和专用水泥产品。产品通过 ISO 9001 质量管理体系认证，并广泛应用于重点工程项目建设。

2022 年该公司受市场需求萎缩、燃煤涨价和疫情形势错综复杂等因素影响，实现营业收入 3.28 亿元。该公司通过转变观念求生存，创新思维谋发展，以市场为导向，以效益为中心，大力推进体制机制改革，全面落实目标管理。实现人身重伤以上事故，重大质量、设备、火灾、环保事故为零的目标。

该公司面对水泥海运南下困难的现实情况，及时调整营销策略，实现战略转移，重点开发鞍山及鞍山周边市场，水泥价格跑赢辽宁市场大盘，水泥和熟料销量下降比例低于行业平均降低水平。同时面对水泥价格大幅下降的现实，逆流而上，加大盈利品种的销售力度，525 号散装水泥销量 10.67 万吨，比上年增加 7.05 万吨，袋装水泥销量 21.59 万吨，与上年基本持平，有效抑制该公司亏损额度。该公司矿粉带料加工实现历史性突破，全年带料加工矿粉 1.8 万吨，拓宽了矿粉销售渠道，为提高矿渣磨产能提供支持。

该公司在 2022 年全面完成设备大中修任务，努力做好日常设备管理和消缺工作，设备运行可靠性明显提高。回转窑运转率机电设备可靠性 98.87%，1 号、2 号水泥磨机电设备可靠性 99.3%，均超目标值。设备管理部通过修旧利废、外协转内施、技术攻关等措施，极限压降维修成本。熟料分厂从深处研究，从细节入手，认真查找并下大力气根治跑冒滴漏，发动全员职工小改小革，降本增效效果明显，水泥分厂坚持每周召开工序成本和运行分析会，深挖降本潜力，11 项降本措施全面得到落实。发运分厂在降电耗、防空转等环节做文章，做到工作流程应降尽降。

该公司始终秉承“比质比价降成本”的理念。充分利用股东双方采购平台，在煤炭、水渣、石灰石等方面的降本、保产起到重要作用；在大宗原料、机电辅材、备件采购方面全面严格执行股东双方采购、招标等相关文件。计划、合同全部做到网上逐级严格审批，做到透明化。充分调研市场，尽可能降低独家采购的比例，对独家采购上总经理办公会讨论研究，严格审批。同时针对日益紧张的资源态势，利用原料资源淡旺季价格差对重要原料做出预储避免高价采购，降低采购成本。

该公司全年质量事故为零，出厂水泥合格率和出厂水泥富裕强度合格率 100%。对化检验人员进行专业知识培训和岗位大练兵，提高化检验专业技术水平和操作技能，物理和分析组获“第十八次全国水泥品质指标大对比全优奖”称号。加强过程控制，通过严把原燃材料进厂质量关、加大生产过程和产品出厂检查抽查考核力度，确保所有出厂产品质量得到保证。以质量促品牌，组织参加省市场监督管理厅主办的“2022年辽宁省企业品牌价值评价”活动，“钢都牌”水泥的品牌强度为890分，品牌价值为3.08亿元，名列参评水泥企业首位，获“2022年辽宁省企业品牌价值评价证书”，提高了“钢都牌”水泥的品牌知名度和质量信誉。

党员教育管理及主题实践活动。严格落实党支部书记及党员的培训工作。2022年，该公司4名党支部书记分四期完成部署的党的十九届六中全会的培训学习，58名党员分四期参加“万名党员进党校”培训，全部按期完成32学时培训任务；注重在生产一线和青年骨干中发展党员，不断注入新鲜血液壮大党员队伍，夯实战斗堡垒。落实“四定四比”降本增效项目16项，组织实施众元级“共产党员工程”项目3项，实现降本增效302.8万元。深入开展“党建+品牌”创建活动，推动党建工作与生产经营深度融合，全年确立“党建+品牌”4项，其中，党委级1项、支部级3项。党支部深入开展“党员责任区”“党员先锋岗”创建活动，推荐到上级公司“党员先锋岗”4个、“红旗责任区”3个；推动落实“三个一”活动，创4个品牌，补8个短板，办8件实事。

一心一意为职工办实事。该公司“深入开展践行共享理念、关爱一线员工”专题服务活动，投入170余万元，实施完成智能发运系统升级改造等4个民生项目。坚持以人民为中心的发展思想，为职工提高餐补、为全体职工办理大病医保，为全体职工发放疫情防控用品和药品，为岗位配备健康防护用品和药品。坚持走访慰问送温暖，常态化做好精准帮扶，提高职工获得感幸福感，全年发放各种慰问金、救助金4.55万元。

（刘明岩）

【鞍钢实业微细铝粉有限公司】　鞍钢实业微细铝粉有限公司成立于1996年，隶属于鞍钢集团众元产业发展有限公司。该公司现有4条现代化产线，设计产能8000吨/年，产品广泛应用于火箭推进剂、含铝炸药、金属颜料、导电浆料、导热硅脂、化工催化剂、复合材料、靶材等行业，公司落实鞍钢集团“走出去”战略，产品销售网络覆盖全球，占国内铝粉出口近40%的市场份额。

2022年，该公司深入贯彻落实集团公司提质增效要求，对关键生产系统实施改造，已取得初步效果。对熔铝炉和氮气管道进行保温改造，提高熔铝炉保温和持续生产能力，同时优化雾化系统参数，日产量由28吨提升到38~40吨。对精分系统旋风分离器进行改进，使产品粒度由3.5微米降到2.9微米，跨度由1.4微米降到1.1微米以下，一次成粉率提高2倍以上。

在科技创新发展方面，该公司获得1项辽宁省专利奖三等奖，完成2项专有技术备案，完成2件专利授权，完成6件专利受理；创新逐步增强，新增5项科研项目，其中众元公司级2项、公司级3项，新获评1个众元产业级劳模创新工作室，依托创新工作室开展党员干部、技术人员、生产操作人员协同参与的提质增效、技术革新等项目17个，创效45万元。

2022年，面对疫情所属地区5次封控共计91天，用电成本增加，下游部分行业需求低迷等多方面不利因素的影响，公司上下勠力同心，始终以习近平新时代中国特色社会主义思想为指导，全面贯彻党的二十大精神，深入学习贯彻习近平总书记重要讲话和重要指示批示精神，坚决落实众元产业公司决策部署，圆满完成了上年度职工大会确定的各项目标和任务，取得了较好的成绩。

（刘晓洋）

【鞍钢实业集团金属制品有限公司】　2022年末，该公司在职职工24人，其中，管理和技术人员14人，生产服务人员10人。设有三个部室和两个作业区，主要从事冷轧卷板系列产品深加工、钢材制品的压延、冲压加工、金属构件加工及生产功能总包等经营活动。主要原材料品种有冷轧卷、镀锌卷、彩涂卷、轧硬卷、酸洗卷、硅钢头尾卷、冷轧板等品种。

鼓足市场开拓的劲头。2022年该公司胜利召开公司党员大会，选举产生党支部新一届领导集体。紧扣“高质量、高效率、高效益”的发展主线，持续推进“一基两翼、五个延伸”战略布局，扎实将主业做强做精，提升整体竞争力。一方面以市场开拓为发力点，吹响了向多基地发展延伸的“冲锋号”，对河北、鲅鱼圈等重点市场区域的考察进行了安排部署，构建了连接河北钢铁市场核心区域的发展路径，直达终端客户，不断优化可利用材产业发展空间。另一方面多线并进，加大了优质资源引进力度。积极协调股份公司和朝阳公司，抓好冷系、热系和硅钢系可利用材资源配置计划的衔接和执行，硅钢调剂材、取向硅钢材料的引进和热系产线建立工作有序推进。

争当科技创新的排头。该公司聚力攻坚关键核心技术重点难点问题，实现高新企业的历史任务。该公司连续完成有效知识产权13项，其中重点科研立项8项，包括1件发明专利、7件实用新型专利。其中12项科技成果完成转化，形成4项软件著作权，同时保留数项可申请专利的技术。该公司因自身的高创新性和突出的成长潜力，于11月成功入围辽宁省高新技术企业。

迈开智能发展的步伐。面对严峻的市场形势，该公司抓好销售采购、库存管理、财务、信息化数字化4个系统人员的专业能力持续提升。以党建+强化企业管理为依托，立项打造MES系统、ERP系统、OCR光学字符调节系统，打造三项智能推进引擎，公司自动化、信息化水平不断提高，特别是智能分拣、冲压智能化、硅钢重卷剪切自动化产线、电子操作牌系统四个项目方案设计完成，为企业降低了大量管理及生产成本：减少人工成本15万元/年，节省领料浪费50吨/年，提高成品率10个百分点，充分解决数字化管理提升难题。

（王洪宇）

【鞍钢众元托田科技发展(鞍山)有限公司】 2022年末，众元托田公司在岗职工9人，均为干部，其中，中级职称5人，初级职称2人；劳务外包工人15人。公司机构设四个部门，包含安全环保生产部、综合管理部、财务管理部、营销管理部。该公司在年初被迫停产，面临经营亏损风险的不利局面下，在众元产业公司领导和相关部门的大力支持下和全体职工的共同努力下，牢固树立“四种思维”，危机中育新机，变问题为资源，努力研发新产品、加大市场开发力度、极限压降成本费用，于2022年9月工业试验成功并利用现有产线转产碱性球团黏结剂（低钙），年生产碱性球团黏结剂（低钙）7521吨，销售7140吨，实现营业收入1074万元，利润总额21万元。全面完成了公司2022年生产经营各项指标。

强化政治建设，筑牢思想根基。一是把牢政治方向。众元托田公司党支部始终把政治建设放在首位，严格执行党内制度，不断加强支部建设。2022年党支部共召开党员大会8次，讲党课4次，集中学习4次。二是将党的建设与生产经营工作同谋划、同部署、同推进、同考核，公司年初召开生产经营工作会议，同步研究党建总体工作。三是深入落实民主集中制、进一步规范党支部议事程序和议事规则，对重大事项决议决定实行党员大会前置程序，共前置审议议题10项。四是严格遵守组织纪律、换届纪律。党支部于2022年6月按时完成了换届选举。

调整战略方向，开拓产品市场。众元托田公司针对自身产品单一、市场单一等劣势，对公司的发展战略和规划进行了重大调整，由SO战略（增长型战略）向WO战略（扭转型战略）转变。由做精做大做强镁基球团黏结剂单一产品，全面取代膨润土，向全面研发和生产碱性球团黏结剂、复合型钠基膨润土、镁基球团黏结剂转变，重点发展碱性球团黏结剂和复合型钠基膨润土产品，持续优化镁基球团黏结剂产品，提升企业核心竞争力，逐步实现球团黏结剂品种和辽宁区域鞍钢内部市场全覆盖。2022年，在新开发鞍钢股份炼铁总厂碱性球团黏结剂（低钙）市场的基础上，与鞍钢股份炼铁总厂、鲅鱼圈分公司分别签订了复合型钠基膨润土工业试验合同，为实现球团黏结剂品种全覆盖目标迈出了坚实的一步。

持续降本增效，提升发展质量。2022年降本总目标54.71万元，其中，成本压降42万元，管理费用压降（薪酬类）8万元，管理费用压降（经营类）4.71万元。实际完成降本额144.8万元，其中，成本压降12万元，管理费用压降（薪酬类）89万元，管理费用压降（经营类）43.8万元。超额完成极限降本目标。成本压降方面的主要措施是通过工业试验并利用现有设备成功转产了碱性球团黏结剂（低钙）新产品，成为鞍钢股份该产品第二家合格供应商，扩大了单品盈利空间；通过优化配方、广泛寻源等方式，极限降低原材料采购成本；通过工艺方案调整降低原料损耗、工人作业班次调整减少劳务用工数量、主机雷蒙磨运行参数调整降低用电消耗等方式极限压降生产成本。管理费用压降（薪酬类）方面的主要措施是通过离岗人员和空岗人员业务由其他在职人员兼岗工作；从6月开始，薪酬发放执行领导班子成员绩效为零，其余管理技术人员净领工资最低生活保障1900元标准，并暂停发放安全管理目标奖励等措施极限压缩薪酬费用。管理费用压降（经营类）方面的主要措施是除必须的日常办公及生活设施维修外，其余办公物品等全部停止领用；取消监控系统、办公电脑等维保业务招标采购，由本公司专业人员加强日常维护和保养，降低安保、办公设施维修维护费用。

（王　伟）

【鞍钢实业集团乳业有限公司】 2022年，鞍钢实业集团乳业有限公司（以下简称“乳业公司”）落实众元产业公司2022年13项重点工作部署，围绕众元产业公司下达的各项指标任务，深化三项制度改革，实施精细化经营管理、完善硬件设施，改变饲养模式、优化牛群结构、提升牛群单产水平、对标行业先进企业、提升管理水平，切实做好乳业公司各项常规工作，积极组织生产经营，落实降本增效，深化“2+N”改革，发动全员转变观念，构建市场化经营机制，打造高质量乳制品企业。该公司2022年全年实现收入7737.62万元，完成全年预算的99%，同口径比上年同期累计减少208.99万元。实际实现利润507.18万元，完成全年预算的101.44%。

推进三项制度改革。乳业公司按照众元产业公司三项制度改革整体要求，推行“2+N”市场化经营改革，按“三去双选一下放”的改革模式，深入实施“授权+同利”。该公司将原组织机构“4+3+2”压缩为“3+4”模式，推进业财一体化，向精细化管理转变，强化风险意识，从注重业务事项的事后监督向事前、事中过渡；打破干部与工人身份界限，变身份管理为岗位管理，实行全员竞聘上岗；建立从中层管理人员到一线职工岗位全覆盖的绩效考核评价体系，实现薪酬与业绩紧密挂钩，合理拉开收入差距；选定养殖场作为深度契约化管理试点单位，还权于契约单位，由养殖场自行组建核心管理团队，加大薪酬分配、采购等业务授权力度，与标杆企业进行市场化对标，参照市场化经营指标实行分类差异化考核，充分激发基层单位经营活力。

深挖“极限降本”。乳业公司充分利用平台共享资源，将多种加工工艺相似的备品备件统筹集中采购，降低采购成本；梳理加工工艺、生产环节，压降损耗率，降低产品生产成本；合理调制奶牛日粮配方，加强牛群保健和健康管理，减少生物资产损失，降低饲养成本；优化物流运输配送业务，加快桶装配送和车辆运输业务整合，降低物流成本；加强能源管理，合理安排生产作业时间，利用平、谷时进行蓄热，错峰用电，降低用电成本；提高经销商区域配送密度，深挖潜在客户，拓展销售渠道，扩大企业销售赛道，降低销售成本；推行“2+N”市场化经营改革，建立全覆盖绩效考核评价体系，实现薪酬与业绩紧密挂钩，降低管理成本。2022年，该公司实现极限降本额239万元。

加速数智众元建设。乳业公司成立项目推进组，制定项目推进时间表，及时解决项目推进过程的问题，促进项目正式顺行；梳理众元产业公司园区网电脑系统，与信创工作相结合，采购国产“信创”电脑5台，实现在网电脑系统全部正版化；实现集团预算系统全面应用，完成2022年预算线上填报工作。

深化科技创新。乳业公司按计划推进高新企业认定工作，向国家知识产权局上报的专利申请有17件专利取得授权；顺利通过奶源示范基地创建的审核及辽宁学生饮用奶试点生产企业的审核，与辽宁省奶业协会签订学生饮用奶标志许可使用合同；参加辽宁省奶业协会组织的奶牛DHI测定，根据DHI报告指导养殖作业区科学饲养，确保奶牛健康；顺利通过食品生产许可证、ISO 9001、ISO 22000、HACCP管理体系认证审核工作；完成企业级科研项目4项，分别为“奶牛蹄病防治的研究”“不同菌种对发酵乳品质的影响研究”“利用冬季自然冷能降低制冷机组用电负荷”“干湿分离机主轴抗磨损修复”，并按期开展实施；组织新品开发，新品高档鲜牛奶“优鲜”已按计划于2022年9月上市，杯装鲜奶、酸奶、乳饮料及学生奶产品的开发已进入试验阶段。

增强管理提升。乳业公司聚焦“合规管理强化年”工作重点，围绕合规体系建设、提升合规能力、弘扬合规文化三个方面，加速提升公司合规管理工作水平；组织各部门完善制度建设，制定立改废释计划，推进完成规章制度修订；根据集团公司《关于开展经营业务合规管理问题专项治理工作的通知》工作安排，深入排查经营业务合规问题，按照众元产业公司要求，在规定时间节点完成合规风险识别，制定合规管理“三张清单”；对照体系评价清单，梳理公司合规管理体系建设，发现问题3处，制定措施3项，全部及时整改。

落实安全环保。乳业公司2022年召开支委会、安委会专题学习习近平总书记关于安全生产重要指示批示，组织25人次观看《生命重于泰山》专题片，与基层单位签订安全管理目标责任状5份，签订安全生产承诺书215份；制定《2022年安全环保工作要点》等年度工作计划，落实《2022年安全生产三年专项整治问题整改措施清单》等专项重点工作方案；2022年开展安全风险标识活动3次，辨识安全风险306项，完善管控措施45项；开展安全检查18次，排查安全、消防隐患175项，整改完成169项，整改完成率96.5%；承接制（修）订《安全标志与操作牌管理办法》等安全管理规章制度6项，自行制（修）订《消防安全管理办法》等安全管理制度2项；组织426人次参加新《安全生产法》等安全教育培训，组织2人参加特种设备安全教育培训，并通过复审考试；制（修）订《生产安全综合事故应急救援预案》等3项应急预案，组织开展牛奶灌装机伤害现场处置方案等演练5场次，参演65人次；依据2022年度工作计划开展排污许可、危险废物、固体废物等环保专项隐患排查活动，排查问题11项已全部整改完成；编制2022年环保自行监测计划，并委托第三方监测机构对废气、废水、厂界噪声、食堂油烟等污染源排放情况进行定期监测，监测结果全部合格。

建立全面预算管理体系。乳业公司按照《关于众元产业公司加强全面预算管理工作实施方案》文件要求，结合公司实际，制定《乳业公司加强全面预算管理工作实施方案》《乳业公司全面预算制度清单》，其中28项为全面预算管理体系制度，并制定《鞍钢实业集团乳业有限公司全面预算管理办法》，明确各部门预算编制的分工，形成以全面预算管理办法为核心、各专项管理制度为补充的全面预算管理制度体系。

（王　芳）

【鞍钢实业集团冶金机械有限公司】 2022年，面对活源萎缩、修复价格压降，以及城市静态管理、新冠疫情引起的供求渠道受阻、生产人员短缺、生产保供紧张等严重冲击，该公司通过极限降本等多种措施，生产经营在艰难中保持了基本稳定，累计实现销售收入6706万元。该公司共有职工248人，其中，全民职工96人，劳务外包152人；固定资产原值5916.17万元，净值2576.65万元。占地面积2.1万平方米。

抓好安全生产，推进抗击疫情。2022年组织10人次参加上级公司开展的各类安全专项培训；组织全厂安全检查114次，查出风险违章66起，发现安全生产隐患95项并进行整改。考核人数103人次，考核金额4800元。完善作业区20个固定动火点安全设施，修复焊床走台护栏6处开焊隐患，作业区制作辊架26个，消除了连铸辊摆放混乱造成的隐患。推进抗击疫情，全员网格化管理，反复动员职工应接尽接新冠疫苗；在职工住厂期间设置临时休息室19处，配备被褥床品120多套；坚决阻断外来风险，外来人员和车辆严格控制，外来物资严格消杀，域外职工实行暂时居家，严格管理食堂冷链食材采购。

继续开发新的市场，果断调整经营结构。签订连铸辊和液压缸修复领域全年量产总承包，锁定2022年包保活源；调整鞍钢股份炼焦、线材公司液压缸修复运营模式。抓住鞍本整合之后出现的市场机会，成功签订本钢板材炼钢厂连铸一车间1号、2号连铸机连铸辊修复包保合同。继续推进鞍钢股份鲅鱼圈分公司连铸离线整备、检修一体化项目，培育产值和利润增长点，延长产业链条。针对塑管作业区2021年出现亏损、新项目久未见效的问题，根据上级公司有关精神，停止该作业区运营。

着力实施科技兴企，挖掘潜力降本增效。全部完成老旧普通63号车床数控化改造，节省大量数控车床采购资金的同时，大幅提升了车床加工精度、产量和效率。完成激光丝极熔覆项目的设备调试，下一步将展开工艺调整和修复品上线实验工作。该工艺将可以使结晶器足辊、$\phi150$毫米连铸辊堆焊成本得到进一步降低。“零段$\phi150$连铸辊长寿化”工艺已经在吉林建龙公司上线使用。针对年初以来新品制作业务锐减，钢厂降价影响带来的困难，动员职工群众从生产和消耗两个方面入手，增加修旧利废范围，挖掘内部潜力，累计降本增效282.28万元，超众元公司下达计划120.60万元，超额74.59%。

推进三项制度改革，努力夯实管理基础。2022年继续夯实各项基础管理。对2017年修订的企业管理制度体系全部进行重新修订完善，将体系内的各项制度进行重新梳理，同步开展2022年度制度立改废释工作，共修订制度94项、新制定制度38项、废止使用13项。全面实施三项制度改革，全员带指标竞聘上岗，精干管理岗位，机关部门设置由5个压减至4个，将下属4个作业区整合至3个，压减管理岗位和专业职能岗位29%，公司一级经理岗位压降33%。同时，对原有薪酬制度及绩效考核评价办法进行梳理与修订，建立科学合理的全员岗位绩效考核评价机制，进行岗位绩效差异化考核，实现“收入能多能少”，确保绩效精准考核，并形成“能者上、优者奖、庸者下、劣者汰”的导向。继续推进“我为群众办实事”重点民生项目计划，共10项工程已经全部完成。继续开展送温暖工程，走访慰问残障职工9人、困难职工5人，发放慰问金1.1万元。公司还安排人员分别看望和慰问4名在鲅鱼圈保产的职工及家属，为职工群众送去组织的关怀，凝聚广大职工合力，促进企业发展。

坚持党的政治建设，强化理论武装。深化党的政治建设，进一步贯彻落实“第一议题”制度，落实工作机制，逐项推动落实。加强党员队伍教育，继续落实“万名党员进党校”教育培训，全年培训党员37名。注重“双培养”工程，2022年在一线劳务青年职工中新发展3名预备党员，4名预备党员如期转正。坚持党总支、党支部政治理论学习，全年组织政治理论学习14次，针对8项议题开展研讨，形势任务教育6次；开展庆祝“七一”系列活动。组织党的知识竞赛答题；动员党员和青年参加“学习强国”平台学习活动，对19名成绩优异者授予“学习达人”称号并予以奖励；在全体党员中开展了党课征集评选活动，评选出优秀党课15篇，向各党支部推荐宣讲。

深入开展主题实践活动，推进党建与重点工作任务深度融合。开展“喜迎二十大、建功新鞍钢”主题实践活动，继续实施“党建+品牌”工程，完成了职工盼望多年的普通车床升级数控车床工程，实现2机一人操作，不仅提高了生产效率和加工精度，还节约设备采购资金20万元，累计创效约50万元。为职工群众办实事10件。开展“我为党旗添光彩、降本增效创一流”共产党员工程活动。全年立项4个，完成了工装机具革新、工业用冷轧活套钢绳包塑工艺研发两项新工艺、新产品研发项目和大修车床、3号焊床改造两项降本增效项目，为企业创效25万元，节约资金16.1万元。开展极限降本活动。牵头行政和工会组织开展了“保生产提质量 降消耗同岗位对标劳动竞赛活动”等降本增效4项系列活动。不定期组织评选奖励，设立“降本明星”“降本优秀项目”等7个奖项，有力地推动了公司降本增效各项工作。

深化党风廉政建设和反腐败工作，继续推进全面从严治党。一是扎好制度“笼子”，召开党风廉政建设和反腐败工作专题会议，部署2022年反腐倡廉工作，同时督促各部门建立健全了各项管理制度，预防贪污腐败。二是开展纠“四风”树新风工作，对全体中层干部及关键岗位人员开展集体廉洁谈话，中秋、国庆前期召开党风廉政建设警示教育大会；组织班子成员学习《中央企业靠企吃企案件警示录》和违法犯罪案件通报。三是对备品备件采购管理、工程建设领域财务结算、工程验收等方面开展专项整治，发现问题3项并及时落实整改。四是针对众元公司党建工作领导小组对2021年度党建工作责任制考核评价中存在的9项问题进行落实整改。

（吴　江）

【鞍钢实业集团有限公司幼儿教育中心】 2022年，鞍钢实业集团有限公司幼儿教育中心（以下简称“幼教中心”）共有职工104名，其中，干部93人，工人11人。下设17所幼儿园，115个教学班，在园幼儿2920名。机关设党务（综合）部、经营部、教学（安环）部、计划财务部4个职能部门，主要从事幼儿学前教育业务。截至2022年末，财务报表累计收入3829万元，累计利润−785.3万元。还原5个月疫情影响1600万元，收入应累计实现5429万元，利润实际完成170.7万元。

2022年，面对疫情的反复和停园歉收的挑战，幼教中心以提高效益为中心，全面加强经营管理，实施运营体系再造。落实公司“合规管理强化年”工作部署，加强制度立改废释，制定安全管理、资产管理、采购管理、科技管理、全面预算管理等各项规章制度共计81项。开展经营业务合规排查、合同合规专项整治活动，组织开展“讲合规、做表率、创标杆”活动，不断强化企业合规管理。

做好法律纠纷案件总结分析，幼教中心劳务纠纷典型案例报告作为众元第一批典型案例录入企业典型案例库中，并同步报送集团法律合规部。规范招标采购，严把计划关、价格关、质量关，按照应招尽招原则通过平台招标 26 项，公开招标率接近 100%。加强对供应商管理和评价，监管供应商履约合同能力。强化网络安全，130 台办公计算机全部安装正版软件和杀毒软件；推进信息化建设，实现幼教 ERP 系统如期上线。规范艺校管理，扩大课程合作园所数量，增加创效能力，全年实现艺校收入 176 万元，合作课程收入 153 万元，特色课程收入 326 万元。

树牢安全发展理念，严守安全发展关口。以安全生产提升年活动为契机，进一步压实安全责任，全面推行安全积分奖励机制。持续深入开展安全风险辨识。坚持常态化隐患排查，全年共排查整改安全隐患 236 项，治理火灾隐患 69 项，更新 131 个灭火器。全年共查处违章 268 起，考核违章人员 285 人次。

实施“人才强企”战略，通过人才体系再造提升企业核心竞争力，助推幼教中心稳定、可持续发展。打造教师专业团队，增强创新发展动力。通过专家引领、专项培训、环创评优、自主游戏、论文评选等活动促进教师专业化成长。组织 450 人参与“全员业务大考”，开展教育理论、自主游戏、操作材料等线上线下培训 8305 人次。组织幼教中心 2022 年教师技能竞赛，优选前 10 名参加鞍山市教师竞赛，获二等奖 2 人、三等奖 4 人、优秀奖 4 人。参加鞍山市优秀自主游戏评选，获一等奖 2 个、二等奖 4 个、三等奖 4 个。参加鞍山市幼小衔接优秀活动评选，获一等奖 4 个、二等奖 4 个、三等奖 2 个。参加鞍山市自制玩教具评选，获一等奖 7 个、二等奖 11 个、三等奖 2 个。参加第五届辽宁省自制玩教具展评活动，获一等奖 1 个、三等奖 5 个。在鞍山市“十四五”学科带头人和骨干教师评选中，1 人获“鞍山市学科带头人”称号，10 名教师被评为“鞍山市骨干教师”。

优化人力资源配置，实施竞争上岗，推进员工合理流动。2022 年基层单位与机关进行岗位交流 2 人，有 2 名园长因身体原因不胜任岗位要求被免去园长职务。开展工程技术序列等级评聘，完成 2 名主任工程师岗位的评聘选拔；因违反劳动纪律及需岗位培训等原因，有 5 人进入赋能中心。落实全员工资效益联动机制，推行全员岗位绩效考核，合理拉开同岗位、同职级收入的分配差距。深化三项制度改革，实施园所有序退出，鞍钢七幼铁西分园在 7 月正式关停退出，与鞍钢十八幼合并。

完善园所设施，优化绿色发展环境。为东苑一分园、一幼深沟寺分园、十三幼、十五幼进行老化线路改造；为东苑、六幼、九幼、十幼、十八幼进行脊瓦维修、屋面防水维修；解决六幼、十幼深沟寺分园厨房地面塌陷问题，解决十八幼二、三楼上不去水的历史遗留问题；完成鞍钢六幼、十五幼等婴托班级环境打造。结合基层园所实际需求，为园所采购儿童桌 216 张、儿童椅 1296 把、玩具柜 200 个。改善教职工的工作环境，维修改造一幼深沟寺分园教师备课室、六幼和十幼分园成人卫生间。全面贯彻落实《幼儿园保育教育评估指南》，十幼深沟寺分园、十七幼顺利通过区督导和市级复评；十幼深沟寺分园通过加强园所建设、完善特色课程、提升教学品质，成功晋级辽宁省五星级幼儿园。停园期间“停园不停课”“隔空不隔爱”，为居家幼儿继续提供高质量教学及游戏活动，录制亲子游戏视频 21151 个，推送线上课程 27475 节，居家生活指导 2585 篇。推荐 10 个精品课视频参与市教育局线上亲子课堂。一幼、九幼等 4 所园制作的专题宣传片在鞍山教育平台展播。开展年度优秀论文评选活动，评选出一等奖 5 篇、二等奖 13 篇、三等奖 18 篇、优秀奖 24 篇。

（高　革）

【鞍山鞍钢氧化铁粉有限公司】 截至 2022 年末，有在职职工 23 人，其中，管理和专业技术人员 19 人（高级职称 4 人，中级职称 14 人，初级职称 1 人）。该公司设有党务工作部、生产技术部、经营部、计财部 4 个部门，并下设冷轧酸再生机组 1 号线、2 号线、3 号线、4 号线和硅钢冷轧酸再生机组、莆田冷轧酸再生机组共 6 个作业区。2022 年，该公司实现销售收入 1.1 亿元，实现利润 3310 万元。

开源节流，深挖内部潜力极限降本。2022 年，该公司围绕“全年高赛道收入、利润指标不退”的目标，变“让我降本”为“我要降本”，结合公司实际情况，在人、财、物、供、产、销各环节深挖潜力，开源节流，细化措施，明确目标，落实责任，制定下发了《“极限降本”工作方案》，全面推进落实极限降本工作。通过加大大宗物资寻源力度、鼓励“修旧利废”、降低劳务外包管理费率等多措并举，累计压降成本297万元，超额172万元完成压降目标。

品质升级，创新创效取得新成果。通过生产工艺参数的调整、关键设备的改进及药剂质量的把控，提升G600以上等级占比。通过实施“冷轧硅钢氧化铁粉应用于磁性材料行业技术研究”众元产业级科研项目，实现硅钢东区氧化铁粉产品提质升级，该项目已顺利通过众元产业主管部门验收结题。2022年，该公司G600以上等级占比61%，比2021年增加12%。

开拓市场，为长远发展提供持久助推力。2022年受疫情影响，多家磁粉生产企业停产，市场需求量减少。为应对不利市场形势，该公司及时调整销售策略，积极与客户保持沟通，在7月库存积压最严重的阶段，成功与TDK公司、东磁公司、春光公司等客户恢复合作，在困境中找到突破口，保持了整体经营稳定，为全面完成全年经营指标打下坚实基础。

明晰战略，制定三年滚动发展规划。该公司深入分析自身优劣势，结合行业发展趋势和企业生产经营现状，制定了三年滚动发展规划。将聚焦氧化铁粉专业领域，依托鞍钢，精耕细作，用2~3年时间将氧化铁粉公司建设成具有行业影响力的技术型企业和国内一流的氧化铁粉产销基地之一。未来，该公司将发挥资源和技术优势，掌控更多氧化铁粉资源，条件具备时，可进一步延伸产业链，实现资源价值最大化。

同频共振，党建和生产经营深度融合。该公司党支部坚持推行“五个一”工作法，修订14项支部基础制度，推进党建工作有章可循。以“共产党员工程”“党建+品牌”项目为抓手，推进党建与生产经营互融互促。以“喜迎二十大、建功新鞍钢”主题实践活动为抓手，组织开展“践行新鞍钢内涵”征文摄影比赛、“喜迎二十大”党建知识竞赛、“极限降本”微党课、重温入党誓词等一系列活动，拍摄党建风采主题电视宣传片，充分调动和激发了党员干部、职工群众的参与热情，组织活力得到进一步增强。持续发力民生实事，投入32万元实施6个项目，得到了职工的一致好评，充分调动了职工的积极性，激发了工作热情，提升了职工幸福感、获得感。

（李　玲）

【科德轧辊表面处理有限公司】 科德轧辊表面处理有限公司（以下简称“鞍山科德”）该公司成立于2007年，是鞍钢众元产业公司下属的合资企业，是加拿大科德集团全球网络企业之一。主营业务为：轧辊镀铬，轧辊磨削、毛化、数控磨床及磨辊间总包运营服务。2022年末，该公司在职职工18人（2022年8月鞍山科德新入职1名机械工程硕士研究生），其中管理和专业技术人员11人（高级职称1人，中级职称6人，初级职称2人），生产服务人员7人（高级工1人，中级工4人）。该公司秉持“60%的时间在客户身边，40%的时间关注自身发展”的企业文化，确立了“以技术换市场、以技术稳市场”的战略服务理念，持续夯实“管家式服务”，强化精细管理，为客户提供全面的高质量轧辊表面处理服务。2022年成功拓展了硅钢一中间辊和硅钢背衬轴承的磨削业务，开发并稳定了鞍钢广州汽车钢有限公司镀锌线的轧辊磨削、毛化和镀铬业务，完成了一工一备的战略构想。鞍山科德党支部以习近平新时代中国特色社会主义思想为指导，认真学习贯彻落实党的十九大、十九届历次全会和党的二十大精神，贯彻落实习近平总书记重要讲话和重要指示批示精神，坚决落实党中央、国务院决策部署，牢牢把握鞍钢集团、众元产业两级党委对新形势下党建工作的部署要求，坚持党建领航，把党的领导贯穿改革发展始终，结合工作实际，在探索中前进、在创新中提高，党建工作与生产经营深度融合，助力合资公司高质量发展。2022年，受钢铁业经济效益下滑及疫情等诸多不利因素影响，鞍山科德全体员工在众元产业公司党委及公司的正确领导下，克服了各种不利因素，收入、利润指标均超额完成了董事会和众元产业公司下达的预算指标，职工队伍稳定，科技创新成果显著。2022年，鞍山科德党支部获评2021年度鞍钢集团“样板”党支部，“赵子军创新工作室”被命名为鞍山市职工创新工作室，“二十辊轧机一中间辊磨削技术攻关”项目获评鞍钢集团职工创新工作室创新项目成果奖三等奖，“金城双吊联动轧辊镀铬工序优化先进操作法”获评2021—2022年度鞍钢集团先进操作法，“起重机防溜钩措施及故障诊断可视化研究”申报了第二十六届全国发明展览会成人参展项目。

强化政治引领，夯实思想根基。一是突出政治理论学习重点。鞍山科德党支部认真落实“第一议题”制度，及时学习研讨习近平总书记重要讲话和重要指示批示精神，强化结合实际进行有效分解，制定落实措施32项，明确责任人，以阶段目标推进实施，完成31项，1项持续推进。多形式学习党的十九届六中全会和二十大报告精神6次，明确“安全发展、科技创新、绿色环保、以人民为中心”等学习重点，将季度研讨与生产经营关注点有效融合，实现支委班子站在全局高度思考问题。二是强化提升党员理论素养。该公司党支部通过外聘专家、党支部书记讲党课、班前微党课、主题党日、参观王崇伦纪念馆等方式，促使党员由“我在听”变成“我来讲”，提升主动思考能力。强化日常教育，鼓励党员通过“学习强国”、央视新闻等APP及时了解最新形势，获得官方正面消息来源，加强意识形态引领，筑牢党员干部思想之魂。

强化融入中心，实现同向发力。一是明晰功能定位。鞍山科德持续深入探索合资公司党建工作方法，按照《关于进一步加强混合所有制企业党建工作的指导意见（试行）》文件要求，党支部进一步确定了“找准定位、融入中心、发挥作用”全年工作发力点。二是坚持把关定向。将“定位专精特新、科技创新创效、技术服务市场、强化队伍建设”作为公司长远发展的战略考虑，将安全工作放在首位，建厂以来，实现172个月“零事故”，疫情常态化防控做实做细。全年重点工作19项，成立6个重点工作项目推进组，完成率89.5%。修订完善《核心业务权限表》《“三重一大”决策实施办法》等核心制度，明确党组织集体研究把关的重大事项，进一步明晰权责界面，从大方向上把控企业发展确保符合党的路线方针政策。三是强化科技创新。党支部扎实推进“两带两创”即“党支部带党员创效，党员带群众创新”工作，通过创建职工创新工作室，积极树立科技带头人，积极推动全员创新，积极培养技能人才队伍，确保企业的技术实力不断更新。“赵子军创新工作室”作为群众性创新基地共完成创新项目15项，累计创效551.5万元，获得实用新型专利授权22件，计算机软件著作权登记3项，申请受理发明专利2件、实用新型专利2件。四是创新工作室建设。完善职工创新工作室制度及各项建设，群众性创新为企业发展注入动力。五是助推降本增效。采用“线上+线下”相结合的方式开展“四种思维”大讨论活动，现场随处张贴二维码收集职工建议，从6个方面共征集48人次共计238条。在众元产业公司“极限降本挑战赛”的大背景下，组织开展“精益管理促降本、创新思维保增效”主题实践活动，对位挖潜、提质增效，累计实现降本76万元。扎实推进“党建+服务提升”特色品牌活动，党员带头攻克技术难题，成功开发小直径轧辊磨削市场，弥补原有客户减产、降价带来的影响。

强化支部建设，提升组织活力。一是再提升党支部建设标准。按照组织部下发的《党支部书记履职标准化实务手册》等，内部持续夯实“五制工作法”，与财务公司、中信银行党支部开展党建对标学习交流，促进党支部基础工作标准化再提升。二是强化全面从严治党。制定全面从严治党主体责任清单分解措施16项，完成率100%。落实巡察整改，严格推进落实众元产业公司巡察科德公司反馈问题，落实整改方案，按照整改时限，逐条整改。完成巡察、审计等整改共计36项，完成率97%。三是注重宣传舆论引导。坚持党管意识形态工作，全年研究意识形态工作2次，牢牢把握意识形态主阵地，在“学习强国”、《鞍钢视讯》、“众智云堂”等媒体发布宣传报道15次，确保正向发声。以推进落实“弘扬劳模精神激发奋进力量”主题系列活动为平台，组织召开劳模、青年座谈会，宣扬劳模精神，注重青年传承。四是创新支部活动方式。开展“廉洁诵读红色经典”“共同手绘万里江山图”“谈二十大心得、亮成果、找差距、促提升”等党员愿意参与、容易参与的活动方式。结合当前形势和企业实际，创新开展“共产党员工程”，全年立项5项，均已完成。项目虽无直接经济效益，但在提高产品质量、安全环保等方面成效显著，强化党的组织生活进一步向“实”转变。五是加强人才队伍建设。持续开展“员工上讲堂”活动8次，开展技能培训7次，劳动竞赛4次。为职工搭建学习平台，通过外部对标培训、参与科德集团全球线上会议等方式，拓宽技术人员全球视野。赵子军带头研发的“低压气雾节能清洗装置”在科德集团2022

年技术年会全球46家企业参赛项目中脱颖而出，荣获全球唯一“创新金奖”。

（韩秉艳）

【鞍钢栗田（鞍山）水处理有限公司】 2022年水处理公司在众元产业公司的正确领导下，坚持以习近平新时代中国特色社会主义思想为指导，认真贯彻执行众元产业公司党代会和职代会提出的各项目标任务，落实各项决策部署，圆满完成众元产业公司下达的各项指标。

坚持思想引领，为公司高质量发展注入强大精神力量。强化理论武装。坚持把学习习近平新时代中国特色社会主义思想作为首要政治任务，严格落实“第一议题”制度，跟进学习习近平总书记重要讲话和重要指示批示精神27个专题，组织班子政治理论集体研讨学习14次，形成学习体会37篇，履行党建第一责任人职责，为全体党员上党课2次。深入学习贯彻党的二十大精神。坚持高站位、高标准、高质量学习贯彻党的二十大精神。第一时间启动学习宣传贯彻党的二十大精神活动，制定实施方案和任务清单，制作宣传展板，制定“四个一”学习计划，为全体党员配备学习书籍和学习笔记，做到人手一册，党支部书记为全体党员上专题党课1次，推动学习党的二十大精神走深走实。抓实意识形态和宣传思想工作。把牢意识形态主导权，每季度开展形势任务教育。强化舆情管控与引导，建立舆情监督员队伍，确保舆情信息第一时间发现、第一时间上报、第一时间处置。紧跟众元产业大宣传工作格局，加大先进典型宣传，2022年二、三、四季度连续获得众元产业新闻宣传标兵。

坚持政治引领，不断加强党对国有企业的全面领导。聚焦职责定位，规范治理机制。完善制度建设，把坚持党的领导与完善公司治理相结合，完成党建入章程。完善修订了《党支部议事规则》《董事会议事规则》《“三重一大”决策实施细则》，细化“三重一大”决策事项55项，理清了权责界限。聚焦队伍建设，为改革发展提供强大人才支撑。坚持党管干部、党管人才原则，全力推进三项制度改革，压减3个管理部门。开展全员岗位竞聘，选聘8名中层正职管理人员，激发经营活力。坚持把政治标准放在首位，动态调整年轻干部，大胆培养起用4名优秀年轻人才。建立全员培训制度，创新举办“技术大讲堂”，职工综合素质和履职能力不断提升。

坚持融入中心工作，全力打造全面过硬的战斗堡垒。抓关键促中心工作。坚守“疫情防控常态化、安全生产顺行、保证利润指标”三个底线，围绕生产经营和改革发展，制定8项年度重点工作和3项领导班子重点工作。在疫情防控和保产保供过程中充分发挥共产党员先锋模范作用，确保全年生产经营目标全面完成。围绕极限降本再立项共产党员项目1项，实现月创效15万元。组织开展“五个提升”等极限降本活动，通过定指标、定措施压实降本增效责任，全年实现降本增效245万元。开展“四种思维”大讨论活动，共收集心得体会37篇、调研报告3篇，建立整改台账，梳理问题建议13条，在众元产业公司做经验交流。推动党建与生产经营深入融合。扎实开展“喜迎二十大、建功新鞍钢”主题实践活动，通过开展共产党员工程、主题微党课、“爱心传递、书送未来”学雷锋活动、党建知识竞赛、“战疫情、保生产、创佳绩”等主题党日活动，营造学习贯彻党的二十大精神的浓厚氛围。围绕众元产业“聚焦五个重点，实现五个提升”讲专题微党课4次。组织参加“万名党员进党校”学习培训，参训率100%。与铝粉公司开展党建对标，全面夯实党建工作基础，助推党支部建设提档升级。新发展党员2人，确定入党积极分子3人，将8名劳务党员全部纳入管理。坚持党建带团建，搭建青年建功立业平台，引领青年立足岗位创新创效。“孙辉创新工作室”全年完成创新成果4项，创效100多万元，被评为众元产业公司级创新工作室。以共产党员工程为载体，以“党建+专利研发成果转化”为抓手，全面提升产品自主研发实力，全年完成专利申报3件，获得发明专利授权3件，参与修订国家标准2项，2022年成功申报辽宁省专精特新企业，为企业发展赋能。真心为职工办实事，以抓铁有痕的作风推进11项“我为群众办实事”民生项目落地见效，共投资投入44万元，职工幸福感、获得感明显提升。

强化责任落实保障，坚决扛起管党治党责任。一是健全监督机制。设立党政督察办，履行监督职责。以疫情防控、安全生产、采购管理为重点组织开展专项监督3次，发现经营风险和管理问题7项，制定整改措施7项。二是加强廉洁教育。定期开展党风廉政教育，进行经常性警示教育。

加强关键岗位人员管理，建立廉洁档案，开展廉洁提醒和任前廉洁谈话 35 人次。精准运用第一种形态，提醒谈话 14 人次。协助众元产业公司纪委分办案件 1 例。三是抓整改落实。认真履行整改工作第一责任人职责，对照众元产业公司党委 2021 年度党建工作责任制考核评价反馈 9 项整改问题，制定整改措施 11 项，全部完成整改。

（李　悦）

【鞍钢集团众元产业发展有限公司实业托管办公室】 托管办公室于 2005 年 9 月正式组建，2018 年根据实业公司改革方案，托管办公室合并副业分公司履行新的托管功能。现有在职职工 115 人，其中，在岗 45 人，实际在岗管理人员 16 人。设有财务部、薪酬管理部、员工管理部、党务工作部和企业综合部。主要负责对实业公司有关单位离退休、离岗居家休息、没有参与改制等人员实施委托管理；对实业机关退休人员和原副业退休人员直接管理及停摆企业的资产管理。截至 2022 年 12 月末，托管人员共有 7444 人。托管办公室主要工作是管理、服务、维稳、安全防火、停摆企业的资产管理。

加强森林防火，确保园区安全。针对副业园区森林火险等级为重大危险区，2022 年结合众元产业安全防火工作要求，提升了重大危险区防控标准和力度，强化各项森林防火措施和其他各项工作。将森林防火工作列为重中之重。根据入园人员明显增加、环境火险等级提升和气候异常等不利因素的增加，将园区划分三个高危管控防控区，各区域防火负责人由班子成员担任，其他区域由科长、队长负责，实行全区域无缝隙、网格化管理，分工明确。在高危重点时间段，班子成员带头 24 小时防火值班，带头开展防火宣传、巡山巡检、动火监督、隐患排查等工作，及时发现各种问题十余项，并得以及时处理。全体护厂队员每天穿戴消防服，带上宣传小喇叭巡逻巡山，阻止上坟烧纸、野外用火等 10 余次。加强宣传，3 个消防广播站坚持每天滚动广播宣传防火 10 小时，悬挂宣传防火条幅 200 多幅、刀旗 500 多个，定挂小防火警示牌 50 个。在林区十处最危险地点，配备应急小水桶 1000 个，配备大水桶 20 个，配发补齐果农家中的临期灭火器 50 个，并与园区住户签订防火承诺书 35 份。请专家开展森林防火培训，组织 40 人半专业消防演练，提高灭火能力。

服务托管职工，做实帮扶工作。为 23 名职工发放医疗费 5.7 万元；为 3214 名退休人员发放病退补助 59.66 万元；上报工资卡变更 59 人，采暖费调整 56 人，为 295 名死亡职工办理丧葬费及托管人员增减变化报表；为 181 名在职职工和 18 名离休职工发放慰问品；为退休职工发放各类慰问品 7515 人次；开展节日救助工作。共救助 697 人次，发放救济金 35.71 万元。办理离退休职工养老金及统筹外各项费用的审批和各类人员工资计算发放及各种保险代扣代缴工作。

执行财务政策，加强财务管理。及时上报集团托管中心托管人员各项费用，发放各项费用 3419.06 万元，其中工资费用 1989.39 万元，退休救济 6.11 万元，节日救济 35.08 万元，一次性独生子女费 2.4 万元，离休定额医疗费 5.78 万元，丧葬费 1152.3 万元，病退补助 45.07 万元，企业补充医疗保险核销款 147.39 万元。副业分公司账户支付工资款项 557.1 万元，发放福利 67.64 万元，军转补助 0.54 万元，节日救济 3.36 万元，住房补贴 15.23 万元，死亡救济 0.05 万元。上报集团托管中心 2022 年度退休人员统筹外费用报表，上报 2022 年度国务院国资委决算等各类报表。

（张笑晗）

鞍钢集团国际经济贸易有限公司

【概况】 鞍钢集团国际经济贸易有限公司（以下简称“国贸公司”）是隶属于鞍钢集团的大型综合性外经贸企业，是鞍钢集团钢铁主业及非钢产业产品和服务的海外服务商，国际化运营的综合贸易商，海外产业投资运营商，海外贸易融资平台，鞍钢集团招标服务平台，鞍钢集团国际化战略的执行平台。

国贸公司前身为成立于 1981 年 12 月的“中国冶金进出口公司鞍钢分公司”；1984 年 4 月扩权更名为“鞍钢进出口公司”，成为具有独立开展对外经贸业务的冶金企业外贸公司；1994 年 10 月，再度扩权更名为“鞍钢集团国际经济贸易公司”（简称“国贸公司”）；1998 年 2 月，国贸公司和供销公司合并为新的国贸公司，成为集内外贸销售、采购于一体的综合型贸易公司；2013 年 7 月，鞍钢集团公司将内贸业务从国贸公司整体划出，以“鞍钢集团香港有限公司”法人资格和相关业务资质为基础，成立“鞍钢集团香港有限公司（鞍钢集团国际经济贸易公司）”，按鞍钢集团全资子公司管理，攀钢区域的外贸业务整合为鞍钢国贸攀枝花有限公司；2017 年 1 月，“鞍钢集团香港有限公司（鞍钢集团国际经济贸易公司）”改制为鞍钢集团国际经济贸易有限公司。2021 年 3 月，鞍钢招标公司成建制划归国贸公司。2022 年 6 月，本钢招标有限公司成建制划归鞍钢招标有限公司。

国贸公司设立董事会、监事会和经理层，建立了界面清晰、权责对等、协调统一的公司治理结构和组织机构。设职能部门 4 个、业务部门 5 个、境内全资子公司 5 个；经 2021 年深化改革、机构整合，国贸公司形成了以香港公司为海外结算平台，日本、韩国、欧洲、美洲、东南亚、南亚中东 6 大区域公司为网络的“1+6”海外市场布局。2022 年，国贸公司拥有在职职工 389 人，其中，海外派驻 21 人（属地化员工 33 人），攀枝花公司 59 人，招标公司 97 人；研究生及以上学历 55 人，本科学历 273 人。拥有专业技术职称人数 339 人，其中，教授级 2 人，高级 91 人，中级 186 人，初级 60 人。国贸公司主要业务涉及钢铁产品出口，大宗原燃材料进口，成套设备、备品备件进口、国际工程承包、机电产品出口及非钢产品出口，国际物流服务，金融业务，招标业务，多领域社会贸易等。中国对外贸易 500 强企业，中国 AAA 级信用企业，拥有海关 AEO 高级认证企业资质，连续多年被评为“全国诚信经验示范单位”，纳税系统评级“8 连 A”企业。国贸公司通过 17 个海外分支机构及 1200 多家境内外合作伙伴，广泛开展海外贸易、投资与合作，经国贸公司销售的钢铁产品覆盖全球 60 多个国家和地区，其品牌、产品实物质量和售后服务等在国内外市场享有较高的知名度和美誉度。

2022 年，国贸公司高举习近平新时代中国特色社会主义思想伟大旗帜，认真学习党的十九大、二十大会议精神，贯彻落实集团公司二届五次党委常委（扩大）会精神和二届一次职代会工作部署，通过对习近平总书记重要指示批示精神再学习再落实再提升，团结带领全体干部职工，强基固本，扎实工作，开拓创新，努力进取，党建与贸易经营齐头并进。2022 年全年实现营业收入 455.05 亿元，实现经营利润 6.95 亿元，同比增加 4%，完成年度挑战目标 124.07%，创历史最好水平。

【党群工作】 党的政治建设持续加强，党委“把管保”作用发挥突出。一是坚持把学懂弄通做实习近平新时代中国特色社会主义思想作为首要政治任务，党委会“第一议题”学习贯彻习近平总书记重要讲话和重要指示批示精神 46 篇。二是发挥党委“把管保”作用，共召开年度党委扩大会议 1 次，党委会 28 次，对党的建设和贸易经营工作进行了总体设计、安排部署和指导监督。三是组织党委理论学习中心组集中学习 9 次，研讨 5 次，学习篇目 100 余篇。确保党的方针政策贯穿全局、穿透到底。四是通过制定方案、压实责任，深入推进学习宣传贯彻党的二十大精神，使学习宣贯的过程成为统一思想、提高认识、推动工作的强力抓手。

党的思想建设持续加强，大宣传格局初步形成。一是选优配齐宣传队伍。建立由 18 名优秀骨干组成的宣传工作三支队伍。二是加强制度体系建设。制定下发《2022 年宣传思想工作落实方案》等三个制度，将宣传工作融入中心工作全过程，做到中心工作推进到哪，宣传工作覆盖到哪。三是持续压实意识形态工作责任，意识形态工作思想引领、舆论推动、精神激励的作用充分发挥。

党的组织建设持续加强，党支部的战斗堡垒作用和党员先锋模范作用发挥突出。一是贯彻落实党建工作责任制。制定、实施《鞍钢集团国际经济贸易有限公司党（总）支部党建工作责任制考核评价办法》，从 5 个维度、16 个方面对党（总）支部进行党建工作责任制考核评价。二是抓好“双基”建设。扎实推进党支部三大工程，充分利用好原料贸易部党支部示范基地的优势，组织各党（总）支部进行对标对表。聚焦 8 个方面、26 项重点工作要求，对各党（总）支部进行党建工作季度检查，不断提高党支部工作水平。三是组织好“喜迎二十大、建功新鞍钢”主题实践活动。各党支部上报党建创新案例 12 篇，上报新鞍钢内涵学习体会文章 36 篇，党课教案 15 篇，党支部级我为群众办实事成果 11 篇，评选出优秀党员先锋岗 63 个。

党的纪律建设持续加强，国际贸易环境风清气正，政治生态越来越好。一是以政治建设为统领，深入开展常态化监督。二是压紧压实党风廉政建设责任。召开 2022 年党风廉政建设和反腐败工作会议（暨警示教育大会），从党委、党（总）支部两个层面压实党风廉政建设责任。三是深化鞍钢党委巡视问题整改，持续推动专项治理。截至目前，108 项“9+1”整改措施已经全部整改完成。56 项主题教育问题已整改 55 项。审计发现问题 50 项已整改 49 项。鞍钢党委巡视反馈四方面 39 项问题已整改 32 项，103 条整改措施，整改完成 95 条。四是坚持严的主基调，扎牢不能腐的笼子。

群团组织建设持续加强，活力国贸合力国贸正在建成。工会启动“守信践诺，提高出口及货物装船量”专题劳动竞赛，鼓励出口系统全力以赴抢抓出口装船。2022 年 10 项“我为群众办实事”重点民生实事项目全部完成。创建女工关爱室被鞍山市评为示范基地。坚持节日慰问，金秋助学活动，积极开展“温暖送万家”走访慰问救济活动，累计达 27.8 万余元，让职工群众有更多的获得感、幸福感。团委组织开展庆祝建团 100 周年系列主题实践活动，拍摄《喜迎二十大 建功新国贸》专题宣传片，举办“鞍钢国贸青年精神素养提升第一课”专题讲座暨“我和先辈比奋斗”大讨论活动。开展“人道公益日”募捐活动，捐款 5608 元。开展助学捐款活动，筹集助学款 44800 元。为四川泸县地震灾区捐款 5000 元。开展志愿服务，连续 10 年开展岫岩山区帮扶助学活动，累计帮扶贫困学生 101 人，累计捐赠约 13 万元。“青年创新登高”计划，完成总创效约 7500 万元。

【贸易经营阔步前行】 出口工作迎难而上效益大增。鞍山区域出口钢材签约 140.92 万吨，同比增加 45.6%；出口装船 130.82 万吨，同比增加 11.9%。高附加值产品占比 70.1%，终端客户占比 61.1%。针对南美对钢材进口的依赖度较高且贸易壁垒少的实际，加大冷轧、镀锌等冷系品种开发力度，实现签约 46.22 万吨；发挥日本、韩国等市场的近距离地域优势，优先满足日本镀锌品种的需求，提高韩国市场出口执行效率，分别实现签约 6.77 万吨、24.29 万吨；积极参与东盟市场竞争，实现签约 21.63 万吨；抓住欧洲、土耳其、中东市场机会，增加对中东和欧洲市场出口。其中签约土耳其热轧等产品 5.76 万吨，以色列镀锌等产品 1.73 万吨，意大利硅钢 3.5 万吨。

外汇管理主动作为贡献突出。树立风险中性的外汇风险管理理念，在强化制度建设和执行、加强内部一体化管理、提升实际操作能力等方面狠下功夫。通过调节融资规模、币种、期限和还款时间，强化对债权债务及资金的过程管理，获取美元升值带来的红利。锁定远期购汇 3.11 亿美元，实现汇兑收益 6688 万元，相比不锁汇避免损失 1.14 亿元；开展跨境人民币业务 15.92 亿元，在推进人民币国际化的同时有效规避了汇率风险。同时，多种方式开展外汇买卖，实现汇兑收益 1591 万元。全年累计实现汇兑收益 1.63 亿元，为国贸公司经营利润再创新高作出了重要贡献。

原料贸易严控风险稳健经营。鞍山区域完成贸易量 3806 万吨，同比增长 0.05%；实现毛利 18243 万元，同比下降 22.24%；净利润完成 14892 万元，同比下降 23.18%。基地保供 1885 万吨，实现毛利 11673 万元。特别是面对铁矿价格持续下跌的严峻经营形势，稳健经营，严控风险。严控现货购买，期货套保做好配合。长协原则不落地，加快销售。加强应收账款催缴，严格执行“先交款，后付货”政策，强化出口信用证项下回款，预付款业务严格按流程审查，顺利化解了矿价大幅下跌风险。

物流工作化解风险破解难题。COA 共亏损 8233.2 万元，相比 COA 预算增亏 3233.2 万元。其中 2022 年 1—12 月增加日本 COA 准洗货 11 个航次，执行 3 个航次，增加亏损 3802 万元。实现“中远鞍钢”轮转租 VALE 12 航次，“合平”轮转租 VALE 9 航次，转租价格为近 5 年来最好水平。“新鞍钢”轮与 BHP 经多轮谈判，最终实现 6 航次续租，转租价格为 C5 值减 3.75%佣金。经过与中远海的洽谈，创新性实现了“合瀛”轮以补偿方式替代运营一个航次，实现减亏的同时，也消除了高低硫油的问题。日本 COA 共实际执行 3 载，洗货 11 载，预计实现减亏约 400 万元；卡拉拉运费平均招标海运成本 23.28 美元/吨，同比下降 11.78%。

两子企业经营绩效节节攀升。攀枝花公司实现利润总额 7839 万元，同比增长 3.76%；实现营收 48.24 亿元，同比增长 6.84%，再创历史最高水平。新签钢轨合同 16.26 万吨，实现钢轨出口装船量 18.72 万吨，继续大幅领先国内同行；大宗原燃料保供签约量 128.00 万吨，发运量 141.49 万吨。设备备件签约折合 7865 万美元，结算折合 8055 万美元。招标公司实现营业收入 1.63 亿元，利润 1.05 亿元，同比增加 1.36%。完成招标采购金额 593.6 亿元，招标采购项目 4.9 万项，降采 42.39 亿元，招标时效运行率 99.9%。

【第二引擎动力强劲】 实现社会贸易创效 19946 万元，创收 257.87 亿元，占营业总收入的 56.67%，同比增加 9.46 个百分点，完成社会贸易收入占比 47%的年度考核目标。一是钢材社会贸易量大增。社会贸易结算量 141.5 万吨，同比增长 322%。深耕国内钢材市场，热卷现货月度采销规模保持在 1 万吨左右；与纵横、燕钢及朝阳等 3 家钢厂签订了热卷采购长期协议；积极扩大日照钢铁、山东钢铁、河北钢铁等多家钢厂长协资源，稳定月均资源数量不少于 3.5 万吨；成功开发华南区域螺纹钢业务；积极开展自营出口业务，与朝阳钢铁洽谈锁定 2 万吨资源出口到中东及东南亚市场。持续拓展进口业务，全年完成进口钢坯 10 多万吨，进口业务成为社会贸易业务的稳定增长点。二是加大原料社会贸易开发力度。通过签订小长协、二级市场择机采购、掉期换月、优化套保比例、拓展外港客户群等措施，实现社会贸易量 1921 万吨，同比增加 13.6%；实现毛利 6570 万元，贡献度占比 36.01%。积极开发海外市场，共组织 8 船铁精矿销往海外。三是攀枝花公司实现社会贸易利润 3462 万元，占总毛利的比例为 33.99%。铬系项目实现利润 2544 万元，占攀枝花公司总毛利 24.98%。四是积极探索、尝试新的贸易模式。两港公司国际船代业务已完成 11 笔，创效 83.2 万元，朝着“打造集船代、货代为一体的现代物流企业”的目标迈出坚实的一步；原料贸易部开创了从鞍钢矿业采购铁精粉，并实现外港销售业务新模式；非钢系统变坐商为行商，主动出击，开展进口来料加工贸易新模式，打通从铝锭代理进口到产品出口全业务流程，完成首批两用物项证申领工作，具备开展进料加工产品出口能力。

【治企能力稳步提升】 三项制度改革持续深化效果明显。一是切实加强干部队伍管理。对 2 名未完成契约底线、不胜任的领导人员给予免职处理，1 名干部进入赋能中心管理。二是加强境内与境外、总部与基层之间的干部交流，共实现干部交流 32 人次。三是加强年轻干部培养。2 名 80 后提职任三级正、副职岗位，11 名 80 后提职任一级经理、二级经理。四是持续优化薪酬分配体系，收入分配充分体现“亏损、盈利不一样，完成与未完成任务不一样，业务社会化程度高低不一样，干多干少不一样”。“三能机制”激发活力，有效地调动了职工干事创业热情。

预算管理全面规范科学高效。一是加强组织领导。成立专项工作机构，建立全方位、全过程、全员参与的预算体系。二是规范管理流程，完善全面预算管理制度体系，使制度体系更规范、更完整、更科学，更具指导性和操作性。三是加强指标管理，健全全面预算管理指标体系，业财融合得到进一步加强。四是强化过程管控，助力实现经营预算指标。五是加强预算考核，实现预算闭环管理。通过一年来的工作，充分发挥了全面预算管理引领和控制作用，增强了公司管控力、决策执行力、业务协同力和要素集成力，为实现各项经营指标奠定了坚实的基础。

信息化建设突出重点智慧创新。一是聚焦“智慧管理”，高质量完成国贸 ERP 系统与攀钢数智化营销采购系统接口的上线持续优化、集团公司纳税及票夹系统与国贸 ERP 系统配套接口及改造等重点项目。二是聚焦“智慧办公”。完成国贸攀枝花公司业务线上审批，实现国贸公司业务环节线上审批全覆盖。三是持续加强网络安全监测及防护能力建设。制定发布《国贸公司党的二十大期间网络安全保障工作专项实施方案》，做好网络安全监管、应急响应等工作，为党的二十大胜利召开营造良好的网络环境。

法治合规风控工作深入推进。以“合规管理强化年”为契机，建立“三纵一横”法治国贸建设工作体系，推动法务管理、合规管理、风控管理统一规划部署、统筹衔接融合、整体有序开展，建立协同运作机制，提高管理效能。一是扎实推进法务管理，对 2022 年 2 次董事会涉法重大决策、8174 份经济合同及 37 项新下发制度文件进行法律审查，实现重大决策、经济合同和规章制度法律审核 3 个 100%。二是创新做好合规管理，以“合规管理强化年”为契机，深入研判国际形势，结合公司经营实际，打造“两库一册五指引”合规管理制度工具箱，切实增强公司合规管理能力。三是做实做细风控管理，制定、印发《国贸公司2022年重大风险评估报告》，加强全面风险管理，识别钢铁产品贸易风险等10项重大风险，覆盖公司经营管理各重点领域，及时应对经营管理过程中的风险隐患和风险事件。

该公司在统战、信访、维稳、国安保密、法治建设、合规管理、风险管理等工作也取得了长足进展，为贸易经营工作顺行创造了良好的条件。国贸公司被评为“鞍钢集团先进单位”“鞍钢集团先进党组织”荣誉称号。党建与经营历史性获评鞍钢集团“双A”，获评市文明单位，原料贸易党支部被评为鞍钢集团“样板”党支部示范基地。

（陈兆君）

鞍钢集团资本控股有限公司

【概况】 鞍钢集团资本控股有限公司（以下简称“鞍钢资本”）成立于2014年6月，是鞍钢集团的全资子公司，承担贯彻落实鞍钢集团金融发展战略和推进金融业务多元化发展工作，是鞍钢集团促进产融结合、推进转型升级、打造新兴产业和新的获利渠道的重要平台。鞍钢资本主营业务有产业基金、股权投资、资产管理、碳交易、碳金融、商业保理、融资租赁、金融科技和保险经纪等领域，同时积极服务鞍钢实体产业，推进子企业快速发展，进一步为鞍钢集团提供便利、低成本的融资渠道和多样的收入来源，为鞍钢集团转型升级提供支撑。

鞍钢资本设置了党委工作部（综合管理部、董事会办公室）、纪检审计部（党政督查办）、新业态发展部、资产管理部、风控合规部和计划财务部6个部门，下设三家全资子企业即北京鞍钢投资有限公司、鞍资（天津）股权投资基金管理有限公司和鞍资（天津）商业保理有限公司，五家控股子企业即成都天府惠融信息技术有限公司、深圳惠融诚通商业保理有限公司（拟更名为鞍钢集团商业保理有限公司）、攀钢集团融资租赁（成都）有限公司（拟更名为鞍钢集团融资租赁有限公司）、鞍资（天津）融资租赁有限公司、北京鞍汇联保险经纪有限公司，并参股40%设立广州惠泰私募证券投资基金管理有限公司，同时代管鞍山钢铁金融投资业务平台。截至2022年末，鞍钢资本共有员工85人，其中，体制内员工65人，市场化员工20人，注册资本36.23亿元，全年实现营业收入15.42亿元，实现利润总额4.15亿元。产业链金融业务盈利水平同比大幅提升，金融产品投资收益率跑赢大盘。

【党群工作】 2022年，鞍钢资本以习近平新时代中国特色社会主义思想为指导，全面贯彻党的十九大和二十大精神，坚决贯彻落实党中央、国务院和鞍钢集团党委的决策部署，把党的领导贯穿改革发展始终。深入学习党的二十大精神。召开专题学习会议，结合首次党员大会的重点工作，形成11个方面37项内容90余条措施的任务清单，切实把党的二十大精神贯彻到鞍钢资本各项工作部署中，为鞍钢资本开创高质量发展新局面提供坚强保证。成功召开第一次党员大会，选举产生了第一届党委和纪委班子，明确“1357”的工作思路和重点任务，引导鞍钢资本全体员工为建设央企一流产业金融平台努力奋斗。调整党支部设置，配齐配强党务干部，扎实开展“喜迎二十大、建功新鞍钢”主题实践活动，实施14项重点工作任务，党建基础不断夯实。邀请鞍钢集团党建方面专家、党校老师、集团党支部示范基地书记等开展了5次集中培训，组织33名党员参加“万名党员进党校”培训工程，进一步加强了党务工作人员业务能力和全体党员党建意识。重新修订党委工作规则等5项制度和清单，召开党委筹建组会议、党委会23次，审议各类议题220余项，有效发挥了党委领导作用。制定党建工作责任制实施办法，推动党建考核与经营绩效考核有效联动。强化党建带群建、党建带团建，主持党委会研究工会、共青团工作2次，做好工会和团支部筹建工作。

【市场化改革】 2022年，鞍钢资本召开党委会、董事会专题研究，形成改革方案，明确改革总体目标，实行全员市场化管理，向鞍钢集团申请自主用工单位备案，全面建立人力资源市场化改革体系，完善员工引进、配置、绩效、薪酬、退出等市场化管理机制。分别以市场化引进机制、市场化契约机制、市场化流动机制、市场化分配机制、市场化培养机制为切入点，制定改革方案具体措施，设计方案实施路径。充分发挥北京的信息资源及人才优势，鞍钢资本总部将迁至北京，进一步激发员工队伍活力和价值创造能力。

【产业金融发展】 2022年，鞍钢资本围绕产业金融发展战略，全面推进四大业务领域。

释放产业基金效能，助推发展战略性新兴产业。一是发挥资本运作协同平台职能，助推鞍钢集团203项目。为项目对接引入战略投资者，其中引入交银投资10亿元、华宝股权1.6亿元、湖南财信5000万元。二是持续推进主动管理产业基金工作。落实国务院国资委整改要求，调整细化双创基金2022年投资方案计划，目前已完成6个项目立项，其中已投项目中信科移动完成科创板上市，宸芯科技完成新一轮融资，估值翻倍；氢能产业基金与大连市、辽宁省引导基金对接，提交立项申请材料并获得良好反馈。三是不断加强参股基金投后管理。中金智能制造基金所投比亚迪半导体、歌尔微电子、思派网络项目IPO已报会，中金新兴二期基金所投联影科技华大智造已完成科创板IPO上市。

响应国家“双碳”目标，积极推进“碳金融”工作。一是启动鞍钢集团首单碳排放配额回购业务。创新设计碳排放配额回购业务定制化服务方案，为广州联众低成本融入资金2630万元，且不占用企业授信，不限制资金使用用途。二是积极推动碳金融创新业务交流。与中信、中金、国泰君安、申万宏源、沈阳环境资源交易所等金融机构就鞍钢集团如何通过金融手段实现低成本、高效率开展节能减排、绿电等项目进行了深度交流。三是与华宝资本共同研讨中国钢铁行业企业ESG团体标准。通过钢铁行业ESG团体标准，客观评价国内钢铁行业的ESG表现，帮助企业更好地回应利益相关方的诉求、引入投资、规避公司治理风险、承担社会责任及更好地对国家低碳转型与经济转型负责。现阶段已在中国金属学会完成立项工作。四是与中信银行合作打造鞍钢数字平台。以记录和鼓励员工节能减排行为为起点，建立涵盖鞍钢集团企业实时碳排放、产品碳足迹、员工碳普惠、集团内及产业链企业碳资信等方面的“双碳”数字新生态。

深化产融结合，以产业链金融服务实体经济。一是服务鞍钢集团实体产业。鞍钢资本通过下属租赁和保理业务平台，服务鞍钢集团产业链上下游企业融资需求，为鞍钢集团实体产业提供资金支持。2022年，鞍钢保理向产业链上下游投放资金34.96亿元；鞍钢租赁为产业链上下游投放资金12.7亿元，其中为鞍钢集团战略合作方投放资金4.7亿元；天府惠融为产业链上下游投放资金27.69亿元。二是降价打通中小企业供应商融资渠道。响应国务院国资委关于支持中小企业供应商款项支付的相关政策，全面下调了鞍钢集团各类供应商开展应收账款保理业务的业务价格。开立惠信账户1197户，开立金额累计91.63亿元，为供应链上游企业提供45.27亿元融资额度。以低成本资金打通鞍钢集团中小企业供应商融资渠道，助力鞍钢集团全产业链高质量快速发展。三是积极探索创新供应链服务模式。积极推进与四川银行、成都金控等外部资方的对接，通过供应链平台将资金机构与供应链下游融资需求全面打通，不断拓展内外部供应链场景，引入新的供应链应用场景，提供供应链综合服务，针对上下游企业等设计“投标保函”“订单宝”等业务模式。助力鞍钢集团荣获2020年中国产业区块链企业50强；2022年产业区块链企业100强第39名，钢铁行业中位列第2名。

聚焦数字鞍钢建设重点攻坚，推进数字化产业金融服务平台建设。一是开展数字化产业金融服务平台升级建设工作，以鞍钢智慧供应链金融服务平台为基础，搭建产业金融服务系统集群。二是开展鞍钢资本一体运营管理平台建设工作，技术上实现鞍钢资本常规、高频内部运营事务的全线上管理能力。三是开展鞍钢资本融资租赁业务系统建设工作，实现从立项、审查审批、合同审签到放款流程电子化，并将逐步实现租后管理线上化。四是开展鞍钢供应链票据系统的建设工作，完成上线工作，届时将成为四川首家、钢铁行业唯二取得直连票交所许可的供应链票据平台之一。五是开展2022年度信息系统三级等保测评工作，配合鞍钢集团开展国家专项护网行动、终端准入改造部署等网络安全检查工作，进一步强化由安全策略、管理制度、操作规程等构成的全面信息安全管理体系，确保业务系统安全。

【推进鞍本专业化整合】 2022年，鞍钢资本为推进鞍本专业化整合提供支撑。一是积极落实整合方案。根据鞍本产业金融实际发展情况制定《鞍本产业金融业务整合方案》并逐步落实，其中恒汇保理已结清全部业务，完成注销工作；恒亿租赁已完成业务清理及清算注销专项审计和评估工作。二是推进信息系统覆盖。在本钢集团范围内大力推广鞍钢智慧供应链信息服务平台，并在本钢集团内累计实现“鞍钢惠信”签发量7.11亿元，切实实现了以金融科技赋能本钢集团实体产业，为核心企业提供了多元化的资金支付手段。三是加强产业金融服务。调研走访多家本钢集团核心企业，充分了解各企业在产业金融方面存在的需求，重新设计产业金融服务方案，并成功通过整合后的鞍钢保理为本钢集团核心企业提供供应链金融服务。

【防范化解金融风险】 2022年，鞍钢资本深入贯彻落实习近平总书记关于防范化解金融风险的重要指示批示精神，牢固树立底线思维，坚持问题导向，夯实三个体系建设，守住不发生重大金融风险的底线。一是打造“T型”穿透式一体化风险管控体系，根据国务院国资委关于加强风险管理的工作部署，加强顶层设计，创新风险管控理念，构建“T型”穿透式一体化风险管控模式。建立横向“五位一体”的管理架构，涵盖风险管理、法律事务管理、合规管理、审计内控及违规责任追究。建立纵向穿透式管理模式，即总部风控人员直接参与子企业重大投资决策及风控合规体系建设。二是构建内部控制体系，聘请第三方机构对现行制度体系的有效性进行评估，对组织架构、人力资源、资金活动、资产管理等19个一级流程、94个二级流程进行穿行测试，发现内控现状问题34项，提出管理建议9项。针对各业务流程，梳理风险控制点213个；通过内控现状诊断，形成《内部控制现状缺陷清单》，并以诊断结果为基础，开展风险分析，设计内控控制活动，形成《鞍钢资本内控控制手册》。三是完善合规体系建设，以国务院国资委合规管理强化年为契机，完善合规管理组织架构，重塑制度体系，加强合规运营体系建设，厚植合规文化，开展制度合规大讲堂、法治合规知识竞赛等活动。

【优化财务管理】 2022年，鞍钢资本优化财务管理，提升预算管理水平。一是组织开展会计信息质量专项检查，夯实会计基础工作，并全面梳理财务制度，完善制度建设。二是按照鞍钢集团工作部署，制定全面预算管理实施方案，并组织实施、积极筹划，组织鞍钢资本及子企业应用鞍钢集团全面预算管理信息系统，提升预算管理水平。三是推进财务管理专业化整合，建立“大财务”管理体系，充分发挥“支撑战略、支持决策、服务业务、创造价值、防控风险”的基本功能，不断夯实财务报告、资金管控、税务管理等基础保障职能，深化拓展成本管控、投融资管理、资本运作等价值创造职能，确保财务资源科学配置、财务运作高效协同。

（孙雨婷）

鞍钢集团财务有限责任公司

【概况】 截至2022年末，鞍钢集团财务有限责任公司（以下简称“鞍钢财务公司”）在岗职工109人，下设党委工作部（综合管理部）、财务管理部、风险控制部（法律合规部）、稽核管理部（纪委、党政督查办）、金融科技部、公司业务部、结算业务部、金融市场部、住房资金管理部9个部门及四川分公司。

2022年，是党和国家历史上极为重要的一年，也是鞍钢财务公司发展史上具有特殊意义的一年。鞍钢财务公司以习近平新时代中国特色社会主义思想为指导，全面贯彻落实党的十九大、十九届历次全会和党的二十大精神，贯彻落实习近平总书记重要讲话和重要指示批示精神，坚决落实监管要求和鞍钢集团各项决策部署，把党的领导贯穿改革发展始终，推动高质量发展取得新成效，取得了4个重要成果：一是获评鞍钢集团先进单位；二是利润指标完成挑战值；三是服务成员单位实现3个百亿级历史新突破，票据承兑规模、贴现规模和撬动外部资源规模全部突破百亿元；四是鞍本财务公司整合融合高质量完成，主要做法在集团层面进行经验交流。2022年，鞍钢财务公司有29篇文章在集团层面刊发，19篇文章在财协层面刊发，10篇文章在《人民日报》、中国金融杂志公众号等重要媒体上刊发，荣获财协年度活动奖项5个，在鞍钢集团及鞍钢财务公司行业影响力持续提升。

【外部创效情况】 鞍钢财务公司克服钢铁行业下行、疫情影响等不利因素，强化统筹管理，多渠道实现外部创收。一是扩大资金池规模，夯实创效基础。制定资金集中度提升方案，统筹推进方案落地，年均资金集中度达到66.98%，同口径提升了10个百分点，为进一步提升创效能力奠定了坚实基础。二是精细化资金管理，提升同业收益。深入开展同业存款利率谈判，开拓外埠高收益同业账户，择优、择机配置同业存款，全年增加同业收入1014万元。三是深挖产业链需求，稳定高收益规模。全年开展产业链贴现21.33亿元，平均收益4.43%，实现收入4340万元。四是拓宽转、再贴渠道，实现利差获利。有效利用票据市场低利率窗口期，引入同业竞争机制，实现利差创效，全年增加收入315万元。

【金融服务情况】 鞍钢财务公司做优做实金融服务，以实绩实效践行“集团整体价值最大化”，累计帮助成员单位降低财务费用3.1亿元。一是优先引领，直接让利成员单位。贷款加权利率同比下降25个基点以上，贴现综合利率同比下降84个基点，累计直接让利成员单位9683万元。将协定存款利率由1.725%上调至人民银行政策最高限1.9%，累计让利成员单位超1300万元。二是统筹推进票据结算，票据服务创历史新高。加大票据推广力度，累计开展票据承兑105.73亿元，是上年规模的3.4倍，为成员单位节省财务费用超过1亿元；采取“直转联动”的业务模式，以超低价格办理票据贴现，累计规模超百亿元，是上年规模的2.2倍，有效压降成员单位财务成本。三是深化同业合作，撬动外部资源创历史新高。主导“企财银”战略合作模式，引入外部低成本资金100.66亿元，是上年规模的3.5倍，帮助成员单位平均压降利率103个基点，降低财务费用超过0.71亿元。四是多点发力，特色业务亮点纷呈。累计为成员单位开办法透业务和过桥贷款167.00亿元，有效解决资金周转需求。实现全国海关“一票通保”，为鞍钢国贸、本钢国贸开立10亿元关税保函，节省财务费用4000余万元。为本钢、矿业公司等提供财务顾问服务合计17亿元，共降低发行成本1250万元。为成员单位提供绿色金融服务5.84亿元。

【风险管理情况】 鞍钢财务公司以专项行动为抓手，加强内控合规管理，筑牢稳健经营根基。一是开展数据治理专项行动。将数据治理纳入公司治理范畴，以监管数据为切入点、数据质量控制为重点、数据价值实现为目标，制定《数据治理工作方案》并推动落地。二是开展监管评级提升专项行动。贯彻落实监管要求，着力提升监管评级，评级体系中定量指标由31.98分提升至36.79分（满分40分），提升了15个百分点。三是开展“合规管理强化年”专项行动。以开展弘扬合规文化专项行动、合规体系建设深化行动和合规管理能力提升行动“三项行动”为抓手，系统开展规章制度质效评估、对标合规体系建设等活动，合规管理体系建设得到不断深化。四是开展风控系统建设专项行动。以指标监测为重点，完成风控系统一期建设，将全部27个监测指标纳入系统，实现指标实时在线监测，有效提升风险预警能力。

【科技创新情况】 鞍钢财务公司聚焦“数字鞍钢”建设重点任务和“十四五”信息化发展规划总体安排，加快推进数字化、智能化、信息化建设。一是强化顶层设计，明确发展路径。制定数字化转型方案，明确管理智慧化、业务智能化、服务数智化路径，着力构建“8-6-1”金融科技服务体系。二是开展研讨交流，统一思想认识。开展公司级和部门级信息化工作专题研讨，明确信息化工作的主体责任和管理责任，统一思想认识。全员集思广益，确定信息化建设重点工作任务6大类54项。三是聚焦重点项目，推进落地见效。建成运营监控平台、风控系统，实现业务可视化监控，防范资金风险；持续完善金融系统，实现发票批量在线验真和重点业务移动审批，提升工作效率；完善财监直联支撑金融业务，建成征信报告查询前置系统，有序推进二代征信和新一代票据系统建设；开展核心系统改造，支撑集团司库系统建设。

【基础管理情况】 鞍钢财务公司全面对接鞍钢集团管理要求，切实转变干部作风，提升精细化管理意识，不断夯实基础工作，管理治理水平得到稳步提升。一是全面预算管理体系不断完善。全面落实集团聚焦全面预算管理重点攻坚要求，建立完善“4+1”全面预算管理模式。推进全面预算管理信息系统主体功能如期上线，实现了业财融合。二是专业化整合圆满收官。高质量完成鞍本财务公司整合，成为集团专业化整合典型案例，主要做法在集团层面进行经验交流，在《中国财务公司》第5期刊发。三是公司治理规范水平持续提升。完成公司章程修订，同步完善《董事会议事规则》《授权管理办法》等基础制度，进一步梳理“三会一层”权责，形成“三会一层”会议议题清单，管理基础得到进一步夯实。四是行业影响力有效提升。积极与监管机构、集团总部部门和中国财协建立常态化沟通联系机制，主动争取上级指导。积极参与财务公司协会组织的各项活动，荣获“财务公司行业改革发展35周年征文活动”一等奖、二等奖各1项，同时荣获最佳组织奖；2篇论文在《中国财务公司》期刊发表，1名员工荣获中国财协2022年度优秀通讯员。

【党群工作】 2022年，鞍钢财务公司党委坚持以习近平新时代中国特色社会主义思想为指导，学习贯彻党的十九大、十九届历次全会和党的二十大精神，贯彻落实鞍钢集团二届五次全委（扩大）会议精神，坚持和加强党的全面领导，实施“15345”党建系统提升工程，打造高质量党建，引领保障高质量发展。深化政治建设，政治引领更加深入。一是扎实做好迎接和学习宣传贯彻党的二十大精神工作。扎实开展习近平总书记重要指示批示精神再学习再落实再提升主题活动，制定迎接党的二十大重点工作的安排，统筹抓好并全面完成各项重点任务，以优异成绩迎接党的二十大胜利召开。组织收看党的二十大开幕直播，召开党委会、党委理论学习中心组学习（扩大）会，专题部署传达学习贯彻党的二十大精神，领导班子成员带头到部门宣讲，开展知识竞赛，以“四学四讲四宣传”迅速掀起学习宣传贯彻热潮。二是严格落实“第一议题”工作机制。通过党委会传达学习习近平总书记重要讲话和重要指示批示精神67篇次、通过党委理论学习中心组学习52篇次，建立台账分工112项199条措施，已完成171条，阶段性完成28条。三是持续深化巡视整改。开展“回头看”，巡视反馈42项重点问题和选人用人11项重点问题制定的整改措施和标的已全部完成。先后向集团党委、集团纪委（监察专员办公室）报告了巡视整改总结报告、巡视整改总体情况报告、巡视整改工作报告，主动接受指导和监督。认真落实巡视整改工作评价意见，对反馈和整改长期坚持的17项问题一体制定整改清单，落实27条整改措施。四是全面贯彻“两个一以贯之”。完成公司章程的修订和备案，进一步落实“党建进章程”要求；全年召开党委会25次，53项重要事项全部经党委会前置研究讨论通过后再经董事会等决策，充分发挥党委把方向、管大局、保落实的领导作用。五是把上级重要决策部署落实到位。精准落实疫情防控、安全发展各项措施，最大程度保障职工群众的生命健康安全，实现经营管理平稳有序。建立贯彻落实鞍钢集团二届五次全委会、二届一次职代会精神暨领导班子年度重点工作任务分工，司库建设、鞍本财务公司整合等重点任务高质量完成，相关做法在鞍钢集团党委基层党建与生产经营深度融合暨党支部建设研讨会（2022年三季度基层党委书记例会）上进行现场交流发言。深化组织建设，党建提质升级不断推进。一是压紧压实党建工作责任。制（修）订党建工作制度8个，健全党建工作制度体系，推进党委、党支部、党员三个层面责任落实，形成一级抓一级、层层抓落实的工作格局。二是推进党支部强基提质升级。召开党委（扩大）会暨党支部建设工作会议，实施党支部工作强基提质升级方案，建立党支部工作对标提升清单，按季度开展党支部综合调研并通报具体情况，查摆157个重点问题并督导整改完成；编发党支部标准化规范化建设等6个规范，与重机轧辊、中国银行等8个党支部签订共建协议8份、开展共建活动9次，实现“一支部一特色、一支部一品牌”，获评集团“样板”党支部1个。三是强化党员教育管理。通过“万名党员进党校”培训工程、轮训班等强化教育培训，全体党员集中轮训完成率100%。高质量召开党史学习教育专题民主生活会、2021年度组织生活会，党内组织生活质量不断提高。年度发展党员工作目标全面完成。四是党建工作创新实践取得新突破。扎实开展“喜迎二十大、建功新鞍钢”主题实践活动，完成“党建+”项目20项、党建课题6项、党建创新案例5项，入选《鞍钢集团基层党建创新案例选编（第三辑）》2项。

（张　骞）

合谊地产有限公司

【概况】 合谊地产有限公司（以下简称“合谊地产”）是为有效盘活集团旗下企业存量土地资源，经国务院国资委批准，于2016年4月组建的全资子公司。2017年3月完成市场化改革，遵循行业规律和企业自身发展规律，从过去福利型后勤企业转化为市场化活力公司。总部设在四川成都，拥有房地产开发一级资质，100%市场化用工，2022年末职工人数118人。

合谊地产总部设置7个部门，分别为战略发展中心、科技创新中心、营运管理中心、财务管理中心、人力行政中心、风控管控中心及党群（纪检）工作部，下辖10个主体子公司，分别为合谊加（成都）科技有限公司、合谊实业有限公司、重庆合谊明诚房地产有限公司、重庆丰容地产有限公司、江油合谊房地产开发有限公司、合谊置地发展有限公司、合谊（鞍山）发展有限公司、天津鞍钢国际投资有限公司、惠州市丰益实业发展有限公司及成都华益房地产有限责任公司。

【企业管理和业务经营】 2022年合谊地产实现收入14.74亿元，报表利润1.9亿元，资产负债率较年初下降1.2个百分点，人工成本利润率提升21%，全面完成全年工作目标。

经营利润实现新突破。应对困难，合谊地产采取有效措施，加强精细化管理，梳理盘活存量资产，全年实现报表利润1.9亿元；在处理历史遗留问题方面，主动作为，物业公司和四川区域成功解决了十陵老商铺产权办理问题，盘活无效资产2000余万元；在实现经济价值的同时，主动承担央企责任，为小微企业和个体工商户减免租金1012万元。

不动产运营打开新局面。合谊地产2022年以来积极承接集团内部企业需求，推进相关低效资产盘活。充分利用党和国家重大政策，导入优势产业资源，助力攀成钢金堂分厂搬迁转型升级，9月22日和金堂县人民政府签订了战略合作协议；与鞍钢工程发展公司结成产业联盟，盘活原住宿中心土地，4月27日上市托底，开发合谊文成里项目；通过重庆钛业老厂区项目控规优化，新增可出让商住用地31.3亩，有效提升土地价值；积极推进大连产城融合示范项目，策划盘活本钢大耐厂土地14.6万平方米，解决历史遗留问题，方案获得大连规划局专家认可；服务打造世界一流矿山，与鞍钢矿业共同在西鞍山铁矿和眼前山铁矿，推进矿山土地空间综合利用。

项目建设取得新进展。合谊万璟台项目被成都市住建局评为19家“2022年优质示范工程”之一，项目园林景观、社区营造得到业主认可；合谊理想城L08通过前期策划，穿插施工，交叉作业，较常规工期提前6个月，实现顺利交付；合谊花溪湾成为巴南区品质样板项目，精心打造2500平方米实景景观、2000平方米地下车库、干挂陶板外立面、架空层、入户大堂、批量精装样板间，让客户更好体验项目的匠心设计和真实品质。合谊江城公馆推进通明路开工建设，东北区域合谊文成里项目冬歇前完成售楼部主体施工。

“大运营”体系提升新水平。以两管两控为核心，市场化运营机制更加完善，营运管理中心坚持“12412”会议管理体系，定期召开经营分析会，分析评价，及时纠偏，确保各经营单元跑赢大盘、跑赢自身。与集团内部兄弟单位形成产业联盟，建立“大总包”模式，发挥各自专业优势，实现集团利益最大化。工程管理通过自检、互检、交叉检方式，推动项目安全、质量、环保主体责任落实。科技创新中心和造价部门在保证品质的前提下，严格控制结构指标，进行限额设计，同等品质比成本，深挖设计价值，用产品力换溢价。招采部门通过集中采购、100%公开招标等方式，降低成本2600万元；造价部门强化全成本对标，深挖价值链各环节降本潜力，完成58项合同结算，平均审减率3.94%；物业公司强化物业秩序、保洁委外成本管控，每平方米降本0.51元；商管公司通过改造修复、业态调整、无效空间利用等方式，增加租赁面积4780平方米，年租金增加225万元。

三项制度改革取得新成果。认真落实国企改革三年行动要求，合谊地产全面市场化用工的做法，得到集团人力资源部表扬，并作为经验进行推广。坚持市场化选人，强化人岗适配度，推行任职资格标准化、选聘流程体系化、人选范围标杆化。坚持市场化用人，强化绩效考核，科学设置目标、人员强制分布、考核结果刚性运用，人才队伍既有压力，又有活力。重视人才培养，遵循“721”员工成长法则，组织员工读书会。坚持100%市场化用工，推进组织变革和专业化整合，形成“7+5”不动产运营组织架构，坚持市场决定用工规模，“忙时一大片、闲时看不见”，经营单元人数随业务动态调整。

科技创新取得新进展。用全球最可靠的技术，在不动产价值链提升过程中寻找盈利机会。从用户体验入手，发挥集团特色优势，用“百年住宅”抢占行业科技制高点。科技创新中心与中标院开展“重型钢制建筑”研发，逐步打造标准化产品，可运用在新农村建设、城乡一体化建设、矿山修复等领域，推广集团优势产品在民用建筑领域的应用。攀钢南山宾馆旧改项目是不动产新尝试，于9月29日开工，改造后可增加营业面积2300平方米，重新焕发园林酒店生机，空间价值管理上了新台阶。合谊加推进整体厨房、整体卫浴、整体收纳，增加客户使用面积，提高客户满意度。合谊万璟台项目通过绿色住区评审，税收减免3254万元。

全面预算实现新支撑。财务管理中心落实集团全面预算管理要求，建立健全合谊全面预算管理组织体系、制度体系，新增预算制度4个，司库管理、财务共享和财务专业化整合按计划完成上线。强化资金精益管控，建立动态资金管理模型，坚持“现金为王”，以收定支、开源节流。创新融资手段，新增保理、财票等方式保障工程款支付；积极对接银行，按揭回款达成率96.46%；税收政策应享尽享，完成留抵退税及减免税款共5003万元。财务管理发挥出“支撑战略、支持决策、服务业务、创造价值、防控风险”的重要作用。

数字合谊实现新高度。人力行政中心落实鞍钢集团“数字鞍钢”战略，立足行业特点，建立数据仓库，不断完善IT系统支撑管理体系，形成合谊地产所有业务闭环，阳光公开经营。打造以BIM技术和3D仿真为核心的数字化生产平台，形成整合项目交付IPD模式，在设计、制造和施工等所有阶段优化项目呈现，降低项目成本，工期将大幅缩短，其中BIM系统已于11月上线试运行。持续推进知识管理，知识成果已收集12个类别、10559份，项目管理类占比47%。

增强“政治三力”，筑牢国企根魂。从坚决拥护“两个确立”、做到“两个维护”的高度统筹抓好迎接宣贯党的二十大各项工作，推动迎接党的二十大重点工作方案和任务分解清单层层落实，扎实开展习近平总书记重要指示批示精神再学习再落实再提升主题活动，以优异成绩迎接党的二十大胜利召开。始终把党的政治建设摆在首位，不断提高“政治三力”，把抓好学习宣贯党的二十大精神作为首要政治任务，推动党的二十大精神在合谊一贯到底、落实落地。

坚持党建引领，业务深度融合。合谊地产把党的领导融入公司治理各环节，印发权责清单和实施方案4个，修订制度1个；发挥党支部战斗堡垒和党员先锋作用，重庆区域共产党员工程降本增效400余万元；“大监督”体系持续完善，开展监督、执纪、问责，追责问责13人，签订廉洁承诺书151份，建立廉洁档案29人；落实集团“合规管理强化年”部署，深化普法教育，主动预防风险，15项审计问题全部完成整改，集团法律合规部调研合谊，对合规与风控管理工作给予肯定；落实疫情防控要求，江城公馆、乐湖、理想城物业担当尽责，保障业主健康；践行共享理念，切实关爱职工。建立为职工办实事项目清单，立项7项，已完成6项，持续推进1项，全年婚育和生病慰问10人次、专项慰问799人次，举办集体生日会4次，组织健康体检，职工归属感、认同感进一步增强。

（钟　爽）

· 直属机构 ·

鞍钢集团北京研究院有限公司

【概况】 鞍钢集团北京研究院有限公司（以下简称“北京研究院”）成立于2019年8月，由鞍钢集团、鞍山钢铁、攀钢、矿业公司共同出资组建，注册资本金5亿元。北京研究院以服务国家和鞍钢集团发展战略为根本，面向世界科技前沿、面向经济主战场、面向国家重大需求，以国家重大工程和战略性新兴产业发展需求为牵引，重点开展基础前沿、关键共性、颠覆性技术研究，着力打造关键共性、前瞻性技术研发平台，技术成果转移转化产业化平台，创新人才集聚平台，国家科技创新先行先试激励政策应用示范平台，开放创新合作平台。截至2022年底，在岗职工131人，其中，科研人员110人；博士56人。

【组织架构】 北京研究院设董事会、监事会。领导班子设党委书记、总经理（院长）1人，党委副书记、纪委书记、工会主席1人，副总经理（副院长）1人；设首席技术官1人；部门设有科研管理部、党群工作部（纪委、人力资源部、董事会办公室）、研发保障中心、综合财务部，研究机构设钢铁研究院分院、钒钛研究院分院、矿山先进技术研发中心、未来钢铁研究院。

【公司治理】　坚持把党的政治建设摆在首位，制定《2022年全面从严治党重点任务清单》，明确2022年度5方面18项重点工作。制定《领导班子"一岗双责"责任清单》《党风廉政建设责任制实施与考核追究办法》，明确一级抓一级、层层抓落实的责任机制。建立领导班子基层党建联系点4个，服务专家、劳模和典型对子5对，服务职工对子5对。党委专题听取班子成员抓党建工作情况汇报，定期听取纪检、工会和共青团工作情况汇报，定期研究意识形态、保密等工作。严格履行重大事项党委会前置审议程序，全年党委会研究讨论党的建设、人才规划和前置审议战略规划、重大资产处置等工作159项。修订《基层党建工作责任制考核评价办法》，完善党支部考评机制，与5个基层党支部书记签订年度党建工作目标责任书，开展基层党支部书记述职评议和党支部年度党建考评考核。针对集团党委2021年度党建工作责任制联合考评反馈4项问题，制定措施11条按期完成整改。

【科技创新】　聚焦"先进材料、智慧制造、数字研发、增材制造"4大研发领域和12大研发方向，2022年承担科研项目72项，项目完成率90%以上。牵头的1项国家项目实现三大冶金关键部件服役寿命领先国际先进水平，在鞍钢示范应用；负责的1项国家项目完成了含纳米增强相的NiCo合金镀层成分设计和制备，阐明纳米硬质强化复合镀沉积机理；负责的1项集团重大项目成功试制厚度为0.20毫米极薄高磁感HIB取向硅钢和0.20毫米厚Fe-6.5Si高硅钢薄带，为工业生产试制提供技术支持；自主开发的5G云化PLC技术成功发布，实现多点异地实时控制。申请65件专利、6项PCT，形成7项软件著作权，发布6项企标，认定48项专有技术，发表58篇高水平论文，获冶金科技奖三等奖1项、冶金矿山科技奖一等奖1项、上海市科技进步奖一等奖1项。

【实验平台】　以建设世界一流数字化研发实验平台为目标，建成以"高通量计算、高通量实验、高通量表征"为代表的3大基础实验平台和8大专业实验平台，配置实验设备26台（套），建立实验设备操作规程39项。与基地研究院统筹大型仪器采购及中试项目建设，调整零固项目10台（套），节省投资766万元，避免重复投资。推动鞍本北研发手段共建共享，建设数字研究院联合体，建立三院一体化信息管理系统，已上线试运行。

【一体化工作】　成立一体化工作领导小组和一体化工作专家委员会，制定了《鞍本北研发机构业务一体化工作实施方案》，确定业务规划、科研立项、人力资源、制度设计、信息化、条件保障、党建共建等7个领域35项工作任务和工作标的，打造冶金工艺、中厚板、薄带与长材、电炉钢、新材料、共性技术、研发支撑等7个研发集群，做到改革任务清单化、标的推进网格化，实施挂图作战，全面完成各项任务指标。结合北京研究院功能定位和区位优势，梳理出"支撑业务+特色业务+基础业务"的"721"一体业务架构，组建特钢研发中心，为集团特钢事业提供研发支撑。与煤炭科学技术研究院成立"煤炭资源清洁高效利用联合实验室"，与中国铁道科学研究院建立战略合作，开展联合实验室开放课题12项，新增对外合作项目24项，累计开展对外技术交流100多次，参加人数达700多人次。

【人才引进】　完善党管人才领导体制，建立党委人才工作领导小组，制定《北京研究院"十四五"人才发展规划》，加快打造鞍钢集团人才高地。修订《北京研究院人才引进管理办法》，制定《进一步加强联系服务专家工作实施办法》《北京研究院市场化引才荐才奖励办法》，持续优化"高端领军—成熟主力军—应届生力军"人才梯队。加快实施"人才飞地"工程，构建"人才落户中心城市、服务支持生产基地"的人才共享协同机制，切实发挥研发机构一体化运作成效。全年共引进首席技术官1人，博士后2人，成熟人才2人，北京大学等知名高校应届博士14人、硕士6人。目前，北京研究院职工博士56人，占比43%；硕士68人，占比52%。实施"英才计划"，选拔培养技术领军1人、技术拔尖4人、技术骨干11人。实施"导师带徒"，为38名新入职毕业生建立院内和基地双导师。制定《北京研究院在职学历提升管理办法》，选拔5名优秀人员依托科研项目在职攻读博士学位。结合集团研发机构一体化运作要求，将17个研发团队优化调整为10个，为全体科研人员建立基地科研伙伴116对。

与清华大学、北京理工大学建立博士生联合培养协议。深入实施“摇篮计划”，动态更新入库人员，按照“成材、树苗、种子”三个层次进行分类培养，为15名后备人选制定“一人一卡”，加强实践锻炼和岗位历练。选拔2名优秀干部参加集团“80、90后”培训班，选派22人到鞍山钢铁、攀钢基地短期锻炼，选派5人到基地研究院长期挂职。启动北京研究院“青马学堂”，选拔16人开展培训。完成2021年度自管领导人员综合考核评价，对评价为“优秀”的予以表彰奖励，切实发挥考核“指挥棒”作用。

【党群工作】 党建工作。压紧压实管党治党主体责任。坚持把党的政治建设摆在首位，制定《2022年全面从严治党重点任务清单》，明确2022年度5方面18项重点工作。制定《领导班子“一岗双责”责任清单》《党风廉政建设责任制实施与考核追究办法》，明确一级抓一级、层层抓落实的责任机制。建立领导班子基层党建联系点4个，服务专家、劳模和典型对子5对，服务职工对子5对。党委专题听取班子成员抓党建工作情况汇报，定期听取纪检、工会和共青团工作情况汇报，定期研究意识形态、保密等工作。严格履行重大事项党委会前置审议程序，全年党委会研究讨论党的建设、人才规划和前置审议战略规划、重大资产处置等工作138项。修订《基层党建工作责任制考核评价办法》，完善党支部考评机制，与5个基层党支部书记签订年度党建工作目标责任书，开展基层党支部书记述职评议和党支部年度党建考评考核。针对集团党委2021年度党建工作责任制联合考评反馈4项问题，制定措施11条按期完成整改。进一步抓实党支部基础建设。践行新时代党的建设总要求和新时代党的组织路线，制定《2022年度党建工作要点》，持续巩固深化党史学习教育成果和全国国企党建会精神落实成果。扎实开展“基层党支部建设提升年”活动，开展党建专题讲座和对标交流3次，组织各党支部及时完善10项基本工作制度，全面完成所属5个党支部换届选举。开展《中国共产党党徽党旗条例》贯彻落实排查，清查整治突出问题规范党务工作，不断提升党支部标准化规范化建设水平。对党支部按季度进行评价指导，选树“四型党支部”，推进党支部晋位升级，成功选树1个集团“样板”党支部。

宣传工作。深入学习宣传贯彻党的二十大精神。第一时间制定方案，深化“六学六讲六抓”要求，开展“大学习、大讨论、大宣讲、大调研、大宣传、大竞赛”六大主题活动，持续推动学习培训、研讨交流、集中宣讲、调查研究、新闻宣传、特色活动走深走实。学、思、悟环环相扣，点、线、面融会贯通，传、帮、带多措并举，党政工团齐发力，确保完成“五个方面见实效”的工作目标。以学习贯彻党的十九届六中全会精神为重点，细化工作方案，持之以恒推进党史学习教育、宣传，用好首都红色资源，组织参观“奋进新时代”主题成就展、《钢铁意志》首映礼，持续开展“四史”教育和鞍钢发展史宣传教育，把常态化长效化学习党史的过程作为强化党的意识、党员意识的过程，引导广大科研工作者坚定历史自信、增强理论自觉、提高政治能力、激发昂扬斗志。

纪检监察。制定《2022年党风廉政建设和反腐败工作要点及任务分工方案》，明确6方面29项内容，结合科研单位实际，探索建立专项监督和特色监督相结合的监督体系。深化“廉洁档案”和“廉洁地图”建设，持续排查并整改廉洁风险和管理问题，完善相关管理制度10余项。将掌握核心技术的首席研究员、涉及设备招标采购的研发人员8人纳入清单动态管理，建立完善各类关键敏感岗位人员“廉洁档案”27份。突出纪律监督与审计、财务等专业部门监督、职工民主监督相结合，用好党风廉政建设监督员，调整监督员3人次，反馈建议14条，督促相关部门限期完成整改，在全院形成人人参与监督的氛围。制定《2022年整治形式主义官僚主义为基层减负工作要点》，围绕压减文件会议数量、深入解决“指尖负担”等问题，制定并完成为基层减负重点任务清单15项，实施“无会日”制度。持续深化整治“靠钢吃钢”问题，开展科研备品备件采购及管理专项治理，着力防范廉洁风险，开展谈心谈话20余人次，组织8个部门和分院自查自纠，重点关注计划、招标采购、合同、供应商、验收使用及库存管理等关键业务，紧盯权力运行各个环节，在行政授权监管、招标采购审批管理、实验设备管理、测量仪器校准等方面发现存在潜在风险4项，督促及时完成整改。大力开展劳动关系清理整顿，公开通报3次，解除劳动合同1人，持续强化震慑。处置问题线索1个，灵活运用“第一种形态”5人次。

统一战线。制定《2022年北京研究院宣传思想文化和统战工作要点》，明确全年5方面15项工作任务。制定《领导班子包保督导信访矛盾化解责任分工方案》，压实信访工作责任。修订《北京研究院新闻宣传工作管理办法》，建设运营北京研究院官方网站和微信公众号，建立网络评论员和舆情观察员队伍，讲好鞍钢故事和北京研究院故事。聚焦三项制度改革、研发机构一体化运作等重点工作，坚持职工思想状态研判和形势任务教育，加强舆情监控。加强国外技术合作与交流管理，开展政策宣讲和新入职员工培训，做好党的二十大期间网络舆情管理工作。强化政治引导，及时向党外人士传达党的各项会议精神，吸收优秀青年向党组织靠拢，目前，半数以上青年提出入党申请。

精神文明。大力弘扬劳模精神和科学家精神。强化典型引领，邀请郭明义同志讲党课，选树集团“三八”红旗集体1个、“三八”红旗手1人，开展主题走访慰问活动1次。深化职工自主创新，开展“精益管理、对标提升”两级主题劳动竞赛，参与100余人次，积极营造比学赶超氛围，加快打造具有“功成不必在我”境界和“功成必定有我”担当的科研团队。

工会工作。完成工会组建，召开一届一次职工大会，深化民主管理，建设关爱女职工活动室，让职工拥有自己的“家”。坚持重大节日走访慰问和困难职工帮扶制度，慰问职工20人次。全面完成13项“我为群众办实事”项目，职工代表满意度100%。在疫情形势严峻的情况下，重点关注职工身心健康，邀请专家讲座，开展心理疏导，组织各党支部为隔离职工送温暖。为全体职工办理补充医疗和大病救助保险，为女职工办理安康保险，组织女职工专项体检和职工体检，发放生日卡，开展“夏送清凉”“金秋助学”，组织诗歌朗诵、摄影比赛等文艺活动和乒乓球、羽毛球等体育活动，职工的认同感、归属感和安全感显著提升。

共青团工作。坚持党建带团建，建立党委班子党建带团建工作联系点4个。选树出集团五四青年奖章1人、青年文明号1个、青年岗位能手1人，集团青年创新登高“金牌”项目1项、青年数字化创新大赛“十佳项目”1项。组建“郭明义爱心团队北京研究院分队”，在疫情防控、制止餐饮浪费等工作中，组织青年持续深化“跟着郭明义学雷锋”活动。班子与青年常态化谈心谈话，围绕科研中心工作，为青年人才树信心、教方法、给项目、配经费，充分激发后备军活力。

（刘　榴）

鞍钢集团经济发展研究院

【概况】 鞍钢集团经济发展研究院（以下简称“经研院”）成立于2010年3月，是鞍钢集团有限公司直属的研究机构，是鞍钢集团第一家去行政化试点单位。2016年9月，为更好地发挥经研院对企业战略研究、深化改革、产业发展的智库支持作用，鞍钢集团进一步完善经研院体制机制，将经研院与鞍钢集团钢铁研究院科技信息研究所整合，重新对经研院的功能定位、组织架构进行建设，调整优化研究方向。现经研院下设钢铁产业研究所、新兴与多元产业研究所、竞争力与国企改革研究所、宏观经济与国际化研究所、专家委员会办公室5个内设机构。经研院现有人员28人，其中，高级职称18人。

经研院功能定位是围绕战略研究、产业发展和改革创新，开展前瞻性、基础性研究，为鞍钢集团战略决策、钢铁产业升级、新兴产业培育及商业模式创新提供支持。核心任务是为集团高层决策提供信息支持及建议，为集团实施战略调整提供支撑和引领，为改革创新提供基础支撑，为子企业和新兴产业发展提供咨询指导。发展目标是打造“战略发展研究综合信息平台，国企改革与管理创新的协同研究平台，创新型人才培养和输出平台”，成为战略发展、改革创新的思想发动机及对外交流窗口，逐步建成与企业竞争力提升需求相适应的一流企业智库。

2022年，经研院以习近平新时代中国特色社会主义思想为指导，以鞍钢集团二届五次全委会及二届一次职代会精神为引领，围绕鞍钢集团2022年“实现五个新突破，聚焦五个重点”总体工作部署，精心搭建“2+5”研究工作新布局，即搭建2个平台（集团内外部智库建设协同平台、内外部交流合作平台），布局5个重点领域（政策热点研究、战略研究、产业研究、数字鞍钢、改革创新），开展前瞻性、基础性研究工作，认真贯彻集团领导对经研院“既要仰望星空，又要脚踏实地，服务鞍钢高质量发展大局和中心工作”的重要指示精神，立足新发展阶段，为高质量发展新鞍钢建设贡献智库力量。

【获奖情况】 2022年经研院科研能力持续提升、研究方法逐步完善，研究能力获内外部认可，第一次被评为鞍钢集团先进单位。研究成果“央企推动共建‘一带一路’高质量发展研究”“中央企业基于实践案例的碳达峰碳中和实现路径研究”“加快发挥中央企业科技引领作用研究”“中央企业供应链创新研究”获中央企业智库联盟2019—2021年度“十佳课题”。

【完成研究报告】 2022年，经研院围绕集团工作部署，聚焦集团中心工作开展前瞻性、基础性研究，以专题研究为主线，开展了“十四五”规划、对标、改革及宏观政策跟踪等方面的重点研究，为战略调整及改革创新等工作提供支撑，发挥“企业智库”的作用。共计形成各类研究成果447项，共获得集团领导批示44次，多项研究成果获得集团采纳应用。

【重点工作开展】 2022年，经研院深度参与集团战略规划、改革、数字鞍钢、政策研究等重点工作，研究工作受到集团领导的肯定，企业智库作用不断发挥。

1. 深度参与数字鞍钢建设。研究探索建立数字鞍钢“智慧指数”评价体系，完成首轮智慧指数项目评价工作，形成评价结果分析报告；在第三届数字鞍钢现场推进会上，林垚院长代表数字鞍钢建设领导小组作《指数领跑 跑出数字鞍钢建设加速度》主题演讲，并正式发布智慧指数（钢铁、数字产业）评价体系及首轮评价结果。

2. 深入开展产业研究。研究报告《对于将高炉渣资源整合纳入鞍钢重组本钢快赢项目的建议》获谭成旭董事长批示并实施，相关工作已在集团内部正式推进；研究报告《关于开展钢铁产品生命周期评价的必要性分析及对鞍钢的建议》获谭成旭董事长批示，安全环保部按照批示要求深入研究，将钢铁产品生命周期评价列为子企业环能季度大会汇报内容之一；研究报告《风电产业发展现状及对鞍钢的建议》获谭成旭董事长批示，战略规划部按照批示要求组建专班并研究制定绿色能源系统规划方案。

3. 加强以“五力”体系为核心的战略闭环研究。定期发布集团层面监控报告；开展集团各产业发展环境分析，为集团三年滚动规划编制提供支撑；为子企业进行“五力”体系培训，推广“五力”分析在子企业层面的应用。

4. 加强政策研究。及时对宏观经济及产业政策进行跟踪、解读，提供应对策略，抵御政策风险，为集团战略执行提供有力支撑。多项政策解读报告获集团领导批示。

5. 承担集团社会责任管理工作，组织编制完成《鞍钢集团有限公司2021可持续发展报告》，并正式对外发布。报告获金蜜蜂2022优秀企业社会责任报告·长青奖二星级奖。

6. 在开展研究工作的同时，做好研究成果整理总结，研究方法细化，组织编辑《鞍钢集团经济发展研究院2021年研究报告选编》，印刷成册，供各级领导及单位交流参考，为经济研究工作提供指导借鉴。

【加强内外部交流】 在开展研究工作的同时，不断发挥经研院内外部交流平台作用，发表鞍钢声音及观点，推进内外部交流合作，提升研究能力，为中心工作提供服务支撑。

1. 经研院充分发挥集团内外部智库协同平台作用，与集团办公室共同开展智库建设工作，推进两家外部咨询机构开展“一站式”综合陪跑咨询项目，制定工作机制，规范研究成果上报流程，建立内外部智库研究成果快速上报通道，组织、协调两家机构开展咨询研究工作，咨询项目顺利开展并取得成效，获得领导的肯定，对集团决策及产业发展提供有力支撑。

2. 加强与辽宁省政协、发改委、工信厅等的工作交流沟通，林垚院长参加省政协会议，积极建言献策，提交3项政协提案，其中《关于加快推进提升辽宁省钢铁产业集中度的提案》获得辽宁省第十二届政协优秀提案。

3. 经研院受邀参加“华为·辽宁数字峰会2022”，并代表鞍钢集团作主题演讲《“数”“智”澎湃新动能——加快建设高质量发展新鞍钢》。

4. 积极参与中央企业智库联盟重点课题研究工作，2022年，参与重点联合研究课题2项；参加由国务院国资委改革办推动指导、中石油牵头的国务院国资委联合研究课题，与其他参加中央企业共同完成课题报告。

（潘文龙）

鞍钢集团人力资源服务中心

【概况】 鞍钢集团人力资源服务中心（以下简称“人力中心”）成立于2016年，是鞍钢集团直属单位。截至2022年末，人力中心共有职工93人，其中，领导班子设置3人。下设综合管理部、系统支持部、员工业务中心、薪酬业务中心、职业发展中心、用工管理中心、外事服务中心7个部门。人力中心党总支部下设综合管理部党支部、系统支持部党支部、鞍钢人服公司党支部、员工业务中心党支部、薪酬业务中心党支部、职业发展中心党支部、外事服务中心党支部7个党支部。人力中心开展共享服务，代行部分管理职能，并按照集团公司要求，承担重点阶段性、临时性工作。人力中心坚持市场化运营，按“收支平衡”原则，对共享服务类业务实行有偿服务；对代行职能类业务由鞍钢集团核定费用。

【转型升级】 2022年4月15日，集团公司印发《鞍钢集团人力资源服务中心转型升级实施方案》，启动人力中心转型升级工作。一是推动方案落实。重新调整机构及岗位设置，精准核定定员，人员效率进一步提升；新增业务监督、政策研究、人才盘点、培训运营等20项职能；班子成员定期参加集团人力资源部工作例会，各业务部门与集团各职能模块密切配合，实现专业协同和业务的有效融合。二是优化现有职能。全年集中对劳动纪律、员工招录、涉密人员等开展监督检查，对63家自主用工企业建立监督台账，督促完善制度49项；配合做好劳务管理系统建设，保证业务合规运行；加强政策理论研究，在赋能中心建设、共享用工政策等方面提供专业支持。制定全口径岗位定员编制意见、人工成本管理办法，建立人力资源全口径管理的新模式；提出技能人才激励及疫情期间劳动组织、薪酬待遇等建议，助力抗疫保产；强化数据决策支持，完成2021年度鞍钢集团和重点子企业人力资源分析报告。根据三项制度改革16项指标，按季度分析进展成效，为推动改革提供决策参考。三是推动人才发展。构建“1+X”专业能力模型体系。超进度完成150个专业，22万道试题开发，为能力认证、培训开发奠定坚实基础；建设人才测评中心，完成经营管理能力和专业能力两大测评系统建设工作，具备人才管理全场景、全层级测评功能，满足人才招聘、后备人才选拔、培养发展等需要。四是开展信息系统改造。全面分析集团及子企业人力资源管理现状，针对短板弱项，系统提出数字化建设总体目标和方法策略。深入了解国内优质人力资源平台产品，组织适应性测试，形成选型建议报告，统筹谋划系统升级改造工作方案，梳理人力资源业务流程及标准187项。公开招标确定东软为外部实施商，组建“总部+中心+信息产业”百人建设团队，组织个性化需求调研，按计划完成蓝图设计，形成需求说明书26项、自助看板指标117项。

【共享服务】 一是做好新员工招聘入职。发挥“线下+线上”“网页+社群”等平台优势，择优引进毕业生500名。同时，以“一站式”服务完成268名新员工入职，为集团公司注入新鲜血液。二是规范开展薪酬保险服务。主动关注政策变化，加强研究解读，规范指导执行，鞍山区域186家单位薪酬核算和保险申报业务，准确率达到100%，解决5.5万人医疗信息缺失和11万余名退休人员医疗基础补调。三是精准落实惠企政策。跟踪政策变化，优化工作组织，完成鞍山区域144家单位失业稳岗返还，申领金额3098.44万元，确保各单位应享、尽享、快享政策红利。四是强化疫情防控。严格落实联防联控机制，特别做好静默期间工作安排，调整应急预案，发布服务公告，保证静态管理期间各项业务顺行。

【职能管理】 一是职业能力管理。完成职业工种技能标准开发97个，修订工程系列专业技术资格考试大纲49个，开展全专业工种的题库建设，健全职业能力标准体系；统筹安排职称评审及职业技能评价工作，具备高级职称人才占比为18.5%，同比提高1.6个百分点；高技能人才占比为50.9%，同比提高1个百分点，实现人才规划年度目标。二是劳务用工管理。完成劳务用工协议文本修订，开展农民工欠薪治理、薪酬实名制等专项工作；全年劳务派遣用工占比2.12%，确保依法合规；持续跟踪推进劳务供应商优化整合，优化核减 53%；全年各子企业累计置换 3132 人，有效促进生产效率提升和人工成本降低。三是福利待遇管理。完成职工退休审批 4570 人，各类待遇核定审批 1.5 万人次，解决 1532 名退休教师待遇历史遗留问题，发放补助 1197.25 万元；做优补充医疗保险管理，签订服务协议 16 份，完成 5630 万元保险基金划拨。同时，编制业务办理说明，进一步规范日常管理；规范年金基础数据管理，全面管控运营风险，实现安全有保障、服务有好评、收益有提升。四是外事服务管理。完成外事信息系统升级改造；组织外语培训 121 人次，参加辽宁省“最美翻译官”大赛并取得优异成绩；提报因公出国（境）请示 25 份，办理因公出访申请 68 次，协调外国专家来访，审核报告 14 份。出具来访团组邀请函 22 份，36 人次。

【市场运营】 一是扎实推进共享服务收费。组织签订服务协议 113 份，实现收费 1852 万元。积极开展服务质量管理，集团满意度测评满意率达到 100%。二是有效落实档案两化项目。签订委托服务协议 12 份，完成死亡职工档案数字化 3.21 万卷，超额完成全年 3 万卷目标，业务额达 320 万元。三是做好市场创效业务。通过开展工伤预防等服务项目，实现对外创收 58.5 万元。人服公司实现收入 291 万元，上缴利润 160 万元。

【党群工作】 一是抓好党组织建设。以巡视反馈问题为突破口，细化整改措施，落实具体措施 6 项；组织全体党员开展政治理论、形势任务教育，全体党员的政治理论水平和党性修养不断提高；深入开展“喜迎二十大、建功新鞍钢”主题实践活动，以主题党日、为群众办实事、讲党课等项目为载体，陶冶党员政治品格；组织全体党员开展政治理论、形势任务教育，规范执行“三会一课”制度，严格执行“三重一大”决策制度，加强和规范党内政治生活。二是抓好作风及廉政建设。大力弘扬践行守信践诺文化，全力缩短“三个距离”。组织开展“凝心聚力强主业、转型升级促发展”为主题的大讨论活动，撰写心得体会 11 篇，梳理不足 23 项，制定整改措施 35 条，确保活动见实效；强化廉政建设。以“赓续红色血脉 建设廉洁文化”主题读书活动、“以案为鉴 警钟长鸣”读书警示教育活动等为载体，关注关键人群、重点领域，固化“清风行动”专项治理成果，结合中心转型发展，通过谈心谈话、廉洁案例教育、梳理“廉洁地图”等方式，推进“三不”机制，提升廉洁从业意识，逐步构建业务廉洁管控体系。三是抓好团队建设。召开 2021 年度职工大会，总结工作成绩，明确工作目标，凝聚转型升级共识；开展中层管理人员年度考核。强化考核结果运用，调动干事创业积极性；按照“补短板、强弱项、固底板、扬优势”的思路，组织广大党员干部参加领航能力提升、人力资源管理等各类培训 2472 人次 1096 学时，有效促进全员能力素质提升。做好团队建设工作，评选出机关先进工作者 10 人，“四星”党员 8 人，组织慰问党员职工 20 人，发放慰问金 2.45 万元；组织开展元宵节猜灯谜、登山健步走、趣味运动会等活动，不断提升组织凝聚力。

（吴克伟）

鞍钢集团财务共享服务中心

【概况】 鞍钢集团财务共享服务中心于 2016 年 11 月 15 日注册成立，是鞍钢集团有限公司的直属单位，主要负责财务共享信息化系统建设及推广工作，为鞍钢集团有限公司各单位提供财务共享服务，协助财务部制定财务核算规则，负责部分单位代理核算工作；代行鞍钢集团有限公司统计业务。2022 年末，中心有 10 个部门，2 个分理处，职工 126 名。

该中心聚焦“共享中心专业化整合、智慧共享平台建设、三项制度改革”，全力构建“一个中心、一个系统、一套标准”财务共享服务新格局；打造“一个中心”管控模式，成立攀钢、本钢分理处，开启鞍、攀、本三地大共享服务新格局。中心持续推进集约化、数字化、智能化发展，强化人才培养，逐步上收财务共享业务，实现共享业务规范化、标准化、专业化、一体化，全面提升财务共享服务效率和财务共享中心价值创造能力。中心信息化系统包括四部分功能：统一核算系统，将鞍山区域会计电算化系统集中纳入统一的信息化会计核算平台，提高会计核算效率、质量、安全性；合并报表系统，将集团会计报表纳入统一合并报表，实现集团会计报表信息集中管控；财务共享平台，建立会计业务单据、编码体系，固化入账规则、标准、流程、资金和预算控制，优化共享作业、移动办公、集中结算机制，实现统一、规范、高效、智能会计核算，强化集团管控；中央账务仓，建立会计核算数据仓库，发挥财务决策支持和深度分析作用。中心积极探索财务机器人应用，平台功能建设取得成效。

该中心负责鞍钢集团有限公司综合统计工作，2022年鞍钢集团被中钢协评为钢铁工业统计工作先进集体、技术经济指标月报统计工作先进单位、营销统计信息先进单位、信息工作先进单位等。

（金　峰）

鞍钢集团审计中心

【概况】 鞍钢集团审计中心（以下简称“审计中心”）是鞍钢集团所属有限责任公司分公司（国有独资），于2016年12月注册成立，定员编制63人，截至2022年12月末，审计中心职工总数50人，平均年龄40岁，其中研究生学历12人、本科学历37人；高级职称人员4人，初、中级职称人员46人；具有注册会计师、注册造价师、国际注册内部审计师等执业资格人员11人。审计中心下设工程投资审计室、经营管理审计室、经济责任审计室、专项审计调查室4个业务处室，在集团审计部领导下开展工作。主要工作职责为按照审计部下达的审计项目计划和工作目标，开展各类审计工作，跟踪督促有关单位实施整改，完成审计部安排的其他工作。

【内部审计工作多点发力】 2022年，审计中心共完成审计项目51项，项目指标完成率113.33%，累计发现和披露各类审计问题438个，揭示重要风险13项，提出审计建议309条，反映违规问题金额4.82亿元、损失浪费金额1.39亿元、潜盈1.04亿元、潜亏3.96亿元，促进企业增收节支2.70亿元，审减工程投资金额0.73亿元，移交案件线索3条。

坚持聚焦经济责任，以揭示问题、防范风险、严肃追责为总基调，扎实推进审计工作，强化领导人员离任审计，通过创新实施“联合审计”“1+N”等项目组织模式，从多角度、多维度客观评价相关领导人履职情况和企业经营状况，进一步深挖经营管理问题，完善内部控制制度，促进企业合规经营，有效规避经营风险。2022年，充分发挥风险管理与内部控制“2+N”工作机制作用，通过内控缺陷整改、开展专项调研检查、强化信息交流共享，揭示了多家企业存在会计信息不实、管理不规范、履职不到位、经营损失风险、不良资产等问题，内控工作成效显著。

深入开展经营管理审计，实现审计署、国务院国资委重点关注事项的审计全覆盖，促进企业改善运营、提升管理、提高效益，实现审计价值增值。围绕子企业公司治理、生产经营等方面，检查企业经营活动的合理性、经济性；管理活动的效率性、效果性，以问题为导向，对发现企业经营管理中各项业务流程中的不合规行为，揭示存在的内控及法律风险。针对相关问题督促被审单位加强对企业经营管理业务等全流程管控及整改，防微杜渐。

以落实国家重大政策措施、集团公司领导重点关注的问题及集团重大经济决策落实情况审计等重点内容为向导，大力开展专项审计调查工作。对特定事项的执行性、合规性、效益性开展审计评价，及时向上级领导反映情况、揭露问题、提出建议、为公司有关决策部署提供有力支撑，促进企业在用好政策、抓住关键、提升管理等方面取得实效。

强化工程投资审计，以“工程建设程序、管理制度执行、造价与结算审计”为抓手，全方位揭露在工程管理不规范、责任履行不到位、工程结算不准确、功能考核不严格、损失浪费未追责等方面存在的问题。在完成项目决算审计的基础上，进一步开展项目达产达效、投资收益、可持续发展能力等方面评价工作，首次开展的股权投资项目审计和投资项目效果评价工作，实现审计业务新突破。

【审计整改力度持续增强】 2022年度内部审计发现问题438个，已到整改期问题284个，至2022年末已完成整改的问题269个，到期整改完成率为94.72%，阶段整改完成率100%。通过整改，集团相关单位（部门）实现增收节支或避免、挽回损失金额6264.75万元，建立健全规章制度66项，处理相关责任人161人次，扣减薪酬10.10万元。同时，审计问题综合整改完成率逐年呈上升趋势，截至2022年末，整改统计期内（2020年

1月至2022年6月）审计揭示问题1355项，已完成整改1285项，整改完成率94.83%，较2021年末提升3.48个百分点。

【责任追究机制逐步完善】 按照国务院国资委监督追责局《关于做好2022年中央企业违规经营投资责任追究工作的通知》相关要求，审计中心不断完善制度、线索、信息系统等方面机制建设，一是聚焦重点领域、重点业务、重大风险，统筹制定年度工作方案，为全年工作顺利开展奠定坚实基础。二是重新修订责任追究实施办法及配套制度3项，持续完善制度体系。三是完成2项问题线索的初核及分类处置工作，涉及损失金额165万元，其中1项已移交子企业纪委查办。四是及时总结工作经验，《以责任追究为“再起点”促进管理再提升》宣传材料报送国务院国资委并在《国资工作交流》刊发。

【内控评价工作有力推进】 2022年，审计中心持续强化内控体系建设，深化开展内控评价等相关工作。一是积极推进国务院国资委内控抽查评价问题整改工作，按照谭成旭董事长对国务院国资委《关于2021年12家中央企业内控体系有效性抽查评价情况的通报》作出的批示意见要求，审计中心组织专门团队推进国务院国资委评价发现的139个问题后续整改事宜，并形成《关于2021年度国资委对鞍钢集团内控体系有效性抽查评价问题整改情况的汇报》。二是完成2021年度鞍钢集团内控评价工作，组织子企业完成了2021年度内控自评工作；组织开展了内控交叉评价工作；成立评价工作组，开展了监督评价工作。三是按集团办公室要求对未办结议定事项进行督促落实。四是运用风险内控“2+N”机制开展工作，配合法律合规部开展企业名称字号管理合规专项调研检查工作；会同法律合规部制定《关于开展内控体系有效性检查及民企挂靠综合整治“回头看”工作的方案》并组织实施；按照集团党委书记专题会有关工作安排，联合法律合规部聘请专业中介机构开展内控体系有效性检查工作，进一步强化外部审计监督力度。

【机制体制改革不断深化】 为深入学习贯彻习近平总书记关于国有企业改革发展和党的建设重要论述，进一步落实鞍钢集团三项制度改革精神，审计中心结合发展需要，坚持“三个导向”为指引，解决突出问题，压实责任全力推进劳动、人事、分配三项制度改革工作。2022年8月印发《鞍钢集团有限公司审计中心2022年岗位绩效评价考核办法》（审计中心发〔2022〕7号）；为落实全员岗位合同管理，于2022年5月印发《鞍钢集团有限公司审计中心岗位合同管理办法》（审计中心发〔2022〕5号）；为多措并举推动赛马机制，先后印发《关于开展2022年上半年审计项目主审公开竞聘的通知》《关于发布2022年下半年审计项目主审竞聘结果的通知》，营造公平竞争氛围。

【党建工作走深走实】 审计中心党支部坚决贯彻落实党对审计工作的集中统一领导，充分发挥党组织“把方向、管大局、促落实”作用，严格落实集团党委及机关党委的工作安排及部署，强化党支部建设，确保发挥党建引领作用。一是强化党支部思想建设，组织开展主题党性教育活动，开展专题讨论和专题党课，更加深入的领会学习要义；深入学习宣传贯彻党的二十大精神，推动党的二十大精神学习走深走实。二是强化党支部组织建设，完成预备党员转正工作，并与鞍山钢铁武装人防处党支部结成党建共建合作体，共同开展联合活动；积极参加各类群团活动。三是强化党群共建，积极开展“我为群众办实事”主题实践活动，积极组织参加体育活动。

（刘　音）

鞍钢教育培训中心（党校）

【概况】 2022年末，鞍钢教育培训中心（党校）有在岗职工190人，居家职工13人。在岗职工中管理和技术岗位职工161人，其中，高级职称87人，中级职称66人，初级职称8人；服务岗位职工29人。中心下设5个职能管理部门，4个教学研究部。拥有固定资产原值5585.6万元，净值718.5万元。占地面积8.48万平方米，建筑面积5.59万平方米。2022年，共开办各级各类培训班777个，培训学员37085人次，完成培训任务量27034学时。荣获“2022年度鞍钢集团先进单位”“第十八届中国企业教育百强先进单位”荣誉称号。

【主要工作】 2022年，鞍钢教育培训中心（党校）全面贯彻落实党的十九大、十九届历次全会和二十大精神，坚决落实集团公司二届五次全委

（扩大）会和二届一次职代会提出的工作部署，统筹抓好疫情防控和教育培训工作，在全体教职工的共同努力下，各项工作稳步推进。

加快推进三项制度改革。坚持“改革服务发展、改革引领破题、改革成果共享”原则，深入推进三项制度改革。按照“授权+同利”原则，进一步明确了中层干部的权限，充分调动了中层干部的积极性和主动性，中层干部成为改革的主角。实现中层管理人员聘期制管理、全员竞争上岗、双合同签订率、岗位绩效管理四个100%；二级C类部门正职减少10%，岗位定员减少24%；1人从服务岗位竞争到业务助理岗位，19人进入集团公司人才赋能中心，改革主要任务达到预期目标，“岗位靠竞争，收入凭贡献”理念渐入人心。

持续提升教学培训质量。协助集团开发设计、组织实施了党的十九届六中全会轮训、领导人员金融财务能力提升、技术技能领军人才政治能力提升等7项集团重点培训项目。配合集团总部各部门，承接承办了人力资源管理培训、精益管理培训、财务会计人员继续教育培训、青马学堂、制度大讲堂等14项部室专项培训项目。对接子企业培训需求，开办了鞍山钢铁机关工作人员能力提升、矿业公司青马学堂、国贸公司英语能力提升等141项委托定制类培训项目。全年完成集体备课161次，听评课630人次，教学质量评价178个班次，学员培训满意度达到99.51%。落实集团“逢培必考”要求，实现校内所有培训班次培训考试全覆盖。

持续推进培训体系优化。落实《鞍钢集团有限公司教育培训体系优化指导意见》，持续稳步推进课程体系建设，细化工作任务清单5个方面16项内容。形成领导力和通用能力内部开发和外部引进目录清单，领导力课程内部开发20门、外部引进17门，通用能力课程内部开发34门、外部引进4门。汇总梳理出49套、346门专业能力课程，涉及采矿、炼钢、炼铁、建筑、测绘等专业，经鞍攀本三地教育培训机构认领、初审，有103门课程、104人次通过初审。

大力推进“鞍钢e学”网络平台建设。新建3个学习中心、10个学习专区和45个学习专题，上传新课程710门，完成竞赛63场、培训项目51个，培训超6.3万人次。平台直播3843场，直播学员参与19万人次，直播累计40万学时。实现登录225万人次，9万人登录学习，最大同时在线人数达到3580人，登录率达到50.34%。“万名党员进党校”等集团重点项目得到集团公司党委和相关部门的高度认可。荣获2022年中国企业数字化“学习与人才”大会“卓越直播项目运营奖”。

推进师资队伍建设。评聘2022年度一级主任培训师4名、二级主任培训师8名、主管培训师12名。选派优秀教师外出或线上进修学习46人次，举办教师业务能力提升讲座12场，组织开展了教师微课件大赛和结构化研讨设计大赛。17名教师加入中央企业党校智库科研工作协同发展平台，20人次申报国务院国资委党校“名师工程”。聘请外部教师到中心授课73人，纳入师资库管理外聘教师148人。完成公司级以上科研课题23项，荣获集团公司思想政治优秀成果一等奖1项、二等奖1项、三等奖1项。8名教师被评为中心（党校）“魅力之星”，3名内训师被评为优秀内训师，在教师节受到表彰。

深化“我为群众办实事”实践活动。推进职工自主创新活动，荣获市级劳模创新工作室1个、命名中心级职工创新工作室2个。完成“我为群众办实事”重点民生项目6项，职工获得感幸福感明显增强。建立困难边缘户档案9份，走访慰问、帮扶救助困难职工和离退休人员434人次，发放慰问金、医疗救济金共计17.68万元。多方面筹措资金，改善了办学条件和办公环境。

【党群工作】 2022年，中心（党校）党委以习近平新时代中国特色社会主义思想为指导，深入贯彻落实集团公司二届五次全委（扩大）会和二届一次职代会精神，以党建为引领，以改革求突破，以创新促发展，推进各项工作取得新成绩。荣获“2022年度鞍钢集团先进单位”“第十八届中国企业教育百强先进单位”等荣誉称号。

1. 党建工作。（1）坚持凝心铸魂，提高对党忠诚的政治自觉。一是创新理论武装更加牢固。把学懂弄通做实习近平新时代中国特色社会主义思想贯穿培训工作全过程，常态化开展党的十九届六中全会精神、党的二十大精神等培训班、读书班、党史班；积极开办红色主题“体验式”互动党课，读红色家书、讲红色故事、唱红色歌曲、观红色影视等，不断提高政治站位、提升政治素养，坚决拥护“两个确立”，做到“两个维护”。聚焦习近平总书记重要指示批示精神和集团公司党委决策部署，传达学习19次，中心组研讨学习

14 次。聚焦对党校、对教育系统的重要指示批示精神，做到学深学透学有所获学有所得，解决实际问题 47 个。二是党建工作责任更加坚实。锚定发展战略和既定目标任务，以制度建设为牵动，积极推进“三化”日常工作制度、“四检”考核机制、“四位一体”工作落实办法，推动党建与发展融合互促。按照“授权+同利”的朝阳经验，深化三项制度改革，激发内生活力和动力，“岗位靠竞争，收入凭贡献”理念渐入人心。按照“集团承接承办类项目做优、子企业委托定制类项目做精、需求开发类项目做强”的要求，全年开办各类培训班 777 个，培训学员 37085 人次，完成培训任务量 27034 学时。“鞍钢 e 学”贯通鞍攀本三地，新建 3 个学习中心、10 个学习专区和 45 个学习专题，充分发挥党校主阵地作用。

（2）坚持组织赋能，发挥党建工作的引领作用。一是建强战斗堡垒，切实推进党支部全面进步全面过硬。坚持抓住基础工作、重点工作两项要点，落实规定动作、自选动作两项要求，有效推进党支部标准化规范化建设。坚持抓住重点工作、主要项目、关键事项，建立任务清单，模板化推进，创新开展“大讲堂”“三比三评”“党课开讲啦”“万名党员进党校”等主题实践活动，有效推进党支部工作模板化清单化项目化管理。发挥党支部和党员在战疫情、搞改革、做课题、攻难关、严纪律等方面的作用，全年完成公司级以上科研课题 23 项、中心（党校）级科研课题 30 项，共产党员工程 13 项，重点民生项目 6 项，党校 60 周年校庆活动成功举办，有效推进各项任务表率化成果化。二是锻造过硬本领，切实推进干部队伍能力全方位提升。强化人才培养，推荐 17 名培训师加入中央企业党校智库科研工作协同发展平台，20 人次申报国务院国资委党校“名师工程”。培训首批内训师 217 人，选派 46 人次外出或网络进修，举办 12 场专职内训师业务能力提升讲座。突出政治标准，采取综合考核方式，强化对干部的政治约束，铸魂提能，全年共提拔、交流使用 11 名中层干部，调整交流专业职能序列干部 9 人，开展中层干部任职谈话 29 人次、廉洁谈话 26 人次，对 3 名党员干部给予纪律处分。聚焦重点群体，从中心（党校）党委和部门层面分别制定年轻干部培养的具体措施，通过“季度工作会、半年党委会、年度调研会”和“531”培养模式，搭建成长平台，构建上下联动的工作格局，选拔 3 名优秀年轻干部作兼职助理，其中 1 人已走上部门副职岗位，对年轻干部的培养工作跑出了“加速度”。

2. 宣传工作。（1）强化思想文化，凝聚合心力。聚焦党的二十大精神落实，第一时间谋划部署、成立课题组、购入培训课；第一时间在“鞍钢 e 学”和校园网开辟学习专栏、邀请党代表上讲台、全面营造学习氛围；第一时间组织开展知识竞赛、编印知识问答手册，充分发挥师资优势、专业优势、平台优势。聚焦形势任务教育，紧跟改革发展新动态，下发宣讲提纲 4 篇，面对疫情防控严峻形势，创新开设《共筑防疫心防线》短视频 4 讲，切实将形势任务教育融入日常、抓在经常。聚焦典型选树，有效开展梯次培树、宣传推广 15 人次，评选表彰“魅力之星”和优秀内训师等 11 名，汇聚奋进力量。聚焦鞍钢党校成立 60 周年，美化环境、编撰校志、拍摄视频片、召开庆祝会、开辟鞍钢发展史文化墙，为职工营造浓厚的文化氛围。

（2）强化宣传舆论，传播好声音。巩固对外宣传成效，通过“学习强国”、《辽宁党校报》和《鞍钢日报》等媒体发声 38 次，充分展现新变化、新局面。探索新媒体宣传路径，《鞍钢集团首个 VR 党建培训基地投入使用》短视频被“学习强国”等外部宣传平台转载，擦亮品牌形象。拓宽宣传途径，建设微信公众号、“鞍钢 e 学”公众号，发布党的二十大、知名培训师等重要信息 68 条，提升对外影响力。精心更新维护承担集团公司党建网栏目，阅读量累计超 56 万人次。荣获 2019—2021 年度鞍山市“文明单位”和 2021 年度《辽宁党校报》通讯联络工作优秀集体等荣誉称号。

3. 纪检工作。（1）突出政治引领，履行监督职责。聚焦再学习再落实再提升习近平总书记重要指示批示情况开展监督，通报典型问题 3 项。聚焦主责主业开展监督，各类人员听评课 630 人次，培训质量评价 178 个班次，不断加强对培训师及培训内容规范约束。紧盯疫情防控、安全生产、工程维修等重点领域开展监督 12 次，发现问题 9 项，督促相关职能部门在工程维修验收环节履职尽责、严格把关，为企业避免经济损失 2.4 万元。紧盯备品备件采购及管理开展专项治理，整治问题2项。把思想教育贯穿专项治理全过程，引导关键岗位人员树立极限降本思想，条件保障部采取公开招标、主动寻源、价格谈判等方式，有效降低采购成本61.6万元，为中心（党校）发展保驾护航。

（2）深化正风肃纪，抓实作风建设。紧盯重大时间节点和重要环节，严防“四风”问题反弹回潮，开展各类警示教育18次；开展“重温两书坚守初心”党性教育活动，深度剖析3起典型案件。熟练运用“第一种形态”29人次，推动党员干部监督提醒常态化。在集团团委青马学堂等重点项目中开设“年轻干部违纪违法问题透视研究”培训课程，教育引导年轻干部系好“廉洁扣”。协助集团纪委组织编撰《党纪法规汇编》《纪检干部应知应会习题集》，促进纪检干部增强履职本领。

4. 群团工作。（1）服务职工需求。以“我为群众办实事”为抓手，完成“修缮培训场所”“帮助困难职工”等6项职工急难愁盼问题；走访慰问、救助困难在职职工和离退休人员434人次，发放救济金17.68万元；“金秋助学”救助4人，发放救济金6000元；为2名职工争取8万元企业救助责任险理赔。以主责主业为重点，组织开展劳动竞赛，共完成课件作品29个、“结构化研讨”方案14个。以推优创先为目标，积极推进创新工作室建设，周恩斌创新工作室荣获“2022年鞍山市劳模创新工作室”称号。

（2）群团工作。加强青年思想引领。组织开展两期“青年大学习”，引导青年学习党的二十大精神及习近平总书记关于青年工作的重要思想。组织开展跟着郭明义学雷锋志愿服务活动，集中清洁并消杀1号楼25间直播教室，为开展线上培训创造清爽环境。组织开展庆“七一”趣味拓展活动，带领青年在团结协作中增进友谊。

（刘允壮　李庆辉）

鞍钢日报社

【概况】 鞍钢日报社（鞍钢集团新闻传媒中心，以下简称“报社”）是鞍钢集团党委舆论宣传主阵地，下设总编室、采访部、电视专题部、新媒体部4个部门，负责运营管理《鞍钢日报》《鞍钢视讯》电视专题节目、鞍钢集团官方微信“摇篮鞍钢”、官网·新闻中心、官方微博、官方今日头条、官方抖音、官方快手、官方微信视频号、官方知乎和鞍钢日报官方微信等十余个媒体组成的全媒体矩阵。

2022年，报社坚持以习近平新时代中国特色社会主义思想为指导，坚持党管意识形态、党管媒体，全面贯彻落实鞍钢集团党委安排部署，牢牢把握迎接和学习宣传贯彻党的二十大精神重要政治任务，充分发挥鞍钢集团新闻舆论主阵地作用，积极为高质量发展新鞍钢建设营造良好舆论氛围。

【聚焦平台阵地建设】 一是坚持党管媒体，在筑牢主阵地上下功夫。严格落实意识形态责任制，把领导权主动权始终把控在党的手里。坚持正确政治方向，宣传习近平总书记重要讲话和重要指示批示精神及党中央重要会议精神，报道集团党委重大贯彻落实情况。围绕迎接和学习宣传贯彻党的二十大精神，形成新闻宣传工作方案，按照会前、会中、会后三个阶段，做出详细计划。开辟“喜迎二十大　建功新鞍钢”专栏专版，党的十八大以来鞍钢十年十项重点工作综述、“新鞍钢新征程·我身边的巨变”等重点宣传，充分展示鞍钢集团在以习近平同志为核心的党中央坚强领导下，取得的重大成果、发生的重大变化。克服疫情、刊期调整带来的困难，全面、及时、准确报道党的二十大精神。二是坚持与时俱进，在拓展主阵地上下功夫。全力打造以全程媒体、全息媒体、全员媒体、全效媒体为特征的全媒体阵地。不断加强《鞍钢日报》订阅发行，在数量上，要求订阅至班组；在范围上，覆盖全集团，攀钢、本钢在当地印刷；在方式上，通过《鞍钢日报》电子报、《鞍钢日报》微信公众号等进行丰富。经过调研和设计，7月启动了《鞍钢视讯》电视专题节目全覆盖播出工作，全集团覆盖率从60%提高到90%以上。同时，由每周2期增加为每周3期，在数量上进行扩容。启动演播大厅升级改造工程，在制作能力、质量、水平上不断提升。在新媒体方面，重点是增加粉丝数量和浏览量，依托大宣传工作格局和媒体沟通会直播、大型快闪等大型活动，新媒体粉丝达32万人，比上年增长39%。集团抖音上半年浏览量达1340万次，成为集团首个千万级流量阵地。三是坚持立破并举，在建强主阵地上下功夫。一方面，主动设置议题，积极引导舆论。在集团各新媒体发布内容后，中心同志和各单位网评员立即参与评论、讨论，发出正面声音。另一方面，严格编审制度，建立新媒体舆情管控机制，研究各媒体平台特点，安排人员实行7×24小时轮值，严控负面舆情。同时，启动新媒体企业属性升级为媒体属性工作，解决播发新闻作品受限等问题。

【聚焦内容质量建设】 一是不忘初心，忠实履行新闻宣传使命任务。认真落实习近平总书记提出的宣传思想工作“举旗帜、聚民心、育新人、兴文化、展形象”使命任务。统筹传统媒体“宽度”与“深度”关系，在政治导向错误、重大新闻漏报、差错率三个为零基础上，向深度报道、言论评论、专题宣传方面用力，《不负总书记的嘱托》等近300个作品被人民网、新华网等主流媒体转载，《以水为墨 绘就“绿色鞍钢”美丽画卷》等深度报道和《深刻认识、不断巩固鞍钢成为中国第二、世界第三，“南有宝武、北有鞍钢”产业格局》引发良好反响。统筹新媒体“质量”与“数量”关系，坚持质量第一、以质量带流量，《鞍钢集团首次大型快闪“喜迎二十大、建功新鞍钢”震撼发布》等新媒体作品被央视频、国资小新转载，新媒体作品阅读量5000+、10000+、10万+、100万+共307个。在中国企业新媒体指数榜始终稳定在前40名，7月为27位、8月为25位，知乎8月排第4，创历史最好排名。二是围绕中心，服务高质量发展新鞍钢建设。大力宣传新鞍钢内涵，组织各级党组织撰写理论和体会文章，刊发6期18篇学习体会文章，利用各类媒体宣传新鞍钢内涵海报。适应读图时代发展，开辟“视觉”专栏，以图说绿色鞍钢、图说智慧鞍钢模式，推动新鞍钢内涵更加深入人心。既关注年度目标又紧跟当期重点，开设“实现五个新突破 聚焦五个重点”等专题、专栏81个，组织一季度开门红、二季度“双过半”、三季度稳增长降成本、四季度坚决实现全年目标任务专题宣传，开展鲅鱼圈疫情防控经验等宣传，深入调研鞍钢股份冷轧厂彩涂分厂弘扬新时代鞍钢宪法精神经验，策划并实施全方位宣传等，凝聚发展共识。制作集团总结表彰会、全委会、中央企业通识课、鞍钢党校建校60周年及集团首次媒体沟通会、大型快闪等10余个重点专题宣传片，营造改革发展良好氛围。配合做好集团经验总结，集团总部部门得到上级表扬、刊发、交流的65项工作中，报社参与18项。集团首次媒体直播活动、“7·9”大型快闪、诵读经典等活动，中心都承担了重要任务。三是处处用心，以有成效的作品展现新闻宣传力量。让作品更有温度。深入一线，把目光更多投放到基层。开设故事专栏，讲述普通职工的生产生活，使新闻报道更接地气。紧盯职工的操心事、烦心事，及时报道“我为群众办实事”的进展和成效。抗疫期间，深入挖掘普通人的抗疫故事，让作品更有热度，紧盯党和国家重要决策部署、社会关注、鞍钢的重大成果，增强宣传效果。

【聚焦体制机制建设】 一是统筹协同机制。统筹攀钢记者站、本钢记者站、鞍山钢铁记者站、矿业记者站和各基层单位通讯员，通过制定实施记者站管理办法、专项考核细则，每月印发宣传报道重点计划、建立工作群、业务部门对接、开放编辑系统，以及强化对新媒体传播集群的管控，重要题材和热点新闻统筹策划、中心首发、子企业平台联动等方式，在新闻策划、征集稿件、新媒体推送等方面，进行综合协调、统筹。二是刊期调整机制。报纸由日报变为周三刊，带来的是版面紧张、工作节奏调整、新媒体稿源不畅等问题，中心通过实施纸媒配二维码链接、鞍钢日报微信公众号为补充等方式，解决版面少的问题；实施备版制、鼓励新媒体原创作品等方式，解决节奏和稿源问题。三是全媒体工作机制。打破部门壁垒、打破工作业务壁垒，通过建立涵盖多个部门同志的工作团队、制定实施融媒体精品策划等方式，让全员浓厚全媒体意识，逐步实现一次采集、多平台发布。四是质量提升机制。多从外部视角看鞍钢，追求有价值的流量。一方面，紧跟时代步伐和鞍钢改革发展进程，突出“高、新、实、好”。政治站位高，第一时间发布习近平总书记重要讲话、重要活动等，强化审校制度，确保不犯政治错误；不断创新，完成首次大型媒体沟通会直播、飞越鞍钢系列视频录制等工作；尊重事实、注重实效，不拔高、不神话，用数据、事例、外部评价说话；讲好鞍钢故事，突出红、绿、蓝多彩鞍钢的宣传。另一方面，重点是落实集团党委对宣传工作要突出“小快灵准”的要求。短小，用小切口反映大主题；作品更有速度，区分不同情况，抢时间、抢速度；运用载体灵活、表现角度灵敏、标题要有灵气；新闻素材抓得准、宣传重点突出得准。

【聚焦队伍能力建设】 一是扩队伍。积极发挥攀钢记者站、本钢记者站作用，部署任务，使其成为重要支撑。借助集团构建大宣传工作格局契机，扩充基层通讯员188人，已达350人，增长116%，拍客联盟、短视频制作等群体近1000人。二是强素质。2022年对全集团采编人员和基层通讯员开展新闻稿采写、手机摄影等培训5次，组织本钢、攀钢记者站到传媒中心挂职交流4人，代培基层通讯员7人。在中心开展导师带徒活动。给编采人员和通讯员交任务、压担子，对深度报道、重要评论、迎接党的二十大重要综述、新媒体创新作品、直播任务、重要专题片等，让每个人都参与其中，不断提升能力。三是重激励。制定了传媒中心全员竞聘方案。建立了部门绩效和全员岗位绩效评价办法，把责任、任务和时间、标的压实。对获得集团表扬、新闻作品取得重大反响的，在绩效上进行体现，形成能干者多得、干得好的多得的激励导向。

（季　旭）

第二十部分

荣　誉

·先 进 单 位·

全国工人先锋号

本钢板材股份有限公司冷轧总厂一冷酸轧作业区机械点检班组

四川省工人先锋号

攀钢集团攀枝花钢钒有限公司轨梁厂轧钢作业区
攀钢集团攀枝花钢钒有限公司提钒炼钢厂方坯连铸作业区浇钢大班
攀钢集团攀枝花钢钒有限公司炼铁厂四高炉作业区
攀钢集团攀枝花钢钒有限公司制造与技术部炼钢化验作业区钢铁分析班
攀钢集团钒钛资源股份有限公司攀枝花钒制品分公司钒氮作业区煅烧班

四川省五一劳动奖状

攀钢集团攀枝花钢钒有限公司轨梁厂

2022 年度鞍钢集团有限公司先进单位

鞍山钢铁集团有限公司

鞍钢股份有限公司鲅鱼圈钢铁分公司炼钢部
鞍钢集团朝阳钢铁有限公司炼钢厂
鞍钢集团信息产业有限公司
鞍钢股份有限公司大型总厂
鞍钢股份有限公司炼钢总厂
鞍钢股份有限公司能源管控中心
鞍钢股份有限公司汽车钢营销（服务）中心

攀钢集团有限公司

攀枝花钢钒有限公司轨梁厂
西昌钢钒有限公司板材厂
矿业有限公司选矿分公司
攀枝花钢钒有限公司冷轧厂
成都钒钛资源发展有限公司
西昌钢钒有限公司能源动力分公司
工程技术有限公司特种工程分公司
江油长城特殊钢有限公司轧钢厂
矿业有限公司石灰石矿分公司

本钢集团有限公司

本钢板材股份有限公司热连轧厂
本钢板材股份有限公司冷轧总厂
本钢板材股份有限公司铁运公司
本溪北营钢铁（集团）股份有限公司能源管控中心
本溪钢铁（集团）矿业辽阳马耳岭球团有限公司
辽宁恒通冶金装备制造有限公司
本溪钢铁（集团）信息自动化有限责任公司
本钢板材股份有限公司采购中心

鞍钢集团矿业有限公司

齐大山铁矿
鞍千矿业有限责任公司
大孤山球团厂
弓长岭露天矿
弓长岭球团厂

鞍钢集团工程技术发展有限公司

鞍钢建设集团有限公司机电安装工程分公司
鞍钢轧辊有限公司

鞍钢集团众元产业发展有限公司

鞍钢绿色资源科技有限公司
鞍钢实业集团有限公司冶金资源再生利用分公司

其他单位

鞍钢集团国际经济贸易有限公司
鞍钢集团财务有限责任公司
鞍钢集团有限公司教育培训中心（党校）
鞍钢集团北京研究院有限公司
鞍钢集团资本控股有限公司
鞍钢集团有限公司经济发展研究院

·先进人物·

全国五一劳动奖章获得者

芦　革　男，1968年出生，中共党员，轧钢高级技师，鞍钢股份线材厂2号线生产作业区轧钢主操作工。2016年获“鞍钢杯”第八届全国钢铁行业职业技能大赛“金属轧制工”冠军；曾获鞍钢集团优秀党员、鞍钢集团劳动模范，轧钢一级技师。

近年来，该同志扎根一线，在提高生产效率、保证产品精度、降低生产成本方面作出了突出贡献。作为一名轧钢主操作，在他的精准操控下，创造了ϕ17毫米、ϕ21毫米、ϕ24毫米等多个难轧大规格品种规格班产和日产最高纪录，特别是他积极参与开发的ϕ14.0毫米规格包覆铜包钢盘条导电钢生产控制研究项目，填补了国内空白；2020年他所在的班组各项指标遥遥领先，多次获得公司“冠军班组”称号；在他的精心栽培下，徒弟唐顺龙在2020年集团公司举办的技术竞赛中获得“轧钢工技术能手称号”，他则被评为“鞍钢集团优秀导师”；2019年他总结的“高速线材轧机大规格卷型‘一设二观三调’操作方法”，保证了大规格产品轧制过程中卷型稳定，大幅提高了大规格产品生产效率；他提出的“关于通过扭矩监测实现轧制全过程监控的建议”及“关于提高焊丝钢卷型质量的建议”获公司合理化建议和技术改进二等奖；与创新工作室成员共同完成的“高线吐丝机前夹送辊调整研究”获公司技师技术攻关创新成果一等奖。

谷安成　男，1980年出生，中共党员，鞍钢集团矿业有限公司齐大山选矿厂一选作业区生产乙班班长。曾获全国技术能手、全国青年岗位能手、中央企业技术能手、辽宁省劳动模范、辽宁工匠。

该同志专注选矿操作岗位，一干就是23年。注重总结实践经验，围绕选矿生产难点和关键，积极投身工艺技术改造。发明的五项科研成果被授予国家实用型专利。

先后参与的立环脉动中磁机代替扫中磁机工业试验，取得了系统尾品降低1.67%、综合尾品降低0.60%，年效益1200余万元的试验指标；参与一扫精自返和新型药剂应用，作业给矿浓度由60%～65%降至55%～60%，矿浆温度由30～35℃提高到35℃以上，保证了浮选作业操作调整必要条件，年效益500万元。参与浮选低温药剂试验与新型抑制剂应用，累计年创效1000余万元。参与提台时试验与应用项目，年节电创效319万元。发起作业区一次球磨溢流预选抛尾工业试验，为选厂降尾增效提供了科学依据。

作为技术带头人的创新工作室，坚持以问题为导向，通过技术攻关解决生产难题，使创新工作室成为一个聚才、育才、用才的“聚宝盆”，创新工作室成立以来累计创效2000余万元。

四川省五一劳动奖章获得者

杨建军　攀钢集团攀枝花钢钒有限公司轨梁厂轧钢作业区白班作业长、党支部副书记。

该同志作为钢轨轧制技术的专家，秉承“生产一代、开发一代、储备一代”理念，不断开拓进取、砥砺创新。2016年成功开发出拥有完全自主知识产权、行业内公认的难轧品种，被称为

“轨中之王”的“有轨电车专用槽型轨”。提出“只有最好、才能更好”的钢轨生产理念，坚持品质提升就是降本增效，带领团队以最短时间成功开发75千克百米长定尺重轨，合格率提高11.82%，经实战检验，得到用户的高度认可，为国家经济建设“大动脉”注入了不竭动力。坚持人才培养战略，传承“工匠精神”，对标世界一流钢轨标准，传递世界最新钢轨轧制技术，通过理论强兵、岗位“炼人”，指导46名职工参加重要品种及新品种开发，实现技能人才梯队培养，为打造世界顶级钢轨品牌贡献智慧和力量。

李　盛　攀钢集团攀枝花钢钒有限公司提钒炼钢厂冶炼作业区炼钢首席操作师。

该同志从事转炉炼钢24年，认真践行“艰苦奋斗、勇攀高峰”的攀钢精神，为攀钢半钢炼钢技术进步作出贡献。制定完善了“溅渣护炉操作要点”，创下转炉冶炼半钢17341炉的最高炉龄；提出“半钢增硅”工艺，从根本上解决了半钢炼钢热源不足问题。推广实施的“双环缝式透气砖在转炉上的应用”和“转炉炉底U形砌筑”分获鞍钢集团职工创新一、二等奖。总结提炼“李盛铁粒维护炉底操作法”等4项公司级先进操作法，推广实施后年创效1200万元；利用现有设备，完全自主开发了“炼钢合金配加模型”，将攀钢的人工手动计算合金替换为电脑自动配料控制。取得“转炉炼钢非真空脱氧方法”等6件授权专利，撰写《转炉半钢炼钢热态渣重复利用操作实践》等9篇技术论文在国内刊物发表。

李　健　攀钢集团攀枝花钢钒有限公司炼铁厂新三高炉作业区配管首席操作师。

该同志从事高炉水系统和高炉进风系统32年，

特别是高炉大中修停开炉对冷却水调节操作与维护方面积累了丰富的实践经验，是现如今攀钢集团高炉水系统的旗帜人物。李健发明创造的“李健全遥控风口拆卸机操作法”“李健大套快速拆除法操作法”“李健风炮拉杆扳手操作法”等在炼铁高炉得到全面推广，累计为企业创造效益4000余万元。主要专利：2019年3月，“风口大套拆除结构”获得国家实用新型专利证书；2019年5月，“风口小套拆卸装置”获得国家实用新型专利证书；2019年9月，“快速调节风口拉杆的装置”获得国家实用新型专利证书；2021年7月，“用于高炉软水密闭循环冷却壁的捡漏方法”获得国家实用新型专利证书。

陈　何　攀钢集团成都西部物联集团有限公司炼铁站丙班指导司机。

该同志从事火车司机工作28年，凭借一颗“干一行爱一行”的初心和一股“要干就干好”的韧劲，不断锤炼操作技艺、屡次攻克技术难关。自担任内燃机车司机长以来，每年现场排除处理故障20余起，提出10余项东方红型、GK型机车的电气故障处理、控制系统改进建议，为提升公司自检自修整体技能作出了积极贡献；通过优化操作流程等方式降低燃油消耗，减少闸瓦损耗，年节约成本20余万元；积极参与长大列车开行、特种车辆捣调等多套机车先进操作法的创新研究，凭借过硬的操纵技能，他先后在2019年鞍钢集团职工技能竞赛“群英赛”、2021年攀钢第九届职工运动会内燃机车比赛、2021年四川省级职工职业技能比赛内燃机车决赛中勇夺冠军。当选为2021年度“鞍钢集团技术能手”，被四川省总工会授予“四川省五一劳动奖章”。

辽宁省劳动模范

刘炳刚　男，汉族，1971年2月出生，中共党员，现任鞍钢股份有限公司冷轧厂一分厂设备作业区设备点检员，高级工程师、首席技师。

该同志积极践行习近平新时代中国特色社会主义思想，增强“四个意识”、坚定“四个自信”、做到“两个维护”，在思想上政治上行动上同以习近平同志为核心的党中央保持高度一致。在业务上刻苦钻研设备工艺技术，不断提高自身

素质，先后完成了70多项设备、工艺技术改进。累计为企业创效1600多万元，在本职岗位上践行工匠精神，在平凡的岗位上做出了不平凡的业绩，被身边的同事们称为“技能大师”。先后获得鞍钢集团公司优秀专有技术一等奖、集团公司优秀创新成果一等奖、集团公司科技进步奖三等奖等奖项。参与集团公司内部对口支持专项培训，多次赴朝阳钢铁、鲅鱼圈钢铁等内部企业开展技术培训。在各类技能大赛中获得中央企业职工技能大赛二等奖、鞍钢集团技术状元。充分发挥市级技能大师工作室和创新工作室的引领作用，带领广大员工开展各类创新攻关、劳动竞赛活动，取得了丰硕的成果。

曾荣获鞍山市劳动模范、辽宁五一劳动奖章和全国技术能手等荣誉称号。

高立波 男，汉族，1980年10月出生，中共党员，现任本钢板材股份有限公司炼铁总厂六号高炉作业区冶炼工程技术专业工程师，高级工程师。

该同志积极践行习近平新时代中国特色社会主义思想，增强“四个意识”、坚定“四个自信”、做到“两个维护”，在思想上政治上行动上同以习近平同志为核心的党中央保持高度一致。多年来，他始终扎根他所挚爱的炼铁事业，技能精湛，精通高炉各种疑难事故的处理，曾连续多年蝉联本钢技能大赛炼铁工第一名，先后荣获本溪市首届“创业杯”技能大赛冠军，辽宁省职业技能大赛高炉炼铁工冠军，两次参加全国炼铁工技能大赛，两次荣获全国钢铁行业技术能手称号。他在工作中展现出精湛的专业特长和丰富的工作经验，为本钢高炉稳产高产，节能降耗作出积极贡献。作为辽宁省劳模创新工作室的负责人，坚持创新创效，与团队成员合力攻关，每年创效130余万元。负责的新五号高炉，2021年3月达产后，日产生铁一直保持在7000吨以上，6月高炉燃料比实现515千克/吨，跻身全国先进水平。

该同志曾获得本钢优秀共产党员标兵、全国钢铁行业技术能手、辽宁五一劳动奖章等荣誉称号。

郭 客 女，汉族，1979年3月出生，中共党员，鞍钢集团矿业设计研究院有限公司材料研究所党支部书记、副所长，鞍钢集团“郭客创新工作室”“鞍山市劳模创新工作室”领衔人。

该同志积极践行习近平新时代中国特色社会主义思想，增强“四个意识”、坚定“四个自信”、做到“两个维护”，在思想上政治上行动上同以习近平同志为核心的党中央保持高度一致。在矿山科研一线工作，围绕矿山材料学领域前沿、核心、关键和难点技术，组织矿山废弃物综合利用、绿色环保材料、选矿新药剂与难选矿工艺、爆破工艺及核心材料、高分子耐磨材料等研究，主持完成“新型含钛纳米材料制备”“乳化铵油炸药核心材料研究与应用”“新型环保抑尘剂”“锅炉烟气脱硝剂”等40余项攻关项目。一批创新成果已实现产业化，累计创效10亿余元。成果曾荣获中国专利优秀奖、辽宁省技术发明奖一等奖、矿山协会科技进步奖一等奖、中国冶金科学技术奖二等奖、中国爆破行业协会二等奖、鞍钢重大科学技术奖一等奖、全国发明展览会金奖等奖项。获授权30余件国家发明专利，发表EI/SCI论文20余篇，多篇论文获得省部级优秀论文一等奖奖励。

曾获得鞍山市劳动模范、鞍钢集团劳动模范、鞍钢集团优秀共产党员、鞍钢集团三八红旗手标兵等荣誉称号。

2022 年度鞍钢集团有限公司先进生产(工作)者名单

鞍山钢铁集团有限公司

周晓锋　孔弢　刘嵩　李响　赵迪平
姚东　臧洪喜　姚栋　朱明华　安志鹏
戴新华　张晓光　揣立柱　孙孝忠　弭传学
那廷权　李俊丰　张勇　张勇　李洪利
何召宁　齐云勇　韩克　张宝　郑昊
白旭　孙志刚　李志坚　李立辉　李红亮
张志明　马东　金鑫　邹远　杨永刚
周洪海　于峰　王怀权　郭凌　王宁
杨东　赵林　高振东　董德刚　王勇
武吉　尹太安　张春雨　李刚　王宝军
郑桂峰　杨峰　张旭　刘洪河　赵岐
赵自鑫　王杰　王岩　周强　李鹏程
吴长丹　尹德刚　陈兵　毛凤龙　戴立锋
陈钊　魏文举　俞言福　叶国伟　王波
张宏亮　潘海涛　徐莉　肖赵成　张伟
闵长久　高清滨　梁大维　宋俊杰　葛春钰
刘天壮　苏胜勇　顾文钢　王甫　梁洪丽
张曦予　秦毅　王金辉　王玉琦　张勇
于海岐　高健　高毅　刘凯　刘英明

攀钢集团有限公司

刘仁检　陈明华　蔡小东　余益辉　董家宇
吕攀峰　余大宏　张全忠　罗维东　范军
路强　刘宾　丁照军　陈柯岐　张廷建
刘源　韦善　晏杰　杨阁国　李晓雷
马福建　陈炼　陈德　薛峰　肖代强
邓波　赵春秋　杨友旭　钱玉彪　黄运峰
熊将　解钢　张莉　谭建辉　周思科
朱川　汪洋　沈耀均　胡海　王川东
于学斗　廖辉建　曾斌　田斌　李开华
全加云　李绍贵　陈跃攀　杜晓峰　梁佳
吴攀　邹涛　张元丁　郭娅娜　李芳
李元刚　彭斌　尚鹏刚　汪云富　江剑
何克平　杨凡　喻定有　李明祥　高文远
马朝辉　曾彬　王代文　张桂意　赵发松
邱超　杨程　刘超　张春　黄博
郭太雄　查笑乐　曾庆江　张阳　宋建波
董江林　苏先照　朱舜　张旭帆　贾亮
刘亮　冯伟　娄燕　秦雪峰　杨大刚
汪朝云　蒋光皓　张帮云　李金　程惠壮

本钢集团有限公司

方超　薛长江　徐林哲　王海建　李庆刚
周德宏　杨钧　范吉刚　王海峰　杨东旭
高卫东　张义斌　崔利　阮凯兴　张守喜
王泽昱　刘元博　柳维垚　卢锐　杨广前
刘永胜　赵宏刚　张亮　王刚　李泉
郭东升　范茂刚　六十一　陈朝斌　李晓龙
张军　宋建成　李海宝　高佩宝　王彦明
丁勇　张浩龙　宋春义　赵刚　李妍
李德星　谢文翰　郭政强　王军　佟明海
马红俊　陈传湖　柏长虹　马士博　张喜超
孙国　李洪宇　李永强　王丰　霍云庆
刘铎　刘长蛟　屈浩然　赵雅新　宋恩刚
孙锋　王俊　洪岗　宋占利　兆廷伟
苗隽　林广宇　高晶新　姚子健　高维才
高凤武　孙功宾　杨智明　尤丽娟　奚延忱
张佩琦　孙志洋　谢英朋　马超　陈涛
黄宝辉　刘加彬　孙立钢　尹宏宇　陈传伟
王爱平　徐蕴纲　李忠　戴兵　查道庆
张昌龙　张铭　李岩　吕学明　刘宏亮
邓振刚　魏春新　李佳良　赵喜　孟庆辉
石玉海　王连禧　牟景春　张丹　刘慧玉
王运国　韩梅　史志勇　李志伟　杨亮
姜延奇　张荣富　吴刚　张可　任卓

鞍钢集团矿业有限公司

王东泽　岳鹏　郭金　杜艳清　张振宇
顾鹏　王利　曹明　秦占斌　牟晓明
张东　王晓双　李永亮　孙亚鑫　刘伟新
田红丽　司琳琳　王兴锋　孙孝东　张科明
袁立宾　张兴艺　王家财　李继一　刘铁民

王占郊 牛文杰 赵 虹 贝 宁 高明伟
侯家鹤 薛 青 吴纯志 汤春志 解 凯
曹慧波 景建华 高维宇 张 军 温慧明
茹青辰 盖俊鹏 潘鹏飞 徐家富 高振学
于洪军 王 峰

鞍钢集团工程技术发展有限公司

赵训民 姚玉明 苏 兵 高建伟 李川宁
韩 冬 赵 翔 吕兴强 艾忠诚 王钰龙
柳兴绵 李支海 杨成伟

鞍钢集团众元产业发展有限公司

孙 辉 熊宏亮 付志刚 李 征 赵同涛
栾宏涛 高启海 张海明 王东溟

鞍钢集团国际经济贸易有限公司

王铁楠

鞍钢联众（广州）不锈钢有限公司

孔凡华

鞍钢集团有限公司教育培训中心（党校）

杜学华

鞍钢集团财务责任有限公司

宋英韬

鞍钢集团北京研究院有限公司

王军生

鞍钢集团资本控股有限公司

龚 金 韩喜朋

其他单位

林 垚 张春雷 张洪威 张政乐 郑 燕
张 倩 王永刚 王晓婷 佟 力 刘长江
解 达 刘 东 李景东 段祥禄 吴克伟
卢学柱 姚炳宇 唐聪玲 张广明

（鞍钢集团有限公司工会）

第二十一部分

附　录

特　辑
专　文
大事记
概　况
机构与人事
规划发展
财务、资本运营与审计管理
人力资源管理
管理创新
科技创新
安全、环保与节能
法律事务
综合管理
企业文化与公共关系
党群工作
鞍山钢铁集团有限公司
攀钢集团有限公司
本钢集团有限公司
单位简介
荣　誉
▶ 附　录

·统计资料·

2022年鞍钢集团有限公司生产经营指标完成情况

一、主要产品产量完成情况

2022年，鞍钢集团生产铁精矿5260.58万吨，同比增加276.62万吨，增幅为5.55%；生铁5357.24万吨，同比增加91.02万吨，增幅为1.73%；粗钢5564.90万吨，同比减少0.43万吨，降幅为0.01%；钢材5228.47万吨，同比增加3.09万吨，增幅为0.06%。

二、财务状况

2022年，鞍钢集团全年实现营业收入3366.16亿元，同比减少468.41亿元，降幅为12.22%；全年实现利润总额80.14亿元，同比减少103.57亿元，降幅为56.38%；应交税费总额163.15亿元，同比减少73.11亿元，降幅为30.94%。

2022年末，鞍钢资产总额4810.08亿元，负债总额3256.50亿元，所有者权益1553.58亿元，资产负债率为67.70%。

三、钢材产品实物质量情况

2022年，鞍钢集团钢材合格率完成99.39%，同比下降0.05个百分点；综合成材率94.82%，同比上升0.17个百分点。

四、冶金物耗指标情况

2022年，鞍钢集团全年综合焦比512.37千克/吨，同比下降3.27千克/吨；入炉焦比366.87千克/吨，同比下降2.48千克/吨。

五、出口创汇情况

2022年，集团公司全年实现出口创汇31.92亿美元，同比增加1.26亿美元，增幅为4.13%。其中，出口钢材329.71万吨，同比增加0.2万吨，增幅为0.06%；钢材出口创汇额28.03亿美元，同比增加1.46亿美元，增幅为5.49%。

六、钢材产品销售情况

2022年，集团公司全年销售成品钢材5258.72万吨，同比减少6.32万吨，降幅为0.12%；实物产销率完成100.00%，同比持平。

（鞍钢集团有限公司财务部　张铜凯）

产品产量

十大产品产量分月完成情况

（吨）

产品	全年实际	分月产量											
		1月	2月	3月	4月	5月	6月	7月	8月	9月	10月	11月	12月
一、铁矿石原矿量	140167556	11606938	11739235	11357669	11765413	12260136	11183391	11581745	11955162	11424426	12080012	11627395	11586034
二、铁精矿	52605848	4296871	4235548	4448852	4382532	4540265	4202708	4284462	4513723	4465331	4587752	4362772	4285032
三、人造富矿	93242430	7696547	7171621	8053673	7816186	8003098	7938325	7759839	7409427	7880235	8306606	7732442	7474431
烧结铁矿	78622413	6487991	5953234	6809762	6697830	6845897	6649066	6587494	6360405	6596839	6996900	6516415	6120580
球团铁矿	14620017	1208556	1218387	1243911	1118356	1157201	1289259	1172345	1049022	1283396	1309706	1216027	1353851
四、焦炭	18035712	1565405	1409676	1609346	1525033	1532470	1482119	1512906	1451570	1449432	1534301	1476915	1486539
五、合格生铁	53572387	4546151	4088885	4575654	4367884	4661043	4548696	4431779	4204952	4476865	4851416	4584024	4235038
含钒生铁	10473586	919711	747253	821631	841710	901134	882577	933871	938623	925849	929793	820994	810440
六、粗钢	55649047	4925926	4360892	4884370	4499016	4742740	4629457	4367645	4245491	4623469	5100298	4922662	4347081
七、钢坯	55416345	4901789	4341664	4866295	4480056	4719953	4611074	4345473	4233971	4603955	5081666	4902714	4327735
八、钢材	52284654	4725763	4101428	4620790	4258895	4432649	4444805	4149110	3920297	4283203	4598048	4537914	4211752
九、高钒铁（折合量）	36007	2852	2766	3193	3152	3067	2672	3268	2988	3304	3070	2780	2895
十、钛白粉	243509	22688	20435	22106	21150	22293	21684	19719	10149	19554	22515	22224	18992

（鞍钢集团有限公司财务共享服务中心　蒋恩军）

财务指标

（一）财务指标完成情况

（万元）

指标名称		2022 年	2021 年	增减额	指标名称	2022 年	2021 年	增减额
一、营业总收入		33661615	38345695	-4684080	五、少数股东损益	172568	373065	-200497
二、利税指标	利润总额	801437	1746267	-944830	六、上缴税金	1720673	1403934	316739
	应交税金	1631521	1465075	166446	其中：所得税	303798	370611	-66813
三、所得税费用		219910	637498	-417588	增值税	825645	660949	164695
四、净利润		581527	1108769	-527242	其他税金合计	591230	372373	218857

（二）评价企业经济指标

（%）

指标名称	2022 年	2021 年	增减额	指标名称	2022 年	2021 年	增减额
1. 营业利润率	2.51	5.31	-2.80	6. 流动比率	0.70	0.61	0.09
2. 总资产报酬率	3.23	5.80	-2.57	速动比率	0.44	0.36	0.08
3. 净资产收益率	3.77	7.79	-4.02	7. 应收账款周转率/次	31.30	36.88	-5.58
4. 资本保值增值率	106.34	118.30	-12.0	8. 存货周转率/次	5.47	5.80	-0.33
5. 资产负债率	67.70	69.31	-1.61				

（三）资产及负债情况

（万元）

指标名称	2022 年	2021 年	增减额	指标名称	2022 年	2021 年	增减额
一、资产总额	48100840	49197644	-1096804	其中：短期借款	5478179	8059373	-2581194
1. 流动资产	13289350	14393782	-1104432	应付账款	3341942	3151711	190231
其中：应收账款	668259	591207	77052	2. 长期负债	13553419	10433968	3119451
存货总额	4852317	5764571	-912254	三、所有者权益	15535835	15098142	437693
2. 长期股权投资	1346756	1356620	-9864	1. 少数股东权益	6097775	6495971	-398196
3. 固定资产	19825687	19523941	301746	2. 归属母公司权益	9438059	8602171	835888
其中：固定资产原值	43816225	43184079	632146	其中：实收资本	6109762	6109762	—
累计折旧	22173635	21638357	535278	资本公积	7841839	7412855	428984
固定资产净值	21642590	21545722	96868	盈余公积	145862	61069	84793
4. 无形资产	7400924	7019931	380993	未分配利润	-5167116	-5619134	452018
二、负债总额	32565005	34099502	-1534497	其他综合收益	-7763	11372	-19135
1. 流动负债	19011586	23665534	-4653948	专项储备	65956	176726	-110770

（鞍钢集团有限公司财务部　渠雪荣）

更新改造指标

（一）2022 年固定资产投资项目完成情况（按形象进度）

（万元）

单项工程或更改项目名称	计划总投资	自开始建设至本年底累计		本年					本年新增固定资产	房屋建筑面积/平方米	
		完成投资	新增固定资产	完成投资	其中					本年施工	本年竣工
					建筑工程	安装工程	设备购置	其他费用			
总　计	10098783	4484838	1763262	1446615	350959	175673	559894	360089	469267	1536439	575639
其中：鞍山钢铁集团有限公司	4874555	1790594	566238	691227	113838	59246	232333	285810	139350	459929	93840
攀钢集团有限公司	2445664	1111739	996043	327507	89831	52360	148181	37135	308135	612540	331278
本钢集团有限公司	2778564	1582505	200981	427881	147290	64067	179380	37144	21782	463970	150521

（二）固定资产投资实际完成情况（按投资方向分类）

（万元）

按投资方向分类	实际完成投资	按投资方向分类	实际完成投资
合　计	1446615	7. 轧材	187895
1. 铁矿采选	508900	8. 铁合金	0
2. 烧结	101074	9. 焦化	85837
3. 球团	0	10. 耐火	283
4. 炼铁	115392	11. 碳素	0
5. 炼钢	202852	12. 金属制品	1081
6. 连铸	32027	13. 其他	211274

（鞍钢集团有限公司财务共享服务中心　蒋恩军）

产品销售

主要钢铁工业产品产、销、存情况

（吨）

指标名称	年初库存	本年外购	本年生产	本年自用	本年销售		盘盈（+）/盘亏（-）	年末库存
					本年销售小计	其中：本年出口		
铁矿石成品矿	718342		52605848	46098295	6693075			532820
铁精矿	718342		52605848	46098295	6693075			532820
人造富矿	87517		93242430	92798874	92214			438859
烧结铁矿	56836		78622413	78421769	17963			239517

续表

指标名称	年初库存	本年外购	本年生产	本年自用	本年销售		盘盈（+）/盘亏（-）	年末库存
					本年销售小计	其中：本年出口		
球团铁矿	30681		14620017	14377105	74251			199342
生铁	507	47944	53572387	53523759				97079
粗钢	581863	21436	55649047	55321046	338699		1690	594291
连铸坯	573570	21436	55416345	55089905	337285		1690	585851
钢材	1501796		52284654	19627	52610517	3346905	10979	1167285
铁道用钢材	23737		1973437	321	1962587	205963	41	34307
其中：重轨	23737		1973437	321	1962587	205963	41	34307
大型型钢	169		22499		22525			143
棒材	25216		766423		766504	40252	-1899	23236
钢筋	64541		2175279		2234655	3132	1	5166
线材（盘条）	74211		4346216		4371865	501743	-1524	47038
特厚板	39270		903203		912772	7967		29701
厚板	101532		2411594		2446573	28170		66553
中板	73520		2198695		2180854	83473		91361
热轧薄板	191		13302		11143	7129		2350
冷轧薄板	43183		769284		781740	49201	2413	33140
中厚宽钢带	360570		16769664	3842	16906463	1134491	19395	239324
热轧薄宽钢带	149958		3665377	6595	3723549	387405	1200	86391
冷轧薄宽钢带	328360		10451670	5486	10479443	363434	-4272	290829
热轧窄钢带	48							48
冷轧窄钢带	560							560
镀层板（带）	130525		4242329	2823	4220087	426774	-639	149305
其中：镀锌板（带）	130525		4242329	2823	4220087	426774	-639	149305
涂层板（带）	19832		242082	560	240927	17736	-3737	16690
电工钢板（带）	63395		1302758		1318619	90035		47534
无缝钢管	2233		25594		24880			2947
焊接钢管	501							501
其他钢材	244		5248		5331			161
钢丝	138		105		105			138
钢丝绳	6297		19314		18752			6859
钢绞线	84		162		215			31
铁合金	2485		22982		23959	4902		1508
焦炭	177493	1632686	18035712	19773007	30097			42787
耐火材料制品	2405	46807	73465		118683		-1336	2658

（鞍钢集团有限公司财务共享服务中心 蒋恩军）